Apontamentos de Direito TRIBUTÁRIO

Valéria **FURLAN**

Apontamentos de Direito TRIBUTÁRIO

4ª edição

revista e atualizada

2025

EDITORA *Jus*PODIVM

www.editorajuspodivm.com.br

EDITORA *Jus*PODIVM
www.editorajuspodivm.com.br

Rua Canuto Saraiva, 131 – Mooca – CEP: 03113-010 – São Paulo – São Paulo
Tel: (11) 3582.5757
• Contato: https://www.editorajuspodivm.com.br/central-de-relacionamento

Capa e Diagramação: Marcelo S. Brandão (santibrando@gmail.com)

Imagem de capa: www.shutterstock.com: *#105765965*

A partir da 4ª edição, esta obra passa a ser publicada pela Editora Juspodivm.

F985a Furlan, Valéria
Apontamentos de Direito Tributário / Valéria Furlan – São Paulo: Editora JusPodivm, 2025.

632 p.

ISBN: 978-85-442-5643-5

1. Direito Tributário. I. Furlan, Valéria. II. Título.

CDD 342.6

BIBLIOTECÁRIA RESPONSÁVEL
Ana Carolina Ribeiro Mois – CRB7 – RJ 007348/0

4.ª ed., *2.ª tir.:* mai./2025.

Aos meus pais,
minha crescente gratidão.

A Ricardo,
Com o amor que floresce.

DEDICATÓRIA

Nesta nova edição, aproveito a oportunidade para homenagear as instituições pelas quais tenho um carinho especial.

A Universidade de Ribeirão Preto, mantida pela AERP (Associação de Ensino de Ribeirão Preto), que, em 2024, completou 100 anos de história e excelência em qualidade no ensino, na pesquisa e na prestação de serviços à comunidade, recebendo o Selo de Instituição Socialmente Responsável concedido pela Associação Brasileira de Mantenedoras de Ensino Superior - ABMES. Berço dos meus primeiros passos na seara jurídica e dos mais lídimos laços de amizade.

A Faculdade de Direito de São Bernardo do Campo (FDSBC), referência no ensino jurídico do país, criada pela Lei Municipal nº 1.246, de 5 de outubro de 1964, e instituída Autarquia Municipal de acordo com a Lei nº 1251, de 27 de outubro de 1964, que, em 2024, completou 60 anos. Nela tenho a grata satisfação de lecionar a disciplina de Direito Tributário como professora titular da cadeira que outrora fora de Eurico Marcos Diniz De Santi, ilustre paladino da atual Reforma Tributária.

APRESENTAÇÃO

É com inestimável consideração que ofereço a 4ª edição desta obra, a você, amigo leitor, que prestigia e contribui, com seu interesse pelo Direito Tributário, para a continuidade de nossos estudos.

Com a aprovação da Emenda Constitucional n. 132, de 20.12.2023, foi implementada a tão propalada Reforma Tributária, por meio da qual nós, contribuintes, renovamos nosso interesse por maior transparência e racionalidade na instituição de tributos, para o bom cumprimento das obrigações tributárias e escorreita destinação das receitas públicas.

Este livro apresentará, em linhas gerais, o novo Arcabouço Constitucional Tributário, mesclando lições já consagradas na Ciência Jurídica com as atuais tendências legislativas, doutrinárias e jurisdicionais. Neste contexto, o leitor terá a oportunidade de estudar e revisar conceitos e diretrizes interpretativas que lhe permitirá compreender, refletir e se preparar para enfrentar eventuais problemas e desafios que a aprovação do subsequente Arcabouço Infraconstitucional Tributário poderá suscitar.

Preserva, pois, este Apontamentos de Direito Tributário, sua proposta inicial de auxiliar a todos que almejam compreender e enfrentar questões relevantes para o aperfeiçoamento profissional, sobretudo, para o melhor exercício da cidadania.

Àqueles para quem lecionei, sou grata pela oportunidade de revisar e repensar ideias tradicionalmente consagradas e de lidar com as novas faces dos problemas inerentes à natureza humana.

Ao caro leitor, antecipo meus agradecimentos pelas críticas úteis ao aprimoramento desta obra.

SUMÁRIO

1. DIREITO TRIBUTÁRIO 23
1.1 Direito Tributário – Definição 23
1.2 Direito Tributário – objeto e evolução 23
1.3 Direito Tributário – autonomia jurídica 24
1.4 Sistema do Direito Tributário 24
Doutrina 25
Jurisprudência 29
Temas para Dissertação ou Pesquisa 30
Questões 30
Testes 30

2. TRIBUTO 33
2.1 Diretrizes gerais 33
2.2 Tributo e Norma jurídica Tributária, sob a perspectiva doutrinária 33
2.3 Tributo e Obrigação Tributária, segundo o CTN/66 35
2.3.1 Definição de Tributo 35
2.3.2 Classificação da Obrigação Tributária 36
2.3.3 Fato gerador da obrigação tributária 39
2.3.4 Sujeitos da obrigação tributária principal e acessória 44
Doutrina 46
Jurisprudência 50
Temas para Dissertação ou Pesquisa 56
Questões 56

Consultas 57
Testes 57
3. CLASSIFICAÇÃO JURÍDICA DOS TRIBUTOS 63
3.1 Relevância da classificação jurídica dos tributos 63
3.2 O "ente tributante" como critério classificatório dos tributos 64
3.3 A "materialidade da hipótese de incidência" como critério classificatório dos tributos 68
3.3.1 Empréstimo Compulsório 70
3.3.2 Contribuições Especiais 71
3.4 A "Destinação do produto arrecadado" como critério classificatório dos tributos 78
Doutrina 80
Jurisprudência 83
Temas para Dissertação ou Pesquisa 90
Questões 91
Consultas 91
Testes 92
4. PRINCÍPIOS CONSTITUCIONAIS TRIBUTÁRIOS 95
4.1 Princípios como Limitações Constitucionais ao Poder de Tributar 95
4.2 Princípio Constitucional da Estrita Legalidade Tributária 96
4.2.1 Emenda constitucional e Reforma Tributária 99
4.2.2 Lei complementar em matéria tributária 100
4.2.3 Lei ordinária para a criação de tributos 103
4.2.4 Lei delegada 105
4.2.5 Medida provisória para a instituição de tributos 105
4.2.6 Decreto legislativo no âmbito tributário 107
4.2.7 Resolução na esfera tributária 108
4.2.8 Decretos-leis sob a vigência da CF/88 110
4.2.9 "Aparentes" exceções ao princípio constitucional da estrita legalidade tributária 111
4.3 Princípio Constitucional da Anterioridade Tributária (geral) 113
4.3.1 Princípio Constitucional da Anterioridade Tributária Nonagesimal (especial) 115

4.3.2 Exceções aos Princípios Constitucionais da Anterioridade Tributária (geral e especial) 116

4.4 Princípio Constitucional da Irretroatividade Tributária 119

Doutrina 120

Temas para Dissertação e Pesquisa 136

Questões 136

Consultas 136

Testes 138

5. LEGISLAÇÃO TRIBUTÁRIA E NORMAS COMPLEMENTARES: CONCEITO, VIGÊNCIA, APLICAÇÃO, INTERPRETAÇÃO E INTEGRAÇÃO 143

5.1 Legislação Tributária e Fontes do Direito 143

5.2 Legislação Tributária e suas Normas Complementares em face do Princípio Constitucional da Estrita Legalidade Tributária 144

5.2.1 Leis 146

5.2.2 Decretos 148

5.2.3 Tratado Internacional e Convênios Internos na esfera tributária 150

5.2.3.1 Tratado Internacional e Isenção Heterônoma 152

5.3 Vigência e Aplicação da Legislação Tributária em face dos Princípios Constitucionais da Anterioridade e Irretroatividade Tributária 153

5.3.1 Vigência da legislação tributária no espaço 155

5.3.2 Vigência da legislação tributária no tempo 155

5.3.3 Aplicação da legislação tributária 158

5.4 Interpretação e Integração da Legislação Tributária 160

5.4.1 Integração da Legislação Tributária 161

5.4.1.1 Analogia 162

5.4.1.2 Princípios gerais 163

5.4.1.3 Equidade 163

5.4.2 Interpretação da Legislação Tributária 164

Doutrina 165

Jurisprudência 172

Questões 186

Consultas 186

Testes 187

6. COMPETÊNCIA E CAPACIDADE TRIBUTÁRIA 191
6.1 Competência tributária – Fundamento constitucional 191
6.1.1 Competência tributária – conteúdo e alcance 192
6.1.2 Características da competência tributária 193
6.1.3 Bitributação e "bis in idem" 195
6.1.4 Entes competentes para tributar 195
6.1.5 Fiscalidade e Extrafiscalidade 196
6.2 Capacidade tributária 196
6.2.1 Capacidade Tributária Ativa 197
6.2.2 Capacidade Tributária Ativa Auxiliar 197
6.2.3 Parafiscalidade 198
6.2.4 Capacidade Tributária Passiva 200
6.2.5 Capacidade Tributária Passiva Auxiliar 200
Doutrina 201
Jurisprudência 203
Questões 207
Consultas 207
Testes 207
7. IMPOSTO 211
7.1 Noções preambulares 211
7.2 Definição de Imposto 213
7.3 Princípio Constitucional da Igualdade Tributária 214
7.3.1 Princípio Constitucional da Capacidade Contributiva 215
7.3.2 Princípio Constitucional da Seletividade Tributária 216
7.3.3 Princípio Constitucional da Não Cumulatividade Tributária 219
7.4 Critérios legais para a quantificação dos impostos 221
7.4.1 Impostos com fins arrecadatórios (fiscais) 221
7.4.2 Impostos com fins interventivos (extrafiscais) 225
7.5 Classificações dos Impostos e os respectivos Critérios Classificatórios 227
7.5.1 Classificação dos Impostos, conforme o Ente Tributante competente para institui-los 227
7.5.1.1 Impostos federais 227

7.5.1.2 Impostos Estaduais e Distritais ... 230

7.5.1.3 Impostos municipais e distritais ... 230

7.5.2 Classificação dos Impostos, segundo o CTN/66 ... 232

7.5.3 Classificação dos impostos, conforme critérios úteis às ciências afins ... 233

7.5.3.1 Impostos pessoais e reais ... 233

7.5.3.2 Impostos diretos e indiretos ... 235

7.6 Destinação do produto da arrecadação dos impostos ... 236

Doutrina ... 237

Jurisprudência ... 240

Temas para Dissertação ou Pesquisa ... 244

Questões ... 244

Consultas ... 244

Testes ... 246

8. TAXA ... 253

8.1 Diretrizes gerais ... 253

8.1.1 Taxa de Polícia ... 257

8.1.2 Taxa de Serviço ... 260

8.2 Base de cálculo das taxas ... 262

8.3 Sujeitos ativo e passivo das taxas ... 263

8.4 Tarifa/Preço Público ... 264

8.5 Pedágio: taxa de serviço ou tarifa? ... 264

Doutrina ... 266

Jurisprudência ... 270

Temas para Dissertação ou Pesquisa ... 282

Questões ... 282

Consultas ... 283

Testes ... 283

9. CONTRIBUIÇÃO DE MELHORIA ... 287

9.1 Contribuição de Melhoria – espécie tributária ... 287

9.2 Ente tributante para instituir Contribuição de Melhoria ... 289

9.3 Instituição e Arrecadação da Contribuição de Melhoria ... 291

9.4 Contribuinte da Contribuição de Melhoria ... 292

9.5 Princípio informador da Contribuição de Melhoria 293
9.6 Base de cálculo – "quantum" da valorização 294
9.7 Requisitos infraconstitucionais 295
Doutrina 296
Jurisprudência 298
Temas para Dissertação ou Pesquisa 303
Questões 303
Consultas 304
Testes 304

10. IMUNIDADE TRIBUTÁRIA 307
10.1 Diretrizes gerais 307
10.1.1 Institutos afins 309
12.1.2 Imunidade e lei complementar 310
12.1.3 Abrangência da Imunidade Tributária e Classificações 311
10.2 Imunidades genéricas dos "impostos" (art. 150, VI, da CF de 1988) 314
10.2.1 Imunidade Recíproca 315
10.2.2 Imunidade dos Templos de Qualquer Culto 317
10.2.3 Imunidade das Entidades Filantrópicas 319
10.2.4 Imunidade dos Livros 323
10.2.5 Imunidade dos fonogramas e videogramas "brasileiros" (Incluída pela EC nº 75, de 2013) 324
10.3 Imunidades específicas dos "impostos" 324
10.3.1 Imposto sobre produtos industrializados – IPI (art. 153, § 3º, III, da CF de 1988) 325
10.3.2 Imposto territorial rural – ITR (art. 153, § 4º, II, da CF de 1988) 325
10.3.3 Imposto sobre a Produção – vulgo "Imposto do Pecado" (art. 153, VIII, incluído pela EC n. 132, de 2023) 326
10.3.4 Imposto sobre Transmissão causa mortis e Doação – ITCMD (art. 155, 1º, V, incluído pela EC n. 126, de 2022) 326
10.3.5 Imposto sobre circulação de mercadorias e serviços – ICMS (art. 155, § 2º, X, "a", "b", "c" e "d", da CF de 1988) 327
10.3.6 ICMS, Imposto sobre a importação e exportação (art. 155, § 3º, da CF de 1988) 328

10.3.7 Imposto sobre a Propriedade de Veículo Automotor – IPVA (art. 155, § 2º, X, "a", "b", "c" e "d", incluídos pela EC n. 123, de 2023) 329
10.3.8 Imposto sobre a Propriedade Predial e Territorial Urbana – IPTU (art. 156, § 1º-A, incluído pela EC n. 116, de 2022) 330
10.3.9 Imposto sobre Transmissão de Bens Imóveis – ITBI (art. 156, § 2º, I, da CF de 1988) 331
10.4 Imunidades do IBS e da CBS (art. 154-A, §1º, III e XI, incluídos pela EC 132/23) 332
Doutrina 336
Jurisprudência 339
Temas para Dissertação ou Pesquisa Acadêmica 354
Questões 354
Consultas 354
Testes 356
11. RESPONSABILIDADE TRIBUTÁRIA 359
11.1 Noções preambulares 359
11.1.1 Solidariedade Tributária 361
11.1.2 Sujeito passivo por presunção legal 364
11.2 Classificações da Reponsabilidade Tributária 365
11.2.1 Classificação tradicional: por transferência e por substituição 365
11.2.2 Norma principal e Norma secundária 367
11.3 Classificação legal dos tributos (CTN/66) 367
11.3.1 Responsabilidade tributária por sucessão 368
11.3.2 Responsabilidade tributária de terceiros 372
11.3.3 Responsabilidade tributária por infrações 373
Doutrina 374
Jurisprudência 377
Temas para Dissertação ou Pesquisa 382
Questões 383
Consultas 383
Testes 383

12. CONSTITUIÇÃO DO CRÉDITO TRIBUTÁRIO E PRAZOS PRESCRICIONAL E DECADENCIAL 387
12.1 Acepções da expressão "crédito tributário" 387
12.2 Lançamento tributário 388
12.2.1 Efeito "ex tunc" do lançamento 388
12.2.2 Presunção de veracidade e legitimidade do lançamento .. 390
12.2.3 Espécies de lançamento e prazos decadencial e prescricional 391
12.3 Alterabilidade do lançamento 397
12.4 Auto de Infração 400
12.5 Decadência e prescrição em matéria tributária 400
Doutrina 402
Jurisprudência 405
Temas para Dissertação ou Pesquisa 415
Questões 415
Consultas 415
Testes 417
13. SUSPENSÃO DA EXIGIBILIDADE DO CRÉDITO TRIBUTÁRIO 421
13.1 Introdução 421
13.2 Moratória e Parcelamento 423
13.3 Depósito judicial 428
13.4 Reclamação e Recurso administrativo 429
13.5 Concessão de liminar ou de Tutela Provisória 429
Doutrina 429
Jurisprudência 432
Questões 435
Testes 436
14. EXTINÇÃO DO CRÉDITO TRIBUTÁRIO 437
14.1 Formas de extinção do crédito tributário 437
14.2 Causas extintivas do crédito tributário (art. 156 do CTN/66) 438
14.3 Pagamento 438
14.4 Compensação 443
14.5 Transação 444

14.6 Remissão 445
14.7 Prescrição e Decadência 447
14.8 A conversão de depósito em renda 447
14.9 O pagamento antecipado e a homologação do lançamento, nos termos do disposto no art. 150 e seus §§ 1º e 4º do CTN/66 449
14.10 Ação de Consignação em pagamento, nos termos do disposto no § 2º do art. 164 449
14.11 A decisão judicial passada em julgado 450
14.12 A dação em pagamento em bens imóveis, na forma e condições estabelecidas em lei 450
Doutrina 451
Jurisprudência 453
Questões 459
Consultas 459
Testes 460

15. EXCLUSÃO DO CRÉDITO TRIBUTÁRIO 463

15.1 Diretrizes Gerais 463
15.2 Isenção – "Dispensa" do pagamento do tributo 464
15.3 Isenção – Hipótese de NÃO INCIDÊNCIA legalmente qualificada 465
15.4 Isenção – Disposições gerais 467
15.5 Anistia 470
Doutrina 471
Jurisprudência 474
Temas para Dissertação ou Pesquisa 479
Questões 480
Consultas 480
Testes 481

16. GARANTIAS E PRIVILÉGIOS DO CRÉDITO TRIBUTÁRIO 483

16.1 Diretrizes Gerais 483
16.2 Garantias do Crédito Tributário 484
16.2.1 Bem de Família 486
16.2.2 FGTS 487
16.2.3 Presunção de Fraude 488

16.2.4 Indisponibilidade dos bens e rendas do devedor 488
16.3 Privilégios do Crédito Tributário 489
16.3.1 Privilégios do Crédito Tributário na Falência e na Recuperação Judicial 490
Doutrina 493
Jurisprudência 494
Temas para Dissertação ou Pesquisa? 497
Questões 497
Consultas 498
Testes 499

17. DA ADMINISTRAÇÃO TRIBUTÁRIA 501
17.1 Diretrizes Gerais 501
17.2 Fiscalização 501
17.3 Dívida Ativa Tributária 508
17.4 Certidões de Regularidade Fiscal 509
Doutrina 512
Jurisprudência 513
Questões 516
Consultas 516
Testes 518

18. PROCESSO ADMINISTRATIVO TRIBUTÁRIO 521
18.1 Noções preambulares 521
18.2 Consulta tributária 522
18.3 Denúncia espontânea 524
18.4 Pagamento indevido – Restituição 525
18.5 Créditos e débitos recíprocos – Compensação 527
18.6 Contencioso Administrativo Fiscal 528
18.6.1 Na esfera federal 529
18.6.2 Na esfera estadual 530
18.6.3 Na esfera municipal 531
Doutrina 531
Jurisprudência 532
Temas para Dissertação ou Pesquisa 540

Questões ... 541
Consultas ... 541
Testes ... 541

19. PROCESSO JUDICIAL TRIBUTÁRIO ... 543
19.1 Noções Preambulares ... 543
19.1.1 Tutela judicial provisória: de urgência e de evidência ... 545
19.1.2 Presunção legal de Renúncia e Desistência na esfera administrativa ... 547
19.2 Ação Declaratória de Inexistência de Relação Jurídica Tributária ... 548
19.3 Ação Anulatória do Ato Declaratório da Dívida Fiscal ... 550
19.4 Mandado de segurança ... 553
19.4.1 Pedido de Concessão de Liminar em Mandado de Segurança ... 556
19.5 Ação de Repetição de Indébito Tributário ... 557
19.6 Ação de Consignação em Pagamento ... 559
19.7 Divisão judiciária ... 561
19.8 Competência jurisdicional ... 563
Doutrina ... 569
Jurisprudência ... 572
Questões ... 574
Testes ... 578

20. COBRANÇA JUDICIAL DO CRÉDITO TRIBUTÁRIO E DEFESAS CABÍVEIS ... 585
20.1 Ações do Fisco ... 585
20.1.1 Ação de Execução Fiscal (Lei 6.830/80) ... 585
20.1.2 Ação Cautelar Fiscal ... 590
20.2 Defesas cabíveis em face da Ação de Execução Fiscal ... 590
20.2.1 Embargos à Execução Fiscal ... 590
20.2.2 Ação Cautelar – Caução, Suspensão da Exigibilidade e CPD-EF ... 591
20.2.3 Exceção de Pré-executividade ... 592
20.2.4 Embargos de Terceiros ... 592
Jurisprudência ... 593
Temas para Dissertação ou pesquisa ... 600

Questões 600
Consultas 600
Medidas Judiciais 603
Testes 605

GABARITO DAS CONSULTAS 607

GABARITO DOS TESTES 621

BIBLIOGRAFIA 623

1

DIREITO TRIBUTÁRIO

1.1 DIREITO TRIBUTÁRIO – DEFINIÇÃO

Direito Tributário é o ramo didaticamente autônomo do Direito que *disciplina* a criação, a arrecadação e a fiscalização de tributos.

A *Ciência do Direito Tributário* analisa e sistematiza as normas que, direta ou indiretamente, compõem o Direito Tributário.

O legislador tem por precípua função disciplinar condutas, razão pela qual sua linguagem tem cunho prescritivo.

O intérprete do Direito formula e sistematiza as normas jurídicas, razão pela qual sua linguagem é meramente descritiva, ou seja, não dispõe de força normativa.

A autoridade competente para aplicar o Direito, por sua vez, manifesta-se por meio de linguagem prescritiva.

1.2 DIREITO TRIBUTÁRIO – OBJETO E EVOLUÇÃO

A norma jurídica tributária instituidora do tributo tem por objeto o comportamento de dar dinheiro ao Estado.

Tendo em conta que a ação estatal de tributar vulnera valores fundamentais à existência humana digna, em especial, a liberdade e a propriedade, desenvolveu-se o ramo do Direito Tributário para melhor compreensão e observância dos direitos e garantias constitucionais do contribuinte.

Em conformidade com a relevância do objeto de disciplina, depreende-se a paulatina evolução de cada ramo jurídico. Em breve síntese, a evolução do Direito Tributário como ramo jurídico próprio pode ser assim exposta:

Do *Direito Constitucional* – ramo do Direito que disciplina a organização e a estrutura do Estado – adveio o *Direito Administrativo,* que traça os limites a atuação estatal, propriamente dita. Deste ramo, adveio o *Direito Financeiro*, que disciplina a atividade financeira do Estado, mais precisamente, o orçamento público; do Direito Financeiro – ramo no qual o tributo figura como importante fonte de recursos públicos – sobreveio o *Direito Tributário* com a árdua tarefa de impor limites a ação estatal de tributar.

1.3 DIREITO TRIBUTÁRIO – AUTONOMIA JURÍDICA

Direito é um conjunto de normas jurídicas dispostas hierarquicamente, tendo por objeto a disciplina do comportamento humano. As normas jurídicas são interdependentes umas das outras, de modo que, a rigor, nenhuma tem existência autônoma. Como corolário, o Direito é uno e indivisível (incindível).

No ordenamento jurídico brasileiro, essas normas encontram-se dispostas hierarquicamente, sob a supremacia e rigidez da Constituição Federal de 1988, CF/88.

Para ilustrar,[1] considere-se a norma instituidora do Imposto Predial e Territorial Urbano (IPTU). Esta norma prescreve que o aludido imposto será devido por quem tiver a propriedade, o domínio ou a posse de bem imóvel no perímetro urbano do Município, num determinado dia de cada ano, isto é, de cada exercício financeiro.

Para analisá-la, no entanto, há de se recorrer a outros ramos do Direito, por exemplo: é preciso examinar, no Direito Civil, as normas que disciplinam a propriedade, posse e domínio útil; no Direito Administrativo, as normas que versam sobre o perímetro urbano e, no Direito Constitucional, as normas que dispõem sobre o Município (pessoa política de direito público).

Estudar a norma de Direito Tributário, como é o caso da norma instituidora do IPTU, pressupõe, portanto, considerar as normas do ordenamento jurídico que, direta ou indiretamente, sejam necessárias à sua compreensão. Sob esse prisma, a divisão do Direito em ramos e sub-ramos tem, ademais, inegável finalidade didática.

1.4 SISTEMA DO DIREITO TRIBUTÁRIO

Sistema é um conjunto de elementos inter-relacionados que formam um todo unitário. Sob essa perspectiva, "Direito" e "Sistema Jurídico" são expressões equivalentes.

---

1. Paulo de Barros Carvalho, *Curso de Direito Tributário*, 18ª ed., São Paulo, Saraiva, 2000, p. 14.

A expressão "Sistema Jurídico" pode referir-se tanto ao sistema prescritivo do "Direito Positivo", quanto ao sistema descritivo da "Ciência do Direito".

No que se refere ao Direito Positivo brasileiro, cumpre salientar que a Constituição Federal de 1988, CF/88, consagra o Regime Jurídico Tributário, isto é, as regras e os princípios que devem ser rigorosamente observados no exercício do poder de tributar.

A compreensão do Código Tributário Nacional de 1966, CTN/66, assim como a elaboração, interpretação e aplicação dos demais textos de lei infraconstitucionais que tenham por objeto a disciplina da ação estatal de tributar, devem assegurar, em conformidade com as diretrizes constitucionais, a máxima efetividade do Estado Democrático de Direito.

Vimos a equivalência dos termos "Sistema Jurídico" e "Direito". Cumpre agora ressaltar as expressões que se referem ao "Direito Positivo" e ao "Direito Tributário Positivo" brasileiros, respectivamente:

Sistema Jurídico Positivo é o conjunto de normas jurídicas válidas numa certa sociedade, historicamente determinada no tempo e no espaço, dispostas hierarquicamente, tendo por objeto a disciplina da conduta humana.

Sistema Jurídico Tributário Positivo é o conjunto de normas jurídicas tributárias válidas numa certa sociedade, historicamente determinadas no tempo e no espaço, dispostas hierarquicamente, que tendo por objeto a disciplina da tributação.

Doutrina

Gian Antonio Micheli[2] ressalta a importância de um elemento unificador das normas jurídicas, de modo a caracterizar o Direito, assim como as respectivas disciplinas normativas. Para ilustrar, cita o tributo como exemplo de elemento capaz de atrair as normas jurídicas que, direta ou indiretamente, compõem o ramo do Direito Tributário; cita também o tributo como exemplo de elemento capaz de integrar disciplina jurídica diversa, como o Direito Administrativo. Vejamos suas palavras:

> Pode-se, portanto, dizer que as normas que são abrangidas sob a definição de direito tributário disciplinam o tributo, qualquer tributo, nos mais diversos momentos, de forma que estas possam aparecer como tendo uma estrutura e um objeto diferente; a **heterogeneidade** das próprias normas oferece, por outro lado, um **elemento unificador constituído**, como se disse, pelo tributo e pela realização concreta por obra do próprio ente impositor, dos sujeitos passivos e dos órgãos jurisdicionais. *[Grifamos]*

2. Gian Antonio Micheli, *Curso de Direito Tributário*, trad. de Marco Aurélio Greco e Pedro Luciano Marrey Jr, São Paulo, Ed. RT, 1978, p. 6.

O tributo envolve estreitos vínculos de conexão com outros campos do direito positivo, o que torna necessário um estudo particular das normas a esse respeito.

Compreendida a formação dos ramos jurídicos, em especial do Direito Tributário, vejamos agora o conceito deste ramo. Consideremos, para esse fim, as lições de Paulo de Barros Carvalho.[3] Note-se que o renomado autor adota a distinção entre Direito e Ciência, assim como entre lei e norma jurídica. Ainda, em atenção ao rigor terminológico, emprega a expressão "proposições jurídico-normativas" para se referir às normas jurídicas. Nesses termos, formula a seguinte definição do Direito Tributário:

> É o ramo didaticamente autônomo do Direito, integrado pelo conjunto das proposições jurídico-normativas que correspondam, direta ou indiretamente, à instituição, arrecadação e fiscalização de tributos.

Geraldo Ataliba[4] também acolhe a distinção entre Direito e Ciência do Direito. Expõe o autor que o núcleo base do Direito Tributário é o tributo, cuja noção se refere ao próprio comportamento de abastecer os Cofres Públicos. Transcreva-se:

> 12.3 Modernamente, é universal o fenômeno da circunscrição da noção de tributo à referibilidade ao comportamento que tem por objeto a entrega de dinheiro aos cofres públicos. Tal é a postura da Constituição de 1988.
>
> E, assim, só as normas que impõem este comportamento constituem o direito tributário material.
>
> (...)
>
> 12.6 Didática e praticamente, se convencionou discernir a parte (direito tributário) do todo (direito administrativo), pelo isolamento do instituto fundamental daquele (o tributo). Reconhece-se o subsistema direito tributário, dentro do sistema positivo de direito administrativo.
>
> 12.7 Em torno dessa noção se construiu a ciência do direito tributário, com autonomia didática, a qual tem por objeto o estudo do direito tributário objetivo, que se compõe das normas que regulam a tributação (ação tributária, privativamente estatal), o tributo e as relações jurídicas entre tributante e tributados, em razão da tributação. Núcleo, base, ponto de partida e fundamento imediato dessas normas é a Constituição.

---

3. Paulo de Barros Carvalho, *Curso de Direito Tributário*, 18ª ed., p. 15.
4. Geraldo Ataliba, *Hipótese de Incidência Tributária*, 6ª ed., 9ª tir., São Paulo, Malheiros Editores, 2008, p. 41.

Nesse passo, oportunas se fazem as lições de Luciano Amaro[5] acerca da autonomia relativa dos ramos jurídicos, citando, como exemplo, o imposto sobre a renda. Vejamos:

> Portanto, se se quiser dizer que o **direito tributário** goza de autonomia legislativa (por ser objeto de conjuntos de normas dirigidas especificamente à disciplina dos tributos), ou que possui autonomia científica (por abrigar princípios e institutos não comuns a outros ramos do Direito) e que desfruta, ademais, de autonomia didática (por ser ensinado em cadeiras autônomas nos cursos jurídicos), é preciso sublinhar que, em todos esses aspectos, **a autonomia é sempre relativa. Não se legisla, nem se teoriza, nem se ensina matéria tributária sem que se tenham conceitos estruturados noutros ramos da Ciência Jurídica.** Não se pode, por exemplo, falar do **imposto de renda** sem o conhecimento de um sem-número de conceitos que se encontram definidos não nas leis ou nos códigos tributários, mas na lei civil, comercial, trabalhista etc. O próprio **conceito jurídico** de pessoa (como ente sujeito de direitos e obrigações), de pessoa física, de pessoa jurídica, de sociedade, de casamento, de filho, de espólio, de aluguel, de salário e inúmeros outros que permeiam a legislação dos vários tributos não são definidos nas leis tributárias, mas no Código Civil, na lei comercial, nos diplomas trabalhistas etc. Isso não impede que, em regra geral, a lei tributária possa modificar, para fins tributários, os conceitos dados por outros ramos do Direito. *[Grifamos]*

Cumpre não olvidar a acepção do Direito como Sistema Jurídico. A esse respeito, os princípios servem de vetor interpretativo das demais normas, donde o seu acentuado caráter unificador. Nesse sentido, leciona Roque Antonio Carrazza,[6] *verbis:*

> **Sistema**, pois é a reunião ordenada das várias partes que formam um todo, de tal sorte que elas se sustentam mutuamente e as últimas explicam-se pelas primeiras. As que dão razão às outras chamam-se **princípios**, e o sistema é tanto mais perfeito, quanto em menor número existam. *[Grifamos]*

Cumpre ainda ressaltar a distinção entre a linguagem do Direito e a linguagem da Ciência do Direito e, consequentemente, entre o papel desempenhado pelo legislador e pelo cientista. A esse respeito, explicita Paulo de Barros Carvalho,[7] *verbis:*

5. Luciano Amaro, *Direito Tributário Brasileiro*, 14ª ed., p. 9.
6. Roque Antonio Carrazza, *Curso de Direito Constitucional Tributário*, 24ª ed., São Paulo, Malheiros Editores, 2008, p. 37.
7. Paulo de Barros Carvalho, *Curso de Direito Tributário*, 18ª ed., pp. 5-6.

> **A linguagem do legislador é uma linguagem técnica**, o que significa dizer que se assenta no discurso natural, mas aproveita em quantidade considerável palavras e expressões de cunho determinado, pertinentes ao domínio das comunicações científicas. Os membros das Casas Legislativas, em países que se inclinam por um **sistema democrático de governo**, representam os vários segmentos da sociedade.
>
> Alguns são médicos, outros bancários, industriais, agricultores, engenheiros, advogados, dentistas, comerciantes, operários, o que confere um forte caráter de homogeneidade, peculiar aos regimes que se queiram representativos. E podemos aduzir que tanto mais autêntica será a representatividade do Parlamento quanto maior for a presença, na composição de seus quadros, dos inúmeros setores da comunidade social.
>
> Ponderações desse jaez nos permitem compreender o porquê dos **erros, impropriedades, atecnias, deficiências e ambiguidades que os textos legais** cursivamente apresentam. Não é, de forma alguma, o resultado de um trabalho sistematizado cientificamente. **Aliás, no campo tributário, os diplomas têm se sucedido em velocidade espantosa, sem que a cronologia corresponda a um plano preordenado e com a racionalidade que o intérprete almeja encontrar**. Ainda que as Assembleias nomeiem comissões encarregadas de cuidar dos aspectos formais e jurídico-constitucionais dos diversos estatutos, prevalece a formação extremamente heterogênea que as caracteriza.
>
> (...)
>
> **Se, de um lado, cabe deplorar produção legislativa tão desordenada, por outro, sobressai, com enorme intensidade, a relevância do labor científico do jurista**, que surge nesse momento como a **única pessoa credenciada** a construir o conteúdo, sentido e alcance da matéria legislada. *[Grifamos]*

Por fim, cumpre cotejar os conceitos de Direito Financeiro e Direito Tributário, considerando-se que o "tributo" está presente nesses dois ramos, porém, sob perspectivas diversas: no primeiro caso, como importante receita destinada à consecução de finalidade pública ou de interesse público; no segundo, como elemento aglutinador das normas que limitam a ação estatal de tributar. É o que se infere das lições de Aliomar Baleeiro:[8]

> O **direito financeiro** é compreensivo do conjunto das normas sobre todas as instituições financeiras – receitas, despesas, orçamento, crédito e processo fiscal –, ao passo que o direito fiscal, sinônimo de **direito tributário**, aplica-se contemporaneamente, e a despeito de qualquer contra-indicação (sic) etimológica, ao campo restrito das receitas de caráter compulsório.

8. Aliomar Baleeiro, *Direito Tributário Brasileiro*, 11ª ed., Rio de Janeiro, Forense, 2000, p. 5.

> **Regula precipuamente as relações jurídicas entre o Fisco, como sujeito ativo, e o contribuinte, ou terceiros, como sujeitos passivos.**
>
> O direito fiscal é o sub-ramo do direito financeiro que apresenta maior desenvolvimento doutrinário e maior riqueza de diplomas no direito positivo dos vários países. Alguns destes já o codificaram, como o Brasil com o Projeto Osvaldo Aranha/Rubens Gomes de Souza, hoje integrado na Lei n. 5.172, de 1966. *[Grifamos]*

Vejamos agora, entre avanços e retrocessos, a repercussão dessas considerações doutrinárias na esfera jurisdicional.

Jurisprudência

Vimos que as normas jurídicas são interdependentes umas das outras, de modo que o Direito é uno e indivisível. Cabe ao legislador infraconstitucional, assim como ao intérprete e aplicador do Direito zelar pela racionalidade do nosso Estado Democrático de Direito. Em 1994, a propósito, assim se pronunciou a Suprema Corte, *verbis*:

> [...] Se é certo que toda interpretação traz em si carga construtiva, não menos correta exsurge a **vinculação à ordem jurídico-constitucional**. [...] **Sendo o Direito uma ciência, o meio justifica o fim, mas não este àquele**. [...]O conteúdo político de uma Constituição não é conducente ao desprezo do sentido vernacular das palavras, muito menos ao do técnico, considerados institutos consagrados pelo Direito. **Toda ciência pressupõe a adoção de escorreita linguagem**, possuindo os institutos, as expressões e os vocábulos que a revelam **conceito estabelecido com a passagem do tempo**, quer por força de **estudos acadêmicos** quer, no caso do Direito, pela **atuação dos Pretórios**. *[STF, RE n. 166.772-RS, Pleno, rel. min. Marco Aurélio, j. 12.5.1994, p. m., DJ 16.12.1994] [Grifamos]*

Para ilustrar, veja-se o quão relevante é o conceito jurídico de "salário" para a compreensão do campo de incidência das normas tributárias. O Supremo Tribunal Federal[9] decidira que os pagamentos feitos pela pessoa jurídica a avulsos, administradores e autônomos não se enquadram no conceito de salário. Respeitou-se, assim, o direito constitucional do contribuinte de somente ser compelido ao pagamento de tributo que tenha sido instituído com plena observância do regime jurídico tributário. Nada obstante, tornou-se devida a contribuição da empresa sobre o pagamento de avulsos, administradores e autônomos após o advento da Emenda Constitucional nº 20/1998.

9. STF, RE n. 1073380 AgR, 1ª T., rel. min. Roberto Barroso, j. 28.6.2019, v.u., 14.8.2019.

Ainda quanto à atuação dos pretórios, cumpre ressaltar a tendência da Suprema Corte – contrária ao teor da Súmula Vinculante n. 31, de 2010 (não cancelada), que prestigia o tradicional conceito jurídico de "locação", do Direito Privado, para fins de incidência tributária –, que, a pretexto de preservar a autonomia do Direito Tributário, amplia o campo hermenêutico para além do próprio Direito, *verbis*:

> [...] 10. A Constituição Tributária deve ser interpretada de acordo com o **pluralismo metodológico**, abrindo-se para a interpretação segundo variados métodos, que vão desde o literal até o sistemático e teleológico, sendo certo que os conceitos constitucionais tributários não são fechados e unívocos, **devendo-se recorrer também aos aportes de ciências afins para a sua interpretação, como a Ciência das Finanças, Economia e Contabilidade**. [...]. *[STF, RE n. 651.703-PA, Pleno, rel. min. Luiz Fux, j. 29.9.2016, p. m., DJ 5.7.2019] Grifamos]*

Tecidas essas breves considerações, passemos aos exercícios de fixação de aprendizado.

Temas para Dissertação ou Pesquisa

1. "Autonomia do Direito Tributário".

2. "Objeto do Direito Tributário".

Questões

1. Qual é o objeto do "Direito Tributário"?
2. Qual é o objeto da "Ciência do Direito Tributário"?
3. Qual é a relevância da distinção entre "Direito Tributário" e "Ciência do Direito Tributário"?
4. Direito Tributário é um ramo autônomo e independente dos demais ramos do Direito? Explique e dê sua opinião a respeito.
5. Como se deu a evolução do Direito Tributário?

Testes

1. O Direito Tributário tem por objeto a disciplina jurídica:

a) das receitas públicas.

b) do orçamento público.

c) da ação estatal de tributar.

d) das políticas governamentais.

e) dos gastos públicos.

2. Ciência do Direito Tributário:

a) ( ) É a relação jurídica que se estabelece entre o Fisco e o Contribuinte decorrente de um fato lícito previsto em lei.

b) ( ) É o veículo introdutor de normas no ordenamento jurídico.

c) ( ) É o ramo didaticamente autônomo do Direito, integrado pelo conjunto de normas jurídicas que disciplinam a instituição, arrecadação e fiscalização de tributos.

d) ( ) É o ramo da Ciência do Direito que estuda as normas jurídicas tributárias.

3. O Objeto do Direito Tributário Positivo é:

a) ( ) o estudo das normas jurídicas tributárias.

b) ( ) a instituição, arrecadação e fiscalização de tributos.

c) ( ) apenas o estudo dos impostos.

d) ( ) a disciplina da atividade financeira do Estado.

e) ( ) a consecução de políticas públicas.

4. [AFTN-MEFP/1991] Em relação ao Direito, como um todo, o direito tributário:

a) ( ) É totalmente independente dos demais ramos, possuindo metodologia própria de interpretação e estruturação.

b) ( ) Vincula-se apenas ao direito administrativo, não se relacionando com os demais ramos.

c) ( ) Vincula-se apenas ao direito constitucional, não se relacionando com os demais ramos.

d) ( ) É considerado autônomo apenas do ponto de vista didático, relacionando-se com todos os demais ramos, dada a unicidade do Direito.

e) ( ) Relaciona-se apenas com os demais ramos do direito público, prescindindo totalmente dos diversos ramos do direito privado.

2

TRIBUTO

2.1 DIRETRIZES GERAIS

Tributo é palavra polissêmica. Pode referir-se a *dinheiro, propriamente dito; dever jurídico do sujeito passivo da obrigação tributária; direito subjetivo do sujeito ativo da obrigação tributária; norma jurídica tributária; relação tributária; norma, fato e relação jurídica.*[1]

Cumpre ter em conta, por oportuno, que o emprego de uma mesma palavra para designar realidades distintas pode causar uma miscelânea de juízo acerca do objeto cognoscente. Nessa esteira, incumbe ao estudioso do Direito informar a acepção atribuída aos termos empregados em seus trabalhas científicos.[2]

Diante disso, ressaltaremos as acepções de tributo e institutos afins que se fizerem necessárias para alcançar tal mister. Nesse percurso serão inseridos os dispositivos do Código Tributário Nacional de 1966, CTN/66, cujo teor seja pertinente aos tópicos abordados.

2.2 TRIBUTO E NORMA JURÍDICA TRIBUTÁRIA, SOB A PERSPECTIVA DOUTRINÁRIA

Direito é um conjunto de normas dispostas hierarquicamente, tendo por objeto a disciplina do comportamento humano.

---

1. Cf. Paulo de Barros Carvalho, *Curso de Direito Tributário*, 13ª ed., São Paulo, Saraiva, 2000, p. 9, V. também Eduardo Marcial Ferreira Jardim, *Manual de Direito Financeiro e Tributário*, 3ª ed., São Paulo, Saraiva, 1996, pp. 71 e ss.
2. Saliente-se que na linguagem legislativa não há igual preocupação com o rigor terminológico.

As *leis* (enunciados escritos) são veículos introdutores de **normas** (comandos implícitos) no ordenamento jurídico.

Classificam-se as normas jurídicas em normas de estrutura e normas de comportamento.

Na Constituição Federal brasileira de 1988, CF/88, predominam as normas jurídicas de estrutura, isto é, as normas que informam o processo de elaboração de outras normas.

A CF/88, frise-se, não cria nem impõe a criação e o aumento de tributos. Limita-se a estabelecer quem poderá institui-los, os fatos que poderão, e como poderão, ser tributados.

A norma instituidora de tributo prescreve o comportamento de dar dinheiro ao Estado (Fisco) e por isso pertence à categoria das denominadas normas de conduta.

Toda norma de conduta contém a descrição genérica e abstrata de um fato e a prescrição de um comportamento que dele deriva (obrigação jurídica).

A parte da norma que descreve o fato gerador da conduta prescrita denomina-se *antecedente normativo* e a parte que prescreve a conduta associada à sua realização, *consequente normativo*. Saliente-se que ambas compõem a estrutura hipotético-condicional de toda e qualquer norma jurídica de conduta e, de conseguinte, das normas que instituem obrigações tributárias.

- **Regra-matriz Incidência Tributária (RMIT)**

Cabe ao legislador infraconstitucional, assim como ao intérprete e aplicador das leis, pautar-se pela interpretação sistemática e harmoniosa das normas constitucionais. No âmbito tributário, convém frisar, pode-se inferir da Lei Maior a norma de conduta constitucionalmente possível de cada espécie e subespécie de tributo, denominada pela doutrina de Regra-Matriz padrão de Incidência Tributária.

De seu turno, a lei ordinária será o instrumento hábil a introduzir no ordenamento jurídico a norma instituidora do tributo – a norma de conduta, propriamente dita, denominada Regra-matriz de Incidência Tributária –, que se presume em plena conformidade com a referida norma padrão de incidência estabelecida pela Lei Maior, acima referida.

Acrescente-se que o antecedente normativo da regra-matriz de incidência tributária, recebe a denominação de *hipótese de incidência tributária*. A propósito, a CF/88, estabelece a *hipótese de incidência constitucionalmente possível* de todos os tributos.

Para ilustrar, vejamos a regra-matriz de incidência do Imposto sobre a Renda (IR). Sua hipótese de incidência será o fato de "alguém auferir renda – entenda-se, acréscimo patrimonial –, no Brasil, ou no exterior, ao término de determinado período". O respectivo consequente normativo será a prescrição da conduta de dar dinheiro ao Estado (Fisco).

O estudo analítico da norma tributária enseja maiores especificações. Vejamos.

A hipótese de incidência da Regra Matriz Tributária (norma de incidência constitucionalmente possível) poderá ser examinada sob os aspectos *material*, *temporal* e *espacial*. De igual modo, ter-se-á um exame mais minucioso dos aspectos de seu consequente normativo, o *pessoal* e o *quantitativo*.

Retomando o exemplo hipotético da RMIT do Imposto sobre a Renda, pode-se dizer que os aspectos da sua Hipótese de Incidência Tributária são a *aquisição de acréscimo patrimonial*, (aspecto material), no Brasil ou no Exterior (aspecto espacial), no dia 31 de dezembro de cada ano (aspecto temporal).

No seu consequente normativo, a União (sujeito ativo) e a pessoa que auferir renda (sujeito passivo) perfazem o aspecto pessoal, ou subjetivo; o acréscimo patrimonial (base de cálculo) e a alíquota fixada em lei para o respectivo cálculo compõem o critério quantitativo.

Essas noções doutrinárias são especialmente úteis ao exercício da advocacia, pois asseguram uma adequada compreensão das Limitações Constitucionais ao Poder de Tributar e, de conseguinte, a defesa mais precisa e qualitativa dos Direitos e Garantias Constitucionais do Contribuinte, em geral, seu melhor cliente, pois, na maioria das vezes será possível demonstrar, ao pleitear a tutela jurisdicional, ameaça ou violação ao regime jurídico constitucional tributário, sem necessidade de dilação probatória.

2.3 TRIBUTO E OBRIGAÇÃO TRIBUTÁRIA, SEGUNDO O CTN/66

A Lei n. 5.172, de 1966, disciplina matéria de legislação tributária. Denominada Código Tributário Nacional, contém normas gerais que alcançam todas as esferas de governo. Neste item, destacaremos as que dispõem sobre a (i) definição de tributo, com ênfase nos elementos identificadores da obrigação tributária, a (ii) classificação legal da obrigação tributária em principal e acessória, e correlatas especificações.

2.3.1 Definição de Tributo

O art. 3º, do CTN/66, traz a seguinte definição de tributo, *verbis*:

> **[CTN/66] Art. 3º** Tributo é toda **prestação pecuniária** compulsória, em moeda ou cujo valor nela se possa exprimir, que **não constitua sanção de ato ilícito**, instituída em **lei** e cobrada mediante atividade administrativa plenamente vinculada. *[Grifamos]*

Prestação pecuniária – Trata-se de uma obrigação que tem por objeto a prestação de dinheiro. Entrementes, há redundância nos dizeres "em moeda ou cujo valor nela se possa exprimir", além de redundantes – pois já foi dito que se trata de prestação "pecuniária" –, logo, não compreende prestação de fazer (serviço) nem de dar (bem *in natura*).

Que não constituição sanção de ato ilícito – Tributo não é penalidade (multa fiscal), embora ambos se refiram a obrigações "ex lege". De fato, a lei não cria tributo com finalidade de punir o contribuinte pela prática de um ato ilícito e, se o fizer, será inconstitucional. O tributo, como regra geral, tem finalidade meramente arrecadatória (fiscal), ou seja, visa abastecer os Cofres Públicos, de modo a preservar a existência do próprio Estado de Direito, do qual se espera, em primeiro plano, a segurança jurídica.

Instituída em lei – Em regra, os tributos podem ser instituídos por meio de lei ordinária, mas sempre por lei. A obrigação tributária de dar dinheiro ao Estado, convém frisar, não nasce da vontade das partes desta relação jurídica – sujeitos ativo e passivo. Nasce com a ocorrência no mundo fenomênico da respectiva hipótese de incidência tributária (fato descrito em lei).

A instituição de tributo – ou criação em abstrato de tributo – refere-se à edição de lei em conformidade com o devido processo legislativo – que contenha a precisa descrição do fato lícito (fato gerador da obrigação) e de todos os elementos que perfazem a respectiva relação jurídica obrigacional, ou seja, do credor, do devedor e dos critérios hábeis a apuração do seu objeto, isto é, do crédito/débito (montante) tributário.

Em contrapartida, tem-se o nascimento em concreto do tributo (obrigação tributária) sempre que ocorrer, no mundo fenomênico, o fato que corresponda àquele descrito em lei; como corolário disso, referida obrigação deverá ser devidamente formalizada, para que o montante devido possa ser pago pelo contribuinte (devedor) ou cobrado pelo Fisco (credor), nos termos da lei.

Cobrada mediante atividade plenamente vinculada – Este complemento é despiciendo como critério identificador do tributo, uma vez que a cobrança vinculada é aplicável a todo e qualquer crédito oriundo de obrigações "ex lege".

Ante os comentos expostos, o conceito apresentado pelo legislador, grosso modo, não destoa da definição constitucional de tributo formulada pela doutrina, à luz da vigente Constituição Federal.

2.3.2 Classificação da Obrigação Tributária

De plano, convém ressaltar que o próprio CTN/66, em seu art. 3º, ao definir tributo, prescreve que se trata de uma obrigação de dar dinheiro sem caráter punitivo. Noutras palavras, tributo não se confunde com a multa fiscal, pois, ao contrário desta, decorre da previsão legal de um fato "lícito". Observe-se que uma mesma pessoa poderá figurar ao mesmo tempo como contribuinte e como infrator, sempre que realizar os fatos que correspondam à descrição legal de uma conduta lícita e ilícita, respectivamente. São situações legais distintas, razão pela qual se submetem a distintos regimes jurídicos.

O CTN/66, na sequência, classifica a obrigação tributária em duas categorias – principal e acessória. Considera, para tanto, a obrigação tributária num sentido amplo, priorizando o seu objeto – prestação pecuniária– e, a partir deste critério classificatório, aparta, de um lado, o tributo e a multa fiscal, na categoria de obrigação tributária principal e, doutro lado, aloca, na categoria de obrigação tributária acessória, os deveres legais previstos no interesse da fiscalização e arrecadação de tributos. Noutras palavras, independentemente de sua finalidade – arrecadatória ou punitiva –, a obrigação tributária principal poderá ser empregada para se referir tanto ao tributo como à multa. A obrigação tributária acessória, de seu turno, expressará apenas deveres legais – cujo objeto não seja uma prestação de dar dinheiro – que não resultam de uma conduta ilícita, haja vista sua finalidade de auxiliar na arrecadação e fiscalização de tributos. Transcreva-se:[3]

> **[CTN/66] Art. 113.** A obrigação tributária é principal **ou** acessória.
>
> § 1º. A obrigação **principal** surge com a ocorrência do fato gerador, tem por objeto o **pagamento de tributo ou penalidade pecuniária** e extingue-se juntamente com o crédito dela decorrente.
>
> § 2º. A obrigação **acessória** decorre da legislação tributária e tem por objeto as **prestações, positivas ou negativas**, nela previstas no interesse da arrecadação ou da fiscalização dos tributos. *[Grifamos]*

Convém frisar que, embora ambas sejam obrigação de dar dinheiro, *tributo* e *obrigação tributária* não são, a rigor, expressões equivalentes, haja vista que a obrigação tributária referente ao tributo decorre de um fato lícito – em conformidade com o disposto no art. 3º do CTN/66 – e a da multa, de um fato ilícito. Sob esse prisma, é passível de crítica o disposto no § 1º do art. 113, quando insere institutos distintos – tributo e multa – dentro de uma mesma categoria, sob a denominação de obrigação tributária principal.

Com efeito, depreende-se, pois, do dispositivo acima transcrito, que a obrigação tributária "principal" pode ser empregada para designar a obrigação "ex lege" que tenha por objeto o (a) pagamento de tributo, em decorrência de um fato lícito (*v.g*, "realizar operação mercantil"), como também a obrigação

3. Para se abster de uma comparação superficial com a classificação da obrigação civil em "principal" e "acessória", recomenda-se a análise desse dispositivo à luz da Teoria Geral do Direito.

"ex lege" que tenha por objeto o (b) pagamento de penalidade (multa fiscal), decorrente do descumprimento (b.1) de um dever "ex lege", p. ex., "não emitir nota fiscal" ao realizar operação mercantil; ou (b.2) de uma obrigação, decorrente do fato de "não pagar tributo" (*v.g.*, o imposto sobre operação mercantil), ou do fato de "não pagar multa fiscal".

Vimos que o tributo é uma prestação pecuniária compulsória que "não constitui sanção de ato ilícito". Aliás, oportunamente veremos que o próprio CTN/66, (art. 157), reconhece a distinção entre tributo e multa, ao dispor que a imposição de penalidade não ilide o pagamento integral do crédito tributário, referindo-se ao crédito do tributo, propriamente dito. Visando a harmonizar o disposto no art. 3º do CTN/66, com a referida classificação da obrigação tributária (art. 113, do CTN/66), pode-se dizer que, no primeiro caso, tem-se a acepção de obrigação tributária num sentido estrito (sem cunho punitivo), referindo-se apenas ao tributo e, num sentido mais amplo – levando-se em conta o objeto da prestação obrigacional, qual seja "dinheiro" –, emprega-se a expressão obrigações tributária "principal", para designar tanto o tributo quanto à multa fiscal.

Demais disso, referido preceptivo didático (art. 113) não prestigia a distinção doutrinária entre "obrigação" e "dever", segundo a qual a primeira tem como objeto uma prestação de cunho patrimonial e a segunda, não. Nada obstante, com esteio num estudo analítico do Direito, é possível traçar a distinção entre "obrigação jurídica" e "dever legal", conforme seu objeto configure ou não, respectivamente, uma prestação patrimonial. Sob esse enfoque, as chamadas *obrigações tributárias acessórias* não são, a rigor, obrigações jurídicas, mas, sim, meros deveres legais, uma vez seu objeto é desprovido de caráter patrimonial, ainda que seu cumprimento possa consubstanciar, indiretamente, um oneroso fardo tributário. Acrescente-se, ainda, que as obrigações tributárias acessórias nascem de uma situação lícita que nem sempre coincide com o fato gerador do tributo. Noutras palavras, o nascimento da obrigação tributária acessória não está vinculado ao nascimento da obrigação tributária principal, de modo que também não há razão para serem designadas de "acessórias",[4] mas tão-somente de deveres legais.

Em breve síntese, o CTN/66, ao eleger a "prestação" pecuniária como critério discriminatório das obrigações tributárias "principal" e "acessória", não se preocupou com a relevância da distinção jurídica entre "obrigação" e "dever", mas, tão-somente, com o fato de que a obrigação "principal", ao contrário da "acessória", abastece os cofres públicos, seja por meio da arrecadação de tributos, seja por meio das multas fiscais. Nesse amplo sentido, ambas comportam créditos tributários.

4. Por tais razões, Paulo de Barros Carvalho prefere designá-las de "deveres instrumentais formais". *In Curso de Direito Tributário*, 13a ed., p. 172.

Segue abaixo um quadro sinótico para melhor ressaltar as semelhanças e dessemelhanças entre as obrigações tributárias, principal e acessória, segundo o critério classificatório adotado pelo CTN/66, ora em comento.

- **Quadro Sinótico**

Obrigação Tributária Principal (tributo / multa fiscal)	**Obrigação Tributária Acessória (deveres fiscais)**
Nasce com a ocorrência do fato lícito (tributo) ou ilícito (multa fiscal) previsto em lei	Nasce com a ocorrência de fato lícito previsto em lei
Sujeito passivo: Contribuinte (tributo) Infrator (multa fiscal)	Sujeição passiva: Contribuinte ou terceiros
Objeto: dar "dinheiro" ao Estado (positiva)	Objeto: prestações positivas (fazer, exceto prestar serviços ou dar dinheiro ou bem "in natura") ou negativas (não fazer)
Finalidade: arrecadar dinheiro (tributo) ou punitiva (multa fiscal)	Finalidade: auxiliar o Fisco na fiscalização e arrecadação de tributos
Exemplos de fatos que geram obrigação legal de dar dinheiro: – *auferir renda*: pagar o Imposto sobre a Renda – *praticar operações mercantis*: pagar o imposto sobre circulação de mercadorias (ICMS) – *não pagar o tributo devido*: pagar a respectiva multa fiscal – não cumprir a obrigação acessória (multa fiscal)	Exemplos de fatos que geram deveres legais: – *receber rendimento tributáveis*: apresentar declaração de renda – *praticar operação mercantil*: não vender mercadoria sem nota fiscal – *ser pessoa jurídica, mesmo se gozar de imunidade ou isenção tributária*: manter a escrituração de receitas e despesas em livros próprios

Compreendida a distinção entre tributo, multa e deveres legais, vejamos o que dispõe as normas gerais veiculadas pelo CTN/66, acerca dos fatos geradores das referidas obrigações tributárias.

2.3.3 Fato gerador da obrigação tributária

A obrigação tributária – seja principal ou acessória – deve estar prevista em lei, afinal, como garantia da inviolabilidade do direito à vida, à liberdade, à igualdade, à segurança e à propriedade, a Lei Maior estabelece que ninguém será obrigado a fazer ou deixar de fazer alguma coisa senão em virtude de lei e que todos são iguais perante a lei (art. 5º, I e II). Sem perder de vista esta diretriz constitucional, as obrigações tributárias e respectivos fatos geradores hão de estar previstos em lei. Nesses termos, poderão ser exigidas na forma da legislação aplicável, conforme explicitado por lei infraconstitucional de âmbito nacional, *verbis*:

> **[CTN/66] Art. 114.** Fato gerador da obrigação principal é a situação definida em **lei** como necessária e suficiente à sua ocorrência. *[Grifamos]*
>
> **[CTN/66] Art. 115.** Fato gerador da obrigação acessória é qualquer situação que, **na forma da legislação aplicável**, impõe a prática ou a abstenção de ato que não configure obrigação principal. *[Grifamos]*

Nessa esteira, cumpre trazer a contexto as normas gerais constantes do CTN/66, acerca do fato gerador da obrigação tributária referente ao tributo, propriamente dito.

- **Situação de Fato e Situação Jurídica**

O CTN/66, após prescrever que tributo é uma prestação pecuniária que não constitui sanção de ato ilícito (art. 3º), explicita que o fato gerador da obrigação tributária em sentido estrito (tributo) poderá ser situação de fato ou situação jurídica (art. 116). A esse respeito, cumpre tecer algumas considerações. Vejamos.

A situação de fato é aquela que se exterioriza por determinadas circunstâncias materiais, cuja ocorrência a lei considera suficiente para irradiar efeitos no mundo jurídico. O fato gerador do imposto "causa mortis", por exemplo, é uma situação de fato prevista em lei que compreende determinadas circunstâncias materiais, tais como a (i) morte de pessoa física (ii) possuidora de bens e direitos passíveis de sucessão e a (iii) existência de sucessores, legítimos ou testamentários.

De seu turno, entende-se por "situação jurídica" aquela que se assemelha a um instituto jurídico, uma vez que resulta de uma disciplina normativa específica, cuja observância gera efeitos jurídicos. O fato gerador do Imposto sobre a Transmissão onerosa de Bens Imóveis (ITBI), por exemplo, reporta-se a determinada situação jurídica (transmissão imobiliária), que somente se perfaz com observância de determinado procedimento previsto em lei, tais como a realização de escritura pública e do respectivo registro em Cartório de Registro de Imóveis.

Transcreva-se, por oportuno:

> **[CTN/66] Art. 116.** Salvo disposição de lei em contrário, considera-se ocorrido o fato gerador e existentes os seus efeitos:

> I – tratando-se de **situação de fato**, desde o momento em que se verifiquem as circunstâncias materiais necessárias a que produza os efeitos que normalmente lhe são próprios;
>
> II – tratando-se de **situação jurídica**, desde o momento em que esteja definitivamente constituída, nos termos de direito aplicável.
>
> Parágrafo único. A **autoridade administrativa** poderá **desconsiderar** atos ou negócios jurídicos **praticados** com a finalidade de **dissimular** a ocorrência do **fato gerador** do tributo ou a natureza dos elementos constitutivos da obrigação tributária, **observados os procedimentos a serem estabelecidos em lei ordinária**. *[Grifamos]*

Ressalta-se que esse dispositivo legal contém norma geral a respeito de um tema que reascende debates no cenário jurídico, pois permite à autoridade administrativa apurar e desconsiderar a existência de ato ou negócios praticados com o escopo de encobrir a ocorrência do fato gerador do tributo. Convém frisar, no entanto, que o disposto no citado parágrafo único não é autoaplicável, pois, conforme prescreve, caberá à lei ordinária federal, estadual, distrital e municipal estabelecer os procedimentos que deverão ser observados para sua regular aplicação nas respectivas esferas de governo.

A respeito da dissimulação, por oportuno, dispõe o vigente Código Civil – Lei n. 10.406, de 10.01.2002 –, *verbis*:

> **[CÓDIGO CIVIL] Art. 167.** É **nulo** o negócio jurídico **simulado**, mas **subsistirá o que se dissimulou**, **se** válido for na substância e na forma.
>
> § 1º **Haverá simulação** nos negócios jurídicos quando:
>
> I – aparentarem conferir ou transmitir direitos a pessoas **diversas** daquelas às quais realmente se conferem, ou transmitem;
>
> II – contiverem declaração, confissão, condição ou cláusula **não verdadeira**;
>
> III – os instrumentos particulares forem **antedatados, ou pós-datados.**
>
> § 2º **Ressalvam-se** os direitos de **terceiros de boa-fé** em face dos contraentes do negócio jurídico simulado. *[Grifamos]*

Para ilustrar as razões pelas quais esse assunto é polêmico, vejamos a seguinte situação hipotética.[5] A compra e venda de imóvel é sujeita ao Imposto municipal sobre Transmissão Imobiliária (ITBI). O ganho de capital (lucro) obtido na venda imobiliária, de sua vez, sujeita-se à incidência do Imposto sobre a Renda (IR). Com a suposta finalidade de dissimular a ocorrência do referido imposto, determinado alienante declara ter realizado a doação de seu imóvel

5. V. a respeito, Nélson Monteiro Neto, "Ato fraudulento e alcance do poder impositivo do Fisco (novo parágrafo único do art. 116 do CTN)", *IOB* 1/15.732, São Paulo, IOB, 1ª quinzena de março/2001.

a terceiro. Diante disso, a autoridade administrativa federal, em conformidade com o procedimento previsto em lei específica, terá a árdua tarefa de detectar e comprovar a falsidade da referida declaração, com vistas a desconsiderar os efeitos do respectivo negócio jurídico e a proceder à correta qualificação jurídica da situação efetivamente verificada no mundo fenomênico, qual seja a ocorrência de compra e venda, ensejadora do ITBI e a existência de eventual ganho de capital tributável pelo IR. Ainda nesse cenário hipotético, a autoridade administrativa estadual poderá indeferir eventual pedido de restituição do Imposto sobre Doações, com fulcro no disposto no art. 118, do CTN/66, que será examinado mais adiante.

- **Atos ou negócios jurídicos condicionais**

Vimos que o CTN/66, ao dispor sobre o fato gerador da obrigação tributária em sentido estrito (tributo), estabelece que poderá ser situação de fato ou situação jurídica (art. 116). Impende, pois, salientar o momento em que ocorrerá o fato gerador da obrigação tributária, quando se tratar de negócio jurídico condicionado a causa suspensiva ou resolutiva. Registre-se:

> **[CTN/66] Art. 117.** Para os efeitos do **inciso II do artigo anterior** e salvo disposição de lei em contrário, os atos ou negócios jurídicos condicionais **reputam-se perfeitos e acabados**:
>
> I – sendo **suspensiva** a condição, desde o momento de seu implemento;
>
> II – sendo **resolutória** a condição, desde o momento da prática do ato ou da celebração do negócio. *[Grifamos]*

Note-se que, na pendência de condição suspensiva, não se concretiza o fato gerador do tributo; significa dizer que somente após o implemento da condição suspensiva haverá a incidência da norma tributária e o correlato nascimento da obrigação tributária. Por exemplo, doação de um veículo condicionada à obtenção da Carteira Nacional de Trânsito (CNH). O fato gerador do Imposto sobre Doações é uma situação jurídica, qual seja, a doação de quaisquer bens ou direitos. No caso em apreço, está situação jurídica refere-se à doação condicionada a uma causa suspensiva. Logo, não haverá incidência do referido imposto na pendência desta causa suspensiva, mas somente se e quando ocorrer a doação do veículo.

A condição resolutiva, diversamente, não tem o condão de impedir ou suspender o nascimento da obrigação tributária, de modo que a norma tributária incidirá tão logo se realize o ato ou negócio jurídico e o imposto será devido ainda que, no futuro, o negócio seja desfeito em razão do inadimplemento da condição. Cite-se, como exemplo hipotético, doação realizada sob condição resolutiva, qual seja a não aprovação na prova exigida para obtenção da Carteira

Nacional de Trânsito (CNH). O fato gerador do Imposto sobre Doações é a transmissão, por mera liberalidade, de quaisquer bens ou direitos (doação). No caso em apreço, o referido fato gerador ocorreu, pois houve a doação do veículo, ainda que possa ser desfeita com o advento da causa resolutiva (não aprovação do donatário no referido exame), contratualmente prevista. Acrescente-se que, sendo revogada a doação em virtude da inexecução do encargo, o imposto que fora pago não será devolvido, em face do disposto no art. 118, do CTN/66, objeto do próximo item.

- **Tributo não é sanção de ato ilícito – Princípio do "non olet"**

Conforme já restou mencionado, o "Fato gerador da obrigação principal é a situação definida em lei como necessária e suficiente à sua ocorrência", (art. 114, do CTN/88). De conseguinte, uma vez realizado no mundo fenomênico o fato lícito descrito em lei, nascerá a respectiva obrigação tributária, ainda que, posteriormente, seja desfeita a presunção de validade jurídica dos atos praticados desfeita, e independentemente dos efeitos dos fatos efetivamente ocorridos. Transcreva-se:

> **[CTN/66] Art. 118.** A definição legal do fato gerador é interpretada **abstraindo-se**:
>
> I – da **validade jurídica** dos atos efetivamente praticados pelos contribuintes, responsáveis, ou terceiros, bem como da **natureza** do seu objeto ou dos seus **efeitos**;
>
> II – dos **efeitos dos fatos** efetivamente ocorridos. *[Grifamos]*

O princípio do "non olet" (tributo não tem cheiro) em tese, encontra amparo no princípio constitucional da legalidade-isonômica, segundo o qual todos são iguais perante a lei, de modo que, realizando o fato nela descrito, arcarão com a mesma consequência.

A Lei Complementar n. 214, de 16 de janeiro de 2025 (LC 214/25), vale gizar, autoriza a incidência do Imposto sobre Bens e Serviços (IBS) e da Contribuição sobre Bens e Serviços (CBS), quando houver "omissão de receitas", ou seja, ante à ocorrência de fato ilícito, do qual se presume o auferimento de rendas tributáveis. Deveras, dentre seus fatos geradores, destaca-se o descumprimento do dever de colaboração do particular consistente em apresentar documentação idônea para aferição da origem dos recursos utilizados nas operações sujeitas ao IBS e à CBS. Transcreva-se:

> Art. 335. Caracteriza **omissão de receita** e ocorrência de operações **sujeitas à incidência da CBS e do IBS**:
>
> (...)

> VII - valores creditados em conta de depósito ou de investimento mantida em instituição financeira, em relação aos quais o **titular**, pessoa física ou jurídica, regularmente intimado, **não comprove, mediante documentação idônea, a origem dos recursos** utilizados nessas operações;
>
> VIII - suprimento de caixa fornecido à empresa por administrador, sócio, titular da firma individual, acionista controlador da companhia, inclusive por terceiros, **se a efetividade da entrega e a origem dos recursos não forem satisfatoriamente demonstrados**;
>
> (...)
>
> § 1º O valor da **receita omitida** para apuração de **tributos federais e do IBS**, inclusive por presunções legais específicas, será considerado na determinação da **base de cálculo** para o lançamento **da CBS e do IBS**.
>
> § 2º Caberá ao sujeito passivo o **ônus da prova** de desconstituição das presunções de que trata este artigo. *[Grifamos]*

A propósito, convém relembrar que tributo não é multa – isto é, a lei não cria tributo com a finalidade de punir o contribuinte pela prática de um ato *ilícito*, mas sim com o objetivo de arrecadar dinheiro para abastecer os cofres públicos. A multa fiscal, de seu turno, não tem finalidade arrecadatória, somente punitiva.

Nesses termos, o fato gerador do tributo poderá ser ação ou situação lícita descrita em lei. Cite-se como exemplos: o fato lícito de (i) "alguém auferir renda"; (ii) ser proprietário de um veículo automotor; (iii) ser usuário do serviço público específico e divisível, como o de fornecimento domiciliar de água potável. Note-se que fatos ilícitos não podem figurar como fato gerador de tributo. De conseguinte, é irrelevante, para fins de nascimento da respectiva obrigação tributária, a origem da renda auferida ou do dinheiro empregado para a aquisição de bens móveis ou imóveis. Como corolário disso, será devido o tributo sempre que realizado o respectivo fato gerador, ainda que, *a posteriori*, seja comprovada a origem ilícita da renda auferida ou do dinheiro empregado para a compra de bens móveis ou imóveis. Doutro lado, será inconstitucional o tributo cujo fato gerador seja ação ou situação ilícita. Cite-se como exemplos: o fato ilícito de "alguém auferir renda, mediante a prática de furto" ou "ser proprietário de um veículo automotor comprado com dinheiro proveniente de lavagem de dinheiro".

2.3.4 Sujeitos da obrigação tributária principal e acessória

O sujeito ativo da obrigação tributária, seja esta principal ou acessória, é a pessoa titular do dever legal de exigir do sujeito passivo o cumprimento da respectiva prestação obrigacional. A aptidão para cobrar e fiscalizar tributos configura o exercício de função pública, razão pela qual, salvo disposição legal em sentido contrário, há de ser exercida pelo próprio titular da competência tributária para instituir o respectivo tributo. Vejamos o que dispõe a lei infraconstitucional a esse respeito, *verbis*:

> **[CTN/66] Art. 119.** Sujeito **ativo** da obrigação é a pessoa jurídica de direito público, titular da competência para **exigir** o seu cumprimento.
>
> **[CTN/66] Art. 120.** Salvo disposição de lei em contrário, a pessoa jurídica de direito público, que se constituir pelo desmembramento territorial de outra, sub-roga-se nos direitos desta, cuja legislação tributária aplicará até que entre em vigor a sua própria.

Cite-se, para ilustrar, o disposto a Lei Complementar n. 214, de 16 janeiro de 2025 (LC 214/25) acerca das obrigações acessórias relativas ao Imposto sobre Bens e Serviços (IBS) e da Contribuição sobre Bens e Serviços (CBS) incidentes sobre operações com bens imóveis realizadas por contribuintes, submetidos ao regime regular previsto na referida lei para sua apuração. Exige-se, p. ex., que os bens imóveis urbanos e rurais sejam inscritos no Cadastro Imobiliário Brasileiro (CIB), integrante do Sistema Nacional de Gestão de Informações Territoriais (SINTER). Demais disso, faculta-se ao Comitê Gestor do IBS e à Receita Federal do Brasil (RFB) estabelecer, mediante ato conjunto, outras obrigações acessórias no interesse da fiscalização e da administração tributária, para terceiros relacionados a essas operações, inclusive tabeliães, registradores de imóveis e juntas comerciais (arts. 265 e 268).

O sujeito passivo da obrigação tributária, seja esta principal ou acessória, será apenas e tão-somente a pessoa expressamente designada pela lei da respectiva pessoa política competente para tributar. Sob essa diretriz, vejamos o que dispõe a lei infraconstitucional a esse respeito, *verbis*:

> **[CTN/66] Art. 121.** Sujeito **passivo** da obrigação **principal** é a pessoa obrigada ao **pagamento** de tributo ou penalidade pecuniária.
>
> Parágrafo único. O sujeito **passivo** da obrigação **principal** diz-se:
>
> I – **contribuinte**, quando tenha relação pessoal e direta com a situação que constitua o respectivo fato gerador;
>
> II – **responsável**, quando, sem revestir a condição de contribuinte, sua obrigação decorra de disposição expressa de lei. *[Grifamos]*
>
> **[CTN/66] Art. 122.** Sujeito **passivo** da obrigação **acessória** é a pessoa obrigada às **prestações** que constituam o seu objeto. *[Grifamos]*

Como corolário, a vontade das partes ou de terceiros não tem o condão de modificar o polo passivo legalmente previsto em lei, *verbis*:

> **[CTN/66] Art. 123.** Salvo disposições de lei em contrário, as **convenções particulares**, relativas à responsabilidade pelo pagamento de tributos, **não**

> podem ser opostas à Fazenda Pública, para **modificar** a definição **legal** do sujeito **passivo** das obrigações tributárias correspondentes. *[Grifamos]*

Doutrina

• Rigor terminológico

A ciência em geral qualifica-se pelo rigor terminológico. Sob o viés da Ciência do Direito Financeiro, cujo objeto é estudo das normas que disciplinam o orçamento público, o conceito de tributo assume feição distinta, qual seja a de receita pública derivada, ou seja, coercitivamente oriunda da esfera privada – entenda-se do patrimônio particular – por determinação estatal. Vejamos, pois, nessa seara, as palavras de Geraldo Ataliba[6] acerca da classificação das receitas públicas em originárias e derivadas, *verbis*:

> Costuma a doutrina classificar as receitas em: originárias e derivadas, conforme provenham da exploração, pelo Estado, de seus instrumentos (bens ou serviços), ou provenham do uso de seu poder de constranger os submetidos à sua força(sic) ao concurso compulsório.
>
> Estas duas formas se viabilizam mediante **duas fórmulas jurídicas distintas**: a contratação de venda de bens e serviços, ou a imposição unilateral de uma obrigação jurídica, com fundamento no poder público, manejado pelo Estado.
>
> A **primeira** se rege pelo princípio geral informativo dos contratos: **autonomia da vontade.**
>
> Seu critério é o do *ut des*.
>
> Tais receitas são também designadas pela doutrina como **patrimoniais ou "de direito privado"**.
>
> É que os princípios que as regem são os mesmos aplicáveis aos contratos privados, aos quais as pessoas aderem livremente.
>
> Esta distinção é puramente jurídica e decorre da natureza jurídica da relação que se estabelece entre o Estado e a pessoa que entrega o dinheiro aos cofres públicos.
>
> A relação jurídica privada, que dá lugar às **entradas originárias**, é determinada pela vontade livre das partes, ao contrário da relação jurídica que determinam as entradas **chamadas derivadas**, lesão coativamente estabelecidas.

6. Geraldo Ataliba, *Apontamentos de Ciência das Finanças, Direito Financeiro e Tributário*, São Paulo, ed. RT, 1969, pp. 26-27.

> Esta nomenclatura nasceu da consideração de que umas receitas se originam do próprio patrimônio público, de seu uso e exploração, pelo Estado, com a finalidade de auferir receitas: daí a designação *receitas originárias*. Doutro lado, as restantes receitas são **derivadas** do patrimônio das pessoas privadas, mediante **compulsão legal**. *[Grifamos]*

• Conceito de tributo

A Constituição Federal de 1988, CF/88, não define nem conceitua "expressamente" tributo. Cabe ao intérprete e aplicador do Direito, portanto, desvendar o conceito de tributo que, ancorado nas vigas mestras da Lei Maior, terá prevalência no ordenamento jurídico. A esse respeito, leciona Geraldo Ataliba,[7] *verbis*:

> Direitos **constitucionalmente pressupostos ou definidos** não podem ser "redefinidos" por lei. Admiti-lo é conferir que as demarcações constitucionais corram o risco de ter sua eficácia comprometida.
>
> (...)
>
> 9.4 Constrói-se o **conceito jurídico-positivo de tributo** pela observação e análise das normas jurídicas constitucionais.
>
> A verificação da **universidade e constância de um fenômeno**, pelo cientista, leva-o a concluir pelo reconhecimento de uma categoria, à qual, para efeito de síntese, dá uma designação. A **Constituição de 1988** adota um preciso – embora **implícito** – conceito de tributo. *[Grifamos]*

• Hipótese de Incidência Tributária e Fato Imponível

A norma instituidora de tributo descreve um fato e prescreve a respectiva consequência. A ocorrência desse fato no mundo físico, enseja o nascimento à obrigação tributária em concreto. Vejamos, pois, as lições de Geraldo Ataliba[8] acerca da distinção entre hipótese de incidência tributária e fato imponível, *verbis*:

> 22.1 A hipótese de incidência é a **descrição hipotética e abstrata de um fato**. É **parte** da norma tributária. É o meio pelo qual o legislador institui um tributo. Está criado um tributo desde que a lei descreva sua h.i., a ela associando o mandamento "pague".
>
> (...).
>
> 23.1 **Fato imponível** é o fato concreto, localizado no tempo e no espaço, acontecido efetivamente no universo fenomênico, que – por corresponder

---

7. Geraldo Ataliba, *Hipótese de Incidência Tributária*, 6ª ed., 9ª tir., São Paulo, Malheiros Editores, 2008, p. 33.
8. Idem, p. 65.

rigorosamente à descrição prévia, hipoteticamente formulada pela h.i. legal – dá nascimento à obrigação tributária.

Cada fato imponível determina o nascimento de uma obrigação tributária. (...).

28.2 Pois esta categoria ou protótipo (hipótese de incidência) se apresenta sob **variados aspectos**, cuja reunião lhe dá entidade. Tais aspectos não vêm necessariamente arrolados de forma explícita e integrada na lei. Pode haver – e tal é o caso mais raro – uma lei que os enumere e especifique a todos, mas, normalmente, os aspectos integrativos da hipótese de incidência estão **esparsos na lei**, ou em diversas leis, sendo que muitos estão **implícitos** no sistema jurídico. Esta multiplicidade de aspectos não prejudica, como visto, o caráter unitário e indivisível da hipótese de incidência. Percebe-o o jurista, utilizando o instrumental da **ciência do Direito.**

(...).

28.13 São, pois, aspectos da hipótese de incidência as qualidades que esta tem de determinar hipoteticamente os **sujeitos** da obrigação tributária, bem como seu **conteúdo** substancial, **local** e **momento** de nascimento. Daí designarmos os aspectos essenciais da hipótese de incidência por: (a) aspecto pessoal; (b) aspecto material; (c) aspecto temporal; e (d) aspecto espacial;

(...).

28.19 Ao **intérprete** cabe reconhecer e identificar os diversos aspectos da h.i., aplicando as noções científicas no seu trabalho exegético. Não incumbe ao legislador desdobrar sinoticamente, de forma didática, seus comandos e preceitos, esquematizando-os para facilitar a tarefa do hermeneuta. O **legislador não é cientista, nem didata.** Esgota sua tarefa formulando a hipótese e o respectivo comando, como melhor lhe pareça.[9]

Acrescente-se que "fato gerador em abstrato" e "hipótese de incidência tributária" são expressões equivalentes. De seu turno, as expressões "fato imponível" e "fato jurídico tributário" poderão ser empregadas para designar o "fato gerador em concreto", ou seja, aquele fato verificado no mundo fenomênico que se subsumi à hipótese de incidência tributária.

9. Idem, pp. 66, 68, 74, 76, 78 e 79. Cf. Paulo de Barros Carvalho, *Curso de Direito Tributário*, 13ª ed., pp. 73 e ss.

- **Erro na denominação legal do Tributo**

No que tange à eventual atribuição de denominação legal do tributo em discrepância com sua natureza jurídica específica, assim sintetizou Aliomar Baleeiro,[10] *verbis*:

> A recíproca também foi proclamada pelo STF: o **erro na denominação** do tributo **não prejudica a sua legalidade** se, pelo fato gerador, ele se insere razoavelmente na **competência** da pessoa de direito público que o decretou com *nomen iuris* impróprio (por exemplo, Súmula n. 306 do STF). *[Grifamos]*

- **Tributação de fato ilícito e o Princípio do "non olet"**

Ainda quanto à denominação atribuída ao tributo pela lei, assim sintetizou Amílcar Falcão,[11] *verbis*:

> As expressões *non olet*, no exto usadas por Hensel e de que Bühler se servira para designar o "princípio do *non olet*" – "das Prinzip des non olet" (..) – , são atribuídas a Vespasiano, em resposta a seu filho Tito que lhe sugeria extinguir o imposto, então criado, sobre as cloacas ou mictórios públicos – ou ironicamente chamados de *monumenta Vespasiani* ou simplesmente *Vespasiani*. Quis o Imperador romano dêsse modo significar que o dinheiro não tem cheiro, importando essencialmente ao Estado o emprego que faça dos seus tributos e não a circunstância de que provenham. Claro está que, na sua **versão atual**, as expressões perderam o conteúdo cínico da anedota, para se penetrar de **alto sentido ético**, qual o de procurar atingir isonomamente a **capacidade econômica do contribuinte** sem preconceitos falsos ou ingênuos pruridos de sentimentalismo piegas quanto ilicitude da atividade que constitua o fato gerador do tributo. *[Grifamos]*

No que concerne à *intributabilidade dos comportamentos ilícitos*, argumenta Misabel Derzi[12], *verbis*:

> Parece-nos ter havido evolução no sentido de não mais se admitir a irrelevância da ilicitude. *Non olet*! A contrário, deve-se sustentar a intributabilidade dos bens, valores e direitos oriundos de atividades ilícitas. (...).
>
> Imposto poderá incidir sobre a ostentação de riqueza ou o crescimento patrimonial incompatíveis com a renda declarada, no pressuposto de ter

10. Aliomar Baleeiro, *Direito Tributário Brasileiro*, 11ª ed., Rio de Janeiro, Forense, 2000, p. 64.
11. Amílcar Falcão, *Fato Gerador da Obrigação Tributária*, 1ª ed., Rio de Janeiro, Financeiras, 1964, p. 97.
12. Misabel Derzi, "Notas de Atualização" ao *Direito Tributário Brasileiro*, de Aliomar Baleeiro, 11ª ed., Rio de Janeiro, Forense, 2000, nota 3, pp. 715-716.

> havido anterior omissão de receita. **Receita, em tese, de origem lícita, porém nunca comprovadamente criminosa não seria ético**, conhecendo o Estado a origem criminosa dos bens e direitos, que legitimasse a ilicitude, associando-se ao delinquente e dele cobrando uma quota, a título de tributo.
>
> Portanto, põe-se **alternativas excludentes**, ou a origem dos recursos é **lícita**, cobrando-se em consequência o tributo devido e sonegado, por meio da execução fiscal, ou é **ilícita**, sendo cabível o perdimento dos bens e recursos, fruto da infração. *[Grifamos]*

- **Obrigação Tributária Acessória**

Quanto às obrigações acessórias, leciona Roque Antonio Carrazza,[13] *verbis*:

> Entendemos que os decretos, as portarias, os atos administrativos em geral, só podem existir para tornar efetivo o cumprimento dos deveres instrumentais criados pela **lei**. Assim, v.g., se ela obriga uma classe de comerciantes a manter livros iscais, pode o decreto regulamentar estabelecer o tipo, o tamanho e o modelo dos mesmos, bem como a forma de preenchê-los, de modo a facilitar-lhes o manuseio.
>
> (...).
>
> (...). **Repugna ao senso jurídico** que uma pessoa possa ser compelida a pagar **multa** com base no não-acatamento de um **dever** criado por norma jurídica **infralegal**.
>
> (...).
>
> Com estas ponderações, fácil é percebermos que não é só o tributo (obrigação tributária) que se submete ao **princípio da legalidade** os deveres instrumentais tributários (que a doutrina tradicional, seguindo nas sendas do Código Tributário Nacional, chama, impropriamente, de "obrigações acessórias") também a ele se subsumem, (...). *[Grifamos]*

Vejamos agora a jurisprudência referente aos temas abordados neste capítulo.

Jurisprudência

- **Elisão e Evasão Fiscal – Desconsideração dos Negócios Jurídicos (art. 116, parágrafo único, do CTN/66)**

Elisão fiscal é o meio lícito de que dispõe o virtual contribuinte, abstendo-se de realizar o fato imponível, ou realizando fato jurídico diverso, para evitar o nascimento da obrigação tributária ou obter uma carga tributária menor,

13. Roque Antonio Carrazza, *Curso de Direito Tributário Brasileiro*, de Aliomar Baleeiro, 24ªª ed., Rio de Janeiro, Forense, 2008, nota 3, pp. 334-336.

respectivamente. *Evasão fiscal*, por outro lado, é o ato ou processo de dissimular a ocorrência de fatos imponíveis com o escopo de eximir-se da respectiva carga tributária. Noutras palavras, elisão equivale a fazer uso do planejamento tributário para não ser tributado ou para sofrer uma tributação menos onerosa, enquanto a evasão implica sonegar tributos devidos.

A autoridade administrativa poderá desconsiderar os atos ou negócios realizados pelo contribuinte com o intuito de evadir-se do cumprimento das obrigações tributárias, (parágrafo único do art. 116, do CTN/66). Conforme já decidiu a Suprema Corte em 2022, (ADI 2446), referido dispositivo legal – cuja eficácia plena depende de lei específica para estabelecer procedimentos a serem seguidos – não veda a possibilidade de fazer uso do planejamento tributário, mas apenas autoriza o Fisco a aplicar base de cálculo e alíquota ao fato gerador previsto em lei (hipótese de incidência tributária) e que tenha efetivamente se materializado (fato imponível), fazendo surgir a obrigação tributária.

Nesta esteira, cite-se a questão submetida à apreciação da Primeira Turma do Superior Tribunal de Justiça (REsp 2026473-SC) que, em 2023, reconheceu ser do fisco o ônus da prova quanto à suposta prática de evasão fiscal pelo contribuinte, *verbis*:

> (...).
>
> 4. A **controvérsia principal** dos autos consiste em saber se agiu bem o Fisco ao promover a **glosa de despesa de ágio** amortizado pela recorrida com fundamento nos arts. 7º e 8º da Lei n. 9.532/1997, sob o argumento de **não ser possível a dedução do ágio** decorrente de operações internas (entre sociedades empresárias dependentes) e mediante o emprego de "empresa-veículo".
>
> 5. **Ágio**, segundo a legislação aplicável na época dos fatos narrados na inicial, consistiria na **escrituração da diferença** (para mais) entre o custo de aquisição do investimento (compra de participação societária) e o valor do patrimônio líquido na época da aquisição (art. 20 do Decreto-Lei n. 1.598/1977).
>
> 6. Em regra, **apenas** quando há a alienação, liquidação, extinção ou baixa do investimento é que o **ágio** a elas vinculado pode ser **deduzido** fiscalmente como custo, para fins de **apuração** de ganho ou perda de capital.
>
> 7. A **exceção** à regra da indedutibilidade do ágio está inserida nos arts. 7º e 8º da Lei n. 9.532/1997, os quais passaram a admitir a **dedução** quando a participação societária é **extinta** em razão de incorporação, fusão ou cisão de sociedades empresárias.
>
> 8. A exposição de motivos da **Medida Provisória** n. 1.602/1997 (convertida na Lei n. 9.532/1997) visou **limitar a dedução** do ágio às hipóteses em que fossem acarretados efeitos econômico-tributários que a justificassem.

9. O **Código Tributário Nacional** autoriza que a autoridade administrativa promova o **lançamento de ofício** quando "se comprove que o sujeito passivo, ou terceiro em benefício daquele, agiu com dolo, fraude ou simulação" (art. 149, VII) e também contém **norma geral antielisiva** (art. 116, parágrafo único), a qual poderia, em última análise, até mesmo justificar a **requalificação de negócios jurídicos ilícitos/dissimulados**, embora prevaleça a orientação de que a "plena eficácia da norma depende de lei ordinária para estabelecer os procedimentos a serem seguidos" (STF, ADI 2446, rel. Min. Carmen Lúcia).

10. Embora seja justificável a preocupação quanto às organizações societárias exclusivamente artificiais, **não é dado à Fazenda**, alegando buscar extrair o "propósito negocial" das operações, **impedir a dedutibilidade**, por si só, do ágio nas hipóteses em que o instituto é decorrente da relação entre "partes dependentes" (ágio interno), ou quando o negócio jurídico é materializado via "empresa-veículo"; ou seja, **não é cabível presumir**, de maneira absoluta, que esses tipos de organizações são desprovidos de fundamento material/econômico.

11. Do ponto de vista lógico-jurídico, as **premissas** em que se baseia o Fisco **não resultam** automaticamente na **conclusão** de que o "ágio interno" ou o ágio resultado de operação com o emprego de "empresa-veículo" **impediria a dedução** do instituto em exame da **base de cálculo do lucro real**, especialmente porque, **até 2014**, a **legislação** era **silente** a esse respeito.

12. Quando desejou excluir, de plano, o ágio interno, o legislador o fez **expressamente** (com a inclusão do art. 22 da Lei n. 12.973/2014), a evidenciar que, anteriormente, **não havia vedação** a ele.

13. Se a preocupação da autoridade administrativa é quanto à existência de **relações exclusivamente artificiais** (como as absolutamente **simuladas**), compete ao **Fisco**, caso a caso, **demonstrar** a artificialidade das operações, mas **jamais pressupor** que o ágio entre partes dependentes ou com o emprego de "empresa-veículo" já seria, por si só, abusivo.

14. No **caso concreto**, adotando o cenário fático narrado na sentença e no acórdão, em razão dos limites impostos pela Súmula 7 do STJ, **não há demonstração** de que as operações entabuladas pela parte recorrida foram atípicas, artificiais ou desprovidas de função social, a ponto de justificar a glosa na dedução do ágio. *[Grifamos]*

• Princípio do "non olet" e alcance do art. 118, I, do CTN/66

Em 2014, a Segunda Turma do Superior Tribunal de Justiça (REsp 1.493.162-DF) decidiu que, declarada a nulidade de negócio jurídico sem a caraterização de dolo das partes, será cabível a restituição do imposto, a despeito do disposto no art. 118, I, do CTN/66, aplicável apenas para permitir a tributação das atividades ilícitas. Considerou-se, no caso, que referida declaração implica o desfazimento do fato gerador do ITBI e, de conseguinte, ilícito o enriquecimento do Estado. Transcreva-se:

> (...).
>
> 2. O **art. 118, I, do CTN** não pode ser interpretado de forma insulada, porquanto pode trazer sérias contradições aos demais dispositivos legais. O princípio do *non olet*, expresso no artigo citado, foi criado por Albert Hensel e Otmar Bühler e **tem como escopo permitir a tributação das atividades ilícitas**. Irrelevante, portanto, para a determinação do fato gerador, a validade jurídica dos atos efetivamente praticados pelos contribuintes.
>
> 3. No caso *sub judice*, houve a **declaração de nulidade do negócio jurídico de compra e venda** de imóvel entabulado pelas partes, **sem** que houvesse **dolo** do recorrido, **tendo-se desfeito o fato gerador do ITBI**. Desse modo, nada mais justo que o **restabelecimento do *statu quo* ante, para que não haja enriquecimento ilícito do Estado**. Na hipótese dos autos trata da declaração de nulidade do próprio fato que gerou a exação, o que não originou benefício econômico para a parte.
>
> 4. Recurso Especial não provido. *[Grifamos]*

- **Princípio do "non olet" – Tributação e Punição**

A Sexta Turma do Superior Tribunal de Justiça (HC 351413-DF) já se manifestou a respeito da possibilidade de tributação sobre valores oriundos de crime, sem prejuízo da responsabilidade penal. Transcreva-se:

> (...).
>
> 1. Sonegação fiscal de lucro advindo de atividade criminosa: "non olet". **Produto de crime subtraído à declaração de rendimentos**: possível caracterização de crime de sonegação fiscal. Precedentes do STF.
> 2. Para o recebimento da denúncia é suficiente a existência de justa causa, entendida como lastro mínimo de materialidade e autoria.
> 3. A **ação penal** está **embasada em lançamento tributário definitivo**, e não apenas em extrato bancário e em laudo econômico-financeiro elaborado unilateralmente – os quais poderão ser devidamente contestados em juízo.
>
> 4. A decisão judicial de quebra de sigilo bancário está devidamente motivada. Ausência de irregularidade.
>
> 5. Ordem denegada. *[Grifamos]*

- **Fundo de Garantia por Tempo de Serviço – FGTS**

O FGTS destina-se, em breve síntese, ao financiamento da habitação, saneamento e infraestrutura. Ressalte-se, todavia, que, segundo o atual entendimento dos Tribunais Superiores, o FGTS não tem natureza tributária, a despeito de ser uma prestação pecuniária, que não constitui sanção de ato ilícito e instituída em lei. Com respaldo nesse posicionamento jurisprudencial, o FGTS – gerido e administrado por um Conselho Curador –, não se submete ao regime jurídico constitucional tributário para sua instituição, arrecadação e fiscalização. Saliente-se que a Súmula n. 353, do Superior Tribunal de Justiça (STJ) preceitua que "As disposições do Código Tributário Nacional não se aplicam às contribuições para o FGTS.".

- **Obrigação Tributária Acessória**

Não obstante o posicionamento doutrinário em sentido contrário, acima referido, o Superior Tribunal de Justiça entende ser válida a exigência de obrigações acessórias por meio de atos infralegais, *verbis*:

> (...) 2. O interesse público na arrecadação e na fiscalização tributária legitima o ente federado a instituir obrigações, aos contribuintes, que tenham por objeto prestações, positivas ou negativas, que visem guarnecer o fisco do maior número de informações possíveis acerca do universo das atividades desenvolvidas pelos sujeitos passivos (artigo 113, do CTN).
>
> 3. É cediço que, entre os deveres instrumentais ou formais, encontram-se "o de escriturar livros, prestar informações, expedir notas fiscais, fazer declarações, promover levantamentos físicos, econômicos ou financeiros, manter dados e documentos à disposição das autoridades administrativas, aceitar a fiscalização periódica de suas atividades, tudo com o objetivo de propiciar ao ente que tributa a verificação do adequado cumprimento da obrigação tributária" (Paulo de Barros Carvalho, in "Curso de Direito Tributário", Ed. Saraiva, 16ª ed., 2004, págs. 288/289).
>
> 4. A relação jurídica tributária refere-se não só à obrigação tributária stricto sensu (obrigação tributária principal), como ao conjunto de deveres instrumentais (positivos ou negativos) que a viabilizam.
>
> 5. A Municipalidade é a entidade legiferante competente para a instituição do tributo em tela (ISSQN), exsurgindo, como consectário, sua competência para, mediante legislação tributária **(inclusive atos infralegais)**, atribuir ao contribuinte deveres instrumentais no afã de facilitar a fiscalização e arrecadação tributárias, minimizando a ocorrência da sonegação fiscal.
>
> 6. Os deveres instrumentais (obrigações acessórias) são autônomos em relação à regra matriz de incidência tributária, aos quais devem se submeter, até mesmo, as pessoas físicas ou jurídicas que gozem de imunidade ou outro benefício fiscal, ex vi dos artigos 175, parágrafo único, e 194,

parágrafo único, do CTN. *[RE n. 866.851-RJ, 1ª T., rel. min. Luiz Fux, j. 12.8.2008, p. u., DJ 15.9.2008.] [Grifamos]*

A propósito, transcreva-se excerto do voto favorável à exigência de obrigações acessórias por meio de atos infralegais, com amparo em autorização legal genérica concedida ao Fisco para exigir informações de seus contribuintes, *verbis*:

> (...) É certo que **a resolução estatal atingiu, de forma direta, os interesses da empresa**, a qual vem celebrando, com supermercados e outros estabelecimentos congêneres, contrato de uso de máquinas registradoras. A resolução ensejou o sucateamento de um enorme número de máquinas registradoras recentemente adquiridas, com **prejuízos elevadíssimos, o que atenta contra o princípio de livre iniciativa e livre concorrência**. (...) O que se argumenta é o seguinte: poderia o Executivo criar obrigação acessória sem o respaldo em lei? Ocorre que, pelo art. 47 da Lei estadual n. 1.423/19, ficou o Fisco autorizado a exigir informações selecionadas de seus contribuintes. Ora, a resolução, em última análise, não exige troca de equipamento. Exige, sim, que o contribuinte forneça informações selecionadas da incidência do ICMS, em procedimento de absoluta legalidade. (...). *[STJ, 2ª T., RMS n. 8.254-RJ, relª min. Eliana Calmon, j. 21.10.1999, v .u., DJU-1 29.11.1999, p. 146] [Grifamos]*

Tendo em conta que o tributo é espécie de obrigação *ex lege*, cumpre perquirir se seria irretratável a confissão do débito elo contribuinte como condição para o deferimento de pedido de parcelamento da dívida. O Superior Tribunal de Justiça já decidiu pela possibilidade de discussão da referida dívida quanto aos aspectos jurídicos e pela impossibilidade de retratação quanto à matéria fática, *verbis*:

> (...).
>
> 2. O Tribunal de origem firmou entendimento no sentido de que a **confissão** da dívida para adesão ao programa de parcelamento **não é absolutamente irretratável**, sendo possível seu questionamento na via judicial. Contudo, rechaçou a pretensão da empresa contribuinte em afastar a responsabilidade tributária no pagamento do tributo, visto tratar-se de matéria de fato insuscetível de **retratação** em decorrência das duas confissões de dívidas efetuadas. Incidência da Súmula 83/STJ.
>
> 3. "A **confissão** da dívida **não inibe o questionamento judicial** da obrigação tributária, no que se refere aos seus **aspectos jurídicos**.
>
> Quanto aos **aspectos fáticos** sobre os quais incide a norma tributária, a regra é que **não se pode rever judicialmente** a **confissão** da dívida efetuada com o escopo de obter parcelamento de débitos tributários" (REsp

> 1133027/SP, Rel. p/ Acórdão Min. Mauro Campbell Marques, Primeira Seção, julgado em 13.10.2010, DJe 16.3.2011).
>
> (...). *[STJ, AgRg no REsp 1343805/SC, 2ªT., Humberto Martins, j. 4.12.2012, v.u., DJ 13.12.2012] [Grifamos]*

- **Tributo e sanção de ato ilícito**

A Suprema Corte já se manifestou no sentido de que a multa fiscal – obrigação tributária de cunho sancionatório (art.113, § 1º, do CTN/66) – não se confunde com sanção a ilícito administrativo, *verbis*:

> Acréscimo de 100% ao imposto imobiliário sobre imóveis onde haja **construções irregulares.** Acréscimo que configura **sanção a ilícito administrativo.** O art. 3º do CTN não admite que se tenha como tributo prestação pecuniária compulsória que constitua sanção de ato ilícito. A sanção administrativa de ato ilícito **não se confunde com a penalidade pecuniária prevista em lei para assegurar a arrecadação de tributos**, art. 113 e seus parágrafos do CTN. Ação de repetição de indébito fiscal. Correção monetária a partir do recolhimento indevido. Re 99.115-sp, RTJ 106/845. RE não conhecido. *[STF, RE . 104.817, 2ª T., rel. min. Cordeiro Guerra, j. 14.5.1885, v.u., j. 31.5.1985] [Grifamos]*

No caso *sub judice*, acima referido, no lançamento do IPTU acrescentou-se a multa de 100% do valor do imposto, em virtude da falta de inscrição imobiliária.

Temas para Dissertação ou Pesquisa

1. "Tributo. Análise do conceito à luz da Constituição Federal de 1988.
2. Fundo de Garantia por Tempo de Serviço – FGTS. Natureza jurídica.
3. Fato gerador do tributo e o princípio do "non olet".

Questões

1. Na Ciência do Direito Tributário, que se entende por "tributo"?
2. Compare "tributo" com "multa fiscal", com "indenização por dano" e com "obrigação convencional" (contrato), ressaltando suas semelhanças e dessemelhanças.
3. Como se classifica a obrigação tributária segundo o Código Tributário Nacional de 1966? Quais são as críticas doutrinárias a esse respeito?
4. Quando nasce abstratamente a obrigação tributária? E concretamente?
5. Que é "hipótese de incidência tributária"? e "fato imponível"?

Consultas

1. **[Advogado, Pref. Iguaraçu/PR, 2024, n. 1]** João é locatário do imóvel X no município de Iguaraçu-PR, sendo locador Rafael, sobre o imóvel X existe a incidência de Imposto sobre a Propriedade Predial e Territorial Urbano (IPTU). Sendo assim, caso ocorra uma futura relação jurídico-tributária de IPTU, de quem é a legitimidade ativa? E o que diz a súmula 614 do STJ?

2. Na sua opinião, as relações jurídicas sancionadoras, decorrentes do descumprimento de obrigação tributária ou de relação jurídica de deveres instrumentais, poderão integrar o conceito de obrigação tributária? Essas relações têm natureza tributária, propriamente dita, ou não?

Testes

1. **[37º Exame de Ordem Unificado, 2023.1, n. 22]** Lucas, menor de oito anos de idade, é proprietário de um imóvel (recebido por herança de seu avô), o qual foi alugado por seus pais, João e Maria, representando-o. Contudo, o Imposto sobre a Propriedade Territorial Urbana (IPTU) referente a este imóvel não está sendo pago pelo locatário, conforme havia sido pactuado no contrato de locação. Em razão do inadimplemento, foi enviada notificação de lançamento do crédito tributário em nome de Lucas como devedor do tributo, para seu domicílio tributário, a fim de que pagasse o débito. A notificação foi recebida via Correios por seus pais, que residem junto com seu filho. Os pais, por entenderem que esta obrigação era do locatário, recusam-se a pagar. O Fisco Municipal está agora a cobrar judicialmente o valor da dívida de IPTU. Diante desse cenário e à luz do Código Tributário Nacional, assinale a afirmativa correta.

   a) ( ) Lucas, embora absolutamente incapaz, pode figurar como contribuinte devedor do IPTU, inclusive podendo constar seu nome na notificação de lançamento do crédito tributário.

   b) ( ) Em razão da menoridade de Lucas, apenas seus pais serão considerados contribuintes deste IPTU.

   c) ( ) Lucas e seus pais são contribuintes do IPTU, mas os bens dos pais devem ser executados antes dos bens de Lucas.

   d) ( ) Lucas é o contribuinte do IPTU, sendo o locatário o responsável tributário pelo pagamento do mesmo.

2. **[Advogado-Câmara de Fortaleza/CE, 2023, n. 62]** Determinada empresa praticou negócio jurídico, com a finalidade de dissimular a ocorrência do fato gerador. A autoridade administrativa federal, com base em dispositivo de lei complementar federal, desconsiderou, de ofício, o referido negócio jurídico, lavrando auto de infração. Sobre a hipótese descrita, considerando

a legislação em referência e jurisprudência sobre o assunto, assinale a afirmação correta.

a) ( ) O referido dispositivo é inconstitucional, pois a nulidade dos negócios jurídicos não pode ser declarada no próprio lançamento pela autoridade administrativa, devendo o Fisco se valer do Poder Judiciário para que declare a invalidade do negócio jurídico.

b) ( ) O dispositivo de lei complementar veda a realização de planejamento tributário legítimo, o que viola o princípio da legalidade.

c) ( ) O referido dispositivo foi considerado inconstitucional pelo Supremo Tribunal Federal (STF), pois introduz a interpretação econômica no Direito Tributário brasileiro, ensejando tributação por analogia.

d) ( ) O dispositivo de lei complementar não é autoaplicável, dependendo de lei ordinária nas esferas federal, estadual e municipal.

e) ( ) O referido dispositivo permite que a autoridade tributária altere a definição do fato gerador do tributo, seu alcance e conteúdo, para desconsiderar o negócio ou ato jurídico.

3. [Advogado-CRMV/ES, 2024, n. 35] Considerando os sujeitos ativo e passivo da obrigação tributária e de como são tratados pelo Código Tributário Nacional, marque a alternativa correta:

a) ( ) o sujeito passivo da obrigação é a pessoa jurídica de direito público, titular da competência para exigir o seu cumprimento;

b) ( ) o sujeito ativo da obrigação principal é a pessoa obrigada ao pagamento de tributo ou penalidade pecuniária;

c) ( ) o sujeito passivo da obrigação principal é a pessoa obrigada às prestações que constituam o seu objeto;

d) ( ) o sujeito passivo da obrigação principal diz-se contribuinte, quando tenha relação pessoal e direta com a situação que constitua o respectivo fato gerador;

e) ( ) o sujeito passivo da obrigação acessória diz-se responsável, quando, sem revestir a condição de contribuinte, sua obrigação decorra de disposição expressa de lei.

4. [Advogado-CELESC, 2024, n. 53] Considere as seguintes situações, enumeradas de I a III:

I. Uma pessoa exerce atividade ilícita de tráfico de drogas, auferindo dela renda.

II. Um grupo de pessoas resolve abrir uma lanchonete sem o devido registro na Junta Comercial, comprando alimentos e bebidas e revendendo-os aos clientes.

III. Um jovem menor de 18 anos, não emancipado, adquire sem a assistência dos pais um imóvel em seu nome. Em qual, ou quais, dessas situações há obrigação de pagar tributo?

a) ( ) Apenas nas situações I e III, vez que um grupo de pessoas, ao abrir qualquer empreendimento sem o registro na Junta Comercial implica numa sociedade de fato, o que não gera efeitos tributários.

b) ( ) Apenas nas situações II e III, pois, na situação I, o traficante de drogas não pode pagar tributos.

c) ( ) Em todas as três situações, vez que o princípio da isonomia tributária, nos casos acima, não faz distinção de contribuintes.

d) ( ) Somente na situação III, já que o jovem, embora não emancipado, pode adquirir imóvel sem assistência dos pais.

e) ( ) Em nenhuma das situações, vez que todas elas são ilegais.

5. **[35° Exame de Ordem Unificado, 2023.1, n. 23]** A empresa pública estadual XYZ S.A., com imunidade tributária que a desonera do pagamento de Imposto sobre a Renda de Pessoa Jurídica (IRPJ) reconhecida desde o ano de 2020 por decisão do Supremo Tribunal Federal transitada em julgado, deixou de cumprir diversas obrigações acessórias relativas ao IRPJ referente ao ano base de 2021. Em decorrência disso, foi autuada e recebeu multa pelo descumprimento de obrigações tributárias acessórias. A empresa procura você, como advogado(a), indagando sobre a validade da exigência desta penalidade pecuniária, uma vez que sua imunidade já foi reconhecida. Diante desse cenário, sobre a autuação fiscal e a respectiva cobrança de multa, assinale a afirmativa correta.

a) ( ) São inválidas e ilegais, por inexistir a obrigação tributária principal, e aplica-se a regra de que a obrigação acessória segue a obrigação principal.

b) ( ) São válidas e legais, porque o descumprimento da obrigação acessória, mesmo por empresa imune, converte-se em obrigação principal relativamente à penalidade pecuniária.

c) ( ) Só poderiam ser exigidas caso a imunidade tributária daquela empresa não fosse reconhecida ou revogada.

d) ( ) São inválidas e ilegais, porque a imunidade tributária veda, também, a exigência de cumprimento de obrigações acessórias.

6. **[XII Exame de Ordem Unificado, 2013.1, n. 26]** Em procedimento de fiscalização, a Secretaria da Receita Federal do Brasil identificou lucro não declarado por três sociedades empresárias, que o obtiveram em conluio, fruto do tráfico de entorpecentes. Sobre a hipótese sugerida, assinale a afirmativa correta.

   a) ( ) O imposto sobre a renda é devido face ao princípio da interpretação objetiva do fato gerador, também conhecido como o princípio do *pecunia non olet*.

   b) ( ) Não caberá tributação e, sim, confisco da respectiva renda.

   c) ( ) Não caberá tributo, uma vez que tributo não é sanção de ato ilícito.

   d) ( ) Caberá aplicação de multa fiscal pela não declaração de lucro, ficando afastada a incidência do tributo, sem prejuízo da punição na esfera penal.

7. **[Advogado-CELESC, 2024, n. 53]** Considere as seguintes situações, enumeradas de I a III:

   I. Uma pessoa exerce atividade ilícita de tráfico de drogas, auferindo dela renda.

   II. Um grupo de pessoas resolve abrir uma lanchonete sem o devido registro na Junta Comercial, comprando alimentos e bebidas e revendendo-os aos clientes.

   III. Um jovem menor de 18 anos, não emancipado, adquire sem a assistência dos pais um imóvel em seu nome. Em qual, ou quais, dessas situações há obrigação de pagar tributo?

   III, vez que um grupo de pessoas, ao abrir qualquer empreendimento sem o registro na Junta Comercial implica numa sociedade de fato, o que não gera efeitos tributários.

   a) Apenas nas situações I e III, vez que um grupo de pessoas, ao abrir qualquer empreendimento sem o registro na Junta Comercial implica numa sociedade de fato, o que não gera efeitos tributários.

   b) ( ) Apenas nas situações II e III, pois, na situação I, o traficante de drogas não pode pagar tributos.

   c) ( ) Em todas as três situações, vez que o princípio da isonomia tributária, nos casos acima, não faz distinção de contribuintes.

   d) ( ) Somente na situação III, já que o jovem, embora não emancipado, pode adquirir imóvel sem assistência dos pais.

   e) ( ) Em nenhuma das situações, vez que todas elas são ilegais.

8. **[Advogado, CRMV/ES, 2024, n. 33]** Em matéria de obrigação tributária e do que determina o Código Tributário Nacional sobre essa temática, analise as afirmativas a seguir e marque a alternativa correta:

I – A obrigação tributária é principal ou acessória.

II – A obrigação acessória surge com a ocorrência do fato gerador, tem por objeto o pagamento de tributo ou penalidade pecuniária e extingue-se juntamente com o crédito dela decorrente.

III – A obrigação principal decorre da legislação tributária e tem por objeto as prestações, positivas ou negativas, nela previstas no interesse da arrecadação ou da fiscalização dos tributos.

IV – A obrigação principal, pelo simples fato da sua inobservância, converte-se em obrigação acessória relativamente à penalidade pecuniária.

a) ( ) estão corretas somente as afirmativas I e II;
b) ( ) está correta somente a afirmativa I;
c) ( ) estão corretas somente as afirmativas II e III;
d) ( ) está correta somente a afirmativa IV;
e) ( ) estão corretas todas as afirmativas.

9. **[Advogado, CRMV/ES, 2024, n. 34]** Considerando o fato gerador e de como ele é apresentado pelo Código Tributário Nacional – CTN, marque a alternativa correta:

a) ( ) o fato gerador da obrigação acessória é a situação definida em lei como necessária e suficiente à sua ocorrência.
b) ( ) o fato gerador da obrigação principal é qualquer situação que, na forma da legislação aplicável, impõe a prática ou a abstenção de ato que não configure obrigação acessória.
c) ( ) o fato gerador da obrigação acessória é qualquer situação que, na forma da legislação aplicável, impõe a prática ou a abstenção de ato que não configure obrigação principal.
d) ( ) tratando-se de situação de fato, considera-se ocorrido o fato gerador e existentes os seus efeitos desde o momento em que esteja definitivamente constituída, nos termos de direito aplicável.
e) ( ) tratando-se de situação jurídica, considera-se ocorrido o fato gerador e existentes os seus efeitos desde o momento em que se verifiquem as circunstâncias materiais necessárias a que produza os efeitos que normalmente lhe são próprios.

3

CLASSIFICAÇÃO JURÍDICA DOS TRIBUTOS

3.1 RELEVÂNCIA DA CLASSIFICAÇÃO JURÍDICA DOS TRIBUTOS

Classificar é agrupar em categorias distintas elemento que tenham uma característica comum. A classificação pressupõe um critério classificatório, a partir do qual será possível reunir ou separar elementos em subgrupos distintos conforme, portanto, suas semelhanças ou dessemelhanças.

A relevância da classificação consiste em viabilizar uma análise específica das espécies selecionadas segundo o critério classificatório previamente estabelecido. Noutras palavras, a utilidade da classificação, assim como a do respectivo critério classificatório, dependerá da perspectiva de análise do objeto cognoscente.

Para identificar o regime jurídico a que se submete o objeto cognoscente, *v.g.*, deve se extrair o critério classificatório do próprio direito positivo. Aliás, isso já fora feito no capítulo precedente, quando analisamos a norma jurídica tributária com o fim de ressaltar os elementos identificadores do "gênero" tributo, apartando-o dos demais institutos jurídicos. Após esse primeiro passo, será possível conhecer o caminho que deverá ser rigorosamente trilhado para a criação da espécie tributária identificada.

Neste Capítulo, passaremos ao estudo da classificação jurídica dos tributos com o escopo de, em consonância com o critério classificatório, apresentar, em linhas gerais, as espécies tributárias, com especial destaque para as contribuições especiais e empréstimo compulsório. Nos Capítulos seguintes, ressaltaremos o regime jurídico constitucional próprio dos impostos, das taxas e da contribuição de melhoria.

3.2 O "ENTE TRIBUTANTE" COMO CRITÉRIO CLASSIFICATÓRIO DOS TRIBUTOS

Por meio da interpretação, infere-se do ordenamento jurídico a norma jurídica instituidora, caracterizada pela prescrição de obrigação pecuniária associada à descrição hipotética de determinado fato lícito. Paira, por outro lado, a presunção de que cada ente tributante exerce seu poder de tributar dentro dos rigorosos limites traçados pela Constituição Federal.

A propósito, nenhum ente tributante poderá invadir a competência tributária de outro sob pena de violar o princípio da reserva de competência tributária (impositiva). Dessas breves considerações, já se evidencia a utilidade da classificação jurídico-tributária que aparta as espécies tributária de acordo com o ente competente para sua instituição.

Deveras, tomando-se como critério classificatório a pessoa que dispõe de competência para instituir tributos, teremos quatro categorias de espécies tributárias: federais, estaduais, distritais e municipais. É o que se depreende do disposto no art. 145, I, II e III, da vigente Carta Magna, *verbis*:

> [CF/88] **Art. 145.** A **União**, os **Estados**, o **Distrito Federal** e os **Municípios** poderão instituir os seguintes **tributos**:
>
> I – **impostos**;
>
> II – **taxas**, em razão do exercício do poder de polícia ou pela utilização, efetiva ou potencial, de serviços públicos específicos e divisíveis, prestados ao contribuinte ou postos a sua disposição;
>
> III – **contribuição de melhoria**, decorrente de obras públicas. *[Grifamos]*

Observe-se que as quatro pessoas políticas de direito público dispõem de competência para instituir impostos, taxas e contribuição de melhoria. Fala-se assim em "impostos" federais, estaduais, distritais e municipais; "taxas" federais, estaduais, distritais e municipais; e "contribuições de melhoria" federais, estaduais, distritais e municipais. Somente a União, porém, dispõe de competência para instituir Empréstimo Compulsório (art. 148) e Imposto Extraordinário (art. 151, II), bem como Impostos e Contribuições Sociais Residuais (art. 151, I e art. 195, §4º).

De conseguinte, distinguem-se, em conformidade com o referido critério classificatório, a competência tributária (a) comum, cujo exercício pressupõe o respeito à competência privativa de cada ente tributante; e a (b) exclusiva, cujas espécies tributárias somente poderão ser instituídas por determinado ente tributante, com exclusão de qualquer outro, portanto. Em quaisquer dos casos, impõe-se a rigorosa observância do denominado princípio constitucional de reserva de competência impositiva, assim como do respectivo regime jurídico constitucional tributário estabelecido pela Lei Maior, por meio do qual se preserva o federalismo fiscal brasileiro, bem como os direitos e garantias constitucionais dos contribuintes.

No que concerne à competência tributária residual, cumpre ainda explicitar que o imposto extraordinário e o empréstimo compulsório somente poderão ser instituídos pela União em caráter excepcional, isto é, quando estiverem presentes, no mundo fenomênico, uma das circunstâncias indicadas pela Constituição Federal. Novos impostos e novas contribuições sociais, por outro lado, poderão ser criados a qualquer tempo pela União, sem que se faça necessário demonstrar a presença de alguma situação fática excepcional que legitime sua regular criação.

Aliás, vale lembrar que, no tocante à competência residual tributária, novas taxas e novas contribuições de melhoria poderão ser instituídas pelos Estados e pelo Distrito Federal, levando-se em conta sua competência residual administrativa, assegurada pela vigente Carta Magna. Note-se, portanto, que, também neste caso, preserva-se o correlato direito do contribuinte de somente ser tributado pela pessoa constitucionalmente competente.

E mais. Decorre da interpretação sistêmica e teleológica das normas jurídicas, que a expressa autorização constitucional para a União instituir, mesmo em época de paz, mediante lei complementar, novos tributos – distintos daqueles cuja norma-padrão de incidência tributária nela já se encontra implicitamente delineada -, contempla, sob o primado da segurança jurídica, a abertura cognitiva que se faz necessária para atender aos sucessivos reclamos sociais e políticos que se precipitam em decorrência dos avanços e retrocessos inerentes à evolução econômica, tecnológica, eventualmente moral, da humanidade.

A esse respeito, impende salientar que a validade jurídica da inovação veiculada pela Emenda Constitucional n. 132, de 20 de dezembro de 2023 (EC 132/23) – como a de qualquer ato proveniente do exercício do Poder Constituinte derivado - também pressupõe sua plena conformidade com as limitações constitucionais impostas ao Estado Democrático brasileiro, considerando-se que ele próprio fora criado pela Constituição Cidadã de 1988, com as peculiaridades que o distingue dos demais ordenamentos jurídicos, e a ela lhe deve total subserviência.

Noutras passagens, ademais, a Constituição reserva competência tributária exclusiva para determinado ente tributante. Cite-se, como exemplo, a competência reservada apenas à União para criar o Empréstimo Compulsório (art. 148), assim como para instituir o Imposto Residual (art. 154, I) e o Imposto Extraordinário (art. 154, II).

Em conformidade com o referido critério classificatório, pode-se distinguir a competência tributária (a) a comum, cujo exercício pressupõe o respeito à competência privativa de cada ente tributante; e a (b) exclusiva, cujas espécies tributárias somente poderão ser instituídas por determinado ente tributante, com exclusão de qualquer outro, portanto.

Para a Ciência do Direito Tributária, a relevância das classificações que têm como critério o ente tributante consiste em determinar o respectivo regime jurídico tributário, em especial, para aferir a observância do princípio constitucional da reserva de competência impositiva, segundo o qual ninguém pode ser obrigado a pagar um tributo que não tenha sido instituído pelo ente tributante competente.

Vejamos, pois, essa classificação jurídica dos tributos, conforme o quadro abaixo:

União	Estados	Distrito Federal	Municípios
Impostos, art. 153	Impostos, art. 155	Impostos, art. 147	Impostos, art. 156
Imposto sobre Bens e Serviços (IBS), art. 156-A (EC 132/23)	———		———
Impostos Residuais, art. 154, inc. I	———	———	———
Impostos Extraordinários, art. 154, II	———	———	———
Taxas, art. 145, inc. II	Taxas, art. 145, inc. II	Taxas, art. 145, inc. II	Taxas, art. 145, inc. II
Contribuição de Melhoria, art. 145, inc. III	Contribuição de Melhoria, art. 145, inc. III	Contribuição de Melhoria, art. 145, inc. III	Contribuição de Melhoria, art. 145, inc. III
Empréstimo Compulsório, art. 148	———	———	———
Três modalidades de Contribuições Especiais: Interventivas, Corporativas e Sociais arts. 149 e 195	———	———	———

União	Estados	Distrito Federal	Municípios
Contribuições progressivas para custeio de regime próprio de previdência social, art. 149, § 1º (EC 33/2001, EC 41/2003 e EC 103/19)	Contribuições progressivas para custeio de regime próprio de previdência social, art. 149, § 1º (EC 33/2001, EC 41/2003 e EC 103/19)	Contribuições progressivas para custeio de regime próprio de previdência social, art. 149, § 1º (EC 33/2001, EC 41/2003 e EC 103/19)	Contribuições progressivas para custeio de regime próprio de previdência social, art. 149, § 1º (EC 33/2001, EC 41/2003 e EC 103/19)
Contribuição ordinária dos aposentados e pensionistas, acima do salário-mínimo, art. 149, § 1º-A (EC 103/19)	Contribuição ordinária dos aposentados e pensionistas, acima do salário-mínimo, art. 149, § 1º-A	Contribuição ordinária dos aposentados e pensionistas, acima do salário-mínimo, art. 149, § 1º-A	Contribuição ordinária dos aposentados e pensionistas, acima do salário-mínimo, art. 149, § 1º-A
Contribuição Extraordinária dos servidores ativos, aposentados e pensionistas, art. 149, § 1º-B (EC 1-3/2019)			
	Contribuição para o Custeio do Serviço de Iluminação e Segurança Pública, art. 149-A (EC 39/2002 e EC 132/23)	Contribuição para o Custeio do Serviço de Iluminação e Segurança Pública, art. 149-A (EC 39/2002 e EC 132/23)	
Contribuições Sociais Residuais, Art. 195, §4º			

Saliente-se, de passagem, que o campo de competência tributária tem sido ampliado, ao longo dos anos, por meio de emendas constitucionais, ou seja, pelo exercício do poder constituinte derivado. Cite-se, como exemplo mais recente desta tendência, o advento da Emenda Constitucional n. 132, de 20 de dezembro de 2023 (EC 132/23), por meio da qual se faculta o emprego mais amplo da extrafiscalidade e amplia o poder da União para tributar, em especial, as relações de consumo. Ato contínuo, foram criados o Imposto sobre Bens e Serviços (IBS), a Contribuição sobre Bens e Serviços (CBS), o Imposto Seletivo e instituído o Comitê Gestor como entidade pública, sob regime especial, com independência técnica, administrativa, orçamentária e financeira, nos termos da Lei Complementar n. 214, de 16 de janeiro de 2025 (LC 214/25).

3.3 A "MATERIALIDADE DA HIPÓTESE DE INCIDÊNCIA" COMO CRITÉRIO CLASSIFICATÓRIO DOS TRIBUTOS

Nesse passo, cumpre ressaltar outro critério classificatório útil à Ciência do Direito Tributário, qual seja a materialidade da hipótese de incidência tributária constitucionalmente possível.

Reitere-se, por oportuno, que todos os entes tributantes têm competência para instituir impostos, taxas e contribuição de melhoria, porém não indiscriminadamente. Com efeito, nossa Lei Maior estabelece os impostos que cada ente tributante pode instituir, bem como fornece critérios para delimitar a competência tributária no tocante às taxas e à contribuição de melhoria.

Considere-se, outrossim, que a norma instituidora de tributos, também denominada regra-matriz de incidência tributária, poderá ser examinada sob enfoques específicos – conhecidos como aspectos material, espacial, temporal, pessoal e quantitativo. O estudo analítico do direito tributário considera esses aspectos juridicamente relevantes para classificar os tributos e identificar o regime jurídico das respectivas espécies tributárias.

Convém ainda não olvidar o conceito jurídico-tributário de tributo como prestação pecuniária "ex lege" decorrente de fato lícito. O fato gerador do tributo – mais precisamente a hipótese de incidência da norma que o institui – contém a descrição da materialidade do fato (verbo + complemento = aspecto material), o momento (aspecto temporal) e o local (aspecto espacial) de sua ocorrência, cuja verificação dará nascimento à obrigação de dar dinheiro, que ora denominamos "tributo".

Pois bem, a tradicional classificação jurídica que reparte os tributos em duas categorias – a dos tributos vinculados e a dos não vinculados a uma atuação estatal – leva em conta o aspecto material da hipótese de incidência tributária. Dito de outro modo, tributos vinculados são aqueles cuja prestação pecuniária decorre de um fato realizado pelo Estado (*v.g.*, taxas e contribuição de melhoria);

tributos não vinculados, de seu turno, são aqueles cuja prestação pecuniária decorre de um fato realizado pelo próprio contribuinte (ex., impostos).

A Constituição Federal de 1988, CF/88, estabelece os fatos que cada pessoa política de direito público poderá tributar. De conseguinte, o exame da repartição constitucional de competência tributária possibilitará discernir os tributos que são vinculados e os que não são vinculados a uma atuação estatal. Em breves linhas, temos:

- *Impostos* – a partir da leitura do disposto nos arts. 153, 155 e 156, constata-se que os fatos ali discriminados dizem respeito apenas a comportamento ou situação na qual o contribuinte se encontre. Exemplos:

Alguém auferir rendimentos (comportamento) – IR.
Alguém praticar operações mercantis (comportamento) – ICMS.
Alguém ser proprietário de um veículo automotor (situação) – IPVA.
Alguém ser proprietário de um imóvel rural – ITR.

Formula-se, então, as seguintes definições de *imposto*:

- Tipo (espécie) de tributo que tem por "fato gerador" um fato qualquer, não consistente numa atuação estatal.
- Tipo de tributo que tem por "fato gerador" um comportamento do contribuinte ou uma situação na qual ele se encontre.

O dinheiro proveniente da arrecadação de impostos terá destinação pública ou de interesse público; os benefícios são difusos, ou seja, todos na sociedade serão beneficiados, até mesmo aqueles que, por alguma razão, não pagam impostos. Nesse sentido se diz que os impostos se destinam a satisfazer as despesas públicas gerais do estado, como saneamento básico, segurança pública, iluminação pública etc. Lei que, ao instituir imposto, vincular expressamente sua destinação à consecução de determinada finalidade, ainda que pública ou de interesse público, em tese, terá violado o disposto no inciso IV, do art. 167, da Lei Maior.

- *Taxas de serviço e de polícia* – o ente tributante será a pessoa política de direito público que tiver competência administrativa para realizar o serviço ou praticar o ato de polícia passíveis de tributação.
- *Contribuição de melhoria* – o ente tributante será a pessoa política de direito público que tiver competência administrativa para realizar a obra pública a que se refere a hipótese de incidência.

Observe-se que a competência dos entes tributantes para instituir taxas e contribuição de melhoria é correlata à sua esfera de competência administrativa, que, por sua vez, está atrelada à respectiva competência legislativa. A respeito, veja-se o disposto nos arts. 21 a 24, da União; arts. 25 e 26, dos Estados-membros e do Distrito Federal; art. 30, dos Municípios e do Distrito Federal.

Nesses termos, os impostos são espécie de "tributo não-vinculado a uma atuação estatal" e, noutra categoria, as taxas e a contribuição de melhoria são espécies de "tributo vinculado a uma atuação estatal", desde que, neste caso, seja qualquer das referidas nos incisos II e III do art. 145, respectivamente.

Cumpre acrescentar que os empréstimos compulsórios (art. 148) e as contribuições especiais (*v.g.*, arts. 149 e 195), poderão, conforme o aspecto material da hipótese de incidência da lei que os instituir, enquadrar-se na categoria dos tributos vinculados ou não vinculados a uma atuação estatal.

Em tese, portanto, o empréstimo compulsório e as contribuições especiais (sociais, interventivas ou corporativas) terão a feição jurídica de impostos ou de taxas, a depender do fato lícito, genérico e abstrato descrito na lei que as instituir, situando-se na categoria dos tributos vinculados ou na categoria dos tributos não vinculados a uma atuação estatal. Por oportuno, cumpre tecer algumas considerações a respeito dessas duas espécies de tributo. Vejamos.

3.3.1 Empréstimo Compulsório

O empréstimo compulsório é espécie de tributo porque consiste numa prestação pecuniária "ex lege", decorrente de um fato lícito previsto em lei. Sua hipótese de incidência, em tese, poderá ser vinculada ou desvinculada de uma atuação estatal. A circunstância de o dinheiro arrecadado ser restituído ao contribuinte não descaracteriza sua natureza tributária.

Com base no referido critério classificatório, o empréstimo compulsório não seria uma quarta espécie tributária, mas, sim, um tributo que pode ser vinculado ou não vinculado a uma atuação estatal. Com isso, o empréstimo compulsório poderá assumir a feição de imposto federal se sua hipótese de incidência consistir num dos fatos elencados no art. 153 da Lei Maior, assim como pode ser um tributo vinculado se sua hipótese de incidência consistir numa atuação estatal federal, nos termos do art. 145, II, da CF.

Frise-se, ademais, que somente a União, mediante lei complementar, pode instituir empréstimo compulsório, e desde que estejam concretizados os pressupostos constantes no art. 154 da CF/88, *verbis*:

> **[CF/88] Art. 148.** A União, mediante **lei complementar**, poderá instituir **empréstimos compulsórios**:
>
> I – para atender a despesas extraordinárias, decorrentes de **calamidade pública**, de **guerra externa** ou sua **iminência**;
>
> II – no caso de **investimento público** de caráter urgente e de relevante interesse nacional, observado o disposto no art. 150, III, "b".

> Parágrafo único. A **aplicação dos recursos** provenientes de empréstimo compulsório será **vinculada à despesa** que fundamentou sua instituição. *[Grifamos]*

Saliente-se. Não se deve confundir os pressupostos para a criação abstrata do empréstimo compulsório com sua hipótese de incidência. Noutras palavras, somente serão contribuintes do empréstimo compulsório as pessoas que realizarem o fato imponível, isto é, que realizarem no mundo físico o fato descrito na hipótese de incidência da norma tributária, cuja ocorrência dará nascimento à respectiva obrigação tributária.

3.3.2 Contribuições Especiais

As contribuições especiais, como todo e qualquer tributo, são prestações pecuniárias "ex lege" associadas à ocorrência de um fato lícito descrito em lei. Sua hipótese de incidência, em tese, poderá ser vinculada ou desvinculada de uma atuação estatal. A peculiaridade das contribuições especiais, que as distingue dos impostos, é a finalidade específica que é determinada pela própria Lei Maior e que deverá constar expressamente na lei que as instituir. Transcreva-se:

> **[CF/88] Art. 149.** Compete **exclusivamente à União** instituir contribuições **sociais**, de **intervenção** no domínio econômico e de interesse das categorias **profissionais ou econômicas**, como **instrumento de sua atuação nas respectivas áreas**, observado o disposto nos arts. 146, III, e 150, I e III, e sem prejuízo do previsto no art. 195, § 6º, relativamente às contribuições a que alude o dispositivo. *[Grifamos]*

Como regra geral, apenas a União tem competência para instituir as contribuições especiais em apreço. Vejamos, pois, as exceções.

- **Contribuições para custeio de regime próprio de previdência social**

O poder constituinte derivado atribui à União, aos Estados-membros, ao Distrito Federal e aos Municípios instituir contribuições sociais para o custeio de seu respectivo regime de previdência social, facultando-se o emprego da progressividade fiscal. Registre-se:

> **[CF/88] Art. 149.** (...).
>
> (...).
>
> § 1º A **União**, os **Estados**, o **Distrito Federal** e os **Municípios** instituirão, por meio de lei, **contribuições para custeio de regime próprio de previdência social**, cobradas dos servidores ativos, dos aposentados e dos pensionistas, que poderão ter **alíquotas progressivas** de acordo com

> o valor da base de contribuição ou dos proventos de aposentadoria e de pensões. *[Redação dada pela EC n. 103, de 2019][Vigência]*
>
> § 1º-A. Quando houver *deficit* atuarial, a **contribuição ordinária dos aposentados e pensionistas** poderá incidir sobre o valor dos proventos de aposentadoria e de pensões **que supere o salário-mínimo**. *[Incluído pela EC n. 103, de 2019][Vigência]*
>
> § 1º-B. Demonstrada a insuficiência da medida prevista no § 1º-A para equacionar o *deficit* atuarial, é facultada a instituição de **contribuição extraordinária**, no âmbito da União, dos servidores públicos ativos, dos aposentados e dos pensionistas. *[Incluído pela EC n. 103, de 2019][Vigência]*
>
> § 1º-C. A contribuição extraordinária de que trata o § 1º-B deverá ser instituída **simultaneamente com outras medidas** para equacionamento do *deficit* e vigorará por período determinado, contado da data de sua instituição. *[Incluído pela EC n. 103, de 2019][Vigência] [Grifamos]*

Esse poder de tributar foi ampliado para possibilitar a instituição dessas contribuições em caráter "ordinário", quando houver déficit atuarial (§ 1º-A) e "extraordinário", neste caso, instituída simultaneamente com outras medidas, visando a equacionar o déficit atuarial (§ 1º-B e § 1º-C).

- **Contribuição para custeio dos serviços de iluminação e de monitoramento públicos (COSIMP)**

A Emenda Constitucional n. 39, de 19.12.2002, acrescentou o art. 149-A na Lei Maior, que faculta aos Municípios e ao Distrito Federal instituir Constituição para o Custeio da Iluminação Pública (CIP ou COSIP), com menção expressa à necessidade de observância dos princípios constitucionais de estrita legalidade, da irretroatividade e da anterioridade tributárias, dispostos no art. 150, I e III, da CF/88. Autorizou, ademais, a cobrança da referida contribuição na fatura de consumo de energia elétrica, como se imposto fosse.

A Emenda Constitucional n. 123, de 20.12.2023, de sua vez, ampliou o âmbito de incidência da CIP, para abranger o custeio, a expansão e a melhoria do serviço de iluminação pública e de sistemas de monitoramento para a segurança e preservação de logradouros públicos. Em breve síntese, pode-se denominá-la de Contribuição para o Serviço de Iluminação e Monitoramento Público – COSIMP. Transcreva-se:

> **[CF/88] Art. 149-A.** Os **Municípios** e o **Distrito Federal** poderão instituir **contribuição**, na forma das respectivas leis, para o **custeio**, a **expansão** e a **melhoria** do **serviço de iluminação pública** e de **sistemas de monitoramento** para **segurança** e **preservação** de **logradouros públicos**, observado o disposto no art. 150, I e III. *[Redação dada pela EC n. 132, de 20.12.2023].*

> Parágrafo único. É facultada a cobrança da contribuição a que se refere o caput, na **fatura de consumo de energia elétrica**. *[Incluído pela EC n. 39, de 19.12.2002] [Grifamos]*

Note-se que esta espécie tributária não tem natureza de taxa nem de imposto. Vale lembrar que o fato gerador constitucionalmente possível das taxas abrange apenas o exercício do poder de polícia e a realização de serviços públicos, desde que sejam *específicos e divisíveis* (o serviço de iluminação pública e genérico e indivisível); o fato gerador constitucionalmente possível dos impostos, ao contrário das taxas, não é vinculado a uma atuação estatal, razão pela qual abrange essencialmente fatos signos presuntivos de riqueza do contribuinte (o serviço de iluminação pública, por opção do legislador, não pertence à esfera privada; logo, não é um signo presuntivo de riqueza).

Tendo em conta que o fato gerador da COSIMP se refere a serviços públicos gerais, a rigor, não há como se aferir a observância do princípio informador das taxas, qual seja o do custo-benefício. Por maior razão, não há como se observar o princípio informador dos impostos, qual seja o da capacidade contributiva, considerando-se que a prestação de serviços públicos gerais não é signo presuntivo de riqueza do contribuinte.

Diante disso, com amparo na referida emenda constitucional (EC 39/2002), a cobrança desta nova contribuição será feita por meio da fatura do imposto estadual sobre operações mercantis (ICMS) e posteriormente repassada aos Municípios ou Distrito Federal. Este regramento prestigia o entendimento jurisprudencial, segundo o qual o fato gerador do ICMS é o efetivo consumo de energia elétrica, e não sua contratação (operação mercantil).

o Contribuições Sociais

O campo de incidência da Contribuição Social encontra-se constitucionalmente delimitado (art. 195). Note-se que, com amparo em emenda constitucional, as denominadas Contribuições Sociais do Empregador poderão ter alíquotas e bases de cálculo diferenciadas (art. 195, § 9º). Ainda, por opção do poder constituinte derivado, a União teve sua competência tributária ampliada para instituir, mediante Lei Complementar, Contribuições Sociais sobre Bens e Serviços – CBS, (art.195, V). Transcreva-se:

> **[CF/88] Art. 195. A seguridade social será financiada** por toda a sociedade, de forma direta e indireta, nos termos da lei, **mediante recursos provenientes** dos orçamentos da União, dos Estados, do Distrito Federal e dos Municípios, e **das** seguintes **contribuições sociais**: *[v. EC n. 20, de 15.12.1998]*

I – do **empregador**, da empresa e da entidade a ela equiparada na forma da lei, incidentes sobre: *[Redação dada pela EC n. 20, 15.12.1998]*

a) a **folha de salários** e demais rendimentos do trabalho pagos ou creditados, a qualquer título, à pessoa física que lhe preste serviço, mesmo sem vínculo empregatício; entidade a ela equiparada na forma da lei, incidentes sobre: *[Incluído pela EC n. 20, de 15.12.1998]*

b) a **receita** ou o **faturamento**; *[Incluído pela EC n. 20, 1998] [v. EC n. 132, de 20.12.2023]*

c) o **lucro**; (Incluído entidade a ela equiparada na forma da lei, incidentes sobre: *[Redação pela EC n. 20, de 15.12.1998]*

II – do **trabalhador** e dos demais **segurados** da previdência social, podendo ser adotadas alíquotas progressivas de acordo com o valor do salário de contribuição, não incidindo contribuição sobre aposentadoria e pensão concedidas pelo Regime Geral de Previdência Social; *[Redação dada pela EC n. 103, de 12.11.2019]*

III – sobre a **receita de concursos de prognósticos**.

IV – do **importador** de bens ou serviços do exterior, ou de quem a lei a ele equiparar. *[Incluído pela EC n. 42, de 19.12.2003] [v. EC n. 132, de 20.12.2023] [Vigência]*

V – sobre **bens e serviços**, nos termos de **lei complementar**. *[Incluído pela EC n. 132, de 20.12.2023]*

(...).

§ 9º As contribuições sociais previstas no inciso I do caput deste artigo poderão ter **alíquotas diferenciadas** em razão da atividade econômica, da utilização intensiva de mão de obra, do porte da empresa ou da condição estrutural do mercado de trabalho, sendo também autorizada a adoção de **bases de cálculo diferenciadas** apenas no caso das alíneas "b" e "c" do inciso I do *caput*. *[Redação dada pela EC n. 103, de 12.11.2019] [Grifamos]*

Vale destacar que a Constituição Social sobre a receita ou faturamento (art. 195, I, "b"), bem como a Constituição Social incidente na importação de vens e serviços (art. 195, IV), poderão ser exigidas até o ano de 2027 (art. 22, I, da EC 132/23), quando, então, serão revogadas, salvo disposição em contrário do poder constituinte derivado.

Acrescente-se que a CF/88, autoriza a instituição de Contribuições Sociais sem a observância do Princípio Constitucional da Anterioridade Tributária Geral, a que se refere o disposto na alínea "b", do inciso III, do art. 150. Em contrapartida, estabelece que nenhum benefício ou serviço da seguridade social poderá ser criado, majorado ou estendido sem a correspondente fonte de custeio total. Registre-se:

> **[CF/88] Art. 195.** (...).
>
> (...).
>
> § 5º Nenhum benefício ou serviço da seguridade social poderá ser criado, majorado ou estendido sem a **correspondente fonte de custeio total**.
>
> § 6º As **contribuições sociais** de que trata este artigo só poderão ser exigidas após decorridos **noventa dias** da data da publicação da lei que as houver instituído ou modificado, **não se lhes aplicando** o disposto no art. 150, III, **"b"**. *[Grifamos]*

Em tese, portanto, a lei instituidora de contribuição poderá incidir no mesmo exercício financeiro em que tenha sido publicada, uma vez que deverá observar apenas o princípio constitucional da anterioridade nonagesimal.

o Contribuições Sociais sobre Bens e Serviços (CBS)

Quanto às Contribuições Sociais sobre Bens e Serviços – CBS, vale gizar, submetem-se à mesma disciplina tributária aplicável aos tributos em geral. E mais. Poderão ser exigidas das entidades beneficentes de assistência social que atendam às exigências estabelecidas em lei. Transcreva-se:

> **[CF/88] Art. 149-B.** Os tributos previstos nos arts. 156-A e **195, V**, observarão as mesmas regras em relação a: *[Incluído pela EC n. 132, de 20.12.2023]*
>
> I – fatos geradores, bases de cálculo, hipóteses de não incidência e sujeitos passivos; *[Incluído pela EC n. 132, de 20.12.2023]*
>
> II – imunidades; *[Incluído pela EC n. 132, de 20.12.2023]*
>
> III – regimes específicos, diferenciados ou favorecidos de tributação; *[Incluído pela EC n. 132, de 20.12.2023]*
>
> IV – regras de não cumulatividade e de creditamento. *[Incluído pela EC n. 132, de 20.12.2023]*
>
> Parágrafo único. Os tributos de que trata o **caput** observarão as **imunidades** previstas no art. 150, VI, **não se aplicando** a ambos os tributos o disposto no art. 195, **§ 7º**. *[Incluído pela EC n. 132, de 20.12.2023] [Grifamos]*

Considerando-se que a CBS foi introduzida na Lei Maior para ser, paulatinamente, sucessora das atuais contribuições sobre o consumo (*v.g.*, PIS e Cofins), o produto de sua arrecadação deverá ser destinado ao ente federativo contratante, *verbis*:

> **[CF/88] Art. 149-B.** Os tributos previstos nos arts. 156-A e **195, V**, observarão as mesmas regras em relação a: (Incluído pela EC n. 132, de 20.12.2023)

> Art. 149-C. O **produto da arrecadação** do imposto previsto no art. 156-A e da contribuição prevista no **art. 195, V**, incidentes sobre operações contratadas pela administração pública direta, por autarquias e por fundações públicas, inclusive suas importações, **será integralmente destinado ao ente federativo contratante**, mediante **redução a zero** das alíquotas do imposto e da contribuição devidos aos demais entes e equivalente **elevação da alíquota** do tributo devido ao ente contratante. *[Incluído pela EC n. 132, de 20.12.2023] [Grifamos]*

Em 2027, serão revogadas as atuais contribuições sociais incidentes do empregador, da empresa e da entidade a ela equiparada na forma da lei, incidentes sobre a receita ou o faturamento (art. 195, I, "b") e do importador de bens ou serviços do exterior, ou de quem a lei a ele equiparar (art. 195, IV), nos termos estabelecidos pelo art. 22, II, "a", da EC n. 132/23.

Saliente-se que as contribuições previstas no art. 195, I, "b", e IV, e a contribuição para o Programa de Integração Social de que trata o art. 239, ambos da Constituição Federal, somente serão extintas após a efetiva instituição da Contribuição sobre Bens e Serviços referida na alínea "a" do inciso I, do art. 195, em comento (v. art. 126, II, da EC n. 123/23).

o Contribuições Sociais Residuais

A União dispõe de competência tributária residual para instituir novas Contribuições Sociais, desde que não sejam cumulativas nem tenham fato gerador ou base de cálculo próprios dos discriminados na Constituição Federal. Noutro giro, a instituição de novas contribuições sociais é possível, desde que não configure bitributação ou *bis in idem* –, observando-se, ademais, a necessidade de repassar 20% do produto arrecadado aos Estados e ao Distrito Federal, *verbis*:

> **[CF/88] Art. 195.**
>
> (...).
>
> § 4º A lei poderá instituir **outras fontes** destinadas a garantir a manutenção ou expansão da seguridade social, obedecido o disposto no **art. 154, I.** *[Grifamos]*

Note-se que, para a instituição de novas contribuições sociais não se faz necessário a aprovação de reforma constitucional, sendo suficiente a aprovação de lei complementar, respeitando-se, assim, o pacto federativo e os direitos e garantias constitucionais do contribuinte. É dizer, sem incorrer em bitributação nem em *bis in idem*, poderão ser instituídas novas contribuições sociais, assegurando-se aos Estados e ao Distrito Federal 20% do produto arrecadado pela União.

Nada obstante, já restou mencionado, a Emenda Constitucional n. 132, de 20 de dezembro de 2023 (EC 132/23) atribui competência à União para instituir, mediante lei complementar, Contribuição social sobre Bens e Serviços (CBS). Diante disso, foi criada, pela Lei Complementar n. 214, de 16 de janeiro de 2025 (LC 214/25), a CBS, tendo como hipóteses de operações onerosas e não onerosas com bens ou serviços, nela previstas expressamente, incluindo aquelas realizadas com ativo não circulante ou no exercício de atividade econômica não habitual, sem prejuízo da cobrança dos impostos estaduais e municipais sobre a transmissão de bens de direitos a eles relativos. Transcreva-se:

> **[LC 214/25] Art. 4º** O IBS e a CBS **incidem** sobre **operações onerosas** com bens ou com serviços.
>
> § 1º As **operações não onerosas** com bens ou com serviços serão tributadas nas hipóteses expressamente previstas nesta Lei Complementar.
>
> § 2º Para fins do disposto neste artigo, **considera-se operação onerosa** com bens ou com serviços qualquer fornecimento com contraprestação, incluindo o decorrente de:
>
> I - compra e venda, troca ou permuta, dação em pagamento e demais espécies de alienação;
>
> II - locação;
>
> III - licenciamento, concessão, cessão;
>
> IV - mútuo oneroso;
>
> V - doação com contraprestação em benefício do doador;
>
> VI - instituição onerosa de direitos reais;
>
> VII - arrendamento, inclusive mercantil; e
>
> VIII - prestação de serviços.
>
> § 3º São **irrelevantes** para a caracterização das operações de que trata este artigo:
>
> I - o **título jurídico** pelo qual o bem encontra-se na posse do fornecedor;
>
> II - a **espécie, tipo ou forma jurídica**, a **validade jurídica** e os **efeitos** dos atos ou negócios jurídicos;
>
> III - a **obtenção de lucro** com a operação; e
>
> IV - o **cumprimento de exigências** legais, regulamentares ou administrativas.
>
> § 4º O IBS e a CBS incidem sobre **qualquer operação** com bem ou com serviço realizada pelo contribuinte, incluindo aquelas realizadas com ativo não circulante ou no exercício de atividade econômica não habitual, observado o disposto no § 4º do art. 57 desta Lei Complementar.
>
> § 5º A incidência do IBS e da CBS sobre as operações de que trata o *caput* deste artigo **não altera a base de cálculo** do:

> I - Imposto sobre a Transmissão **Causa Mortis e Doação** de Quaisquer Bens ou Direitos (ITCD), de que trata o inciso I do caput do art. 155 da Constituição Federal;
>
> II - Imposto sobre a Transmissão **Inter Vivos** de Bens Imóveis e Direitos a eles relativos (ITBI), de que trata o inciso II do caput do art. 156 da Constituição Federal.
>
> Art. 5º O IBS e a CBS **também incidem** sobre as seguintes operações:
>
> I - fornecimento **não oneroso ou a valor inferior ao de mercado** de bens e serviços, nas hipóteses previstas nesta Lei Complementar;
>
> II - fornecimento de **brindes e bonificações**;
>
> III - transmissão, pelo contribuinte, para sócio ou acionista que não seja contribuinte no regime regular, por devolução de capital, dividendos *in natura* ou de outra forma, de bens cuja aquisição tenham permitido a apropriação de créditos pelo contribuinte, **inclusive na produção**; e
>
> IV - demais fornecimentos **não onerosos ou a valor inferior** ao de mercado de bens e serviços por contribuinte a parte relacionada.
>
> (...). *[Grifamos]*

Vejamos agora outro critério para classificar tributos, qual seja sua finalidade específica, imposta pela Lei Maior, como condição para sua instituição.

3.4 A "DESTINAÇÃO DO PRODUTO ARRECADADO" COMO CRITÉRIO CLASSIFICATÓRIO DOS TRIBUTOS

Vimos que o aspecto material da hipótese de incidência tributária permite a classificação jurídica dos tributos em duas categorias – a dos tributos vinculados e a dos não vinculados a uma *atuação estatal*.

De seu turno, a finalidade constitucional atribuída a determinados tributos também favorece a classificação dos tributos em duas categorias – a dos tributos vinculados e a dos não vinculados a uma *finalidade específica*.

São tributos vinculados todos aqueles que somente poderão ser instituídos para o atingimento de determinado fim, determinado pela Carta Magna.

O quadro abaixo destaca as duas categorias de tributos, ora comento. Veja-se:

Sem finalidade específica – CF/88	Com finalidade específica – CF/88
________	Empréstimo Compulsório, art. 148
Impostos, art. 167, inciso IV (regra geral)	Impostos, art. 167, inciso IV (exceções)
Impostos Residuais, art. 154, inc. I	________

________	Impostos Extraordinários, art. 154, II
Imposto sobre Bens e Serviços (IBS), art. 156-A (art. 149-B)	________
________	Taxas, art. 145, II
Contribuição de Melhoria, art. 145, III	________
________	Contribuições Especiais (*v.g.*, art. 149)
________	Contribuições para custeio de regime próprio de previdência social, art. 149, § 1º
________	Contribuição ordinária dos aposentados e pensionistas, art. 149, § 1º-A
________	Contribuição Extraordinária dos Servidores ativos, aposentados e pensionistas, art. 149, § 1º-A
________	Contribuição para o Custeio do Serviço de Iluminação e Segurança Pública, art. 149-A (art. 149-B)
________	Contribuições sobre Bens e Serviços (CBS), art. 195, V
________	Contribuições Sociais Residuais, art. 195, § 4º

De acordo com o critério da destinação, pode-se dizer que *empréstimo compulsório* é espécie de tributo destinado à consecução de finalidade pública constitucionalmente qualificada. De conseguinte, a lei complementar que o instituir deverá observar, em breve síntese, o campo reservado para sua incidência, bem como especificar o motivo e a finalidade que legitimam sua exigência. Vejamos:

Hipótese de incidência – qualquer fato lícito da esfera de competência federal, vinculado ou não vinculado a uma atuação estatal, sempre de âmbito federal. De conseguinte, conforme sua hipótese de incidência, o empréstimo compulsório poderá assumir a feição jurídica de imposto ou a de tributo vinculado a uma atuação estatal.

Sujeito passivo – no plano normativo, será contribuinte a pessoa que realizar a ação ou omissão descrita na hipótese de incidência (fato gerador *in abstracto*).

Instrumento normativo – lei complementar.

Data da restituição – deverá constar na lei complementar que o instituir.

Pressupostos – (a) para atender a despesas extraordinárias decorrentes de calamidade pública, de guerra externa ou sua iminência (art. 148, I, da CF de 1988); (b) no caso de investimentos público de caráter urgente e de relevante interesse nacional, observando-se apenas, neste caso, o princípio da anterioridade (art. 148, II, da CF de 1988).

Destinação – o produto da arrecadação deverá ser destinado à consecução das despesas a que se refere o pressuposto observado para sua instituição, que, por sua vez, não se confunde, vale gizar, com a hipótese de incidência tributária.

Frise-se, levando-se em conta o critério da destinação, o empréstimo compulsório e as contribuições especiais, independentemente de seu fato gerador, são novas espécies tributárias, ou seja, distinguem-se dos impostos, das taxas e das contribuições de melhoria.

Os *impostos extraordinários* e os *impostos residuais*, por serem modalidades de impostos, são, conforme se depreende do Texto constitucional, tributos não vinculados a uma atuação estatal, razão pela qual serão abordados no Capítulo intitulado "Impostos".

De seu turno, as Taxas e as Contribuição de Melhoria serão objeto de Capítulos próprios.

Doutrina

• Classificação dos tributos

Márcio Severo Marques[1] conjuga três critérios para elaborar uma classificação jurídica dos tributos, expondo-os no seguinte gráfico:

Tributos Identificados	1º Critério	2º Critério	3º Critério
	Exigência constitucional de previsão legal de vinculação entre a materialidade do antecedente normativo e uma atividade estatal referida ao contribuinte	Exigência constitucional de previsão legal de destinação específica para o produto da arrecadação	Exigência constitucional de previsão legal de restituição do montante arrecadado ao contribuinte, ao cabo de determinado período
Impostos	Não	Não	Não

1. Márcio Severo Marques, Classificação Constitucional dos Tributos, São Paulo, Max Limonad, 2000, p. 225.

Tributos Identificados	1º Critério	2º Critério	3º Critério
Taxas	Sim	Sim	Não
Contribuição de Melhoria	Sim	Não	Não
Contribuições	Não	Sim	Não
Empréstimo Compulsório	Não	Sim	Sim

Vimos que a denominação legal é critério irrelevante para identificar a natureza específica do tributo. Por igual razão, cumpre identificar o campo reservado a cada ente competente para tributar. A esse respeito, Aliomar Baleeiro[2] enfatiza a importância da classificação jurídica de tributos, *verbis*:

> Sem **observância** dessa **classificação rígida de tributos**, que se subdividem em impostos, taxas e contribuição de melhoria, estará defraudada a discriminação de receitas que o constituinte consagrou como **base de autonomia local** e da **convivência harmoniosa das três esferas de governo**. Se for permitido ao legislador batizar de taxa, ou de contribuição de melhoria, determinado imposto dos arts. 15, 19 ou 29, ou mesmo do art. 21, qualquer pessoa de direito público pode invadir impunimente o campo de competência privativa de outra, secando-lhes as fontes de subsistência e, ao mesmo tempo, zombando dos direitos subjetivos dos contribuintes. *[Grifamos]*

Em atenção aos direitos e garantias constitucionais do contribuinte e à própria legitimidade do nosso Estado Democrático de Direito, acentua Sacha Calmon:[3]

> (...) a quantidade nominal de espécies tributárias é determinada pela teoria dos tributos vinculados ou não a uma atuação estatal (ato, serviço, obra ou benefício), **pouco importando o *nomen iuris***, a denominação dada ao tributo pelo legislador (**que jamais é um perito em Direito**).
>
> **Que importância prática tem o estudo das espécies tributárias?** Nada mais, nada menos, do que a **aplicação dos princípios e das normas constitucionais e infraconstitucionais** especificamente endereçadas aos

2. Aliomar Baleeiro, Direito Tributário Brasileiro, 11ª ed., Rio de Janeiro, Forense, 2000, p. 25.
3. Sacha Calmon Navarro Coêlho, Curso de Direito Tributário Brasileiro, 3ª ed., Rio de Janeiro, Forense, 1999, p. 400.

> impostos, às taxas e às contribuições. É da aplicabilidade do Direito que estamos a tratar, e **não é pouco**. *[Grifamos]*

- **Contribuições Sociais – natureza tributária**

No direito brasileiro, as contribuições sociais destinadas a terceiros (também conhecidas como contribuições "parafiscais") estão sujeitas a avanços e retrocessos no que diz respeito aos direitos e garantias constitucionais dos contribuintes. Vale lembrar que a Emenda Constitucional 8, de 14.4.1977, retirara essas contribuições do rol dos tributos constantes na Constituição à época vigente, razão pela qual o Código Tributário Nacional (Lei 5.172/1966) não as menciona em seu art. 5º. A esse respeito, discorre Vittorio Cassone,[4] *verbis*:

> 13. Os incisos [sic] I, II e III do art. 145 fornecem a primeira classificação dos tributos (mas não a definitiva, como veremos a seguir): impostos, taxas e contribuição de melhoria.
>
> Mas o exegeta deve perquirir, no corpo da Constituição, se existe mais alguma espécie do gênero tributo. E, nessa procura, encontramo-las nos arts. 148 e 149, que **a Constituição – muito acertadamente – não arrolou como incisos seguintes àqueles três, simplesmente por serem de competência exclusiva da União, quando se sabe que o art. 145 trata apenas dos tributos comuns às quatros pessoas públicas políticas competentes** (U-E-DF-M). Ante isso, ficamos com a seguinte classificação, que a própria Constituição fornece: (a) impostos; (b) taxas; (c) contribuição de melhoria; (d) contribuições especiais;(e) empréstimos compulsórios. (...)
>
> 14. No Brasil, **fato curioso** ocorreu com a **Emenda Constitucional 8/1977**, que, **de conformidade com decisão unânime do STF**, Pleno, no RE 86.595-BA (RTJ 87/271 e RDTributário 5/295), ao alterar a redação do art. 21, § 2º, I (que tratava do encargo da União na previdência social), e ao acrescentar o inciso X ao art. 43, ambos da CF/1967, retirou as contribuições de previdência (mais FUNRURAL, PIS etc.) do rol dos tributos, **passando a classifica-los como de natureza não-tributária** (o art. 43 no inciso I falava em tributos e no inciso X falava em contribuições sociais, daí a decisão do STF em distinguir essas duas exações). **Classificação criticada pela doutrina, no entendimento de que a natureza das exações, se tributária ou não, deveria ser feita em função da materialidade de sua hipótese de incidência, de conformidade com os arts. 3º e 4º do CTN/1966, e não em função do lugar que o instituto ocupa na Constituição.**

4. Vittorio Cassone, Direito Tributário, 18ª ed., São Paulo, Atlas, 2007, p. 46 e 51.

> 15. Em suma, em vista da decisão do STF, contribuições sociais do tipo FUNRURAL, previdência social, PIS, **até a Emenda Constitucional 8/1977, possuíam natureza tributária** (RE 86.595-BA, RTJ 87/171 e RED 5/95); **passaram a não ser dessa natureza a partir da Emenda Constitucional 8/1977** (idem); e, conforme proposição aprovada no 1º CNET, **a partir da Constituição Federal/1988 voltaram a ser tributos**. *[Grifamos]*

Jurisprudência

• Classificação dos Tributos (STF)

No julgamento realizado em junho de 1992 – tendo por objeto a Contribuição Social sobre o Lucro (CSSL) das pessoas jurídicas instituída pela Lei n. 7.689, de 15.12.1988, para fazer face ao financiamento da seguridade social (art. 195, I, CF/88) –, retomou-se a discussão acerca do critério da destinação para discernir as espécies tributárias consagradas pela Lei Maior. A esse respeito, cumpre transcrever excerto do voto relator, min. Moreira Alvez, *verbis*:

> (...).
>
> De feito, a pardas **três modalidades de tributos** (os impostos, as taxas e as contribuições de melhora) a que se refere o artigo 145 para declarar que são competentes para instituí-los a União, os Estados, o Distrito Federal e os Municípios, os artigos 148 e 149 aludem a **duas outras modalidades tributárias**, para cuja instituição só a União é competente: empréstimo compulsório e as contribuições sociais, inclusive as de intervenção no domínio econômico e de interesse das categorias profissionais ou econômicas.
>
> (...). *[STF, RE n. 146.733-9/SP, Pleno, rel. min. Moreira Alves, j. 29.6.1992, v.u., DJ 6.11.1992] [Grifamos]*

Quanto à caracterização de "bis in idem", assim se posicionou o min. Ilmar Galvão, no referido julgado, *verbis*:

> (...).
>
> Por fim, **não se pode ver inconstitucionalidade** no fato de a contribuição sob análise ter fato gerador e base de cálculo idênticos aos do imposto de Renda e do PIS. Pelo singelo motivo de que não há, na Constituição, nenhuma norma que vede a **incidência dupla** de **imposto e contribuição** sobre o **mesmo fato gerador**, nem que proíba tenham os dois tributos a **mesma base de cálculo**.
>
> (...). *[Grifamos]*

Noutro julgado, também em 1992, o min. Carlos Velloso propugna a existência de apenas quatro espécies tributária, à luz da Constituição Federal de 1988, *verbis*:

> (...).
>
> As diversas espécies tributárias, determinadas pela hipótese de incidência **ou** pelo fato gerador da respectiva obrigação (CTN, art. 4º), são as seguintes: a) os **impostos** (CF, arts. 145, I, 153, 154, 155 e 156); b) as **taxas** (CF, art. 145, II); c) as **contribuições**, que podem ser assim classificadas: c.1. de melhoria (CF, art. 145, III); e c.2. parafiscais (CF, art. 149), que são: c.2.1 sociais, c.2.1.1. de seguridade social (CF, art. 195, I, II, III), c.2.1.2. outras de seguridades social (CF, art. 195, § 4º), c.2.1.3. sociais gerais (FGTS, o salário-educação, (CF, art. 212, § 5º, contribuições para o SESI, SENAI, SENAC, CF, art. 240; c.3 especiais: c.3.1 de intervenção no domínio econômico (CF, art. 149) e c.3.2. corporativas (CF, art. 149). Constituem, ainda, espécie tributária: d) os **empréstimos compulsórios** (CF, art. 148).
>
> (...). *[STF, RE n. 138.284-8/CE, Pleno, rel. min. Carlos Velloso, j. 1.7.1992, v.u., DJ 28.8.1992] [Grifamos]*

• Fundo de Garantia por Tempo de Serviço (FGTS)

A propósito, vale ter em conta que a Contribuição Social destinada ao FGTS, firmou-se na jurisprudência o entendimento de que não possui natureza tributária nem previdenciária (STF, ARE n. 709.212). Cite-se, para ilustrar, julgado do Superior Tribunal de Justiça a esse respeito, *verbis*:

> (...).
>
> 1. O **FGTS é direito autônomo dos trabalhadores urbanos e rurais** de índole social e trabalhista, **não possui caráter de imposto nem de contribuição previdenciária**. Assim, **impossível sua equiparação** com a sistemática utilizada para fins de incidência de contribuição previdenciária e imposto de renda, de modo que é **irrelevante a natureza da verba trabalhista** (remuneratória ou indenizatória/compensatória) **na aplicação do FGTS**.
>
> 2. A importância paga pelo empregador durante os primeiros quinze dias que antecedem o afastamento por motivo de doença **incide na base de cálculo do FGTS** por decorrência da previsão no art. 15, § 5º, da Lei 8.036 e no art. 28, II do Decreto 99.684. Precedente: REsp 1.448.294/RS, Rel. Min. Mauro Campbell Marques, Segunda Turma, DJe 15.12.2014.
>
> 3. **Pacificou-se** o posicionamento de que apenas verbas expressamente delineadas em lei podem ser excluídas do alcance de incidência do FGTS. Desse modo, o **FGTS recai sobre** o salário-maternidade, férias gozadas,

aviso prévio indenizado, o terço constitucional de férias gozadas, os quinzes primeiros dias de auxílio-doença/acidente e sobre os adicionais horas extras, insalubridade, periculosidade, noturno, pois não há previsão legal específica acerca da sua exclusão, não podendo o intérprete ampliar as hipóteses legais de não incidência.

4. Agravo Regimental não provido. *[STJ, AgRg no REsp 1.518.699/SC, 2ªT., rel. min. Herman Benjamin, j. 17.2.2015, v.u., DJe 5.2.2016] [Grifamos]*

- **Empréstimo Compulsório**

Ao apreciar o Tema n., a 1ª Seção do Supremo Tribunal Federal fixou a seguinte tese: "Não há direito de regresso portanto não é cabível a execução regressiva proposta pela ELETROBRÁS contra a UNIÃO em razão da condenação das mesmas ao pagamento das diferenças na devolução do empréstimo compulsório sobre o consumo de energia elétrica ao PARTICULAR CONTRIBUINTE da exação". Registre-se o respective julgado, *verbis*:

(...).

3. A Centrais Elétricas Brasileiras S.A. – ELETROBRÁS foi criada pela UNIÃO em 1961, na forma de sociedade de economia mista, como holding do setor elétrico, com o objetivo específico previsto no art. 2º da Lei n. 3.890-A/61 de construir e operar usinas geradoras/produtoras e linhas de transmissão e distribuição de energia elétrica. A idéia era superar a crise gerada pela desproporção entre a demanda e a oferta de energia no país, ou seja, atuar em um setor estratégico para o desenvolvimento nacional.

4. Nesse contexto, o **empréstimo compulsório** sobre o consumo de energia elétrica instituído pela Lei n. 4.156/62 foi uma forma de se verter recursos para a ELETROBRÁS intervir no setor de energia elétrica subscrevendo ações, tomando obrigações e financiando as demais empresas atuantes no setor das quais o Poder Público (Federal, Estadual ou Municipal) fosse acionista.

5. De relevo que: a) o emprego dos recursos provenientes da arrecadação do **empréstimo compulsório** sobre o consumo de energia elétrica não o foi em exclusivo benefício da empresa, mas sim na construção e realização de uma **política pública estratégica e de âmbito nacional** no campo energético formulada pela própria UNIÃO; b) a **criação da sociedade de economia mista** se fez com destaque do patrimônio do ente criador conferindo-lhe autonomia para realizar uma missão específica de política pública tida por prioritária; e c) **nem a lei e nem os recursos representativos da controvérsia** julgados por este Superior Tribunal de Justiça (REsp. n. 1.003.955 – RS e REsp. n. 1.028.592 – RS, Primeira Seção, Rel. Min. Eliana Calmon, julgados em 12.08.2009) **trouxeram a definição de quotas de responsabilidade da dívida**, situação base para a aplicação do art. 283, do CC/2002 e do art. 80 do CPC/1973.

> 6. Nessa linha, somente é legítima uma interpretação do art. 4º, § 3º, da Lei nº 4.156/62 que permita a incursão no patrimônio do ente criador em caso de insuficiência do patrimônio da criatura, já que garantidor dessa atividade. Resta assim, configurada a situação de **responsabilidade solidária subsidiária** da UNIÃO pelos **valores a serem devolvidos** na sistemática do **empréstimo compulsório** sobre o consumo de energia elétrica.
>
> (...). *[STF, AgRg no REsp 1.576.254/RS, 2ªT., rel. min. Mauro Campbell Marques, j. 26.6.2019, p. m., DJe 4.9.2019] [Grifamos]*

• Contribuições Sociais (art. 149, § 2º, da CF/88): SEBRAE, APEX e ABDI – recepção, pela EC 33/2001, de bases econômico-tributáveis

As Contribuição devidas ao Serviço Brasileiro de Apoio às micro e pequenas Empresas (SEBRAE), à Agência brasileira de Promoção de Exportações e investimentos (APEX) e à Agência Brasileira de Desenvolvimento Industrial (ABDI) incidente sobre a folha de salários do trabalhador. O Supremo Tribunal Federal julgou constitucional a exigência das referidas contribuições, por entender recepcionadas as Leis n. 8.029, e n. 8.154, ambas de 1990, das Leis n. 10.668, de 2003 e n. 11.080, de 2004-, em face da alteração promovida pela Emenda Constitucional n. 33, de 2001, no art. 149, da nossa Carta Magna. Registre-se:

> (...).
>
> 1. O **acréscimo realizado pela EC 33/2001** no art. 149, § 2º, III, da Constituição Federal **não operou uma delimitação exaustiva das bases econômicas passíveis de tributação** por toda e qualquer contribuição social e de intervenção no domínio econômico. 2. O emprego, pelo art. 149, § 2º, III, da CF, do modo verbal **"poderão ter alíquotas"** demonstra tratar-se de **elenco exemplificativo** em relação à presente hipótese. Legitimidade da exigência de contribuição ao SEBRAE – APEX – ABDI incidente sobre a folha de salários, nos moldes das Leis 8.029/1990, 8.154/1990, 10.668/2003 e 11.080/2004, ante a alteração promovida pela EC 33/2001 no art. 149 da Constituição Federal. 3. Recurso Extraordinário a que se nega provimento. **Tema 325**, fixada a seguinte tese de repercussão geral: "**As contribuições devidas ao SEBRAE, à APEX e à ABDI com fundamento na Lei 8.029/1990 foram recepcionadas pela EC 33/2001**". *[STF, RE 603.624, Pleno, rela. p/ acórdão, j. 23.9.2020, p. m., DJ 13.1.2021]. [Grifamos].*

• Contribuição Social sobre Salários (art. 195, I, "a", CF/88)

Sob a vigência da Constituição da República Federativa do Brasil de 1967, com a redação dada pela Emenda Constitucional n. 1/1969 – e, em conformidade com o disposto nas alíneas "a" e "b", do inciso II, do artigo 33, do Decreto n. 83.081/1979, combinado com o artigo 1º do Decreto n. 90.817/1985 –, as empresas estavam obrigadas a recolher Contribuição para o Custeio da Previdência e Assistência Social, no montante de 10% sobre o valor pago a administradores e autônomos. Posteriormente, referida Contribuição passou a incidir em "[...] 20% sobre o total das remunerações pagas ou creditadas, a qualquer título, no decorrer do mês, aos segurados empregados, avulsos, autônomos e administradores" [...], com base no disposto no inciso I, do art. 3º, da Lei n. 7.787/1989.

Em sua redação original, a Constituição Federal de 1988, todavia, não autorizava a incidência da Contribuição sobre Salários pagos ao trabalhador sem vínculo empregatício. Diante disso, a Suprema Corte brasileira declarou inconstitucional a expressão "avulsos, autônomos e administradores" constante no referido dispositivo legal. Esse julgado levou em conta o entendimento doutrinário, segundo o qual a interpretação do Direito deve partir da leitura do Texto Constitucional, sem descuidar, por via de consequência, dos conceitos e institutos consagrados pela Ciência Jurídica. É o que se depreende da ementa jurisprudencial abaixo transcrita, *verbis*:

> INTERPRETAÇÃO – CARGA CONSTRUTIVA – EXTENSAO. Se é certo que toda interpretação traz em si carga construtiva, não menos correta exsurge a vinculação à ordem jurídico-constitucional. O fenômeno ocorre a partir das normas em vigor, variando de acordo com a formação profissional e humanística do intérprete. No exercício gratificante da arte de interpretar, descabe "inserir na regra de direito o próprio juízo – por mais sensato que seja – sobre a finalidade que 'conviria' fosse por ela perseguida" – Celso Antonio Bandeira de Mello – em parecer inédito. Sendo o Direito uma ciência, o meio justifica o fim, mas não este àquele. CONSTITUIÇÃO – ALCANCE POLÍTICO – SENTIDO DOS VOCÁBULOS – INTERPRETAÇÃO. O conteúdo político de uma Constituição não é conducente ao desprezo do sentido vernacular das palavras, muito menos ao do técnico, considerados institutos consagrados pelo Direito. Toda ciência pressupõe a adoção de escorreita linguagem, possuindo os institutos, as expressões e os vocábulos que a revelam conceito estabelecido com a passagem do tempo, quer por força de estudos acadêmicos quer, no caso do Direito, pela atuação dos Pretórios. [...]. [STF, Tribunal Pleno, RE 166.*772, rel Min. Marco Aurélio, j. 12.5.1994, v.m., DJU 16.12.1994] [Grifamos]*

Nada obstante, cumpre ter em conta que a Emenda Constitucional n. 20, de 1998, EC n. 20/98, ampliou o alcance da referida contribuição, tornando possível sua incidência sobre a folha de salários e demais rendimentos do trabalhador, com ou sem vínculo empregatício (v. art. 195, I, "a", da CF/88). Recentemente, a EC 132/23, de seu turno, delegou à União ampla competência para instituir

Contribuições social sobre Bens e Direitos, mediante lei complementar (art. 195, inciso V).

Note-se que a análise da citada jurisprudência, além de mostrar o tratamento dado às contribuições sociais ao longo do temo, também se revela útil para ilustrar as noções abordadas no primeiro Capítulo (sistema jurídico), bem como as relacionadas ao tema da interpretação e aplicação da legislação tributária.

- **Contribuições Sociais (art. 195, I, "b", CF/88): PIS/Cofins e isonomia tributária**

Em atenção ao princípio constitucional da isonomia tributária, a Suprema Corte reconheceu a inconstitucionalidade da legislação infraconstitucional que enseja prejuízos econômicos ao contribuinte industrial dedicado à reciclagem. Ao apreciar o Tema n. 304, a Suprema Corte fixou a tese de repercussão geral: "São inconstitucionais os arts. 47 e 48 da Lei 11.196/2005, que vedam a apuração de créditos de PIS/Cofins na aquisição de insumos recicláveis". Transcreva-se:

> (...).
>
> **Prejuízos econômicos** ao contribuinte industrial dedicado à reciclagem. 5. **Inconstitucionalidade de tratamento tributário prejudicial à indústria de reciclagem**. Princípio do protetor recebedor. Possibilidade concreta de os créditos fiscais superarem o valor do PIS/Cofins recolhido na etapa anterior da cadeia de produção. **Afronta aos princípios da isonomia tributária, neutralidade fiscal e ao regime tributário favorecido e simplificado devido à microempresa e à empresa de pequeno porte.** 6. Ética ambiental. Estado Socioambiental de Direito. Sustentabilidade ecológica e social. Direito ao meio ambiente ecologicamente equilibrado. Artigos 170, inciso VI, e 225, da Constituição Federal. Vinculação do Legislador ordinário. Impossibilidade do esvaziamento do substrato axiológico dos direitos fundamentais ambientais. **Inconstitucionalidade de tratamento tributário mais gravoso ao elo mais frágil da cadeia produtiva**. População de baixa renda. Afronta às normas fundamentais de defesa do meio ambiente e da valorização do trabalho humano. (...) Recurso extraordinário provido. *[RE 607.109, Pleno, rel. p/ acórdão, min. Gilmar Mendes, j. 8.6.2021, p. m., DJ 13.8.2021] [Grifamos]*

Note-se que, no caso supra, o contribuinte exerce atividade industrial, mediante aquisição de insumos "recicláveis" no processo produtivo. A despeito de sua ética ambiental, foi tributado a maior por meio da referida legislação infraconstitucional, em desprestigio dos princípios da isonomia, da proteção ambiental, da livre concorrência e da busca do pleno emprego, todos consagrados pelo nosso Poder Constituinte Originário.

- **COSIMP (disponibilização da demanda) e ICMS (efetivo consumo)**

O Poder Constituinte derivado (EC 39/2002) autorizou a instituição da Contribuição para o custeio do serviço de iluminação pública (CIP ou COSIP) pelos Municípios e pelo Distrito Federal, bem como facultou sua cobrança por meio da fatura do imposto estadual sobre operações mercantis (ICMS) – incidente nas operações mercantis que tenham por objeto aquisição de energia elétrica –, cabendo ao Estado-membro, neste caso, repassá-la aos Municípios ou Distrito Federal. Este regramento prestigia o entendimento jurisprudencial, segundo o qual o fato gerador do ICMS é o efetivo consumo de energia elétrica, e não sua contratação (operação mercantil).

Cite-se, por oportuno, a Súmula n. 391, de 7.10.2009, do Superior Tribunal de Justiça, *verbis*: "O ICMS incide sobre o valor da tarifa de energia elétrica correspondente à demanda de potência efetivamente utilizada." De igual teor, é o posicionamento da Suprema Corte, cuja tese jurídica atribuída ao Tema 176, da sistemática da repercussão geral, restou assim fixada: "A demanda de potência elétrica não é passível, por si só, de tributação via ICMS, porquanto somente integram a base de cálculo desse imposto os valores referentes àquelas operações em que haja efetivo consumo de energia elétrica pelo consumidor". Transcreva-se:

> (...).
>
> 2. À luz do atual ordenamento jurídico, constata-se que não integram a base de cálculo do ICMS incidente sobre a energia elétrica valores decorrentes de relação jurídica diversa do consumo de energia elétrica. 3. Não se depreende o consumo de energia elétrica somente pela disponibilização de demanda de potência ativa. Na espécie, **há clara distinção entre a política tarifária do setor elétrico e a delimitação da regra-matriz do ICMS**. 4. Na ótica constitucional, **o ICMS deve ser calculado sobre o preço da operação final entre fornecedor e consumidor**, não integrando a base de cálculo eventual montante relativo a negócio jurídico consistente na mera disponibilização de demanda de potência não utilizada. (...) 6. Recurso extraordinário a que nega provimento. *[RE 593.824 RG/SC, Pleno, rel. min. Edson Fachin, j. 27.4.2020, p. m., DJe 19.5.2020] [Grifamos]*

Em breve síntese, se houver consumo de energia elétrica, considerar-se-á ocorrido o fato gerador do ICMS-estadual, viabilizando-se, assim, a cobrança da COSIMP pelos serviços públicos eventualmente prestados pelos Municípios e pelo Distrito Federal.

- **COSIMP – Contribuição para o custeio o serviço público geral de iluminação e monitoramento de logradouros públicos (EC 132/23)**

Como já restou mencionado, a EC n. 39, de 2002, faculta aos Municípios e ao Distrito Federal instituir um novo tributo com a finalidade específica de custear os serviços de iluminação pública (CIP ou COSIP). A Suprema Corte, ao apreciar o tema de repercussão geral n. 696, fixou a seguinte tese de repercussão geral: "É constitucional a aplicação dos recursos arrecadados por meio de contribuição para o custeio da iluminação pública **na expansão e aprimoramento da rede**" (Grifamos). Registre-se:

> (...).
> 1. O artigo 149-A, da Constituição Federal, incluído pela **Emenda Constitucional 39/2002**, dispõe que "Os Municípios e o Distrito Federal poderão instituir contribuição, na forma das respectivas leis, para o custeio do serviço de iluminação pública, observado o disposto no art. 150, I e III". 2. **O constituinte não pretendeu limitar o custeio do serviço de iluminação pública apenas às despesas de sua execução e manutenção.** Pelo contrário, deixou margem a que o legislador municipal pudesse instituir a referida contribuição de acordo com a necessidade e interesse local, conforme disposto no art. 30, I e III, da Constituição Federal. 3. A iluminação pública é indispensável à segurança e bem-estar da população local. Portanto, **limitar a destinação dos recursos** arrecadados com a contribuição ora em análise às despesas com a execução e manutenção **significaria restringir as fontes de recursos** que o Ente Municipal dispõe para prestar adequadamente o serviço público. 4. Diante da complexidade e da dinâmica características do serviço de iluminação pública, **é legítimo que a contribuição destinada ao seu custeio inclua também as despesas relativas à expansão da rede**, a fim de atender as novas demandas oriundas do crescimento urbano, bem como o seu melhoramento, para ajustar-se às necessidades da população local. 5. Recurso Extraordinário a que se dá provimento. (...)*[RE 666.404/SP, Pleno, rel. para acórdão, min. Alexandre de Moraes, j. 18.8.2020, p. m., DJe 4.9.2020] [Grifamos]*

Note-se que, posteriormente a esta decisão, a EC n. 132, aprovada em 20.12.2023, "explicitou" os fins deste novo tributo (COSIMP).

Temas para Dissertação ou Pesquisa

1. "Classificação dos Tributos. Relevância. Espécies Tributárias. Divergências doutrinárias".
2. "Contribuições especiais. Natureza jurídica."
3. "Relevância jurídica da classificação dos tributos, conforme a destinação do produto arrecadado."

Questões

1. Que se entende por "classificar"? E por "classificação jurídica"?
2. Que se entende por "espécie de tributo"? Qual a relevância da classificação jurídica dos tributos?
3. Na vigência da Constituição Federal de 1988, quais são as espécies tributárias, considerando-se, como critério classificatório, o ente competente para instituí-las?
4. Na vigência da Constituição Federal de 1988, quais são as espécies tributárias, considerando-se, como critério classificatório, a vinculação do seu nascimento a uma atuação estatal?
5. Na vigência da Constituição Federal de 1988, quais são as espécies tributárias, considerando-se, como critério classificatório, a vinculação, a determinada finalidade constitucional, do produto de sua arrecadação?

Consultas

1. **[41° Exame de Ordem/SP, 2024, n. 4]** Para incrementar a arrecadação federal, a União instituiu por lei complementar, publicada em 1° de julho de 2023, uma nova contribuição para a Seguridade Social para garantir a manutenção dos benefícios da Previdência Social, dotada de não cumulatividade e com fato gerador e base de cálculo distintos dos demais tributos existentes na Constituição Federal de 1988. Foi estabelecido que a referida nova contribuição iria produzir efeitos a partir de 1° de novembro de 2023. A partir desse cenário, responda aos itens a seguir. A) Foi válida a instituição pela União da nova contribuição da Seguridade Social, além das que já são previstas na Constituição Federal de 1988, por norma infraconstitucional? Justifique. (Valor: 0,65) B) Poderia o novo tributo passar a viger e produzir efeitos na data prevista naquela lei? Justifique. (Valor: 0,60) Obs.: o(a) examinando(a) deve fundamentar as respostas. A mera citação do dispositivo legal não confere pontuação.
2. **[40° Exame de Ordem/SP, 2024, n. 1]** Para o enfrentamento de uma nova pandemia ocorrida no início do ano de 2023, a Lei Complementar Federal XXX, de 1° de março de 2023, instituiu empréstimo compulsório para atender às despesas extraordinárias decorrentes da calamidade pública (já devidamente oficializada desde fevereiro de 2023) causada pela referida doença, incidente sobre o comércio de qualquer medicamento no país, sendo os recursos arrecadados destinados ao desenvolvimento e à produção de vacinas nacionais para o enfrentamento daquela crise sanitária. A referida lei estabeleceu que aquele tributo seria cobrado imediatamente após a sua publicação, com alíquota de 0,05% (cinco centésimos) do preço da venda de qualquer medicamento no país. Decidiu-se que uma portaria

do Banco Central do Brasil (BACEN), instituição financeira responsável pela devolução da exação, seria futuramente editada para estabelecer o prazo do empréstimo e as condições para a restituição. A rede de farmácias Cura Tudo Ltda., visando questionar o novo tributo, contrata você, como advogado(a), para assessorá-la. Assim, como advogado(a) da Cura Tudo Ltda., responda aos itens a seguir. A) É válida a previsão de imediata cobrança daquele empréstimo compulsório? Justifique. (Valor: 0,65) B) Pode uma futura portaria do BACEN, sob a ótica do Direito Tributário, estabelecer o prazo do empréstimo e as condições para a sua restituição? Justifique. (Valor: 0,60) Obs.: O(A) examinando(a) deve fundamentar suas respostas. A mera citação do dispositivo legal não confere pontuação.

3. **[35° Exame de Ordem Unificado, 2022, n. 4]** Nova lei federal complementar, publicada em 10/10/2021, com o fim de garantir a manutenção do equilíbrio das contas da seguridade social, criou nova contribuição social residual de seguridade social. Nos termos desta lei, esta passaria a produzir seus efeitos em 01/01/2022, data a partir da qual a nova contribuição começaria a ser cobrada. Diante desse cenário, responda aos itens a seguir. A) Era necessária a edição de lei complementar para a criação deste tributo? (Valor: 0,65) B) Está correto o início do prazo de cobrança de tal contribuição previsto na lei? (Valor: 0,60) Obs.: o(a) examinando(a) deve fundamentar suas respostas. A mera citação do dispositivo legal não confere pontuação.

Testes

1. **[Advogado, CRF/AC, 2024, n. 39]** Considerando a Constituição Federal de 1988, é permitido à União, aos estados, ao Distrito Federal e aos municípios

   a) ( ) exigir ou aumentar tributo sem lei que o estabeleça.

   b) ( ) instituir contribuição de melhoria, decorrente de obras públicas.

   c) ( ) utilizar tributo com efeito de confisco.

   d) ( ) estabelecer limitações ao tráfego de pessoas ou bens, por meio de tributos interestaduais ou intermunicipais, ressalvada a cobrança de pedágio pela utilização de vias conservadas pelo poder público.

   e) ( ) cobrar tributos em relação a fatos geradores ocorridos antes do início da vigência da lei que os houver instituído ou aumentado.

2. **[36° Exame de Ordem Unificado, 2022.1, n. 26]** A Assembleia Legislativa do Estado Beta irá votar, em 2022, um projeto de lei ordinária para a criação de sua própria contribuição social previdenciária, para custeio do regime próprio de previdência social estadual, a ser cobrada dos seus servidores ativos, dos aposentados e dos pensionistas. Antes, porém, submete o referido projeto de lei ordinária para análise da Comissão de Constituição e Justiça

daquela Casa Legislativa, para emissão de parecer sobre a constitucionalidade daquele tributo. Diante desse cenário, a referida contribuição social previdenciária.

a) ( ) poderia ser criada por lei ordinária e ser cobrada de servidores ativos, dos aposentados e dos pensionistas.

b) ( ) poderia ser criada por lei ordinária, mas só poderia ser cobrada de servidores ativos. c) ( ) não poderia ser criada por lei ordinária, mas poderia ser cobrada de servidores ativos, dos aposentados e dos pensionistas.

d) ( ) não poderia ser criada por lei ordinária e só poderia ser cobrada de servidores ativos.

3. [124° Exame de Ordem 2004.1 – OAB/SP, n. 81] Sobre as espécies tributárias, pode-se afirmar que

a) ( ) as taxas são cobradas em razão da utilização de bens e serviços públicos.

b) ( ) as contribuições se distinguem dos impostos em função do seu fato gerador.

c) ( ) as contribuições de melhoria são tributos que podem ser instituídos pela União, pelos Estados, pelo Distrito Federal e pelos Municípios.

d) ( ) as contribuições não podem ter base de cálculo própria de impostos.

4. [124° Exame de Ordem 2004.1 – OAB/SP, n. 82]. Cabe à lei complementar em matéria tributária:

a) (A) instituir os tributos de competência da União.

b) ( ) instituir os tributos de competência concorrente da União e dos Estados.

c) ( ) instituir os tributos de competência concorrente entre dois Estados ou entre dois Municípios.

d) ( ) instituir empréstimos compulsórios.

5. [Exame de Ordem 2004.2 – OAB/BA, n. 81] Determinada lei federal institui contribuição social cuja base de cálculo é a mesma de um imposto já previsto constitucionalmente. A referida lei é

a) ( ) ilegal por acarretar bitributação.

b) ( ) constitucional visto ser possível a instituição de contribuições sociais com a mesma base de cálculo de imposto.

c) ( ) inconstitucional por ferir a capacidade contributiva do contribuinte.

d) ( ) ilegal por ferir o princípio da isonomia formal.

6. **[Analista de Controle Externo – Jurídica, FCC, TCE/GO, 2009, n. 81]** Os tributos classificam-se em vinculados e não-vinculados. É exemplo de tributo vinculado, de forma direta, com finalidade de remunerar serviço público:

a) ( ) o imposto.

b) ( ) a taxa.

c) ( ) a contribuição de melhoria.

d ( ) a contribuição social.

e) ( ) o empréstimo compulsório.

4 PRINCÍPIOS CONSTITUCIONAIS TRIBUTÁRIOS

4.1 PRINCÍPIOS COMO LIMITAÇÕES CONSTITUCIONAIS AO PODER DE TRIBUTAR

Princípios jurídicos[1] são normas que, por sua grande generalidade, ocupam posição de destaque no mundo do Direito e, por essa razão, proporcionam uma melhor compreensão e correta aplicação dos preceitos normativos de menor alcance denominados, para fins distintivos, *regras jurídicas*.

Como vetores de interpretação, os princípios têm o condão de assegurar a compreensão sistêmica do ordenamento jurídico, por meio da qual será possível aferir não apenas a compatibilidade de cada regra jurídica, como também a interdependência de todas as normas jurídicas entre si. Sob a diretriz principiológica, poder-se-á formular conceitos, definições, classificações; traçar os contornos de cada instituto, realçando as nuanças que perfazem o respectivo regime jurídico, desenvolver teses, teorias, pareceres e, deste modo, contribuir para que as leis sejam elaboradas, interpretadas e aplicadas de forma harmoniosa e eficaz.

Sob esse prisma, pode-se dizer que os princípios são normas jurídicas imprescindíveis para desvendar e conferir a unicidade ao Direito; afinal, tendo-os como vetor interpretativo, as demais normas jurídicas poderão ser inferidas

1. Cf. Roque Antonio Carrazza, *Curso de Direito Constitucional Tributário*, 24ª ed., São Paulo, Malheiros Editores, 2008, p. 39.

simetricamente do vasto emaranhado de enunciados escritos que permeiam os incontáveis textos de lei.

Tornando ao nosso rumo, convém apresentar os princípios constitucionais tributários consagrados, expressa ou implicitamente, pela Constituição Federal de 1988, CF/88. Sob o título "Limitações do Poder de Tributar", priorizou-se os princípios e as imunidades genéricas de impostos (art. 150) que compõem o denominado Regime Jurídico Constitucional Tributário Geral, sem prejuízo de tantos outros que se encontram esparsos na Lei Maior.

Sob o título "Sistema Tributário Nacional", encontram-se princípios e regras que perfazem o regime jurídico tributário das espécies tributárias, como o princípio informador dos impostos, qual seja o da "capacidade contributiva" (§§ 1º, do art. 145). A propósito, a Emenda Constitucional n. 132/23, na Seção intitulada "Princípios Gerais", no afã de melhor direcionar a ação estatal de tributar e, de conseguinte, torná-la menos onerosa para o bolso do contribuinte, destaca princípios gerais de direito público (da transparência, simplicidade e cooperação); de cunho extrafiscal (da defesa do meio ambiente); e de caráter deveras subjetivo, o da justiça tributária. Transcreva-se:

> **[CF/88] Art. 145.** (...) § 3º O Sistema Tributário Nacional deve observar os princípios da simplicidade, da transparência, da justiça tributária, da cooperação e da defesa do meio ambiente. *[Incluído pela EC nº 132, de 2023]*

Saliente-se que cada espécie tributária ainda estará sujeita a observância de princípios e imunidades que lhes são próprios; ou seja, além de observar o regime geral, cada espécie tributária, em razão de suas peculiaridades, submete-se às exigências de um regime jurídico constitucional específico.

Neste Capítulo, daremos maior atenção aos princípios constitucionais tributários que informam a instituição de tributo (gênero), mormente o da estrita legalidade tributária, o da irretroatividade e o da anterioridade. Os demais, assim como os princípios que integram o regime jurídico específico de cada espécie tributária, serão abordados, sempre que oportuno, nos respectivos capítulos.

4.2 PRINCÍPIO CONSTITUCIONAL DA ESTRITA LEGALIDADE TRIBUTÁRIA

Todos têm direito à vida, à liberdade, à igualdade, à segurança e à propriedade, conforme estabelece a Constituição Federal de 1988, (*caput*, do art. 5º), com a garantia, ademais, de cláusula pétrea (art. 60, § 4, IV). A salvaguarda desses e de outros tantos direitos individuais, no entanto, tem um custo. É infinitamente maior, outrossim, o custo das políticas públicas que visam a satisfação de interesses coletivos. Em contrapartida, a principal fonte de receitas do Estado, vale lembrar, é o bolso do contribuinte, ou seja, do próprio titular dos direitos tutelados.

Diante disso, ao traçar os contornos do direito à liberdade, à igualdade e à propriedade, a Constituição Federal estabelece, de forma genérica (inciso II, do art. 5º) e específica (inciso I, do art. 150), que somente a lei – a nosso sentir, lei em sentido material e formal – poderá proibir ou impor determinadas condutas, dentre as quais destacamos a obrigação de "dar dinheiro ao Estado" em decorrência de um fato lícito. Nesses termos, a tributação alcança todos aqueles que, como contribuintes, estão sob a tutela estatal e, de conseguinte, são iguais perante a lei. Transcreva-se os dispositivos em comento:

> **[CF/88] Art. 5º.** (...)
>
> II – ninguém será obrigado a fazer ou deixar de fazer alguma coisa senão em virtude de **lei**; (...).
>
> (...)
>
> **Art. 150.** Sem prejuízo de outras **garantias** asseguradas ao contribuinte, **é vedado** à União, Estados, Distrito Federal e Municípios:
>
> I – exigir ou aumentar tributo sem **lei** que o estabeleça; (...). *[Grifamos]*

O *princípio constitucional da legalidade* foi reproduzido no capítulo que trata do Sistema Tributário Nacional, mais especificamente, com vistas a realçar sua importância no âmago tributário, na seção denominada "Limitações do Poder de Tributar" (art. 150, I), razão pela qual melhor se diz *princípio constitucional da estrita legalidade tributária*.

Dito de outro modo, somente em lei devemos encontrar a descrição de um fato lícito, assim como o momento e o local de sua possível ocorrência; de igual modo, somente em lei há de estar prevista a respectiva obrigação tributária em abstrato, com todos os seus elementos identificadores – quais sejam os sujeitos (credor e devedor) desta relação jurídica e seu objeto, de cunho pecuniário, em geral, alíquota e base de cálculo.

Não há demasia em dizer que as chamadas "obrigações tributárias acessórias" também se submetem ao princípio em comento, (art. 5º, II), pois, elevam – mesmo que que indiretamente, a carga tributária – e, de seu descumprimento, resulta a respectiva sanção, de cunho punitivo.

Cumpre, pois, relembrar a noção jurídico-constitucional de "lei", já que sem a qual será indevida a exigência de tributos no Brasil.

• Lei em sentido amplo e em sentido estrito

Lei é o instrumento normativo hábil a inovar o ordenamento jurídico.

Há, no entanto, outros instrumentos normativos que poderão ser empregados para viabilizar o regular cumprimento das prescrições legais, mas que não têm o condão de ampliar ou restringir o teor da lei, propriamente dita. São os chamados "instrumentos normativos secundários", de que são exemplos os decretos, instruções normativas, portarias e circulares.

Interessa-nos, por ora, dedicar maior atenção aos instrumentos normativos discriminados pela própria Lei Maior, *verbis*:

> **[CF/88] Art. 59.** O **processo legislativo** compreende a **elaboração** de:
>
> I – emendas à Constituição;
>
> II – leis complementares;
>
> III – leis ordinárias;
>
> IV – leis delegadas;
>
> V – medidas provisórias;
>
> VI – decretos legislativos;
>
> VII – resoluções. *[Grifamos]*

Observe-se que a vigente Carta Magna consagrou o processo legislativo indireto ou representativo, por meio do qual o povo (mandante) elege seus representantes (mandatários) para legislar e, em conformidade com as leis e diretrizes constitucionais, administrar a coisa pública.

• Lei ordinária

O processo de elaboração de leis ordinárias é – como o próprio nome está a dizer – ordinário, ou simplesmente comum. Registre-se, de passagem, que a lei ordinária deriva do processo legislativo comum, cujo projeto de lei submete-se às seguintes fases: (a) iniciativa; (b) discussão; (c) votação; (d) sanção ou veto; (e) promulgação. A publicação da lei visa a dar conhecimento a todos de que a ordem jurídica foi inovada. Para a votação do respectivo projeto, exige-se a presença da maioria absoluta ("metade mais um") dos membros de cada Casa e de suas Comissões; para sua aprovação, a correlata maioria dos votos ("maioria simples"). Veja-se:

> **[CF/88] Art. 47.** Salvo disposição constitucional em contrário, as deliberações de cada Casa e de suas Comissões serão tomadas por **maioria dos votos, presente a maioria absoluta de seus membros**. *[Grifamos]*

Todavia, tem suas próprias peculiaridades o processo legislativo para elaboração de emenda constitucional, lei complementar, lei delegada, medida provisória, resoluções e leis financeiras. Vejamos, em breve síntese, o da emenda constitucional e o da lei complementar.

- **Emenda constitucional**

Com efeito, para a elaboração de emenda constitucional, o projeto deverá ser discutido e votado em cada Casa do Congresso Nacional, em dois turnos, considerando-se aprovado se obtiver, em ambos, três quintos dos votos dos respectivos membros (§ 2º, do art. 60, da CF/88). A exigência de dois turnos de votação, convém frisar, assegura à sociedade o tempo necessário para reavaliar a necessidade e urgência de se reformar a Lei que ampara todo o vigente arcabouço normativo legal e infralegal.

- **Lei Complementar**

A lei complementar submete-se ao mesmo processo de elaboração de lei ordinária, exigindo-se tão-somente que seu projeto seja aprovado por maioria *absoluta*, ou seja, que "metade mais um" de todos os membros que compõem a respectiva casa parlamentar tenham votado favoravelmente à aprovação do projeto, (art. 69, da CF/88). Saliente-se, por oportuno, que a lei complementar, no tocante ao processo legislativo, situa-se entre a emenda constitucional e a lei ordinária.

4.2.1 Emenda constitucional e Reforma Tributária

Por meio de emenda constitucional é possível, com as devidas ressalvas, promover reformas no texto original da Constituição Federal. Acerca da legitimidade ativa para o exercício do poder constituinte derivado, dispõe a Lei Maior, *verbis*:

> **[CF/88] Art. 60.** A Constituição poderá ser **emendada** mediante **proposta**:
>
> I – de **um terço**, no mínimo, dos membros da **Câmara dos Deputados** ou do **Senado Federal**;
>
> II – do **Presidente da República**;
>
> III – de **mais da metade** das **Assembléias** (sic) **Legislativas** das unidades da Federação, manifestando-se, cada uma delas, pela maioria relativa de seus membros.
>
> (...).
>
> § 2º. A proposta será **discutida e votada em cada Casa** do Congresso Nacional, em **2 (dois) turnos**, considerando-se **aprovada** se obtiver, **em ambos, três quintos dos votos** dos respectivos membros.
>
> (...).
>
> § 4º. **Não** será **objeto de deliberação** a proposta de emenda **tendente** a abolir:
>
> I – a forma **federativa** de Estado;

> II – o **voto** direto, secreto, universal e periódico;
>
> III – a **separação** dos Poderes;
>
> IV – os direitos e garantias **individuais**. *[Grifamos]*

Note-se que a Constituição Cidadã de 1988, é rígida. Significa dizer que somente poderá ser alterada por meio da denominada "emenda constitucional", jamais por lei ordinária, lei complementar ou por qualquer outra espécie legislativa infraconstitucional. Aliás, há determinados assuntos que jamais poderão ter seu conteúdo, sentido e alcance modificado – frise-se, nem mesmo por meio de emenda constitucional –, razão pela qual recebem o nome de cláusulas de pedra (§ 4º, do art. 60).

O vigor e a atualidade do Texto Constitucional, reverbera a Ciência do Direito, são preservados pela interpretação sistêmica de suas normas, por meio da qual também será possível afiançar sua legitimidade e efetividade. Nesta seara, não se pode sobrepor os meios em detrimento dos fins.

Dentre os vetores interpretativos do conteúdo, sentido e alcance das normas introduzidas pelo Poder Constituinte derivado, destacamos o (i) princípio federativo, bem como os (ii) direitos e garantias individuais, os quais consubstanciam verdadeiros limites ao poder de tributar.

A União, os Estados, o Distrito Federal e os Municípios dispõem de competência para instituir seus próprios tributos e gerir suas receitas. Acrescente-se que a União dispõe de competência residual para instituir novos impostos e contribuições sociais, enquanto os Estados e o Distrito Federal, para instituir taxas de polícia e de serviço. Eventual deliberação sobre proposta de reforma tributária tendente a ampliar ou reduzir o campo de competência de determinado ente tributante, violará o princípio federativo e o da autonomia política dos Municípios, ambos condizentes com o prestigiado Estado Democrático de Direito.

E mais. Os princípios e regras que informam a instituição de tributos tendem a ser vulnerados, mormente quando a própria edição de emenda constitucional parece competir, em termos quantitativos, com a edição de medidas provisórias. Com efeito, não é por outra razão que os direitos e garantias constitucionais dos contribuintes, essenciais à coexistência digna, também figuram entre as cláusulas pétreas (art. 60, § 4º, IV, da CF/88).

4.2.2 Lei complementar em matéria tributária

A Constituição Federal de 1988, CF/88, discrimina expressamente a matéria reservada à lei complementar. Na esfera tributária, por exemplo, exige-se lei complementar para a instituição de empréstimo compulsório, impostos residuais, contribuições sociais residuais. A Emenda Constitucional n. 132/23, de seu turno, autoriza a instituição de Impostos sobre Bens e Serviços (IBS), assim como de Contribuições Sociais sobre Serviços (CBS), por meio de lei complementar federal.

A tradicional função da lei complementar no Direito Tributário brasileiro, no entanto, é a de introduzir normas gerais, no ordenamento jurídico, em matéria de legislação tributária. Transcreva-se:

> **[CF/88] Art. 146.** Cabe à **lei complementar**:
>
> I – dispor sobre **conflitos de competência**, em matéria tributária, entre a União, os Estados, o Distrito Federal e os Municípios;
>
> II – regular as **limitações constitucionais** ao poder de tributar;
>
> III – estabelecer **normas gerais em matéria de legislação tributária**, especialmente sobre:
>
> a) **definição** de tributos e de suas espécies, bem como, em relação aos impostos discriminados nesta Constituição, a dos respectivos fatos geradores, bases de cálculo e contribuintes;
>
> b) obrigação, lançamento, crédito, prescrição e decadência tributários;
>
> c) adequado tratamento tributário ao ato cooperativo praticado pelas sociedades cooperativas, inclusive em relação aos tributos previstos nos arts. 156-A e 195, V; *[Redação dada pela EC 132, de 20.12.2023]*
>
> d) definição de tratamento diferenciado e favorecido para as microempresas e para as empresas de pequeno porte, inclusive regimes especiais ou simplificados no caso dos impostos previstos nos arts. 155, II, e 156-A, das contribuições sociais previstas no art. 195, I e V, e § 12 e da contribuição a que se refere o art. 239. *[Redação dada pela EC 132, de 20.12.2023] [Grifamos]*

Sob a égide da Carta de 1967, vale gizar, desenvolveram-se duas interpretações acerca do art. 18, § 1º, que também se reportavam às funções da lei complementar no âmbito tributário. A corrente tricotômica, majoritária, ressalta três funções da lei complementar e sua superioridade em relação à lei ordinária. A correte dicotômica, minoritária, exorta a função da lei complementar de emitir normas gerais sobre dois temas, em especial, e a ausência de superioridade hierárquica dessas normas em relação as que são expedidas por outros veículos normativos, *v. g.*, a lei ordinária. Em breve síntese, vejamo-las:

- A linha tradicional,[2] que ainda hoje predomina, sustenta que a lei complementar tem três funções em matéria tributária: a de (i) veicular

2. Também conhecida como Escola "Bem-Comportada" do Direito Tributário Brasileiro.

normas gerais em matéria de legislação tributária; (ii) dispor sobre conflitos de competência entre os entes tributantes; e a de (iii) regular as limitações constitucionais ao poder de tributar. Como consequência desta tese, nenhum ente tributante poderia dispor de sua autonomia política para criar os impostos que lhes foram reservados pela Lei Maior, sem que os respectivos fatos geradores, contribuintes e bases de cálculos estejam previamente discriminados em lei complementar, conforme disposto no inciso III, do art. 146.

- A corrente minoritária, realçando o princípio constitucional da autonomia política de todos os entes tributantes como cláusula pétrea, atribui à lei complementar a função de veicular normas gerais em matéria de legislação tributária para (i) dispor sobre conflitos de competência entre os entes tributantes e para (ii) regular às limitações constitucionais ao poder de tributar. Não poderá extrapolar esses limites, sob pena de ser inócua, ou inconstitucional, haja vista que lei infraconstitucional alguma tem o condão de ampliar ou restringir a competência dos entes tributantes conferida pela própria Lei Maior.

A corrente tricotômica é a que até hoje predomina na doutrina e jurisprudência brasileira. Logo, com amparo na teoria kelseniana da hierarquia das normas e de sua validade, as normas gerais veiculadas por lei complementar constituem o fundamento imediato de validade das normas específicas provenientes das leis editadas por quaisquer dos entes tributantes, de modo que, como regra, eventuais controvérsias judiciais entre lei ordinária e lei complementar se circunscrevem, em última instância, ao Superior Tribunal de Justiça.

Nesses termos, o Código Tributário Nacional de 1966, CTN/66, alcançou o *status* de lei complementar, pois contém normas gerais em matéria de legislação tributária, as quais, em sua grande maioria, foram recepcionadas pela vigente Carta Magna.

Convém salientar que os entes tributantes poderão instituir regime único de arrecadação de seus tributos, com vistas a simplificar e reduzir os custos com apuração e cobrança de créditos tributários, além de favorecer o melhor controle das contas públicas. A esse respeito, a EC n. 123/23, acentua que a União poderá, por meio de lei complementar, instituir regime único de arrecadação de impostos e contribuições, cuja adesão será opcional para o contribuinte, *verbis*:

> **[CF/88] Art. 146.** (...)
>
> § 1º A **lei complementar** de que trata o inciso III, *d*, também poderá instituir um regime único de arrecadação dos **impostos e contribuições** da União, dos Estados, do Distrito Federal e dos Municípios, observado que: *[Incluído pela EC 132, de 20.12.2023]*
>
> I – será **opcional** para o contribuinte; *[Incluído pela EC 132, de 20.12.2023]*

> II – poderão ser estabelecidas condições de enquadramento **diferenciadas por Estado**; *[Incluído pela EC 132, de 20.12.2023]*
>
> III – o **recolhimento** será **unificado** e **centralizado** e a **distribuição** da parcela de recursos pertencentes aos respectivos entes federados será **imediata**, vedada qualquer retenção ou condicionamento; *[Incluído pela EC 132, de 20.12.2023]*
>
> IV – a **arrecadação**, a **fiscalização** e a **cobrança** poderão ser **compartilhadas** pelos entes federados, adotado **cadastro nacional único** de contribuintes. *[Incluído pela EC 132, de 20.12.2023] [Grifamos]*

Acrescente-se ainda que, no tocante aos Impostos sobre Bens e Serviços (IBS), assim como às Contribuições Sociais sobre Serviços (CBS), o contribuinte poderá optar pela apuração e recolhimento do correlato débito tributário em regime único instituído por lei complementar, *verbis*:

> **[CF/88] Art. 146.** (...)
>
> § 2º É **facultado** ao optante pelo regime único de que trata o § 1º apurar e **recolher** os tributos previstos nos **arts. 156-A e 195, V**, nos termos estabelecidos nesses artigos, hipótese em que as parcelas a eles relativas **não serão cobradas pelo regime único**. *[Incluído pela EC 132, de 20.12.2023]*
>
> § 3º Na hipótese de o recolhimento dos tributos previstos nos arts. 156-A e 195, V, ser realizado por meio do **regime único** de que trata o § 1º, enquanto perdurar a opção: *[Incluído pela EC 132, de 20.12.2023]*
>
> I – **não será permitida a apropriação de créditos** dos tributos previstos nos arts. 156-A e 195, V, pelo contribuinte optante pelo **regime único**; e *[Incluído pela EC 132, de 20.12.2023]*
>
> II – será **permitida a apropriação de créditos** dos tributos previstos nos arts. 156-A e 195, V, pelo adquirente **não optante pelo regime único** de que trata o § 1º de bens materiais ou imateriais, inclusive direitos, e de serviços do optante, em montante equivalente ao cobrado por meio do regime único. *[Incluído pela EC 132, de 20.12.2023] [Grifamos]*

A respeito do princípio constitucional da estrita legalidade tributária, recomenda-se a leitura, em caráter complementar, do disposto em seus artigos 96 a 100, e 107 a 112, do referido Código (v. Capítulo "Da Legislação Tributária").

4.2.3 Lei ordinária para a criação de tributos

A instituição de tributos somente pode ser realizada por meio de lei, sem exceção (art. 150, II, da CF/88). Como regra, trata-se de lei ordinária proveniente da pessoa política de direito público competente. Esse é um mandamento constitucional implícito. As exceções (*v.g.*, instituição de tributos por meio de lei complementar) constam expressamente na Lei Maior (v. item 4.2.2). Convém ainda explicitar que as leis somente poderão ser revogadas ou alteradas por lei de igual hierarquia, editada pelo ente competente para disciplinar a matéria. Logo, a modificação da norma instituidora do tributo, ou sua plena revogação, somente poderá ser viabilizada por lei, de igual hierarquia, da mesma pessoa competente para institui-lo.

Ainda por oportuno, convém ter em conta que a lei instituidora de tributo (criação em abstrato) deverá conter a precisa descrição do fato lícito (fato gerador da obrigação) e a de todos os elementos que perfazem a respectiva relação jurídica obrigacional, ou seja, do credor, do devedor e dos critérios (em geral, alíquota e base de cálculo) hábeis à apuração do seu objeto, isto é, do crédito/débito (montante) tributário.

Nesse sentido, merece registro o dispositivo constitucional, abaixo transcrito, segundo o qual, em consonância com o Princípio Constitucional da Estrita Legalidade, ora em apreço, até mesmo a concessão de benefícios fiscais, amplamente considerados, está condicionada à edição de lei estrito senso do respectivo ente tributante, *verbis*:

> Art. 150. Sem prejuízo de outras **garantias asseguradas ao contribuinte**, é vedado à União, aos Estados, ao Distrito Federal e aos Municípios:
>
> (...)
>
> § 6º Qualquer subsídio ou isenção, redução de base de cálculo, concessão de crédito presumido, anistia ou remissão, relativos a impostos, taxas ou contribuições, **só poderá ser concedido mediante lei específica**, federal, estadual ou municipal, **que regule exclusivamente** as matérias acima enumeradas ou o correspondente tributo ou contribuição, sem prejuízo do disposto no art. 155, § 2.º, XII, *g*. *[Redação dada pela EC n. 3, de 17.3.1993] [Grifamos]*

Como corolário da rigidez constitucional, vale gizar, está veementemente proscrita a delegação da função legislativa a pessoas diversas dos entes tributantes constitucionalmente competentes. Para ilustrar, a instituição parcial de determinado tributo que, por opção do ente tributante, facultasse ao Poder Executivo a fixação de suas alíquotas, seria inconstitucional por flagrante violação dos princípios constitucionais da indelegabilidade da função legislativa e da separação dos Poderes, assim como do direito e da garantia constitucional do contribuinte de somente ser compelido pagar um tributo que tenha sido criado, integralmente, por lei editada pelo ente constitucionalmente competente (cláusulas pétreas).

Deveras, se a outorga de competência legislativa é função típica do Poder Constituinte Originário, de modo que nenhuma outra lei infraconstitucional poderá exceder o campo de atuação que lhe fora reservado, sob pena de afrontar as bases estruturais do Sistema Tributário Nacional.

4.2.4 Lei delegada

Na esteira do que vimos de ver, cumpre também ressaltar que o campo reservado à lei delegada é bastante restrito, dada a circunstância de ser elaborada, em caráter excepcional, pelo Presidente da República. Com efeito, a lei delegada é uma exceção constitucional ao princípio da indelegabilidade da função legislativa, é dizer, encontra-se autorizada e tem seu objeto rigorosamente delimitado pela própria Constituição Federal, *verbis*:

> **[CF/88] Art. 68.** As leis delegadas serão **elaboradas** pelo Presidente da República, que deverá **solicitar a delegação** ao Congresso Nacional.
>
> § 1º. **Não serão objeto de delegação** os atos de competência **exclusiva** do Congresso Nacional, os de competência privativa da Câmara dos Deputados ou do Senado Federal, a matéria reservada à **lei complementar**, nem a **legislação** sobre:
>
> I – organização do Poder Judiciário e do Ministério Público, a carreira e a garantia de seus membros;
>
> II – nacionalidade, cidadania, direitos individuais, políticos e eleitorais;
>
> III – planos plurianuais, diretrizes orçamentárias e orçamentos. *[Grifamos]*

Conforme veremos na sequência, revela-se despicienda a adoção de lei delegada em matéria de legislação tributária, haja vista a possibilidade de que dispõem os Chefes do Poder Executivo para, em caso de relevância e urgência, inovar o ordenamento jurídico por meio de medida provisória (art. 62, CF/88).

4.2.5 Medida provisória para a instituição de tributos

Em respeito ao vigente Estado Democrático de Direito, convém não perder de vista que o Princípio Constitucional de Estrita legalidade Tributária figura entre as principais garantias constitucionais asseguradas aos contribuintes. De conseguinte, impende reconhecer que apenas lei em sentido estrito, ou seja, somente a lei resultante de projeto aprovado pelos membros parlamentares e sancionada pelo Chefe do Executivo terá o condão de instituir tributos.

Medida provisória, todavia, não é lei em sentido formal, mas tão-somente em sentido material, pois, tem força de lei apesar de ser um ato normativo unilateral – cuja edição é facultada ao Chefe do Poder Executivo, em casos de comprovada urgência e relevância da matéria. A medida provisória, frise-se, produzirá efeitos jurídicos antes mesmo de ser submetida ao crivo do Poder Legislativo. É lei em sentido material, apenas.

Questiona-se, no campo da Ciência Jurídica, a possibilidade de medida provisória criar ou majorar tributos, considerando-se que a tributação, por sua própria natureza, vulnera liberdades civis fundamentais para a existência digna, sob o risco de produzir, ademais, efeitos deletérios às relações privadas e, consequentemente, à própria economia nacional.

Porém, com o advento da Emenda Constitucional n. 32, de 12.9.2001, (EC 32/2001), acompanhada de precedentes da Suprema Corte favoráveis ao seu emprego em matéria tributária, esmoreceram-se os acalorados debates doutrinários a respeito da possibilidade de medida provisória criar ou majorar tributos. Nada obstante, continua a ser bastante discutível seu emprego, ainda que autorizado pelo Poder Constituinte derivado, haja vista o *status* de cláusulas pétreas dos direitos e garantias constitucionais dos contribuintes que poderão ser vulnerados pelo desmedido emprego de um instrumento normativo que dispensa, vale gizar, o prévio consenso dos Poderes Legislativo e Executivo para criar ou modificar obrigações tributárias.

Com esses apontamentos, registre-se a inovação trazida pela EC 32/2001, no tocante ao cabimento de medida provisória em matéria tributária, *verbis*:

> **[CF/88] Art. 62.** Em caso de **relevância e urgência**, o Presidente da República poderá adotar medidas provisórias, com **força de lei**, devendo submetê-las de imediato ao Congresso Nacional. *[Redação dada pela EC n. 32, de 11.9.2001]*
>
> § 1º É **vedada** a edição de medidas provisórias sobre matéria: *[Incluído pela EC n. 32, de 11.9.2001]*
>
> (...)
>
> II – que vise a detenção ou **seqüestro** (sic) de bens, de poupança popular ou qualquer outro ativo financeiro; *[Incluído pela EC n. 32, de 11.9.2001]*
>
> III – reservada a **lei complementar**; *[Incluído pela EC n. 32, de 11.9.2001]*
>
> (...)
>
> § 2º Medida provisória que implique **instituição ou majoração de impostos, exceto** os previstos nos arts. 153, I, II, IV, V, e 154, II, só produzirá efeitos no **exercício financeiro seguinte** se houver sido **convertida** em lei **até** o último dia daquele em que foi editada. *[Incluído pela EC n. 32, de 11.9.2001]*
>
> § 3º As medidas provisórias, ressalvado o disposto nos §§ 11 e 12 **perderão eficácia**, desde a edição, se não forem convertidas em lei no prazo de **sessenta dias, prorrogável,** nos termos do § 7º, uma vez por igual período, devendo o Congresso Nacional disciplinar, por **decreto legislativo**, as relações jurídicas delas decorrentes. *[Incluído pela EC n. 32, de 11.9.2001] [Grifamos]*

Depreende-se do referido dispositivo legal que medida provisória poderá ser utilizada para criar, majorar, isentar, reduzir ou extinguir tributos, desde que, ressalvadas as exceções expressamente previstas, seja observado o princípio constitucional da anterioridade tributária, hipótese em que – tendo sido convertida em lei até o último dia do ano (exercício financeiro) de sua edição – somente produzirá efeitos ao término da respectiva "vacatio constitutionis".

Note-se que terá eficácia imediata medida provisória que instituir ou alterar as "alíquotas" do Imposto de Importação, Imposto de Exportação, Imposto sobre Produtos Industrializados, Imposto sobre Operações Financeiras e Imposto Extraordinário, uma vez que esses impostos são exceções ao princípio constitucional da estrita legalidade e da anterioridade tributária.

A propósito, impende constatar que é totalmente desnecessário o emprego de medida provisória para a alteração das alíquotas dos referidos impostos federais, haja vista que sua edição dependerá sempre da observância dos requisitos constitucionais de relevância *e* urgência, além estar condicionada à subsequente submissão à apreciação pelo Poder Legislativo para sua eventual conversão em lei – exigências essas, vale frisar, que não são impostas pela Lei Maior para que o Presidente da República, por meio de simples decreto, altere as respectivas alíquotas, *em conformidade com os limites e condições estabelecidos por lei*, respeitando-se, assim, o Princípio Constitucional da Estrita Legalidade Tributária.

Por fim, o disposto no referido art. 62, § 1º, II, explicita a proibição do emprego de medida provisória para disciplinar matéria reservada à lei complementar. A propósito, não cabe à medida provisória instituir empréstimo compulsório (art. 148), impostos e contribuições residuais (arts. 154, I e 195, § 4º), IBS e CBS (arts. 156-A e 195, V) e outros que, por expressa exigência da Lei Maior, somente poderão ser instituídos por lei complementar.

4.2.6 Decreto legislativo no âmbito tributário

Decreto legislativo tem por objeto matéria de competência exclusiva do Congresso Nacional, o qual, vale gizar, pode dispor a respeito de seu processo legislativo. A propósito, ante o silêncio da Lei Maior, entende-se que o decreto legislativo à regra geral do art. 47, da Lei Maior, isto é, as deliberações de cada Casa e de suas Comissões serão tomadas por maioria dos votos, presente a maioria absoluta de seus membros.

Saliente-se que é por meio de decreto legislativo emanado do Congresso Nacional que as medidas provisórias, sob pena de perderem a eficácia, desde a sua edição, deverão ser convertidas em lei no prazo de 60 dias, prorrogável por igual período (§ 3º, do art. 62, da CF/88).

Ainda, por oportuno, em atenção ao Princípio Constitucional da Estrita Legalidade Tributária, os tratados e convênios internacionais que versem sobre matéria tributária deverão ser ratificados por meio de decreto legislativo. Cuida-se, pois, de uma exigência constitucional para as normas previstas neles previstas possam ser introduzidas e, nesses termos, inovar o ordenamento jurídico brasileiro. Transcreva-se, *verbis*:

> **[CF/88] Art. 49.** É da competência **exclusiva** do Congresso Nacional:
>
> I – resolver **definitivamente** sobre tratados, acordos ou atos internacionais que acarretem encargos ou compromissos gravosos ao patrimônio nacional; (...).
>
> XVIII – decretar o estado de **calamidade pública de âmbito nacional** previsto nos arts. 167-B, 167-C, 167-D, 167-E, 167-F e 167-G desta Constituição. *[Incluído pela EC n. 109, de 2021] [Grifamos]*

Ante à inovação trazida pelo Poder Constituinte derivado, acima referida, a decretação de estado de calamidade pública de âmbito nacional – um dos pressupostos, vale lembrar, para a instituição de empréstimo compulsório – deve ser veiculada por meio de decreto legislativo (art. 49, XVIII, da CF/88).

Em remate, o decreto legislativo está no mesmo patamar hierárquico das leis ordinárias, podendo, ademais, inovar originariamente a ordem jurídica vigente ao incorporar o conteúdo dos convênios internos e dos tratados internacionais. Aplica-se, simetricamente, essa diretriz às demais esferas de governo, cabendo, pois, à Assembleia Legislativa ratificar, por meio de decreto legislativo, convênios estaduais; e, de igual modo, à Câmara dos Vereadores, ratificar convênio municipais.

4.2.7 Resolução na esfera tributária

Qualifica-se como Resolução o instrumento normativo que dispõe sobre matéria de competência exclusiva do Congresso Nacional ou de qualquer de suas Casas, portanto, em regra, com efeitos internos. Submete-se ao rito legislativo ordinário, ressalvados os casos em que a própria Constituição impõe forma especial.

A resolução do Congresso Nacional que outorga delegação ao Presidente da República para legislar deve atender às exigências constitucionais, quais sejam:

> **[CF/88] Art. 68.** As **leis delegadas** serão elaboradas pelo Presidente da República, que deverá solicitar a **delegação** ao Congresso Nacional. (...).
>
> § 2º. A delegação ao Presidente da República terá a forma de **resolução** do Congresso Nacional, que **especificará** seu conteúdo e os termos de seu exercício. *[Grifamos]*

No âmbito tributário, todavia, compete às resoluções do Senado fixar as alíquotas máximas do imposto *causa mortis* e sobre doação de quaisquer bens ou direitos (CF, art. 155, § 1º, IV).

Também por resolução do Senado, de iniciativa do Presidente da República ou de um terço dos senadores, aprovada pela maioria absoluta de seus membros, serão estabelecidas as alíquotas do ICMS aplicáveis às operações e prestações interestaduais e de exportação. Transcreva-se a inovação veiculada pela EC n. 3/93, *verbis*:

> **[CF/88] Art. 155.** Compete aos Estados e ao Distrito Federal instituir impostos sobre:
>
> (...).
>
> II – operações relativas à circulação de mercadorias e sobre prestações de serviços de transporte interestadual e intermunicipal e de comunicação, ainda que as operações e as prestações se iniciem no exterior; *[Redação dada pela EC n. 3, de 1993]*
>
> (...).
>
> § 2º O imposto previsto no inciso II atenderá ao seguinte: *[Redação dada pela EC n. 3, de 1993]*
>
> (...).
>
> IV – **resolução do Senado Federal**, de iniciativa do Presidente da República ou de um terço dos Senadores, aprovada pela maioria absoluta de seus membros, estabelecerá as **alíquotas** aplicáveis às operações e prestações, interestaduais e de exportação; *[Grifamos]*

As alíquotas mínimas de ICMS nas operações internas (art. 155, § 2º, V, "a") e as máximas, quando houver conflito de interesses estadual (art. 155, § 2º, V, "b"), também serão estabelecidas por resolução. Registre-se:

> **[CF/88] Art. 155.** (...).
>
> (...).
>
> § 2º O imposto previsto no inciso II atenderá ao seguinte: *[Redação dada pela EC n. 3, de 1993]*
>
> (...).
>
> V – é facultado ao Senado Federal:
>
> a) estabelecer **alíquotas mínimas** nas operações internas, mediante resolução de iniciativa de um terço e aprovada pela maioria absoluta de seus membros;
>
> b) fixar **alíquotas máximas** nas mesmas operações para resolver conflito específico que envolva interesse de Estados, mediante resolução de iniciativa da maioria absoluta e aprovada por dois terços de seus membros; *[Grifamos]*

Ainda, para ilustrar, cite-se o Imposto de Competência Compartilhada entre Estados, Distrito Federal e Municípios (IBS), passível de ser instituído pela União, mediante lei complementar. Nesses casos, caberá à resolução do Senado fixar a alíquota de referência para cada esfera federativa, nos termos da referida lei complementar, mas esta alíquota será aplicada somente se outra não houver sido estabelecida pelo próprio ente federativo (inc. XII, do art.156-A, incluído pela EC n. 132/2023).

Após a extinção dos impostos estaduais/distritais (ICMS) e do imposto municipal/distrital (ISS), prevista para 2033 (art. 129, do Ado das Disposições Constitucionais Transitórias – ADCT, incluído pela EC n. 123/23), em razão da sua assimilação pelos tributos federais (IBS e CBS), caberá à Resolução do Senado Federal fixar suas alíquotas de referência, para todas as esferas federativas, observados a forma de cálculo e os limites previstos em lei complementar (art. 130, do ADCT, incluído pela EC n. 123/23).

4.2.8 Decretos-leis sob a vigência da CF/88

A figura do "decreto-lei" restou extinta com o advento da Constituição Federal de 1988, conforme disposto no Ato das Disposições Constitucionais Transitórias – ADCT. Na verdade, permanece o decreto-lei, porém, com nova roupagem, considerando-se sua semelhança com instrumento normativo que o sucedeu, qual seja a "medida provisória". A propósito, no tocante aos decretos-lei editado entre 3 de setembro de 1988, e a promulgação da vigente Constituição, determinou-se sua conversão, nesta data, em medidas provisórias. Transcreva-se, por oportuno, o disposto no ADCT a respeito dos decretos-leis que estavam em trâmite na Casa Parlamentar à época da promulgação da Lei Maior, *verbis*:

> **[ADCT] Art. 25.** Ficam revogados, a partir de 180 (cento e oitenta) dias da promulgação da Constituição, sujeito este prazo a prorrogação por lei, todos os dispositivos legais que atribuam ou deleguem a órgão do Poder Executivo competência assinalada pela Constituição ao Congresso Nacional, especialmente no que tange a:
>
> I – ação normativa;
>
> II – alocação ou transferência de recursos de qualquer espécie.
>
> § 1º. Os **decretos-lei em tramitação no Congresso Nacional e por este não apreciados até a promulgação da Constituição** terão seus **efeitos regulados** da seguinte forma:
>
> I – se **editados até 2 de setembro** de 1988, **serão apreciados** pelo Congresso Nacional no prazo de até 180 (cento e oitenta) dias a contar da promulgação da Constituição, não computado o recesso parlamentar;
>
> II – decorrido o prazo definido no inciso anterior, e **não havendo apreciação**, os decretos-lei ali mencionados serão considerados **rejeitados**;

> III – nas hipóteses definidas nos incisos I e II, terão **plena validade** os atos praticados na vigência dos respectivos decretos-lei, podendo o Congresso Nacional, se necessário, legislar sobre os efeitos deles remanescentes.
>
> § 2º. Os decretos-lei editados **entre 3 de setembro** de 1988 e a **promulgação** da Constituição **serão convertidos**, nesta data, **em medidas provisórias**, aplicando-se-lhes as regras estabelecidas no art. 62, parágrafo único. *[Grifamos]*

Note-se que foram recepcionados todos os decretos-leis vigentes antes da promulgação da CF/88, que apresentaram plena compatibilidade com o novo Sistema Jurídico-Constitucional. É o caso, por exemplo, do Decreto-lei n. 37, de 18.11.1966, assim como do Decreto-lei n. 1.578, de 11.10.1977, os quais, ainda vigentes, dispõem sobre o imposto de importação e de exportação, respectivamente.

Nesse passo, convém mais uma vez enfatizar a necessidade de lei, regra sem exceção, para instituir tributos. Quanto ao tipo de lei estrito senso, a regra é que será lei "ordinária" federal, estadual, distrital ou municipal, conforme a atribuição constitucional de competência tributária entre os referidos entes tributantes. Excepcionalmente, lei "complementar" será necessária para instituir determinados tributos. Frise-se, os tributos somente poderão ser instituídos por lei estrito senso, jamais por atos normativos infralegais.

Após essa observação, impõe-se trazer a contexto que a vigente Carta Magna faculta expressamente ao Poder Executivo fixar "alíquotas" de alguns impostos federais com função extrafiscal, quais sejam: impostos de importação, impostos de exportação, imposto sobre produtos industrializados – IPI e impostos sobre operações financeiras – IOF. Note-se que a instituição desses impostos, assim como a de toda e qualquer espécie tributária, depende de lei. Vejamos, pois, com mais vagar, as aparentes exceções ao Princípio Constitucional da Estrita Legalidade Tributária a esse respeito.

4.2.9 "Aparentes"[3] exceções ao princípio constitucional da estrita legalidade tributária

Todo tributo somente poderá ser instituído por lei. Significa dizer que a lei é o instrumento normativo hábil a criar, aumentar, diminuir, isentar e extinguir tributos. Mais precisamente, a lei ordinária do respectivo ente tributante é o instrumento normativo adequando para a instituição de obrigações tributárias.

De fato. Observe-se que a CF/88, de um lado, impõe genericamente a necessidade de lei para instituir tributos (art. 150, I) e, de outro, traça o campo

3. Expressão consagrada por Geraldo Ataliba.

tributário de cada uma das quatro pessoas políticas de direito público (*v.g.*, no caso de impostos, arts. 153, 155 e 156). Logo, está implícito no Texto constitucional que os tributos poderão ser criados pelas respectivas leis ordinárias federais, estaduais, distritais e municipais. Excepcionalmente, a CF/88, exige lei complementar para a instituição de determinados tributos. Cite-se, como exemplo, o empréstimo compulsório (art. 148), os impostos e contribuições residuais (arts. 154, I e 195, § 4º), os quais somente poderão ser instituídos por lei complementar. Nesses termos, as exceções (*v.g.*, lei complementar) referem-se apenas ao tipo de lei que deverá ser utilizado para a instituição de tributos. Note-se que, sob essa perspectiva, não há exceção ao princípio constitucional da estrita legalidade tributária.

Por outro ângulo, convém destacar o que, doutrinariamente, se convencionou chamar de aparentes exceções ao princípio constitucional da estrita legalidade tributária. Com efeito, o Poder Constituinte Originário faculta ao Presidente da República fixar, mediante decreto e dentro dos limites e condições estabelecidos por lei, as alíquotas de quatro impostos federais para o atingimento de finalidade predominantemente extrafiscal. Observando-se os limites e as condições legais, somente as alíquotas desses impostos poderão ser fixadas e alteradas pelo Poder Executivo, *verbis*:

> **[CF/88] Art. 153.** Compete à União **instituir** impostos sobre:
>
> I – importação de produtos estrangeiros;
>
> II – exportação, para o exterior, de produtos nacionais ou nacionalizados;
>
> (...)
>
> IV – produtos industrializados;
>
> V – operações de crédito, câmbio e seguro, ou relativas a títulos ou valores mobiliários;
>
> (...)
>
> § 1º. É facultado ao **Poder Executivo**, atendidas as **condições e** os **limites** estabelecidos em **lei**, alterar as **alíquotas** dos impostos enumerados nos incisos I, II, IV e V. *[Grifamos]*

A rigor, portanto, o disposto no § 1º, do art. 153, não prevê exceções ao princípio constitucional da estrita legalidade tributária, uma vez que os tributos, sem exceção, somente poderão ser instituídos por lei. No caso em apreço, porém, a lei estabelecerá as condições que, se presentes no mundo fenomênico, autorizarão o Presidente da República a reajustar as alíquotas dos impostos federais acima referidos. A propósito, convém ressaltar que "Decreto" é o instrumento normativo típico do Chefe do Poder Executivo para regulamentar ou complementar o disposto em lei. Compreende-se, assim, a observação de que o dispositivo em apreço consagra "aparentes" exceções ao princípio da estrita legalidade tributária.

A esse respeito, revela-se prescindível o emprego de medida provisória neste caso, – ou seja, em substituição ao referido decreto presidencial –, haja vista que sua edição (art. 62) pressupõe necessariamente a plena observância de dois requisitos constitucionais (relevância *e* urgência), além de sua subsequente apreciação pelo Poder Legislativo, a quem cabe determinar, sendo o caso, sua conversão em lei, considerando-se que a Lei Maior não condiciona a alteração das alíquotas dos impostos em questão, (§ 1º, do art. 153), à observância destes dois requisitos.

De seu turno, vale gizar, o Poder Constituinte derivado traz a seguinte exceção ao princípio constitucional da estrita legalidade tributária, *verbis:*

> **[CF] Art. 177.** Constituem **monopólio** da União:
>
> (...).
>
> § 4º. A lei que instituir **contribuição de intervenção no domínio econômico** relativa às atividades de importação ou comercialização de petróleo e seus derivados, gás natural e seus derivados e álcool combustível deverá atender aos seguintes requisitos: *[Incluído pela EC n. 33, de 2001]*
>
> I – a **alíquota** da contribuição poderá ser: (...)
>
> b) **reduzida e restabelecida por ato do Poder Executivo**, não se lhe aplicando o disposto no art. 150,III, *b; [Redação dada pela EC n. 33, de 2001]*

Com efeito, depreende-se do referido dispositivo legal que houve redução do alcance de uma garantia constitucional (art. 150, I) levada a cabo mediante o exercício do Poder Constituinte derivado (EC n. 33/2001), por meio da qual se permite a fixação de alíquota de determinado tributo – Contribuição de Intervenção no Domínio Econômico (CIDE) – por simples ato do Poder Executivo. Saliente-se, ademais, a ausência de qualquer menção à necessidade de lei para veicular as alíquotas mínima e máxima, ou para estabelecer as condições para sua alteração.

4.3 PRINCÍPIO CONSTITUCIONAL DA ANTERIORIDADE TRIBUTÁRIA (GERAL)

O Poder Constituinte Originário consagra, dentre os direitos e garantias do contribuinte, o Princípio da Anterioridade Tributária, cuja observância protege o contribuinte de não ter sua situação agravada, da noite para o dia, ao alvedrio do legislador infraconstitucional. Transcreva-se:

> **[CF/88] Art. 150.** Sem prejuízo de outras garantias asseguradas ao contribuinte, **é vedado** à União, Estados, Distrito Federal e Municípios: (...)

> III – **cobrar** (leia-se: instituir ou aumentar) tributos: (...)
>
> b) no **mesmo exercício** financeiro em que haja sido **publicada a lei** que os instituiu ou aumentou; (...). *[Grifamos]*

Assim, em conformidade com o disposto na Constituição Cidadã de 1988, a lei que cria ou aumenta tributo somente poderá incidir sobre fatos que ocorrerem no exercício financeiro seguinte ao da data da sua publicação (art. 150, III, "b", CF/88). Significa dizer que os fatos realizados no mundo fenomênico, no mesmo exercício financeiro em que tenha sido publicada a lei que cria ou majora tributos, não são considerados "fatos geradores" de obrigações tributárias (tributos), mesmo quando correspondam ao fato lícito nela descrito (hipótese de incidência tributária). Noutras palavras, veda-se a cobrança de crédito de quem, sob a proteção do Princípio Constitucional da Anterioridade, realizar, no mundo fenomênico, o fato descrito em lei como gerador de obrigação tributária, caso esta lei tenha sido publicada no mesmo exercício financeiro de sua ocorrência.

De fato. A despeito da terminologia empregada pelo legislador, impende reconhecer que não se trata de vedação à *cobrança* de tributo no mesmo exercício financeiro em que a lei instituidora tenha sido publicada, mas, sim, da própria impossibilidade do *nascimento* da obrigação tributária, considerando-se que, interpretação diversa tolheria o alcance desta *vacatio* constitucional – a qual, em perfeita sintonia com o princípio constitucional da segurança jurídica, é uma garantia expressamente assegurada pela Lei Maior aos contribuintes.

Deveras, o princípio maior da segurança jurídica, apesar de se encontrar implícito na vigente Carta Magna, constitui o alicerce que confere legitimidade a todo e qualquer Estado de Direito custeado pela tributação. Desse alicerce, erige-se o princípio constitucional da anterioridade – também conhecido como princípio da "não surpresa" tributária –, destinado a proteger o contribuinte das aflições que o advento de nova lei poderá lhe causar, se não houver tempo hábil para conhecê-la e preparar-se para bem cumpri-la.

Noutro giro, o princípio da anterioridade, como garantia constitucional, proíbe que a esfera de liberdade e propriedade do virtual contribuinte seja cerceada pelo inesperado advento de uma legislação mais gravosa que, de alguma formal, implique a elevação da sua carga tributária. Para ilustrar, lei que revoga isenção[4] sujeita-se ao princípio em tela, caso contrário, poderia incidir sobre fatos que, embora posteriores a sua publicação, tenham sido realizados no mesmo exercício financeiro em que fora publicada, ensejando, assim, o nascimento de obrigações tributárias para aqueles que, até então, encontravam-se isentos. Por fim, *pari passu* com a observação assinalada acerca do princípio constitucional

4. Neste contexto, empregamos o termo "isenção" como hipótese de não incidência tributária legalmente qualificada.

da estrita legalidade tributária, os decretos legislativos que ratifiquem tratados e convênios também deverão respeitar o princípio constitucional da anterioridade tributária, sempre que, direta indiretamente, implicarem maior onerosidade para o sujeito passivo da obrigação tributária.

4.3.1 Princípio Constitucional da Anterioridade Tributária Nonagesimal (especial)

Ao lado do princípio constitucional da anterioridade tributária "geral" (do "exercício financeiro") encontra-se o ao princípio constitucional da anterioridade tributária "especial", também conhecido como da "noventena", ou "nonagesimal", ou dos "noventa dias". Ambos consubstanciam inestimáveis garantias constitucionais asseguradas ao contribuinte, todas com esteio no princípio maior da segurança jurídica. O princípio da anterioridade nonagesimal, ora em comento, tem a especial finalidade de evitar que, na surdina, seja inovado o ordenamento jurídico por meio de lei que, direta ou indiretamente, torne mais onerosa a carga tributária para o contribuinte, sem que lhe seja dado tempo hábil para conhecê-la e, de igual modo, preparar-se para bem cumpri-la.

Deveras, não se pode olvidar a velha praxe de se aprovar projetos de leis – que beneficiam especial e preponderantemente o fisco – ao término de cada exercício financeiro. Não fora a consagração do princípio constitucional da anterioridade especial, leis publicadas no mês de dezembro estariam aptas para incidir sobre "fatos geradores" que viessem a ocorrem no mês subsequente – que corresponde ao exercício financeiro subsequente ao da sua publicação –, observando-se, assim, embora apenas formalmente, o princípio constitucional da anterioridade geral. Neste exemplo, a confiança do contribuinte no Estado de Direito, até então, inabalável, seria posta à prova, ao sentir-se tomado de assalto, pelo fisco, em ofensa a sua boa-fé, tendo que cumprir, de forma abruta – mormente se a jurisprudência ainda não lhe é favorável –, com novas obrigações tributárias, sob pena de arcar com as consequências indesejáveis de eventual inadimplência.

No entanto, somente com o advento da Emenda Constitucional 42, de 19.12.2003, (EC n. 42/03), o princípio constitucional da anterioridade "nonagesimal" foi inserido no Texto Constitucional de 1988, comportando, todavia, inúmeras exceções. De fato. Embora o Poder Constituinte derivado tenha consagrado o princípio da anterioridade nonagesimal para alcançar, em tese, todas as espécies tributárias, na verdade, frustrou as expectativas do contribuinte ao estabelecer, concomitantemente, um amplo rol de exceções que restringem o seu real alcance.

Feita essa ressalva, a partir do disposto na alínea "c" do dispositivo em comento (art. 150, III, "c"), inserida pela EC n. 42/03, "nenhum tributo" poderá ser exigido antes de decorridos 90 dias da data em que haja sido publicada a lei que o instituiu ou aumentou e, além disso, convém salientar, não antes do primeiro dia do exercício financeiro subsequente à data de sua publicação, (art. 150, III, "b"). Merece ainda registro que, até o advento da EC n. 42/03, o princípio constitucional da anterioridade tributária especial alcançava apenas a instituição e aumento das contribuições "sociais" (art. 195, § 6º, da CF/88), mas não as contribuições interventivas e corporativas que, como os demais tributos, sujeitavam-se plenamente ao princípio constitucional da anterioridade tributária geral.

4.3.2 Exceções aos Princípios Constitucionais da Anterioridade Tributária (geral e especial)

Tecidas essas breves considerações a respeito da importância dos direitos e garantias constitucionais do contribuinte, ora em apreço, cumpre acrescentar que a própria Lei Maior, em sua redação original (art. 150, § 1º), traz exceções ao princípio da anterioridade tributária geral. Estas exceções referem-se a determinados tributos federais, de modo que a lei que os instituir poderá incidir no mesmo exercício financeiro em que tenha sido publicada, quais sejam: (i) Imposto de Importação; Imposto de exportação; Imposto sobre a Renda; e o Imposto sobre Operações Financeiras, (ii) Empréstimo Compulsório, lançado em razão de guerra externa ou calamidade pública; e o (iii) Imposto Extraordinário.

Vale lembrar que, nos termos do disposto no § 1º do art. 153, da CF/88, os Impostos de Importação e o de Exportação, o Imposto sobre Produtos Industrializados e o Imposto sobre Operações Financeiras constituem "exceções", a rigor, "aparentes exceções" ao princípio constitucional da estrita legalidade tributária, pois, embora somente possam ser instituídos por lei, suas alíquotas poderão ser alteradas por simples decreto do Chefe do Poder Executivo, desde que observados os limites e condições legais. Deste modo, presume-se válido e poderá apto para incidir, a partir da publicação, o decreto que tenha majorado as alíquotas desses tributos, nos termos do disposto no § 1º, do art. 150, em apreço.

Posteriormente, com o igual intuito de assegurar melhor intervenção estatal na esfera privada, o Poder Constituinte derivado acrescentou novas exceções ao princípio constitucional da anterioridade tributária, algumas das quais destacamos a seguir.

Em 1993, a Emenda constitucional n. 3, (EC n. 3/93), *v. g.*, ampliou a competência da União para criar, aparentemente, um novo tributo – Imposto sobre Movimentação Financeira (IPMF) –, o qual, até ser reconfigurado e revogado por sucessivas emendas constitucionais, figurava entre as exceções dos princípios constitucionais da estrita legalidade e da anterioridade tributária. Transcreva-se:

> [EC 3/93] **Art. 2.º** (*) A **União** poderá **instituir**, nos termos de **lei complementar**, com vigência até 31 de dezembro de 1994, **imposto** sobre movimentação ou transmissão de valores e de créditos e direitos de natureza financeira.
>
> § 1.º A **alíquota** do imposto de que trata este artigo não excederá a vinte e cinco centésimos por cento, **facultado ao Poder Executivo reduzi-la ou restabelecê-la, total ou parcialmente, nas condições e limites fixados em lei.**
>
> § 2.º Ao imposto de que trata este artigo ***não se aplica o art. 150, III, b,* e VI, nem** o disposto no **§ 5.º do art. 153** da Constituição.
>
> § 4.º Do produto da arrecadação do imposto de que trata este artigo serão destinados **vinte por cento para custeio de programas de habitação popular**. *[Grifamos].*

A Emenda Constitucional n. 33, de 11.12.2001, (EC n. 33/01), de seu turno, acrescentou, dentre as exceções ao princípio constitucional da anterioridade tributária, a Contribuição de Intervenção no Domínio Econômico (CIDE), *verbis*:

> **[CF/88] Art. 177.** Constituem **monopólio** da **União**:
>
> (...).
>
> § 4º. A lei que instituir **contribuição de intervenção no domínio econômico** relativa às atividades de importação ou comercialização de petróleo e seus derivados, gás natural e seus derivados e álcool combustível deverá atender aos seguintes requisitos:
>
> I – a **alíquota** da contribuição poderá ser: (...)
>
> b) reduzida e restabelecida por ato do Poder Executivo, **não se lhe aplicando o disposto no art. 150, III, "b"**; (...). *[Incluído pela EC n. 33, de 2001] [Grifamos]*

Infere-se desse dispositivo, a redução do alcance de duas garantias constitucional (art. 150, I e III, "b"), levada a cabo mediante o exercício do Poder Constituinte derivado (EC n. 33/2001), por meio da qual se permite, respectivamente, a (i) fixação da alíquota do tributo denominado Contribuição de Intervenção no Domínio Econômico (CIDE), por simples ato do Poder Executivo – e não por meio de lei estrito senso –, conforme já restou mencionado, (ii) sem necessidade, ademais, de observar o princípio constitucional da anterioridade tributária geral, quando, em razão do restabelecimento da alíquota, houver aumento da carga tributária.

Vejamos agora as exceções veiculadas pela Emenda Constitucional n. 42, de 19.12.2003, (EC n. 42/03), no tocante ao princípio da anterioridade tributária nonagesimal, *verbis*:

> [CF/88] **Art. 150.** Sem prejuízo de outras garantias asseguradas ao contribuinte, **é vedado** à União, aos Estados, ao Distrito Federal e aos Municípios: (...)
>
> III – **cobrar tributos**: (...)
>
> c) **antes de decorridos 90 (noventa) dias** da data em que haja sido publicada a lei que os instituiu ou aumentou, **observado o disposto na alínea "b"**; *[Incluído pela EC n. 42, de 19.12.2003]*
>
> (...)
>
> § 1º. (...) a **vedação** do inciso III, **"c"**, **não se aplica** aos tributos previstos nos arts. 148, I, *153, I, II, III e V; e 154, II,* **nem à fixação da base de cálculo** dos **impostos** previstos nos **arts. 155, III, e 156, I.** *[Redação dada pela EC n. 42, de 19.12.2003] [Grifamos]*

Em breve síntese, poderá incidir antes de noventas dias, contados da data da sua publicação, a lei que instituir ou aumentar os seguintes tributos federais: (i) Empréstimo Compulsório, apenas quando lançado em caso de calamidade pública ou de guerra externa; (ii) Imposto de Importação; (iii) Imposto de exportação; (iv) Imposto sobre a Renda; (v) Imposto sobre Operações Financeiras; (vi) Imposto Extraordinário; bem como a (vii) fixação da base de cálculo do Imposto sobre a Propriedade Predial e Territorial Urbana e do (viii) Imposto sobre a Propriedade de Veículo Automotor. Note-se que a EC n. 42/2003, inseriu o Imposto sobre a Renda (IR) no lugar do Imposto sobre Produtos Industrializados (IPI), entre as exceções ao princípio da anterioridade nonagesimal.

Quanto às contribuições sociais, continua vigente o que consta na Constituição Federal de 1988, em sua redação original, *verbis*:

> **[CF/88] Art. 195.** (...).
>
> (...).
>
> § 6º. As **contribuições sociais** de que trata este artigo só poderão ser exigidas após decorridos **90 (noventa) dias** da data da publicação da lei que as houver instituído ou modificado, **não se lhes aplicando o disposto no art. 150, III, "b"**. *[Grifamos]*

Em outras palavras, a lei que cria ou aumenta contribuições sociais somente poderá incidir sobre fatos que ocorrerem após 90 dias contados da data da sua publicação, ainda que, conforme a data de sua publicação, possa incidir no mesmo exercício financeiro em que tiver sido publicada a referida lei. Cuida-se, pois, de mais uma exceção ao princípio constitucional da anterioridade tributária geral, porém, desta feita veiculada pelo próprio Poder Constituinte Originário.

No mais, cumpre salientar que o Código Tributário Nacional de 1966, CTN/66, alcançou o *status* de lei complementar, pois contém normas gerais em matéria de legislação tributária, as quais, em sua grande maioria, foram recepcionadas pela CF/88. A respeito do princípio constitucional da anterioridade tributária, recomenda-se a leitura, em caráter complementar, do disposto em seus artigos 101 a 104, do referido Código, (v. Capítulo "Da Legislação Tributária").

4.4 PRINCÍPIO CONSTITUCIONAL DA IRRETROATIVIDADE TRIBUTÁRIA

O Poder Constituinte Originário de 1988, ao estabelecer expressamente, no inciso XV, do art. 5º, que "a lei penal não retroagirá, salvo para beneficiar o réu", consagrou o princípio da irretroatividade das leis, autorizando apenas a retroatividade de lei favorável ao infrator.

Deveras. Infere-se do referido dispositivo constitucional que a regra geral, aplicável a todas as leis, é a da irretroatividade, ou seja, toda lei é apta para alcançar apenas fatos futuros, é dizer, aqueles que ocorrerem após sua vigência, ressalvando-se a lei penal, num sentido amplo, a qual poderá retroagir, por expressa permissão constitucional, sempre que for favorável ao réu. A propósito, na esfera tributária, convém frisar, a exceção constitucional alcança as infrações fiscais de cunho administrativo e não somente os crimes fiscais.

Nesta linha, o princípio da irretroatividade da lei tributária figura entre as garantias constitucionais do contribuinte. Desse modo, a lei que cria ou aumenta tributos não poderá retroagir para incidir sobre fatos ocorridos antes da sua vigência. Transcreva-se, por oportuno, o dispositivo que se refere especificamente ao denominado "Princípio Constitucional da Irretroatividade Tributária", *verbis*:

> **[CF/88] Art. 150.** Sem prejuízo de outras garantias asseguradas ao contribuinte, **é vedado** à União, aos Estados, ao Distrito Federal e aos Municípios:
>
> (...).
>
> III – **cobrar tributos**:
>
> a) em relação a **fatos** geradores ocorridos **antes** do início **da vigência** da **lei** que os houver **instituído** ou **aumentado**;
>
> (...). *[Grifamos]*

Com efeito. Assim como não há crime sem lei anterior lei que o defina nem pena sem prévia cominação legal (art. 1º, do vigente Código Penal), de igual modo, não há "fato gerador" de tributo sem lei anterior que o defina nem "obrigação tributária" sem prévia previsão legal (art. 150, III, "a", da CF/88). Observe-se que, em ambos os casos, a vigência da lei há de preceder os fatos sobre os quais poderá incidir, sob pena de se instaurar a insegurança jurídica, pondo em xeque a legitimidade do próprio Estado de Direito.

Enfatize-se que o Princípio Constitucional da Irretroatividade Tributária não se confunde com o Princípio Constitucional da Anterioridade Tributária, pois, enquanto este veda a incidência da lei – que cria ou majora tributos – sobre fatos ocorridos no mesmo exercício financeiro em que tiver sido publicada; aquele, de sua vez, veda a incidência da lei – que cria ou majora tributos – sobre fatos ocorridos antes da sua entrada em vigor. Se realizados antes da vigência ou no mesmo exercício financeiro da lei que institui ou majora tributos, esses fatos não produzirão seus respectivos efeitos jurídicos, como o nascimento ou majoração de tributos. Noutras palavras, fatos ocorridos sob a proteção dos Princípios Constitucionais da Irretroatividade e Anterioridade Tributária sequer poderão ser considerados fatos geradores de tributos.

Frise-se, levando-se em conta a distinção entre tributo e penalidades fiscais: além de não alcançar fatos ocorridos antes da sua vigência – salvo para beneficiar o "infrator" – (Princípio Constitucional da Irretroatividade Tributária), a lei também não incidirá – salvo para beneficiar o "contribuinte" – sobre fatos que ocorrerem no mesmo exercício financeiro em que tenha sido publicada (Princípio Constitucional da Anterioridade Tributária Geral), ou antes de 90 dias, contados da data da sua publicação (Princípio Constitucional da Anterioridade Tributária Especial).

No mais, cumpre reiterar que o Código Tributário Nacional de 1966, CTN/66, alcançou o *status* de lei complementar, pois contém normas gerais em matéria de legislação tributária, as quais, em sua grande maioria, foram recepcionadas pela CF/88. A respeito do princípio constitucional da irretroatividade tributária, em especial, recomenda-se a leitura, em caráter complementar, do disposto em seus artigos 105 e 106, do referido Código.

Doutrina

- **Princípio – acepções jurídicas**

Paulo de Barros Carvalho,[5] com a proficiência a que faz jus, expõe as acepções jurídicas que o vocábulo "princípio" comporta. Vejamos:

> Em Direito, utiliza-se o termo "princípio" para denotar as **regras** de que falamos, mas também se emprega a palavra para apontar **normas** que fixam importantes **critérios objetivos**, além de ser usada, igualmente, para significar o próprio **valor**, independentemente da estrutura a que está agregado e, do mesmo modo, o **limite objetivo** sem a consideração da norma.
>
> (...).
>
> Seja como for, os princípios aparecem como linhas diretivas que **iluminam** a compreensão de setores normativos, imprimindo-lhes caráter de

5. Paulo de Barros Carvalho, *Curso de Direito Tributário*, 13ª ed., São Paulo Saraiva, 2000, pp. 104 e 106.

> **unidade relativa** e servindo de **fator de agregação** num dado feixe de normas. Exercem eles uma **reação centrípeta**, atraindo em torno de si regras jurídicas que caem sob seu raio de influência e manifestam a força de sua presença. Algumas vezes constam de preceito **expresso**, logrando o legislador constitucional enunciá-los com clareza e determinação. Noutras, porém, ficam subjacentes à dicção do produto legislado, suscitando um esforço de feitio indutivo para percebê-los e isolá-los. São os princípios **implícitos**. Entre eles e os expressos não se pode falar em supremacia, a não ser pelo **conteúdo intrínseco** que representam para a ideologia do intérprete, momento em que surge a oportunidade de cogitar-se de **princípios** e de **sobreprincípios**. *[Grifamos]*

• Princípio – vetores de interpretação

De seu turno, Ricardo Lobo Torres[6] propugna que nem o vigente Texto constitucional brasileiro se encontra a salvo das contradições de princípios, inclusive das antinomias entre os princípios constitucionais tributários, ainda que passíveis de correção, se insuficiente a interpretação conforme a Constituição, *verbis:*

> Em certas épocas os princípios tributários estão em agudo contraste e por não se equilibrarem harmoniosamente dentro da Constituição fazem com que *desapareça a própria ordem constitucional.* A Constituição de Weimar foi um exemplo: muito bonita, muito justa, mas contraditória; alguns de seus artigos foram redigidos pela Direita, outros pela Esquerda; quando aquela Constituição começou a ser aplicada trouxe os maiores problemas, porque realmente não tinha possibilidade de atuar, em vista da contradição de seus princípios.
>
> A nossa Constituição Federal/1946 também era contraditória e por isso mesmo durou pouco. Temos ainda, no Brasil, evidentemente, sérias antinomias de valores e princípios, como as que ocorrem entre a segurança e a justiça, entre capacidade contributiva e desenvolvimento econômico. Problema que se coloca há muitos anos e que se sintetiza na "teoria do bolo": devemos primeiro deixar o país crescer, para depois dividir o bolo da riqueza, ou, pelo contrário, vamos desde logo fazer a justiça, aplicando os princípios da capacidade contributiva e da redistribuição de renda, para depois pensar no desenvolvimento econômico? **A Constituição de 1988 procurou oferecer saída para algumas contradições.** *[Grifamos]*

A Constituição Cidadã de 1988, CF/88, é eclética, em atenção ao Estado Democrático de Direito que consagra, razão pela qual demanda tempo e acuidade

6. Ricardo Lobo Torres, *Normas de Interpretação e Integração do Direito Tributário*, 3ª Ed., Rio de Janeiro: Renovar, 2000, p. 42-3.

para a elaboração, interpretação e aplicação das leis e, de conseguinte, para o seu próprio desabrochar. A esse respeito, vimos no primeiro Capítulo que os princípios jurídicos têm função aglutinadora das demais normas que compõem o ordenamento jurídico, restando ao intérprete e aplicador do Direito, sob essa diretriz, a função de harmonizá-las e, de igual modo, aplicá-las. Assegura-se, assim, a longevidade e o respeito à Lei mais importante do País.

- **Princípio constitucional da legalidade**

O Princípio da Supremacia do Interesse Público sobre o Privado – em harmonia com os da Legalidade e Igualdade –, refuta, em primeira mão, a concessão de quaisquer privilégios fiscais. Considerando-se, por outro lado, que os fins não justificam os meios, impende salientar que, para a consecução de interesses públicos, não se pode atropelar, muito menos aniquilar ou extirpar quaisquer dos interesses privados, afinal, é na ausência destes que se arrefece a livre iniciativa, a qual, não se pode negar, é pressuposto de uma existência digna. Sob o Estado de Direito, há que se buscar o equilíbrio entre os interesses que estão sob sua tutela estatal; o tempo, para tanto, há de ser respeitado, mormente numa Democracia. Com essas ressalvas, vejamos as lições de Celso Antônio Bandeira de Mello,[7] quando propugna que vários princípios jurídicos têm esteio no Princípio da Supremacia do Interesse Público sobre o Privado, *verbis*:

> **3.** O princípio da supremacia do interesse público sobre o interesse privado é princípio geral de Direito inerente a qualquer sociedade. É a própria condição de sua existência. Assim, não se radica em dispositivo específico algum da Constituição, ainda que inúmeros aludam ou impliquem manifestações concretas dele, como, por exemplo, os princípios da função social da propriedade, da defesa do consumidor ou do meio ambiente (art. 170, III, V e VI), ou tantos outros. Afinal, o princípio em causa é um pressuposto lógico do convívio social. (...)
>
> (...).
>
> **6.** Onde há função, pelo contrário, não há autonomia da vontade, nem a liberdade em que se expressa, nem a autodeterminação da finalidade a ser buscada, nem a procura de interesses próprios, pessoais. Há adscrição a uma finalidade previamente estabelecida e, no caso de função pública, há submissão da vontade ao escopo pré-traçado na Constituição ou na lei e há o dever de bem curar um interesse alheio, que, no caso, é o interesse público; vale dizer, da coletividade como um todo, e não da entidade governamental em si mesma considerada.
>
> (...).

7. Celso Antônio Bandeira de Mello, *Curso de Direito Administrativo*, 25ª ed., 2ª tir., São Paulo, Malheiros Editores, 2008, pp. 96, 98, 101 e 103.

> (...) **o princípio da legalidade é o da completa submissão da Administração às leis.** Esta deve tão-somente obedecê-las, cumpri-las, pô-las em prática. Daí que a atividade de todos os seus agentes, desde o que lhe ocupa a cúspide, isto é, o Presidente da República, até o mais modesto dos servidores, só pode ser a de **dóceis, reverentes, obsequiosos cumpridores das disposições gerais fixadas pelo Poder Legislativo**, pois esta é a posição que lhes compete no Direito Brasileiro.
>
> (...).
>
> Portanto, a **função do ato administrativo** só poderá ser a de agregar à lei nível de concreção; **nunca lhe assistirá instaurar originariamente qualquer cerceio a direitos de terceiros.** *[Grifamos]*

• Princípio da legalidade tributária

A respeito da origem histórica do *princípio da legalidade*, elucida Luciano Amaro:[8]

> Esse princípio é multissecular, tendo sido consagrado, na Inglaterra, na Magna Carta de 1215, do rei João-sem-Terra, a quem os barões ingleses impuseram a **necessidade de obtenção prévia de aprovação dos súditos para a cobrança de tributos** (*no taxation without representation*).
>
> O conteúdo do princípio da legalidade tributária vai além da simples *autorização* do Legislativo para que o Estado cobre tal ou qual tributo. É mister que a lei defina *in abstracto* todos os aspectos relevantes para que, *in concreto*, se possa determinar quem terá de pagar, quanto, a quem, à vista de que fatos ou circunstâncias. **A lei deve esgotar, como preceito geral e abstrato, os dados necessários à identificação do fato gerador da obrigação tributária e à quantificação do tributo**, sem que restem à autoridade poderes para, discricionariamente, determinar se "A" irá ou não pagar tributo, em face de determinada situação. Os critérios que definirão se "A" deve ou não contribuir, ou que montante estará a reconhecer, devem figurar na lei, e não no juízo de conveniência ou oportunidade do administrador público. *[Negritamos]*

• Lei complementar em matéria tributária

Acerca da *lei complementar em matéria tributária*, enfatiza Roque Antonio Carrazza:[9]

> É evidente que a **lei complementar** veiculadora de **normas gerais** em matéria de legislação tributária **não cria** (e nem pode criar) **limitações**

---

8. Luciano Amaro, *Direito Tributário Brasileiro*, 14ª ed., São Paulo, Saraiva, 2008, pp. 111-112.
9. Roque Carrazza, *Curso de Direito Constitucional Tributário*, 24ª ed., p. 926.

> ao "poder de tributar". **Disto se ocupou o próprio Texto Máximo.** O que ela pode fazer é regular as limitações constitucionais "ao poder de tributar", para a salvaguarda dos direitos subjetivos dos contribuintes e para prevenir a ocorrência de conflitos de competência entre as pessoas credenciadas a legislar acerca da matéria. *[Grifamos]*

• Princípio da legalidade e atos normativos infralegais

Sobre os instrumentos normativos secundários que visam a disciplinar o funcionamento da Administração e a conduta funcional de seus agentes, portanto, que não atingem nem obrigam aos particulares, leciona Hely Lopes Meirelles:[10]

> *Atos administrativos ordinatórios* são os que visam a disciplinar o funcionamento da Administração e a conduta funcional de seus agentes. São provimentos, determinações ou esclarecimentos que se endereçam aos servidores públicos a fim de orientá-los no desempenho de suas atribuições.
>
> (...).
>
> Dentre os *atos administrativos ordinatórios* de maior freqüência e utilização na prática merecem exame as *instruções*, as *circulares*, os *avisos*, as *portarias*, as *ordens de serviço*, os *ofícios* e os *despachos*.
>
> ***4.2.1** Instruções – Instruções* são ordens escritas e gerais a respeito do modo e forma de execução de determinado serviço público, expedidas pelo superior hierárquico com o escopo de orientar os subalternos no desempenho das atribuições que lhes estão afetas, e assegurar a unidade de ação no organismo administrativo. (...).
>
> ***4.2.2** Circulares – Circulares* são ordens escritas, de caráter uniforme, expedidas a determinados funcionários ou agentes administrativos incumbidos de certo serviço, ou do desempenho de certas atribuições em circunstâncias especiais. (...).
>
> ***4.2.3** Avisos – Avisos* são atos emanados dos Ministros de Estado a respeito de assuntos afetos aos seus Ministérios. (...).
>
> ***4.2.4** Portarias – Portarias* são atos administrativos internos pelos quais os chefes de órgãos, repartições ou serviços expedem determinações gerais ou especiais a seus subordinados, ou designam servidores para funções e cargos secundários. Por portaria também se iniciam sindicâncias e processos administrativos. (...).
>
> (...).
>
> ***4.2.5** Ordens de serviço – Ordens de serviço* são determinações especiais dirigidas aos responsáveis por obras ou serviços públicos autorizando seu

10. Hely Lopes Meirelles, *Direito Administrativo Brasileiro*, 34ª ed., São Paulo, Malheiros Editores, 2008, pp. 187-188.

> início, ou contendo imposições de caráter administrativo, ou especificações técnicas sobre o modo e forma de sua realização. (...).
>
> *4.2.6 Provimentos* – São atos administrativos internos, contendo determinações e instruções que a Corregedoria ou os tribunais expedem para a regularização e uniformização dos serviços, especialmente os da Justiça, com o objetivo de evitar erros e omissões na observância da lei.
>
> *4.2.7 Ofícios – Ofícios* são comunicações escritas que as autoridades fazem entre si, entre subalternos e superiores, e entre Administração e particulares, em caráter oficial. (...). Diferem os *ofícios* dos *requerimentos* e *petições*, por conterem aqueles uma comunicação ou um convite, ao passo que estes encerram sempre uma pretensão do particular à Administração.
>
> *4.2.8 Despachos – Despachos administrativos* são decisões que as autoridades executivas (ou legislativas e judiciárias, em funções administrativas) proferem em papéis, requerimentos e processos sujeitos à sua apreciação. (...).

No mais, salienta, com precisão, Hely Lopes Meirelles:[11]

> Na Administração Pública não há liberdade nem vontade pessoal. **Enquanto na administração particular é lícito fazer tudo que a lei não proíbe, na Administração Pública só é permitido fazer o que a lei autoriza.** A lei para o particular significa "pode fazer assim"; para o administrador público significa "deve fazer assim". *[Grifamos]*

• Princípio da legalidade e da Indelegabilidade da função legislativa

Sobre o princípio da legalidade, estampado no inciso II do art. 5º da CF, e o correlato princípio da indelegabilidade da função legislativa posiciona-se Celso Antônio Bandeira de Mello:[12]

> Note-se que o preceptivo não diz "decreto", "regulamento", "portaria", "resolução" ou quejandos. Exige *lei* para que o Poder Público possa impor obrigações aos administrados. É que a Constituição brasileira, seguindo tradição já antiga, firmada por suas antecedentes republicanas, não quis tolerar que o Executivo, valendo-se de regulamento, pudesse, por si mesmo, interferir com a liberdade ou a propriedade das pessoas.
>
> (...).
>
> ***30.*** Considera-se que **há delegação disfarçada e inconstitucional**, efetuada fora do procedimento regular, toda vez que a **lei remete ao Executivo a criação das regras que configuram o direito ou que geram a obrigação,**

11. Idem, p. 89.
12. Celso Antônio Bandeira de Mello, *Curso de Direito Administrativo*, 25ª ed., 2ª tir., pp. 338 e 352-353.

> **o dever ou a restrição à liberdade.** Isto sucede *quando fica deferido ao regulamento definir por si mesmo as condições ou requisitos necessários ao nascimento do direito material ou ao nascimento da obrigação, dever ou restrição.* Ocorre, mais evidentemente, quando a lei faculta ao regulamento determinar obrigações, deveres, limitações ou restrições que já não estejam previamente definidos e estabelecidos na própria lei. Em suma: **quando se faculta ao regulamento inovar inicialmente na ordem jurídica.** E **inovar** quer dizer introduzir algo **cuja preexistência não se pode conclusivamente deduzir da lei** regulamentada. *[Negritamos]*

A propósito, sobre o § 1º do art. 153 da CF de 1988, expõe Roque Antonio Carrazza:[13]

> Os atos administrativos de graduação das **alíquotas dos impostos** em pauta serão veiculados por meio de *decreto* (do Presidente da República), que deverá sempre obedecer às condições e aos limites apontados na lei federal. **Ao contrário do que já sustentamos em edição anterior**, estamos hoje convencidos de que *resoluções* (do Conselho de Política Aduaneira, do Banco Central etc.) **não têm força jurídica para tratar desse assunto**, que é eminentemente regulamentar e, portanto, **de competência exclusiva do chefe do Executivo Federal.** *[Grifamos]*

• Princípio da Anterioridade Tributária

No que concerne ao princípio da anterioridade, impende, mais uma vez, trazer as lições de Roque Antonio Carrazza:[14]

> (...) *princípio jurídico é um enunciado lógico, implícito ou explícito, que, por sua grande generalidade, ocupa posição de preeminência nos vastos quadrantes do Direito e, por isso mesmo, vincula, de modo inexorável, o entendimento e a aplicação das normas jurídicas que com ele se conectam.* (...).
>
> (...) a lei que cria ou aumenta um tributo – esta é a regra geral estampada no art. 150, III, "b", da CF –, ao entrar em vigor, fica com sua *eficácia paralisada*, até o início do próximo exercício financeiro, quando – aí, sim – *incidirá*, ou seja, passará a produzir todos os efeitos, na ordem jurídica. Exemplificando, para melhor esclarecer: se, em meados deste ano, uma lei vier a criar um tributo, ele só poderá ser exigido a partir do próximo dia 1º de janeiro. (...).
>
> (...).

13. Roque Carrazza, *Curso de Direito Constitucional Tributário*, 24ª ed., p. 297.
14. Idem, pp. 39 e 186-187, respectivamente.

Este é o tão decantado *princípio da anterioridade*, que não deve ser confundido com o *princípio da anualidade*, pelo qual nenhum tributo podia ser cobrado, em cada exercício, sem prévia autorização orçamentária anual.

• Princípios da Irretroatividade e da Anterioridade – "cobrança" de tributos

Outrossim, acerca da acepção da palavra "cobrar", a que se refere o inciso III do art. 150 da CF, adverte Misabel Derzi:[15]

> Acrescente-se apenas que a expressão **"cobrar"**, utilizada no **art. 150, III**, tanto para servir ao princípio da irretroatividade quanto ao princípio da anterioridade, assegura-nos de que o sentido é único, de modo que os marcos temporais apostos pelas letras "a" e "b" do mesmo inciso **somente se podem referir à eficácia, ou seja, à aptidão das normas para desencadear efeitos jurídicos, instalar a obrigação tributária ou modificá-la.** Em hipótese contrária, reduzindo-se o "cobrar" a mero prazo de pagamento, tanto a irretroatividade como a anterioridade, princípios basilares do sistema, estariam anulados por uma interpretação absolutamente equivocada. No caso da irretroatividade, bastaria aguardar o início de vigência da lei nova para que tributos pudessem ser "cobrados" em relação a fatos geradores ocorridos antes do início da vigência da lei (já que a cobrança se referiria a uma lei nova vigente), em franca retroatividade, contrária ao art. 5º, XXXVI, da Constituição, ao Estado de Direito e a seus princípios estruturais. **Igualmente, a anterioridade**, norma de Direito e garantia fundamental do contribuinte, estaria extinta com idêntica interpretação. Bem se vê que o termo **"cobrar"** não pode ter duas acepções radicalmente distintas no mesmo artigo e inciso. Somente há um sentido que concilie tanto o princípio da irretroatividade ao da anterioridade: **eficácia (ou mesmo vigência, como entendem alguns)**. *[Grifamos]*

Jurisprudência

• Relevância da Hierarquia das Leis em matéria tributária

A Carta Magna está acima de todas as leis. No âmbito tributário – exceções à parte, cabe à lei complementar veicular normas gerais de âmbito nacional e à lei ordinária, a instituição de tributos. Abaixo, destacam-se alguns julgados, no âmbito tributário, referentes ao tema da hierarquia das leis.

15. Misabel Derzi, "Notas de Atualização" ao *Direito Tributário Brasileiro*, de Aliomar Baleeiro, 11ª ed., Rio de Janeiro, Forense, 2000, p. 103.

o Recurso Extraordinário (STF) e Especial (STJ)

Com amparo na teoria da hierarquia das normas, a validade jurídica de cada ato normativo pressupõe sua conformidade com o disposto em ato normativo hierarquicamente superior. Vimos que, como regra, à lei complementar cabe veicular normas gerais em matéria tributária, de modo que, apenas nesses casos, constitui fundamento de validade das demais leis que veiculam normas de menor alcance. De conseguinte, caberá ao Supremo Tribunal Federal apreciar conflitos entre lei ordinária (norma específica) e lei complementar (norma geral), uma vez que, se reconhecida a discrepância entre ambas, seguir-se-á a análise da compatibilidade da indigitada norma geral com o Texto Constitucional, que, neste caso, poderá implicar o reconhecimento de sua inconstitucionalidade. Nos demais conflitos, em que não se questiona a validade da norma geral veiculada por lei complementar, mas tão-somente a validade de norma específica em cotejo com aquela, que lhe é imediatamente superior – ou seja, nos casos em que a ofensa à Carta Magna ocorre apenas por via reflexa (indireta) –, sua apreciação caberá ao Superior Tribunal de Justiça. No caso *sub judice*, a propósito, decidiu-se que, quando coexistirem recursos extraordinário e especial, nos quais se aponta violação de dispositivo de lei complementar – portanto, ofensa indireta à Constituição Federal –, seu exame caberá ao Superior Tribunal de Justiça. Transcreva-se:

> PROCESSUAL CIVIL. RECURSO ESPECIAL. **LEI ORDINÁRIA. LEI COMPLEMENTAR. CONFLITO**. MATÉRIA CONSTITUCIONAL. CASO CONCRETO. INEXISTÊNCIA.
>
> 1. Apresenta-se de **índole constitucional** a controvérsia quando se pretende, de alguma forma, **afastar o conteúdo** de determinada norma **a partir do exame do conflito entre lei ordinária e lei complementar**, o que não acontece no caso em exame.
>
> 2. Na hipótese de a **lei ordinária** encontrar seu **fundamento de validade também na lei complementar**, o exame da controvérsia **cabe ao Superior Tribunal de Justiça**, porque, nesse caso, a lei ordinária extrairá seu fundamento de validade mediatamente da Constituição e imediatamente da lei complementar. Diversamente, se a **lei ordinária** haurir seu fundamento de validade **diretamente** da Constituição, a competência para o exame ficará a cargo do **Supremo Tribunal Federal**, mostrando-se imprópria a via do recurso especial.
>
> 3. Também são, em regra, da **competência desta Corte** os casos em que há a constatação de **ofensa reflexa ou indireta à Constituição**, assentada mediante julgamento de recurso extraordinário, quando com este **coexiste recurso especial** em que se aponta **violação de dispositivo de lei complementar**, o que rotineiramente atrai o multicitado conflito entre leis complementar e ordinária.

4. Hipótese em que o agravante, ao apontar **ofensa aos arts. 110 do CTN** e 2º, § 7º, III, da Lei n. 9.715/1998, **questiona a base de cálculo** adotada para fins de incidência da Contribuição ao PASEP, por terem sido considerados como **receita**, segundo sustenta, **meros ingressos** referentes a fundos municipais, sem aumento patrimonial.

Desse modo, **não se pretende**, à luz de suposto conflito entre lei ordinária e lei complementar, **afastar comando legal**, **tampouco redução de texto normativo**, justificando-se competência do STJ para exame do apelo especial.

5. Agravo interno provido. Recurso especial conhecido. *[AgInt no REsp 190618/PR, 1ºT., rel. min. Gurgel de Faria, j. 2.4.2024, DJe 29.4.2024] [Grifamos]*

o Competência para julgar a exclusão do ICMS (DIFAL) da base de cálculo do PIS/Cofins – matéria infraconstitucional

No tocante ao tema 1093, o STF firmou a tese "A cobrança do diferencial de alíquota alusivo ao ICMS, conforme introduzido pela Emenda Constitucional nº 87/2015, pressupõe edição de lei complementar veiculando normas gerais." (RE 1287019); quanto ao tema 69, decidiu que "O ICMS não compõe a base de cálculo para a incidência do PIS e da Cofins" (RE 574706). Todavia, não conheceu do recurso extraordinário interposto para impugnar decisão referente ao pedido de exclusão do ICMS-Difal, da base de cálculo do PIS/Cofins, dentre outras razões, sob o argumento de que "[...]As conclusões do Tema 69 da sistemática da repercussão geral não se aplicam ao caso.". Cite-se:

Direito tributário. Agravo interno em recurso extraordinário. PIS e COFINS. ICMS-DIFAL. Base de cálculo. **Controvérsia de índole infraconstitucional**.

1. Agravo interno contra decisão que negou seguimento a recurso extraordinário interposto para impugnar acórdão o qual reformou sentença de procedência da ação.

2. Hipótese em que, para dissentir do entendimento firmado pelo Tribunal de origem, seria necessário analisar a legislação infraconstitucional aplicada ao caso, assim como reexaminar fatos e provas constantes dos autos, procedimentos vedados neste momento processual (Súmula nº 279/STF).

3. Inaplicável o art. 85, § 11, do CPC/2015, uma vez que não houve prévia fixação de honorários advocatícios de sucumbência.

4. Agravo interno a que se nega provimento.

[RE 1.469.440 AgR/SC, P., rel. min. Luís Roberto Barroso, j. 21.2.2024, p.u., DJe– 29-02-2024]. [Grifamos]

De seu turno, o Superior Tribunal de Justiça, por entender que a tese definida pelo Supremo Tribunal Federal, referente ao tema 69, aplica-se, de igual modo, à matéria referente à exclusão do ICMS-Difal da base de cálculo da Contribuição ao PIS e da Confins, também se absteve de apreciar o pedido que lhe fora submetido por meio de recurso especial, *verbis*:

> PROCESSUAL CIVIL E TRIBUTÁRIO. PIS. COFINS. BASE DE CÁLCULO. ICMS-DIFAL. **TESE FIRMADA PELO STF**. EXTENSÃO DA RATIO DECIDENDI. FUNDAMENTAÇÃO CONSTITUCIONAL. REVISÃO. IMPOSSIBILIDADE.
>
> 1. À luz do **art. 105, III**, da Constituição Federal, o **recurso especial não serve à revisão da fundamentação constitucional**.
>
> 2. Hipótese em que **o recurso não pode ser conhecido**, pois o Tribunal de origem, interpretando a **tese** definida pelo Supremo Tribunal Federal no **Tema 69**, decidiu por sua **aplicação também no caso** em que o contribuinte pretende a exclusão do ICMS-Difal da base de cálculo da Contribuição ao PIS e da COFINS.
>
> 3. Inexistência de precedentes colegiados do STF a afirmar ausência de repercussão geral e a **natureza infraconstitucional da matéria** ora controvertida.
>
> 4. Agravo interno desprovido. *[AgInt no REsp 2.047.176/RS, 1ºT., rel. min. Gurgel de Faria, j. 13.11.2023, p. u., DJe 17.11.2023] [Grifamos]*

Em relação ao Tema n. 1098, o Supremo Tribunal Federal firmou a tese: "É infraconstitucional, a ela se aplicando os efeitos da ausência de repercussão geral, a controvérsia relativa à inclusão do montante correspondente ao ICMS destacado nas notas fiscais ou recolhido antecipadamente pelo substituto em regime de substituição tributária progressiva na base de cálculo da contribuição ao PIS e da COFINS. (RE 1258842).

- **ICMS (DIFAL) – Delegação de Capacidade Tributária Ativa e Princípio da Anterioridade Nonagesimal**

Vimos que o exercício da competência tributária compreende a instituição de tributos que, por sua vez implica a descrição legal do fato gerador e a correlata prescrição da relação jurídica obrigacional, na qual figuram os sujeitos ativos e passivos. A delegação da capacidade tributária, portanto, há de ser feita mediante lei do respectivo ente tributante. A LC 190/2020 – com amparo na inovação introduzida na Lei Maior (art. 155, § 2º, VI, CF/88), por meio de Emenda constitucional (EC 87/2015), autorizar a incidência do referido imposto "[...] nas **operações e prestações** que destinem bens e serviços a **consumidor final**, contribuinte **ou não do imposto**, localizado em outro Estado[...]." (grifamos).

Nos termos da CF/88, incide ICMS sobre operações que destinam bens e serviços a contribuinte – localizado em outro Estado –, não para consumo local (operações interestaduais), de modo que o recolhimento do imposto se dá por meio da substituição tributária. Com o advento da EC 87/15, facultou-se a incidência do ICMS em operações internas que destinem bens e serviços a não contribuinte, localizado em outro Estado, porém, sem que ocorra a transição da mercadoria para consumo em outro Estado, mas apenas no próprio Estado em que foram adquiridas e, deste modo, sem a desnecessidade de substituição tributária para o recolhimento do imposto devido.

Note-se que, em ambos os casos, os consumidores finais localizam-se em Estados diversos daquele em que ocorrem as operações internas (tributáveis, a partir da EC 87/15) e interestaduais (tributáveis, mesmo antes da EC 87/15). Como corolário, em ambos os casos, o contribuinte de fato será sempre o consumidor final; a diferença é que, nas operações internas o diferencial de alíquotas do referido imposto transitará pela contabilidade da empresa, sem a incidência da contribuição ao PIS e à Cofins, até ser recolhido ao Estado, consoante entendimento da Suprema Corte (RE 744.705, Tema 69, no qual restou fixada a tese: "o ICMS não compõe a base de cálculo para a incidência do PIS e da Cofins").

Antes desta inovação constitucional, o campo de competência dos Estados e do Distrito Federal, portanto, era mais restrito, cingindo-se às operações e prestações de bens e serviços destinados apenas ao consumidor final que fosse contribuinte do imposto. A Suprema Corte, todavia, considerou que, neste caso, houve mera alteração da sistemática de aplicação do diferencial de alíquota do ICMS, sendo, pois suficiente a sujeição das normas gerais estabelecidas pela LC 190/2022, ao princípio constitucional da anterioridade nonagesimal, para que o contribuinte possa se adaptar à nova realidade jurídica, tão logo adquiram vigência as respectivas leis locais. Transcreva-se:

> (...).
>
> 1. A **EC 87/2015** e a **LC 190/2022 estenderam** a sistemática de aplicação do diferencial de alíquota do ICMS em operações e prestações que destinem bens e serviços a consumidor final contribuinte para as operações destinadas **a não contribuintes**, atribuindo **capacidade tributária ativa** a **outro ente político, sem modificar** a **hipótese de incidência** ou a **base de cálculo** do tributo.
>
> 2. A **ampliação** da técnica fiscal **não afetou** a esfera jurídica do **contribuinte**, limitando-se a **fracionar** o produto da arrecadação **antes** devido **integralmente** ao Estado produtor (alíquota interna) em duas parcelas devidas a entes diversos. Portanto, **não corresponde à instituição nem majoração de tributo** e, por isso mesmo, **não atrai a incidência das regras relativas à anterioridade** (CF, art. 150, III, b e c).

3. O art. 3º da LC 190/2022 **condicionou** a produção dos efeitos do referido diploma legislativo à observância do disposto na alínea c do inciso III do caput do art. 150 da Constituição Federal (**anterioridade nonagesimal**), o que corresponde ao estabelecimento de vacatio legis de noventa dias.
4. A regra inscrita no art. 24-A, § 4º, da LC 87/1996, incluído pela LC 190/2022 não caracteriza comportamento excessivo do legislador, pois visa apenas a conceder **prazo hábil para a adaptação operacional e tecnológica** por parte do contribuinte.
5. Ações Diretas julgadas improcedentes.

[ADI 7.066, P., rel. min. Alexandre de Moraes, j. 29.11.2023, DJe 2.3.2023] [Grifamos]

• Emenda constitucional e Reforma Tributária

A Emenda Constitucional nº 33, de 2001, alterou a redação dada pelo Poder Constituinte Originário ao art. 155, § 2º, inciso IX, alínea "a", viabilizando, desta forma, a incidência de ICMS sobre a entrada de bem ou mercadoria importada do exterior por pessoa física, ainda que não seja contribuinte habitual do imposto. A esse respeito, assim se manifestou a Suprema Corte, *verbis*:

(...).

1. Há competência constitucional para **estender a incidência do ICMS** à operação de importação de bem destinado **a pessoa que não se dedica habitualmente ao comércio ou à prestação de serviços**, após a vigência da **EC 33/2001**. 2. A incidência do ICMS sobre operação de importação de bem **não viola**, em princípio, **a regra** da vedação à cumulatividade (art. 155, § 2º, I da Constituição), pois **se não houver acumulação da carga tributária, nada haveria a ser compensado**. 3. Divergência entre as expressões **"bem" e "mercadoria"** (arts. 155, II e 155, § 2, IX, a da Constituição). **É constitucional** a tributação das operações de circulação jurídica de **bens** amparadas pela **importação**. A operação de importação não descacteriza, tão-somente por si, a classificação do bem importado como mercadoria. Em sentido semelhante, a circunstância de o destinatário do bem não ser contribuinte habitual do tributo também **não afeta a caracterização da operação de circulação de mercadoria**. Ademais, a **exoneração** das operações de importação **pode desequilibrar** as relações pertinentes às 6operações internas com o mesmo tipo de bem, de modo a **afetar** os princípios da **isonomia** e da **livre concorrência**. CONDIÇÕES CONSTITUCIONAIS PARA TRIBUTAÇÃO 4. Existência e suficiência de legislação infraconstitucional para instituição do tributo (violação dos arts. 146, II e 155, XII, § 2º, I da Constituição). A validade da constituição do crédito tributário **depende** da existência de **lei complementar de normas gerais** (LC 114/2002) e de **legislação local** resultantes do exercício

> da competência tributária, contemporâneas à ocorrência do fato jurídico que se pretenda tributar. 5. Modificações da legislação federal ou local **anteriores** à EC 33/2001 **não foram convalidadas**, na medida em que inexistente o fenômeno da "constitucionalização superveniente" no sistema jurídico brasileiro. A **ampliação** da hipótese de incidência, da base de cálculo e da sujeição passiva da **regra-matriz de incidência tributária** realizada por lei **anterior** à EC 33/2001 e à LC 114/2002 **não** serve de fundamento de validade à tributação das operações de importação realizadas por empresas que não sejam comerciais ou prestadoras de serviços de comunicação ou de transporte intermunicipal ou interestadual. 6. A tributação somente será admissível se também respeitadas as regras da **anterioridade**, cuja observância se afere com base em cada legislação local que tenha modificado adequadamente a regra-matriz e que seja **posterior** à LC 114/2002. Recurso extraordinário interposto pelo Estado do Rio Grande do Sul conhecido e ao qual se nega provimento. Recurso extraordinário interposto por FF. Claudino ao qual se dá provimento. *[STF, RE n. 439.796/PR, Pleno, rel. min. Joaquim Barbosa, j. 6.11.2013, v.u., DJe 17.3.2014] [Grifamos]*

• Lei Complementar – prescrição intercorrente

Cabe à lei ordinária dispor a respeito da prescrição intercorrente, tendo em conta a existência de norma geral a respeito de prescrição e decadência em matéria tributária, (art. 156, V, do CTN/66). Ao apreciar o Tema n. 390, assim decidiu a Suprema Corte, fixando a seguinte tese:

> É constitucional o art. 40 da Lei nº 6.830/1980 (Lei de Execuções Fiscais – LEF), tendo natureza processual o prazo de 1 (um) ano de suspensão da execução fiscal. Após o decurso desse prazo, inicia-se automaticamente a contagem do prazo prescricional tributário de 5 (cinco) anos. *[STF, RE n. 636.562, Pleno, rel. min. Roberto Barros, j. 22.2.2023, v. u., Dje 6.3.2023] [Grifamos]*

• Princípio da Anterioridade Tributária (STF) – majoração indireta de tributo

A Suprema Corte, a propósito, reconhece a necessidade de se respeitar o Princípio Constitucional da Anterioridade Tributária não apenas nos casos de majoração direta de tributos, mas também, por igual razão, nos casos de majoração indireta, tais como as que decorrem da revogação de benefícios fiscais. Transcreva-se:

> DIREITO TRIBUTÁRIO. AGRAVO INTERNO EM RECURSO EXTRAORDINÁRIO. INCENTIVO FISCAL. REVOGAÇÃO. MAJORAÇÃO INDIRETA. ANTERIORIDADE. 1. A jurisprudência do Supremo

Tribunal Federal concebe que **não apenas a majoração direta** de tributos **atrai a eficácia da anterioridade nonagesimal,** mas **também a majoração indireta decorrente de revogação de benefícios fiscais**. Precedentes. 2. Agravo interno a que se nega provimento, com aplicação da multa prevista no art. 1.021, § 4º, do CPC/2015. *[AG.REg. no RE 1.053.254/RS, 1ªT, rel. min. Roberto Barroso, j. 26.10.2018, v. u., DJU 13.11.2018]. [Grifamos].*

De seu turno, o Superior Tribunal de Justiça considera inaplicáveis os Princípios Constitucionais da Irretroatividade e da Anterioridade Tributária, nos casos em que se altera o regime de compensação. Nesse sentido,[16] já pacificou o entendimento, sob o rito dos recursos repetitivos, de que "a lei que regula a compensação tributária é a vigente à data do encontro de contas entre os recíprocos débito e crédito da Fazenda e do contribuinte". E mais, também já decidiu no sentido de que "[...]A partir da vigência da Lei 13.670/2018, está vedada a compensação dos débitos relativos ao recolhimento mensal por estimativa do IRPJ e da CSLL, nos exatos termos do art. 74, § 3º, IX, da Lei 9.430/1996.[...]".[17] Noutro giro, referida lei, ao vedar o direito de compensar débitos tributários, não ofende ato jurídico perfeito, direito adquirido nem a segurança jurídica.

- **Princípio da Anterioridade (STF) – Contribuição Provisória sobre Movimentação Financeira (CPMF)**

A Emenda Constitucional 12/1996, vale lembrar, autorizou a criação de um novo tributo. Assim, surgiu a Contribuição Provisória sobre Movimentação ou Transmissão de Valores e de Créditos e Direitos de Natureza Financeira – CPMF, exigível pelo prazo de dois anos (até 22.1.1999).

A Emenda Constitucional 21, de 18.3.1999, a despeito de ser formalmente inconstitucional, "prorrogou" por mais 36 meses a cobrança da CPMF, instituída pela Lei 9.311/1996, modificada pela Lei 9.539/1997, embora referidas leis já tivessem perdido sua vigência e validade com o transcurso do prazo fixado pela Emenda Constitucional 12/1996.

Nessa toada, a Emenda Constitucional 37/2002 – que prorrogou a lei instituidora da CPMF, n. 9.311/1996, modificada pela Lei 9.539/1997 – foi votada e aprovada na Câmara dos Deputados, sofreu alteração no Senado e acabou sendo promulgada sem que tivesse retornado à Casa iniciadora para nova votação quanto à parte objeto de modificação. A Suprema Corte, todavia, entendeu que *essa alteração não enseja mudança substancial* do sentido do texto (conforme precedente: ADC 3, rel. Min. Nelson Jobim), de modo que a prorrogação do seu prazo de vigência não viola o *princípio da anterioridade nonagesimal*, a que se

16. REsp 1.164.452/MG, S1, rel. min. Teori Albino Zavascki, j. 25.8.2010, DJe de 2.9.2010.
17. AgInt no REsp 1.875.272/PR, 1ªT, rel. min. Paulo Sérgio Domingues, j. 26.2.2024, v. u., DJ 29.2.2024.

refere o art. 195, § 6º, da CF/88, aplicável tão-somente aos casos de instituição ou modificação de contribuição social, já que, no caso, ocorreu *mera prorrogação* da lei que instituíra a CPMF. Veja-se o disposto na respectiva ementa, *verbis*:

> Ação direta de inconstitucionalidade – Contribuição provisória sobre movimentação ou transmissão de valores e de créditos e direitos de natureza financeira/CPMF (arts. 84 e 85, acrescentados ao ADCT pelo art. 3º da Emenda Constitucional n. 37, de 12.6.2002). 1. Impertinência da preliminar suscitada pelo Advogado-Geral da União, de que a matéria controvertida tem caráter *interna corporis* do Congresso Nacional, por dizer respeito à interpretação de normas regimentais, matéria imune à crítica judiciária – **Questão que diz respeito ao processo legislativo previsto na Constituição Federal**, em especial às regras atinentes ao trâmite de emenda constitucional (art. 60), tendo clara estatura constitucional. 2. Proposta de emenda que, votada e aprovada na Câmara dos Deputados, sofreu **alteração no Senado Federal**, tendo sido promulgada sem que tivesse retornado à Casa iniciadora para nova votação quanto à parte objeto de modificação – **Inexistência de ofensa ao art. 60, § 2º, da CF** no tocante à supressão, no Senado Federal, da expressão "observado o disposto no § 6º do art. 195 da Constituição Federal", que constava do texto aprovado pela Câmara dos Deputados em dois turnos de votação, tendo em vista que **essa alteração não importou em mudança substancial do sentido do texto** (precedente: ADC n. 3, rel. Min. Nelson Jobim) – Ocorrência de **mera prorrogação** da Lei n. 9.311/1996, modificada pela Lei n. 9.539/1997, não tendo aplicação ao caso o disposto no § 6º do art. 195 da CF. **O princípio da anterioridade nonagesimal aplica-se somente aos casos de instituição ou modificação da contribuição social**, e não ao caso de simples prorrogação da lei que a houver instituído ou modificado. 3. Ausência de inconstitucionalidade material. O § 4º, inciso IV, do art. 60 da Constituição veda a deliberação quanto a proposta de emenda tendente a abolir os direitos e garantias individuais. Proibida, assim, **estaria a deliberação de emenda que se destinasse a suprimir do texto constitucional o § 6º do art. 195, ou que excluísse a aplicação desse preceito** a uma hipótese em que, pela vontade do constituinte originário, devesse ele ser aplicado. A presente hipótese, no entanto, versa sobre a incidência ou não desse dispositivo, que se mantém incólume no corpo da Carta, a um caso concreto. Não houve, no texto promulgado da emenda em debate, qualquer negativa explícita ou implícita de aplicação do princípio contido no § 6º do art. 195 da Constituição. 4. Ação direta julgada improcedente. *[STF, Tribunal Pleno, ADI 2.666-DF, rela. Min. Ellen Gracie, j. 3.10.2002, v.u., DJU 6.12.2002, p. 51] [Grifamos]*

Saliente-se que este entendimento já estava pacificado em decisões, de igual teor, no sentido de ser constitucional a adoção de emprego de emenda constitucional para, de um lado, autorizar a incidência de tributos, para além do prazo legal de vigência previamente determinado e, de outro, afastar, para esse fim, a necessidade de atender aos reclamos do princípio constitucional da anterioridade tributária. Cite-se:

> CPMF – Emenda Constitucional n. 21/1999 – Processo legislativo – Repristinação das Leis ns. 9.311/1996 e 9.539/1997 – Constitucionalidade – ADI n. 2.031-5-DF. 1. A constitucionalidade da exigência da CPMF, bem como do processo legislativo da Emenda Constitucional n. 21/1999, é **questão pacificada pelo STF** no julgamento, em sede de liminar, da ADI n. 2.031-DF. 2. **Nada impede a repristinação de lei ordinária pela própria Constituição**, preservada assim a garantia da legalidade tributária, que prevalece para obstar à exigibilidade do tributo instituído por meio de ato administrativo, não para inibir de criá-lo o legislador constituinte derivado. 3. Apelação conhecida e improvida. *[TRF-4ª Região, 1ª Turma, AMS 1999.04.01.111721-RS, rel. min. Juíza Maria Isabel Pezzi Klein, j. 19.9.2000, v.u., DJU-E-2 8.11.2000, p. 59] [Grifamos]*

Na madrugada do dia 13.12.2007, houve a rejeição, por 45 dos 79 senadores presentes, da Proposta de Emenda à Constituição Federal de 1988, que prorrogaria por mais quatro anos a cobrança da CPMF – Contribuição Provisória sobre Movimentação Financeira.

Temas para Dissertação e Pesquisa

1. "Princípios Tributários. Conceito. Princípios da Legalidade, da Anterioridade, da Reserva de Competência Impositiva, da Capacidade Contributiva, da Irretroatividade".
2. "Medida provisória e a instituição de tributos".
3. "Tratado Internacional em Matéria Tributária".

Questões

1. Que é "princípio jurídico"?
2. Compare o princípio da legalidade com o da irretroatividade.
3. Quais são as exceções ao princípio da legalidade? E ao da anterioridade?
4. Qual a função da lei complementar na esfera tributária?
5. Medida provisória pode instituir tributos? Fundamente sua resposta.

Consultas

1. **[40º Exame de Ordem Unificado, 2024.1, n. 4]** Decreto estadual datado de 10/01/2024 e publicado no Diário Oficial do Estado Alfa em 11/01/2024

prevê que, a partir de sua publicação, o vencimento de certo tributo estadual ocorrerá 20 (vinte) dias depois da data em que se considera o sujeito passivo notificado do lançamento. A sociedade empresária ABC Ltda., notificada para pagar tal tributo em 11/03/2024, não concorda com o prazo para pagamento previsto nesse decreto e impugna administrativamente tal lançamento, sob os seguintes argumentos: i) o prazo geral previsto no Código Tributário Nacional (CTN) para pagamento de tributos é de 30 (trinta) dias, não podendo norma local contrariar o previsto em lei complementar de caráter nacional; ii) o novo prazo fixado em decreto não respeita o princípio da anterioridade tributária, uma vez que está sendo aplicado antes do exercício seguinte e antes de 90 (noventa) dias da data da publicação. Diante desse cenário, responda aos itens a seguir. A) Poderia mero decreto fixar tal prazo em 20 (vinte) dias, em face do previsto no Código Tributário Nacional (CTN)? Justifique. (Valor: 0,65) B) Tal prazo de pagamento de tributo fixado por decreto deve seguir o princípio da anterioridade tributária? Justifique. (Valor: 0,60) Obs.: O(A) examinando(a) deve fundamentar suas respostas. A mera citação do dispositivo legal não confere pontuação.

2. **[37° Exame de Ordem Unificado, 2023, n. 3]** Um Decreto do Presidente da República, datado de 30 de dezembro de 2021, com vistas a estimular o setor de aviação civil, reduziu a alíquota específica da CIDE-Combustíveis incidente sobre querosene de aviação para R$ 15,00 por metro cúbico. O Decreto também estabeleceu que entraria em vigor na data de sua publicação, produzindo seus efeitos imediatamente. Diante desse cenário, responda aos itens a seguir. A) Poderia esse Decreto reduzir tal alíquota de CIDE-Combustíveis? Justifique. (Valor: 0,65) B) Esse decreto poderia produzir efeitos imediatos? Justifique. (Valor: 0,60) Obs.: o(a) examinando(a) deve fundamentar suas respostas. A mera citação do dispositivo legal não confere pontuação.

3. **[XXIV Exame de Ordem Unificado, 2018, n. 3]** Em 2017, Carlos, após viagem ao exterior, decidiu importar do Japão, para uso próprio, um veículo automotor de última geração, lançamento do mercado japonês. Considerando que Carlos é o consumidor final do veículo, responda aos itens a seguir. A) Na importação do referido veículo por Carlos, é devido o Imposto sobre Produtos Industrializados (IPI)? (Valor: 0,60) B) Considerando que, em 2003, o estado onde Carlos é domiciliado editou uma lei instituindo o Imposto sobre Circulação de Mercadorias e Serviços (ICMS) sobre a importação realizada por consumidor final, é devido o ICMS na importação do veículo? (Valor: 0,65) Obs.: o(a) examinando(a) deve fundamentar as respostas. A mera citação do dispositivo legal não confere pontuação.

4. **[XXIV Exame de Ordem Unificado, 2018, 2]** A União publicou, no Diário Oficial de 30 de junho de 2017, decreto que majorou a alíquota do Imposto sobre Produtos Industrializados (IPI). No decreto, foi estipulado que a alíquota majorada já seria válida para fatos geradores ocorridos a partir do mês

seguinte. Tendo em vista a anterioridade nonagesimal e a anterioridade do exercício financeiro, responda aos itens a seguir. A) É válida a exigência da alíquota majorada no mês seguinte à publicação do decreto? (Valor: 0,65) B) Se, em vez de majorar a alíquota, o decreto alterasse apenas o prazo de recolhimento da obrigação tributária, seria válida a sua exigência a partir do mês seguinte ao da publicação? (Valor: 0,60) Obs.: o(a) examinando(a) deve fundamentar as respostas. A mera citação do dispositivo legal não confere pontuação.

Testes

1. **[41º Exame de Ordem/SP, 2024, n. 26]** Um deputado estadual desejava conceder benefício fiscal na modalidade de crédito presumido de ICMS em favor de bares e restaurantes situados no Estado Alfa, de modo a fomentar esse setor comercial. Por isso, propôs projeto de lei com esse fim, o qual foi aprovado por maioria simples na Assembleia Legislativa e sancionado pelo governador. Acerca desse cenário, assinale a afirmativa correta.

   a) ( ) Tal projeto de lei deveria ter sido aprovado por maioria absoluta, e não por maioria simples, na Assembleia Legislativa.

   b) ( ) A iniciativa desse projeto de lei era privativa do governador.

   c) ( ) A concessão de tal benefício fiscal na modalidade de crédito presumido dependeria de prévia autorização, por meio de convênio celebrado no âmbito do Conselho Nacional de Política Fazendária.

   d) ( ) O governador poderia ter concedido tal benefício fiscal na modalidade de crédito presumido por decreto, não sendo necessária a aprovação de lei estadual nesse sentido.

2. **[38º Exame de Ordem Unificado, 2023]** A Sociedade Empresária ABC Ltda. adquiriu no exterior um lote de dez mil unidades de um determinado perfume francês. Antes da chegada das mercadorias ao porto, foi publicado no Diário Oficial da União, em 20/04/2023, um decreto editado pelo Poder Executivo Federal majorando imediatamente a alíquota do Imposto sobre a Importação de perfumes de 20% para 30%, prevendo expressamente sua vigência e produção de efeitos a partir da data de sua publicação. Em 30/04/2023, as mercadorias finalmente chegam ao porto no Brasil, devendo agora a empresa realizar o desembaraço aduaneiro. Preocupada com possível prejuízo decorrente do aumento inesperado do custo da mercadoria devido à elevação do imposto de importação, a sociedade empresária procura você, como advogado(a), indagando sobre a validade daquele decreto. Diante deste cenário, assinale a afirmativa correta.

   a) ( ) A elevação desta alíquota por decreto violou o princípio da legalidade tributária.

b) ( ) O prazo previsto para produção de efeitos da elevação de alíquota violou o princípio da anterioridade tributária nonagesimal.

c) ( ) Embora tal imposto seja classificado como extrafiscal, deve obediência ao princípio da anterioridade tributária anual.

d) ( ) A majoração dessa alíquota e a sua produção de efeitos imediata são válidas.

3. [Advogado-Câmara de Fortaleza/CE, 2024, n. 61] Determinada Lei Complementar Federal, ao disciplinar o tratamento diferenciado e favorecido às microempresas e empresas de pequeno porte, possui dispositivo com a seguinte redação: Art. XX. Não poderão recolher os impostos e contribuições na forma do Simples Nacional a microempresa ou empresa de pequeno porte que possua débito com o Instituto Nacional do Seguro Social – INSS, ou com as Fazendas Públicas Federal, Estadual ou Municipal, cuja exigibilidade não esteja suspensa. É correto afirmar que a previsão legal acima

a) ( ) viola o princípio da isonomia tributária, pois confere tratamento desigual às empresas que possuam débitos tributários.

b) ( ) é inconstitucional, pois trata-se de restrição desproporcional e desarrazoada ao exercício da atividade econômica.

c) ( ) viola o princípio da livre iniciativa, pois restringe a atividade econômica em razão de débitos tributários.

d) ( ) configura meio ilícito de coação a pagamento de tributo.

e) ( ) representa forma indireta de se reprovar a infração das leis fiscais e de se garantir a neutralidade, com enfoque na livre concorrência.

4. [Advogado, CRMV/ES, 2024, n. 32] Em matéria acerca dos princípios constitucionais tributários, também conhecidos como princípios do sistema tributário nacional – STN e de como esse tema é tratado pela Constituição Federal, assinale a alternativa correta:

a) ( ) os princípios da simplicidade, da transparência, da justiça tributária, da cooperação e da defesa do meio ambiente são princípios tributários expressos que o STN deve seguir; b) ( ) os princípios da legalidade, da transparência, da justiça social, da proporcionalidade e da defesa da propriedade privada são princípios tributários expressos que o STN deve seguir;

c) ( ) os princípios da razoabilidade, da moralidade, da justiça tributária, da cooperação e da defesa do meio ambiente são princípios tributários expressos que o STN deve seguir;

d) ( ) os princípios da simplicidade, da transparência, da justiça social, da legalidade e da defesa da livre-iniciativa são princípios tributários expressos que o STN deve seguir;

e) ( ) os princípios da eficácia, da eficiência, da justiça tributária, da imparcialidade e da defesa do meio ambiente são princípios tributários expressos que o STN deve seguir.

5. **[Advogado, Pref. Sete Barras/SP, 2024, n. 28]** Considerando as disposições da Constituição Federal quanto ao tema das contribuições socais, assinale a alternativa correta.

a) ( ) As contribuições sociais podem ser utilizadas com efeito de confisco no mesmo exercício financeiro em que haja sido publicada a lei que as instituiu.

b) ( ) As contribuições sociais não se sujeitam às anterioridades, nem nonagesimal, nem anual.

c) ( ) A anterioridade nonagesimal aplicável às contribuições sociais é computada cumulativamente com a anterioridade anual.

d) ( ) As contribuições sociais podem ser exigidas e aumentadas pela União sem lei em sentido estrito formal que estabeleça.

e) ( ) A majoração de contribuição social se sujeita à anterioridade nonagesimal.

6. **[Advogado, CRF/AC, 2024, n. 38]** De acordo com a Constituição Federal de 1988, a regulação das limitações constitucionais ao poder de tributar deverá ser realizada por

a) ( ) lei complementar.

b) ( ) lei ordinária.

c) ( ) medida provisória.

d) ( ) decreto legislativo.

e) ( ) emenda constitucional.

7. **[Procurador, Pref. Campos de Júlio/MT, 2024, n. 12]** Os princípios constitucionais tributários são postulados que têm por destinatário exclusivo o poder estatal, que se submete à imperatividade das restrições neles impostas. Neste contexto, com base no texto constitucional, analise as afirmativas.

I. É vedado à União tributar a renda das obrigações da dívida pública dos Estados, do Distrito Federal e dos Municípios.

II. É vedado à União tributar a remuneração e os proventos dos agentes públicos dos Estados, do Distrito Federal e dos Municípios, em níveis superiores aos que fixar para suas obrigações e para seus agentes.

III. É vedado à União instituir isenções de tributos da competência dos Estados, do Distrito Federal ou dos Municípios, ressalvada a concessão de incentivos fiscais destinados a promover o equilíbrio do desenvolvimento socioeconômico entre as diferentes regiões do País.

IV. É vedado aos Estados, ao Distrito Federal e aos Municípios estabelecer diferença tributária entre bens e serviços, exceto os de natureza essencial, em razão de sua procedência ou destino.

Estão corretas as afirmativas

a) ( ) I, II e III, apenas.

b) ( ) I, III e IV, apenas.

c) ( ) II e IV, apenas.

d) ( ) I e II, apenas.

8. **[Advogado-Procurador-Geral, Pref. EntreIJuís/RS, 2023, n. 4]** Considerando os princípios da anterioridade de exercício e da noventena, marque a alternativa incorreta.

a) ( ) A fixação da base de cálculo do IPTU está sujeita à anterioridade nonagesimal.

b) ( ) O ICMS está sujeito tanto à anterioridade de exercício quanto à noventena.

c) ( ) O Imposto de Importação não precisa observar a noventena.

d) ( ) O IPI só está sujeito à noventena.

9. **[Assessoramento Legislativo, Senado Federal, 2022, n. 77]** Segundo a Constituição Federal, cabe ao Senado, por meio de Resolução,

a) ( ) fixar as alíquotas mínimas do ITCMD.

b) ( ) estabelecer as alíquotas do ICMS aplicáveis às operações e prestações, interestaduais e de exportação, de iniciativa do Presidente da República ou de um terço dos Senadores, aprovada pela maioria absoluta de seus membros.

c) ( ) fixar as alíquotas máximas do IPVA.

d) ( ) fixar as alíquotas máximas e mínimas do ISS.

e) ( ) fixar alíquotas mínimas do ICMS nas operações internas para resolver conflito específico que envolva interesse de estados federados, mediante resolução de iniciativa da maioria absoluta e aprovada por um terço de seus membros.

10. **[Exame de Ordem 2004.2 – OAB/BA, n. 85]** De acordo com a recente alteração trazida pela Emenda Constitucional n. 42/03, é vedada a cobrança de tributos no mesmo exercício financeiro em que haja sido publicada a lei que os instituiu ou aumentou, observado ainda o prazo mínimo de 90 dias para que se dê a publicação. A exigência do lapso temporal da noventena, entretanto, não se aplica ao

a) ( ) imposto sobre a circulação de mercadorias de comunicação e de serviços de transporte interestadual e intermunicipal.

b) ( ) imposto sobre a transmissão causa mortis ou por doação de bens e direitos a eles relativos.

c) ( ) imposto de renda.

d) ( ) imposto sobre a transmissão onerosa de bens imóveis.

5

LEGISLAÇÃO TRIBUTÁRIA E NORMAS COMPLEMENTARES: CONCEITO, VIGÊNCIA, APLICAÇÃO, INTERPRETAÇÃO E INTEGRAÇÃO

5.1 LEGISLAÇÃO TRIBUTÁRIA E FONTES DO DIREITO

Conforme já antecipamos em Capítulos precedentes, o Código Tributário Nacional de 1966, CTN/66 – Lei ordinária federal n. 5.172, de 25.10.1966 –, dispõe sobre normas de Direito Tributário, aplicáveis não apenas à União, mas também aos Estados, Distrito Federal e Municípios. Essas normas, em sua grande maioria, foram recepcionadas pela Constituição Federal de 1988, CF/88 (art. 146), com o *status* de lei complementar, razão pela qual não mais podem ser revogadas, total ou parcialmente, por ato normativo de inferior hierarquia.

Convém salientar que o CTN/66, inusitadamente, divide-se em duas partes, denominadas Livro Primeiro, que contém as gerais sobre o Sistema Tributário Nacional (artigos. 1º a 95), e Livro Secundo (artigos. 96 a 218) que, de sua vez, traz normas gerais sob o título Normas Gerais de Direito Tributário. Por meio dessa disciplina geral, visa-se a assegurar maior uniformidade na legislação infraconstitucional e, de conseguinte, uma melhor cooperação entre os referidos entes tributantes, com vistas a tornar mais simples e transparente a tributação brasileira. Neste Capítulo, dedicaremos nossa atenção às normas gerais previstas no Livro Segundo, mais precisamente, às que versam sobre o teor da expressão Legislação Tributária e Normas Complementares, bem como as que dispõem sobre sua vigência, aplicação, interpretação e integração.

As noções de Teoria Geral do Direito que versam sobre as denominadas Fontes do Direito, neste contexto, serão pertinentes para delimitar – à luz dos princípios constitucionais tributários, em especial, o da estrita legalidade, da anterioridade e da irretroatividade – as funções e o campo de atuação dos instrumentos normativos que integram os conceitos legais acima referidos.

"Lei", em sentido estrito, é a fonte primordial do Direito. Vimos, no Capítulo 4 ("Princípios..."), que a CF/88, expressamente, discrimina os instrumentos normativos hábeis à introdução de normas no ordenamento jurídico brasileiro. Na ocasião, também destacamos as acepções de lei em sentido formal e em sentido material.

Fontes Materiais são os fatos do mundo fenomênico que proporcionam reflexões, debates, costumes e, num plano político, pré-legislativo, ensejam a elaboração de leis, isto é, das fontes formais do Direito.

Fontes Formais[1] são os instrumentos normativos legais e infralegais, que correspondem as fontes formais primárias e secundarias, respectivamente.

No tocante as "fontes formais primárias" do direito positivo brasileiro, discrimina a Lei Maior: emenda constitucional, lei complementar, lei ordinária, lei delegada, medida provisória, decreto legislativo e resolução (art. 59), as quais podem inovar o ordenamento jurídico brasileiro.

As "fontes formais secundárias" referem-se aos "atos normativos infralegais", tais como os decretos, as portarias, as instruções ministeriais, dentre outros que são válidos na medida em que estejam em plena conformidade com as leis. Em razão desta dependência – plena vinculação a um ato normativo hierarquicamente superior –, entende-se que, isoladamente considerados, são desprovidos de força normativa.

Vejamos agora, o conceito legal de Legislação Tributária e, na sequência, o disposto no CTN/66, acerca da sua vigência, aplicação, interpretação e integração, sem perder de vista, vale gizar, o disposto na CF/88, principalmente no que diz respeito aos princípios constitucionais tributários.

5.2 LEGISLAÇÃO TRIBUTÁRIA E SUAS NORMAS COMPLEMENTARES EM FACE DO PRINCÍPIO CONSTITUCIONAL DA ESTRITA LEGALIDADE TRIBUTÁRIA

Vale notar que o CTN/66, de início, estabelece os conceitos de Legislação Tributária (art. 97), e de Normas Complementares (art. 100). O conceito de

1. Conforme as lições de Paulo de Barros Carvalho, fontes formais são instrumentos introdutórios de normas no ordenamento jurídico (cf. Curso de Direito Tributário, 13ª ed., São Paulo, Saraiva, 2000, p. 72.

"Legislação Tributária" é bem abrangente, pois compreende atos normativos legais e infralegais, *verbis*:

> **[CTN/66] Art. 96.** A expressão "legislação tributária" **compreende** as **leis**, os tratados e as convenções internacionais, os **decretos** e as **normas complementares** que versem, no todo ou em parte, sobre tributos e relações jurídicas a eles pertinentes. *[Grifamos]*

Conforme se depreende do referido dispositivo legal, a expressão Legislação Tributária não se confunde com a acepção de lei estrito senso, pois compreende as (i) normas veiculadas por leis, numa acepção ampla, com vistas a abranger leis ordinárias, leis complementares, medidas provisórias – os decretos legislativos, no caso de tratados e convenções internacionais –, e as (ii) normas emanadas de simples atos normativos unilaterais, sem força de lei, como é o caso dos decretos do Chefe do Poder Executivo e as demais normas complementares que tenham por objeto matéria relativa às relações jurídicas tributárias oriundas da lei, é dizer, das fontes primárias.

De conseguinte, o conceito de Normas Complementares refere-se tanto a atos e decisões administrativas de cunho normativo, como também a praxe, ou costume administrativo, numa aparente exceção ao princípio constitucional da legalidade. Transcreva-se:

> **[CTN/66] Art. 100.** São **normas complementares** das leis, dos tratados e das convenções internacionais e dos decretos:
>
> I – os **atos normativos** expedidos pelas autoridades administrativas;
>
> II – as **decisões** dos órgãos singulares ou coletivos de jurisdição administrativa, a que a lei atribua eficácia normativa;
>
> III – as **práticas** reiteradamente observadas pelas autoridades administrativas;
>
> IV – os **convênios** que entre si celebrem a União, os Estados, o Distrito Federal e os Municípios.
>
> Parágrafo único. A **observância** das normas referidas neste artigo **exclui** a imposição de penalidades, a cobrança de juros de mora e a atualização do valor monetário da base de cálculo do tributo. *[Grifamos]*

Nesses termos, o CTN/66, em atenção ao seu papel de veicular normas gerais em matéria de legislação tributária, discrimina – e na sequência explicita –, as normas complementares das leis, dos tratados e das convenções internacionais e dos decretos.

Saliente-se, por oportuno, que a fiel observância – pelo destinatário das normas complementares, acima referidas – exclui a imposição de penalidades, a cobrança de juros de mora e a atualização do valor monetário da base de cálculo do tributo. É dizer, eventual mudança nos costumes administrativos não poderá aplicada retroativamente para agravar a situação de quem se pautou em conformidade com a praxe administrativa que se fazia presente por ocasião do seu cumprimento.

5.2.1 Leis

À Luz da Constituição Federal de 1988, a instituição tributo é matéria reservada à lei, em sentido estrito. Significa dizer que somente à lei cabe traçar os contornos de seu fato gerador e de sua base de cálculo, fixar suas alíquotas, determinar os sujeitos que ocuparão os polos ativo e passivo da respectiva relação jurídica obrigacional.

Vejamos, nesse passo, as normas gerais veiculadas pelo CTN/66, que explicitam o conteúdo, significado e alcance do princípio constitucional da estrita legalidade tributária. A esse respeito, salienta-se que somente a lei poderá instituir tributos, majorar, reduzir ou extingui-los; de conseguinte, cabe à lei definir o fato gerador da obrigação tributária principal; à lei cabe definir seu sujeito passivo, fixar alíquota e base de cálculo. No tocante às infrações fiscais, reserva-se, de igual modo, à lei, a cominação de penalidades para as ações ou omissões contrárias a seus dispositivos. As hipóteses de exclusão, suspensão e extinção de créditos tributários, ou de dispensa ou redução de penalidades, também deverão ser veiculadas por lei, entenda-se, lei específica do ente competente para instituir o tributo. Transcreva-se:

> **[CTN/66] Art. 97.** Sòmente (sic) a **lei** pode estabelecer:
>
> I – a **instituição** de **tributos**, ou a sua **extinção;**
>
> II – a **majoração** de tributos, ou sua **redução**, ressalvado o disposto nos arts. 21, 26, 39, 57 e 65;
>
> III – a **definição** do **fato gerador** da **obrigação** tributária principal, ressalvado o disposto no inciso I do § 3º do art. 52, e do seu **sujeito passivo**;
>
> IV – a fixação de **alíquota** do tributo e da sua **base de cálculo**, ressalvado o disposto nos arts. 21, 26, 39, 57 e 65;
>
> V – a cominação de **penalidades** para as ações ou omissões contrárias a seus dispositivos, ou para outras **infrações** nela definidas;
>
> VI – as hipóteses de **exclusão**, **suspensão** e **extinção** de créditos tributários, ou de **dispensa** ou **redução** de penalidades.
>
> § 1º Equipara-se à **majoração** do tributo a modificação da sua base de cálculo, que importe em torná-lo mais oneroso. *[Grifamos]*

A definição do fato gerador e do sujeito passivo da obrigação tributária hão de constar apenas em lei específica doente tributante, jamais em ato normativo infralegal, isoladamente considerado. O disposto no inciso I, do § 3º, do art. 52, referido no inc. III, do artigo acima transcrito, encontra-se revogado.

O CTN/66, vale lembrar, em observância ao disposto na Constituição vigente à época de sua edição, explicita que o Poder Executivo pode, nas condições e nos limites estabelecidos em lei, alterar as alíquotas ou as bases de cálculo do imposto de importação (art. 21) e do imposto de exportação (art. 26), a fim de ajustá-los, conforme o caso, aos objetivo de política cambial e do comércio exterior; e, por fim, do imposto sobre operações de crédito, câmbio e seguro, e sobre operações relativas a títulos e valores mobiliários (art. 65), a fim de ajustá-los, conforme o caso, aos objetivo de política monetária.

Conforme visto no Capítulo 4 ("Princípios..."), poderão ser alteradas apenas as alíquotas, e não as bases de cálculos dos referidos impostos, nos limites e condições legais, pelo Poder Executivo. Noutras palavras, apenas no que diz respeito à "alíquota", o disposto nos artigos 21 (imposto sobre a importação), 26 (imposto sobre a exportação) e 65 (imposto sobre operações financeiras), encontra-se recepcionado pela aparente exceção ao princípio constitucional da estrita legalidade a que se refere o disposto no § 1º do art. 150, da CF/88.

Quanto ao disposto no art. 39, referente aos impostos sobre a transmissão de bens imóveis e direitos a eles relativos, registre-se:

> **[CTN/66] Art. 39.** A **alíquota** do imposto(sic) não excederá os **limites** fixados em **resolução** do **Senado Federal**, que distinguirá, para efeito de aplicação de alíquota mais baixa, as transmissões que atendam à política nacional de habitação. *[Vide Ato Complementar n. 27, de 1996] [Grifamos]*

Sob a égide da CF/88, o imposto sobre a transmissão *causa mortis* e doação – ITCMD (art. 155, I), pertence aos Estados e ao Distrito Federal; já o imposto sobre a transmissão onerosa de bens imóveis e de direitos a eles relativos – ITBI (art. 156, II), pertence aos Municípios e ao Distrito Federal. Somente o ITCMD, todavia, terá suas alíquotas máximas fixadas pelo Senado Federal (art. 155, § 1º, IV) e, ademais, será progressivo em razão do valor do quinhão, do legado ou da doação (art. 155, § 1º, VI, incluído pela EC 132/2023). De conseguinte, o disposto no artigo 39, do CTN/66, encontra-se recepcionado pela vigente Carta Magna, no que diz respeito à necessidade de respeitar a alíquota máxima do ITCMD, fixada pelo Senado Federal.

O disposto no artigo 57, quanto ao imposto estadual sobre operações relativas à circulação de mercadorias (ICMS), fora revogado pelo Decreto-lei n.406, de 1968. Atualmente, a CF/88, em face das sucessivas reformas tributárias, estabelece que cabe à lei complementar fixar suas alíquotas máximas e mínimas (art. 155, II, § 3º, I, redação dada pela EC 37/2002), bem como regular a forma e as condições como isenções, incentivos e benefícios fiscais serão concedidos e revogados (art. 155, II, § 3º, III, incluído pela EC 3/1993).

5.2.2 Decretos

Decretos são atos normativos infralegais, ou seja, sua validade encontra amparo apenas na lei que lhe é hierarquicamente superior. Em conformidade com o princípio jurídico da simetria, o Chefe do Poder Executivo – Prefeito, Governador, Presidente da República – dispõe de competência privativa para expedi-los, de modo a assegurar a fiel execução da matéria (conteúdo) prevista em lei. Nesse sentido, estabelece a Lei Maior, *verbis*:

> [CF/88] **Art. 84.** Compete **privativamente** ao Presidente da República:
>
> (...)
>
> IV – sancionar, promulgar e fazer publicar as leis, bem como expedir **decretos** e regulamentos **para** sua **fiel execução**; *[Grifamos]*

Em poucas palavras, cumpre ter em conta que "decreto" não é lei nem tem força de lei, logo, não pode alterar o conteúdo e o alcance das leis. Somente lei tem aptidão para disciplinar condutas, coercitivamente; como corolário, decreto não pode criar, aumentar, reduzir ou extinguir tributos. Transcreva-se:

> **[CTN/66] Art. 99.** O **conteúdo e o alcance** dos **decretos restringem-se** aos das **leis** em função das quais sejam expedidos, determinados com observância das regras de interpretação estabelecidas nesta Lei. *[Grifamos]*

De conseguinte, ao dispor que o conteúdo e o alcance do decreto se restringem à esfera de execução das leis que lhes servem de fundamento, encontra-se recepcionado o dispositivo do CTN/66, ora em comento. Ainda, no tocante à serventia dos decretos no ordenamento jurídico, impende destacar, *verbis*:

> **[CTN/66] Art. 97. Sòmente** (sic) a **lei** pode estabelecer:
>
> (...)
>
> II – a **majoração** de tributos, ou sua **redução**, (...);
>
> (...)
>
> § 2º **Não constitui majoração** de tributo, para os fins do disposto no inciso II deste (sic) artigo, a **atualização do valor monetário** da respectiva base de cálculo. *[Grifamos]*

Diga-se, de passagem, que a "atualização monetária" não implica aumento do valor econômico do objeto da tributação, pois limita-se a ajustar o valor da moeda nacional em relação à moeda estrangeira e à perda inflacionária. Neste caso, o decreto revela-se útil para assegurar que a referida atualização seja efetivada, nos limites do índice legal. Frise-se, atualização monetária não se confunde com alteração da "base de cálculo legalmente prevista", a qual somente por outra lei poderia ser realizada, observando-se, ademais, os contornos da "base de cálculo constitucionalmente possível" do respectivo tributo.

Acrescente-se, por oportuno, que a "atualização econômica" da base de cálculo real (não abstrata) também poderá ser realizada pelo Poder Executivo, pois, assim como a atualização monetária, não implica alteração da base de cálculo abstrata, isto é, daquela delineada pela lei instituidora do tributo.

Deveras, o reajuste do valor econômico da base de cálculo concreta cinge-se à esfera do campo de aplicação da lei, ou seja, à alçada do Poder Executivo, ainda que possa implicar o reconhecimento da redução ou majoração do referido valor. Noutro giro, a base de cálculo real decorrente da aplicação dos critérios previstos em decreto, sob pena de configurar ilegalidade, há de se ater aos limites da base de cálculo legalmente prevista para o respectivo tributo.

Nesta linha de raciocínio, a fixação de critérios para apuração da base de cálculo em concreto – por não implicar alteração da base de cálculo abstrata –, também não se submete à observância do princípio constitucional da anterioridade tributária, conforme se infere da Lei Maior e roborado pelo disposto no § 1º, do art. 150, incluído pela Emenda constitucional n. 42, de 19.12.2003 (EC 19/2003).

A esse respeito, todavia, cumpre trazer a contexto o dispositivo incluído ao Texto constitucional com o escopo de enfatizar a importância da estrutura escalonada das leis no Direito brasileiro. Transcreva-se:

> **[CF/88] Art. 156.** Compete aos Municípios instituir impostos sobre:
>
> I – propriedade predial e territorial urbana;
>
> (...)
>
> § 1º (...), o imposto previsto no inciso I poderá: *[Redação dada pela EC n. 29, de 2000]*
>
> (...)
>
> III – ter sua **base de cálculo atualizada pelo Poder Executivo**, conforme **critérios** estabelecidos em **lei municipal**. *[Incluída pela EC n. 132, de 2023] [Grifamos]*

A tão aclamada justiça material encontra acolhida no princípio constitucional da legalidade-isonômica, cuja observância é condição para o regular exercício da competência tributária. Nesses termos, reserva-se à pessoa política competente para instituir o tributo a função legislativa de estabelecer sua base de cálculo em abstrato, a partir da qual a função administrativa poderá ser levada a cabo para constituir o respectivo crédito tributário.

Para o escorreito cumprimento da função pública de aplicar a lei ao caso concreto, há se ter em conta que a avaliação dos bens e serviços tributados pertence ao mundo dos fatos, de modo que eventual intervenção legislativa nesta seara implicaria a substituição da justiça material pela justiça meramente formal, baseada em presunções e ficções legais.

Por outro lado, a função típica do decreto regulamentar cinge-se em viabilizar a aplicação da lei, de forma célere e expedita, ao caso concreto, de modo que poderá ser validamente empregado, a critério do Poder Executivo, para estabelecer critérios e métodos conducentes à descoberta da verdade material.

No que concerne, em especial, às hipóteses em que o cálculo do tributo tenha por base, ou tome em consideração, o valor ou o preço de bens, direitos, serviços ou atos jurídicos, restará ao Poder Executivo apurar – conforme o caso o caso, atualizar - aquele valor ou preço para, só então, calcular o montante devido pelo contribuinte, sem prejuízo da observância do devido processo legal, em caso de contestação.

Interpretação diversa – eventualmente atribuída ao referido dispositivo, isoladamente considerado –, a nosso sentir, esquiva-se à luz das vigas mestras que amparam nosso ordenamento jurídico.

5.2.3 Tratado Internacional e Convênios Internos na esfera tributária

De plano, cumpre frisar que a questão de se incluir, ou não, o tratado internacional, entre as fontes do Direito tem redundado nas teorias monista e dualista. Esta – a Teoria Dualista –, parte da premissa de que o Direito Internacional e o Direito Interno são autônomos, razão pela qual o tratado internacional, para ser aplicado num dado ordenamento jurídico, há de ser "convertido" em lei, em conformidade com o processo legislativo estabelecido pela respectiva Carta Magna. Desse modo, o Direito Interno sobrepõe-se ao Direito Internacional, pois estabelece as regras para que as normas previstas no tratado sejam válidas e passíveis de observância.

Noutro extremo, a Teoria Monista defende a preeminência do Direito Internacional em relação ao Interno, pois deita suas raízes no princípio universal "pacta sunt servanda". Sendo hierarquicamente superior, torna-se despicienda qualquer "adaptação formal" do tratado para que suas normas sejam observadas no respectivo ordenamento jurídico.

Numa posição supostamente intermediária, exsurge a Teoria Mista ou Moderada. No Brasil, por exemplo, o tratado internacional poderá produzir eficácia internamente, sem necessidade de ser convertido noutro instrumento normativo, desde que o Poder Legislativo referende seu texto e o Executivo o ratifique. Transcreva-se:

> [CF/88] **Art. 49.** É da competência **exclusiva** do **Congresso Nacional**:
>
> I – resolver **definitivamente** sobre tratados, acordos ou atos internacionais que acarretem encargos ou compromissos gravosos ao **patrimônio nacional**;(...).
>
> (...)
>
> Art. 84. Compete **privativamente** ao **Presidente da República**:
>
> (...)
>
> VII – manter **relações com Estados estrangeiros** e acreditar seus representantes diplomáticos;
>
> VIII – **celebrar** tratados, convenções e atos internacionais, sujeitos a **referendo** do Congresso Nacional;(...). *[Grifamos]*

Em breve síntese, cabe ao Congresso Nacional, por meio de decreto legislativo – promulgado pelo Presidente do Senado, resolver definitivamente sobre tratado internacional, bem como, após o advento da CF/88, dispor sobre eventuais "reservas ao tratado". Se referendá-lo, o texto retornará ao Presidente da República para, como Chefe de Estado, por meio de decreto presidencial (art. 84, VII e VII, da CF/88), ratificá-lo, promulgá-lo e publicá-lo, na íntegra, introduzindo-o, deste modo, no ordenamento jurídico.

Nesse diapasão, entende-se que os tratados e as convenções internacionais, uma vez referendados pelo Congresso Nacional, revogam ou modificam a legislação tributária interna, devendo ser observados pela que lhes sobrevenha. Neste contexto, os critérios da cronologia e da especialidade poderão ser aplicados para dirimir eventual conflito de normas no tempo.

Sob essa linha interpretativa, o dispositivo abaixo transcrito, encontra amparo na nossa Constituição Cidadã de 1988, *verbis*:

> **[CTN/66] Art. 98.** Os tratados e as convenções internacionais **revogam** ou **modificam** a legislação tributária **interna**, e serão **observados** pela que lhes sobrevenha. *[Grifamos]*

A esse respeito, cumpre acrescentar a inovação trazida pela Emenda Constitucional n. 45, de 30.12.2004, *verbis*:

> **[CF/88] Art. 5º** Todos são iguais perante a lei, sem distinção de qualquer natureza, garantindo-se aos brasileiros e aos estrangeiros residentes no País a inviolabilidade do direito à vida, à liberdade, à igualdade, à segurança e à propriedade, nos termos seguintes
>
> (...)
>
> § 3º Os **tratados e convenções internacionais** sobre **direitos humanos** que forem aprovados, em **cada Casa** do Congresso Nacional, em **dois**

> **turnos**, por **três quintos** dos votos dos respectivos membros, serão **equivalentes** às **emendas constitucionais**. *[Incluído pela EC n. 45, de 2004] [Grifamos]*

Frise-se. Nos termos acima mencionados, os tratados e convenções internacionais que versarem sobre direitos humanos serão equivalentes às emendas constitucionais, desde que também sejam aprovados, em cada Casa do Congresso Nacional, em dois turnos de votação, por três quintos dos votos dos respectivos membros.

5.2.3.1 Tratado Internacional e Isenção Heterônoma

Como regra geral – decorrente dos princípios da autonomia política das pessoas políticas de direito público e da reserva de competência impositiva –, pode-se afirmar que as isenções, na esfera tributária, hão de ser concedidas pelo próprio ente tributante, no que concerne aos tributos que compõem sua esfera de competência. Em tais casos, recebem a denominação de "isenções tributárias autônomas". Por oportuno, convém transcrever o disposto na Lei Maior, *verbis*:

> **[CF/88] Art. 151. É vedado** à União:
>
> (...)
>
> III – instituir **isenções** de tributos da dos Estados, do Distrito Federal ou dos Municípios. *[Grifamos]*

Todavia, essa regra geral, se excepcionada, dará ensejo às chamadas "isenções tributárias heterônomas", que são as isenções concedidas por pessoa diversa do ente tributante competente para instituir os respectivos tributos. Diante disso, cumpre verificar se – e em quais situações – essas exceções são admitidas pela vigente Constituição Federal.

A propósito, destacam-se duas posições interpretativas a esse respeito. De um lado, defende-se que está proscrita a concessão de isenções, por meio de tradados internacionais, que se refiram a tributos não compreendidos na esfera de competência da União, de modo que o referido dispositivo (art. 151, III) encontrar-se-ia em plena conformidade com as limitações constitucionais ao poder de tributar, em especial, o princípio da reserva de competência impositiva.

A roborar esse entendimento, saliente-se a necessidade de observância dos princípios federativo (art. 60, § 4º, I, CF/88) e da autonomia política dos Municípios, nos quais encontra especial amparo a vedação da ingerência de um ente tributante na esfera de competência de outro. Transcreva-se:

> **[CF/88] Art. 18.** A **organização político-administrativa** da República Federativa do Brasil compreende a União, os Estados, o Distrito Federal e os Municípios, **todos autônomos**, nos termos desta Constituição. *[Grifamos]*

Doutro lado, tem recebido acolhida nos Tribunais Superiores o entendimento doutrinário que admite, no Direito brasileiro, a concessão de isenções tributárias, por meio de tratados e convenções internacionais, ainda que alcancem tributos que não pertencem à competência da União para institui-los.

E mais. Sustenta-se que, nesses casos, sequer se configura a hipótese de isenção heterônima. Noutro giro, argumenta-se que o tratado firmado pela União, em nome do Estado brasileiro, não ostenta o "status" de lei ordinária federal, mas sim de lei nacional. Considera-se ainda que a própria Lei Maior põe em relevo a necessidade de se proteger o patrimônio "nacional", *verbis*:

> [CF/88] **Art. 49.** É da competência **exclusiva** do Congresso Nacional: I – resolver definitivamente sobre tratados, acordos ou atos internacionais que acarretem encargos ou compromissos gravosos ao **patrimônio nacional**; *[Grifamos]*

Tecidas essas observações, adentremos agora ao campo da vigência e aplicação da legislação tributária e respectivas normas complementares, sem olvidar o disposto na vigente Carta Magna a esse respeito.

5.3 VIGÊNCIA E APLICAÇÃO DA LEGISLAÇÃO TRIBUTÁRIA EM FACE DOS PRINCÍPIOS CONSTITUCIONAIS DA ANTERIORIDADE E IRRETROATIVIDADE TRIBUTÁRIA

De plano, convém relembrar noções preambulares de vigência, aplicação e eficácia jurídica, com vistas à análise e compreensão do teor dos dispositivos legais que dispõem a respeito da vigência e aplicação da legislação tributária e respectivas normas complementares a que se refere o CTN/66. Vejamos.

Vigência: aptidão da norma para incidir tão logo ocorram no mundo físico os fatos nela previstos.

Aplicação: fenômeno pelo qual se extrai de regras superiores o fundamento de validade para a edição de outras regras.

Eficácia jurídica: representa a fenomenologia da incidência, isto é, a produção de efeitos jurídicos ante a ocorrência no mundo físico dos fatos descritos em lei.

- **Fases do processo legislativo:**

Iniciativa – é a fase em que o projeto de lei é apresentado ao Poder Legislativo.

Constitutiva – compreende a fase de deliberação parlamentar e a executiva (sanção ou veto); na *deliberação parlamentar*, o projeto de lei é discutido e votado; *sanção* é a aprovação do referido projeto de lei pelo chefe do Executivo; *veto*, ao contrário, é sua não aprovação, sob o fundamento de que o projeto, no todo ou em parte, é inconstitucional ou contrário ao interesse público, (art. 66, § 1º, da CF/88).

Complementar – nessa fase têm-se promulgação e publicação da lei:

> (a) *promulgação* é o ato que atesta a existência da lei; em regra, é o último controle do Poder Executivo ou do Legislativo, conforme a hipótese; é o ato por meio do qual o Executivo atesta sua existência. Lei promulgada é lei que se presume válida, pois findo está todo o processo de sua elaboração;
> (b) *publicação* é ato de conhecimento da lei; requisito de eficácia da lei. A publicação regular confere presunção absoluta de que a lei é por todos conhecida. A propósito, dispõe a Lei de Introdução às Normas do Direito Brasileiro – LINDB: "Art. 3º. Ninguém se escusa de cumprir a lei alegando que não a conhece". Note-se que a falta de publicação ou a publicação irregular implicam a inexistência jurídica da lei. A publicação, portanto, tem efeito certificatório: proclama que a ordem jurídica foi inovada. Permite, por exemplo, que o contribuinte se valha da elisão fiscal.

No tocante à vigência das leis – no tempo e no espaço –, aplica-se, como regra geral, o disposto no Decreto-Lei n. 4.657/1942, que, na sua redação original, se denominava "Lei de Introdução ao Código Civil Brasileiro" (LICC). Posteriormente, esta denominação foi alterada pela Lei n. 12.376/2010, para "Lei de Introdução às Normas do Direito Brasileiro" (LINDB). De conseguinte, o Decreto-lei n.4.65/1942, sob a nova denominação, continua a alcançar, como regra geral, todas a leis – até mesmo as tributárias –, e não apenas as que são objeto da disciplina de Direito Civil.

De seu turno, a Lei Complementar n. 95, de 26.2.1998, dispõe sobre a elaboração, a redação, a alteração e a consolidação das leis, em conformidade com o disposto no parágrafo único, do art. 59, da CF/88.

O CTN/66, a esse respeito, enfatiza que a legislação tributária também está sujeita à observância das normas jurídicas, aplicáveis a todas as leis, sobre vigência e aplicação das leis. Na sequência, dispõem sobre as exceções aplicáveis à vigência da legislação tributária, ora em comento. Registre-se:

> **[CTN/66] Art. 101.** A **vigência**, no espaço e no tempo, da **legislação tributária** rege-se pelas disposições legais aplicáveis às normas jurídicas em geral, **ressalvado** o previsto neste Capítulo. *[Grifamos]*

À luz do disposto na vigente Carta Magna, vejamos, à parte, as referidas exceções.

5.3.1 Vigência da legislação tributária no espaço

Como visto no item anterior, a legislação tributária rege-se pelas disposições legais aplicáveis às normas jurídicas em geral – como as que constam na "Lei de Introdução às Normas do Direito Brasileiro" (LINDB) –, ressalvado o disposto no CTN/66.

No tocante à vigência da legislação tributária no espaço, a regra é a da sua aptidão para incidir no âmbito territorial da respectiva pessoa política legiferante. Transcreva-se:

> **[CTN/66] Art. 102.** A legislação tributária dos Estados, do Distrito Federal e dos Municípios **vigora, no país**, fora dos respectivos territórios, **nos limites** em que lhe reconheçam extraterritorialidade os convênios de que participem, ou do que disponham esta ou outras leis de normas gerais expedidas pela União. *[Grifamos]*

Regra: a legislação tributária vigora dentro do território da pessoa política que a editou.

Exceção: a legislação tributária vigora fora do território da pessoa política que a editou se assim reconhecerem os convênios – ratificados pelo respectivo Poder Legislativo, por meio de Decreto Legislativo – ou as normas gerais previstas em *lei complementar*.

5.3.2 Vigência da legislação tributária no tempo

A lei tributária entra em vigor na data em que ela própria estabelecer. Se nada disser: 45 dias após a publicação, no Brasil; 3 meses após a publicação, no exterior, conforme disposto na "Lei de Introdução às Normas do Direito Brasileiro" (LINDB), art. 1º e § 1º. Para essa contagem, exclui-se o *dies a quo* (termo inicial) e inclui-se o *dies ad quem* (termo final), nos termos estabelecidos pela Lei Complementar n. 95, de 26.2.1998. Ressalte-se que, a cada nova publicação da lei, deve-se reabrir o prazo de sua entrada em vigor. Registre-se:

> **[LC 95/98]. Art. 8º** (...).
>
> § 1º A **contagem do prazo** para **entrada em vigor** das **leis** que estabeleçam período de vacância far-se-á com a **inclusão** da data da publicação **e do último dia** do prazo, entrando em vigor no **dia subsequente** (sic) à sua consumação integral. *[Incluído pela EC n. 107, de 2001]*
>
> (...)

> § 3º Se, antes de entrar a lei em vigor, ocorrer **nova publicação** de seu texto, destinada a correção, o **prazo** deste artigo e dos parágrafos anteriores começará a correr da nova publicação.
>
> § 4º As **correções** a texto de lei **já em vigor** consideram-se **lei nova**. *[Grifamos]*

A *vacatio legis* permite aos destinatários da lei, conhecendo-a, prepararem-se para bem cumpri-la.

A lei continuará vigendo até ser revogada por outra lei, de igual hierarquia, editada pela mesma pessoa política. Também não há repristinação automática ou implícita no direito brasileiro; assim, uma lei que fora revogada não mais voltará a viger na hipótese de sua lei revogadora também vir a ser revogada. Registre-se:

> **[LINDB] Art. 2º** Não se destinando à vigência temporária, a lei terá vigor **até que** outra a modifique ou revogue.
>
> § 1º A lei posterior **revoga** a anterior quando **expressamente** o declare, quando seja com ela **incompatível** ou quando **regule inteiramente** a matéria de que tratava a lei anterior.
>
> § 2º A **lei nova**, que estabeleça disposições **gerais ou especiais** a par das já existentes, **não revoga nem modifica** a lei anterior.
>
> § 3º Salvo disposição em contrário, a lei revogada **não se restaura** por ter a lei revogadora perdido a vigência. *[Grifamos]*

Vejamos agora as ressalvas trazidas pelo CTN/66, no tocante à vigência, no tempo, da legislação tributária e das respectivas normas complementares, em conformidade com os limites constitucionais ao poder de tributar.

Como regra geral, prescreve o CTN/66, que – ressalvado o previsto no seu Capítulo II, em comento –, a vigência, no espaço e no tempo, da legislação tributária rege-se pelas disposições legais aplicáveis às normas jurídicas em geral, (art. 101). No tocante ao início da vigência das normas complementares à legislação tributária, assim estabelece, *verbis*:

> **[CTN/66] Art.** 103. Salvo disposição em contrário, entram em vigor:
>
> I – os atos administrativos a que se refere o inciso I do art. 100, na **data da sua publicação;**
>
> II – as decisões a que se refere o inciso II do art. 100, quanto a seus efeitos normativos, **30 (trinta) dias após a data da sua publicação;**
>
> III – os convênios a que se refere o inciso IV do art. 100, **na data nêles prevista.** *[Grifamos]*

Em breve síntese, frise-se:

- **Art. 103 do CTN: salvo disposição em contrário, entram em vigor:**

– *atos administrativos*, na data da sua publicação;

– *decisões administrativas*, 30 dias após a dada da sua publicação;

– *convênios*, na data neles prevista.

Note-se que não há termo inicial legalmente previsto para a práticas reiteradamente observadas pelas autoridades administrativas, mencionadas no inciso III, do artigo 100, do CTN/66.

Quanto às leis que instituem ou aumentam a carga tributária, ou seja, as que, de alguma forma, repercutem desfavoravelmente na situação financeira do contribuinte, sujeitam-se à plena observância dos direitos e garantias constitucionais do contribuinte (cláusulas pétreas). A esse respeito, convém destacar dois relevantes princípios constitucionais tributários, *verbis:*

- *Princípio Constitucional da Anterioridade Tributária* (*vacatio constitutiones*): a lei que cria ou aumenta tributo não adquirirá vigência antes do primeiro dia do exercício financeiro seguinte àquele em que ocorra sua publicação.
- *Princípio Constitucional da Anterioridade Tributária nonagesimal* (*vacatio constitutiones*): a lei que cria ou aumenta tributo não adquirirá vigência antes de noventa dias, contados da data da sua publicação.

O CTN/66, de seu turno, explicita apenas a necessidade de observar o Princípio Constitucional da Anterioridade Tributária Geral (ou do Exercício-Financeiro), previsto na alínea "b", do inciso III, do artigo 150, da CF/88. Registre-se:

> **[CTN/66] Art. 104**. Entram em **vigor** no primeiro dia do exercício seguinte àquele em que ocorra a sua publicação os dispositivos de lei, referentes a **impostos** sobre o **patrimônio** ou a **renda**:
>
> I – que instituem ou majoram tais impostos;
>
> II – que definem novas hipóteses de incidência;
>
> III – que **extinguem** ou **reduzem isenções**, salvo se a lei dispuser de maneira mais favorável ao contribuinte, e observado o disposto no artigo 178. *[Grifamos]*

Frise-se, no tocante às leis que revogam, total ou parcialmente, isenções e, como regra, agravam a situação financeira do contribuinte, também estarão sujeitas ao aludido princípio constitucional, ressalvadas as isenções temporárias (art. 178, do CTN/66), isto é, aquelas concedidas apenas para um determinado período, cujos termos *a quo* e *ad quem* estejam expressamente previstos em lei, de modo que, ao término do período de vigência da isenção, o contribuinte não poderá alegar falta de tempo hábil para conhecê-la e adequar-se aos seus ditames.

5.3.3 Aplicação da legislação tributária

O Código Tributário Nacional de 1966 – CTN/66, também prestigia as expressões fatos geradores *futuros* e *pendentes*. "Fatos futuros" são meras hipóteses legais de fatos que ainda não se realizaram, mas que, por presunção legal, poderão ocorrer. "Fatos pendentes", de sua vez, seriam os fatos que se realizaram no mundo fenomênico, mas que ainda são insuficientes para que se possa comprovar seu preciso "enquadramento" na hipótese de incidência tributária legalmente prevista. Noutras palavras, fatos pendentes não são – embora, por presunção legal, possam vir a ser – fato geradores de tributo em concreto. Para essas hipóteses, autoriza expressamente a aplicação da legislação tributária, *verbis*:

> [CTN] **Art. 105.** A legislação tributária **aplica-se imediatamente** aos fatos geradores **futuros** e aos **pendentes**, assim entendidos aqueles cuja ocorrência tenha tido início mas não esteja completa nos termos do art. 116. *[Grifamos]*

A despeito de fervorosas críticas doutrinárias, cumpre reconhecer que, com o passar do tempo, essa praxe se consolidou e, no ano de 1993, foi expressamente autorizada pelo Poder Constituinte derivado, *verbis*:

> **[CF/88] Art. 150.** Sem prejuízo de outras garantias asseguradas ao contribuinte, é **vedado** à União, aos Estados, ao Distrito Federal e aos Municípios:
>
> (...)
>
> § 7º A **lei** poderá atribuir a sujeito passivo de obrigação tributária a condição de responsável pelo **pagamento** de imposto ou contribuição, **cujo fato gerador deva ocorrer posteriormente**, assegurada a imediata e preferencial **restituição** da quantia paga, caso **não se realize** o fato gerador **presumido**. *[Incluído pela EC n. 3, de 1993] [Grifamos]*

Sob o vigente Estado Democrático de Direito, resta aos contribuintes demandar maior transparência na aplicação que será dada ao seu dinheiro pelo poder público.

Tornando ao nosso rumo: *As leis valem para o futuro!*

Significa dizer que a lei somente poderá incidir sobre fatos que ocorrerem após a sua entrada em vigor, qualificando-os, a partir de então, como "fatos jurídicos".

A Lei Maior, todavia, ao consagrar o Princípio da Irretroatividade das Leis, traz expressamente uma exceção, qual seja a da retroatividade da lei benéfica ao réu (art. 5º, XL). Diante disso, pode-se dizer, em breve síntese:

– *Regra geral*: irretroatividade das leis, em respeito à segurança jurídica.
– *Exceção*: retroatividade da lei benéfica ao réu, lato senso.

Infere-se do exposto, que a Constituição Cidadã de 1988, CF/88, consagrou expressamente o princípio da irretroatividade, cujo alcance compreende tanto (i) as leis penais não benéficas ao réu, quanto (ii) as leis tributárias que criam ou aumentam tributos.

Observe-se que podem retroagir para beneficiar o réu as leis penais num sentido amplo, ou seja, referentes a crimes, contravenções penais e infrações administrativas, dentre as quais se inserem também as de natureza fiscal. Nesse sentido, encontra-se recepcionado o disposto no CTN/66, no que se refere à retroatividade da lei benéfica ao réu, *verbis*:

> **[CTN] Art. 106.** A lei **aplica-se** a ato ou fato **pretérito**:
> (...)
> II – tratando-se de **ato não definitivamente julgado**:
> a) quando deixe de defini-lo como infração;
> b) quando deixe de tratá-lo como contrário a qualquer exigência de ação ou omissão, **desde que** não tenha sido fraudulento e não tenha implicado em falta de pagamento de tributo;
> c) quando lhe comine penalidade **menos severa** que a prevista na lei vigente ao tempo da sua prática. *[Grifamos]*

Frise-se, no tocante às infrações e crimes fiscais, respectivamente, na esfera administrativa e na esfera penal, aplica-se o disposto no inciso XV do art. 5º da Lei Maior: "a lei penal não retroagirá, salvo para beneficiar o réu".

Nada obstante, o CTN/66, sob uma interpretação meramente literal, admite a retroatividade da lei expressamente "interpretativa", ao afastar, apenas e tão-somente, a possibilidade de ser aplicada penalidade ao caso concreto, com base em lei interpretativa subsequente ao fato a que se refere a infração nela prevista. Dito de outro modo, a lei – quando seja expressamente "interpretativa" – poderá retroagir, "em qualquer caso", para que possa ser aplicada a ato ou fato pretérito. Transcreva-se:

> **[CTN/66] Art. 106.** A **lei** aplica-se a **ato ou fato pretérito**:
> I – em qualquer caso, quando seja expressamente interpretativa, excluída a aplicação de penalidade à infração dos dispositivos interpretados;(...). *[Grifamos]*

De fato. Relegando a um segundo plano a discussão acerca da chamada "interpretação autêntica" e afastando-se os casos em que poderá haver violação ao princípio constitucional da igualdade tributária, infere-se desse dispositivo que a legislação tributária *favorável* ao contribuinte poderá retroagir somente se for *expressa* nesse sentido; caso contrário, há de se submeter rigorosamente à regra geral da irretroatividade.

A despeito disso, cumpre ter em conta, que *não* há exceção ao aludido princípio quando se tratar de lei que, de algum modo, empiore a situação do contribuinte ou do infrator.

Acrescente-se ainda que, em respeito ao Princípio Constitucional da Irretroatividade Tributária, a lei poderá retroagir para beneficiar o contribuinte, somente quando o faça de forma expressa, sem prejuízos para o erário público e sem qualquer ofensa ao Princípio Constitucional da Igualdade Tributária. Nesse sentido, a despeito da expressão empregada pelo CTN/66 – *lei expressamente interpretativa* –, cumpre de antemão verificar se a lei autodenominada "interpretativa", a rigor, inova o ordenamento jurídico e, em caso afirmativo, reconhecer que se trata, na verdade, de lei nova, portanto, não meramente interpretativa; cuidando-se, por outro lado, de lei realmente interpretativa, resta apenas constatar sua inaptidão para inovar o ordenamento jurídico, ou seja, sua incapacidade de modificar o *status quo*.

Por oportuno, convém relembrar o disposto na LINDB a esse respeito, *verbis*:

> **[LINDB] Art. 6º** A Lei em vigor terá efeito imediato e geral, respeitados o ato jurídico perfeito, o direito adquirido e a coisa julgada. *[Redação dada pela Lei n. 3.238, de 1957]*
>
> § 1º Reputa-se ato jurídico perfeito o já consumado segundo a lei vigente ao tempo em que se efetuou. *[Incluído pela Lei n. 3.238, de 1957]*
>
> § 2º Consideram-se adquiridos assim os direitos que o seu titular, ou alguém por êle (sic), possa exercer, como aqueles(sic) cujo começo (sic) do exercício tenha termo (sic) pré-fixo, ou condição pré-estabelecida inalterável, a arbítrio de outrem. *[Incluído pela Lei n. 3.238, de 1957]*
>
> § 3º Chama-se coisa julgada ou caso julgado a decisão judicial de que já não caiba recurso. *[Incluído pela Lei n. 3.238, de 1957]*

Em tese, portanto, admite-se a retroatividade da lei tributária, mediante previsão legal expressa nesse sentido, apenas e tão-somente quando seja possível preservar a harmonia do sistema jurídico constitucional vigente.

5.4 INTERPRETAÇÃO E INTEGRAÇÃO DA LEGISLAÇÃO TRIBUTÁRIA

De plano, recomenda-se destacar alguns conceitos preambulares à análise dos artigos do CTN/66, a esse respeito, quais sejam:

Interpretação é o procedimento lógico mediante o qual se desvenda o conteúdo, sentido e alcance das normas jurídica, a partir da leitura dos textos legais. É de se pressupor, portanto, que todo texto de lei é passível de interpretação; donde não haver espaço para o antigo provérbio, segundo o qual a lei clara dispensa interpretação. Acrescente-se ainda que também é pressuposto da interpretação a existência de lei especifica que seja aplicável ao caso concreto.

Hermenêutica é a teoria científica que formula e sistematiza as regras que viabilizam o trabalho do intérprete. Apresenta, de modo genérico, os meios, critérios e esquemas interpretativos. De conseguinte, conforme a linha interpretativa adotada, chega-se a posições doutrinárias distintas.

Somente para ilustrar, a *interpretação jurídica*, consoante a ciência hermenêutica, pode ser classificada em conformidade com os seguintes critérios:

Quanto ao sujeito que a realiza – (a) autêntica; (b) doutrinária; (c) judicial.

Quanto aos meios de que se vale o intérprete – (a) gramatical (literal); (b) lógica (sistemática e teleológica).

Quanto ao resultado – (a) extensiva (além da lei); (b) restritiva (aquém da lei); (c) declaratória (nos limites da lei).

Tecidas essas singelas considerações, vejamos as normas gerais que tem por objeto a disciplina da interpretação e da integração da legislação tributária.

De antemão, todavia, convém salientar que o CTN/66, em seu art. 107, estabelece que a legislação tributária deverá ser interpretada em consonância com o disposto em seu Capítulo IV, intitulado "Interpretação e Integração da Legislação Tributária". Nada obstante, depreende-se, do que vimos linhas atrás, que a lei, qualquer que seja, deve ser interpretada segundo as diretrizes traçadas pela ciência hermenêutica.

5.4.1 Integração da Legislação Tributária

Por primeiro, ressalte-se a distinção entre *interpretação* e *integração*, pois esta, ao contrário daquela, supõe a ausência de disposição legal que possa ser aplicável ao caso concreto que demanda solução. A propósito, estabelece o Decreto-lei 4.657, de 4.9.1942, conhecido como "Lei de Introdução à Normas do Direito Brasileiro" - LINDB, *verbis*:

> **[LINDB] Art. 4º.** Quando a **lei** for **omissa**, o **juiz** decidirá o caso de acordo com a analogia, os costumes e os princípios gerais de Direito. *[Grifamos]*

De seu turno, acrescente-se o disposto em lei infraconstitucional, de caráter nacional, aplicável em matéria tributária, *verbis*:

> **[CTN/66] Art. 108.** Na **ausência** de disposição expressa, a autoridade competente para **aplicar a legislação tributária** utilizará **sucessivamente**, na **ordem** indicada:
>
> I – a analogia;
>
> II – os princípios gerais de direito tributário;
>
> III – os princípios gerais de direito público;
>
> IV – a equidade (sic). *[Grifamos]*

Note-se que, na ausência de fontes formais do Direito para viabilizar a intepretação da legislação tributária, deve-se recorrer à técnica da "integração" para a resolução de eventuais conflitos. A esse respeito, o art. 108, acima transcrito, discrimina os critérios e a ordem de sua observância, para fundamentar decisões judiciais ou administrativas, em matéria tributária.

5.4.1.1 Analogia

Lei específica aplicável a determinados casos, em tese, poderá ser aplicada a outros casos semelhantes, mas desprovidos da correlata disciplina legal, uma vez que a identidade de razão que decorre da semelhança entre ambos legitima o emprego da analogia para suprir a mencionada lacuna. É o que revela o célebre brocardo *ubi eadem ratio, eadem ius* – ou seja, onde há a mesma razão, há o mesmo direito. Nessa esteira, pode-se dizer que a analogia permite que seja aplicada a uma hipótese não prevista em lei a mesma disposição normativa aplicável a uma hipótese semelhante.

Todavia, não se confunde *analogia* com *interpretação extensiva*, pois nesta existe lei para ser aplicada ao caso concreto, após um labor exegético hábil a desvendar seu conteúdo e alcance. A analogia, convém frisar, não é método de interpretação das leis, mas de integração do Direito ante à ausência de lei específica aplicável ao caso concreto.

Outrossim, convém ressaltar que não se pode fazer uso da analogia em questões patrimoniais, dentre as quais se situa a exigência de tributos. A propósito, explicita o CTN:

> **[CTN/66] Art. 108.** (...).
>
> § 1º. O emprego da analogia **não** poderá resultar na exigência de tributo **não** previsto em lei. *[Grifamos]*

Noutro giro, o emprego da analogia não pode implicar violação ao Princípio Constitucional da Estrita Legalidade Tributária.

5.4.1.2 Princípios gerais

Ante a impossibilidade de fazer uso da "analogia legal", devido à ausência de lei específica a ser aplicada em caso semelhante ao por ele regulado, o CTN/66 autoriza o emprego da "analogia jurídica", isto é, que se recorra aos Princípios Gerais de Direito Tributário e, supletivamente, aos de Direito Público, para que se possa viabilizar a aplicação do Direito ao caso concreto.

- *Princípios gerais de direito tributário*, exemplos: da capacidade contributiva, da anterioridade, da estrita legalidade, da proibição de tributo com efeito de confisco, da imunidade, da reserva de competência impositiva etc.
- *Princípios gerais de direito público*, exemplos: da igualdade, da irretroatividade das leis, da pessoalidade da pena, da ampla defesa, da liberdade profissional, da segurança jurídica etc.

Acerca dos Princípios Gerais de Direito Privado, ressalta o Código Tributário Nacional que incumbe apenas à lei estabelecer os efeitos tributários que poderão advir dos institutos de Direito Privado, *verbis*:

> **[CTN/66] Art. 109.** Os **princípios** gerais de direito **privado** utilizam-se para pesquisa da definição, do conteúdo e do alcance de seus institutos, conceitos e formas, mas **não** para definição dos respectivos **efeitos tributários**. *[Grifamos]*

Note-se que, na ausência de disposição expressa, inicia-se a integração da legislação tributária, conforme a ordem indicada pelo CTN/66, pelos princípios mais específicos à espécie e, sendo necessário, recorre-se, gradativamente, aos de maior alcance.

Sendo insuficientes os métodos acima referidos – analogia e princípios dos mais específicos aos mais gerais – pode-se, só então, fazer uso da equidade, com vistas à aplicação do Direito ao caso concreto.

5.4.1.3 Equidade

Por meio da equidade o juiz tem condições precisas de ajustar a generalidade da lei às peculiaridades do caso concreto. Se não lhe fosse permitido fazer uso da equidade, o exercício da judicatura circunscrever-se-ia a um mister autômato, que dispensa raciocínio e sensibilidade jurídica.

Convém frisar, todavia, que não se pode fazer uso da equidade para proferir decisões *contra legem*. Nesse sentido, dispõe o vigente Código Tributário Nacional, *verbis*:

> **[CTN/66] Art. 108.** (...).
>
> (...).
>
> § 2º. O emprego da equidade **não** poderá resultar na **dispensa** do pagamento de tributo devido. *[Grifamos]*

Fazer uso da equidade significa desvendar a sublime essência do Direito e da Justiça, conforme se depreende do brocardo "summum ius, summa injuria", a ser aplicável ao caso concreto.

5.4.2 Interpretação da Legislação Tributária

O CTN/66, com igual desvelo para assegurar o devido respeito ao regime jurídico constitucional tributário, culmina com normas gerais a respeito da "interpretação jurídica". Vejamos, pois, as normas consideradas hábeis para nortear os passos do intérprete e aplicador da legislação tributária, a começar pela que se infere do festejado art. 110, do Código em apreço, *verbis*:

> **[CTN/66] Art. 110.** A lei tributária **não** pode alterar a definição, o conteúdo e o alcance de institutos, conceitos e formas de direito privado, utilizados, **expressa ou implicitamente**, pela **Constituição Federal**, pelas Constituições dos Estados, ou pelas Leis Orgânicas do Distrito Federal ou dos Municípios, para **definir ou limitar** competências tributárias. *[Grifamos]*

De plano, cumpre reconhecer que referido dispositivo encontra amparo nos clássicos ensinamentos da Ciência Jurídica.

Com efeito, há de se ter em conta que, na cúpula do nosso ordenamento jurídico, encontra-se a vigente Constituição Federal de 1988, CF/88, em relação à qual devem obediência as demais normas veiculadas pela legislação infraconstitucional.

Em consequência disso, infere-se que lei infraconstitucional alguma poderá alterar, para fins de tributação, a definição, o conteúdo e o alcance de institutos, conceitos e formas de direito privado que tenham sido considerados pela Lei Maior ao traçar o campo de competência de cada ente tributante.

Noutras palavras, o art. 110 do CTN apenas realça que devem ser aproveitados os conceitos próprios dos demais ramos do Direito para a interpretação da lei tributária. Afinal, como fora visto no primeiro capítulo, a autonomia relativa dos ramos do Direito não impede que o direito tributário modifique os conceitos de outras searas jurídicas, salvo se isso implicar ampliação da esfera de competência tributária constitucional.

Doutra parte, as causas suspensivas da exigibilidade do crédito tributário assim como os casos de isenção, anistia e remissão de obrigações tributárias hão de receber interpretação nos exatos termos da lei, isto é, *secundum legem*. Dito de outro modo, deve-se afastar, nesses casos, o emprego da analogia ou interpretação extensiva em benefício do contribuinte. Veja-se:

> **[CTN/66] Art. 111.** Interpreta-se **literalmente** a legislação tributária que disponha sobre:
>
> I – suspensão ou exclusão do crédito tributário;
>
> II – outorga de isenção;
>
> III – dispensa do cumprimento de obrigações acessórias. *[Grifamos]*

No tocante à interpretação das penalidades, todavia, prevalecerá a máxima "in dubio pro reo". Transcreve-se o disposto no CTN/66, *verbis*:

> **[CTN/66] Art. 112.** A lei tributária que define infrações, ou lhe comina penalidades, **interpreta-se** da maneira **mais favorável** ao **acusado**, em caso de **dúvida** quanto:
>
> I – à capitulação legal do fato;
>
> II – à natureza ou às circunstâncias materiais do fato, ou à natureza ou extensão dos seus efeitos;
>
> III – à autoria, imputabilidade, ou punibilidade;
>
> IV – à natureza da penalidade aplicável, ou à sua graduação. *[Grifamos]*

Doutrina

• Vigência da Legislação Tributária

A respeito da existência, validade, vigência e eficácia das normas jurídicas, leciona Paulo de Barros Carvalho:[2]

> As normas jurídicas, **proposições prescritivas** que são, têm sua **valência própria**. Delas não se pode dizer que sejam verdadeiras ou falsas, valores imanentes às proposições descritivas da ciência do Direito, mas as normas jurídicas serão sempre válidas ou inválidas, com referência a um determinado sistema "S". E ser norma válida quer significar que mantém relação de pertinencialidade com o sistema "S", ou que nele foi posta por órgão legitimado a produzi-la, mediante procedimento estabelecido para esse fim. (...). É intuitivo crer que **a validade se confunde com a existência**, de sorte que afirmar que u'a norma existe implica reconhecer sua validade, em face de determinado sistema jurídico. Do que se pode inferir: ou a norma existe, está no sistema e é, portanto, válida, ou não existe como norma jurídica. (...). Já a **eficácia** pode ser estudada sob três ângulos, que denominamos eficácia jurídica, eficácia técnica e eficácia

> social. (...). **Eficácia jurídica** é a propriedade de que está investido o **fato jurídico** de provocar a irradiação dos efeitos que lhe são próprios, ou seja, a relação de causalidade jurídica, no estilo de Lourival Villanova. Não seria, portanto, atributo da norma, mas sim do fato nela previsto. (...) **a norma jurídica se diz vigente quando está apta para qualificar fatos e determinar o surgimento de efeitos de direito, dentro dos limites que a ordem positiva estabelece, no que concerne ao espaço e no que consulta ao tempo**. *[Grifamos]*

- **Interpretação da Legislação Tributária**

A propósito, Paulo de Barros Carvalho[1] explicita a *distinção entre hermenêutica e interpretação*:

> Firmemos a **premissa** de que o direito positivo é um corpo de linguagem, de cunho prescritivo, organizado para disciplinar o comportamento dos seres humanos no convívio social. É um plexo de proposições normativas destinado a regular a conduta das pessoas, nas suas relações de inter-humanidade.
>
> Vimos que **a aplicação do Direito pressupõe a interpretação**, e esse vocábulo há de ser entendido como a **atividade intelectual que se desenvolve à luz de princípios hermenêuticos**, com a finalidade de declarar o conteúdo, o sentido e o alcance das regras jurídicas. **Hermenêutica** é a teoria científica que se propõe pesquisar os meios de interpretação. Esta se reduz, assim, a mero emprego dos princípios hermenêuticos, e porque tão-só declara um conteúdo volitivo que já existe essa atividade intelectual tem natureza eminentemente declaratória.
>
> Para bem explicar a **diferença** que se instala entre a hermenêutica e a interpretação, convém dizer que neste instante, enquanto tratamos, de modo genérico, dos meios, critérios e esquemas interpretativos, estamos laborando em campo nitidamente hermenêutico. Agora, se nos propusermos analisar um determinado dispositivo legal e formos aplicar os princípios, instrumentos e fórmulas preconizados pela hermenêutica, aí, sim, estaremos certamente desenvolvendo uma atividade interpretativa. *[Grifamos]*

Oswaldo Aranha Bandeira de Mello,[2] por oportuno, aponta três escolas fundamentais de hermenêutica que veiculam diretrizes para desvendar o sentido do texto legal e das quais decorrem teorias diferentes, com resultados diferentes e, segundo o autor, com critérios até antagônicos na sua aplicação, ante a referida diversidade de interpretações:

> São elas: (a) a *Jurídico-Exegética*, que dá prevalência à vontade do legislador, através de ginásticas de raciocínio para deduzi-la, no apego fetichista

> à lei; (b) a *Jurídico-Sociológica*, que considera as exigências sociais da vida, para cujo fim o Direito existe, mas para atendê-las dentro do conteúdo, entretanto, disposto pela lei, mediante juízos de valor objetivados no seu contexto, adaptando-o aos imperativos da evolução histórica; (c) a do *Direito Livre*, que propugna se despreze a própria lei quando se revela em contradição com as necessidades sociais e políticas, com os interesses reais da vida, na procura de norma efetivamente justa, relegando amplo campo de arbítrio ao intérprete.
>
> A *Escola Jurídico-Exegética* proclama a verdade dos brocardos *Dura lex sed lex* e *Stulta sapientia, quae vult lege sapientior esse*. Teve sua culminância com o aparecimento do Código Napoleônico, considerado obra perfeita pelo seu autor, que temia que esse majestoso trabalho se esboroasse pela ação dos intérpretes. Envolve substituir o amor do Direito pelo culto da lei, que passa a encerrar a plenitude da ordem jurídica. Dizia Bugnet, em sua cátedra de Direito: "Je ne connais pas le droit civil; je n'enseigne que le Code Napoléon". *[Grifos do autor]*

Carlos Maximiliano,[2] de sua vez, exalta a função renovadora do Direito promovida pela interpretação. Noutro giro, a interpretação assegura a vitaliciedade do Direito, de modo que sempre poderá ser aplicado à realidade que se fizer presente, frise-se, quaisquer que sejam os tempos:

> Deve o intérprete sentir como o próprio autor do trabalho estuda; imbuir-se das idéias (sic) inspiradoras da obra concebida e realizada por outrem. Anatole France diz, no *Jardim de Epicuro*: **"Compreender uma obra-prima é, em suma, criá-la em si mesmo, de novo". Este pensamento é aplicável a qualquer produto do intelecto do homem**, isolado este, ou em coletividade; abrange a linguagem em geral; as expressões do Direito, em particular.
>
> Entretanto, o trabalho ficaria em meio se apenas se limitassem a perquirir acerca do fator subjetivo, da intenção dos prolatores. O objetivo da norma, positiva ou consuetudinária, é servir à vida, regular a vida; destina-se a lei a estabelecer a ordem jurídica, a segurança do Direito. **Se novos interesses despontam e se enquadram na letra expressa, cumpre adaptar o sentido do texto antigo ao fim atual.**
>
> A pesquisa não fica adstrita ao objetivo primordial da regra obrigatória; descobre também o fundamento *hodierno* da mesma. **A *ratio juris* é uma força viva e móvel que anima os dispositivos e os acompanha no seu desenvolvimento.** "É como uma linfa que conserva sempre verde a planta da lei e faz de ano em ano desabrocharem novas flores e surgirem novos

2. Carlos Maximiliano, *Hermenêutica e Aplicação do Direito*, 15ª ed., Rio de Janeiro, Forense, 1995, p. 153-14.

> frutos." Não só o sentido evolve, mas também o *alcance* das expressões de Direito. *[Negritamos]*

- **Normas de interpretação, CTN/66**

Ricardo Lobo Torres[3] discorre sobre a influência contraproducente das nas normas jurídicas politizadas, que forma inseridas nosso Código Tributário Nacional de 1966, a despeito das advertências da Comissão de Juristas que elaborou o respectivo anteprojeto de lei, *verbis*:

> O nosso Código Tributário Nacional sofreu a influência direta e avassaladora do Positivismo, como, de resto, todo o Direito Brasileiro. Só que as normas de interpretação nele estampadas se filiam, simultânea e confusamente, assim à vertente do Positivismo lógico e conceptualista como à do Positivismo sociológico. Houve uma **tentativa, absolutamente ineficaz, de sincretismo ou de ecletismo – traço também marcante da nossa cultura** –, a exemplo do que aconteceu em outros códigos brasileiros.
>
> O ar. 108, com a sua hierarquia de métodos, é tipicamente logicista. O art. 109 agarra-se às teses do Positivismo finalista e sociológico. No art. 110 aparece a influência do Civilismo. O art. III *[sic]* denota preocupações formalistas. O art. 118 volta-se a se filiar às teses do reducionismo sociológico. **Gilberto de Ulhoa Canto, em pertinente crítica, reputou como grave equívoco do Código Tributário Nacional "a tomada de posições estabelecendo normas de interpretação, de um modo ou de outro", ao revés de se limitar a estabelecer, quando muito, que "as leis tributárias são interpretadas da mesma maneira que as demais leis o são".** Faltou ao Código Tributário Nacional a uniformidade de pontos de vista, não obstante o fato de a **Comissão que elaborou o Anteprojeto** haver declarado que **adotava a "interpretação teleológica ou finalista".** (...).
>
> **As normas de interpretação, embora politicamente motivadas, são ineficazes, pois não conseguem eternizar o partidarismo de que promanam.** *[Grifamos]*

3. Ricardo Lobo Torres, *Normas de Interpretação e Integração do Direito Tributário*, 3ª ed., Rio de Janeiro, Renovar, 2002, pp. 300-301 e 309.

- **Preceitos legais de interpretação – desnecessidade**

Veja-se, outrossim, à luz das preciosas lições de Roque Antonio Carrazza,[4] o conceito de "interpretação", bem como a desnecessidade de preceitos legais para traçar regras de interpretação:

> (...) **a interpretação** é uma atividade cognoscitiva que visa a precisar o significado e o alcance das normas jurídicas, possibilitando-lhes uma correta aplicação. Esta tarefa, voltada, precipuamente, à descoberta da *mens legis* (da vontade do Estado contida na norma jurídica), **exige a constante invocação dos grandes princípios**, mormente em face das disposições incertas e das palavras equívocas ou polissêmicas que costumam recamar nossos textos legislativos. (...).
>
> (...).
>
> Também nos parece certo que o **Código Tributário Nacional** não pode estabelecer o modo pelo qual deverão ser entendidas e aplicadas, aos casos concretos, as leis tributárias federais, estaduais, municipais e distritais. Noutras palavras, **não lhe é dado disciplinar "a interpretação e a integração da legislação tributária"**.
>
> Observamos, em primeiro lugar, que as chamadas **"normas interpretativas", por se apresentarem despidas de imperatividade** (já que nem proíbem, nem mandam, nem facultam), **não são verdadeiras normas jurídicas**.
>
> De outro lado, **o legislador complementar** – justamente por não ter recebido aptidão constitucional para tanto – **não pode determinar o *método de interpretação* a ser observado pelo aplicador do Direito**. Logo, norma que se ocupe com este assunto **não possui valor vinculante, nem para o Executivo, nem, muito menos, para o Judiciário**. *[Grifamos]*

Mais uma vez, enfatiza Ricardo Lobo Torres[5] o quão prejudicial à própria segurança jurídica podem ser revelar as normas interpretativas, em razão de seu acentuado teor ideológico, quando não apenas supérfluas. Transcreva-se:

> As ideologias defendem que a hierarquia dos valores se corporifica nas normas sobre a interpretação. As **proibições** de interpretar e de empregar a analogia e as regras para a interpretação literal, sistemática e subjetiva **visam apenas a garantir a segurança**. Dispositivo como o art. 1º do **CC suíço** denotam, ao revés, a preocupação exacerbada com a justiça.

4. Roque Carrazza, *Curso de Direito Constitucional Tributário*, 24ª ed., São Paulo, Malheiros Editores, 2008, pp. 42 e 939-940.
5. Ricardo Lobo Torres, *Normas de Interpretação e Integração do Direito Tributário*, 3ª ed., Rio de Janeiro, Renovar, 2002, pp. 300-344 e 345.

As normas da antiga **codificação tributária alemã** tinham o objetivo de buscar casuisticamente a igualdade e a justiça fiscal. As do **Código Tributário Nacional**, pela sua preocupação com a interpretação literal, com a hierarquia de métodos e com a proibição de analogia **engajam-se, desenganadamente, na defesa da segurança jurídica.**

As normas de interpretação do direito tributário, em suma, introduzem a desarmonia no sistema de valores, pelo quê (sic) se tornam ilegítimas e inválidas. Se interpretadas no sentido de que não prejudicam o equilíbrio entre os princípios e as idéias (sic) jurídicas fundamentais, tornam-se **supérfluas**, pois os valores não se traduzem em linguagem normativa e a sua concretização depende da qualidade do ordenamento jurídico e da prática interpretativa. *[Grifamos]*

• Aplicação da Legislação Tributária – Infrações fiscais e Crimes tributários

O CTN/66, ao veicular normas gerais sobre a aplicação da Legislação Tributária, explicita a possibilidade de aplicação retroativa da lei benéfica em matéria infrações fiscais. Convém, por oportuno, ressaltar a distinção – meramente formal – entre infrações fiscais e crimes tributários, segundo as lições de Paulo de Barros Carvalho, *verbis:*[5]

Definimos a **infração tributária**, portanto, como toda ação ou omissão que, direta ou indiretamente, represente o **descumprimento dos deveres jurídicos** estatuídos em **leis fiscais.**

(...).

O comportamento violador do dever jurídico estabelecido em lei tributária pode revestir as características de meras infrações ou ilícitos tributários, bem como de crimes fiscais, dessa maneira definidos em preceitos da lei penal. Entre tais entidades **existe uma distinção formal e, atrás disso, uma grande diferença de regime jurídico**, posto que os crimes fiscais estão subordinados aos princípios, institutos e formas do **direito penal**, ao passo que as infrações contidas em leis tributárias, de caráter não-criminal, sujeitam-se aos princípios gerais do **direito administrativo**. *[Grifamos]*

No que concerne à *possibilidade de a lei tributária retroagir*, leciona Hugo de Brito Machado:[6]

Quando se diz que a lei retroage, o que se quer dizer é que a lei pode ser utilizada na qualificação jurídica de fatos ocorridos antes do início de sua vigência. Em princípio, o fato regula-se juridicamente pela lei em vigor

6. Hugo de Brito Machado, *Curso de Direito Tributário*, 29ª ed., São Paulo, Malheiros Editores, 2008, p. 99.

> na época de sua ocorrência. Esta é a regra geral do denominado *direito intertemporal*. A lei incide sobre o fato que, concretizando sua hipótese de incidência, acontece durante o tempo em que é vigente. **Surgindo uma lei *nova* para regular fatos do mesmo tipo, ainda assim, aqueles fatos acontecidos durante a vigência da lei anterior foram por ela qualificados juridicamente e a eles, portanto, aplica-se a lei antiga.** Excepcionalmente, porém, uma lei pode elidir os efeitos da incidência de lei anterior. É desta situação excepcional que trata o art. 106 do CTN. *[Grifamos]*

• Integração da Legislação Tributária

Ricardo Lobo Torres[6] observa que os conceitos de "interpretação" e de "integração" constituem, por si sós, problema de interpretação e, ademais, é variável, nos diversos países, o próprio conceito de "interpretação". Registre-se:

> A grande **diferença** entre interpretação e integração, portanto, está em que na primeira o intérprete visa a estabelecer as premissas para o processo de aplicação através do recurso à argumentação retórica, aos dados históricos e às valorizações éticas e políticas, tudo dentro do sentido possível do texto; já na integração o aplicador se vale dos argumentos de ordem lógica, como a analogia e o argumento *a contrario*, operando fora da possibilidade expressiva do texto da norma.
> Sucede que **a interpretação e a integração apresentam uma zona fronteiriça de pouquíssima nitidez, de forma que a separação é fluídica e imprecisa.** A distinção entre analogia e interpretação extensiva ou entre analogia e interpretação analógica, por exemplo, é fugidia. *[Grifamos]*

No entender de Oswaldo Aranha Bandeira de Mello,[7] a analogia, os princípios gerais do Direito e a doutrina não são fontes formais do Direito, mas sim filosóficas, para a criação de fonte formal. Vejamos:

> A analogia, os princípios gerais do Direito e a doutrina – isto é, o direito científico – **não são fontes formais do Direito, e nem métodos de interpretação**, pois não buscam perscrutar o sentido exato da lei, nem criam norma para espécie não regulamentada, para regê-la. Visam apenas a resolver as lacunas do direito legislado e do costumeiro. Oferecem ao juiz os subsídios para amoldar outra norma à espécie não regulamentada ou, mesmo, para criá-la, a fim de reger a espécie. São, como direito científico, **fontes filosóficas do Direito, ou meios utilizados pelo julgador para criação de fonte formal** do Direito. **O direito científico expressa-se, no direito positivo, através da decisão judicial.** Esta é a forma jurídica de sua manifestação. **Depende dela para vir a existir na ordem positiva em**

7. Oswaldo Aranha Bandeira de Mello, *Princípios Gerais do Direito Administrativo*, 3ª ed., vol. I, p. 412.

> **que o direito legal e o costumeiro se apresentam lacunosos.** Transmuda-se em norma de direito positivo pela *jurisprudência*, ante uniformes e reiteradas decisões em casos semelhantes, e por igual fundamento, aplicando-o. *[Grifamos]*

• "in dubio contra fiscum" e "in dubio pro fiscum"

Por fim, vejamos as lições de Carlos Maximiliano[8] acerca dos brocardos *in dubio contra fiscum* e *in dubio pro fiscum*:

> (...) não se interpreta a lei tendo em vista só a defesa do contribuinte, nem tão pouco a do Thesouro apenas. **O cuidado do exegeta não pode ser unilateral**: deve mostrar-se equânime o hermeneuta e conciliar os interesses em momentâneo, ocasional contraste. *[sic]*
>
> Não atende somente (sic) à *letra*, nem se deixa dominar pela preocupação de *restringir*; resolve de modo que o *sentido* prevaleça e o fim obvio, o transparente objectivo, seja atingido. **O escopo, a razão da lei, a causa, os valores jurídico-sociais** (*ratio legis*, dos romanos; *Werturteil*, dos tudescos) **influem mais do que a linguagem, infiel transmissora de idéias** (sic).
>
> Experimenta, em summa, o interprete os vários processos de hermenêutica; abstém-se de exigir *mais* do que a norma reclama; porém extrae, para ser cumprido, *tudo*, absolutamente tudo o que na mesma se contém. **Se depois desse esforço ainda persiste a dúvida, aplica afinal a parêmia, resolve contra o Fisco e a favor do contribuinte.** O rigor é maior em se tratando de disposição excepcional, de isenções ou abrandamentos de ônus em proveito de indivíduos ou corporações. *Não se presume* o intuito de abrir mão de direitos inerentes à autoridade suprema. A outorga deve ser feita em termos claros, irretorquíveis; ficar provada até à evidência, e se não estender além das hipóteses figuradas no texto; jamais será inferida de factos que não indiquem irresistivelmente a existência da concessão ou de um contrato que a envolva. No caos, não tem cabimento o brocardo célebre; **na dúvida,** se decide contra as isenções totaes ou parciaes, e a favor do Fisco; ou, melhor, **presume-se não haver o Estado aberto mão da sua autoridade para exigir tributos.** *[sic] [Grifamos]*

Jurisprudência

• Legislação Tributária: decreto e atualização monetária

Vale ter em conta que a atualização monetária, visa a ajustar o valor da moeda nacional em relação à moeda estrangeira e à perda inflacionária. Vimos

8. Carlos Maximiliano, *Hermenêutica e Aplicação do Direito*, 19ª ed., Rio de Janeiro, Forense, 2001, pp. 271-272.

que o decreto é o instrumento adequando para assegurar que a atualização monetária da base de cálculo seja efetivada, nos limites do índice legal, em perfeita sintonia com o princípio constitucional da legalidade tributária. Se, *v.g.*, a pretexto de atualizar monetariamente a base de cálculo do IPTU, houver reajuste do valor econômico do imóvel tributado, neste caso, haverá majoração disfarçada da base de cálculo do referido imposto e, não, mera atualização monetária e, de conseguinte, flagrante ilegalidade. Cite-se, a propósito, Súmula do Superior Tribunal de Justiça nesse sentido, *verbis*:

> **[STJ, Súmula 160]. É defeso**, ao Município, atualizar o IPTU, mediante **decreto**, em percentual **superior** ao índice oficial de correção monetária. *[Grifamos]*

• Tratado internacional: tríplice hierarquia

No tocante à hierarquia das leis, o Supremo Tribunal Federal assim se posicionou, em 2008: (i) os tratados que versem sobre **direitos humanos**, aprovados em cada casa do Congresso Nacional, em dois turnos, por 3/5 dos votos dos respectivos membros, são equivalentes às **emendas constitucionais** (art. 5º, § 3º, CF/88); (ii) os tratados que versem sobre **direitos humanos**, submetidos ao procedimento ordinário, aprovados por maioria simples, (art. 47, CF/88), ocupam a posição **supralegal**, de modo que se situam entre as leis e a Constituição Federal; (iii) os tratados que **não versem sobre direitos humanos** ingressam no ordenamento jurídico brasileiro com força de **lei ordinária**. Saliente-se, ademais, que o tratado internacional não poderá versar sobre matéria reservada à lei complementar, consoante entendimento da Suprema Corte, (RE n. 466.343).

• Legislação Tributária: tratados ou convenções internacionais

A CF/88, como já restou mencionado, não consagra o princípio do efeito direto nem o postulado da aplicabilidade imediata dos tratados ou convenções internacionais. Em 1997, o Supremo Tribunal Federal se posicionou acerca do procedimento de incorporação dos tratados no ordenamento jurídico brasileiro, *verbis*:

> (...)
>
> – **É na Constituição da República** – e **não** na controvérsia doutrinária que antagoniza monistas e dualistas – que se deve buscar a solução normativa para a questão da **incorporação** dos atos internacionais ao sistema de direito positivo interno brasileiro.
>
> O exame da vigente Constituição Federal permite constatar que a **execução** dos tratados internacionais e a sua **incorporação** à ordem jurídica interna **decorrem**, no sistema adotado pelo Brasil, de um ato subjetivamente complexo, resultante da **conjugação** de duas vontades homogêneas: **a do Congresso Nacional**, que resolve, definitivamente, **mediante decreto**

legislativo, sobre tratados, acordos ou atos internacionais (CF, art. 49, I) **e a do Presidente da República**, que além de poder celebrar esses atos de direito internacional (CF, art. 84, VIII), **também** dispõe – **enquanto Chefe de Estado que é** – da competência para promulga-los **mediante decreto**. O **iter** procedimental de incorporação dos tratados internacionais – **superadas** as fases prévias da **celebração** da convenção internacional, de sua **aprovação** congressional e da **ratificação** pelo Chefe de Estado – conclui-se com a expedição, pelo Presidente da República, de **decreto**, de cuja edição derivam **três efeitos** básicos que lhe são inerentes: (a) a **promulgação** do tratado internacional; (b) a **publicação** oficial de seu texto; e (c) a **executoriedade** do ato internacional, que **passa**, então, **e somente então**, a vincular e a obrigar no plano do direito positivo interno. **Precedentes.**

(...)

– No sistema jurídico brasileiro, os **tratados** ou **convenções internacionais** estão hierarquicamente **subordinados** à autoridade normativa da Constituição da República. Em consequência, **nenhum** valor jurídico terão os tratados internacionais, que, incorporados ao sistema de direito positivo interno, **transgredirem**, formal ou materialmente, o texto da Carta Política.

(...)

– Os **tratados** ou **convenções internacionais**, uma vez regularmente incorporados ao direito interno, **situam-se**, no sistema jurídico brasileiro, nos **mesmos** planos de validade, de eficácia e de autoridade em que se posicionam as **leis ordinárias**, havendo, em consequência (sic), entre estas e os atos de direito internacional público, mera **relação de paridade normativa. Precedentes**. (sic)

(...)

No sistema jurídico brasileiro, os atos internacionais **não** dispõem de primazia hierárquica sobre as normas de direito interno. A **eventual** precedência dos tratados ou convenções internacionais sobre as regras infraconstitucionais de direito interno somente se justificará quando a **situação de antinomia** com ordenamento doméstico **impuser**, para a solução do conflito, a aplicação alternativa do **critério cronológico** ("lex posterior derogat priori") ou, quando cabível, do **critério da especialidade. Precedentes.**

(...)

Os tratados internacionais celebrados pelo Brasil – ou aos quais o Brasil venha a aderir – **não podem**, em consequência, **versar matéria posta sob reserva constitucionalidade lei complementar**. É que, em tal situação, **a própria Carta Política** subordina o tratamento legislativo de determinado tema ao **exclusivo** domínio normativo da lei complementar,

> que **não** pode ser substituída por **qualquer** outra espécie normativa infraconstitucional, **inclusive** pelos atos internacionais já incorporados ao direito positivo interno.
>
> (...). *[ADIMC 1.480-3/DF, Pleno, rel. min. Celso de Mello, 4.9.1997, p. m., DJ 18.5.2001]. [Grifos do autor] [Grifamos]*

- **Repristinação e Princípio da Anterioridade Tributária**

Quanto à repristinação da lei instituidora de tributo sem a observância do Princípio Constitucional da Anterioridade tributária, a Suprema Corte já se manifestou favoravelmente. Vale lembrar, por oportuno, que a EC 12, de 15.08.1996, autorizou a União a instituir Contribuição Provisória – CPMF, com vigência não superior a dois anos (24 meses) e, nesses termos, foi publicada a Lei n. 9.311, de 24.10.1996, que instituiu a CPMF, observando-se o Princípio Constitucional da Anterioridade Nonagesimal, no período de 24.01.1997 até 23.02.1998 (13 meses). Ao término desse prazo, a Lei n. 9539, de 15.12.1997, todavia, autorizou a exigência da CPMF por mais 11 meses, ou seja, até 24.01.1999, porém, sem a observância do referido Princípio Constitucional. Na sequência, a EC 21, de 19.03.1999, majorou sua alíquota e "prorrogou" por mais 36 meses, a vigência da Lei n. 9.539, de 15.12.1997, desta feita, observando-se o Princípio Constitucional da Anterioridade Nonagesimal. Pleiteada a tutela jurisdicional, o Supremo Tribunal Federal considerou repristinadas referidas leis federais (ADIn 2.031/DF), em cuja vigência fora promulgada a EC 37, de 12.06.2002 que, de seu turno, além de prorrogar a vigência da CPMF, suprimiu a "alusão" à necessidade de se respeitar o Princípio Constitucional da Anterioridade Nonagesimal. Ao ser novamente pleiteada a tutela jurisdicional, a Suprema Corte decidiu que a supressão do referido princípio Constitucional pela EC 37, de 12.06.2002, não importou em qualquer alteração substancial na Carta Magna e, por igual razão, também considerou desnecessário o retorno da proposta da referida Emenda Constitucional à Câmara dos Deputados para apreciação e votação do novo texto. Transcreva-se:

> AÇÃO DIRETA DE INCONSTITUCIONALIDADE. CONTRIBUIÇÃO PROVISÓRIA SOBRE MOVIMENTAÇÃO OU TRANSMISSÃO DE VALORES E DE CRÉDITOS E DIREITOS DE NATUREZA FINANCEIRA-CPMF (ARTS. 84 E 85, ACRESCENTADOS AO ADCT PELO ART. 3º DA **EMENDA CONSTITUCIONAL Nº 37, DE 12 DE JUNHO DE 2002**). 1 – Impertinência da preliminar suscitada pelo Advogado-Geral da União, de que a matéria controvertida tem caráter interna corporis do Congresso Nacional, por dizer respeito à interpretação de normas regimentais, matéria imune à crítica judiciária. Questão que diz respeito ao processo legislativo previsto na Constituição Federal, em especial às

> regras atinentes ao trâmite de emenda constitucional (art. 60), tendo clara estatura constitucional. 2 – **Proposta de emenda que, votada e aprovada na Câmara dos Deputados, sofreu alteração no Senado Federal, tendo sido promulgada sem que tivesse retornado à Casa iniciadora para nova votação quanto à parte objeto de modificação.** Inexistência de ofensa ao art. 60, § 2º da Constituição Federal no tocante à **supressão, no Senado Federal, da expressão "observado o disposto no § 6º do art. 195** da Constituição Federal", que constava do texto aprovado pela Câmara dos Deputados em 2 (dois) turnos de votação, tendo em vista que **essa alteração não importou em mudança substancial do sentido do texto** (Precedente: ADC nº 3, rel. Min. Nelson Jobim). **Ocorrência de mera prorrogação da Lei nº 9.311/96, modificada pela Lei nº 9.539/97, não tendo aplicação ao caso o disposto no § 6º do art. 195 da Constituição Federal.** O princípio da anterioridade nonagesimal **aplica-se somente aos casos de instituição ou modificação da contribuição social, e não ao caso de simples prorrogação da lei que a houver instituído ou modificado.** 3 – Ausência de inconstitucionalidade material. O § 4º, inciso IV do art. 60 da Constituição veda a deliberação quanto a proposta de emenda tendente a a bolir os direitos e garantias individuais. Proibida, assim, estaria a deliberação de emenda que se destinasse a suprimir do texto constitucional o § 6º do art. 195, ou que excluísse a aplicação desse preceito a uma hipótese em que, pela vontade do constituinte originário, devesse ele ser aplicado. A presente hipótese, no entanto, versa sobre a incidência ou não desse dispositivo, que se mantém incólume no corpo da Carta, a um caso concreto. Não houve, no texto promulgado da emenda em debate, qualquer negativa explícita ou implícita de aplicação do princípio contido no § 6º do art. 195 da Constituição. 4 – Ação direta julgada improcedente. *[STF, ADI 2666/DF, rel. min. Ellen Gracie, j. 03.10.2002, v.u., DJU 06.12.2002, p. 51] [Grifamos]*

• Legislação Tributária: atos geradores futuros e pendentes

O princípio da anterioridade aplica-se à legislação tributária num sentido amplo. Diante de fatos geradores futuros e pendentes, veda-se a aplicação retroativa de normas complementares, salvo quando benéfica. No caso *sub judice*, houve aumento da carga tributária pela IN-SRF n. 20/1990, em razão da alteração da forma de cálculo do imposto de renda da pessoa jurídica e da contribuição social sobre o lucro. Transcreva-se:

> (...)
>
> 1. O regime jurídico da lei tributária e sua eficácia temporal encarta-se na regra mater de que a legislação tributária, conceito mais amplo do que lei fiscal, aplica-se aos **fatos geradores futuros e pendentes**, nunca

pretéritos (art. 105 do CTN). Em consequência, **há retroação apenas da lex mitior, naquelas hipóteses legalmente previstas.**

(...).

6. "Editada depois do fato gerador do imposto de renda, a IN nº 20/90 não poderia retroagir, estabelecendo novos critérios de apuração do lucro da exploração realizada em conformidade com instrução anterior e vigente à época da referida apuração. Não se há de confundir lucro da exploração, estabelecido em legislação específica, com lucro da exportação incentivada revogado pela Lei 7.988/89." (RESP 188.950-BA, Rel. Min Peçanha Martins).

7. Embargos de Divergência rejeitados. *[EREsp n. 326.810-DF, 1ª S., Rel. Min. Luiz Fux, j. 25.8.2004, v.u., DJ 4.10.2004] [Grifamos]*

• Legislação Tributária: aplicação retroativa da lei

Acerca do disposto no art. 106, I, do CTN/66, segundo o qual "A lei aplica-se a ato ou fato pretérito [...] em qualquer caso, quando seja expressamente interpretativa, excluída a aplicação de penalidade [...].", já reconheceu o Superior Tribunal de Justiça que a modificação da sistemática que assegura a não cumulatividade do ICMS, enseja a observância do Princípio Constitucional da Irretroatividade Tributária, *verbis:*

(...).

2. A Lei Complementar nº 87/96 **não versou sobre a redução ou exclusão de multa ou de qualquer outra penalidade**, mas apenas disciplinou a forma de cálculo do estorno do ICMS relativo a mercadorias exportadas, alterando a metodologia prevista pelo Convênio 66/88 e pela Lei 1.423/89, **razão pela qual a lei nova não retroage para beneficiar o contribuinte, visto que não se enquadra nos casos de retroatividade da lei mais benigna previstos no artigo 106 do Código Tributário Nacional**. Deveras, **é restritiva a interpretação isencional no sentido lato do vocábulo**. 3. O Agravante não trouxe argumento capaz de infirmar o decisório agravado, apenas se limitando a corroborar o disposto nas razões do Recurso Especial e no Agravo de Instrumento interpostos, de modo a comprovar o desacerto da decisão agravada. 4. Agravo regimental desprovido. *[AgRg no Ag 442007/RJ, 1ªT, rel min. Luiz Fux, j. 10.2.2004, v. u., DJ 1.3.2004, p. 125] [Grifamos]*

Sobre a retroatividade de lei que reduza multa moratória, decidiu o Superior Tribunal de Justiça, com fulcro no art. 106, II, "c", do CTN/66, *verbis:*

(...).

> 2. Não tendo sido definitivamente julgada a controvérsia, **tem direito o devedor à redução da multa moratória** prevista na Lei estadual n. 9.399/1996. Isso porque **o STJ, com fundamento nos arts. 106, II, "c", e 112 do CTN**, consagra entendimento no sentido da possibilidade de redução da multa moratória mesmo que proveniente de **atos anteriores à lei mais benéfica**. 3. Recurso especial parcialmente conhecido e, nessa parte, desprovido. *[STJ, 1ª Turma, REsp 721.428-SP, rela. Min. Denise Arruda, j. 6.11.2007, v.u., DJU 29.11.2007, p. 173] [Grifamos]*

• Integração da Legislação Tributária: analogia extensiva

O Superior Tribunal de Justiça afastou a possibilidade do emprego da "analogia extensiva", com vistas à exigência de ICMS sobre a habilitação de aparelho móvel celular, *verbis*:

> Tributário – ICMS – Incidência sobre a habilitação de telefones celulares – Impossibilidade – Atividade que não se constitui em serviço de telecomunicações – **Analogia extensiva – Exigência de tributo sobre fato gerador não previsto em lei – Proibição – Art. 108, § 1º, do CTN.** I – No ato de habilitação de aparelho móvel celular inocorre qualquer serviço efetivo de telecomunicação, senão de disponibilização do serviço, de modo a assegurar ao usuário a possibilidade de fruição do serviço de telecomunicações. II – O ICMS incide, tão-somente, na atividade final, que é o **serviço de telecomunicação propriamente dito**, e não sobre o ato de habilitação do telefone celular, que se afigura como atividade meramente intermediária. III – O Convênio ICMS n. 69/1998, ao determinar **a incidência do ICMS sobre a habilitação de aparelho móvel celular**, empreendeu verdadeira analogia extensiva do âmbito material de incidência do tributo, em flagrante violação ao art. 108, § 1º, do CTN. IV – Recurso ordinário provido. *[STJ, 1ª Seção, RMS 11.368-MT, rel. Min. Francisco Falcão, j. 13.12.2004, v.u., DJU 9.2.2005, p. 182] [Grifamos]*

• Aplicação da Legislação Tributária: lei expressamente interpretativa

Por oportuno, cite-se a ampliação do alcance de lei pretérita, por meio de lei expressamente interpretativa, em desrespeito aos princípios constitucionais da irretroatividade e da anterioridade tributária, *verbis*:

> (...).
>
> 3. A **norma que teria sido objeto de interpretação** está contida nos artigos 3º e 5º da Lei Complementar (LC) 70/91 e da Lei 9.715/1998, respectivamente. O primeiro deles está assim transcrito: "A base de cálculo da contribuição mensal devida pelos fabricantes de cigarros, na condição

de contribuintes e de substitutos dos comerciantes varejistas, será obtida multiplicando-se o preço de venda do produto no varejo por cento e dezoito por cento." O texto da Lei 9.715/1998 possui mesmo conteúdo normativo e redação semelhante.

4. Já a **norma expressamente interpretativa** seria a contida no artigo 29 da Lei 10.865/2004, cuja redação é a seguinte: "As disposições do art. 3º da Lei Complementar nº 70, de 30 de dezembro de 1991, do art. 5º da Lei nº 9.715, de 25 de novembro de 1998, e do art. 53 da Lei nº 9.532, de 10 de dezembro de 1997, alcançam também o comerciante atacadista."

9. Na hipótese há uma **substancial diferença** entre os conceitos de comerciante **varejista e atacadista**, não cabendo, pela via da interpretação normativa, a equiparação entre os termos. A legislação posterior operou em **alargamento do alcance** da normatividade das leis pretéritas, vez que não se pode extrair da expressão "comerciante varejista" o "comerciante atacadista".

10. As modalidades de **venda no atacado e varejo são distintas**, com características e públicos específicos, sendo a primeira caracterizada pela oferta de produtos em grandes quantidades, geralmente para revenda, e a segunda pela oferta em menor quantidade, direcionada ao consumidor final.

11. Recurso especial provido. *[REsp 1515500/RS, 1ªT, rel. Min Benedito Gonçalves, j.12.3.2024, v.u., DJ 19.32024] [Grifamos]*

• Integração da Legislação Tributária: equidade

Tributário – PIS e COFINS – Base de cálculo – Faturamento – "Vendas inadimplidas" – Exclusão – Equiparação com vendas canceladas – Eqüidade (sic) – Art. 108, § 2º, do CTN. 1. Incidem o PIS e a COFINS sobre a receita bruta das pessoas jurídicas, aí incluídos os valores de "vendas a prazo" que, embora faturados, não ingressaram efetivamente no caixa da empresa devido à inadimplência dos compradores. 2. O art. 3º, § 2º, da Lei n. 9.718/1998 estabelece as deduções autorizadas da base de cálculo do PIS e da COFINS, nele não se incluindo o de "vendas inadimplidas". 3. O Sistema Tributário Nacional fixou o regime de competência como regra geral para apuração dos resultados da empresa, e não o regime de caixa. Pelo primeiro regime, o registro dos fatos contábeis é realizado a partir de seu comprometimento, vale dizer, da concretização do negócio jurídico, e não do efetivo desembolso ou ingresso da receita correspondente àquela operação. 4. Se a lei não excluiu as "vendas inadimplidas" da base de cálculo das contribuições ao PIS e à COFINS, não cabe ao intérprete fazê-lo por eqüidade, equiparando-as às vendas canceladas. **O art. 108, § 2º, do CTN é expresso ao dispor que "o emprego da eqüidade não poderá resultar na dispensa do pagamento de tributo devido"**. 5. No cancelamento da venda ocorre o desfazimento do negócio jurídico, o que implica ausência de receita e conseqüente intributabilidade da operação. O distrato caracteriza-se, de um lado, pela devolução da mercadoria vendida e, de outro, pela anulação dos valores registrados como receita. 6. Embora da inadimplência possam resultar o cancelamento da venda e conseqüente devolução da mercadoria, a chamada "venda inadimplida", caso não seja a operação efetivamente cancelada, importa em crédito para o vendedor, oponível ao comprador, subsistindo o fato imponível das contribuições ao PIS e à COFINS. 7. Recurso especial não provido. *[STJ, 2ª Turma, REsp 953.011-PR, rel. Min. Castro Meira, j. 25.9.2007, v.u., DJU 8.10.2007, 255] [Grifamos]*

• Interpretação da Legislação Tributária

Sob a vigência da Constituição da República Federativa do Brasil de 1967 (CF/67), com a redação dada pela Emenda Constitucional n. 1/1969 – e, em conformidade com o disposto nas alíneas "a" e "b", do inciso II, do artigo 33, do Decreto n. 83.081/1979, combinado com o artigo 1º do Decreto n. 90.817/1985 –, as empresas estavam obrigadas a recolher Contribuição para o Custeio da Previdência e Assistência Social, no montante de 10% sobre o valor pago a administradores e autônomos. Posteriormente, referida Contribuição passou a incidir em "[...] 20% sobre o total das remunerações pagas ou creditadas, a qualquer título, no decorrer do mês, aos segurados empregados, avulsos, autônomos e administradores[...], com base no disposto no inciso I, do art. 3º, da Lei n. 7.787/1989.

Em sua redação original, a Constituição Federal de 1988, todavia, não autorizava a incidência da Contribuição sobre Salários pagos ao trabalhador sem vínculo empregatício. Diante disso, a Suprema Corte brasileira declarou inconstitucional a expressão "avulsos, autônomos e administradores" constante no referido dispositivo legal. Esse julgado levou em conta o entendimento doutrinário, segundo o qual a interpretação do Direito deve partir da leitura do Texto Constitucional, sem descuidar, por via de consequência, dos conceitos e institutos consagrados pela Ciência Jurídica. É o que se depreende da ementa jurisprudencial abaixo transcrita, *verbis*:

INTERPRETAÇÃO – CARGA CONSTRUTIVA – EXTENSAO. Se é certo que **toda interpretação traz em si carga construtiva**, não menos correta exsurge a vinculação à ordem jurídico-constitucional. O fenômeno ocorre a partir das normas em vigor, **variando de acordo com a formação profissional e humanística do intérprete**. No exercício gratificante da arte de interpretar, descabe "inserir na regra de direito o próprio juízo – por mais sensato que seja – sobre a finalidade que "conviria" fosse por ela perseguida" – Celso Antonio Bandeira de Mello – em parecer

> inédito. **Sendo o Direito uma ciência, o meio justifica o fim, mas não este àquele.** CONSTITUIÇÃO – ALCANCE POLÍTICO – SENTIDO DOS VOCÁBULOS – INTERPRETAÇÃO. **O conteúdo político de uma Constituição não é conducente ao desprezo do sentido vernacular das palavras, muito menos ao do técnico, considerados institutos consagrados pelo Direito.** Toda ciência pressupõe a adoção de escorreita linguagem, possuindo os institutos, as expressões e os vocábulos que a revelam conceito estabelecido com a passagem do tempo, quer por força de estudos acadêmicos quer, no caso do Direito, pela atuação dos Pretórios. [...]. *[STF, Tribunal Pleno, RE 166.772, rel Min. Marco Aurélio, j. 12.5.1994, v.m., DJU 16.12.1994] [Grifamos]*

Diante disso, vale lembrar, a Emenda Constitucional n. 20, de 1998 [EC /98], ampliou o alcance da referida Contribuição sobre Salários, tornando possível sua incidência sobre a folha de salários e demais rendimentos do trabalhador, com ou sem vínculo empregatício. Transcreva-se:

> **[CF/88] Art. 195.** A **seguridade social** será **financiada** por toda a sociedade, de forma direta e indireta, nos termos da lei, mediante recursos provenientes dos orçamentos da União, dos Estados, do Distrito Federal e dos Municípios, e das seguintes **contribuições sociais**: *[v. EC n. 20, de 1998]*
>
> I – do empregador, da empresa e da entidade a ela equiparada na forma da lei, incidentes sobre: *[redação dada pela EC n. 20, de 1998]*
>
> a) a folha de salários e demais rendimentos do trabalho pagos ou creditados, a qualquer título, à pessoa física que lhe preste serviço, mesmo sem vínculo empregatício; *[incluído pela EC n. 20, de 1998]*
>
> b) a receita ou o faturamento; *[incluído pela EC n. 20, de 1998]*
>
> c) o lucro; *[incluído pela EC n. 20, de 1998] [Grifamos]*

Ressalte-se que a jurisprudência citada se revela útil para ilustrar as noções abordadas nos Capítulos 1 e 5, acerca da interpretação da legislação tributária que prestigia o Sistema Jurídico.

• Interpretação da Legislação Tributária: conceitos constitucionalmente pressupostos

Conforme explicita o disposto no art. 110, do CTN/66, há de respeitar os conceitos pressupostos adotados pelo Constituinte ao repartir a competência tributária entre os entes tributantes. Nessa esteira, o conceito de "propriedade", para fins de IPTU, deve coincidir com o conceito que se infere da própria Lei Maior, sob pena de exceder os limites do campo de competência tributária municipal. Transcreva-se:

> TRIBUTÁRIO – IPTU – PROPRIEDADE – **CONCEITO PRESSUPOSTO PELA CONSTITUIÇÃO FEDERAL DE 1988** – AMPLIAÇÃO DO CONCEITO QUE EXTRAVASA O ÂMBITO DA VIOLAÇÃO DA LEGISLAÇÃO INFRACONSTITUCIONAL PARA INFIRMAR A PRÓPRIA COMPETÊNCIA TRIBUTÁRIA CONSTITUCIONAL. (...). 1. O IPTU, na sua configuração constitucional, incide sobre a propriedade predial e territorial urbana, cujo conceito pressuposto pela Carta Magna envolve a faculdade de usar, de gozar e de dispor, sendo a propriedade a revelação de riqueza capaz de ensejar a sujeição do seu titular a esse imposto de competência municipal. 2. Sob esse enfoque, é impositiva a regra do art. 156, I, da CF de 1988, *verbis*: "Art. 156. Compete aos Municípios instituir impostos sobre: I – propriedade predial e territorial urbana; (...)". 3. Outrossim, **a Constituição utiliza os conceitos de direito no seu sentido próprio, com que implícita a norma do art. 110 do CTN, que interdita a alteração da categorização dos institutos**. 4. Consectariamente, o conceito pressuposto pela Constituição Federal de propriedade corresponde àquele emprestado pela Teoria Geral do Direito, que não qualifica como propriedade outros direitos reais e pessoais que não ostentam todas as suas faculdades, sob pena de violação ao correlato preceito constitucional. (...). 11. Recurso especial parcialmente conhecido, e nesta parte desprovido. *[STJ, 1ª Turma, REsp 884.087-RJ, rel. Min. Luiz Fux, j. 6.9.2007, v.u., DJU 8.10.2007, p. 222] [Grifamos]*

Também nesse sentido, decidiu o Superior Tribunal de Justiça que o conceito de "serviço", para fins de ISS, deve, nos termos do citado art. 110 do CTN, ser buscado no próprio texto constitucional. Por igual razão, para fins de contribuição social não se deve equiparar "remuneração" a "salário", em desrespeito ao conceito de "salário" constante da Consolidação das Leis do Trabalho, *verbis*:

> TRIBUTÁRIO – ISS – ARRENDAMENTO MERCANTIL – OBRIGAÇÃO DE FAZER – CONCEITO PRESSUPOSTO PELA CONSTITUIÇÃO FEDERAL DE 1988 – AMPLIAÇÃO DO CONCEITO QUE EXTRAVASA O ÂMBITO DA VIOLAÇÃO DA LEGISLAÇÃO INFRACONSTITUCIONAL PARA INFIRMAR A PRÓPRIA COMPETÊNCIA TRIBUTÁRIA CONSTITUCIONAL. (...). 1. A 1ª Turma de Direito Público **pacificou** a jurisprudência desta Corte no sentido de que a questão relativa à caracterização da operação de arrendamento mercantil como prestação de serviço (obrigação de fazer), para fins de incidência do ISS, nos termos do art. 156, III, da Carta Magna, encerra **índole notadamente constitucional**, razão pela qual revela-se **de integral competência do STF** (REsp n. 805.317-RS, rel. para acórdão Min. Luiz Fux, *DJU* 21.9.2006). 2. Deveras, àquela oportunidade restou assente que, *in verbis*: "A interpretação dos dispositivos constitucionais não pode deixar de lado os conceitos utilizados expressamente pela Constituição. Admitir-se que o legislador pudesse

modificá-los seria permitir ao legislador alterar a própria Constituição Federal, modificando as competências tributárias ali definidas. Por isso, ensina Aires F. Barreto que 'o conceito de serviço tributável, empregado pela Constituição Federal para discriminar (identificar, demarcar) a esfera de competência dos Municípios, é um conceito de direito privado'. Conclui afirmando ser 'indispensável – para reconhecer a precisa configuração dessa competência – verificar o quê, segundo o direito privado, se compreende no conceito de serviço'. Assim, **o estudo do significado de serviço de qualquer natureza incorporado pela Constituição Federal/1988 para definir a competência tributária dos Municípios deve ser feito tendo-se em conta o conceito construído pelo direito privado, por força do disposto no art. 110 do CTN.** Este dispositivo traz uma relevante regra de conduta destinada ao legislador tributário ao dispor que: 'A lei tributária não pode alterar a definição, o conteúdo e o alcance de institutos, conceitos e formas de direito privado, utilizados, expressa ou implicitamente, pela Constituição Federal, pelas Constituições dos Estados, ou pelas Leis Orgânicas do Distrito Federal ou dos Municípios, para definir ou limitar competências tributárias'. Convém ressaltar que este comando criado pelo legislador complementar, com o objetivo de obstar à violação da norma constitucional que atribui competência tributária, é meramente expletivo, pois à mesma conclusão se chegaria interpretando-se o sistema constitucional tributário. **Para Paulo de Barros Carvalho, 'o imperativo não vem diretamente do preceito exarado no art. 110. (...). A rígida discriminação de campos materiais para o exercício da atividade legislativa dos entes tributantes, tendo estatura constitucional, por si só já determina essa inalterabilidade'.** A definição de cada instituto utilizada pela Constituição Federal não pode ser manipulada pelo legislador para ampliar o campo de incidência tributária. Como se verá adiante com maior profundidade, isto resulta não apenas na violação da regra ínsita no art. 110 do CTN, mas na ofensa à própria norma constitucional que definiu a regra-matriz de incidência. **Essa orientação é pacífica não apenas entre os doutrinadores, mas emana do entendimento exarado pelo próprio STF, que, em diversas oportunidades, vedou a manipulação do texto constitucional que tinha por objetivo o acréscimo de receita tributária do Estado.** (...). A doutrina é pacífica no sentido de que todos os fatos sobre os quais é possível instituir imposto estão definidos na Constituição Federal/1988, ainda que implicitamente, para a partilha de competências tributárias. Pode-se dizer que a Constituição traz preestabelecidos os limites para o exercício das competências pelas pessoas políticas designadas, que devem ser respeitados, sob pena de violação ao próprio texto constitucional. **Por esta razão, Aires F. Barreto defende ser 'inteiramente descabida a busca por critérios ou parâmetros definidores das competências tributárias em normas que não sejam da própria Constituição'.** A hermenêutica do sistema constitucional tributário, portanto, não autoriza tributar fatos que não se amoldem à definição, conteúdo e alcance de institutos e conceitos utilizados pela Constituição para definir ou limitar competências tributárias. **Este é o sentido didático do art. 110 do CTN, que, 'ainda que não existisse, teria de ser como nele está determinado, para se evitar que a esfera de competência seja ampliada de maneira inconstitucional.** Como demonstrado, o STF, nas oportunidades em que enfrentou esta questão, tem reconhecido a inconstitucionalidade da legislação infraconstitucional em descompasso com os conceitos constitucionais utilizados para delimitar a competência impositiva. As regras de competência tributária impostas às pessoas políticas são desrespeitadas neste caso, porquanto quando não se tributa a prestação de serviço pretendida pela Constituição se estarão tributando outros fatos, tais como a compra e venda, o financiamento e a renda, invadindo, pois sua vez, a competência tributária dos Estados (art. 155, II) e da União (art. 153, III e V) assinalada pela Constituição Federal/1988. Em vista disso, e para se preservar a harmonia do sistema constitucional tributário, impende reconhecer a inconstitucionalidade da lei complementar que prevê como hipótese de incidência do ISS fatos que não são serviços. Oportunas as lições do **saudoso Geraldo Ataliba** sobre o ISS, no sentido de que 'a circunstância de outorgar a Constituição à lei complementar a tarefa de definir os serviços não quer significar, absolutamente, que a Constituição tenha dado ao legislador complementar a liberdade de ampliar o conceito de serviço pressuposto constitucionalmente. **Roque Carrazza**, em sintonia com esse entendimento, é categórico ao afirmar que 'a lei complementar não pode criar, para fins de ISS, a figura do 'serviço por definição legal'. **Se o fizer, será inconstitucional, por dilatar competências tributárias municipais e, o que é pior, por atropelar direitos inalienáveis dos contribuintes'**. Aires F. Barreto não diverge ao sustentar que 'todo e qualquer fato que, exorbitando o conceito de serviço empregado pelo art. 156, III, da CF, for colocado sob a incidência de imposto municipal importa exigência inconstitucional de tributo por invasão de competência alheia'. **A rigidez conceitual das regras de competência deve ser privilegiada, também, por força da estrutura federativa concebida na Constituição Federal/1988, que prevê autonomia legislativa entre os entes federados e harmonia de atuação entre eles.** O princípio federativo, expressamente consagrado no art. 1º da CF/1988, é um dos pilares de sustentação do sistema constitucional, com ampla aplicação no que se refere às normas de imposição tributária. Sua importância, vale frisar, a elegeu a cláusula pétrea constitucional (art. 60, § 4º). **José Eduardo Soares de Melo**, por seu turno, elenca as características básicas do regime federativo, dentre as quais destacamos para o estudo, pela pertinência, o esquema de constituição rígida e poderes que derivam da sua constituição compatibilizada com a repartição de competências que está na Constituição Federal. Sobre a estrutura federativa, Roque Carrazza comenta que 'a Constituição estruturou o país sob a forma federativa e, para reforçá-la, repartiu as competências legislativas (inclusive tributárias) entre a União, Estados e

> Municípios. **Por estas razões, pensamos que a alteração do conceito de serviço implica grave violação da partilha de competência tributária delimitada na Constituição, desestabilizando, por conseguinte, a estrutura federativa de Estado por ela adotada**'. Assim, diante das inconstitucionalidades que recendem no presente estudo, perpetradas pelo legislador complementar ao modificar o conceito de serviço adotado pela Constituição, é manifesta a competência do STF para o julgamento da questão, nos termos do comando ínsito no art. 102 da CF/1988" (parecer da lavra de Luiz Rodrigues Wambier, datado de 20.7.2006). 3. Recurso especial não conhecido. *[STJ, 1ª Turma, REsp 838.968-SC, rel. Min. Luiz Fux, j. 6.9.2007, v.u., DJU 15.10.2007, p. 235] [Grifamos]*

Nada obstante, a Suprema Corte manifestou-se em sentido contrário ao acima exposto e, de conseguinte à Sumula Vinculante 31 ("É inconstitucional a incidência do imposto sobre serviços de qualquer natureza – ISS sobre operações de locação de bens móveis."), quando admitiu a incidência do ISS na cessão de direitos de uso. Na ocasião, apreciou o Tema 581 da repercussão geral, negou provimento ao recurso extraordinário e fixou a tese nos seguintes termos: "As operadoras de planos privados de assistência à saúde (plano de saúde e seguro-saúde) realizam prestação de serviço sujeita ao Imposto Sobre Serviços de Qualquer Natureza – ISSQN, previsto no art. 156, III, da CRFB/88" (RE n. 651.703 ED/PR). Veja-se excerto da ementa do acórdão, *verbis*:

> (...).
>
> 10. **A Constituição Tributária deve ser interpretada de acordo com o pluralismo metodológico**, abrindo-se para a interpretação segundo variados métodos, que vão desde o literal até o sistemático e teleológico, **sendo certo que os conceitos constitucionais tributários não são fechados e unívocos**, devendo-se recorrer também aos aportes de **ciências afins** para a sua interpretação, como a Ciência das Finanças, Economia e Contabilidade.
>
> (...).
>
> 21. Sob este ângulo, o **conceito de prestação de serviços** não tem por premissa a configuração dada pelo Direito Civil, mas **relacionado ao oferecimento de uma utilidade para outrem**, a partir de um conjunto de atividades materiais ou imateriais, prestadas com habitualidade e intuito de lucro, podendo estar conjugada ou não com a entrega de bens ao tomador[...]". *[Grifamos]*

- **Legislação Tributária: interpretação literal de norma de isenção tributária**

Acerca do disposto no art. 111, do CTN/66, o acórdão abaixo transcrito versa sobre a necessidade de se interpretar restritivamente a lei que conceda isenção, *verbis*:

A determinação de suspensão do pagamento da contribuição PIS e da COFINS restringe-se às operações de vendas efetuadas a pessoas jurídicas que produzam as mercadorias ali descritas, diante da **interpretação literal** do art. 54, III, da Lei n. 12.350/2010, imposta aos casos de **concessão de benefícios fiscais** (art. 111, I, do CTN). *[AgInt no REsp n. 1.805.112-CE, 2ªT, rel. min. Afrânio Vilela, j. 3.9.2024, v.u., DJe 9.9.2024] [Grifamos]*

Temas para Pesquisa e Dissertação

1. "Vigência e Aplicação da Lei Tributária. Conceitos."
2. "Termos Inicial e Final da Vigência da Lei: Publicação (Conceito e Relevância). Alteração da Lei."
3. "Repristinação. Princípios da Anterioridade e da Irretroatividade".

Questões

1. Quando entra em vigor a lei que cria ou aumenta tributo? E as normas complementares, segundo o CTN/66?

2. O que se entende por "repristinação"? Neste caso, deve-se observar o Princípio Constitucional da Anterioridade Tributária?

3. Qual é a distinção entre majoração de tributo e atualização monetária da respectiva base de cálculo?

4. Em que consiste a hermenêutica jurídica? Há método próprio para interpretar a legislação tributária?

5. Na ausência de norma tributária expressa, como deverá ser aplicado a Legislação Tributária ao caso concreto?

Consultas

1. **[41º Exame de Ordem Unificado, 2024, n. 2]** Em agosto de 2023, o Governador do Estado Alfa sancionou uma lei ordinária estadual revogando, com efeitos imediatos, a isenção de IPVA que era concedida para todos os automóveis movidos a biocombustível e fixando a alíquota de ICMS sobre operações com combustíveis em 29,8%, patamar superior à alíquota de ICMS das operações em geral daquele Estado (que era de 17%). A Associação das Empresas de Transporte do Estado Alfa contratou você, como advogado(a) para orientá-la sobre essas mudanças tributárias. Diante desse cenário, responda aos itens a seguir. A) A revogação daquela isenção de IPVA pode produzir os efeitos imediatos conforme prevê expressamente a referida lei ordinária? Justifique. (Valor: 0,65) B) É válida a fixação de alíquotas de ICMS nas operações com combustíveis em patamar superior à alíquota das operações em geral do Estado Alfa? Justifique. (Valor: 0,60) Obs.: o(a) examinando(a) deve fundamentar suas respostas. A mera citação do dispositivo legal não confere pontuação.

2. **[41° Exame de Ordem Unificado, 2024, n. 3]** Natureza 100 Ltda., prestadora de serviços de corte e poda de árvores, buscando diminuir seus custos tributários, resolveu alterar sua sede do Município Alfa para o Município Beta. Embora em ambos os municípios a alíquota de ISS para tais serviços fosse de 2,5%, uma lei recente aprovada pela Câmara de Vereadores do Município Beta, sancionada pelo Prefeito, concedeu redução da base de cálculo do ISS incidente sobre tais serviços, resultando em carga tributária menor, que equivaleria a uma alíquota de 2%. A mesma lei também afirmava que produziria seus efeitos imediatamente, não necessitando aguardar o exercício financeiro seguinte. Diante desse cenário, responda aos itens a seguir. A) O Município Beta poderia conceder tal redução da base de cálculo do ISS incidente sobre tais serviços? Justifique. (Valor: 0,65) B) Tratando-se de lei em matéria tributária, poderia a lei de redução de base de cálculo produzir seus efeitos imediatamente? Justifique. (Valor: 0,60) Obs.: o(a) examinando(a) deve fundamentar suas respostas. A mera citação do dispositivo legal não confere pontuação.

Testes

1. **[40° Exame de Ordem Unificado, 2024, n. 26]** Para conter a escalada de preços dos combustíveis que vem afetando a economia nacional, a equipe econômica do governo federal estuda a possibilidade de conceder, mediante lei complementar editada exclusivamente para tal fim, uma isenção temporária de um ano sobre todos os tributos federais e estaduais incidentes sobre os combustíveis (petróleo e derivados), atendendo aos requisitos das leis orçamentárias. Diante desse cenário, assinale a afirmativa correta.

   a) ( ) A concessão de tal isenção, mediante lei complementar, de caráter nacional, exclusivamente para este fim é admitida pela Constituição Federal.

   b) ( ) Sendo tal benefício fiscal apenas temporário, pode ser excepcionalmente admitido por ter, como causa, uma situação extraordinária de interesse nacional.

   c) ( ) Tal lei afronta a Constituição Federal ao atingir tributos de competência estadual.

   d) ( ) A competência tributária é privativa da Agência Nacional de Petróleo (ANP) quanto à tributação de combustíveis, e tal lei acaba por violá-la.

2. **[38° Exame de Ordem Unificado, 2023, n. 27]** Em dezembro de 2022, um decreto do prefeito do Município Alfa atualizou o valor do Imposto Predial e Territorial Urbano (IPTU), a contar de 1° de janeiro de 2023, atendo-se à aplicação de índice oficial de atualização monetária. Além disso, neste

mesmo decreto, acompanhado da estimativa de impacto orçamentário e financeiro, estabeleceu-se, também a contar de 1° de janeiro de 2023, a isenção do IPTU para os imóveis localizados no Centro da cidade que fossem destinados exclusivamente para moradia, visando a diversificar a ocupação naquele local e dar efetividade ao princípio da função social da propriedade. Diante deste cenário, assinale a afirmativa correta.

a. ( ) Tal decreto poderia ser usado apenas para atualizar o valor do IPTU.

b. ( ) A concessão de tal isenção, por ter base na função social da propriedade, poderia ser feita por meio de decreto.

c. ( ) Embora possa ser usado tanto para a atualização deste valor do IPTU como para a concessão deste tipo de isenção, tal decreto violou o princípio da anterioridade tributária nonagesimal.

d. ( ) Este decreto não é instrumento normativo hábil seja para a atualização deste valor do IPTU, seja para a concessão deste tipo de isenção.

3. **[38° Exame de Ordem Unificado, 2023, n. 29]** O Governador do Estado Alfa, diante da grande quantidade de bicicletas elétricas circulando em seu território, e visando aumentar a arrecadação, oficiou à sua Secretaria da Fazenda para adotar alguma forma de cobrança quanto a tais veículos. Esta, por sua vez, orientou seus fiscais a cobrar o Imposto sobre Propriedade de Veículos Automotores (IPVA), aplicando a incidência deste imposto, por analogia, às bicicletas elétricas, ainda que não classificadas como veículos automotores propriamente ditos pela legislação de trânsito pertinente. O sindicato dos lojistas do setor o(a) consulta, como advogado(a), a respeito desta incidência. Diante desse cenário, assinale a afirmativa correta.

a. ( ) É válida a exigência deste imposto, uma vez que as bicicletas elétricas se enquadram no conceito de veículo automotor por analogia.

b. ( ) Está dentro da competência estadual a tributação sobre a propriedade de bicicletas elétricas.

c. ( ) Tal tributação por analogia envolvendo bicicletas elétricas é vedada no ordenamento jurídico nacional.

d. ( ) A exigência deste imposto sobre bicicletas elétricas dependeria da edição de um decreto, cuja competência é privativa do Governador.

4. **[Assessoramento Legislativo, Senado Federal, 2022, n. 67]** Recentemente, o Brasil firmou alguns acordos com Singapura, Suíça e Emirados Árabes Unidos com o objetivo de evitar a dupla tributação. Sobre os acordos que visam evitar a dupla tributação, analise as afirmativas a seguir.

I. A execução dos acordos e a sua incorporação à ordem jurídica interna depende do Congresso Nacional, que resolve, definitivamente, mediante decreto legislativo, sobre tratados, acordos ou atos internacionais, e do Presidente da República, que, além de poder celebrar esses atos, também dispõe da competência para promulgá-los mediante decreto.

II. O Brasil adota, em sua política de negociação de tratados contra a dupla tributação, a Convenção Modelo da Organização para a Cooperação e Desenvolvimento Econômico ("OCDE"), na qual é membro.

III. Os acordos para evitar a dupla tributação são instrumentos de Direito Internacional Público, firmados entre Brasil e outros Estados soberanos, para evitar ou mitigar os efeitos da bitributação por meio de concessões mútuas. Está correto o que se afirma em

a) ( ) I, apenas.

b) ( ) II, apenas.

c) ( ) I e III, apenas.

d) ( ) II e III, apenas.

e) ( ) I, II e III.

5. [Assessoramento Legislativo, Senado Federal, 2022, n. 71] Sobre a aplicação e interpretação da legislação tributária, analise as afirmativas a seguir e assinale (V) para a verdadeira e (F) para a falsa. ( ) A lei meramente interpretativa não pode ser aplicada retroativamente. ( ) Aplica-se retroativamente nova lei que aplica multa de ofício mais branda, quando finalizado o processo no âmbito administrativo, mas ainda pendente de julgamento no judiciário. ( ) Na ausência de disposição expressa, a autoridade competente poderá utilizar a analogia, assim entendida como a interpretação extensiva para determinar, por exemplo, a incidência subjetiva de lei tributária concessiva de parcelamento. As afirmativas são, segundo a ordem apresentada, respectivamente,

a) ( ) F, V e F.

b) ( ) V, V e F.

c) ( ) V, F e V.

d) ( ) F, F e V.

e) ( ) V, F e F.

6. [XXIV Exame de Ordem Unificado, 2018.1, n. 25] O Município X, graças a uma lei municipal publicada no ano de 2014, concedeu isenção de IPTU aos proprietários de imóveis cujas áreas não ultrapassassem 70m². João possui um imóvel nessa condição e procura seus serviços, como advogado(a), para saber se deve pagar a taxa de coleta de resíduos sólidos urbanos, instituída pelo município por meio de lei publicada em junho de 2017, a ser exigida a partir do exercício financeiro seguinte. Diante desse quadro fático, assinale a afirmativa correta.

a) ( ) João não deve pagar a taxa de coleta, uma vez que a isenção do IPTU se aplica a qualquer outro tributo.

b) ( ) João não deve pagar a taxa de coleta, porque, sendo a lei instituidora da taxa posterior à lei que concedeu a isenção, por esta é abrangida, ficando João desobrigado do IPTU e da taxa.

c) ( ) João deve pagar a taxa de coleta, porque a isenção só é extensiva às contribuições de melhoria instituídas pelo município.

d) ( ) João deve pagar a taxa de coleta, porque, salvo disposição de lei em contrário, a isenção não é extensiva às taxas.

7. [Exame de Ordem/BA, 2004.1, n. 84] Havendo necessidade de alteração de disposições previstas no Códssigo Tributário Nacional, é correto afirmar que deverão ser veiculadas por meio de

a) ( ) Lei Ordinária.
b) ( ) Lei Complementar.
c) ( ) Emenda Constitucional.
d) ( ) Decreto Legislativo.

6

COMPETÊNCIA E CAPACIDADE TRIBUTÁRIA

6.1 COMPETÊNCIA TRIBUTÁRIA – FUNDAMENTO CONSTITUCIONAL

A Constituição Federal de 1988, [CF/88], é rígida, razão pela qual ocupa posição hierarquicamente superior às demais leis que integram o ordenamento jurídico brasileiro, denominadas "leis infraconstitucionais". O Poder Constituinte Originário brasileiro – inicial, ilimitado e incondicionado – optou pela descentralização política tributária, permitindo a todos os entes da federação e respectivos municípios a instituição de tributos, mediante lei. A esse respeito, as *normas constitucionais de estrutura* – ou seja, as que dispõem sobre a formação, alteração e extinção de outras normas – limitam-se a estabelecer:

- as pessoas que podem legislar no Brasil, isto é, as chamadas "pessoas políticas de direito público", quais sejam União, Estados, Distrito Federal e Municípios;
- os instrumentos normativos hábeis à veiculação de normas jurídicas: emenda constitucional, lei complementar, leis ordinárias, leis delegadas, medidas provisórias, decretos legislativos e resoluções;
- o processo legislativo para a elaboração das leis, em sentido amplo;
- a repartição, por matéria, da função legislativa para cada pessoa política de direito público;

- as cláusulas pétreas, ou seja, a proibição de emenda constitucional tendente a abolir a forma federativa de Estado; o voto direto, secreto, universal e periódico; a separação dos Poderes; os direitos e garantias individuais.

Interessa-nos, especialmente para os fins deste capítulo, distinguir a função legislativa da função administrativa, com vistas a apresentar os correlatos institutos de direito tributário, com suas peculiaridades.

Função legislativa diz respeito à elaboração de leis, isto é, dos veículos introdutores de normas jurídicas no sistema normativo. Vale lembrar que as *normas de conduta* têm por escopo a disciplina do comportamento humano visando à consecução do bem comum. Como corolário disso, cumpre reconhecer que, sob o Estado de Direito, o homem tem liberdade para fazer ou deixar de fazer o que quiser, desde que a lei não proíba ou lhe imponha a realização de determinada conduta. Dentre os poderes Estado, destaca-se o Poder Legislativo, cuja função típica, preponderante, vale gizar, consiste em elaborar leis.

Doutra parte, incumbe ao Poder Executivo atuar sempre em conformidade com os comandos normativos. A *função administrativa*, portanto, cinge-se ao fiel e irrestrito cumprimento das leis. Ao contrário do particular, portanto, a Administração Pública somente dispõe de liberdade para agir nos casos em que estiver legalmente autorizada.

Em abono ao alegado, podemos inferir que a obrigação de dar dinheiro ao Estado a título de "tributo" pressupõe o exercício da *função legislativa*. É dizer, cabe à lei instituir previamente o tributo, para que, mediante a ocorrência do fato gerador no mundo fenomênico, seja possível aferir o nascimento da obrigação tributária em concreto. Nesses termos, somente após a ocorrência do fato gerador, caberá, por meio do exercício da *função administrativa*, a cobrança do respectivo crédito tributário.

6.1.1 Competência tributária – conteúdo e alcance

Competência tributária é a permissão para criar[1] tributo atribuída pela Constituição Federal às pessoas políticas de direito público, denominadas "entes tributantes".

Vale frisar que, no Brasil, somente a Lei Maior tem força normativa para determinar quem pode legislar em matéria tributária, isto é, para designar quem pode instituir abstratamente tributo. Saliente-se ainda que a competência para instituir tributo compreende a faculdade de aumentar ou diminuir a carga tributária, de conceder e revogar isenção, de perdoar a dívida, bem como a faculdade de estabelecer deveres instrumentais no interesse da arrecadação e fiscalização de tributos.

Criar tributo é editar lei que contenha, abstratamente, a descrição do seu "fato gerador" e a "prescrição da relação jurídica tributária" que dele deriva. Esta, de seu turno, compreende a indicação de quem figurará nos polos ativo e passivo, bem como dos critérios que identificarão o seu objeto, em regra, alíquota e base de cálculo. À legislação tributária do respectivo ente tributante caberá estabelecer, para fins de cumprimento da obrigação tributária legalmente instituída, o local, a forma e o momento em que deverá ser efetuado o pagamento dos tributos que se fizerem devidos.

Noutro dizer, a obrigação tributária abstrata é consequência jurídica do fato gerador descrito em lei, genérica e abstratamente, doutrinariamente denominado "hipótese de incidência tributária". Somente com a realização do fato imponível, isto é, do fato gerador no mundo fenomênico, pode-se aferir o nascimento da obrigação tributária *em concreto.*

Para majorá-lo, isto é, para aumentar o tributo já criado abstratamente, deve-se elevar a alíquota e/ou a base de cálculo, (função legislativa).

Para minorá-lo, isto é, para diminuir o tributo já criado abstratamente, deve-se reduzir a alíquota e/ou a base de cálculo (função legislativa).

No tocante à isenção, cumpre destacar duas acepções. Segundo se infere do disposto no art. 175, do CTN/66, isenção é causa de exclusão do crédito tributário,2 de modo que, num primeiro momento, cria-se o tributo mediante lei e, num momento posterior, mas antes da ocorrência do fato gerador em concreto, a lei exclui o crédito tributário. A segunda acepção parte da premissa de que não há cronologia no âmbito das normas jurídicas, de modo que, sob a vigência da lei isentiva e da lei instituidora do tributo, ambas deverão ser interpretadas conjuntamente para que se possa inferir a norma de isenção. Neste caso, sequer nascerá a obrigação tributária – portanto, nem crédito tributário que possa ser excluído – ante à inexistência de fato gerador do tributo. Tornando ao nosso rumo, qualquer que seja a acepção de isenção adotada, importa reconhecer que sua concessão ou revogação somente poderá ser veiculada por meio de lei resultante do exercício da competência tributária.

Remissão é a dispensa legal do pagamento do tributo. Noutras palavras, o ente tributante poderá, mediante lei, perdoar o respectivo débito tributário. Saliente-se que, por meio da remissão legal, a própria obrigação tributária, oriunda da ocorrência do fato gerador realizado no mundo fenomênico, desaparece com a dispensa legal do cumprimento do seu objeto.

6.1.2 Características da competência tributária

No Brasil, somente a Constituição Federal pode atribuir competência legislativa, por meio das chamadas "normas de estrutura". Essas normas não criam tributos, apenas informam a matéria e o processo de elaboração de leis, com vistas à introdução de normas jurídicas no ordenamento jurídico, dentre as quais as que instituem tributos.

As normas instituidoras de tributos são normas de conduta, pois prescrevem a conduta de dar dinheiro ao Estado. Como toda e qualquer norma infraconstitucional, devem estar sempre em conformidade com o disposto na Lei Maior. Como corolário disso, o poder de tributar concedido aos entes tributantes é um poder limitado, razão pela qual recebe uma denominação própria, qual seja "competência tributária".

O exercício da competência tributária está sujeito à observância de princípios constitucionais gerais e específicos, conforme se refira a todo os tributos ou penas a determinada espécie tributário. Por oportuno, convém apresentar como um dos princípios gerais tributários que, apesar de implícito, alcança todos os tributos, qual seja o Princípio Constitucional Geral da Reserva de Competência Tributária. Este princípio deita suas raízes na rigidez que caracteriza a CF/88, cujas normas somente poderão ser revogadas, total ou parcialmente, por meio de Emenda Constitucional, cuja proposta, ademais, não seja tendente a abolir cláusulas pétreas, como, por exemplo, o pacto federativo e os direitos e garantias individuais.

Com efeito, ao repartir a competência tributária entre a União, Estados, Munícipios e Distrito Federal, reconhecendo, a todos, autonomia político-financeira, a CF/88, implicitamente, consagrou o princípio em apreço, do qual se infere o direito constitucional dos contribuintes de somente serem tributados pelo ente tributante competente.

Para ilustrar, se lei ordinária de determinado Município institui o IPTU estabelecendo uma alíquota de 0,5% sobre o valor venal do imóvel e posteriormente lei ordinária federal eleva referida alíquota para 2%, há de prevalecer a lei do ente tributante competente para instituir o IPTU (Município), padecendo a lei ordinária federal de flagrante inconstitucionalidade por violação ao princípio da reserva de competência tributária (impositiva), isto é, por ter invadido a esfera de competência tributária reservada apenas aos Municípios e Distrito Federal para a instituição do referido imposto.

Acrescente-se ainda outras características da competência tributária que, de igual modo, derivam da premissa segundo a qual, sob pena de incorrer em inconstitucionalidade, nenhuma lei poderá revogar ou alterar o disposto na Lei Maior, mormente as que violem cláusulas pétreas. Nesses termos, pode-se dizer que a competência tributária é irrenunciável, inalterável, indelegável e incaducável.

Em tese, seu exercício é faculdade atribuída aos entes tributantes. É dizer, salvo raras exceções, como os tributos sujeitos ao regime da não cumulatividade, fica a critério dos entes tributantes exercer ou não a competência tributária que lhes fora reservada pela Lei Maior, sem o risco de perdê-la. Cite-se, como exemplo, o Imposto sobre Grandes Fortunas que, até o momento, não foi instituído pela União, consoante lhe faculta a Constituição Federal de 1988.

Convém relembrar que, por igual razão, não há hierarquia, em matéria tributária, entre lei complementar (veiculadora de normas gerais) e lei ordinária, assim como entre leis ordinárias federal, estadual, distrital e municipal quando dispõem sobre seus respectivos tributos, com esteio na repartição constitucional de competência tributária.

6.1.3 Bitributação e "bis in idem"

Como consequência da repartição constitucional de tributos, é vedado, como regra geral, o emprego da "bitributação" e do "bis in idem".

Bitributação é o fenômeno pelo qual o mesmo "fato gerador" vem a ser tributado duas ou mais vezes por entes tributantes distintos.

Para ilustrar, suponha-se que seja instituído, por lei municipal, e por lei estadual, imposto sobre a prestação de serviço de radiodifusão sonora, a título de ISS e ICMS, respectivamente. O prestador do referido serviço estaria, portanto, sujeito à bitributação, inconstitucional, vale gizar, uma vez que o Estado não dispõe de competência para tributar referido serviço, apenas o Município e o Distrito Federal, em seus respectivos territórios.

Bis in idem é o fenômeno pelo qual o *mesmo ente tributante* tributa duas ou mais vezes o mesmo "fato gerador".

Para melhor elucidar, exemplifiquemos: lei ordinária federal cria o imposto de importação (II), descrevendo como hipótese de incidência o comportamento de alguém importar mercadoria estrangeira e como base de cálculo o valor da mercadoria.

Nova lei ordinária federal, no entanto, a pretexto de criar uma taxa (tributo) sobre determinado serviço público aduaneiro (fato gerador), também atribui como base de cálculo o valor da mercadoria importada, quando, sob pena de incorrer em "bis in idem", deveria referir-se ao custo despendido para a prestação do respectivo serviço público.

Em remate, bitributação e *bis in idem* são inconstitucionais, salvo nas hipóteses em que a própria Constituição Federal excepcionar (*v.g.*, o inciso II do art. 154 da CF de 1988).

6.1.4 Entes competentes para tributar

A expressão "entes tributantes" designa as pessoas políticas de direito público que, no Brasil, podem instituir tributos, quais sejam: União, Estados-membros, Distrito Federal e Municípios.

A competência para instituir tributo é exercida por meio de lei infraconstitucional, em regra, ordinária; excepcionalmente, lei complementar.

Quem pode instituir (função legislativa), também pode arrecadar (função administrativa).

Para elaborar lei, por tanto, é necessário ter Poder Legislativo.

De conseguinte, a União poderá instituir seus próprios tributos por meio de lei ordinária federal elaborada pelo Congresso Nacional. Os Estado-membros, por meio de lei ordinária estadual, elaborada pelas respectivas Assembleias Legislativas. O Distrito Federal, mediante lei ordinária emanada da Câmara Legislativa. Os Municípios, de seu turno, por meio de lei ordinária municipal, elaborada pela Câmara dos Vereadores. Os Territórios não são entes tributantes, uma vez que não possuem Poder Legislativo. Transcreva-se:

> **[CF/88] Art. 147.** Competem à União, em Território Federal, os **impostos** estaduais e, se o Território não for dividido em Municípios, cumulativamente, os **impostos** municipais;(...). *[Grifamos]*

Note-se que o Território, embora não possa instituir tributos, poderá arrecadá-los, nos termos da lei emanada do ente competente para tributar.

Tecidas essas breves considerações acerca da competência tributária, vejamos agora, em caráter complementar, algumas noções sobre capacidade tributária.

6.1.5 Fiscalidade e Extrafiscalidade

Sem torneios de linguagem, *fiscalidade* é o emprego da tributação com fins preponderantemente arrecadatórios (abastecimento dos cofres públicos).

De seu turno, *extrafiscalidade* é o emprego de meios tributários com a finalidade precípua de disciplinar comportamentos de virtuais contribuintes, relegando para um segundo plano a arrecadação do tributo.

Bom exemplo, ao propósito, de "extrafiscalidade" é a concessão de incentivos fiscais, tais como isenções, diminuição de alíquotas, aumento do prazo para pagar etc., com o intuito de estimular o desenvolvimento industrial nas regiões menos favorecidas do País.

6.2 CAPACIDADE TRIBUTÁRIA

A expressão "capacidade tributária", de sua vez, designa a aptidão para figurar nos polos ativo ou passivo da relação jurídica tributária, nos termos da lei, pois ninguém é obrigado a fazer ou a deixar de fazer algo, senão em virtude de lei.

A capacidade tributária em comento pode ser ativa ou passiva. Deveras, se a Constituição Federal optou por delegar a outrem a competência tributária, os sujeitos ativo e passivo da relação jurídica tributária só poderão ser estabelecidos pelos respectivos delegatários, denominados entes tributantes.

6.2.1 Capacidade Tributária Ativa

Capacidade tributária ativa é aptidão para arrecadar tributo.

"Sujeito ativo" da relação jurídica tributária, portanto, é a pessoa a quem a lei atribui capacidade tributária ativa, ou seja, é a pessoa que dispõe de autorização legal para arrecadar tributo. Como regra geral, o sujeito ativo é o próprio ente tributante. Sendo omissa a lei instituidora do tributo, o sujeito ativo será o próprio ente tributante, representado pela Fazenda Pública.

Cumpre, todavia, registrar que o CTN/66, nesta passagem, não se pautou com precisão terminológica. Vejamos:

> **[CTN/66] Art. 119.** Sujeito **ativo** da obrigação é a pessoa jurídica de direito público, titular da competência para **exigir** o seu **cumprimento**. *[Grifamos]*

Nada obstante, é pacífico o entendimento doutrinário de que, em tese, qualquer pessoa – física ou jurídica, pública ou privada ("longa manus" do Poder Público) – poderá ser "sujeito ativo" da relação jurídica tributária. Por igual razão, se assim dispuser a lei, poderá ainda lhe ser atribuída a função administrativa de não apenas arrecadar o tributo, mas também a de empregar o dinheiro arrecadado para executar finalidade pública ou de interesse público.

Acrescente-se, por oportuno, o disposto no CTN/66, aplicável no que couber, a esse respeito, *verbis*:

> **[CTN/66] Art. 120.** Salvo disposição de lei em contrário, a pessoa jurídica de direito público, que se constituir pelo **desmembramento territorial** de outra, **sub-roga-se** nos direitos desta, cuja **legislação tributária** aplicará **até que** entre em vigor a sua própria. *[Grifamos]*

Em breve síntese, o "sujeito ativo" da relação jurídica tributária – a quem compete o exercício da função administrativa de cobrar ou receber o produto da arrecadação – é determinado pela lei do ente tributante que tenha permissão constitucional para criar, abstratamente, o respectivo tributo.

6.2.2 Capacidade Tributária Ativa Auxiliar

Capacidade tributária ativa auxiliar é a aptidão para arrecadar tributo e repassá-lo à entidade tributante.

Note-se que, ao contrário da capacidade tributária ativa, a capacidade tributária auxiliar limita-se a receber o tributo, cujo montante deverá ser repassado a terceiros, os quais, nos termos da lei, deverão zelar pela sua destinação pública ou de interesse público. É o caso, por exemplo, das instituições bancárias (Banco do Brasil, Caixa Econômica Federal) geralmente incumbidas de "receber" determinados tributos para, em seguida, "repassá-los" ao respectivo ente tributante ou a pessoa diversa, legalmente designada.

6.2.3 Parafiscalidade

Outro desdobramento importante da capacidade tributária ativa consiste na parafiscalidade. Cuida-se, também, da dissociação entre o ente tributante e o agente arrecadador do tributo, pois apenas a este último caberá arrecadar o tributo e dar a respectiva destinação pública ou de interesse público, nos termos da lei.

Doutrinariamente, diz-se que *parafiscalidade* é a delegação da capacidade tributária ativa, por meio de lei do próprio ente tributante, a terceira pessoa – física ou jurídica, pública ou privada ("longa manus" do Poder Público) –, perseguidora de finalidade pública ou de interesse público. Note-se, de passagem que, a despeito da paronímia, os termos "fiscalidade", "extrafiscalidade" – acima explicitados – e "parafiscalidade" têm acepções distintas.

Em regra, são alvo de parafiscalidade as contribuições especiais instituídas pela União e devidas, por exemplo, ao Conselho Regional de Medicina, ao Conselho Regional de Arquitetura, à Ordem dos Advogados do Brasil, ao Fundo de Garantia de Tempo de Serviço.

Contribuição parafiscal é a designação dada às "contribuições sociais" tradicionalmente arrecadadas pelo Instituto Nacional do Seguro Social (INSS[1]) – autarquia federal incumbida de efetuar o pagamento de pensões e aposentadorias –, embora, atualmente, sejam recebidas pela própria Secretária da Receita Federal do Brasil.[2] A rigor, porém, a expressão "contribuição parafiscal" pode ser empregada para designar qualquer tributo, cuja arrecadação tenha sido delegada a terceiros, por meio do que se convencionou chamar de parafiscalidade.

Ressalte-se, por oportuno, que, em tese, todo tributo poderá ser arrecadado por meio da parafiscalidade, seja contribuição social ou não, a critério do respectivo ente tributante.

Feita a distinção entre função legislativa e administrativa, vejamos o que dispõe o CTN/66, a respeito da competência tributária e capacidade tributária ativa. Transcreva-se:

1. Criado por meio da Lei n. 8.029/1990, decorrente da fusão do INPS (benefícios) com IAPAS (custeio).
2. V. art. 2º e parágrafos, da Lei n. 11.457, de 16 de março de 2007.

> [CTN/66] Art. 7º **A competência tributária é indelegável**, salvo atribuição das funções de arrecadar ou fiscalizar tributos, ou de executar leis, serviços, atos ou decisões administrativas em matéria tributária, conferida por uma pessoa jurídica de direito público a outra, nos termos do § 3º, do art. 18, da Constituição.
>
> § 1º A atribuição **compreende** as garantias e os privilégios processuais que competem à pessoa jurídica de direito **público** que a conferir.
>
> § 2º A atribuição pode ser revogada, a qualquer tempo, por ato unilateral da pessoa jurídica de direito público que a tenha conferido.
>
> § 3º **Não constitui delegação de competência** o cometimento, a pessoas de direito **privado**, do encargo ou da função de **arrecadar** tributos. *[Grifamos]*.

A redação deste dispositivo pode levar ao equívoco de supor a lei infraconstitucional tem o condão de cercear a esfera constitucional de competência tributária dos entes tributantes, ao admitir a delegação da capacidade tributária ativa apenas às pessoas jurídicas de direito público, considerando-se a menção ao preceptivo didático da Constituição dos Estados Unidos do Brasil, de 18.9.1946, *verbis*:

> [CF/46] **Art. 18** – (...).
>
> (...)
>
> § 3º – Mediante **acordo** com a **União**, os **Estados** poderão encarregar **funcionários federais** da **execução** de leis e serviços **estaduais** ou de atos e decisões das suas autoridades; e, **reciprocamente**, a **União** poderá, em matéria da sua competência, cometer a **funcionários estaduais** encargos análogos, provendo às necessárias despesas. *[Grifamos]*

O que há, na verdade, é mera imprecisão terminológica no "caput", do art. 7º, do CTN/66, afinal, o disposto no § 3º, do referido artigo, ora em comento, ressalta que a função arrecadatória também poderá ser atribuída a pessoas de direito privado.

De conseguinte, cumpre reconhecer que o legislador do CTN/66, nesta passagem, empregou a expressão "competência tributária" num sentido amplo, com vistas a compreender tanto a função de legislar (criar tributo) como a de administrar (cobrar tributo). Neste contexto, tentou demonstrar que a função de legislar necessária à instituição de tributo (competência tributária numa acepção estrita) é indelegável, enquanto a função de administrar para fiscalizar e arrecadar tributo (capacidade tributária ativa) é delegável.

Demais disso, cumpre ainda reconhecer, levando em conta o disposto no § 1º, do art. 7º, acima transcrito, apenas enfatiza que a delegação da capacidade tributária ativa a pessoas jurídicas de direito público (desprovidas de autonomia política) também poderão gozar, no exercício de sua função meramente arrecadatória, das mesmas as garantias e privilégios processuais do ente tributante. Nesse sentido, de igual modo, deve ser compreendido o disposto no já citado art. 119, do CTN/66.

Nesse passo, convém ainda ressaltar que a delegação da capacidade tributária ativa não compreende, necessariamente, a correlata incumbência de dar destinação pública ao produto arrecadado. São, pois, coisas distintas, passíveis de serem exercidas também por pessoas distintas.

De fato. Como regra geral, a mesma pessoa que arrecada, também tem o dever de satisfazer, com o dinheiro arrecadado, a finalidade pública ou de interesse público, legalmente prevista. Todavia, o ente tributante, a seu critério, também poder delegar essas duas funções administrativas a pessoas distintas.

A função meramente arrecadatória, quando delegada a pessoa jurídica de direito pública, também poderá compreender mesmas garantias e privilégios processuais do ente tributante. Já ao particular, poderá ser delegada apenas a capacidade tributária ativa auxiliar, cumulativamente ou não, com a função de dar destinação pública ou de interesse público, sempre nos termos da lei.

Por fim, cumpre obtemperar que, em quaisquer dos casos, haverá o efetivo controle das contas públicas, sem prejuízo, ademais, do controle externo, pelo Tribunal de Contas (art. 71, II, da CF de 1988), pois, somente assim é que se poderá aferir a legitimidade das instituições públicas e do próprio Estado Democrático de Direito.

6.2.4 Capacidade Tributária Passiva

Por derradeiro, *Capacidade tributária passiva* é a aptidão para figurar no polo passivo da relação jurídica tributária, ou seja, para efetuar o recolhimento do tributo.

"Sujeito passivo" da relação jurídica tributária, a propósito, é a pessoa a quem a lei atribui capacidade tributária passiva, ou seja, é a pessoa que tem o dever legal de cumprir a prestação pecuniária, legalmente prevista.

A lei pode atribuir a condição se sujeito passivo àquele que, em tese, poderá realizar o fato gerador do tributo, como também à pessoa diversa, assegurando-lhe, neste caso, condições de pronto ressarcimento.

No primeiro caso, tem-se a figura do "Contribuinte"; no segundo, a do denominado "Responsável Tributário".

6.2.5 Capacidade Tributária Passiva Auxiliar

Para fins didáticos, pode-se empregar a expressão *Capacidade Tributária Passiva Auxiliar*, para se referir a delegação da capacidade tributária passiva a terceira pessoa, diversa do contribuinte.

"Responsável Tributário", neste caso, é a pessoa a quem a lei atribui capacidade tributária passiva, ou seja, é a pessoa que deverá pagar o tributo, cujo fato gerador fora realizado pelo contribuinte.

O CTN/66, vale gizar, traz normas gerais a respeito da Responsabilidade Tributária, as quais serão examinadas num capítulo próprio.

Doutrina

Sacha Calmon[3] explicita o *sistema de divisão de Poderes* e as *funções do Estado*, com vistas a ressaltar a importância da estrutura de freios e contrapesos para a exigência de tributos no mundo civilizado, *verbis*:

> O **Estado**, ente constitucional, uma vez constituído realiza os seus fins por meio de **três funções** em que se reparte a sua atividade: legislação, administração e jurisdição. (...).
>
> Assim, a **função legislativa** é formadora do Direito pós-constitucional. A administração, executora. Ao **Executivo** cabe aplicar, executar, o Direito posto. O Executivo é servo da lei, subalterna é a função administrativa. Não está acima da lei. É instrumento de sua realização sob a vigilância do **Judiciário**, que lhe fiscaliza o grau de fidelidade ao Direito legislado, em defesa da ordem jurídica e dos cidadãos jurisdicionados. (...).
>
> Entre nós, como de resto entre os povos civilizados, a Constituição atribui ao Legislativo editar as leis tributárias dentro das balizas fincadas no próprio Texto Maior. Comete ao Executivo o poder-dever de aplicar as leis tributárias e reserva ao Judiciário a resolução das controvérsias surgidas ao propósito de sua aplicação. Com efeito, não cabe ao príncipe criar o tributo, impô-lo e, ainda, decidir sobre a legalidade de seu ato. Aqui, mais do que em qualquer outro setor da vida coletiva, impõe-se a estrutura de **freios e contrapesos** implícita no sistema da divisão de Poderes e funções do Estado, em favor de uma eficaz proteção ao cidadão/contribuinte. *[Grifamos]*

José Afonso da Silva,[4] de sua vez, salienta as consequências da rigidez da Constituição Federal de 1988, *verbis*:

> Nossa Constituição é rígida. Em consequência (sic), é a lei fundamental e suprema do Estado Brasileiro. Toda autoridade só nela encontra fundamento e só ela confere poderes e competências governamentais. Nem o Governo Federal, nem os Governos do Estado, nem os dos Municípios ou Distrito Federal são soberanos, porque todos são limitados, expressa ou

3. Sacha Calmon Navarro Coelho, *Curso de Direito Tributário Brasileiro*, 3ª ed., Rio de Janeiro, Forense, 1999, pp. 38-42.
4. José Afonso da Silva, *Curso de Direito Constitucional Positivo*, 31ª ed., São Paulo, Malheiros Editores, 2008, p. 46.

> implicitamente, pelas normas positivas daquela lei fundamental. Exercem suas atribuições nos termos nela estabelecidos.
>
> Por outro lado, **todas as normas que integram a ordenação jurídica nacional só serão válidas se se conformarem com as normas da Constituição Federal.**[7] *[Grifamos]*

Sobre a competência para instituir tributos nos *Territórios*, esclarece Aliomar Baleeiro, *verbis*:

> Os **Territórios** não são pessoas de direito público interno, como a União, o Distrito Federal, os Estados-membros e os Municípios. Não passam de possessões às quais a União, por lei, querendo, poderá outorgar maior ou menor autonomia administrativa.
>
> O ideal seria que a outorgasse gradativamente, seguindo, também nesse ponto, a política dos EUA, imitada desde a anexação do Acre. Este foi prematuramente convertido em Estado-membro sem uma fase preparatória de adaptação ao *self government* (v. *RDA* v. 74, p. 338).
>
> Mas os Municípios dos Territórios são pessoas de direito público interno, e, nisso, não há paradoxo, pois **no Brasil, diferentemente dos EUA, não se identificam como criaturas dos Estados-membros**. Historicamente, gozaram de autonomia antes das Províncias e Capitanias coloniais. A eles referiram-se todas as Constituições, desde a de 1824 até a atual (art. 15 e especialmente o inciso II, "a"). *[Grifamos]*

Acerca da instituição e arrecadação de tributo, disserta Roque Antonio Carrazza,[5] *verbis*:

> Competência tributária é a aptidão para criar, *in abstracto*, tributos. No Brasil, por injunção do princípio da legalidade, os tributos são criados, *in abstracto*, por meio de lei (art. 150, I, da CF), que deve descrever todos os *elementos essenciais* da norma jurídica tributária. Consideram-se elementos essenciais da norma jurídica tributária os que, de algum modo, influem no *an* e no *quantum* do tributo; a saber: a *hipótese de incidência* do tributo, seu *sujeito ativo*, seu *sujeito passivo*, sua *base de cálculo* e sua *alíquota*. Estes elementos essenciais só podem ser veiculados por meio de lei. (...).
>
> Sublinhamos que, neste passo, estamos aludindo à criação de tributos, tarefa exclusivamente legislativa, e não à sua mera arrecadação, mister que se relaciona com o exercício da função administrativa. Conforme já consignamos, o exercício da competência tributária é uma das manifestações

5. Roque Carrazza, *Curso de Direito Constitucional Tributário*, 24ª ed., São Paulo, Malheiros Editores, 2008, pp. 491, 492 e 493-494.

> do exercício da função legislativa, que flui da Constituição. Em suma, criar tributos é legislar; arrecadá-los, administrar. (...).
>
> Deveras, o tributo só vai irromper, *in concreto*, quando, tendo uma lei traçado, cuidadosamente, todos os aspectos da norma jurídica tributária, verifica-se, no mundo fenomênico, o fato imponível (fato gerador *in concreto*). Pois bem, a competência tributária, como vimos, é exatamente a faculdade de editar esta lei, criando, *in abstracto*, o tributo. *[Grifos do autor]*

No tocante à redação do artigo 119, do CTN/66, que trata do *sujeito ativo* da relação jurídica tributária, expõe Luciano Amaro, *verbis*:[6]

> O art. 119 do Código Tributário Nacional ficou perdido no tema. Ao dizer que "sujeito ativo da obrigação é a pessoa jurídica de direito público ...", parece querer reservar a designação para os entes políticos, mas termina por dizer: "... titular da competência para exigir o seu cumprimento". Ora, *quem exige o cumprimento da obrigação* é o *credor*, que nem sempre é o ente político que institui o tributo.
>
> As pessoas que a lei põe na condição de credores de obrigações tributárias nas situações comentadas, embora não tenham *competência tributária* (isto é, não possuam a aptidão constitucional de *criar* tributos), detêm *capacidade tributária ativa*, isto é, são habilitadas a figurar no *pólo (sic) ativo* de obrigações tributárias. Nesse sentido é que deve ser entendido o art. 119 do Código Tributário Nacional, ao falar de competência para *exigir* o *cumprimento* da obrigação tributária. Esse dispositivo peca, porém, quando supõe que o credor da obrigação tributária necessariamente tenha de ser pessoa jurídica *de direito público*, quando se sabe que o sistema constitucional admite a existência de outras entidades na condição de credoras de obrigações tributárias. Não vemos que outro rótulo dar a elas a não ser o de *sujeito ativo de obrigação tributária*. *[Grifos do autor]*

Jurisprudência

• Competência tributária e a extensão de seus contornos por meio de Emenda Constitucional

A Emenda Constitucional nº 33/2001, autorizou a incidência de ICMS nas operações de importação de equipamentos não destinados ao comércio, ainda que feita por quem não seja contribuinte habitual do imposto. A esse respeito, a Suprema Corte fixou a Tese, segundo a qual "[...]Após a Emenda Constitucional 33/2001, é constitucional a incidência de ICMS sobre operações de importação

6. Luciano Amaro, *Direito Tributário Brasileiro*, 14ª ed., São Paulo, Saraiva, 2008, p. 294.

efetuadas por pessoa, física ou jurídica, que não se dedica habitualmente ao comércio ou à prestação de serviços." (STF, RE n. 439.796, Pleno, rel. min. Joaquim Barbosa, j. 6.11.2013, v. u., DJe 17.3.2014, Tema 171). De igual teor, cite-se a respectiva súmula, *verbis*:

> **[STF] Súmula n. 660** – Não incide ICMS na importação de bens por pessoa física ou jurídica que não seja contribuinte do imposto.

- **Competência tributária e lei complementar**

Em 2021, ao apreciar o Tema Repetitivo n. 825 – "Possibilidade de os Estados-membros fazerem uso de sua competência legislativa plena, com fulcro no art. 24, § 3º, da Constituição e no art. 34, § 3º, do ADCT, ante a omissão do legislador nacional em estabelecer as normas gerais pertinentes à competência para instituir o Imposto sobre Transmissão Causa Mortis ou Doação de quaisquer Bens ou Direitos – ITCMD, nas hipóteses previstas no art. 155, § 1º, III, a e b, da Lei Maior.", a Suprema Corte fixou a *Tese*, segundo a qual "É vedado aos estados e ao Distrito Federal instituir o ITCMD nas hipóteses referidas no art. 155, § 1º, III, da Constituição Federal sem a intervenção da lei complementar exigida pelo referido dispositivo constitucional." (STF, RE n. 851.108, Pleno, rel. min. Dias Toffoli, j. 1.3.2021, p. m., DJ 26.4.2021).

- **Bitributação e Capacidade Contributiva**

O princípio constitucional da capacidade contributiva, informador dos impostos, é um dos vetores interpretativos que contribuem para o delineamento da norma padrão (constitucionalmente possível) dos impostos. A esse respeito, decidiu a Suprema Corte, *verbis*:

> (...).
>
> 2. Esta Corte possui entendimento de que **o imposto sobre a renda incide sobre o acréscimo patrimonial disponível econômica ou juridicamente** (RE 172.058, Rel. Min. Marco Aurélio). **Na antecipação de legítima, não há, pelo doador, acréscimo patrimonial disponível**. Acórdão alinhado à jurisprudência desta Corte.
>
> 3. **O constituinte repartiu o poder de tributar** entre os entes federados, introduzindo regras constitucionais, que, sobretudo no que toca aos impostos, predeterminam as materialidades tributárias. **Esse modelo visa a impedir que uma mesma materialidade venha a concentrar mais de uma incidência de impostos de um mesmo ente (vedação ao bis in idem) ou de entes diversos (vedação à bitributação).** Princípio da capacidade contributiva.

> 4. Admitir a incidência do imposto sobre a renda acabaria por acarretar **indevida bitributação** em relação ao imposto sobre transmissão causa mortis e doação (ITCMD).
>
> 5. Agravo interno a que se nega provimento. *[STF, ARE n. 1387761 AgR, T1, rel min. Roberto Barroso, j. 22.2.2023, p. m., DJ 1.3.2023] [Grifamos]*

- **STJ – Sujeição passiva e convenções particulares (CTN/66)**

O tributo nasce da lei; logo, somente a lei poderá designar a pessoa – física ou jurídica – que ocupará os polos ativo e passivo da relação jurídica obrigacional tributária. Como corolário, não cabe ao titular da capacidade tributária, ativa ou passiva, modificar a determinação legal. De igual modo, somente o titular da capacidade tributária ativa e passiva terá legitimidade *ad causam* para discutir a exação. Cite-se, para ilustrar:

> Tributário – **Imposto de renda retido na fonte** – Repetição de indébito – Legitimidade ativa *ad causam* – **Art. 123 do CTN**. 1. "Assim, tem **legitimidade ativa *ad causam*** para propor ação de repetição de indébito pleiteando a restituição dos valores indevidamente pagos a título de adicional de imposto de renda o **contribuinte substituído que realiza o fato gerador**, e efetivamente tem o dever de arcar com o ônus da tributação" (REsp n. 596.275-RJ, rela. Min. Denise Arruda, 1ª Turma, *DJU* 9.10.2006). 2. "Salvo disposições de lei em contrário, as convenções particulares, relativas à responsabilidade pelo pagamento de tributos, não podem ser opostas à Fazenda Pública, para modificar a definição legal do sujeito passivo das obrigações tributárias correspondentes" (art. 123 do CTN) 3. Agravo regimental não provido. *[STJ, 2ª Turma, REsp/AgR 945.314-RS, rel. Min. Herman Benjamin, j. 16.8.2007, v.u., DJU 7.2.2008, p. 1] [Grifamos]*

Nessa linha, a Primeira Seção do Superior Tribunal de Justiça (STJ), em 2024, aprovou enunciado sumular a respeito da vinculação entre capacidade tributária e legitimidade *ad causam*. Registre-se:

> **[STJ, Súmula n. 666]** – A **legitimidade passiva**, em demandas que visam à restituição de contribuições de terceiros, está vinculada à **capacidade tributária ativa**; assim, nas hipóteses em que as entidades terceiras são meras destinatárias das contribuições, não possuem elas **legitimidade *ad causam*** para figurar no polo passivo, juntamente com a União. *[Grifamos]*

- **Parafiscalidade e legitimidade ad causam**

A União tem competência para instituir Contribuição Social. Até o advento da Lei n.11.457, de 16 de março de 2007, por meio da parafiscalidade, cabia ao

INSS arrecadar e com o dinheiro arrecadado, dar cumprimento à finalidade legalmente prevista. O INSS, como Pessoa Política de Direito Público, gozava das mesmas garantias e dos privilégios processuais do ente tributante, no exercício de sua função arrecadatória. Na ocasião, o TRF-3ª Região, reconheceu a parafiscalidade e, de conseguinte, a ilegitimidade ativa da União para cobrar judicialmente o referido tributo. Transcreva-se:

> Previdenciário – Contribuição previdenciária – **Parafiscalidade.**
>
> 1. A presente demanda versa sobre contribuição de natureza parafiscal, cuja arrecadação compete ao INSS, não possuindo a União Federal pertinência subjetiva para figurar no pólo (sic) passivo do feito. Inteligências dos arts. 11, parágrafo único, "a", e 33, *caput*, primeira parte, da Lei 8.212/91. Carência da ação, por ilegitimidade passiva *ad causam* da União Federal, reconhecida. 2. Remessa oficial, considerada interposta, e apelação providas. *[TRF-3ª R., 1ª T., Ap. cível 03013123, rel. Juiz Theotônio Costa, j. 18.3.1997] [Grifamos]*

Acerca da distinção entre competência tributária (indelegável) e capacidade tributária ativa (delegável), registre-se:

> Administrativo e tributário – Autarquias e empresas estatais – descentralização de funções – Delegação de poderes – **Indelegabilidade do poder de tributar.**
>
> 1. O entendimento sobre a legitimidade da delegação de poderes às autarquias e empresas estatais para o exercício de funções descentralizadas consolidou-se na jurisprudência do extinto TFR e do STJ.
>
> 2. Indelegável é o poder de tributar, isto é, de instituir impostos, taxas, contribuições e empréstimos compulsórios, **reservado ao Estado pela Constituição Federal** (arts. 145 e 148).
>
> 3. Recurso especial não conhecido. *[STJ, 2ª T., REsp 7.828-991-DF, rel. Min. Peçanha Martins, j. 28.3.1996, DJU 3.6.1996, p. 19.230] [Grifamos]*

• Parafiscalidade e Controle externo das Contas Públicas:

Tendo em conta que a fiscalização dos Conselhos Profissionais envolve o exercício de poder de polícia, de tributar e de punir, pacificou-se o entendimento de que a anuidade cobrada por essas autarquias é tributo, sujeitando-se, por óbvio, ao regime tributário pátrio. *[ADI 1.717, rel. min. Sydney Sanches, Tribunal Pleno, DJ 28.03.2003]*. Excetua-se dessa categoria a Ordem dos Advogados do Brasil, que, em razão de sua autonomia e independência, [...]não pode ser tida como congênere dos demais órgãos de fiscalização profissional[...]". Como corolário, fixou-se a tese, segundo a qual "O Conselho Federal e os Conselhos

Seccionais da Ordem dos Advogados do Brasil não estão obrigados a prestar contas ao Tribunal de Contas da União nem a qualquer outra entidade externa.", quanto aos tributos (anuidades) que arrecada, *(RE 1182189, Pleno, rel. min. Marco Aurélio, rel. p/ acórdão rel. min. Edson Fachin, j. 25.4.2023, p.m., DJ 16.6.2023).*

Temas para Pesquisa ou Dissertação

1. "Competência e capacidade tributária ativa. Distinção. Características. Ente tributante. Sujeito ativo. Parafiscalidade. Capacidade ativa auxiliar".

2. Extrafiscalidade à luz da Constituição Federal de 1988.

3. "Fiscalidade", "Extrafiscalidade" e "Parafiscalidade" em face dos princípios da simplicidade e transparência fiscal.

Questões

1. Diferencie competência tributária de capacidade tributária ativa.
2. Quais são as características da competência tributária? Justifique.
3. Que é bitributação? E *bis in idem*?
4. Diferencie capacidade tributária ativa de capacidade ativa auxiliar.
5. Que é parafiscalidade? E extrafiscalidade?

Consultas

1. **[XXIV Exame de Ordem Unificado, 2018, 3]** Em 2017, Carlos, após viagem ao exterior, decidiu importar do Japão, para uso próprio, um veículo automotor de última geração, lançamento do mercado japonês. Considerando que Carlos é o consumidor final do veículo, responda aos itens a seguir. A) Na importação do referido veículo por Carlos, é devido o Imposto sobre Produtos Industrializados (IPI)? (Valor: 0,60) B) Considerando que, em 2003, o estado onde Carlos é domiciliado editou uma lei instituindo o Imposto sobre Circulação de Mercadorias e Serviços (ICMS) sobre a importação realizada por consumidor final, é devido o ICMS na importação do veículo? (Valor: 0,65) Obs.: o(a) examinando(a) deve fundamentar as respostas. A mera citação do dispositivo legal não confere pontuação.

Testes

1. **[Concurso para Procurador do Município/SP, março de 2000]** Quando a União, os Estados, os Municípios e o Distrito Federal autorizam, por lei, terceiras pessoas a procederem à cobrança tributária e disporem do produto arrecadado para o implemento de suas finalidades, tem-se a:

   a) ( ) Extrafiscalidade.

b) ( ) Fiscalidade.

c) ( ) Capacidade tributária ativa mista.

d) ( ) Parafiscalidade.

e) ( ) Sujeição ativa auxiliar.

2. **[Concurso para Procurador do Município/SP, março de 2000]** A indelegabilidade, a inalterabilidade, a irrenunciabilidade e a privatividade são características:

a) ( ) Da imunidade.

b) ( ) Da capacidade tributária ativa.

c) ( ) Da capacidade tributária passiva.

d) ( ) Da competência tributária.

e) ( ) Da capacidade tributária ativa e da competência tributária.

3. **[103 Exame de Ordem/SP, 1997]** A respeito da delegação da capacidade tributária ativa, é lícito afirmar-se que:

a) ( ) Somente a União pode por meio de lei própria autorizar terceiras pessoas a procederem à cobrança tributária.

b) ( ) Os Estados não podem autorizar que terceiras pessoas, públicas ou privadas, procedam à cobrança tributária.

c) ( ) Não há impedimento legal em nosso ordenamento jurídico para que pessoa diversa daquela pessoa política que criou o tributo venha, desde que autorizada por lei, a arrecadá-lo.

d) ( ) Não é necessário autorização legal para que se possa delegar capacidade tributária ativa, excetuando-se os casos em que a União for interessada na delegação.

4. **[103 Exame de Ordem/SP, 1997]** Assinale a única alternativa que não traduz a verdade com relação à competência tributária:

a) ( ) No Brasil tão-somente têm competência tributária a União, os Estados e os Municípios.

b) ( ) no Direito Brasileiro a União e os Estados possuem, no tocante à instituição de tributos, exclusividade, uma vez que são titulares de faixas tributárias privativas.

c) ( ) A pessoa política que recebe da Carta Magna uma determinada competência tributária não pode renunciá-la, ou até mesmo delegá-la a terceiros.

d) ( ) O não-exercício de uma determinada competência tributária não tem o condão de impedir que a pessoa política, querendo, venha a criar, por meio de lei, os tributos que lhe foram constitucionalmente deferidos.

5. [103 Exame de Ordem/SP, 1997] O Estado de São Paulo aprova lei que determina a sua renúncia em tributar as operações mercantis. Tal lei é inconstitucional, eis que:

a) ( ) Os Estados não possuem autonomia para dispor livremente da arrecadação tributária, eis que são obrigados a repartir o produto da mesma com entidades políticas diversas.

b) ( ) Esta é matéria exclusivamente de direito constitucional, portanto indisponível, estando as pessoas políticas proibidas de delegar ou renunciar suas respectivas competências tributárias.

c) ( ) Somente a União, através de lei federal, pode estabelecer tal renúncia referente à tributação de operações mercantis.

d) ( ) O Estado de São Paulo não pode abdicar de seu direito, a não ser por meio de convênios celebrados com os demais Estados.

6. [VI Concurso para Juiz Federal, TRF-3ª R.] Competência e capacidade tributária ativa:

a) ( ) Não se distinguem.

b) ( ) Distinguem-se, porque a competência tributária é intransferível, enquanto a capacidade tributária não.

c) ( ) Distinguem-se, porque a competência tributária deriva diretamente da lei, enquanto que a capacidade tributária depende de delegação.

d) ( ) Não se distinguem, porque somente o competente para legislar tem capacidade tributária ativa.

7

IMPOSTO

7.1 NOÇÕES PREAMBULARES

A partir da atribuição e repartição de competência constitucional tributária, pode-se inferir a distinção entre as espécies e subespécies de tributos, bem como, por via de consequência, a vedação à bitributação e "bis in idem". Com efeito, a Constituição Federal de 1988, (CF/88), estabelece que a União, os Estados, o Distrito Federal e os Municípios têm competência para instituir impostos, taxas e contribuição de melhoria. Trata-se de competência tributária comum, atribuída a todos os entes tributantes, para instituir essas três espécies de tributos. Transcreva-se:

> **[CF/88] Art. 145.** A **União, os Estados, o Distrito Federal e os Municípios** poderão instituir os seguintes **tributos**:
>
> I – **impostos**;
>
> II – **taxas**, em razão do exercício do poder de polícia ou pela utilização, efetiva ou potencial, de serviços públicos específicos e divisíveis, prestados ao contribuinte ou postos a sua disposição;
>
> III – **contribuição de melhoria**, decorrente de obras públicas. *[Grifamos]*

Saliente-se, ademais, que o fato gerador constitucionalmente possível das taxas e contribuição de melhoria abrange determinada atuação estatal referente ao contribuinte e ensejadora da respectiva obrigação tributária. Por essa razão, as taxas e a contribuição de melhoria podem ser definidas, didaticamente, como "tributos vinculados a uma atuação estatal". Com maior precisão terminológica, são "tributos, cujo fato gerador constitucionalmente possível consiste numa atuação estatal relacionada ao contribuinte".

Os impostos, por sua vez, não têm como fato gerador uma atuação estatal dirigida ao contribuinte, mas apenas um comportamento do próprio contribuinte ou uma situação na qual o contribuinte se encontra. De conseguinte, os impostos podem ser definidos, didaticamente, como "tributos não vinculados a uma atuação estatal" ou, com pouco mais rigor terminológico, impostos são "tributos, cujo fato gerador constitucionalmente possível consiste num comportamento do contribuinte ou numa situação na qual ele se encontra".

Nesses termos, a identificação e definição dos impostos decorre da análise de outros dispositivos constitucionais, nos quais se encontra a discriminação de seus respectivos fatos geradores. Apenas para ilustrar, os fatos geradores dos impostos envolvem ação (importar, exportar, auferir renda, a prática de operação mercantil) ou situação (a condição de ser proprietário, titular de bens ou direitos), em quaisquer dos casos, sempre sujeitas às regras de Direito Privado, no qual predomina a autonomia da vontade, em razão do manifesto interesse particular diante da disponibilidade dos bens e direitos envolvidos.

Registre-se, por oportuno, os impostos reservados a cada ente tributante, nos termos discriminados pela Lei Maior, *verbis*:

- **Impostos Federais:**

> **[CF/88] Art. 153.** Compete à **União** instituir **impostos** sobre:
>
> I – **importação** de produtos estrangeiros;
>
> II – **exportação**, para o exterior, de produtos nacionais ou nacionalizados;
>
> III – **renda** e proventos de qualquer natureza;
>
> IV – **produtos** industrializados;
>
> V – **operações** de crédito, câmbio e seguro, ou relativas a títulos ou valores mobiliários;
>
> VI – **propriedade** territorial rural;
>
> VII – **grandes fortunas**, nos termos de lei complementar.
>
> VIII – **produção**, **extração**, **comercialização** ou **importação** de bens e serviços prejudiciais à saúde ou ao meio ambiente, nos termos de lei complementar. **[Incluído pela EC n. 132, de 20.12.2023]**. *[Grifamos]*

- **Impostos Estaduais e Distritais:**

> **[CF/88] Art. 155.** Compete aos **Estados e** ao **Distrito Federal** instituir **impostos** sobre: (Redação dada pela EC n 3, de 17.3.1993).
>
> I – **transmissão** causa mortis e doação, de quaisquer bens ou direitos; (Redação dada pela EC n 3, de 17.3.1993).

> II – **operações** relativas à circulação de mercadorias e sobre prestações de serviços de transporte interestadual e intermunicipal e de comunicação, ainda que as operações e as prestações se iniciem no exterior; (Redação dada pela EC n 3, de 17.3.1993).
>
> III – **propriedade** de veículos automotores. **[Redação dada pela EC n 3, de 17.3.1993]**. *[Grifamos]*

- **Impostos Municipais e Distritais:**

> **[CF/88] Art. 156.** Compete aos **Municípios** instituir impostos sobre:
>
> I – **propriedade** predial e territorial urbana;
>
> II – **transmissão** "inter vivos", a qualquer título, por ato oneroso, de bens imóveis, por natureza ou acessão física, e de direitos reais sobre imóveis, exceto os de garantia, bem como cessão de direitos a sua aquisição;
>
> III – **serviços** de qualquer natureza, não compreendidos no art. 155, II, definidos em lei complementar. **[Redação dada pela EC n 3, de 17.3.1993]**. *[Grifamos]*

Por oportuno, transcreva-se:

> **[CF/88] Art. 147**. Competem à **União**, em **Território Federal**, os **impostos** estaduais e, se o Território não for dividido em Municípios, cumulativamente, os **impostos** municipais; ao **Distrito Federal** cabem os impostos municipais. *[Grifamos]*

7.2 DEFINIÇÃO DE IMPOSTO

Imposto é espécie de tributo (gênero), o que implica dizer que consiste numa relação jurídica entre Estado (credor) e contribuinte (devedor) – tendo por objeto uma prestação pecuniária –, decorrente de fato lícito, conforme previsão em lei.

A partir da atribuição e repartição de competência constitucional tributária, pode-se inferir a distinção entre as espécies e subespécies de tributos. Com efeito, a Constituição Federal de 1988, (CF/88), estabelece, em seu artigo 145, que a União, os Estados, o Distrito Federal e os Municípios têm competência para instituir impostos, taxas e contribuição de melhoria. Saliente-se, ademais, que o fato gerador das taxas e contribuição de melhoria envolve uma específica atuação estatal, enquanto o dos impostos, ao contrário, poderá referir-se a um determinado comportamento do contribuinte ou a uma situação na qual ele se encontre.

Diante disso, pode-se eleger o "fato gerador" da obrigação tributária como critério jurídico-constitucional hábil para classificar e identificar duas categorias de tributos: a dos vinculados e a dos não vinculados a uma atuação estatal. Com efeito, nos termos estabelecidos pela Lei Maior, o tributo, cujo fator gerador da prestação pecuniária consistir numa atuação estatal, enquadrar-se-á na modalidade de taxa ou de contribuição de melhoria, ainda que seja, por "equívoco" do legislador, seja legalmente denominado "imposto".

Nessa esteira, o disposto no art. 16, do CTN/66, recepcionado pela CF/88, ressalta que nenhuma atuação estatal referida, direta ou indiretamente, ao contribuinte poderá figurar como fato gerador de imposto. Vejamos:

> **[CTN/66] Art. 16.** Imposto é o tributo cuja **obrigação** tem por **fato gerador** uma situação **independente** de qualquer atividade estatal específica, **relativa** ao contribuinte. *[Grifamos]*

Imposto, consoante referido critério jurídico-constitucional, pode ser definido, de forma afirmativa, como espécie de tributo, cuja hipótese de incidência (fato lícito previsto em lei) consiste num comportamento do contribuinte ou numa situação na qual ele se encontre.

Com esteio nesses esclarecimentos, vejamos os princípios informadores dos impostos, mais precisamente, os princípios que devem observados para delinear sua regra matriz (norma padrão) constitucionalmente possível, com vistas a assegurar sua instituição e arrecadação nos exatos limites da competência tributária atribuída ao ente tributante e, nesses termos, sem qualquer ofensa aos direitos e garantias constitucionais do contribuinte.

7.3 PRINCÍPIO CONSTITUCIONAL DA IGUALDADE TRIBUTÁRIA

O Princípio Constitucional da Igualdade é orienta, informa, limita toda e qualquer espécie tributária, de modo que nenhum tributo poderá ser instituído sem a sua observância. Segundo esse princípio, veda-se diferenciações arbitrárias entre todos que estão sob a tutela do ordenamento jurídico vigente e, nesses termos, não encontra amparo constitucional a tributação excessiva para alguns em contraste com a concessão de privilégios para outros tantos. Transcreva-se:

> **[CF/88] Art. 150.** Sem prejuízo de outras **garantias** asseguradas ao contribuinte, **é vedado** à União, aos Estados, ao Distrito Federal e aos Municípios:
>
> (...).
>
> II – instituir **tratamento desigual** entre contribuintes que se encontrem em situação equivalente, **proibida qualquer distinção** em razão de ocupação profissional ou função por eles exercida, **independentemente** da denominação jurídica dos rendimentos, títulos ou direitos; *[Grifamos]*

Dito isso, cumpre acrescentar que os princípios informadores das espécies tributárias derivam do princípio maior da igualdade, o qual, convém frisar, há de permear todo e qualquer exercício da competência tributária, em sua acepção ampla. Sob essa diretriz, convém apresentar os demais os princípios tributários que derivam do Princípio Constitucional da Igualdade Tributária em apreço, a começar pelo princípio informador dos impostos, qual seja o da *capacidade contributiva*.

7.3.1 Princípio Constitucional da Capacidade Contributiva

De acordo com o princípio jurídico-constitucional da capacidade contributiva, a tributação, por meio de impostos, deve levar em conta a capacidade econômica do contribuinte. Noutro giro, aquele que, sob a perspectiva objetiva, dispõe de maior capacidade econômica, sujeitar-se-á a uma carga tributária impositiva proporcionalmente maior; assim como aquele que, de igual modo, revelar menor capacidade econômica, sujeitar-se-á a uma carga impositiva proporcionalmente menor.

Nesse sentido que se qualifica o princípio em apreço como "informador" dos impostos. Frise-se, esta qualificação ("informador") visa tão-somente a explicitar que o Princípio Constitucional da Capacidade Contributiva deverá ser levado em conta pelo ente tributante no exercício de sua competência impositiva, por exemplo, ao instituir, majorar, reduzir, graduar e extinguir impostos. Por igual razão, levará ser considerado pelo intérprete e aplicador da legislação tributária referente aos impostos.

Noutras palavras, o princípio informador dos impostos orienta o legislador no momento da definição do fato gerador, da fixação de alíquotas, da determinação da base de cálculo e da escolha do contribuinte, sempre que se tratar de imposto. À Administração tributária, de igual modo, compete interpretar a lei instituidora do tributo em conformidade com as diretrizes constitucionais, com vistas a aplicá-la adequadamente ao caso concreto. Da observância desta diretriz, infere-se a harmonia entre o Legislativo e Executivo. Com efeito, assim preceitua a CF/88, *verbis*:

> **[CF/88] Art. 145.** (...)
>
> (...).
>
> § 1º Sempre que possível, os **impostos** terão **caráter pessoal** e serão **graduados** segundo a **capacidade econômica** do contribuinte, facultado à **administração** tributária, especialmente para conferir **efetividade** a esses objetivos, identificar, **respeitados** os **direitos individuais** e nos termos da **lei**, o patrimônio, os rendimentos e as atividades econômicas do contribuinte. *[Grifamos]*

Vimos a pouco que, nos termos estabelecidos pela Lei Maior, o tributo, cujo fator gerador da prestação pecuniária consistir numa atuação estatal, enquadrar-se-á na modalidade de taxa ou de contribuição de melhoria, ainda que seja, por "equívoco" do legislador, seja legalmente denominado "imposto". Demais disso, tendo por base o princípio informador dos impostos, é inevitável concluir que o fato gerador constitucionalmente possível dos impostos, além de ser um fato lícito passível de mensuração econômica, há de ser também presuntivo da "riqueza" do contribuinte.

Nesta linha de raciocínio – e tendo em conta que todos os fatos geradores de impostos não compreendem uma atuação estatal, mas tão-somente um comportamento ou uma situação na qual o contribuinte se encontre –, destacam-se três categorias de impostos, em conformidade com seu campo constitucional de incidência: (i) renda, (ii) serviços e (iii) propriedade. Essas três categorias têm um denominador comum, haja vista que todos os fatos geradores ali compreendidos revelam, objetivamente, a "capacidade contributiva" do contribuinte.

Dentre os fatos expressivos da riqueza do contribuinte que podem ser alvo de incidência do imposto, merece especial destaque o do Imposto sobre a Renda. Apenas para ilustrar, ao exercer sua competência para institui-lo, a União deve observar o conceito constitucional de "renda", que se refere à riqueza nova, ou seja, ao "acréscimo patrimonial" obtido em determinado período, mas não, sob pena de incorrer em inconstitucionalidade, qualquer ingresso de receita que, isoladamente considerado, não permita aferir a real capacidade econômica do contribuinte. Por igual razão, o sujeito passivo deste imposto há de ser a pessoa que realiza o fato descrito em lei, hábil a revelar sua capacidade contributiva. Demais disso, as alíquotas devem ser estabelecidas em conformidade com a base de cálculo em abstrato, e esta, de seu turno, há de ser adequada para mensurar a respectiva materialidade da hipótese de incidência.

Sem maiores torneios, a Constituição Cidadã de 1988, discrimina os fatos-signos presuntivos de riqueza que os entes tributantes poderão tributar por meio de impostos, bem como impõe a observância do princípio da capacidade contributiva como diretriz interpretativa. Diante disso, pode-se dizer que é possível extrair da Lei Maior a chamada regra-matriz padrão de incidência tributária que deverá ser rigorosamente respeitada pelo ente tributante ao instituir impostos.

No mais, vale lembrar que as portas do Judiciário hão de estar sempre abertas a todos aqueles que pleitearem a tutela jurisdicional para prevenir ou afastar qualquer cobrança de imposto que lhes parecer ilegal ou inconstitucional, bem como para pleitear a devolução de indébito tributário pago, de modo a salvaguardar direito ou interesse próprio.

7.3.2 Princípio Constitucional da Seletividade Tributária

O *princípio da seletividade* em função da essencialidade do serviço, do produto ou da mercadoria também deriva do Princípio Constitucional da Igualdade.

Vimos de ver que o Princípio Constitucional da Capacidade Contributiva permite um tratamento igualitário aos sujeitos passivos de impostos. Todavia, a regra-matriz de determinados impostos não viabiliza a observância deste princípio, em especial, no que concerne à fixação de alíquotas. É o caso, por exemplo, dos impostos indiretos, isto é, dos impostos que, em função de sua peculiar técnica arrecadatória, o sujeito passivo repassa o valor do imposto ao consumidor final (contribuinte de fato).

Todavia, a Lei Maior contorna esse fato, impondo o respeito a outro princípio que, tanto quanto o Princípio Constitucional da Capacidade Contributiva, também decorre do Princípio Constitucional da Igualdade. Desse modo, impostos como o IPI e o ICMS devem atender ao Princípio da Seletividade Tributária, cujas alíquotas variarão em conformidade com a essencialidade do produto, mercadoria ou serviço, objeto de tributação. Veja-se:

- **Imposto sobre Produtos Industrializados (IPI)**

A constitucionalidade da exigência do Imposto sobre Produtos Industrializados (IPI) é condicionada à rigorosa observância da seletividade de alíquotas em função da essencialidade do produto industrializado. Registre-se:

> **[CF/88] Art. 153.** Compete à União instituir impostos sobre:
>
> (...).
>
> IV - produtos industrializados;
>
> (...)
>
> § 3º O imposto previsto no inciso IV:
>
> I - **será seletivo**, em função da **essencialidade** do produto;

- **Imposto Seletivo (Imposto do "Pecado")**

Com o advento da EC 132/23, faculta-se a instituição, mediante lei complementar, do denominado Imposto Seletivo, vulgo, Imposto do "Pecado", que recairá, com finalidade eminentemente extrafiscal, sobre determinados bens e serviços, potencialmente prejudiciais à saúde e ao ambiente. Registre-se:

> **[CF/88] Art. 153.** Compete à União instituir impostos sobre:
>
> (...).
>
> VIII - produção, extração, comercialização ou importação de bens e serviços **prejudiciais à saúde ou ao meio ambiente**, nos termos de **lei complementar**. (incluído pela EC 132/23) *[Grifamos]*

A Lei complementar n. 214, de 16 de janeiro de 2025 (LC 214/25), instituidora do referido imposto, considera prejudiciais à saúde ou ao ambiente bens classificados nos códigos da NCM/SH e o carvão mineral, e os serviços listados em seu Anexo XVII, referentes a veículos, embarcações e aeronaves, produtos fumígenos, bebidas alcoólicas e açucaradas, bens minerais, concursos de prognósticos e *fantasy sport* (art. 409, §1º). Saliente-se que o Imposto Seletivo "[...]incidirá uma única vez sobre o bem ou serviço, sendo vedado qualquer tipo de aproveitamento de crédito do imposto com operações anteriores ou geração de créditos para operações posteriores" (art. 410).

- **Imposto sobre operações que tem por objeto a circulação de mercadorias ou prestação de serviços (ICMS)**

O Imposto federal sobre Valor Agregado (IVA-dual) substituirá plenamente o Imposto estadual sobre Circulação de Mercadorias e prestação de Serviços (ICMS), ao término do prazo de transição, previsto para 2033. Até lá, o ICMS – que também é um imposto seletivo - continuará sendo exigido em conformidade com o disposto na Lei Maior, *verbis*:

> **[CF/88] Art. 155.** Compete aos Estados e ao Distrito Federal instituir impostos sobre: (Redação dada pela EC 3/93)
>
> (...).
>
> II - operações relativas à circulação de **mercadorias** e sobre prestações de **serviços** de transporte interestadual e intermunicipal e de comunicação, ainda que as operações e as prestações se iniciem no exterior; (Redação dada pela EC 3/93)
>
> (...)
>
> § 2º O imposto previsto no inciso II **atenderá** ao seguinte: (Redação dada pela EC 3/93)
>
> (...).
>
> III - poderá ser **seletivo**, em função da **essencialidade** das mercadorias e dos serviços; *[Grifamos]*

Neste compasso, explicita o CTN/66, alguns bens e serviços considerados essenciais. Transcreva-se:

> Art. 18-A. Para fins da incidência do imposto de que trata o inciso II do caput do art. 155 da Constituição Federal, os combustíveis, o gás natural, a energia elétrica, as comunicações e o transporte coletivo são considerados bens e serviços essenciais e indispensáveis, que não podem ser tratados como supérfluos. (Incluído pela Lei Complementar nº 194, de 2022)
>
> Parágrafo único. Para efeito do disposto neste artigo: (Incluído pela Lei Complementar nº 194, de 2022)
>
> I – é vedada a fixação de alíquotas sobre as operações referidas no caput deste artigo em patamar superior ao das operações em geral, considerada a essencialidade dos bens e serviços; (Incluído pela LC nº 194, de 2022)
>
> II – é facultada ao ente federativo competente a aplicação de alíquotas reduzidas em relação aos bens referidos no caput deste artigo, como forma de beneficiar os consumidores em geral; (Incluído pela LC 194, de 2022)

Em breve síntese, o critério jurídico consagrado para assegurar tratamento tributário igualitário entre os que efetivamente estão sujeitos ao encargo tributário é o da seletividade em função da essencialidade do produto, quando se tratar de IPI, ou da essencialidade da mercadoria ou serviço, quando se tratar de ICMS.

7.3.3 Princípio Constitucional da Não Cumulatividade Tributária

Permite que o imposto incida somente sobre o quanto for aditado ao preço referente à operação anterior (valor agregado), abatendo-se o imposto pago sobre os componentes do produto. Aplica-se aos seguintes impostos, nos termos estabelecidos originalmente na Lei Maior, bem como por subsequentes emendas constitucionais, *verbis*:

- **Imposto sobre operações que tem por objeto produtos industrializados (IPI)**

> [CF/88] **Art. 153.** Compete à **União** instituir impostos sobre:
>
> (...)
>
> **IV** – produtos industrializados; (...).
>
> (...).
>
> § 3º. O imposto previsto no **inciso IV**: (...)
>
> (...)
>
> II – **será não-cumulativo**, compensando-se o que for devido em cada operação com o montante cobrado nas anteriores; (...). *[Grifamos]*

- **Imposto sobre operações que tem por objeto a circulação de mercadorias ou prestação de serviços (ICMS)**

> **[CF/88] Art. 155.** Compete aos **Estados** e ao **Distrito Federal** instituir impostos sobre: **[Redação dada pela EC n 3, de 17.3.1993]**.
>
> (...).
>
> **II** – operações relativas à circulação de **mercadorias** e sobre prestações de **serviços** de transporte interestadual e intermunicipal e de comunicação, ainda que as operações e as prestações se iniciem no exterior; *[Redação dada pela EC n 3, de 17.3.1993]*.
>
> (...).
>
> § 2º. O imposto previsto no **inciso II** atenderá ao seguinte:
>
> I – **será não-cumulativo**, compensando-se o que for devido em cada operação relativa à circulação de mercadorias ou prestação de serviços com o montante cobrado nas anteriores pelo mesmo ou outro Estado ou pelo Distrito Federal; (...). *[Grifamos]*

- **Imposto de Competência Partilhada entre Estados, Distrito Federal Municípios (IBS) e Contribuições Sociais sobre Bens e Serviços (CBS)**

> **[CF/88] Art. 149-B.** Os tributos previstos nos arts. 156-A e 195, V, observarão as mesmas regras em relação a: *[Incluído pela EC nº 132, de 2023]*
>
> (...).
>
> IV – regras de **não cumulatividade** e de creditamento. *[Incluído pela EC nº 132, de 2023]*
>
> (...).
>
> **Art. 156-A.** Lei complementar instituirá **imposto** sobre bens e serviços de **competência compartilhada** entre Estados, Distrito Federal e Municípios. *[Incluído pela EC nº 132, de 2023]*
>
> (...).
>
> **Art. 195.** A seguridade social será financiada por toda a sociedade, de forma direta e indireta, nos termos da lei, mediante recursos provenientes dos orçamentos da União, dos Estados, do Distrito Federal e dos Municípios, e das seguintes **contribuições sociais**: *[Vide EC nº 20, de 1998] [Grifamos]*
>
> (...).
>
> **V – sobre bens e serviços**, nos termos de lei complementar. *[Incluído pela EC nº 132, de 2023] [Grifamos]*

- **IBS – Competência Compartilhada**

> **[CF/88] Art. 156-A.** Lei complementar instituirá **imposto sobre bens e serviços** de **competência compartilhada** entre Estados, Distrito Federal e Municípios. *[Incluído pela EC n 3, de 17.3.1993].*
>
> (...).
>
> VIII – **será não cumulativo**, compensando-se o imposto devido pelo contribuinte com o montante cobrado sobre todas as operações nas quais seja adquirente de bem material ou imaterial, inclusive direito, ou de serviço, **excetuadas** exclusivamente as consideradas de **uso ou consumo pessoal** especificadas em lei complementar e as hipóteses previstas nesta Constituição; *[Incluído pela EC n 132, de 20.12.2023] [Grifamos]*

- **Contribuições sociais patronais**

> **[CF/88] Art. 195.** A seguridade social será financiada por toda a sociedade, de forma direta e indireta, nos termos da lei, mediante recursos provenientes dos orçamentos da União, dos Estados, do Distrito Federal e dos Municípios, e das seguintes **contribuições sociais**: *[Vide EC nº 20, de 1998]*
>
> (...).
>
> I – do empregador, da empresa e da entidade a ela equiparada na forma da lei, incidentes sobre: *[Redação dada pela EC nº 20, de 1998]*

> (...).
>
> b) a receita ou o faturamento; *[Incluído pela EC nº 20, de 1998] [Vide EC nº 132, de 2023] Vigência*
>
> (...).
>
> IV – do importador de bens ou serviços do exterior, ou de quem a lei a ele equiparar. *[Incluído pela EC nº 42, de 19.12.2003] [Vide EC nº 132, de 2023]Vigência*
>
> (...).
>
> § 12. A **lei** definirá os **setores de atividade econômica** para os quais as **contribuições** incidentes na forma dos incisos I, b; e IV do *caput*, **serão não-cumulativas**. *[Incluído pela EC nº 42, de 19.12.2003] [Vide EC nº 132, de 2023, vigência] [Grifamos]*

7.4 CRITÉRIOS LEGAIS PARA A QUANTIFICAÇÃO DOS IMPOSTOS

A lei instituidora de tributos deve estabelecer os critérios hábeis à apuração do montante tributário que constitui objeto da respectiva prestação tributária.

São os denominados critérios quantitativos da norma de incidência tributária, os quais, como regra, são (i) alíquotas e (ii) bases de cálculo.

No tocante aos impostos, vimos que a hipótese de incidência ser apta a revelar a capacidade econômica do contribuinte. Por via de consequência, sua base de cálculo, conjugada à alíquota, deve sujeitar-se ao mesmo princípio, ou seja, deve ser hábil para mensurar o signo presuntivo de riqueza descrito no antecedente da norma tributária.

Exemplifiquemos. A base de cálculo constitucionalmente possível do imposto de importação (II) deve ser o valor da mercadoria importada, assim com a base de cálculo constitucionalmente possível do imposto sobre a propriedade de veículos automotores (IPVA) deve ser o valor do veículo.

Não há tributação neutra, pois a tributação, por si só, pressupõe intervenção na esfera privada. Feita essa observação, convém salientar que são denominados extrafiscais os impostos que tenham acentuado caráter de intervenção na esfera privada. Já os meramente fiscais, são os impostos instituídos com fins, preponderantemente, arrecadatórios.

Em quaisquer dos casos, a depender da forma de conjugação das alíquotas às bases de cálculo, pode-se falar em impostos fixos, proporcionais, progressivos e seletivos. Vejamo-los.

7.4.1 Impostos com fins arrecadatórios (fiscais)

Cuidando-se de impostos com finalidade preponderantemente fiscal, há de ser observado plenamente o Princípio Constitucional da Igualdade Tributária, de modo a afastar quaisquer favorecimentos, benefícios ou privilégios estre todos que estão sob a proteção do Estado de Direito. Vejamos, pois as principais modalidades de impostos, conforme o critério de apuração do montante devido.

- **Imposto Fixo**

Como a própria denominação estabelece, imposto fixo é aquele, cujo montante a pagar já se encontra estabelecido na lei que o instituir.

Qualquer tributo – e não apenas os impostos –, com valor fixo estabelecido em lei, fere o princípio constitucional da igualdade, pois não proporciona aos virtuais contribuintes um tratamento igualitário, uma vez que todos, independentemente de sua capacidade econômica para contribuir, deverão pagar a mesma quantia.

- **Imposto proporcional**

Diz-se imposto proporcional, quando o critério quantitativo estabelecido em lei consistir na conjugação da alíquota à base de cálculo, de modo que a quantia devida pelo contribuinte a título de imposto será proporcional à variação apenas da base de cálculo *in concreto* a ser conjugada com a alíquota fixa, ou melhor, invariável.

Tomemos como exemplo o IPTU, cuja base de cálculo abstrata há de ser, sob pena de inconstitucionalidade, o valor venal do imóvel (leia-se, valor de mercado). Reconhece-se a proporcionalidade fiscal, se a lei estabelecer apenas uma única alíquota (*v.g.*, 1%) para a apuração do montante devido, pois, neste caso, o valor que cada contribuinte pagará, a título de IPTU, será proporcional ao valor do seu imóvel. Note-se que esta mesma alíquota será considerada para o cálculo do IPTU de todo e qualquer contribuinte, variando-se apenas, no caso concreto, a valor econômico do respectivo imóvel, quando da ocorrência do fato gerador no mundo fenomênico.

A propósito, o Imposto sobre Bens e Serviços (IBS), de igual modo, será proporcional, pois deverá ter alíquota única para todas as operações com bens e prestações de serviços, mediante cobrança pelo somatório das alíquotas. Transcreva-se:

> Art. 156-A. Lei complementar instituirá **imposto sobre bens e serviços** de competência compartilhada entre Estados, Distrito Federal e Municípios. *[Redação dada pela EC n. 132, de 20.12.2023] [Grifamos]*
>
> (...).
>
> § 1º O imposto previsto no **caput** será informado pelo **princípio da neutralidade** e atenderá ao seguinte: *[Incluído pela EC n. 132, de 20.12.2023] [Grifamos]*
>
> (...).

IV – terá **legislação única e uniforme** em todo o território nacional, ressalvado o disposto no inciso V; [Incluído pela EC nº 132, de 2023].

V – cada ente federativo fixará sua **alíquota** própria por **lei específica**; *[Incluído pela EC nº 132, de 2023] [Grifamos]*

VI – a alíquota fixada pelo ente federativo na forma do inciso V será **a mesma para todas as operações** com bens materiais ou imateriais, inclusive direitos, ou com serviços, ressalvadas as hipóteses previstas nesta Constituição; *[Incluído pela EC nº 132, de 2023] [Grifamos]*

VII – será cobrado pelo **somatório das alíquotas** do Estado e do Município de destino da operação; *[Incluído pela EC nº 132, de 2023] [Grifamos]*

- **Imposto Progressivo**

No plano normativo, haverá progressividade quando a lei estabelecer uma alíquota maior para cada faixa de valor, proporcionalmente maior, referente à mesma base de cálculo em abstrato do respectivo tributo. Nesses termos, a apuração do imposto progressivo, também será efetivada por meio da conjugação da base de cálculo concreta à respectiva alíquota.

A propósito, o Imposto sobre a Renda, (IR), é um bom exemplo de imposto progressivo com fins fiscais. Aliás, a própria Lei Maior expressamente determina que o IR deverá ser informado pelo critério da progressividade. Considere-se, para tanto, que sua hipótese de incidência seja o fato de alguém auferir renda (acréscimo patrimonial) num determinado exercício financeiro; sua base de cálculo abstrata, por via de consequência, há de ser o respectivo acréscimo patrimonial auferido. A alíquotas – a progressividade supõe mais de uma alíquota –, cada qual gradativamente maior que a outra em função do correlato aumento da base de cálculo (faixa de valor) especificada em lei. Apenas para ilustrar, conjuga-se alíquota de 1%, p. ex., para uma renda de até R$ 3.000,00; 5% para uma renda de R$ 3.001,00 a R$ 5.000,00; 10% para uma renda de R$ 5.001,00 até R$ 10.000,00 – e assim por diante. Acredita-se que, deste modo, o contribuinte pagará de acordo com sua *efetiva* capacidade econômica.

Saliente-se, por oportuno, que a CF/88 – em especial, suas emendas constitucionais –, autoriza "expressamente" a progressividade fiscal de alíquotas, no tocante a determinados impostos, tais como:

- o Imposto sobre a Renda (IR) será informado pelo critério da progressividade, art. 153, § 2º, I, da CF/88;
- o Imposto sobre a Transmissão causa mortis e Doação (ITCMD), *será progressivo em razão do valor do quinhão, do legado ou da doação*, nos termos previstos no art. 155, § 1º, I, (incluído na CF/88, pela EC n. 123, de 20.12.2003);

- o Imposto sobre a Propriedade Predial e Territorial Urbana (IPTU), *poderá ser* progressivo, *em razão do valor do imóvel*, nos termos previstos no art. 156, § 1º, I (incluído na CF/88, pela EC n. 29, de 13.9.2000);

A progressividade em apreço, apesar de seu indubitável caráter interventivo, busca amparo no Princípio Constitucional da Capacidade Contributiva, razão pela qual é denominada progressividade *fiscal*.

- **Imposto Seletivo**

Nesse passo, convém salientar a seletividade *fiscal*, segundo a qual, as alíquotas de determinados tributos poderão ser fixadas, de acordo com a essencialidade do objeto da operação ou prestação tributável: produto, mercadoria ou serviço. Apenas para ilustrar, o ICMS terá uma alíquota diferente, conforme a essencialidade da mercadoria para o consumo humano: 1%, p. ex., no caso do leite; 10/%, se se tratar de refrigerante. Acredita-se que a pessoa que possui condições econômicas para consumir mercadorias, produtos e serviços considerados supérfluos, também dispõe de capacidade contributiva para arcar com uma carga tributária maior.

Cumpre ainda esclarecer que, no que concerne aos impostos indiretos, nem a proporcionalidade nem a progressividade fiscal viabilizaria a rigorosa observância do Princípio Constitucional da Igualdade Tributária, haja vista que o contribuinte de fato será o consumidor final do produto, da mercadoria ou do serviço adquirido, apensar de não figurar na lei instituidora como sujeitos passivos das respectivas obrigações tributárias.

Para ilustrar, cite-se os seguintes casos de seletividade fiscal:

- o Impostos obre Produtos Industrializados (IPI), *será* seletivo, em conformidade com a essencialidade do produto, nos termos do disposto no art. 153, IV, § 3º, I;
- o Imposto sobre prestações que envolvam a circulação de mercadorias e a prestação de serviços (ICMS), *poderá ser* seletivo, em conformidade com a essencialidade da mercadoria ou serviço, nos termos do disposto no art. 155, II, § 2º, III, com a redação dada pela EC n. 3, de 17.3.1993.
- o Imposto sobre a propriedade de veículos automotores (IPVA), *poderá* ter alíquotas *diferenciadas* em função do *valor* do veículo, nos termos previstos no art. 155, § 6º, II, incluído pela EC n. 42, de 19.12.2003;

Note-se que a seletividade, nesses casos, também busca seu fundamento de validade no Princípio Constitucional da Igualdade Tributária, do qual deriva o Princípio da Seletividade, propriamente dito.

7.4.2 Impostos com fins interventivos (extrafiscais)

A CF/88, em sua redação original, assegurava, na medida do possível, uma tributação moderada, não tão invasiva na esfera privada. Essa neutralidade, todavia, tem sido mitigada desde então por meio de sucessivas emendas constitucionais. Vejamos alguns exemplos para ilustrar.

- **Imposto Territorial Rural (ITR)**

O ITR será progressivo e terá suas alíquotas fixadas de forma a desestimular a manutenção de propriedades improdutivas, nos termos previstos no art. 153, VI, § 4º, I, incluído pela EC n. 42, de 19.12.2003;

- **Imposto sobre a Propriedade Predial e Territorial Urbana (IPTU)**

O IPTU poderá ser progressivo no tempo, levando-se em conta a função social da propriedade urbana. É dizer, poderá ter alíquotas progressivas com finalidade extrafiscal, nos termos previstos no art. 156, § 1º, com a redação dada pela EC n. 29, de 13.9.2000;

O IPTU também poderá ser seletivo com finalidade extrafiscal, ou seja, *poderá ter alíquotas diferentes de acordo com a localização e o uso do imóvel*, nos termos previstos no art. 156, § 1º, II, incluído pela EC n. 29, de 13.9.2000;

- **Imposto sobre a Propriedade de Veículos Automotores (IPVA)**

O IPVA é um imposto que poderá ser instituído com alíquotas seletivas, tanto com fins meramente fiscais, de acordo com o valor do veículo, como também em função de uma finalidade extrafiscal, qual seja a de assegurar a proteção ambiental, considerando-se o tipo, a utilização e o impacto ambiental. Registre-se:

> **[CF/88] Art. 155.** Compete aos Estados e ao Distrito Federal instituir impostos sobre: *[Redação dada pela EC n 3, de 17.3.1993]*
>
> (...).
>
> III – propriedade de veículos automotores. *[Redação dada pela EC n 3, de 17.3.1993]*
>
> (...).
>
> § 6º O imposto previsto no inciso III: *[Incluído pela EC n. 42, de 19.12.2003]*;
>
> (...).
>
> II – **poderá** ter **alíquotas diferenciadas** em função do tipo, do valor, da utilização e do impacto ambiental; *[Redação dada pela EC n. 132, de 20.12.2023] [Grifamos]*

O Imposto sobre Bens e Serviços (IBS), de igual modo, poderá ter alíquotas seletivas, em razão do produto, sendo facultada, neste caso, a não fixação de alíquota própria, mediante lei específica de cada ente tributante, igual para todas as operações com bens e prestações de serviços, mediante cobrança pelo somatório das alíquotas. Transcreva-se:

> Art. 156-A. Lei complementar instituirá **imposto sobre bens e serviços** de competência compartilhada entre Estados, Distrito Federal e Municípios. *[Redação dada pela EC n. 132, de 20.12.2023] [Grifamos]*
>
> (...).
>
> § 6º Lei complementar disporá sobre **regimes específicos** de tributação para: *[Incluído pela EC n. 132, de 20.12.2023] [Grifamos]*
>
> I – combustíveis e lubrificantes sobre os quais o imposto incidirá uma única vez, **qualquer que seja a sua finalidade**, hipótese em que: *[Incluído pela EC n. 132, de 20.12.2023] [Grifamos]*
>
> a) serão as **alíquotas** uniformes em todo o território nacional, específicas por unidade de medida e **diferenciadas por produto**, admitida a **não aplicação** do disposto no § 1º, V a VII; *[Incluído pela EC n. 132, de 20.12.2023], [Grifamos]*

Acrescente-se, ainda, outra inovação trazida pela EC 132, de 20.12.2023, ao ampliar o rol de competência impositiva da União, autorizando-a a instituir novos impostos "proibitivos" ou "do pecado", que se caracterizam por seu acentuado caráter extrafiscal, *verbis*:

> **[CF/88] Art. 153.** (...).§ 6º O imposto previsto no inciso VIII do caput deste artigo: [Incluído pela EC n. 132, de 20.12.2023]
>
> I – não incidirá sobre as exportações nem sobre as operações com energia elétrica e com telecomunicações; [Incluído pela EC n. 132, de 20.12.2023]
>
> II – incidirá uma única vez sobre o bem ou serviço; [Incluído pela EC n. 132, de 20.12.2023]
>
> III – não integrará sua própria base de cálculo; [Incluído pela EC n. 132, de 20.12.2023]
>
> IV – integrará a base de cálculo dos tributos previstos nos arts. 155, II, 156, III, 156-A e 195, V; [Incluído pela EC n. 132, de 20.12.2023]
>
> V – poderá ter o mesmo fato gerador e base de cálculo de outros tributos; Incluído pela EC n. 132, de 20.12.2023]
>
> VI – terá suas alíquotas fixadas em lei ordinária, podendo ser específicas, por unidade de medida adotada, ou ad valorem; [Incluído pela EC n. 132, de 20.12.2023]
>
> VII – na extração, o imposto será cobrado independentemente da destinação, caso em que a alíquota máxima corresponderá a 1% (um por cento) do valor de mercado do produto. [Incluído pela EC n. 132, de 20.12.2023]

Note-se que a finalidade extrafiscal, na hipótese acima referida, poderá ser viabilizada pela legislação tributária infraconstitucional, mais precisamente, nos termos a serem estabelecidos por lei complementar.

7.5 CLASSIFICAÇÕES DOS IMPOSTOS E OS RESPECTIVOS CRITÉRIOS CLASSIFICATÓRIOS

7.5.1 Classificação dos Impostos, conforme o Ente Tributante competente para institui-los

Vimos em Capítulo anterior, que a CF/88, ao atribuir competência tributária à União, aos Estados, ao Distrito Federal e aos Municípios, enseja a classificação dos *tributos* em *federais, estaduais, distritais* e *municipais*.

Por igual razão, ao discriminar os *impostos* que podem ser instituídos pelos entes tributantes, também permite classificá-los em impostos *federais, estaduais, distritais* e *municipais*.

Essas classificações são juridicamente relevantes, pois permitem ao intérprete e aplicador do Direito observar o *Princípio Constitucional da Reserva de Competência Tributária (ou impositiva)*.

Observe-se, ademais, que, ao atribuir competência tributária a todos os entes tributantes, a CF/88, de igual modo, estabelece a *regra-matriz* (*norma-padrão*) de todas as espécies tributárias. No caso dos impostos, vale notar que sua hipótese de incidência se refere a um signo presuntivo de riqueza, com vistas à observância do princípio informador dos impostos, qual seja o *Princípio Constitucional da Capacidade Contribuitiva*. Vejamos.

7.5.1.1 *Impostos federais*

A União pode instituir os impostos conhecidos como: *imposto de importação* (II); *imposto de exportação* (IE); *imposto de renda* (IR); *imposto sobre produtos industrializados* (IPI); *imposto sobre operações financeiras* (IOF); *imposto territorial rural (ITR)*; *imposto sobre grandes fortunas* (IGF).

Acrescente, ainda, o imposto federal "proibitivo", de cunho acentuadamente extrafiscal, incidente na *produção, extração, comercialização ou importação de bens e serviços prejudiciais à saúde ou ao meio ambiente*, nos termos de lei complementar, incluído no art. 153, da CF/88, pela EC 132/23.

E mais. Cabe à União instituir, mediante lei complementar, o *Imposto sobre Bens e Serviços* (IBS), em conformidade com o disposto no art. 156-A, da CF/88, pela EC 132/23.

- **Impostos Residuais (ou Previamente Indeterminados)**

A Lei Maior também confere à União, com algumas ressalvas, competência residual no tocante a esta espécie tributária, isto é, permite-lhe instituir, apenas por meio de lei complementar, novos impostos, além dos já mencionados.

Esse novo imposto – conhecido como imposto residual, ou como imposto previamente indeterminado – terá como hipótese de incidência constitucionalmente possível qualquer comportamento do contribuinte ou situação na qual ele se encontre, expressiva de sua capacidade contributiva e que não coincida com as hipóteses de incidência dos demais impostos nela discriminados.

Note-se que a Lei Maior não predetermina sua hipótese de incidência deste imposto, ao contrário do que fez em relação a todos os demais. Deste modo, a União tem discricionariedade para elegê-la, em conformidade com o regime jurídico constitucional dos impostos. Exige, porém, a Lei Maior, que 20% do produto de sua arrecadação seja destinado aos Estados e ao Distrito Federal, em respeito à nossa federação, considerada "cláusula pétrea".

Sob essas diretrizes, incumbirá à União determinar, no exercício de sua competência residual, portanto, sem incorrer em "bis in idem" e bitributação, o comportamento ou a situação na qual o contribuinte que consubstanciará a hipótese de incidência do referido imposto, assim como a subsequente repartição constitucional de receita tributária. É o que se infere do disposto no inciso I, do art. 154, c/c art. 157, ora reproduzidos, se não vejamos:

> **[CF/88] Art. 154.** A **União** poderá instituir:
>
> I – mediante lei complementar, **impostos não previstos no artigo anterior**, desde que sejam não-cumulativos **e não tenham fato gerador ou base de cálculo** próprios dos discriminados nesta Constituição; (...). *[Grifamos]*
>
> **[CF/88] Art. 157.** Pertencem aos **Estados** e ao **Distrito Federal**:
>
> (...)
>
> II – **20% do produto da arrecadação** do imposto que a União instituir no exercício da competência que lhe é atribuída pelo art. 154, I; (...). *[Grifamos]*

Apenas para ilustrar, a União, diante desta expressa autorização constitucional, tem competência para tributar, a qualquer tempo, sem nenhum pretexto, a "cessão de direitos", mediante simples Lei complementar – portanto, sem necessidade de Emenda Constitucional – no exercício de sua competência residual, respeitando-se o regime jurídico constitucional dos impostos, em especial, os princípios da capacidade contributiva e da reserva de competência impositiva, bem como, e principalmente, do princípio maior da segurança jurídica.

Assim, quanto aos *impostos residuais*, convém destacar:

Hipótese de incidência – qualquer fato, exceto os já discriminados na Constituição. Não poderão ter a mesma base de cálculo nem a mesma hipótese de incidência dos demais impostos previstos na Constituição Federal de 1988.

- o *Ente tributante* – União.
- o *Instrumento normativo* – lei complementar.
- o *Estados e Distrito Federal* – têm o direito de se beneficiarem com 20% do produto arrecadado.

Observação: Em época de paz só é possível instituir novos impostos e/ou contribuições sociais observando-se rigorosamente o disposto nos arts. 154, I, 157, II, e 195, § 6º, da CF de 1988.

- **Impostos Extraordinários**

Pertence apenas à União a competência para instituir, mediante lei ordinária federal, os denominados *impostos extraordinários*:

> **[CF/88] Art. 154.** A **União** poderá instituir:
>
> (...).
>
> II – na iminência ou no caso de guerra externa, **impostos extraordinários**, compreendidos ou não em sua competência tributária, os quais serão suprimidos, gradativamente, cessadas as causas de sua criação. *[Grifamos]*

O imposto extraordinário consagra hipóteses de *bis in idem* ou de *bitributação* excepcionalmente autorizadas pela Lei Maior – ou seja, um mesmo fato poderá figurar como hipótese de incidência de impostos distintos, do mesmo ou de diversos entes tributantes.

Deveras, a hipótese de incidência do imposto extraordinário poderá coincidir com a hipótese de incidência de quaisquer dos impostos federais (*bis in idem*), assim como de quaisquer dos impostos estaduais distritais e municipais (bitributação). Além disso, poderá ter como hipótese de incidência um fato novo, isto é, qualquer comportamento ou situação do contribuinte que não configure hipótese de incidência constitucionalmente possível dos demais impostos discriminados na Lei Maior.

Frise-se, há uma condição ou requisito constitucional específico para a instituição de impostos extraordinários. Com efeito, a União somente poderá exercer sua competência tributária para instituir imposto extraordinário se o Brasil estiver na iminência (de) ou (em) guerra externa. Presente esta condição, os princípios da *reserva de competência impositiva* e da *anterioridade, geral especial,* não precisarão ser observados.

Em breve síntese, quanto aos *impostos extraordinários*, pode-se destacar:

- *Hipótese de incidência* – qualquer fato lícito, referente ao comportamento do contribuinte ou a situação na qual ele se encontre –, mesmo que coincida com as hipóteses de incidências já discriminadas na CF/88.
- *Pressupostos* – guerra externa ou sua iminência.
- *Ente tributante* – União.
- *Instrumento normativo* – lei ordinária federal.

Em remate, a *União* tem competência tributária para instituir, além dos impostos elencados no art. 153, o *imposto extraordinário* e o *imposto residual*, lembrando-se que o *empréstimo compulsório* e as *contribuições especiais* também poderão ter o mesmo fato gerador e base de cálculo dos impostos e taxas federais.

7.5.1.2 Impostos Estaduais e Distritais

Os Estados e o Distrito Federal podem instituir os seguintes impostos: (a) *imposto sobre transmissão "causa mortis" e "inter vivos", a título gratuito* (doação) – *ITCMD*; (b) *imposto sobre a prática de operações mercantis – ICMS*; (c) *imposto sobre a propriedade de veículos automotores – IPVA*.

Vejamos:

> **[CF/88] Art. 155.** Compete aos **Estados** e ao **Distrito Federal** instituir **impostos** sobre:
>
> I – transmissão *causa mortis* e doação, de quaisquer bens ou direitos;
>
> II – operações relativas à circulação de mercadorias e sobre prestações de serviços de transporte interestadual e intermunicipal e de comunicação, ainda que as operações e as prestações se iniciem no Exterior;
>
> III – propriedade de veículos automotores. *[Grifamos]*

Vale destacar que o *Imposto sobre operações relativas à circulação de mercadorias e sobre prestações de serviços de transporte interestadual e intermunicipal e de comunicação, ainda que as operações e as prestações se iniciem no Exterior – ICMS*, poderá ser exigido somente até o ano de 2033, nos termos estabelecidos no art. 22, II, "a", da EC 132/23, quando, deverá ser revogado, salvo disposição em contrário, em tese, por nova emenda constitucional.

7.5.1.3 Impostos municipais e distritais

Os Municípios e o Distrito Federal podem instituir os seguintes impostos: (a) *sobre a propriedade predial e territorial urbana – IPTU*; (b) *sobre transmissão "inter vivos"*[6] – *ITBI* (ou *sisa*); (c) *sobre a prestação de serviços -ISS*. Diz a Constituição Federal de 1988:

> **[CF/88] Art. 147. (...); ao Distrito Federal cabem os impostos municipais.** (...)
>
> Art. 156. Compete aos **Municípios** instituir **impostos** sobre:
>
> I – **propriedade** predial e territorial urbana;
>
> II – **transmissão** *inter vivos*, a qualquer título, **por ato oneroso**, de bens **imóveis**, por natureza ou acessão física, e de direitos reais sobre imóveis, exceto os de garantia, bem como cessão de direitos à sua aquisição;
>
> III – **serviços** de qualquer natureza, não compreendidos no art. 155, II, definidos em lei complementar. *(Grifamos).*

Saliente-se que o *Imposto sobre serviços de qualquer natureza, não compreendidos no art. 155, II, definidos em lei complementar (ISS)*, poderá ser exigido somente até o ano de 2033 (art. 22, II, "a", da EC 132/23), quando, será revogado, salvo disposição em contrário, por nova emenda constitucional.

- **Quadro Sinóptico da classificação dos Impostos, conforme o ente tributante competente para instituí-los:**

IMPOSTOS			
CF/88:	**Federais**	**Estaduais e Distritais**	**Municipais e Distritais**
Art. 153	*sobre a importação* (II); *sobre a exportação* (IE); *sobre a renda* (IR); *sobre produtos industrializados* (IPI); *sobre operações financeiras* (IOF); *sobre a propriedade territorial* *rural (ITR)*; *sobre grandes fortunas* (IGF); *sobre produção, extração, comercialização ou importação de bens e serviços prejudiciais à saúde ou ao meio ambiente. (IPECI)*	*sobre transmissão "causa mortis" e "inter vivos" e doação (ITCMD);* *sobre operações mercantis e* *prestação de serviços de* *transporte interestadual e intermunicipal e de* *comunicação, ainda que se iniciem no exterior (ICMS);* *sobre a propriedade de veículos automotores (IPVA).*	*sobre a propriedade predial e territorial urbana (IPTU);* *sobre transmissão "inter vivos" (ITBI ou SISA);* *sobre a prestação de serviços (ISS).*

IMPOSTOS			
CF/88:	**Federais**	**Estaduais e Distritais**	**Municipais e Distritais**
Art. 156-A	*sobre bens e serviços (IBS)*		
Art. 154, I	*Residuais*		
Art. 154, II	*Extraordinários*		

7.5.2 Classificação dos Impostos, segundo o CTN/66

O Código Tributário Nacional de 1966, CTN/66, nos termos do art. 146, III, da CF, traz, como norma geral, a definição do fato gerador, da base de cálculo e do contribuinte dos impostos.

- **Quadro sinóptico**

IMPOSTOS:			
SOBRE OCOMÉRCIO EXTERIOR	**SOBRE O PATRIMÔNIO E A RENDA**	**SOBRE A PRODUÇÃO E A CIRCULAÇÃO**	**ESPECIAIS**
Imposto sobre a Importação	Imposto sobre a Propriedade Territorial Rural	Imposto sobre Produto Industrializado	Imposto sobre Operações relativas a Combustíveis, lubrificantes, energia elétrica e minerais do País
Imposto sobre a Exportação	Impostos sobre a Propriedade Predial e Territorial Urbana	Imposto sobre operações relativas à circulação de mercadorias	Impostos Extraordinários
	Imposto sobre a Transmissão de bens imóveis e de direitos a eles relativos	Imposto sobre operações de crédito, câmbio e seguro, e sobre operações relativas a títulos e valores mobiliários	

IMPOSTOS:			
SOBRE OCOMÉRCIO EXTERIOR	SOBRE O PATRIMÔNIO E A RENDA	SOBRE A PRODUÇÃO E A CIRCULAÇÃO	ESPECIAIS
	Imposto sobre a renda e proventos de qualquer natureza	Imposto sobre serviços de transportes e comunicações	
		Imposto sobre serviços de qualquer natureza	

7.5.3 Classificação dos impostos, conforme critérios úteis às ciências afins

Os impostos também são classificados em *pessoais* e *reais*, *diretos* e *indiretos*.

Renomados juristas sustentam que essas classificações, a rigor, não são jurídicas, uma vez que são elaboradas a partir de critérios alheios à estrutura da norma jurídica tributária, propriamente dita. É dizer, prestigiam apenas classificações úteis à compreensão do Direito Tributário – embora possam ser úteis à análise das Ciências Políticas, Ciência das Finanças e a do Direito Financeiro, Ciências Econômicas e a do Direito Econômico, dentre outras que, sob diversas perspectivas, direcionam sua atenção ao fenômeno tributário.

Nesses termos, são úteis à Ciência Jurídica do Direito Tributário apenas as classificações, cujos critérios classificatórios possam ser inferidos de um dos aspectos da própria norma jurídica padrão de incidência tributária, com vistas à identificação do regime jurídico constitucional das respectivas espécies tributárias. De conseguinte, carecem de utilidade para a Ciência do Direito Tributário positivo as classificações que prestigiam a finalidade e ou destino do produto da arrecadação dos impostos.

Considerando-se, todavia, que as classificações dos impostos em *pessoais* e *reais*, bem como em *diretos* e *indiretos* têm sido acolhidas pelo Poder Judiciário, convém tecer alguns comentários a seu respeito.

7.5.3.1 Impostos pessoais e reais

O critério classificatório adotado para classificar os impostos em reais e pessoais é a referência ao suposto objeto da norma instituidora de tributo, embora, em quaisquer dos casos, o patrimônio do contribuinte responderá pelo respectivo débito tributário. Vejamos:

Impostos pessoais – são os que se referem a pessoas, ou seja, às condutas que podem ser tributadas, ainda que estas, por sua vez, se refiram a objetos (móveis, imóveis, tangíveis, intangíveis). Exemplo típico é o Imposto sobre a Renda.

Impostos reais – são os que se referem a coisas, mais precisamente à propriedade, ainda que neste caso, o contribuinte seja, conforme o caso, proprietário ou transmissor da propriedade. Exemplos: Imposto Predial e Territorial Urbano e Imposto sobre a Propriedade de Veículos Automotores.

Ademais, a depender da perspectiva, um mesmo imposto poderá ser considerado real ou pessoal. Cite-se, para ilustrar o Imposto sobre a Transmissão Onerosa de Bens Imóveis (ITBI). Este imposto será pessoal, se considerarmos preponderantemente, o comportamento de alguém vender um bem a outrem; será real se, ao contrário, considerarmos o bem, isto é, objeto da transmissão.

Convém ainda esclarecer que o objeto da obrigação tributária – a prestação pecuniária, propriamente dita – será exigida apenas de quem figurar, na lei, como sujeito passivo da respectiva relação obrigacional. Assim, sob o prisma jurídico-tributário, todos os impostos são pessoais, na medida em que no polo passivo da relação jurídica tributária sempre haverá uma pessoa (física ou jurídica) a quem se atribui o dever de dar dinheiro ao Estado. Frise-se, toda relação jurídica obrigacional supõe um vínculo apenas entre pessoas e não entre pessoas e coisas.[7]

Vejamos o seguinte exemplo: o Imposto sobre a Propriedade de Veículos Automotores (IPVA) tem como hipótese de incidência constitucionalmente possível a condição de alguém ser proprietário de um veículo automotor. O sujeito ativo, titular da capacidade tributária ativa, é o próprio Estado-membro competente para sua instituição ou outra pessoa legalmente designada para arrecadá-lo. O sujeito passivo constitucionalmente possível, obviamente, não é o veículo automotor (propriedade, bem móvel, coisa), mas, sim, o *proprietário* do veículo (pessoa).

Depreende-se do exposto que a relação jurídica é necessariamente um vínculo entre pessoas, portanto, pessoas, e não coisas, figuram no polo ativo e no polo passivo a obrigação tributária. Como corolário disso, o princípio da capacidade contributiva há de ser sempre observado pelo ente tributante, seja para a instituição dos impostos reais, seja dos impostos pessoais.

Nada obstante, há entendimento doutrinário no sentido de que, sendo o IPTU um imposto real – isto é, um imposto que incide sobre a propriedade –, desnecessária se faz a observância do Princípio Constitucional da Capacidade Contributiva.

A Emenda Constitucional 29, de 13.9.2000, diga-se de passagem, encampou expressamente o posicionamento doutrinário favorável ao emprego da progressividade fiscal no IPTU, com esteio no princípio informador dos impostos, acima referido. Aproveitou a oportunidade, no entanto, para autorizar o emprego deste imposto com fins interventivos na esfera econômica, isto é, extrafiscais, com vistas a estimular o cumprimento da função social da propriedade, sem prejuízo da progressividade no tempo, também extrafiscal. Transcreva-se:

> **[CF/88] Art. 156.** (...).
>
> § 1º. **Sem prejuízo da progressividade no tempo** a que se refere o art. 182, § 4º, inciso II, o imposto previsto no inciso I poderá: *(Redação dada pela EC n. 29, de 13.12.2000)*
>
> I – ser **progressivo** em razão do **valor venal do imóvel**; e *(Incluído dada pela EC n. 29, de 13.12.2000)*
>
> II – ter **alíquotas diferentes** de acordo com a localização e o uso do imóvel. *[Incluído dada pela EC n. 29, de 13.12.2000] [Grifamos]*

Tornando ao nosso rumo, o critério classificatório dos impostos em diretos e indiretos também padece da mesma crítica, ou seja, não proporciona uma classificação jurídico-científica, útil à Ciência Jurídica do Direito Tributário, uma vez que leva em conta o fenômeno da repercussão financeira – noutras palavras, a destinação do produto arrecadado, cuja relevância é indiscutível, tanto que merece ser objeto de estudo de Ciência Jurídica própria, em ambos os casos, à luz da interpretação sistemática e teleológica da Constituição Federal de 1988.

7.5.3.2 Impostos diretos e indiretos

Neste caso, o critério classificatório adotado para classificar os impostos em *diretos* e *indiretos* é o da destinação constitucional, implícita ou expressa, do produto da arrecadação, embora, convém salientar, todo e qualquer produto decorrente de arrecadação compulsória há de respeitar, com o devido rigor, o Princípio Constitucional da Destinação Pública ou de Interesse Público do produto arrecado. Vejamos:

Imposto diretos ou que não repercutem – são aqueles cuja carga econômica é suportada pelo próprio contribuinte, isto é, pelo realizador do fato gerador *in concreto* (fato imponível). Exemplos: Imposto de Exportação, Imposto sobre Serviços, Imposto Territorial Rural etc.

Impostos indiretos ou que repercutem – são aqueles cuja carga econômica é suportada não pelo sujeito passivo (contribuinte legal), mas por terceira pessoa, contribuinte de fato, pois sequer figura como sujeito passivo pela lei instituidora do imposto; geralmente, é o consumidor final do produto ou da mercadoria. Exemplo: o *quantum* de ICMS recolhido por quem realizou operação mercantil (contribuinte de direito) integrará o preço da mercadoria e que se ressarcirá do imposto previamente recolhido aos cofres públicos, será pago pelo consumidor final.

Observe-se que o repasse do valor antecipadamente recolhido para o preço final do produto, mercadoria ou serviço é uma técnica, deveras consolidada, com esteio no famigerado princípio da praticidade, vale gizar, cada mais em voga.

7.6 DESTINAÇÃO DO PRODUTO DA ARRECADAÇÃO DOS IMPOSTOS

A vigente Constituição Federal proíbe expressamente a vinculação de receita proveniente da arrecadação de "impostos" a órgão, fundo ou despesa, ressalvadas as exceções rotineiramente introduzidas no texto constitucional, por meio das respectivas "emendas". Transcreva-se:

> [CF/88] **Art. 167. São vedados**: (...) IV – **a vinculação de receita de impostos** a órgão, fundo ou despesa, **ressalvadas** a repartição do produto da arrecadação dos impostos a que se referem os arts. 158 e 159, a destinação de recursos para as ações e serviços públicos de saúde, para manutenção e desenvolvimento do ensino e para realização de atividades da administração tributária, como determinado, respectivamente, pelos arts. 198, § 2º, 212 e 37, XXII, e a prestação de garantias às operações de crédito por antecipação de receita, previstas no art. 165, § 8º, bem como o disposto no § 4º deste artigo; (...) *[Redação dada pela EC n. 42, de 19.12.2003] [Grifamos]*

A esse respeito, merece destaque, dentre as mais recentes alterações, o disposto no art. 76, do Ato das Disposições Constitucionais Tributárias – ADCT, qual seja a que determina a desvinculação – a órgão, fundo ou despesa – de 30% do produto da arrecadação de impostos, já instituídos ou que vierem a ser instituídos até 31.12.2032. Convém ter em conta que este termo final, desde o ano 2000, em especial, tem sido objeto de prorrogação por meio de sucessivas emendas constitucionais. Transcreva-se:

> **[ADCT] Art. 76-A.** São desvinculados de órgão, fundo ou despesa, **até 31 de dezembro de 2032**, 30% (**trinta por cento**) das receitas dos **Estados** e do **Distrito Federal** relativas a **impostos**, taxas e multas **já instituídos ou que vierem a ser criados até a referida data**, seus adicionais e respectivos acréscimos legais, e outras receitas correntes. *[Redação dada pela Emenda Constitucional nº 132, de 20.12.2023]*
>
> Parágrafo único. Excetuam-se da desvinculação de que trata o caput: (...).
>
> (...)
>
> **Art. 76-B.** São desvinculados de órgão, fundo ou despesa, **até 31 de dezembro de 2032,** 30% (**trinta por cento**) das receitas dos **Municípios** relativas a **impostos**, taxas e multas, **já instituídos ou que vierem a ser criados até a referida data**, seus adicionais e respectivos acréscimos legais,

> e outras receitas correntes. *[Redação dada pela Emenda Constitucional nº 132, de 20.12.2023]*
>
> Parágrafo único. Excetuam-se da desvinculação de que trata o caput: (...).

(Grifamos).

Retomando nosso caminho, depreende-se a regra, segundo a qual o produto da arrecadação de "impostos" deve ser destinado a satisfazer as "despesas gerais" do Estado, em conformidade com o disposto na lei orçamentária anual do ente tributante. Noutras palavras, não cabe à lei instituidora de imposto vincular a destinação do produto de sua arrecadação à satisfação de uma despesa específica, sem amparo em expressa ressalva constitucional.

Em caráter complementar, vale ter em conta que, além da repartição de competência para instituir e arrecadar tributos, a Lei Maior estabelece a repartição de "receitas" de impostos que, em tese, seriam privativas dos entes tributantes. É dizer, a própria Constituição Federal vincula a destinação de uma porcentagem do produto da arrecadação de determinados impostos, de um ente tributante para outro. Desse modo, nos termos da Lei Maior, caberá ao ente competente para instituí-los e arrecadá-los, repassar parte de sua arrecadação aos respectivos destinatários constitucionais. É o caso da vinculação da receita proveniente da arrecadação do ICMS e do IBS, dentre outros, conforme se infere do referido dispositivo, *verbis*:

> **[CF/88] Art. 167.** (...).
>
> § 4º É permitida a **vinculação das receitas** a que se referem os arts. 155, 156, 156-A, 157, 158 e as alíneas "a", "b", "d", "e" e "f" do inciso I e o inciso II do **caput** do art. 159 desta Constituição **para pagamento de débitos** com a União **e para prestar-lhe garantia ou contragarantia**. *[Redação dada pela EC nº 132, de 20.12.2023] [Grifamos]*

Tecidas essas considerações e, tomando por base o critério da "destinação", o "imposto" pode ser definido como espécie de tributo, cujo produto da arrecadação é destinado a satisfazer as despesas gerais do Estado, ressalvadas as exceções constitucionais.

Doutrina

• Base de Cálculo dos Impostos

Acerca das aptidões da *base de cálculo* dos tributos, esclarece Paulo de Barros Carvalho:[1]

1. Paulo de Barros Carvalho, *Curso de Direito Tributário*, 23ª ed., São Paulo: Saraiva, 2011, p. 400.

Temos para nós que a base de cálculo é a grandeza instituída na conseqüência(sic) da regra-matriz tributária, e que se destina, primordialmente, a **dimensionar a intensidade do comportamento inserto no núcleo do fato jurídico**, para que, combinando-se à alíquota, seja determinado o valor da prestação pecuniária. Paralelamente, tem a virtude de **confirmar, infirmar ou afirmar o critério material expresso na composição do suposto normativo.** A versatilidade categorial desse instrumento jurídico se apresenta em **três funções distintas**: (a) medir as proporções reais do fato; (b) compor a específica determinação da dívida; e (c) confirmar, infirmar ou afirmar o verdadeiro critério material da descrição contida no antecedente da norma. *[Grifamos]*

- **Impostos Progressivos**

Quanto à *progressividade de alíquotas do IPTU*, já enfatizamos:[2]

(...) há, *grosso modo*, dois tipos de progressividade nos impostos, conhecidas como: 1) *progressividade fiscal*, decorrente do princípio da capacidade contributiva, cuja presença, nesta hipótese, torna-se imprescindível em todo e qualquer imposto; 2) *progressividade extrafiscal*, que, segundo entendemos – embora exigível apenas e tão-somente desde que respeitados certos pressupostos constitucionais –, sempre que verificável, poderá ser aplicada concomitantemente com a progressividade fiscal.

É dizer: "o emprego da extrafiscalidade não se confunde com a necessidade de obediência ao princípio da capacidade contributiva", como bem observa Elizabeth Nazar Carrazza.

(...).

Ademais, foi visto que o emprego da extrafiscalidade nos impostos deve se ater ao mesmo regime jurídico-constitucional dos impostos com fins meramente fiscais, mormente o princípio da isonomia, o qual não poderá ser infringido, sob pena de imputar efeitos confiscatórios aos tributos, o que é expressamente vedado pelo nosso ordenamento jurídico.

Assim, com apoio no § 1º do art. 145 da Lei Maior, todos os impostos admitem a progressividade fiscal, isto é, com base no princípio da capacidade contributiva.

Em outras passagens, todavia, prevê a Constituição Republicana os casos em que determinados impostos devem também atender a finalidades extrafiscais.

Assim – convém reafirmar –, não acatamos a classificação econômica dos impostos em reais e pessoais e, de conseguinte, não defendemos a tese de que o princípio da capacidade contributiva não se estende a todos os impostos, mas apenas aos que têm caráter pessoal.

2. Valéria Furlan, *IPTU*, 2ª ed., São Paulo, Malheiros Editores, 2004, pp. 175-6.

Noutro dizer: sustentamos que todos os impostos têm natureza pessoal, pois revelam um vínculo jurídico entre pessoas. Coisas não podem figurar como sujeitos passivos ou ativos das obrigações jurídicas.

Demais disso, infere-se da Constituição – a qual, além de rotular as espécies tributárias, indicou as respectivas hipóteses de incidências – que os fatos geradores dos impostos devem ser passíveis de valoração econômica.

- **Impostos Pessoais e Reais**

Como já restou enfatizado, coisas não podem figurar como sujeitos passivos ou ativos nas relações jurídicas tributárias. A esse respeito, leciona Alfredo Augusto Becker,[3] *verbis*:

> A relação jurídica tem dois pólos (sic): o positivo e o negativo. A pessoa (física ou jurídica) é o único pólo (sic) admissível das relações jurídicas. Por isto, toda e qualquer relação jurídica (inclusive a que atribui direito real ao *sujeito ativo*) é *sempre pessoal*: entre pessoa e pessoa, nunca entre pessoa e coisa.

- **Impostos Diretos e Indiretos**

No tocante à classificação dos impostos em diretos e indiretos, pondera, de seu turno, Roque Antonio Carrazza,[4] *verbis*:

> (...) *Impostos diretos* ou *que não repercutem* são aqueles cuja carga econômica é suportada pelo contribuinte, isto é, pelo realizador do *fato imponível*. É o caso do IR, em que o patrimônio de quem auferiu rendimentos líquidos é alcançado por esta tributação.
>
> Já, *impostos indiretos* ou *que repercutem* são aqueles cuja carga econômica é suportada não pelo contribuinte, mas por terceira pessoa, que não realizou o fato imponível. Esta terceira pessoa geralmente é o consumidor final da mercadoria ou do produto. É o caso do ICMS. Quem suporta sua carga econômica não é o patrimônio, por exemplo, do comerciante, que vendeu a mercadoria, mas o patrimônio do consumidor final desta mesma mercadoria. Este, ao adquirir a mercadoria, verá embutido em seu preço o *quantum* de ICMS que foi sendo recolhido, por todos os que realizaram as operações mercantis, que levaram o bem às suas mãos.
>
> Essa classificação, em rigor, não é jurídica, já que, perante o Direito, é despiciendo saber quem suporta a carga econômica do imposto. O que importa, sim, é averiguar quem realizou seu fato imponível, independentemente de haver, ou não, o repasse do valor do imposto para o preço final do produto, da mercadoria, do serviço etc.

3. Alfredo Augusto Becker, *Teoria Geral do Direito Tributário*, 3ª ed., São Paulo, *Lejus*, 1998, p.341.
4. Roque Carrazza, *Curso de Direito Constitucional Tributário*, 24ª ed., nota de rodapé 44, pp. 519-20.

De qualquer modo, na prática, infelizmente, esta distinção entre impostos diretos e indiretos (ou que repercutem e que não repercutem) tem sido prestigiada inclusive pelo Poder Judiciário, que, apesar das contundentes críticas da melhor doutrina (v., por todos, Eduardo Domingo Bottallo, "Restituição de impostos indiretos", in *RDP* 22/314), tem mandado cumprir o malfadado e esdrúxulo art. 166 do CTN (...).

Por outro lado, *impostos pessoais* são os que se referem a pessoas, e *impostos reais*, a coisas. Assim, o IR seria um imposto pessoal (já que diz de perto com a pessoa que auferiu rendimentos líquidos), ao passo que o IPTU seria um imposto real (porque se refere ao imóvel urbano, que é uma coisa).

Esta distinção, sem nenhuma dúvida, não é jurídica. Juridicamente, *todos* os impostos são pessoais, na medida em que o contribuinte é sempre uma pessoa (física ou jurídica). Dito de outro modo, no pólo (sic) passivo das obrigações impositivas – como, de resto, de todas as relações jurídicas – só pode figurar uma pessoa; nunca uma coisa.

Jurisprudência

• Emenda constitucional e novos impostos

A despeito de entendimento doutrinário em sentido adverso, convém, salientar excerto do voto do relator, na Ação Declaratória de Inconstitucionalidade, onde se decide acerca do alcance das cláusulas pétreas, *verbis*:

Não é despiciendo alertar que, entre as cláusulas pétreas do art. 60, § 4º, incisos I a IV, da CF não se inclui a vedação ao poder constituinte derivado de deliberar sobre emenda constitucional que preveja um novo imposto, ou elimine outros, ou modifique os que já haviam sido discriminados. (...). Infere-se, pois, que os direitos e garantias protegidos pela cláusula pétrea do art. 60, § 4º, inciso IV, da Carta Política de 1988 não abarcam todos os direitos e garantias expressos na Constituição, nem os decorrentes do regime e dos princípios por ela adotados, ou dos tratados internacionais em que a República Federativa do Brasil seja parte, pois, se assim fosse, petrificada estaria, praticamente, toda a Constituição. (...). Portanto, repita-se que, como **as normas oriundas do poder constituinte derivado, tendo atuado este em harmonia com o art. 60 da Lei Máxima, têm a mesma natureza e hierarquia das normas provenientes do poder constituinte originário**, tendo sido os preceitos do art. 2º da EC n. 3/1993 adicionados, provisoriamente, à Constituição Federal de 1988, não há de se cogitar de inconstitucionalidade da própria Constituição. Enfatize-se, outrossim, que, como **a instituição do acoimado imposto não ocorreu mediante o uso da competência tributária residual da União**, não há de se perquirir, *in specie*, de descuramento aos requisitos do art. 154, I, da CF (...). *[STF, Tribunal Pleno, ADI n. 939-DF, rel. Min. Sydney Sanches, j. 15.12.1993, m.v., DJU 18.3.1994] [Grifamos]*

- **Base de Cálculo dos Impostos**

Em 2010, a Suprema Corte editou o seguinte enunciado sumular, no que diz respeito à distinção entre a base de cálculo das taxas e a dos impostos, *verbis*:

> **[STF, Súmula Vinculante n. 29]** – É **constitucional** a adoção, no cálculo do valor de taxa, de **um ou mais elementos** da base de cálculo **própria de determinado imposto**, desde que não haja integral identidade entre uma base e outra. *[Grifamos]*

- **Impostos Indiretos**

Em 2011, a Suprema Corte editou o seguinte enunciado sumular, no que diz respeito à vinculação do pedido de restituição de tributos pagos indevidamente à prova da ausência de repercussão do ônus fiscal., *verbis*:

> **[STF, Súmula n. 546]** – Cabe a **restituição** do tributo pago indevidamente, quando **reconhecido por decisão**, que o contribuinte "de jure" **não recuperou** do contribuinte "de facto" o "quantum" respectivo. *[Grifamos]*

- **Imposto fixo**

Ao apreciar o tema nº 918, paradigma do tema de repercussão geral, fixou-se *tese* em conformidade com precedente da Suprema Corte, segundo o qual é constitucional a submissão das sociedades profissionais de advogados ao regime especial de tributação fixa, em bases anuais, na forma estabelecida por lei nacional. Registre-se:

> RECURSO EXTRAORDINÁRIO. REPERCUSSÃO GERAL. (...).
>
> 1. A jurisprudência do STF se firmou no sentido da **recepção do Decreto-Lei 406/1968** pela ordem constitucional vigente **com status de lei complementar nacional**, assim como pela **compatibilidade material** da prevalência do cálculo do imposto por meio de **alíquotas fixas**, com base na **natureza do serviço**, não compreendendo a importância paga a título de remuneração do próprio labor. Precedente: RE 220.323, de relatoria do Ministro Carlos Velloso, Tribunal Pleno, DJ **18.05.2001**.
>
> 2. É inconstitucional lei municipal que disponha de modo divergente ao DL 46/1968 sobre base de cálculo do ISSQN, por **ofensa direta ao art. 146, III, "a"**, da Constituição da República.
>
> 3. Reduziu-se o âmbito de incidência e contrariou-se o comando da norma prevista no art. 9º, §§ 1º e 3º, do Decreto-Lei 406/1968, por meio do código tributário porto-alegrense. Logo, há **inconstitucionalidade formal** em razão da inadequação de instrumento legislativo editado por

> **ente federativo incompetente**, nos termos do art. 146, III, "a", do Texto Constitucional.
>
> 4. Fixação de **Tese jurídica** ao **Tema 918** da sistemática da repercussão geral: **"É inconstitucional lei municipal que estabelece impeditivos à submissão de sociedades profissionais de advogados ao regime de tributação fixa em bases anuais na forma estabelecida por lei nacional."**
> 5. Recurso extraordinário a que dá provimento, com a declaração incidental de inconstitucionalidade dos arts. 20, § 4º, II, da Lei Complementar 7/73, e 49, IV, §§ 3º e 4º, do Decreto 15.416/2006, ambos editados pelo Município de Porto Alegre. *[RE 940.769, Pleno, rel. min. Edson Fachin, j. 24.4.2019, p. m., DJ 12.9.2019.] [Grifamos]*

- **Alíquotas seletivas**

Ao apreciar o tema nº 501, paradigma do tema de repercussão geral, restou fixada *tese* em conformidade com precedente da Suprema Corte, segundo o qual "É constitucional a fixação de alíquotas de IPI superiores a zero sobre garrafões, garrafas e tampas plásticas, ainda que utilizados para o acondicionamento de produtos essenciais.". Registre-se:

> Direito tributário. Recurso Extraordinário com repercussão geral. IPI. **Seletividade em função da essencialidade**. Garrafões, garrafas e tampas plásticas. Possibilidade de tributação. 1. Recurso extraordinário em face de acórdão que entendeu que os garrafões, garrafas e tampas plásticas produzidos pela recorrida deveriam se submeter à alíquota zero de IPI pelo fato de que eram utilizados para acondicionar água mineral, bem essencial. 2. A observância à seletividade e a atribuição de alíquota zero a produtos essenciais são fenômenos que não se confundem. **O princípio da seletividade não implica imunidade ou completa desoneração de determinado bem, ainda que seja essencial**. Desse modo, os produtos em análise podem ser tributados a alíquotas superiores a zero, sem que isso configure desrespeito ao preceito constitucional. Precedentes. 3. **Não há ofensa à vedação ao confisco**, uma vez que as alíquotas pretendidas pelo Poder Executivo, de 10% e 15%, não geram expropriação patrimonial dos consumidores. Os produtos destinados ao acondicionamento de bens essenciais não devem necessariamente ter as mesmas alíquotas desses últimos, sob pena de se desconsiderarem as características técnicas que os distinguem e as políticas fiscais que os Poderes Legislativo e Executivo pretendem implementar. 4. **Provimento do recurso extraordinário da União**, a fim de reformar o acórdão do tribunal a quo, denegando a ordem ante a ausência de direito líquido e certo da recorrida ao reenquadramento dos seus produtos, garrafões, garrafas e tampas plástica (posição 3923.30.00 da TIPI), como embalagens de produtos alimentícios (posição 3923.90.00 da TIPI). Fixação da seguinte tese: "**É constitucional**

a fixação de alíquotas de IPI superiores a zero sobre garrafões, garrafas e tampas plásticas, ainda que utilizados para o acondicionamento de produtos essenciais". *[STF, RE n. 606.314, Pleno, rel. min. Roberto Barroso, j. 12.5.2021, v.u., DJe 6.7.2021] [Grifamos]*

• Destinação dos Impostos

O Supremo Tribunal Federal decidiu pela inconstitucionalidade da Lei Complementar distrital 26/1997, que, a despeito da vedação do art. 167, IV, da Lei Maior, faculta a vinculação da receita do IPVA ao criar o Programa de Incentivo às Atividades Esportivas, mediante concessão de incentivo fiscal às pessoas físicas que patrocinem ou façam doações e investimentos em favor de atletas ou pessoas jurídicas com finalidade desportiva sem fins lucrativos, sediados no Distrito Federal. Veja-se:

> Ação direta de inconstitucionalidade – Lei Complementar distrital n. 26/1997 – Criação do Programa de Incentivo às Atividades Esportivas mediante concessão de incentivo fiscal às pessoas jurídicas contribuintes do imposto sobre propriedade de veículos automotores – Violação do disposto no art. 167, inciso IV, da Constituição do Brasil. 1. É inconstitucional a lei complementar distrital que cria Programa de Incentivo às Atividades Esportivas mediante concessão de benefício fiscal às pessoas jurídicas, contribuintes do IPVA, que patrocinem, façam doações e investimentos em favor de atletas ou pessoas jurídicas. 2. O ato normativo atacado **faculta a vinculação de receita de impostos**, vedada pelo art. 167, inciso IV, da Constituição brasileira/1988. **Irrelevante se a destinação ocorre antes ou depois da entrada da receita nos cofres públicos.** 3. Ação direta de inconstitucionalidade julgada procedente para declarar a inconstitucionalidade da vinculação do IPVA, contida na Lei Complementar n. 26/1997 do Distrito Federal. *[STF, Tribunal Pleno, ADI 1.750-DF, rel. Min. Eros Grau, j. 20.9.2006, v.u., DJU 13.10.2006, p. 43] [Grifamos]*

• Substituição Tributária e Restituição dos Impostos

Ao apreciar o tema nº 201, paradigma do tema de repercussão geral, foi aprovada *tese* em conformidade com precedente da Suprema Corte, segundo o qual, em respeito ao princípio da vedação do enriquecimento sem causa, "É devida a restituição da diferença do Imposto sobre Circulação de Mercadorias e Serviços – ICMS **pago a mais** no regime de substituição tributária para a frente se a base de cálculo efetiva da operação for **inferior à presumida.**", *(STF, RE n. 593.849 RG/MG, Pleno, rel. min. Edson Fachin, j. 19.10.2016, p. m., DJe 5.4.2017), (Grifamos).*

Temas para Dissertação ou Pesquisa

1. "Imposto. Conceito. Princípio Informador.
2. "Restituição dos Impostos Indiretos".

Questões

1. Que é "imposto"?
2. Qual é o princípio informador dos impostos? Explique.
3. Cite uma classificação jurídica dos impostos, informe o critério e dê exemplos.
4. Que são impostos reais e pessoais?
5. Que são impostos diretos e indiretos?

Consultas

1. **[37° Exame de Ordem Unificado, 2024, n. 1]** Mário, servidor público aposentado, é pai de Lucas e Joana, seus únicos herdeiros necessários, a quem deseja destinar todo o seu patrimônio. Mário é proprietário de dois apartamentos de mesmo valor, o primeiro localizado no Estado Alfa e, o segundo, no Estado Beta. Visando a que, após sua morte, seus filhos não precisem efetuar gastos para a realização de inventário, resolve fazer doação em vida a seus filhos, sendo o imóvel do Estado Alfa doado para Lucas e, o imóvel do Estado Beta, para Joana. Mário sabe que no Estado Gama, onde reside e é domiciliado, a alíquota do Imposto de Transmissão Causa Mortis e Doações (ITCMD) é menor do que nos Estados Alfa e Beta. Assim, procura um tabelião, na cidade em que reside, para lavrar as escrituras públicas de doação. No Estado Alfa, a lei estadual define a alíquota para o ITCMD em 6%, enquanto, no Estado Beta, a alíquota é de 5% e, no Estado Gama, de 4%. Em todos os casos, as respectivas leis estaduais definem o contribuinte, no caso de doação, como sendo o donatário. Diante desse cenário, responda aos itens a seguir. A) A qual(is) Estado(s) compete o ITCMD devido nestas duas doações? Justifique. (Valor: 0,65) B) De acordo com o Código Tributário Nacional (CTN), é possível que tais leis estaduais definam o contribuinte do ITCMD como sendo o donatário e não o doador? Justifique. (Valor: 0,60) Obs.: o(a) examinando(a) deve fundamentar suas respostas. A mera citação do dispositivo legal não confere pontuação.
2. **[36° Exame de Ordem Unificado, 2022, n. 3]** José adquiriu um automóvel novo e pretende contratar um seguro para o veículo. Ao entrar em contato com uma seguradora, José pediu-lhe uma proposta de valor para segurar o automóvel. O valor de prêmio de seguro foi de R$ 1.500,00 e José decidiu por celebrar o contrato com essa seguradora. No momento em que o pedido

de proposta foi feito, a alíquota do tributo incidente sobre a operação de seguro era de 7%. Contudo, quando efetivamente concluiu-se a operação com a seguradora, a alíquota tributária aplicada foi de 15%, uma vez que, dois dias antes da conclusão da operação, foi publicada uma lei que previa a alíquota majorada e sua eficácia imediata. Diante desse cenário, responda os itens a seguir. A) Qual é o imposto que incide sobre a operação de contratação do seguro por parte de José e qual o ente competente para cobrá-lo? Justifique. (Valor: 0,60) B) A majoração de alíquota com efeitos imediatos é válida? Justifique. (Valor: 0,65) Obs.: o(a) examinando(a) deve fundamentar suas respostas. A mera citação do dispositivo legal não confere pontuação.

3. **[35º Exame de Ordem Unificado, 2022, n. 2]** Soluções Informáticas Ltda., sociedade empresária com sede no Município Alfa, Estado Beta, por demanda da sociedade empresária ABC Ltda., sociedade empresária sediada no Município Gama, no mesmo Estado, elaborou um programa específico de computador (desenvolvido e programado pelos funcionários de Soluções Informáticas Ltda. na sede dessa empresa), a ser utilizado apenas por ABC Ltda. no Município Gama. O contrato de elaboração do programa e transferência de sua propriedade foi assinado no Município Alfa entre as duas sociedades empresárias. O Estado Beta entende que tal situação configura fato gerador de ICMS, pretendendo cobrar de Soluções Informáticas Ltda. tal tributo. Diante desse cenário, responda os itens a seguir. A) A criação de tal programa de computador constitui fato gerador de ICMS? (Valor: 0,65) B) Poderia o Município Gama cobrar algum imposto sobre a elaboração de tal programa de computador? (Valor: 0,60) Obs.: o(a) examinando(a) deve fundamentar suas respostas. A mera citação do dispositivo legal não confere pontuação.
4. **[34º Exame de Ordem Unificado, 2022, n. 3]** Lei federal, visando diminuir a carga tributária incidente sobre operações financeiras envolvendo o ouro, estabeleceu em 0,5% a alíquota do Imposto sobre Operações Financeiras (IOF) incidente sobre a aquisição de ouro como ativo financeiro. Além disso, a mesma lei determinou que a arrecadação obtida com tal cobrança de IOF seria destinada integralmente ao Estado de origem do ouro, como forma de auxílio financeiro aos estados. Diante desse cenário, responda aos itens a seguir. A) É possível tal fixação de alíquota do IOF-ouro em 0,5%? (Valor: 0,60) B) É possível a destinação integral dos recursos obtidos com a cobrança do IOF-ouro para o Estado de origem do ouro? (Valor: 0,65) Obs.: o(a) examinando(a) deve fundamentar suas respostas. A mera citação do dispositivo legal não confere pontuação.
5. **[XXIX Exame de Ordem Unificado, 2019, n. 2]** A refinaria de petróleo Alfa vende seus produtos à pessoa jurídica Beta, comerciante de combustíveis e lubrificantes. Beta, por sua vez, revende seus produtos aos consumidores. O Estado X possui a Lei Ordinária nº 123, que estabelece que as indústrias são

responsáveis tributárias por todo o Imposto sobre Circulação de Mercadorias e Serviços (ICMS) incidente na cadeia produtiva (regime da Substituição Tributária). Em novembro de 2017, Beta recebeu de Alfa os produtos que iria revender. No mesmo mês, sofreu um incêndio em sua sede e, consequentemente, perdeu todos os produtos, razão pela qual não efetuou qualquer venda naquele mês. No mês de dezembro, já restabelecidas as condições para a retomada de suas atividades, Beta recebeu novos produtos de Alfa. Para tentar recuperar o prejuízo do mês anterior, Beta realizou uma promoção e os revendeu, no mesmo mês de dezembro, a preço inferior ao presumido (que servira de base de cálculo para o recolhimento do ICMS pelo regime da Substituição Tributária). Diante de tal quadro, responda aos itens a seguir. A) A refinaria Alfa poderá pleitear a restituição do valor pago a título de ICMS, pelo regime da Substituição Tributária, relativo ao mês de novembro? (Valor: 0,60) B) Em relação ao mês de dezembro, Beta poderá recuperar o valor pago a mais, a título de ICMS, pelo regime da Substituição Tributária? (Valor: 0,65) Obs.: o(a) examinando(a) deve fundamentar as respostas. A mera citação do dispositivo legal não confere pontuação.

Testes

1. **[40° Exame de Ordem Unificado, 2024, n. 28]** Determinado país declarou guerra ao Brasil. Para fazer frente aos gastos com o esforço de guerra, a União resolveu criar, por lei federal ordinária, um imposto extraordinário de guerra, com a mesma hipótese de incidência do Imposto sobre a Transmissão Causa Mortis e Doações. A alíquota fixada pela lei federal era de 1% sobre o valor da doação ou do montante transmitido causa mortis. Sobre esse imposto extraordinário, assinale a afirmativa correta.

   a) ( ) Não pode ser criado, pois viola a competência tributária dos Estados e do Distrito Federal

   b) ( ) Como apresenta hipótese de incidência idêntica à do imposto estadual, somente poderia ser criado por lei complementar.

   c) ( ) Configura hipótese de bitributação ilegal, razão pela qual não poderia ser admitido.

   d) ( ) É válido, mas deve ser suprimido, gradativamente, cessadas as causas de sua criação.

2. **[39° Exame de Ordem Unificado, 2023, n. 26]** No ano de 2022, os sindicatos de enfermeiros e de médicos do Estado Alfa firmaram convenção coletiva de trabalho (CCT) com os hospitais daquele estado para que a remuneração paga pelo trabalho realizado nos plantões em final de semana passasse a ter a nomenclatura de "indenização de plantões". Assim, não seria mais necessária a retenção na fonte do respectivo Imposto sobre a Renda de

Pessoa Física (IRPF) quanto a esta parcela, aumentando, como consequência, o valor líquido de salário que os médicos e enfermeiros receberiam mensalmente. O médico João, que sempre cumpriu corretamente suas obrigações tributárias, preocupado com o decidido naquela CCT, procura o seu advogado para emitir um parecer sobre aquela situação. Diante desse cenário, à luz do Código Tributário Nacional, assinale a afirmativa correta.

a) ( ) Em razão da natureza indenizatória que esta verba passou a ter, o IRPF não incide sobre tal parcela.

b) ( ) Embora não tenha caráter indenizatório, sobre tal parcela não haverá incidência de IRPF por se tratar de uma decisão tomada em convenção coletiva de trabalho (CCT).

c) ( ) Uma vez que se trata de classificação de verbas estabelecida por convenção coletiva de trabalho (CCT), que tem força de lei, haverá hipótese de isenção tributária de IRPF, a qual não se confunde com a não incidência.

d) ( ) Deverá ser retido na fonte o IRPF sobre as verbas com a nova denominação "indenização de plantões", pois a incidência do imposto sobre a renda independe da denominação do rendimento.

3. [Advogado, Pref. Vereda/BA, 2024, n. 39] De acordo com o Código Tributário Nacional, imposto é todo tributo cuja obrigação tem por fato gerador uma situação independente de qualquer atividade estatal específica, relativa ao contribuinte. Assinale a alternativa correspondente ao tipo de imposto que incide sobre o contribuinte o qual não tem, pelo menos teoricamente, a possibilidade de repassar para outrem o ônus tributário.

a) ( ) Imposto relativo.

b) ( ) Imposto constituído.

c) ( ) Impostos diretos.

d) ( ) Imposto indireto.

e) ( ) Imposto equivalente.

4. [Advogado, SIMAE/SC, 2024, n. 44] No caso de inventário processado no exterior, o Estado publicou decreto regulando a cobrança de Imposto sobre Transmissão Causa Mortis e Doação (ITCMD). Considerando a organização do Sistema Tributário Nacional, a norma estadual é:

a) ( ) Inconstitucional, pois compete à União arrecadar impostos cujo fato gerador tenha se originado no exterior.

b) ( ) Inconstitucional, pois o ato normativo que previu a cobrança apresenta vício na forma por não se apresentar como lei ordinária.

c) ( ) Inconstitucional, pois cabe à lei complementar nacional determinar a competência para a instituição do ITCMD nos casos regulados pelo decreto estadual.

d) ( ) Constitucional, pois cabe aos estados e ao Distrito Federal exercer a competência legislativa plena.

e) ( ) Inconstitucional, pois o decreto seria de competência da Presidência da República.

5. **[Advogado, SIMAE/SC, 2024, n. 45]** De acordo com CF/1988, cabe aos Estados a instituição do Imposto sobre Circulação de Mercadorias e Serviços (ICMS) e aos Municípios a criação do Imposto Sobre Serviços de Qualquer Natureza (ISSQN). Existe a possibilidade de ocorrerem operações mistas, que são aquelas onde há tanto prestação de serviços como o fornecimento de mercadoria. Configura operação mista na qual deve incidir o imposto municipal:

a) ( ) Serviços prestados por operadoras de planos privados de assistência à saúde.

b) ( ) Montagem de pneus em que a própria sociedade empresária fornece os pneus.

c) ( ) Fornecimento de mercadorias produzidas para a construção civil.

d) ( ) Operações de industrialização por beneficiamento de produtos.
E) Transporte intramunicipal.

6. **[Advogado, Pref. Sete Barras/SP, 2024, n. 26]** Considerando a Constituição Federal, é correto afirmar que compete aos Municípios instituir impostos sobre:

a) ( ) transmissão “inter vivos”, a qualquer título, por ato oneroso, de bens imóveis, por natureza ou acessão física, e de direitos reais sobre imóveis, exceto os de garantia, bem como cessão de direitos a sua aquisição.

b) ( ) transmissão “causa mortis” e doação, de quaisquer bens ou direitos.

c) ( ) produtos industrializados.

d) ( ) propriedade de veículos automotores.

e) ( ) produção, extração, comercialização ou importação de bens e serviços prejudiciais à saúde ou ao meio ambiente, nos termos de lei complementar.

7. [Advogado, CRF/AC, 2024, n. 40] Conforme a Constituição Federal de 1988, a instituição do imposto sobre grandes fortunas é de competência

a) ( ) dos municípios.

b) ( ) dos estados.

c) ( ) do Distrito Federal.

d) ( ) da União.

e) ( ) de todos os entes federativos, em conjunto.

8. [Advogado-Procurador-Geral, Pref. EntreIJuís/RS, 2023, n. 5] Em relação à competência tributária dos Municípios, analise as afirmações abaixo e marque a resposta correta.

I. Podem criar imposto predial e territorial urbano, o qual poderá ser progressivo em razão do valor do imóvel e ter alíquotas diferentes de acordo com a localização e o uso do imóvel.

II. Podem criar o imposto sobre serviços de qualquer natureza, inclusive serviços de comunicação, desde que o Estado em que se localize o Município não tenha instituído o ICMS.

a) ( ) Apenas a afirmação I está correta.

b) ( ) Apenas a afirmação II está correta.

c) ( ) As duas afirmações estão corretas.

d) ( ) As duas afirmações estão incorretas.

9. [Assessoramento Legislativo, Senado Federal, 2022, n. 83] A empresa Wonderful, sediada em Anápolis (GO), contratou para um festival de música sertaneja que estava organizando em Pirenópolis (GO), a empresa QWU, sediada em Goiânia (GO) para a instalação do palco. Assinale a opção que indica qual tributo decorre desta operação de instalação do palco e qual ente deve recebê-lo.

a) ( ) Imposto sobre Produtos Industrializados para a União Federal.

b) ( ) Imposto sobre Serviços de Qualquer Natureza para o município de Pirenópolis.

c) ( ) Imposto sobre Serviços de Qualquer Natureza para o município de Goiânia.

d) ( ) O Imposto sobre Circulação de Mercadorias e Serviços para o Estado de Goiás.

c) ( ) Imposto sobre Serviços de Qualquer Natureza para o município de Anápolis.

10. **[Assessoramento Legislativo, Senado Federal, 2022, n. 86]** Acerca do Imposto sobre a Propriedade de Veículos Automotores – IPVA, é correto afirmar que

a) ( ) terá alíquota mínima fixada por Lei Complementar Federal.

b) ( ) tem alíquota mínima fixada em 1% pelo Senado Federal para veículos de 2 (duas) rodas de até 170 (cento e setenta) cilindradas.

c) ( ) o percentual de 30% da sua arrecadação é devido ao município de licenciamento do automóvel.

d) ( ) não poderá ter alíquotas diferenciadas em função do tipo e utilização.

e) ( ) o Estado-membro ficará com 50% da arrecadação do tributo sobre os veículos automotores licenciados em seu território.

11. **[Assessoramento Legislativo, Senado Federal, 2022, n. 99]** A escola APRENDENDO, situada no município de Guaratinguetá (SP), foi incorporada ao grupo de ensino KNOWALL, situado na cidade de São Paulo (SP), inclusive com a transferência de propriedade do imóvel onde funciona há vinte anos. Quanto a esta última operação de transferência do imóvel, assinale a opção que responde corretamente à indagação: "Haverá incidência tributária?".

a) ( ) Não, por ser imune de ITBI a transmissão de bens imóveis decorrente de incorporação de pessoa jurídica.

b) ( ) Sim, haverá pagamento de ITBI em São Paulo (SP).

c) ( ) Não, por não incidir ITBI nas transferências entre pessoas jurídicas.

d) ( ) Não, por ser isenta de ITBI a transmissão de bens imóveis decorrente de incorporação de pessoa jurídica.

e) ( ) Sim, haverá pagamento de ITBI na cidade de Guaratinguetá (SP).

12. [Exame de Ordem/BA, 2004.2, n. 90] Tratando-se de impostos que comportem, por sua natureza, transferência do respectivo encargo financeiro, a restituição

a) ( ) deverá ser efetivada sem qualquer exigência a ser cumprida pelo contribuinte, desde que haja provocação por parte deste, sendo certo que o fisco deve restituir as quantias que recebeu indevidamente.

b) ( ) deverá ser feita somente a quem prove haver assumido referido encargo, ou, no caso de tê-lo transferido a terceiro, estar por este expressamente autorizado a recebê-la.

c) ( ) simplesmente não poderá ser feita, visto não existir previsão para a restituição desse tipo de tributo, na medida em que não é possível identificar-se quem fez o pagamento.

d) ( ) deverá ser feita de ofício pelo fisco, independentemente de provocação por parte do contribuinte, sob pena de enriquecimento sem causa por parte do fisco.

8

TAXA

8.1 DIRETRIZES GERAIS

Nossa primeira Constituição Republicana de 1981, autorizava a instituição de impostos e taxas. No entanto, persistia certa dificuldade em distinguir essas duas espécies tributárias. Com o advento da Constituição brasileira de 1946, promoveu-se uma melhor demarcação do campo tributário impositivo e foi introduzida a contribuição de melhoria entre as espécies tributárias, posteriormente explicitadas no Código Tributário Nacional de 1966, CTN/66. De lá para cá, esses três tributos foram mantidos nos textos constitucionais subsequentes.

A *taxa* é espécie de tributo, cuja obrigação pecuniária deriva de uma atuação estatal. Noutro giro, a hipótese de incidência tributária constitucionalmente possível desta espécie tributária descreve uma atuação estatal relacionada ao contribuinte.

A esse respeito, cumpre ter em conta que a atividade pública se distingue da atividade privada porque deve sujeitar-se ao regime jurídico de direito público, o qual supõe, por exemplo, obediência aos princípios da legalidade, da prevalência do interesse público sobre o particular e da indisponibilidade da coisa pública. Nesse passo, convém, pois, ter em conta que a atuação do Poder Executivo é subordinada à lei, de modo que a Administração Pública age somente "secundum legem" e, ademais, tem por objeto "coisas fora do comércio", expressão tradicionalmente empregada para designar as atividades públicas ou de interesses públicos que não estão sujeitas às leis de mercado, isto é, à normas aplicáveis a empreendimentos privados, nos quais predomina o interesse particular. Como corolário disso, pode-se afirmar que a ação estatal deve ser prestada por força de lei, portanto, sem qualquer contraprestação para favorecer interesses escusos.

A Constituição Federal de 1988, CF/88, ao consagrar o Brasil como "República Federativa", sob a forma de "Estado Democrático de Direito", reconhece que a esfera econômico-privada é o campo propício para a incidência de impostos, tanto que impõe, de um lado, o respeito aos princípios e objetivos da Ordem Econômica – em especial, o da liberdade e da propriedade privada –, de modo a assegurar a todos uma existência digna; e, doutro lado, a rigorosa observância de direitos e garantias dos contribuintes de impostos, isto é, daqueles que exploram e geram riquezas para si e, na medida do que se fizer necessário, para a manutenção do Estado que lhes proporciona segurança jurídica.

Como corolário disso, a estrutura e organização do Estado de Direito – que se manifesta por meio dos Poderes Legislativo, Executivo e Judiciário –, assim como as correspondentes ações públicas ou de interesse público são, em regra, custeadas com o dinheiro proveniente da instituição e arrecadação de impostos, ou seja, com os recursos oriundos da esfera econômica, onde, em os bens são disponíveis e predominam os interesses particulares. Nesse sentido se diz que os impostos são destinados ao custeio das despesas gerais do Estado, tais como o pagamento da remuneração devida aos agentes públicos – p. ex., políticos, servidores e empregados públicos – e as que são necessárias para a realização de obras e serviços públicos. De conseguinte, cumpre reconhecer que não existe atuação estatal "gratuita". Noutro giro, é o contribuinte que financia a tutela estatal – cujo poder emana do povo e se presume exercido em benefício do próprio povo –, com os recursos extraídos da esfera privada.

A partir de uma opção política, o legislador infraconstitucional tem a faculdade de atribuir caráter público a determinado bem ou atividade – função, serviço, obra –, observando-se as diretrizes constitucionais. É dizer, cabe à lei conferir o "status" público a um bem ou atividade própria da esfera econômico-privada, sujeitando-os, desta forma, ao regime jurídico constitucional de direito público. Trata-se de uma escolha política, da qual decorrerá, em regra, aumento dos gastos públicos e, para seu custeio, a respectiva tributação.

Ocorre que, a despeito da aparente "gratuidade" da atuação estatal – pois o que é público não é, de forma alguma, "de graça" para o povo – seu custeio será feito, em regra, com o dinheiro proveniente dos impostos. A CF/88, no entanto, também permite que, a critério do ente político tributante, a *prestação de serviço público* e o *exercício do poder de polícia* sejam custeados especificamente por um tributo denominado "taxa", mais precisamente, *taxa de serviço* e *taxa de polícia*.

Neste passo, convém ter sempre em conta que a exigência de tributos pressupõe a observância do regime jurídico constitucional tributário, de modo a salvaguardar cláusulas pétreas, sobretudo, os direitos e garantias constitucionais do contribuinte e o próprio princípio federativo.

Feita essa ressalva, convém registrar, por oportuno, o dispositivo constitucional, a partir do qual se pode inferir a materialidade da respectiva hipótese de incidência das duas mencionadas taxas, *verbis*:

> [CF/88] **Art. 145.** A **União**, os **Estados**, o **Distrito Federal** e os **Municípios** poderão instituir os seguintes tributos: (...)
> II – **taxas**, em razão do exercício do **poder de polícia** ou pela utilização, efetiva ou potencial, de **serviços públicos específicos e divisíveis**, prestados ao contribuinte ou postos à sua disposição;
> (...). *[Grifamos]*

Note-se que todas as Pessoas Políticas de Direito Público – União, Estados, Distrito Federal e Municípios – receberam competência para instituir taxas. Em decorrência disso, é imprescindível buscar no direito constitucional administrativo os precisos contornos jurídicos de *serviço público* e de *poder de polícia*, para que o princípio da reserva de competência *tributária* possa ser rigorosamente observado, uma vez que – enfatize-se – a competência para instituir taxas está estritamente vinculada à competência constitucional *administrativa*[1] para realizar atos de polícia ou para prestar serviços públicos. Noutro giro, somente o titular desta competência administrativa terá competência legislativa poderá instituir as respectivas *taxas de polícia* e *taxas de serviço*. Nesse sentido, convém citar a legislação tributária infraconstitucional, cujo teor, em tese, encontra-se recepcionado pela vigente Carta Magna. Vejamos:

> **[CTN/66] Art. 80. Para efeito de instituição** e cobrança de taxas, **consideram-se compreendidas no âmbito das atribuições** da União, dos Estados, do Distrito Federal ou dos Municípios **aquelas que**, segundo a **Constituição Federal**, as Constituições dos Estados, as Leis Orgânicas do Distrito Federal e dos Municípios e a legislação com elas compatível, **competem a cada uma dessas pessoas de direito público**. *[Grifamos]*

Saliente-se que, por se tratar de espécie tributária – instrumento hábil para a intervenção na esfera privada para cercear os direitos à liberdade e à propriedade –, a instituição e arrecadação de taxas estão, por via de consequência, sujeitas à plena observância do regime jurídico constitucional tributário, ou seja, devem observar, dentre outros princípios tributários, o da estrita legalidade, da

1. A propósito, v. art. 21, § 1º, do art. 25, art. 30, e § 1º, do art. 32, todos da CF/88. Observe-se que a competência administrativa residual pertence aos Estados-membros e ao Distrito Federal, de modo que, por via de consequência, também lhes pertence a competência tributária residual para a instituição de taxas.

irretroatividade, da anterioridade e, em especial, o da "retributividade" (ou do "custo-benefício"), o qual, diga-se de passagem, consiste em mero desdobramento do princípio maior da legalidade-isonômica.

Sendo tributo, taxa pressupõe uma relação jurídica obrigacional, cujo objeto cinge-se a uma prestação pecuniária. Este liame obrigacional exsurge, diferentemente dos impostos, com a ocorrência de uma atuação estatal, da qual se extrai a base econômica que deverá ser considerada para fins de definição do montante a pagar, em conformidade com o princípio informador das taxas, qual seja, o do custo-benefício. De seu turno, a destinação do produto arrecadado, vale frisar, é objeto de disciplina do Direito Financeiro, onde o tributo é considerado receita pública derivada. Ademais, em outras searas, como a da Economia Política, é que se deve debater a necessidade de maior ou menor tributação.

Sob a perspectiva do Direito Tributário, interessa-nos, em especial, a observância dos direitos e garantias constitucionais do contribuinte. No caso da instituição de taxa, vale gizar, a atuação estatal prestada ao contribuinte ensejará o nascimento da obrigação tributária. Note-se, ainda, que a atuação estatal – serviço público ou atos de polícia – devem ser realizados por força de lei e, não mediante pagamento, em conformidade com o regime jurídico administrativo.

A propósito, cumpre observar que, ante o eventual pagamento da taxa, o serviço público deverá continuar sendo prestado, a despeito de figurar como hipótese de incidência do referido tributo, frise-se, inadimplido.[2] A razão é simples, toda atividade pública há de ser realizada por força de lei e custeada por meio de receitas públicas e não, como ocorre na esfera privada, em troca de dinheiro, isto é, mediante contraprestação pecuniária.

Frise-se, sob o regime jurídico de direito público, a prestação do serviço não poderá ser interrompida pelo não pagamento de eventual taxa de serviço o qual, como se infere do regime jurídico de direito administrativo, deve ser prestado apenas por força de lei, em face da preponderância do interesse público sobre o particular.

Nesta linha de raciocínio, o não pagamento da taxa, assim como o não pagamento de qualquer outra espécie de tributo que se presume devido, há de ser cobrado mediante a observância do devido processo legal, no qual os sujeitos da obrigação tributária terão assegurados o "contraditório e a ampla defesa, com os meios e recursos a ela inerentes" (art. 5º, LV, CF/88), rechaçando-se da palavra "ampla" qualquer conotação de "excessiva", pois eventual excesso de tempo e formalidades legais não condiz com a efetiva prestação da tutela jurisdicional.

Por fim, cumpre acrescentar que as referidas taxas poderão ser instituídas nas quatro esferas de governo e, em conformidade com o disposto nas leis

2. Diverso, todavia, é o entendimento predominante na doutrina e na jurisprudência brasileira.

orçamentárias, o produto da arrecadação poderá ser destinado ao custeio das diligências necessárias ao custeio da respectiva atuação estatal prestada diretamente ao contribuinte, ou posta a sua disposição. Os serviços públicos gerais, que a todos beneficiam indistintamente, não são passíveis de tributação e, desse modo, têm como fonte principal de custeio o dinheiro proveniente dos impostos. Noutras palavras, somente os serviços públicos específicos e divisíveis poderão figurar como fato gerador abstrato das taxas de serviços. Nesse sentido, encontra-se igualmente recepcionado o disposto em normas gerais veiculadas pela legislação infraconstitucional. Veja-se:

> [CTN/88] **Art. 77.** As **taxas** cobradas pela União, pelos Estados, pelo Distrito Federal ou pelos Municípios, no âmbito de suas respectivas atribuições, têm como **fato gerador** o exercício regular do **poder de polícia**, ou a utilização, efetiva ou potencial, de **serviço público** específico e divisível, prestado ao contribuinte ou posto à sua disposição. *[Grifamos]*

Vejamos, pois, separadamente, as peculiaridades jurídicas das taxas de serviço e das taxas de polícia.

8.1.1 Taxa de Polícia

No Brasil somente podem ser instituídos dois tipos de taxas: *taxas de serviço* e *taxas de polícia* (art. 145, II, da CF de 1988). A taxa de polícia é devida em razão do exercício do poder de polícia, o qual, vale gizar, não se confunde com o exercício da polícia judiciária, que tem por finalidade investigar e punir a prática de crimes e contravenções penais.

Com efeito, o "poder de polícia" é um poder meramente administrativo, a ser exercido com base em lei. Trata-se de um poder de fiscalização, pois tem por finalidade zelar para que o exercício de direitos civis – constitucionalmente assegurados ao particular – se dê em conformidade com as restrições legais impostas para a salvaguarda de interesses públicos pertinentes ao caso.

Não se pode olvidar que somente a lei pode traçar os contornos do direito à liberdade e à propriedade. De conseguinte, cabe à lei determinar as condições e os limites que deverão ser observados pelo particular para que, no exercício de seus direitos civis, outros valores de ordem pública, prestigiados pela Lei Maior, não sejam vulnerados. Com essa ressalva, o disposto no CTN/66, encontra-se recepcionado pelo vigente ordenamento jurídico. Vejamos:

> [CTN/66] **Art. 78.** Considera-se **poder de polícia** atividade da administração pública que, **limitando ou disciplinando direito**, interêsse (sic) ou liberdade, regula a prática de ato ou abstenção de fato, em **razão de intêresse (sic) público** concernente à segurança, à higiene, à ordem, aos

> costumes, à disciplina da produção e do mercado, ao exercício de atividades econômicas dependentes de concessão ou autorização do Poder Público, à tranqüilidade (sic) pública ou ao respeito à propriedade e aos direitos individuais ou coletivos. **[Redação dada pelo Ato Complementar nº 31, de 1966]**
>
> Parágrafo único. Considera-se regular o exercício do poder de polícia quando desempenhado pelo órgão competente **nos limites da lei** aplicável, com **observância do processo legal** e, tratando-se de atividade que a lei tenha como discricionária, **sem abuso ou desvio de poder**. *[Grifamos]*

Em breve síntese, o *poder de polícia* consiste em restrições legais – e infralegais, respaldados em lei – ao exercício do direito de propriedade e de liberdade, em prol do interesse público que se faça presente.

De conseguinte, os *atos de polícia* consubstanciam-se no agir concreto e específico da Administração, que disciplina, nos termos da lei, o exercício dos direitos à propriedade e à liberdade, garantidos constitucionalmente. Nesses termos, a taxa de polícia poderá ser exigida em razão do exercício do poder de polícia, após a efetiva realização do ato de polícia, isto é, após a ocorrência do fato gerador concreto da referida obrigação tributária.

Tornando ao nosso rumo, cumpre salientar que o princípio constitucional da supremacia do interesse público sobre o particular norteia o exercício da polícia administrativa. Deveras, a satisfação de interesses particulares – p. ex., a condução de veículo automotor; o transporte de armas de fogo; a construção, reforma, ampliação ou demolição de imóveis –, assim como a prática de determinadas atividades econômicas, como o comércio de bebidas alcoólicas, de alimentos, de cosméticos, dentre outros, demandam o respectivo controle de riscos e eventos adversos que possam vulnerar, *v.g.*, o ambiente, a segurança e a saúde pública.

Convém não olvidar que a competência para instituir taxas está estritamente vinculada à competência constitucional administrativa para o exercício do poder de polícia e para a prestação de serviços públicos. Para fins de cobrança de taxa de polícia, portanto, impende observar, *v. g.*, que a CF/88, assegura "[...] a todos o livre exercício de qualquer atividade econômica, independentemente de autorização de órgãos públicos, salvo nos casos previstos em lei.". Noutras palavras, e liberdade é regra de incomensurável importância à preservação da Ordem Econômica brasileira, de modo que eventuais exceções – restrições administrativas, por exemplo – não têm o condão da limitá-las, mas, sim, de assegurar o seu regular exercício, nos termos da lei. Deste modo, ressalva a Lei Maior que a "[...]segurança pública, dever do Estado, direito e responsabilidade de todos[...]" deverá ser "[...]exercida para a preservação da ordem pública e da incolumidade das pessoas e do patrimônio[...]." (art. 144).

Mais especificamente, apenas para ilustrar, a segurança viária será "[...] exercida para a preservação da ordem pública e da incolumidade das pessoas e do seu patrimônio nas vias públicas [...], cabendo "[...]no âmbito dos Estados, do Distrito Federal e dos Municípios, aos respectivos órgãos ou entidades executivos e seus agentes de trânsito, estruturados em Carreira, na forma da lei." (inc. II, do § 10, do art. 144). Tecidas essas breves considerações, ressalte-se os seguintes exemplos de taxas de polícia:

Taxas de polícia federais – de inspeção e fiscalização de bebidas alcoólicas; taxa de conservação de rodovias federais.

Taxas de polícia estaduais – para porte de arma, expedida pela Secretaria de Segurança do respectivo Estado; taxa de vistoria em anúncios e painéis luminosos em rodovias estaduais.

Taxas de polícia municipais – de licença para edificar; para demolir (alvará de demolição); de licença para propaganda; de conservação das ruas; de localização e funcionamento (a "Zona Azul" é taxa de polícia, pela fiscalização que assegura o estacionamento de veículos apenas em lugares, e por tempo, legalmente permitidos); etc.

Frise-se que, nos termos da lei, o controle dos riscos e efeitos adversos de determinadas práticas é realizado pela polícia administrativa, a quem compete, sob o regime jurídico constitucional-administrativo, conceder ou, sendo o caso, não conceder carteira de habilitação para a condução de veículos automotores; multar condutores por excesso de velocidades; deferir, ou indeferir, pedido de porte de arma, de licença para construir ou demolir imóveis em determinados locais, dentre outros exemplos.

No âmbito do Direito Tributário, propriamente dito, o regular exercício da polícia administrativa é passível de ser tributado por meio da já referida taxa de polícia. Nos termos estabelecidos pela CF/88, trata-se de uma faculdade concedida ao ente tributante para institui-la, "em razão do exercício do poder de polícia". É dizer, em face do efetivo exercício de polícia, prestado a cada contribuinte, será possível aferir o respectivo custo da atuação estatal, para fins de cobrança da respectiva taxa, sem que haja um tratamento desigual entre contribuintes que se encontre em situação equivalente.

Vale frisar, ademais, que o ato de polícia administrativa é "coisa fora do comércio", ou seja, o particular estará sujeito ao pagamento da taxa de polícia tanto na hipótese de "deferimento" quanto na de "indeferimento" de seu pedido, pois, o que dá nascimento à obrigação tributária é apenas a prestação do serviço ou a realização do ato de polícia referidos ao contribuinte. Com efeito, eventual autorização estatal (deferimento) para prática de determinada atividade particular não está condicionada ao pagamento de um "preço", como se fosse um bem disponível. Como já restou mencionado, a atuação estatal é prestada por força de lei e não em troca de pagamento.

Inversamente, sob o regime jurídico de Direito Público – no qual há prevalência do interesse público sobre o particular –, eventual cobrança de taxa de polícia será devida, nos termos da lei, quer seja deferido ou indeferido o pedido para o exercício de determinada atividade particular que esteja sujeita ao controle da polícia administrativa, sendo, pois, suficiente, a averiguação feita, no caso concreto, pelo agente público.

8.1.2 Taxa de Serviço

Taxa de serviço é espécie de tributo que tem por *fato gerador* abstrato a utilização, efetiva ou potencial, de *serviço público específico e divisível*, prestado ao contribuinte ou posto à sua disposição.

O conceito de "serviço público" compreende dois aspectos:

Material – utilidade ou comodidade fruível pelos administrados, assegurada pelo Estado ou por quem lhe faça as vezes. Cite-se, como exemplos, o serviço público de fornecimento domiciliar de água potável, fornecimento domiciliar de gás canalizado, transporte coletivo etc.

Formal – sujeita-se ao regime jurídico-administrativo, ou seja, o que torna público determinado serviço é a circunstância de ser legalmente retirado da esfera econômica para ser submetido ao regime jurídico de direito público.

Há, porém, várias restrições constitucionais para que um serviço público possa ser diretamente tributado. Primeiro, somente os serviços públicos considerados específicos e divisíveis são passíveis de tributação. Noutro giro, serviços públicos gerais – aqueles que beneficiam a todos, indistintamente – não podem ser tributados por nenhuma espécie tributária, embora sejam, em regra, custeados com o dinheiro proveniente da arrecadação dos impostos.

Em conformidade com o regime jurídico tributário brasileiro, os serviços públicos, para serem custeados por taxas, devem ser específicos, divisíveis, efetivamente prestados ao contribuinte e, excepcionalmente, quando postos à sua disposição. Vejamos.

Específicos (singulares ou *uti singuli*) – suscetíveis de serem destacados em unidades autônomas. Exemplos: o serviço público de fornecimento domiciliar de água potável, fornecimento domiciliar de gás canalizado, transporte coletivo etc.

Serviços gerais (universais ou *uti universi*) – alcançam toda a comunidade, ou, melhor, todos se beneficiam indistintamente; devem, por essa razão, ser custeados pelas receitas gerais do Estado, tais como as provenientes da arrecadação de impostos. Exemplos: serviços de segurança pública, de iluminação pública; varrição de logradouros públicos etc.

Divisíveis – suscetíveis de utilização, separadamente, por parte de cada um de seus usuários; cada utente deverá pagar na medida da utilização; a divisibilidade permite que seja repartido o custo total da manutenção do serviço por todos os usuários. Além dos já citados como exemplos de serviços específicos, acrescente-se o serviço público de expedição de cartas (serviço de Correio), serviço público de conservação de estradas etc.

Efetivamente prestados – a taxa de serviço só poderá ser exigida após a efetiva prestação do serviço público ao contribuinte, uma vez que constitui o próprio fato gerador da obrigação pecuniária em apreço. Sem que se verifique, no mundo fenomênico, a ocorrência do fato que corresponde àquele que se encontra descrito em lei, não há que se cogitar do nascimento da obrigação tributária em concreto.

Postos à disposição – exige-se a chamada "taxa de disponibilidade" pela utilização potencial do serviço público; ou seja, basta que o serviço exista e que esteja à disposição do usuário, de modo que lhe seja reservado o direito de, a seu critério, utilizá-lo ou não. Nesses casos, o Código Tributário Nacional explicita que essa utilização potencial se refere aos serviços de utilização compulsória, os quais supõem uma atividade administrativa em efetivo funcionamento para atender ao contribuinte. Exemplo: serviço de fornecimento domiciliar de água potável, para a satisfação de um interesse público prestigiado pela própria CF/88, qual seja a saúde pública.

A esse respeito, dispõe a legislação infraconstitucional recepcionada pela Lei Maior:

> **[CTN/66] Art. 79.** Os **serviços públicos** a que se refere o art. 77 consideram-se:
>
> I – utilizados pelo contribuinte:
>
> a) **efetivamente**, quando por ele usufruídos a qualquer título;
>
> b) **potencialmente**, quando, sendo de utilização compulsória, sejam **postos à** sua **disposição** mediante atividade administrativa em **efetivo funcionamento**;
>
> II – **específicos**, quando possam ser **destacados** em unidades autônomas de intervenção, de utilidades ou de necessidades;
>
> III – **divisíveis**, quando suscetíveis de utilização, **separadamente**, por parte de cada um dos seus usuários. *[Grifamos]*

Em alguns casos recomenda-se a gratuidade na prestação de determinados serviços públicos, ainda que específicos e divisíveis, tais como o de vacinação. Entenda-se, por "gratuidade", que não será cobrada diretamente do usuário nenhuma taxa de serviço, pois, nesses casos, o serviço público será custeado com as demais receitas do Estado, em geral, dos impostos.

8.2 BASE DE CÁLCULO DAS TAXAS

O tratamento igualitário aos contribuintes que se encontrem em situação equivalente ou, dito de outro modo, a vedação à instituição de "[...] tratamento desigual entre contribuintes que se encontrem em situação equivalente[...]", (art. 150, II, CF/88), é uma das mais importantes exigências constitucionais para o exercício da competência tributária.

Como corolário disso, os critérios legais adotados para quantificar o montante tributário hão de satisfazer, objetivamente, essa exigência constitucional. Para ilustrar, a base de cálculo, sempre que empregada para esse fim, deve ser hábil a mensurar o fato tributável que se encontra descrito na respectiva hipótese de incidência da norma tributária. Nesta esteira, conforme se trate de tributo vinculado ou de tributo não vinculado a uma atuação estatal, suas bases de cálculo jamais poderão coincidir, sob o risco de violar, *ab initio*, o princípio constitucional da reserva de competência tributária, dentre outros, não menos relevantes.

Para melhor explicitar, a base de cálculo do imposto (tributo não vinculado a uma atuação estatal) há de expressar, simetricamente, o fato signo-presuntivo de riqueza inerente a sua hipótese de incidência. A base de cálculo da taxa (tributo vinculado a uma atuação estatal), por outro lado, há de expressar o custo das diligências necessárias à prestação do serviço público ou ao exercício do poder de polícia referidos ao contribuinte, conforme a respectiva hipótese de incidência.

Convém ainda salientar que a instituição de dois tributos, sob a denominação legal de taxa e imposto, com idêntica base de cálculo, porém, cujas hipóteses de incidência sejam, respectivamente, "vinculada" e "não vinculada" a uma atuação estatal, constituirá, em tese, exemplo de bitributação ou "bis in idem" inconstitucional. Deveras, impende reconhecer que, neste caso, a natureza jurídica específica de um deles – frise-se, que se depreende da sua hipótese de incidência – não corresponde à sua denominação legal nem, como corolário, à referida base de cálculo legal.

A propósito, como se não bastasse a nítida distinção entre as espécies tributárias, consoante seu fato gerador; a rigidez da repartição de competência tributária entre todos os entes tributantes; a expressa vedação de tratamento igualitário aos contribuintes que não se encontrem em situação equivalente; a ênfase quanto à necessidade de efetiva observância, em especial, do princípio da capacidade contributiva, para a exigência de impostos, ainda assim, para não pairar a menor dúvida a respeito da vedação à bitributação e ao "bis in idem", nossa Carta Magna optou por prescrever expressamente que, *verbis*:

> **[CF/88] Art. 145.** Sem prejuízo de outras **garantias** asseguradas ao contribuinte, é **vedado** à União, aos Estados, ao Distrito Federal e aos Municípios:
>
> (...).
>
> § 2º. As taxas **não** poderão ter base de cálculo **própria** de impostos. *[Grifamos]*

Vale lembrar que esta preocupação já se fazia presente sob a égide do ordenamento jurídico anterior – pois não é raro a instituição de um imposto "disfarçado" de taxa e vice-versa –, tanto que o CTN/66, com igual zelo, também veicula normas gerais a esse respeito, *verbis*:

> **[CTN/66] Art. 4º.** A natureza jurídica **específica** do tributo é determinada pelo **fato gerador** da respectiva obrigação, sendo **irrelevantes** para qualificá-la:
>
> I – a **denominação** e demais características formais adotadas pela **lei**;
>
> (...).
>
> **Art. 77.** (...).
>
> Parágrafo único. A taxa **não pode ter** base de cálculo **ou** fato gerador **idênticos** aos que correspondam a imposto **nem** ser calculada em função do capital das empresas. *[V. Ato Complementar 34, de 30.1.1967] [Grifamos]*

Frise-se, a base de cálculo constitucionalmente possível das taxas em nenhuma hipótese poderá coincidir com a dos impostos – tributos não vinculados a uma atuação estatal. Taxa com base de cálculo própria de imposto representa, em tese, um imposto disfarçado de taxa, podendo, ademais, configurar *bis in idem* ou bitributação inconstitucionais.

Sob essa perspectiva, o princípio informador da taxa, vale gizar, é o da "retributividade" (ou do "custo-benefício"), segundo o qual o montante a ser exigido a título de taxa deve ser equivalente ao custo das despesas necessárias à consecução da respectiva atuação estatal. O serviço público e o ato de polícia são indisponíveis, isto é, são "coisas fora do comércio" (inegociáveis); significa dizer que não se lhe pode acordar um "preço" para sua realização. Desse modo, a base de cálculo das taxas deve ser um critério hábil a mensurar tão-somente os gastos necessários à consecução, no mundo fenomênico, do serviço público ou ato de polícia descrito descritos na hipótese de incidência.

8.3 SUJEITOS ATIVO E PASSIVO DAS TAXAS

Depreende-se do art. 145, II, da CF/88, que todas as pessoas políticas de direito público podem instituir taxas em conformidade com sua competência administrativa para prestar o serviço ou realizar atos de polícia. Cabe ao próprio ente tributante, no exercício de sua competência tributária, designar a pessoa que terá capacidade tributária ativa, isto é, a pessoa competente apenas para arrecadar o tributo, mas não para instituí-lo. Logo, o sujeito ativo da taxa poderá ser o próprio ente tributante – pois quem pode o mais, pode o menos –, como também poderá ser pessoa diversa, na hipótese de parafiscalidade.

De igual modo, depreende-se do citado dispositivo constitucional, que o contribuinte há de ser o usuário do serviço público, específico e divisível, ou a pessoa sujeita ao efetivo exercício do poder de polícia. É dizer, o sujeito passivo da taxa é a pessoa a quem se dirige a atuação estatal descrita em lei e efetivamente prestada no mundo fenomênico.

8.4 TARIFA/PREÇO PÚBLICO

A Constituição Federal de 1988, CF/88, caracteriza-se por ser analítica, eclética e rígida, quiçá "super-rígida". Como corolário disso, as lições doutrinárias advindas de outros países, cujos ordenamentos jurídicos são bastante distintos do nosso – devem ser examinadas com a devida cautela, jamais incorporadas à toque de caixa pelo nosso poder constituinte derivado.

Para ilustrar, vejamos com maior atenção a categoria dos "Tributos não vinculados a uma atuação estatal". Para seu estudo, recorre-se às lições próprias das ciências das finanças, as quais, com o tempo, se revelaram cada vez mais insuficientes para satisfazer as exigências de nossa Carta Republicana, mormente as que consubstanciam o regime jurídico constitucional tributário.

No caso específico das taxas, cumpre ressaltar, sempre houve enorme dificuldade para traçar seus contornos – sem vulnerar o princípio constitucional da legalidade-isonômica –, de modo a assegurar maior transparência e precisão nos critérios adotados para apuração do montante devido. Nada obstante, como via alternativa para atenuar essas dificuldades, acolheu-se a possibilidade de exigir dos usuários de serviços públicos as denominadas "tarifas", ou "preços públicos", cuja natureza contratual as distingue completamente dos tributos.

Em breve síntese, o entendimento que ainda predomina na doutrina e na jurisprudência brasileira é no sentido de que o Poder Público pode optar por exigir taxa (tributo!) ou tarifa (não é tributo!) dos usuários de serviços públicos específicos e divisíveis. Vejamos.

8.5 PEDÁGIO: TAXA DE SERVIÇO OU TARIFA?

Em atenção aos direitos e garantias constitucionais dos contribuintes, "pedágio" é tributo, mais precisamente, "taxa de serviço". Sua hipótese de incidência tributária constitucionalmente possível cinge-se à utilização de vias conservadas pelo Poder Público. Nesses termos, estabelece a Lei Maior, *verbis*:

> [CF/88] **Art. 150.** Sem prejuízo de outras **garantias** asseguradas ao **contribuinte**, **é vedado** à União, aos Estados, ao Distrito Federal e aos Municípios:
>
> (...).
>
> V – estabelecer **limitações ao tráfego** de pessoas ou bens, por meio de tributos interestaduais ou intermunicipais, **ressalvado** a cobrança de **pedágio** pela utilização de **vias conservadas** pelo Poder Público;
>
> (...). *[Grifamos]*

Ressalte-se que a regra, constitucionalmente estabelecida, é a da liberdade de tráfego ou bens pelas vias públicas. Nessa esteira, a via pública é obra pública previamente realizada e, por meio de serviços públicos, conservada pelo Estado, com dinheiro público. Frise-se, como regra geral, as despesas públicas necessárias à realização da obra e à prestação dos serviços públicos são custeadas com o dinheiro proveniente dos impostos, afinal, a receita proveniente dos impostos, como já restou mencionado, é destinada a satisfazer as despesas gerais do Estado.

Nada obstante, como exceção à liberdade de tráfego, a vigente Carta Magna faculta à Pessoa Política de Direito Público tributar, mediante taxa de serviço, a utilização da via pública preservada pelo Poder Público, direta ou indiretamente, mediante a consecução de serviços públicos, sendo vedada a instituição de tratamento desigual aos contribuintes que se encontrem em situação equivalente.

As exigências constitucionais de que a utilização do serviço seja específica e divisível serão observadas ao se exigir a referida taxa somente de quem utilizar da via pública para transportar pessoas ou bens e na medida de sua utilização. A base de cálculo constitucionalmente possível do pedágio, portanto, há de considerar o número de eixos do meio de transporte utilizado para o referido transporte ou locomoção. Sob essa perspectiva, a instituição de pedágios (taxa de serviço) há de observar plenamente o regime jurídico constitucional tributário.

Esse, todavia, não é o entendimento que predomina da doutrina e na jurisprudência. No Direito Tributário brasileiro, apenas a discriminação do campo de competência dos impostos tem recebido um tratamento mais rigoroso com vistas à preservação dos direitos constitucionais dos contribuintes. Igual rigor não há para a instituição de tributos vinculados a uma atuação estatal, como é o caso das taxas de serviço.

Com efeito, para o custear a execução de serviços públicos específicos e divisíveis tem-se admitido a exigência de uma figura *sui generis*, que não é taxa (tributo) nem preço (instituto de direito privado). No afã de desburocratizar a intervenção estatal na esfera privada, faculta-se ao poder público exigir do usuário de serviços públicos o pagamento de tarifas (preço público), obrigação de índole contratual, portanto, não sujeita à observância do rigoroso regime jurídico constitucional tributário. Sob esse enfoque, pedágio é "tarifa", e não taxa de serviço público (espécie tributária).

Doutrina

Como bem observa Geraldo Ataliba,[3] a competência tributária para instituir taxas corresponde à competência administrativa para realizar a atuação estatal passível de tributação. Registre-se:

> *61.12* Não há necessidade de a Constituição discriminar competências para exigência de taxas (como há, pelo contrário, no que respeita a impostos), porque a h.i. da taxa é sempre uma atuação estatal (atividade de polícia, prestação de serviço público). **A pessoa pública competente para desempenhar a atuação, e só ela, é competente para legislar sobre sua atividade e colocar essa atuação no núcleo da h.i. de taxa sua.**
>
> (...).
>
> *62.5* Sujeito passivo da taxa será, pois, a pessoa que requer, provoca ou, de qualquer modo, utiliza o serviço público específico e divisível, ou o tem à sua disposição (nos casos de taxa de serviço), ou cuja atividade requer fiscalização e controle públicos (taxas "de polícia").
>
> *62.6* A **taxa pela disponibilidade do serviço** só é exigível quando o serviço é, por lei administrativa válida (conforme a Constituição), obrigatório. É o caso, por exemplo, do abastecimento de água, coleta de esgoto, vacinação, identificação, enterramento de mortos, internação de loucos ou portadores de doenças contagiosas, remoção de lixo, demolição de edifícios perigosos, destruição de aparelhos e instrumentos danosos ao meio ambiente, apreensão de objetos instrumentais de delitos etc. Em casos semelhantes, se a lei administrativa, com base na Constituição, tornar o serviço obrigatório, sua simples disponibilidade pode tornar a respectiva taxa obrigatória.
>
> (...).
>
> *62.9* Com base na lei, a Administração Pública licencia, permite, autoriza, fiscaliza e controla as atividades privadas. Os custos desse controle e fiscalização são remunerados pelos interessados cujas atividades o exigem mediante taxas, chamadas "de polícia" (...). *[Grifamos]*

3. Geraldo Ataliba, *Hipótese de Incidência Tributária*, 6ª ed., 9ª tir., São Paulo, Malheiros Editores, 2008, pp. 155-157.

Sobre o caráter contraprestacional dos tributos, discorre Bernardo Ribeiro de Moraes,[4] *verbis*:

> A contraprestação é, também, um dos elementos característicos (não privativo) da taxa. Em todo tributo **existe sempre, genericamente**, uma **contraprestação.** É inconcebível a existência de prestação do Poder Público que não tenha uma contrapartida. A taxa **como qualquer outro tributo** (imposto ou contribuição de melhoria) possui uma relação de troca entre o Estado e o contribuinte. Quem paga **contribuição** ao Poder Público, o faz em troca de algo (necessidades coletivas indivisíveis, utilização de serviço público específico e divisível, uso regular do poder de polícia ou valorização imobiliária). A **taxa** é paga porque o contribuinte recebe, do Poder Público, uma atividade especial (serviço público específico e divisível ou uso regular do poder de polícia). *[Grifamos]*

Sobre *pedágio*, leciona Misabel Derzi,[5] *verbis*:

> Questão polêmica à luz da Constituição de 1988 se apresenta com a possibilidade da concessão dos serviços de reparação ou conservação de vias públicas a empresas privadas.
>
> De um lado encontram-se aqueles que, em face da concessão, descaracterizam a natureza da taxa-pedágio para preço público; de outro aqueles que, ao contrário, nessas circunstâncias, confirmam a natureza tributária do **rodágio** cobrado, com as conseqüências daí decorrentes. Mas a Constituição brasileira, a par de afirmar que os serviços públicos serão custeados por meio de tributos, denominados **taxas**, admite ainda, expressamente, a prestação de serviços mediante concessão ou permissão e cobrança de **preços públicos** (art. 175). *[Grifamos]*

Quanto à *distinção entre taxa e tarifa* (preço público), Hugo de Brito Machado[6] aponta o critério que leva em consideração a existência de compulsoriedade, ou não, na prestação do serviço:

> O que caracteriza a remuneração de um serviço público como taxa ou como preço público é a **compulsoriedade**, para a taxa, e a facultatividade, para o preço, conforme já decidiu o STF. Importante, porém, é a compreensão adequada, que se há de ter, do que sejam essa compulsoriedade e essa facultatividade.

---

4. Bernardo Ribeiro de Moraes, *A Taxa no Sistema Tributário Brasileiro*, São Paulo, Editora Revista dos tribunais, 1968, p. 56.
5. Misabel Derzi, "Notas de Atualização" ao *Direito Tributário Brasileiro*, de Aliomar Baleeiro, 11ª ed., Rio de Janeiro, Forense, 2000, pp. 112-113.
6. Hugo de Brito Machado, *Curso de Direito Tributário*, 29ª ed., São Paulo, Malheiros Editores, 2008, p. 432.

> A título de **exemplo**, imaginemos a necessidade que se tem de energia elétrica. Se o ordenamento jurídico nos **permite** atender a essa necessidade com a instalação de um grupo gerador em nossa residência, ou estabelecimento industrial ou comercial, então a remuneração que o Estado nos cobra pelo fornecimento de energia é um **preço público**, pois não somos juridicamente obrigados a utilizar o serviço público para a satisfação de nossa necessidade. Embora nos seja mais conveniente a utilização do serviço público, do ponto de vista econômico ou por outra razão qualquer, do ponto de vista rigorosamente jurídico nada nos impede de por outro meio atender à necessidade de energia elétrica. A remuneração que pagamos pelo serviço de fornecimento de energia elétrica, portanto, não é compulsória. Por outro lado, se há norma jurídica **proibindo** a instalação de grupo gerador ou unidade de captação de energia solar em residências ou estabelecimentos comerciais ou industriais, de sorte que o atendimento da necessidade de energia elétrica por qualquer outro meio que não seja o serviço público torna-se impossível *sem violação da ordem jurídica*, tem-se que a utilização do serviço, e por isto mesmo o pagamento da remuneração correspondente, é compulsória. Neste caso, essa remuneração correspondente é **taxa.** *[Negritamos]*

Entendimento diverso era sustentado por Geraldo Ataliba,[7] que, dentre outras premissas, considerava que os preceitos da Constituição Federal não se subsomem em simples sugestões:

> ***64.1.4*** Na verdade, essa interpretação não é correta. Ou a **Constituição é norma** e, pois, **preceito obrigatório**, ou não é nada; não existe; não tem eficácia. O que não pode o jurista é atribuir-lhe a singela função de lembrete ou recomendação. A Constituição, **lei máxima, sagrada** e **superior, ordena, manda, determina, impõe**. A tarefa do intérprete é, exatamente, desvendar o que a norma está impondo em cada caso.
>
> Aqui, a **única liberdade** que a **Constituição** dá ao **legislador** é para **decidir se a prestação** de dado serviço público divisível e específico (isto é: que possa ter prestação individual e, pois, fruição singular pelos utentes) **será remunerada ou não**. Com efeito, pode o legislador decidir que os serviços (vacinação, identificação ou profilaxia etc.) sejam prestados sem remuneração. **Se, entretanto, resolver que haverá remuneração, não pode senão optar pela taxa.** A sua prestação só pode ser retribuída mediante taxa.
>
> (...).
>
> ***64.1.6*** Entende-se por **regime tributário** o conjunto de princípios e normas constitucionais que regulam o exercício da tributação (...).

7. Geraldo Ataliba, *Hipótese de Incidência Tributária*, 6ª ed., 9ª tir., pp. 160-161.

> *64.1.7* Não pode, por isso, o legislador deixá-lo de lado, para estabelecer regime de **preços,** típico do direito privado, informado pela **autonomia da vontade**, de que decorrem a liberdade de contratar e a liberdade contratual, inconviventes com o regime administrativo estritamente informador de toda atividade pública, seja de polícia, seja de prestação de serviços públicos. **Preço só cabe quando há disponibilidade da coisa**. Ora, a Administração **não tem** nenhuma disponibilidade sobre as coisas públicas. *[Grifamos]*

Por fim, salienta Roque Antonio Carrazza[8] os reflexos jurídicos da distinção entre *taxa* e *tarifa*:

> **Na prática**, pelo respaldo que um setor expressivo da doutrina lhes dá, as pessoas políticas têm-se remunerado, pelos serviços públicos que prestam ou pelos atos de polícia que realizam, por meio de **"tarifas"** (**"preços"**). Uma parte significativa das receitas públicas advém das "tarifas" que o **Poder Público manipula, com total liberdade, sem se preocupar com os direitos dos contribuintes**. De fato, aí estão as tarifas de correio, de telefone, de água, de luz, de transporte, todas aumentadas por decretos (quando não por portarias), **sem maiores insurgências**, seja da parte dos contribuintes, seja da doutrina em geral, que, em síntese, sustenta que "tarifa não é tributo e, portanto, não precisa obedecer ao regime jurídico tributário". Com isto, as entidades tributantes **atropelam impunemente** os princípios da legalidade, igualdade, anterioridade etc. (...). *[Grifamos]*

Luiz Alberto Pereira Filho,[9] de seu turno, admite a existência de tarifa, desde que restrita às partes contratantes – no caso, o Poder Público concedente e a concessionária, *verbis*:

> A tarifa (espécie de preço), que é objeto de estipulação contratual, não pode ser cobrada, pela concessionária, diretamente do usuário, já que o contrato que a estabelece tem a virtude de obrigar somente as partes contratantes. Somente se houver a previsão desta tarifa, em instrumento legal, será lícito à concessionária exigi-la do administrado, mesmo porque aí já não mais será tarifa, mas, sim, taxa. Isso porque a tarifa é o cerne de uma obrigação jurídica explicitada, exclusivamente, em instrumento normativo de índole contratual – no caso, o contrato administrativo de concessão –, não sendo permitida a sua previsão em um veículo legal.

---

8. Roque Carrazza, *Curso de Direito Constitucional Tributário*, 24ª ed., São Paulo, Malheiros Editores, 2008, p. 536, nota de rodapé 65.
9. Luiz Alberto Pereira Filho, *As Taxas no Sistema Tributário Brasileiro*, 1ª ed., Curitiba, Juruá Editora, 2002, p. 137.

Esse mesmo autor,[10] ao comentar as lições de Antônio Carlos Cintra do Amaral, assim se posiciona:

> (...) quando a concessionária de energia elétrica contrata a execução de uma obra necessária à prestação do serviço concedido, paga *preço* à construtora, mas quando cobra do usuário do serviço público de transporte a ela concedido, recebe *taxa*. No outro exemplo, quando a concessionária cobra do usuário do serviço público de transporte ferroviário de passageiros uma remuneração pelo serviço prestado, recebe *taxa* (o valor da passagem), porém quando exige, desse mesmo usuário, uma remuneração pela guarda, na estação rodoviária, de sua bagagem, recebe *preço*. Onde está versado *tarifa*, portanto, deve-se entender que se trata de *taxa*.

Jurisprudência

- **Taxa – base de cálculo**

Taxa e impostos são espécies tributárias distintas e, como corolário, possuem distintas bases de cálculo. Nesse sentido, já decidiu a Suprema Corte ao reconhecer a inconstitucionalidade de taxa instituída com a mesma base de cálculo de imposto, *verbis*:

> Recurso extraordinário – Tributário – Taxa de licenciamento de importação – Art. 10 da Lei n. 2.145/1953, com a redação dada pelo art. 1º da Lei n. 7.690/1988 – Inconstitucionalidade – Tributo cuja **base de cálculo coincide com a que corresponde ao imposto de importação** – Inconstitucionalidade das normas em face do **art. 145, § 2º**, da CF de 1988 – Precedente do Plenário da Corte – Recurso extraordinário conhecido e provido. *[STF, RE 141.619-0, rel. Min. Maurício Corrêa, j. 2.9.1997, v.u., DJU 17.4.1998, p. 16] [Grifamos]*

Nesta esteira, bem explicita o Tribunal de Justiça de Minas Gerais, *verbis*:

> **Taxas municipais de fiscalização** – Base de cálculo idêntica à do IPTU – Inadmissibilidade. É inadmissível a exigência das taxas de fiscalização de localização e funcionamento e de fiscalização sanitária, reguladas por lei municipal, se **calculadas em razão da área do estabelecimento a ser tributado**, coincidindo com a base de cálculo específica do IPTU, o que **contraria, frontalmente, o art. 145, § 2º, da CF.** Ademais, a fixação das mesmas **fere**, também, **princípios essenciais de direito tributário**, por não guardar qualquer relacionamento com a atividade desenvolvida pelo Fisco, mas com **bens do contribuinte**, o que legalmente é fundamento

10. Luiz Alberto Pereira Filho, *As Taxas no Sistema Tributário Brasileiro*, 1ª ed., Curitiba, Juruá Editora, 2002, pp. 145-146.

> e base para impostos. Em sendo a taxa um tributo vinculado, cuja hipótese de incidência é uma atuação estatal direta e imediatamente referida ao obrigado, há de ter como base imponível a distingui-la dos demais atributos o valor do serviço estatal prestado, pois se a tem tirada da grandeza própria da pessoa ou coisa tributada deixará de ser taxa, passando a constituir imposto, indevida e legalmente. *[TJMG, 2ª Câmara Cível, AC 86.779-2, Belo Horizonte, rel. Des. Sérgio Lellis Santiago, v.u., DJMG 16.10.1992] [Grifamos]*

Nada obstante, a jurisprudência da Suprema Corte caminhou noutra diretriz que, em 2009, firmou-se no sentido de que a Carta Magna veda apenas a "ausência de completa identidade" com a base de cálculo própria dos impostos e, nesses termos, consagrou o seguinte enunciado sumular, *verbis*:

> **[STF, Súmula Vinculante n. 29]** É **constitucional** a adoção, no cálculo do valor de taxa, de **um ou mais elementos** da base de cálculo própria de determinado **imposto**, desde que não haja integral identidade entre uma base e outra. *[Grifamos]*

• Taxa de Polícia – notoriedade da atuação pública

No que diz respeito ao fato gerador das taxas, havia o entendimento de que é ilegítima a taxa de renovação de licença para funcionamento de estabelecimento comercial ou industrial, inclusive escritórios de Advocacia, sempre que não houver a efetividade do exercício do poder de polícia. Registre-se:

> **[STJ, Súmula n. 157]** É **ilegítima** a cobrança de **taxa**, pelo Município, na **renovação** de licença para localização de estabelecimento comercial ou industrial. *[Grifamos]*

Posteriormente, esse entendimento deixou de prevalecer, em face da orientação da Suprema Corte em sentido contrário, restando, inclusive, cancelada a referida Súmula. Cite-se:

> Tributário – Taxa de fiscalização, localização e funcionamento – Violação ao art. 535 do CPC não configurada. **Legitimidade da cobrança** – Precedentes. O julgador não é obrigado a abordar todos os temas invocados pelas partes, para decidir a questão controvertida, se apenas um deles é suficiente ou prejudicial dos demais. Consoante **orientação traçada pelo egrégio STF**, a cobrança da taxa em referência pelo Município **prescinde da comprovação fiscalizadora**, face à **notoriedade** do exercício do poder de polícia **pelo aparato** da Municipalidade. Com base nesse entendimento, a egrégia 1ª Seção de Direito Público **cancelou a Súmula n. 157** deste Tribunal, reconhecendo a legitimidade da cobrança da referida exação

> – Recurso especial conhecido, porém improvido. *[STJ, 2ª Turma, REsp 519.899-SP, rel. Min. Francisco Peçanha Martins, j. 2.2.2006, v.u., DJU 28.3.2006, p. 203] [Grifamos]*

Infere-se o exercício do poder de polícia, segundo a Suprema Corte, pelo aparato da municipalidade, que caracteriza o potencial exercício do poder de polícia. Como corolário, tornou-se desnecessário comprovar o efetivo exercício do poder de polícia para a exigência de taxa de fiscalização de anúncio, assim como para sua renovação.

Sob igual fundamento, a exigência de Taxa de Fiscalização e Vigilância Sanitária, não mais depende do efetivo exercício do poder de polícia, (REsp 721.184-DF). Aliás, ainda que sequer exista órgão para realizar o exercício do poder de polícia, será devida a taxa de fiscalização, localização e funcionamento. Registre-se:

> Tributário – Taxa de fiscalização, localização e funcionamento – Município de São Paulo – **Escritório de Advocacia** – Legitimidade da referida taxa – Precedentes do STF e STJ. É pacífico nesta Corte Superior de Justiça o entendimento segundo o qual é legítima a cobrança da taxa de fiscalização, localização e funcionamento aos escritórios de Advocacia, em razão do exercício do poder de polícia do Município, cumpridas as exigências dos **arts. 77 e 78 do CTN** (precedentes: REsp n. 480.324-MG, rel. para o acórdão este Magistrado, j. 2.10.2003; AGA n. 316.696-MG, rel. Min. Castro Meira, *DJU* 12.8.2003; Ag n. 421.076-MG, rel. Min. João Otávio de Noronha, *DJU* 11.9.2003; REsp n. 218.516-SP, rela. para o acórdão Min. Eliana Calmon, *DJU* 19.5.2003; REsp n. 271.265-SP, rel. Min. Peçanha Martins, *DJU* 10.3.2003, entre outros). "O STF tem sistematicamente reconhecido a legitimidade da exigência, anualmente renovável, pelas Municipalidades, da taxa em referência, pelo exercício do poder de polícia, não podendo o contribuinte furtar-se à sua incidência sob alegação de que o ente público não exerce a fiscalização devida, **não dispondo sequer de órgão incumbido desse mister**" (RE n. 198.904-RS, rel. Min. Ilmar Galvão, *DJU* 27.9.1996) – Recurso especial provido. *[STJ, 2ª Turma, REsp 648.000-SP, rel. Min. Franciulli Netto, j. 21.9.2004, v.u., DJU 21.2.2005, p. 156] [Grifamos]*

• Taxa de iluminação pública – inconstitucionalidade

O Superior Tribunal de Justiça também já decidiu pela inconstitucionalidade de taxa pela prestação de serviços gerais, mas especificamente, no caso do de serviço de iluminação pública, pois, no seu entender, o serviço de conservação e limpeza das vias públicas é específico e divisível, *verbis*:

> **Taxa** – Iluminação pública, coleta de lixo e limpeza – **Divisibilidade e especificidade.** Nos serviços públicos referentes à **conservação e limpeza de vias públicas** encontram-se **presentes** os requisitos de especificidade e da divisibilidade, previstos no CTN – arts. 77 e 79 –, o que **não ocorre com o serviço de iluminação pública**, que tem caráter genérico e não divisível, sendo prestado à coletividade como um todo. *[STJ, 1ª Turma, REsp 87.591-RJ, rel. Min. José de Jesus Filho, v.u., DJU 17.3.1997, p. 7.434] [Grifamos]*

Também, por oportuno, *verbis*:

> Tributário – Taxa de limpeza urbana – Lei n. 6.989/1966, na redação dada pela Lei n. 11.152/1991, do Município de São Paulo. A **taxa de limpeza urbana**, no modo como disciplinada no Município de São Paulo, remunera, – **além dos** serviços de "remoção de lixo domiciliar", **outros que não aproveitam especificamente ao contribuinte ("varrição, lavagem e capinação"; "desentupimento de bueiros e bocas-de-lobo")**; ademais, a respectiva base de cálculo não está vinculada à atuação estatal, valorizando fatos incapazes de mensurar-lhe o custo (localização, utilização e metragem do imóvel) – tudo com a**fronta aos arts. 77, *caput*, e 79, inciso II, do CTN** – Embargos de divergência rejeitados. *[STJ, 1ª Seção, EREsp 125.181-SP, j. 25.11.1998, v.u., DJU 14.12.1998, p. 86] [Grifamos]*

Quanto à taxa de incêndio, a Suprema Corte já se manifestou favoravelmente à sua exigência. Transcreva-se:

> Tributário – Recurso ordinário em mandado de segurança – **Taxa de incêndio** – Lei estadual n. 14.938/2003 – Constitucionalidade. 1. É **legítima** a taxa de incêndio instituída pela Lei estadual n. 6.763/1975, com redação dada pela Lei n. 14.938/2003, uma vez que preenche os requisitos da **divisibilidade**, da **especificidade** e a sua **base de cálculo** não guarda semelhança com a base de cálculo de nenhum imposto. 2. Recurso ordinário improvido. *[STF, 2ª Turma, RMS 21.280-MG, rel. Min. João Otávio de Noronha, j. 22.8.2006, v.u., DJU 21.9.2006, p. 247] [Grifamos]*

O Superior Tribunal de Justiça, de seu turno, decidiu pelo não cabimento de taxa sobre a utilização de espaço aéreo, uma vez que, nesta hipótese, não se configura serviço público específico e divisível nem exercício do poder de polícia. Transcreva-se:

> Administrativo e tributário – Art. 77 do CTN – Matéria constitucional – Art. 145, § 2º, da CF – Mandado de segurança – **Utilização de espaço aéreo por concessionária de serviço público de energia elétrica** – Passagem de cabos – "Retribuição pecuniária" – Ilegitimidade. 1. O art. 77

do CTN reproduz dispositivo da Constituição Federal, implicando sua interpretação a apreciação de questão constitucional, inviável em recurso especial. 2. Ante a dicção legal de que é vedada a cobrança de valores quando da utilização, pelas concessionárias de serviço público de energia elétrica, dos bens de domínio público, sendo as calçadas e ruas de uso do povo – comum –, **a cobrança da "retribuição" pelo uso merece ser afastada**. 3. A nominada "remuneração pecuniária" **não se encaixa no conceito de taxa ou preço**, pois não há serviço prestado pelo Município ou exercício de poder de polícia. Também, ao "ceder" o espaço aéreo e o solo para a instalação de postes e passagens de cabos transmissores de energia elétrica não desenvolve atividade empresarial, seja de natureza comercial ou industrial – Precedentes: RMS n. 12.081-SE, rela. Min. Eliana Calmon, *DJU* 10.9.2001, e RMS n. 12.258-SE, rel. Min. José Delgado, *DJU* 5.8.2002. 4. Recurso especial conhecido em parte e provido. *[STJ, 2ª Turma, REsp 694.684-RS, rel. Min. Castro Meira, j. 12.2.2006, v.u., DJU 13.3.2006, p. 267] [Grifamos]*

Sob igual fundamento, é indevida a taxa de ocupação do solo, *verbis*:

(...).

I – A União, os Estados e o Distrito Federal e os Municípios poderão instituir "taxas, em razão do exercício do poder de polícia ou pela utilização, efetiva ou potencial, de serviços públicos específicos e divisíveis, prestados ao contribuinte ou postos à sua disposição" (arts. 145, II, da CF e 77 do CTN). II – É **ilegítima** a cobrança de taxa instituída em lei municipal para incidir na **ocupação do solo pelas empresas dedicadas à comercialização de energia elétrica** se **não** restaram observados os **pressupostos constitucionais e legais** para configuração do fato gerador desta espécie de tributo – Precedente jurisprudencial. III – Recurso ordinário provido. *[STJ, 1ª Turma, RMS 11.910-SE, rel. Min. Garcia Vieira, j. 7.5.2002, v.u., DJU 3.6.2002, p. 142] [Grifamos]*

Outrossim, não é devida, a despeito de sua denominação, a taxa de licença para publicidade e pela exploração de atividade em logradouros públicos, uma vez que a utilização de bem público não é tributável, quando se dirige ao atendimento de um serviço de utilidade pública. Registre-se:

Administrativo e tributário – **Taxa de licença** para publicidade e pela exploração de atividade em logradouros públicos. 1. A intitulada "taxa" cobrada pela **colocação de postes de iluminação em vias públicas** não pode ser considerada como de natureza tributária, porque **não há serviço** algum do Município, **nem o exercício do poder de polícia**. 2. Só se justificaria a cobrança como **preço** se se tratasse de remuneração por um serviço público de **natureza comercial ou industrial**, o que não

> ocorre na espécie. 3. Não sendo taxa ou preço, temos a **cobrança pela utilização das vias públicas**, utilização, esta, que se reverte em favor da coletividade. 4. Recurso ordinário provido, segurança concedida. *[STJ, 2ª Turma, RMS 12.081-SE, rela. Min. Eliana Calmon, j. 15.5.2001, v.u., DJU 10.9.2001, p. 366] [Grifamos]*

Sobre a natureza tributária das custas e emolumentos judiciais, convém reproduzir os seguintes julgados para ilustrar:

> Constitucional – Tributário – **Custas e emolumentos – Natureza jurídica – Taxa** – Destinação de parte do produto de sua arrecadação a entidade de classe: Caixa de Assistência dos Advogados – **Inconstitucionalidade** – Lei n. 5.672/1992, do Estado da Paraíba. I – As custas, a taxa judiciária e os emolumentos constituem espécie tributária, são taxas, segundo a jurisprudência iterativa do STF – Precedentes do STF. II – **A Constituição, art. 167, IV, não se refere a tributos, mas a impostos – Sua inaplicabilidade às taxas.** III – **Impossibilidade** da destinação do produto da arrecadação, ou de parte deste, a instituições privadas, entidades de classe e à Caixa de Assistência dos Advogados. **Permiti-lo importaria ofensa ao princípio da igualdade** – Precedentes do STF. IV – Ação direta de inconstitucionalidade julgada procedente. *[STF, Tribunal Pleno, ADI 1.145-PB, rel. Min. Carlos Velloso, j. 3.10.2002, v.u., DJU 8.11.2002, p. 20] [Grifamos]*
>
> Direito constitucional e tributário – Custas e emolumentos – Serventias judiciais e extrajudiciais – Ação direta de inconstitucionalidade – Resolução n. 7/1995 do TJPR – Ato normativo – Medida cautelar. 1. A ação direta de inconstitucionalidade, como proposta, pode ser examinada, ainda que impugnando apenas a última resolução do TJPR, que é a de n. 7/1995, pois o ataque se faz em face da Constituição Federal de 1988. 2. A resolução regula as **custas e emolumentos nas serventias judiciais e extrajudiciais, que são tributos, mais precisamente taxas, e que só podem ser regulados por lei formal**, excetuada, apenas, a correção monetária dos valores, que não é o de que aqui se trata.
>
> (...).
>
> 5. Medida cautelar deferida, para suspensão, *ex nunc*, da eficácia da resolução impugnada, até o julgamento final da ação. 6. Plenário. Decisão unânime. *[STF, Tribunal Pleno, ADI/MC 1.444-PR, rel. Min. Sydney Sanches, j. 26.12.1997, v.u., DJU 29.8.1997, p. 40.215] [Grifamos]*

• Custeio do erviço público específico e divisível: taxa (espécie de tributo) ou tarifa (espécie de receita tributária)

Entende-se que a taxa – espécie de tributo – somente poderá ser exigida em face de serviço público compulsório, cuja execução não possa ser atribuída a terceiros. Sendo monopólio estatal, cada pessoa política de direito público terá a faculdade de instituir ou não a respectiva taxa de serviços e, em quaisquer dos casos, sem prejuízo da execução do serviço, pois, sendo público, há de ser prestado por força de lei, independentemente de qualquer contrapartida por parte do usuário. Convém ressaltar que, se não houver a exigência de taxa, o custeio das diligências necessárias à execução do serviço será feito por meio de outras receitas públicas, dentre as quais as provenientes da arrecadação de impostos. Sendo, todavia, monopólio do Estado, não haverá a opção de exigir taxa (tributo).

Doutro lado, tratando-se de serviço público passível de ser prestado indiretamente pelo Estado, o prestador estará sujeito ao pagamento dos impostos que se fizerem devidos e, seus usuários, ao pagamento de tarifas pela sua utilização específica e divisível. Nesse sentido, dispõe a Súmula n. 545,[11] do Supremo Tribunal Federal, *verbis*:

> **[STF, Súmula 545]** – "Preços de serviços públicos e **taxas** não se confundem, porque estas, diferentemente daqueles, são **compulsórias** e têm sua cobrança condicionada à **prévia autorização orçamentária**, em relação à lei que as instituiu." *[Grifamos]*

Note-se que o teor dessa Súmula está atrelado "[...] às constituições precedentes que previam o princípio da anualidade, não repetido na Constituição de 1988."[12]. Esse princípio também norteou o entendimento de que a destinação do tributo é elemento integrante de sua definição. De conseguinte, sempre que ao Estado couber a execução direta do serviço público, a arrecadação da contraprestação devida pelo usuário será destinada aos cofres públicos, mediante previsão específica em lei orçamentária. Somente nesta hipótese, a contraprestação terá natureza tributária, da espécie "taxa de serviço".

- **Serviço de fornecimento de água: custeio por taxa ou tarifa?**

O Superior Tribunal de Justiça acolheu o critério da compulsoriedade da prestação do serviço para aferir a distinção entre taxa e tarifa, de modo que terá natureza de taxa, a prestação pecuniária decorrente da obrigatoriedade da ligação do imóvel particular à rede pública coletora de esgoto e de distribuição de água. Transcreva-se:

> Tributário – Serviço de fornecimento de água – Taxa – Natureza tributária. 1. O serviço de fornecimento de água e esgoto é cobrado do usuário pela entidade fornecedora como sendo **taxa, quando tem compulsoriedade**. 2. Trata-se, no caso em exame, de serviço público concedido, de natureza

11. A respeito, v.: ADI 800, rel. min.**Teori Zavascki**, P, j. 11-6-2014, *DJE* 125 de 1º-7-2014.
12.

> compulsória, visando a atender a necessidades coletivas ou públicas. 3. **Não tem amparo jurídico** a tese de que a diferença entre taxa e preço público decorre da **natureza da relação** estabelecida entre o consumidor ou usuário e a entidade prestadora ou fornecedora do bem ou do serviço, pelo quê, se a entidade que presta o serviço é de **direito público**, o valor cobrado caracterizar-se-ia como **taxa**, por ser a relação entre ambos de direito público; ao contrário, sendo o prestador do serviço público pessoa jurídica de **direito privado**, o valor cobrado é **preço público/tarifa**. 4. Prevalência no ordenamento jurídico das conclusões do X Simpósio Nacional de Direito Tributário, no sentido de que "a natureza jurídica da remuneração decorre da essência da atividade realizadora, não sendo afetada pela existência da concessão. O concessionário recebe remuneração da mesma natureza daquela que o poder concedente receberia, se prestasse diretamente o serviço" (*RF*, julho-setembro, ano 1987, 299/40). 5. O art. 11 da Lei n. 2.312, de 3.9.1994 (Código Nacional de Saúde), determina: "É obrigatória a ligação de toda construção considerada habitável à rede de canalização de esgoto, cujo afluente terá destino fixado pela autoridade competente". 6. No Município de Santo André/SP as Leis municipais ns. 1.174, de 29.11.1956, e 2.742, de 21.3.1966, obrigam que todos os prédios se liguem à rede coletora de esgotos, dispondo, ainda, que os prédios situados em locais servidos de rede de distribuição de água devem a ela ser ligados, obrigatoriamente (memorial apresentado pela recorrente). 7. **Obrigatoriedade do serviço** de água e esgoto – Atividade pública (serviço) essencial posta **à disposição da coletividade** para o seu bem-estar e proteção à saúde, no Município de Santo André/SP. 8. "A remuneração dos serviços de água e esgoto normalmente é feita por taxa, em face da obrigatoriedade da ligação domiciliar à rede pública" (Hely Lopes Meirelles, in *Direito Municipal Brasileiro*, 3ª ed., Ed. RT, 1977, p. 492). 9. "Se a ordem jurídica obriga a utilização de terminado serviço, não permitindo o atendimento da respectiva necessidade por outro meio, então, é justo que a remuneração correspondente, cobrada pelo Poder Público, sofra as limitações próprias de tributo" (Hugo de Brito Machado, in "Regime tributário da venda de água", *Revista Jurídica da Procuradoria-Geral da Fazenda Estadual/Minas Gerais* 5/11). 10. Adoção da tese, na situação específica examinada, de que a contribuição pelo fornecimento de água é taxa – Aplicação da prescrição tributária, em face da ocorrência de mais de cinco anos do início da data em que o referido tributo podia ser exigido. 11. Recurso especial provido. *[STJ, 1ª Turma, REsp 167.489-SP (reg. 98/0018591-7), rel. Min. José Delgado, j. 2.6.1998, v.u., DJU 24.8.1998, p. 24] [Grifamos]*

Com o acolhimento jurisprudencial desta distinção, torna-se despicienda a observância dos direitos e garantias dos contribuintes que sejam usuários de serviços públicos remunerados por tarifas.

- **Pedágio: taxa ou tarifa?**

Até 2014, entendia-se que pedágio era taxa de serviço, de modo que a observância dos direitos constitucionais do contribuinte era pressuposta para sua exigência. Transcreva-se:

> CONSTITUCIONAL. TRIBUTÁRIO. **PEDÁGIO. LEI** 7.712, DE 22.12.1988.
>
> I – Pedágio: **natureza jurídica: taxa**: C.F., art. 145, II, art. 150, V.
>
> II – Legitimidade constitucional do pedágio instituído pela Lei 7.712, de 1988.
>
> III – R.E. não conhecido. *[STF, RE n. 181.475, 2ª T., rel. min. Carlos Velloso, j. 4.5.1999, v. u., DJ 25.6.1999] [Grifamos]*

No entanto, atualmente pedágio é considerado "preço público" ("tarifa"), desprovido, portanto, de natureza tributária. Nesse sentido, decidiu a Suprema Corte, *verbis*:

> TRIBUTÁRIO E CONSTITUCIONAL. **PEDÁGIO. NATUREZA JURÍDICA DE PREÇO PÚBLICO. DECRETO** 34.417/92, DO ESTADO DO RIO GRANDE DO SUL. CONSTITUCIONALIDADE. 1. O pedágio cobrado pela efetiva utilização de rodovias conservadas pelo Poder Público, cuja cobrança está autorizada pelo inciso V, parte final, do art. 150 da Constituição de 1988, **não tem natureza jurídica de taxa**, mas sim de preço público, **não estando a sua instituição, consequentemente, sujeita ao princípio da legalidade estrita**. 2. Ação direta de inconstitucionalidade julgada improcedente. *[STF, ADI n. 800, Pleno, rel. min. Teori Zavascki, j. 11.6.2014, v. u., DJ 1.7.2014] [Grifamos]*

- **Aumento de tarifas – desnecessidade de lei (STF)**

Acerca da desnecessidade de lei para aumentar tarifas, veja-se a seguinte Súmula da Suprema Corte, *verbis*:

> **[STF, Súmula n. 148]**. É legítimo o **aumento** de tarifas portuárias por **ato do Ministro da Viação e Obras Públicas**. *[Grifamos]*

De igual modo, autoriza-se a cobrança de tarifa pelo consumo mínimo presumido, ou seja, considerando-se que o serviço se encontra à disposição do usuário, *verbis*:

> Tarifa – Água – Cobrança – **Consumo mínimo presumido – Legalidade**. É lícita a cobrança de água em valor correspondente a um consumo mínimo presumido de 20m^3 mensais, e não de acordo com o registrado no hidrômetro – Embargos rejeitados. *[STJ, 1ª Turma, REsp 95.920, rel. Min. Garcia Vieira, j. 6.8.1998, v.u., DJU 14.9.1998, p. 9] [Grifamos]*

Ainda sobre taxa e tarifas, transcreva-se:

> Preço público – **Taxa de armazenagem portuária** – Alíquota – Fixação – Meio. A taxa de armazenagem portuária não passa de **preço público**, sendo legítima a fixação de **alíquota** através de **portaria**. *[STJ, 1ª Turma, REsp 156.962-SP, rel. Min. Garcia Vieira, j. 19.2.1998, v.u., DJU 20.4.1998, p. 42] [Grifamos]*

> Taxa – **Estadia e pesagem de veículo** – Terminal alfandegário. É **taxa** e não preço público a exação correspondente ao **uso compulsório** de pátio que dá acesso a terminal alfandegário. *[STJ, 1ª Turma, REsp 221.488-RS, rel. Min. Garcia Vieira, j. 16.9.1999, v.u., DJU 25.10.1999, p. 65] [Grifamos]*

Nos casos em que o critério da compulsoriedade" se revelar insuficiente para propiciar a distinção entre taxa e tarifa, recorre-se a um segundo critério, qual seja o da previsão orçamentária, exigível apenas para quando a receita é destinada aos cofres públicos, como ocorre com as taxas. Cite-se, como exemplo de Tarifa, a atividade de gerenciamento do transporte público, cuja retribuição constitui receita própria da EMTU/SP, desvinculada, portanto, do orçamento público. Registre-se:

> Tributário – **Transporte coletivo** – EMTU/SP – Cobrança pelos **serviços de gerenciamento** – Poder de polícia – Preço de serviços públicos e taxas (diferenças) – CTN, arts. 3º e 4º, I e II – Lei estadual n. 1.492/1977. 1. A **obrigatoriedade** de retribuição pelo serviço prestado, no caso, é **indireta**, porque contratualmente existe direta submissão ao gerenciamento do transporte coletivo legalmente entregue à empresa pública criada para essa finalidade, constituída por fundamento de ordem social que transcende o próprio pagamento exigido. 2. A obrigação, pela sua natureza, emanada do poder de polícia, com fundamento na ordem social, por isso, divorciando-se do pagamento em si mesmo. Em tais casos, o elemento 'obrigatoriedade' **não é suficiente** para transformar dita retribuição em taxa. 3. Preços de serviços públicos e **taxas** não se confundem, porque estas, diferentemente daquelas, têm a **sua cobrança condicionada a prévia autorização orçamentária**, em relação à lei que as instituiu, e constituem receita da União, Estado ou Município. **No caso**, a retribuição constitui **receita da própria EMTU/SP**. 4. Precedentes da jurisprudência. 5. Recurso improvido. *[STJ, 1ª Turma, REsp 37.656-SP, rel. Min. Milton Luiz Pereira, j. 22.3.1995, v.u., DJU 17.4.1995, p. 9.561] [Grifamos]*

Nada obstante, o Superior Tribunal de Justiça já proferiu decisão sentido de que é devida a exigência de taxa pelos serviços de transporte prestados pela EMTU, *verbis*:

> Administrativo – Mandado de segurança – Permissionárias de transporte coletivo de passageiros – Insurgência contra cobrança instituída pela

> Resolução n. SHDU-42, do Sr. Secretário de Habitação e Desenvolvimento Urbano do Estado de São Paulo – Taxa – Preço público – Tarifa – Diferenciação – Poder de polícia – Contrato administrativo – Observância do princípio da equação econômico-financeira – Alegação de tratar-se de retribuição pecuniária aos serviços prestados pela EMTU, os quais possuem natureza contratual e configuram preço público ou tarifa – **Improcedência da alegação** – Natureza tributária da malsinada cobrança, que, para sua legalidade, somente poderia ser instituída por lei – Recurso provido. *[STJ, 2ª Turma, RMS 582-SP, rel. Min. Américo Luz, j. 20.10.1991, v.u., DJU 11.11.1991, p. 16.138] [Grifamos]*

A contrario sensu, pode-se inferir da decisão abaixo transcrita que ao preço público não se aplica a vedação de que trata o 2º, do art. 145, da Lei Maior, *verbis*:

> Tributário – Lei n. 2.145/1953, art. 10, modificado pela Lei n. 7.690/1988 – **Taxa sobre o valor de Guias de Importação** – Violação ao art. 77 do CTN. 1. Está assentado na jurisprudência desta Corte (1ª e 2ª Turmas) que a incidência da taxa exigida pelo art. 10 da Lei n. 2.145/1953, conforme redação que lhe deu a Lei n. 7.690/1988, fere o art. 77 do CTN. 2. A referida exação, conforme é exigida, **tem natureza tributária**. Os elementos que a constituem não a elevam ao conceito de preço público, por incidir sobre serviço público remunerado, sem possibilidade de acordo entre partes sobre o seu valor. 3. Sendo taxa, por seu pagamento se apresentar como obrigatório e instituído de modo unilateral, **não pode recair sobre base de cálculo própria de imposto** – no caso, o de importação. 4. Recurso provido. *[STJ, 1ª Turma, REsp 83.718-MG, rel. Min. José Delgado, j. 14.3.1996, v.u., DJU 15.4.1996, p. 11.502] [Grifamos]*

- **Tarifa de água progressiva (STJ)**

Em 2009, o Superior Tribunal de Justiça decidiu que é legítima a exigência de tarifa de água progressiva, de acordo com o consumo, com a finalidade de estimular o uso racional de recursos hídricos. Ademais, observe-se que, por não se tratar de tributo, aplica-se o prazo prescricional do Código Civil para o pedido de repetição de indébito, (REsp n. 1113403/RJ). Firmou a seguinte tese:

> É legítima a cobrança da tarifa de água fixada de acordo com as **categorias de usuários** e as **faixas de consumo**. A ação de repetição de indébito de tarifas de água e esgoto sujeita-se ao prazo prescricional estabelecido no Código Civil. *[Grifamos]*

A rigor, parece-nos que se trata de tarifa seletiva, já que os valores são diferenciados, em função de características técnicas e dos custos específicos provenientes do atendimento aos distintos segmentos de usuários desses serviços públicos.

- **Taxa do IBAMA – base de cálculo de imposto**

Por fim, cite-se taxa do IBAMA, com vistas sedimentar os consectários da tendência da Suprema Corte à análise econômica do Direito, *verbis*:

> (...).
>
> 9. A **taxa** exigível pelo exercício regular do poder de polícia impõe ao ao(sic) particular o financiamento da atividade estatal que lhe **limita direitos, mas que beneficia toda a coletividade**. O ônus é aceito em virtude dos ganhos obtidos com a exploração da atividade fiscalizada.
>
> (...).
>
> 12. O tributo dotado de extrafiscalidade **pode exorbitar algumas restrições constitucionais ao poder de tributar**, desde que justificada a política administrativa adotada, v. g., o que se passa com os impostos do comércio exterior, em que a calibragem das alíquotas ultrapassa, por vezes, parâmetros usuais de mercado unicamente para a preservação da balança comercial do país. 13. A ideia de wealth maximization, formulada à luz de uma **Análise Econômica do Direito**, determina que a riqueza (wealth) a ser maximizada é a totalidade da satisfação das preferências moralmente relevantes e financeiramente sustentadas. A premissa, a **princípio utilitarista**, é aprimorada pelas limitações financeiras e os meios a serem empregados encontram-se **protegidos pelo sistema de direitos**.
>
> (...).
>
> 17. Os **princípios da isonomia e da capacidade contributiva**, como corolários da justiça fiscal, não são obliterados quando em voga tributos contraprestacionais, tal qual as taxas. Nos autos do RE 177835, Rel. Min. Carlos Velloso, Tribunal Pleno, julgado em 22/04/1999, DJ 25/05/2001, o Supremo Tribunal Federal entendeu **não só legítima, mas desejável**, a incidência da **taxa de fiscalização** das atividades das empresas de valores mobiliários **baseada no patrimônio líquido das sociedades**. O julgamento deu origem à Sumula 665, verbis: "É constitucional a Taxa de Fiscalização dos Mercados de Títulos e Valores Mobiliários instituída pela Lei 7.940/89".
>
> (...).
>
> 24. A ideia de se utilizar a tributação como forma de incentivo ou desincentivo à exploração de atividades nocivas ao meio ambiente é política de quase todos países do mundo, sugerida, inclusive, pela OCDE (Taxation, Inovation and the Environment, OECD, 2010). 25. As **políticas ambientais** que criam instrumentos que impõem um sobrepreço ao uso dos recursos naturais, à semelhança do que determina o princípio do

> "poluidor/pagador", é legitimada sob a ótica de uma **Análise Econômica do Direito**, em linha com as chamadas "taxas pigouvianas". 26. Em nosso ordenamento, a definição de **extrafiscalidade** alberga grande parte do modelo econômico exposto por economistas desde o início do século XX. A maximização de resultados entre o exercício regular do poder de polícia, materializado na fiscalização ambiental, e a exigência de tributação sobre a atividade econômica perpassa pela aferição da **eficácia da política** operada pelo **Poder Público**. 27. A ordem constitucional brasileira consagra a relação entre a livre iniciativa e o meio ambiente, a partir da dicção do art. 170, no qual a ordem econômica fundada na valorização do trabalho humano e na livre iniciativa caminha pari passu com a defesa ambiental (inciso VI). 28. O Supremo Tribunal Federal julgou **constitucional** a **Taxa de Controle e Fiscalização Ambiental** devida pelas empresas que exercem atividades potencialmente poluidoras e utilizadoras de recursos naturais em virtude do **poder de polícia** exercido pelo **Ibama**. (RE 416601, Rel. Min. Carlos Velloso, Tribunal Pleno, julgado em 10/08/2005, DJ 30/09/2005). 29. Ação Direta julgada prejudicada pela perda de objeto em relação ao art. 6º, § 3º da Lei 1.613/11 e, quanto aos demais dispositivos impugnados, totalmente improcedente. *[STF, ADI n. 4.787, Pleno, rel. min. Luiz Fux, j. 1.8.2022, p. m., DJ14.10.2022] [Grifamos]*

Por todo o exposto, espera-se que essas breves referências jurisprudenciais contribuam para compreensão do desenrolar desta perspectiva econômica sob as bases do nosso vigente Estado Democrático de Direito.

Temas para Dissertação ou Pesquisa

1. "Taxas. Conceito. Classificações. Taxas de Disponibilidade. Princípio Informador. Base de Cálculo".
2. "Taxa e Tarifa/Preço Público".
3. "Taxa e o destino do Produto da Arrecadação".

Questões

1. Que é "taxa"?
2. Quais são os tipos de taxas admitidos pelo ordenamento jurídico brasileiro? Explique.
3. Que são "tarifas" ou "preços públicos"?
4. Quem tem competência residual para instituir taxas? Justifique.
5. Qual é a base de cálculo constitucionalmente possível das taxas? E seu princípio informador? Justifique.

Consultas

1. **[36° Exame de Ordem Unificado, 2023, n. 2]** O Município ABC instituiu, por meio de lei ordinária, uma taxa de serviços públicos exclusivamente de coleta domiciliar, remoção e tratamento ou destinação de lixo ou resíduos domiciliares, com base de cálculo atrelada à área do imóvel, e previu a isenção da referida taxa para funcionários públicos municipais. Diante de tal quadro, responda aos itens a seguir. A) O fato gerador da taxa está de acordo com a Constituição? Justifique. (Valor: 0,65) B) Pode o Município instituir tal isenção? Justifique. (Valor: 0,60) Obs.: o (a) examinando(a) deve fundamentar suas respostas. A mera citação do dispositivo legal não confere pontuação.
2. **[35° Exame de Ordem Unificado, 2022, n. 1]** Resolução do Presidente do Tribunal de Justiça do Estado X, datada de 01/06/2020, estabeleceu a elevação da alíquota máxima de preparo recursal para interposição de apelação de 2% para 4% sobre o valor da causa (mas sem estabelecer limite máximo de valor a ser recolhido), a entrar em vigor a partir de 01/01/2021. Em razão disso, a concessionária de telecomunicações Ligação 1000 S.A., em fevereiro de 2021, ao interpor apelação em um processo cujo valor da causa era de 200 milhões de reais, insurgiu-se contra a exigência de preparo de 8 milhões de reais (4%) feita pelo Tribunal, por reputá-lo excessivo e confiscatório. Diante desse cenário, responda aos itens a seguir. A) Está presente algum vício formal nesta elevação de alíquota? Justifique. (Valor: 0,60) B) Tem razão a concessionária de telecomunicações Ligação 1000 S.A. em sua alegação de que o valor cobrado deste preparo é excessivo e confiscatório? Justifique. (Valor: 0,65) Obs.: o(a) examinando(a) deve fundamentar suas respostas. A mera citação do dispositivo legal não confere pontuação.
3. **[XXXI Exame de Ordem Unificado, 2020, n. 4]** A autarquia municipal responsável pelo serviço de coleta de lixo envia a Marcos Silva, possuidor em vias de usucapir imóvel situado no Município X, carnê de cobrança da taxa de coleta de lixo proveniente de imóveis, por força de delegação feita regularmente pelo referido ente municipal. Marcos insurge-se contra a cobrança, alegando que somente o Município, na qualidade de ente federado, poderia cobrar tributos, bem como o fato de que não seria contribuinte dessa taxa, por ser mero possuidor do imóvel, devendo a cobrança ser feita diretamente ao proprietário. Diante desse cenário, responda aos itens a seguir. A) A autarquia municipal pode realizar a cobrança dessa taxa? Justifique. (Valor: 0,65) B) O mero possuidor pode ser contribuinte dessa taxa? Justifique. (Valor: 0,60) Obs.: o(a) examinando(a) deve fundamentar suas respostas. A mera citação do dispositivo legal não confere pontuação.

Testes

1. **[41° Exame de Ordem Unificado, 2024, n. 25]** Lei Ordinária do Município Alfa, publicada no Diário Oficial Municipal em 30/09/2020, instituiu uma Taxa de Fiscalização de Estabelecimentos Comerciais – TFEC, incidente

sobre o setor de materiais de construção. Sua produção de efeitos se deu a partir de 01/01/2021, com a finalidade de aferir o cumprimento das normas de segurança e urbanização local e a taxa passou a ser cobrada por meio de alíquotas específicas, fixadas no valor de R$ 150,00 para empresas com capital social de até R$ 100.000,00, de R$ 300,00 para empresas com capital social de até R$ 500.000,00 e de R$ 1.500,00 para empresas com capital social superior a R$ 500.000,00. A associação dos empresários daquele setor empresarial pretende questionar essa cobrança. Diante desse cenário, a cobrança da referida taxa

a) ( ) é legal e constitucional, por estar dentro da competência tributária do respectivo município, fundada no seu regular poder de polícia.

b) ( ) não respeita o princípio da anterioridade, sendo inconstitucional nesse aspecto.

c) ( ) é devida por atender aos princípios da progressividade e da capacidade contributiva, ao cobrar maior valor sobre a empresa com maior capital social e cobrar menor valor sobre a empresa com menor capital social.

d) ( ) é ilegal por ser calculada com base no capital social das empresas.

2. **[40º Exame de Ordem Unificado, 2024, n. 27]** João e José decidem constituir uma sociedade empresária, denominada Informática ABC Ltda., especializada na prestação de serviços na área de informática. João integralizou 50% do capital social da sociedade com dinheiro, e José integralizou os seus 50% com um imóvel de sua propriedade localizado no Município Alfa, a ser utilizado como sede da empresa. Dois anos depois do início das atividades da sociedade empresária, José recebe uma notificação da Secretaria de Fazenda do Município Alfa, por falta de pagamento do Imposto sobre a Transmissão de Bens Imóveis (ITBI), devido no ato da integralização do capital social da empresa, por ser ele, segundo a legislação local, o contribuinte deste imposto. Diante desse cenário, assinale a afirmativa correta.

a) ( ) José é responsável solidário pelo recolhimento do ITBI incidente sobre essa transmissão.

b) ( ) As empresas do setor de informática, por expressa disposição de lei complementar nacional, estão isentas do pagamento de ITBI.

c) ( ) É devida a cobrança do ITBI, uma vez que houve a transmissão da propriedade do imóvel de José para a empresa Informática ABC Ltda. no ato da integralização do capital social.

d) ( ) O ITBI não incide sobre a transmissão de bens incorporados ao patrimônio de Informática ABC Ltda., em realização de capital.

3. **[37º Exame de Ordem Unificado, 2023, n. 23]** João e José constituíram uma sociedade empresária por quotas de responsabilidade limitada com capital social de R$ 50.000,00, sem optarem pelo regime tributário do Simples Nacional, para formalmente exercerem a atividade de comércio varejista de fogos de artifício (considerada atividade de alto risco e periculosidade), sendo ambos residentes e domiciliados no Distrito Federal, mesmo local onde será instalado seu estabelecimento. Surpreendidos com a exigência do pagamento de uma Taxa de Licenciamento e Alvará calculada em função do capital social da sociedade empresária, indagam a você, como advogado(a), se a referida taxa é realmente devida. Diante deste cenário, a referida taxa, tal como prevista,

   a) ( ) não é devida, pois o Distrito Federal não possui competência tributária para a sua cobrança.

   b) ( ) não é devida, pois não poderia ser calculada em função do capital social da empresa.

   c) ( ) é devida, por ter como fato gerador o exercício regular do poder de polícia distrital sobre atividades econômicas exercidas em seu território, especialmente as de alto risco e periculosidade.

   d) ( ) é devida, por ter como fato gerador a utilização efetiva de serviço público, específico e divisível, prestado ao contribuinte.

4. **[Assessoramento Legislativo, Senado Federal, 2022, n. 74]** Em relação à distinção entre taxa e preço público, analise as afirmativas a seguir. I. A instituição do preço público não está sujeita ao princípio da legalidade tributária estrita. II. O preço público se distingue da taxa pois aquele não ostenta natureza tributária. III. O pedágio cobrado pela efetiva utilização de rodovias conservadas pelo Poder Público tem natureza jurídica de preço público. Está correto o que se afirma em

   a) ( ) I, apenas.

   b) ( ) II, apenas.

   c) ( ) II e III, apenas.

   d) ( ) I e III, apenas.

   e) ( ) I, II e III.

5. **[131º Exame de Ordem/SP, 2007, n. 88]** Sobre os tributos previstos no Código Tributário Nacional, assinale a alternativa correta:

   a) ( ) Imposto é o tributo cuja obrigação tem por fato gerador uma situação que depende de uma atividade estatal específica relativa ao contribuinte.

b) ( ) As taxas têm como fato gerador o exercício regular do poder de polícia ou a utilização, efetiva ou potencial, de serviço público específico e divisível, e somente podem ser cobradas pela União.

c) ( ) Em razão do princípio da legalidade, é vedado ao Poder Executivo alterar as alíquotas ou as bases de cálculo do imposto sobre a importação.

d) ( ) As taxas não podem ter base de cálculo ou fato gerador idênticos aos que correspondam a imposto.

6. [129° Exame de Ordem/SP, 2006, n. 90] Das taxas relacionadas, não se enquadra nas disposições do art. 78 do Código Tributário Nacional – CTN:

a) ( ) Taxa de controle e fiscalização de produtos químicos.

b) ( ) Taxa judiciária.

c) ( ) Taxa de fiscalização de anúncios publicitários.

d) ( ) Taxa de licença de funcionamento.

7. [123° Exame de Ordem/SP, 2004, n. 81] As taxas:

a) ( ) Somente são espécie de receita originária do Estado como remuneração dos serviços prestados ao Estado.

b) ( ) Somente são cobradas em razão do exercício de poder de polícia efetivo ou posto à disposição da comunidade.

c) ( ) Somente podem ser instituídas pela União, os Estados, o Distrito Federal e os Municípios, em razão do exercício do poder de polícia ou pela utilização, efetiva ou potencial, de serviços públicos específicos e divisíveis, prestados ao contribuinte ou postos à sua disposição.

d) ( ) Terão caráter pessoal e serão graduadas segundo a capacidade econômica do contribuinte.

8. [119° Exame de Ordem/SP, 2003, n. 81] A competência para a instituição de taxas é comum à União, aos Estados, ao Distrito Federal e aos Municípios, não podendo estes, entretanto:

a) ( ) Cobrá-las uns aos outros.

b) ( ) Lançá-las contra pessoas jurídicas.

c) ( ) Cobrá-las com base de cálculo idêntica à que corresponda aos impostos.

d) ( ) Cobrá-las em função dos fatores constantes das letras "a" e "c".

9

CONTRIBUIÇÃO DE MELHORIA

9.1 CONTRIBUIÇÃO DE MELHORIA – ESPÉCIE TRIBUTÁRIA

A Constituição Federal de 1988, [CF/88], atribui competência às Pessoas Políticas de Direito Público para instituírem a modalidade de tributo denominada Contribuição de Melhoria, decorrente de obra pública (art. 145, III), em conformidade com o regime jurídico constitucional tributário. Entenda-se por *obra pública* qualquer construção, edificação, reparação ou ampliação de um imóvel pertencente ou incorporado ao domínio público.

A contribuição de melhoria é um tipo de tributo que, assim como as taxas, também tem como *fato gerador* uma atuação estatal (art. 145, II). Por isso, enquadra-se na categoria dos "tributos vinculados", distinguindo-se dos impostos, que são tributos, cuja obrigação tributária não decorre de uma atuação estatal referida ao contribuinte.

De plano, convém ressaltar que a realização da obra pública, por si só, não é passível de tributação, nem por taxa nem por contribuição de melhoria. Assim como os serviços gerais e indivisíveis não são tributados, a mera realização de obra pública também não, afinal, sendo expressamente vedado "[...] instituir tratamento desigual entre contribuintes que se encontrem em situação equivalente.", (inc. II, do art. 150, da CF/88), não haveria, nesses casos, como observar essa garantia constitucionalmente assegurada ao contribuinte, uma vez que tanto a prestação de serviços públicos gerais, como a realização de obra pública, alcança a todos, indistintamente, sem que seja possível aferir eventual benefício específico proporcionado a cada um, para fins de viabilizar a respectiva cobrança do usuário.

A vedação a tratamento igualitário entre contribuintes que não se encontrem em situação equivalente implica reconhecer que a hipótese de incidência constitucionalmente possível da contribuição de melhoria não é, por si só, a realização de obra pública, mas a realização de obra custeada com dinheiro público que dá causa à valorização do imóvel do contribuinte.

Nesse sentido, a propósito, dispõe o art. 1º, do Decreto-lei n. 195, de 24 de fevereiro de 1967, *verbis*: "[...]A Contribuição de Melhoria, prevista na Constituição Federal tem como fato gerador o acréscimo do valor do imóvel localizado nas áreas beneficiadas direta ou indiretamente por obras públicas.".

Enfatize-se que taxa e contribuição de melhoria são espécies tributárias distintas, em função da referibilidade direta e indireta, respectivamente, da atuação estatal ao contribuinte. Ademais, doutrina e jurisprudência caminham no mesmo sentido quanto ao entendimento de que, para a configuração do fato gerador de cada contribuição de melhoria, deve haver a prévia descrição na respectiva lei tributária de cada obra pública, cuja eventual valorização imobiliária será passível de tributação, mediante a plena observância do regime jurídico constitucional tributário.

Por oportuno, o Decreto-lei n. 195, de 24 de fevereiro de 1967, traz um rol de obras públicas que, em tese, poderão figurar nas leis instituidoras da contribuição de melhoria. Registre-se:

> **[Decreto n. 195, de 24.2.1967] Art 2º** Será devida a Contribuição de Melhoria, no caso de **valorização** de imóveis de propriedade privada, **em virtude de** qualquer das seguintes **obras públicas**:
>
> I – abertura, alargamento, pavimentação, iluminação, arborização, esgotos pluviais e outros melhoramentos de praças e vias públicas;
>
> II – construção e ampliação de parques, campos de desportos, pontes, túneis e viadutos;
>
> III – construção ou ampliação de sistemas de trânsito rápido inclusive tôdas as obras e edificações necessárias ao funcionamento do sistema;
>
> IV – serviços e obras de abastecimento de água potável, esgotos, instalações de redes elétricas, telefônicas, transportes e comunicações em geral ou de suprimento de gás, funiculares, ascensores e instalações de comodidade pública;
>
> V – proteção contra sêcas, inundações, erosão, ressacas, e de saneamento de drenagem em geral, diques, cais, desobstrução de barras, portos e canais, retificação e regularização de cursos d'água e irrigação;
>
> VI – construção de estradas de ferro e construção, pavimentação e melhoramento de estradas de rodagem;
>
> VII – construção de aeródromos e aeroportos e seus acessos;

> **VIII – aterros e realizações de embelezamento em geral, inclusive desapropriações em desenvolvimento de plano de aspecto paisagístico.** *[Grifamos]*

Vejamos, na sequência, as peculiaridades e regime jurídico tributário próprios desta espécie tributária.

9.2 ENTE TRIBUTANTE PARA INSTITUIR CONTRIBUIÇÃO DE MELHORIA

A pessoa que dispõe de competência constitucional administrativa para realizar a obra pública terá competência (tributária) legislativa e administrativa para, respectivamente, instituir e arrecadar contribuição de melhoria. Trata-se competência tributária "concorrente" – pois, todas as pessoas políticas de direito público têm aptidão para institui-la, por meio de suas respectivas leis ordinárias – e "privativa", haja vista a necessidade de respeitar a respectiva esfera de competência constitucional que lhe fora implicitamente reservada, de modo que se pode falar em contribuição de melhoria *federal*, *estadual*, *distrital* ou *municipal*.

Nesse passo, vale lembrar que a intervenção estatal na economia pode se dar direta ou indiretamente, mas sempre em caráter excepcional, sob pena de vulnerar direitos e garantias individuais que consubstanciam o caráter meramente instrumental do moderno Estado de Direito. Noutras palavras, a exploração econômica de recursos da natureza pertence à esfera particular. Excepcionalmente, poderá o ente público tomar para si a responsabilidade pela prestação de determinados serviços, assim como para a realização de determinadas obras que, nos termos da lei – e das diretrizes constitucionais –, sejam necessárias à satisfação de algum interesse público maior que aquele presente na referida regra constitucional da não intervenção estatal na economia (art. 173, CF/88).

De conseguinte, a obra pública deverá ser realizada pela própria pessoa titular da competência administrativa e, nos termos da lei, ser executada direta ou indiretamente pelo Poder Executivo, em quaisquer dos casos, sob a estrita observância do regime jurídico constitucional de direito público. É o que se infere do disposto na Lei Maior e, no que lhe não contrariar, também das normas veiculadas por emenda constitucional, *verbis*:

> **[CTN/66] Art. 37.** A administração pública **direta e indireta** de qualquer dos Poderes da União, dos Estados, do Distrito Federal e dos Municípios **obedecerá** aos princípios de legalidade, impessoalidade, moralidade, publicidade e eficiência e, também, ao seguinte: [*Redação dada pela EC n. 19, de 4.6.1998*]
>
> (...)
>
> **XXI** – ressalvados os casos especificados na legislação, as obras, serviços, compras e alienações serão contratados mediante processo de **licitação**

> **pública** que assegure igualdade de condições a todos os concorrentes, com cláusulas que estabeleçam obrigações de pagamento, mantidas as condições efetivas da proposta, nos termos da lei, o qual somente permitirá as exigências de qualificação técnica e econômica indispensáveis à garantia do cumprimento das obrigações.
>
> (...)
>
> **Art. 173. Ressalvados** os casos previstos nesta Constituição, **a exploração** direta de atividade econômica pelo Estado **só será permitida quando necessária** aos imperativos da segurança nacional ou a relevante interesse coletivo, conforme definidos em lei.
>
> **§ 1º** A lei estabelecerá o estatuto jurídico da empresa pública, da sociedade de economia mista e de suas subsidiárias que **explorem atividade econômica** de produção ou comercialização de bens ou de prestação de serviços, dispondo sobre: [*Redação dada pela EC n. 19, de 4.6.1998*]
>
> (...)
>
> **III** – licitação e contratação de obras, serviços, compras e alienações, **observados** os **princípios** da administração pública; [*Redação dada pela EC n. 19, de 4.6.1998*] [*Grifamos*].

Na República Federativa do Brasil, que se constitui num Estado Democrático de Direito, a exploração dos recursos da natureza pertence ao povo, e não ao Estado, a quem cabe, preponderantemente, zelar pelo livre exercício dos direitos de propriedade e liberdade, essenciais ao desenvolvimento e à dignidade humana, em prol de uma sociedade mais justa e solidária. Como corolário disso, a exploração econômica de recursos privados indiretamente pelo Estado é a exceção da exceção. É dizer, a primeira exceção se revela sempre que o Estado "tornar público" determinado serviço ou obra, ou seja, quando qualificar como público o interesse na sua execução. A exceção desta exceção, por sua vez, verifica-se quando, paradoxalmente, o Estado permite a exploração econômica dos referidos bens e serviços públicos "pelo próprio particular", mediante a relativa observância do regime de direito administrativo, em especial, a necessidade de prévia licitação. Diante deste contexto – qual seja a possibilidade de a Administração Pública realizar, direta ou indiretamente, atividade pública –, cumpre não olvidar, como diretriz interpretativa, os fundamentos jurídicos que consubstanciam a regra, segundo a qual a "exploração de atividade econômica cabe à esfera privada, propriamente dita", sob o vigente Estado Democrático de Direito.

Tornando ao nosso rumo, o Estado pode intervir na esfera privada, tomando para si a responsabilidade de realizar serviços e obras, por meio da administração pública de quaisquer das pessoas políticas de direito público, sempre que julgar presente alguma finalidade pública ou de interesse público superior à do particular, na sua consecução. Diz-se "indireta", quando o Estado – inclusive, suas estatais – optar por delegar, ao particular, a execução de serviços ou obra pública, mediante regular processo licitatório, no afã de prestigiar o princípio constitucional da igualdade. Nada obstante, verificando-se a realização de obra com o emprego de recursos públicos – em regra, proveniente dos impostos –, eventual valorização de imóveis do domínio privado, situados nas áreas direta e indiretamente beneficiadas pela obra, estará sujeita à cobrança de contribuição de melhoria, desta feita, mediante a observância do respectivo regime jurídico constitucional tributário.

9.3 INSTITUIÇÃO E ARRECADAÇÃO DA CONTRIBUIÇÃO DE MELHORIA

A *instituição* da contribuição de melhoria depende da edição de lei do respectivo ente tributante. Sua *arrecadação*, de igual modo, será levada a cabo pelo próprio ente tributante, assim como, nos termos da lei instituidora da exação – mormente nos casos em que sua execução tenha sido executada por terceiros, mediante contrato de "concessão" de obra pública –, ser delegada a pessoa diversa do ente tributante. A delegação da *capacidade tributária ativa auxiliar* a outra pessoa política de direito público, todavia, pressupõe a realização de convênio entre as partes envolvidas, uma vez que não há hierarquia entre os entes as pessoas políticas no sistema federativo brasileiro.

Com base nessas breves considerações, vejamos o que dispõe o Decreto-lei n. 165/67, a respeito da arrecadação de contribuição de melhoria, que, em tese, será cobrada pela Unidade Administrativa que as realizar. Tratando-se de obra realizada pela União, a cobrança da respectiva contribuição de melhoria poderá ser realizada por quaisquer das demais pessoas políticas de direito público, conforme o disposto no referido decreto-lei, *verbis*:

> **[Decreto-lei n. 195, de 24.2.1967]. Art. 12.** (...).
>
> (...)
>
> § 6º Mediante convênio, a União poderá legar aos Estados e Municípios, ou ao Distrito Federal, o lançamento e a arrecadação da **Contribuição de Melhoria devida por obra pública federal**, fixando a percentagem na **receita**, que caberá ao Estado ou Município que **arrecadar** a Contribuição.
>
> § 7º Nas **obras federais**, quando, por circunstâncias da área ser lançada ou da natureza da obra, **o montante** previsto na arrecadação da Contribuição de Melhoria **não compensar** o lançamento pela União, ou por seus órgãos, o lançamento **poderá ser delegado** aos municípios interessados e neste caso:
>
> a) caberão aos **Municípios** o lançamento, arrecadação e as receitas apuradas; e

> b) o órgão federal **delegante** se limitará a fixar os **índices e critérios** para o lançamento.
>
> (...).
>
> Art 13. A **cobrança** da Contribuição de Melhorias, resultante de **obras executadas pela União**, situadas em áreas **urbanas** de um **único** Município, poderá ser efetuada pelo órgão arrecadador municipal, em **convênio** com o órgão federal que houver realizado as referidas obras.
>
> Art 14. A conservação, a operação e a manutenção das obras referidas no artigo anterior, **depois de concluídas** constituem encargos do Município em que estiverem situadas.
>
> Art 15. Os **encargos de conservação, operação e manutenção das obras** de drenagem e irrigação, não abrangidas pelo art. 13 e implantadas através da Contribuição de Melhorias, **serão custeados pelos seus usuários.** [*Grifamos*]

Observe-se que o citado art. 13, explicita a possibilidade de delegação da capacidade tributária ativa auxiliar, nos casos em que, tratando-se de obra pública federal, a cobrança da contribuição de melhoria possa ser "[...]efetuada pelo órgão arrecadador municipal, em convênio com o órgão federal que houver realizado as referidas obras.". Demais disso, referida legislação enfatiza a possibilidade de porcentagem da receita arrecadada ser destinada ao ente que arrecadar a contribuição de melhoria federal, (§ 6º, do art. 12).

9.4 CONTRIBUINTE DA CONTRIBUIÇÃO DE MELHORIA

Sujeito passivo da obrigação tributária é a pessoa que, por força de lei, deve pagar o tributo. O contribuinte constitucionalmente possível da contribuição de melhoria é o proprietário de bem imóvel que, em decorrência da obra realizada com recursos públicos, obteve um aumento de seu valor econômico. Distingue-se, portanto, do contribuinte do IPTU, que, em tese, é todo e qualquer o proprietário de imóvel localizado na zona urbana de determinado Município, em regra, no dia 1ª de janeiro, conforme previsto em lei.

Noutras palavras, o contribuinte da contribuição de melhoria será a pessoa que, ao contrário das demais, obteve valorização imobiliária causada exclusivamente pela obra realizada com recursos públicos, isto é, custeada por todos os pagadores de impostos, indistintamente.

A doutrina utiliza a expressão "benefício especial", para referir-se à valorização que apenas alguns proprietários obtiveram, em contraposição ao "benefício geral" que, supostamente, todos – proprietários e não proprietários de imóveis – obtiveram com a realização da obra pública. Nesses termos, o contribuinte constitucionalmente possível da contribuição de melhoria é o proprietário de imóvel que, além do "benefício geral", decorrente da obra realizada com recursos públicos, obteve um "benefício especial", consistente no correlato aumento do valor econômico de seu imóvel.

9.5 PRINCÍPIO INFORMADOR DA CONTRIBUIÇÃO DE MELHORIA

O dinheiro proveniente da arrecadação dos impostos é destinado à satisfação das despesas gerais do Estado, dentre as quais, as necessárias à realização de obras públicas. A obrigação legal de dar dinheiro a título de contribuição de melhoria está vinculada à valorização imobiliária causada por obra realizada com dinheiro público. Referida valorização pressupõe, portanto, a conclusão da respectiva obra.

Após sua conclusão, será possível verificar se houve ou não valorização dos imóveis adjacentes ou se, ao contrário, houve desvalorização. Neste último caso, cabe ao interessado pleitear indenização pelo prejuízo causado. Se o valor econômico do imóvel adjacente não diminuir nem aumentar em decorrência da consecução da obra pública, não haverá fundamento para a cobrança de indenização nem de contribuição de melhoria.

Somente os proprietários de imóveis beneficiados com o aumento do seu valor econômico em razão da obra pública realizada terão que arcar com a contribuição de melhoria. Em tais casos, o montante a ser exigível deverá ser apurado de acordo com "quantum" da valorização obtida pelo proprietário. Nesse sentido, se diz que o princípio informador da contribuição de melhoria é o da "proporcionalidade em função do especial benefício recebido".

Nada obstante, cumpre salientar que o Decreto-Lei n. 195/67, faculta a cobrança da contribuição de melhoria durante a execução da obra, desde que seja possível aferir a valorização dos imóveis adjacentes. Transcreva-se:

> **[Decreto-lei n. 195, de 24.2.1967]. Art. 12.** (...).
>
> (...)
>
> Art 5º Para cobrança da Contribuição de Melhoria, a Administração competente deverá publicar o **Edital**, contendo, entre outros, os seguintes elementos:
>
> (...).
>
> Parágrafo único. O disposto neste artigo **aplica-se**, também, aos casos de cobrança da Contribuição de Melhoria por obras públicas **em execução**, constantes de **projetos ainda não concluídos.**
>
> (...).
>
> Art 9º **Executada a obra** de melhoramento na sua totalidade ou em parte suficiente para beneficiar determinados imóveis, de modo a justificar

o início da cobrança da Contribuição de Melhoria, **proceder-se-á ao lançamento** referente a êsses imóveis **depois de publicado** o respectivo demonstrativo de **custos**. *[Grifamos]*

A esse respeito, convém ter em conta que nem sempre a obra é concluída no prazo previsto, podendo, nesses casos, causar transtornos e, eventualmente, danos ao ambiente e, até mesmo, desvalorização imobiliária dos imóveis adjacentes. Em razão disso, não encontra amparo jurídico a exigência de contribuição de melhoria antes da conclusão da obra. Há de se ter em conta que somente ao seu término será possível comprovar eventual valorização imobiliária.

9.6 BASE DE CÁLCULO – "QUANTUM" DA VALORIZAÇÃO

A base de cálculo constitucionalmente possível da contribuição de melhoria é o *quantum* de valorização[1] experimentada pelo imóvel em decorrência – e só em decorrência – da obra pública realizada em suas imediações. Vale lembrar, a propósito, que a contribuição de melhoria se distingue das taxas tanto pelo fato gerador, como também, por via de consequência, de suas bases de cálculo. As taxas são exigidas para fazer face ao custo da respectiva atuação estatal, razão pela qual sua base de cálculo há de se referir ao custo das diligências necessárias à sua execução. A contribuição de melhoria, ao contrário, é exigida em função da valorização imobiliária, decorrente de obra pública, que, além de favorecer a todos indistintamente, enseja um benefício especial para proprietários de imóveis adjacentes. Logo, apenas estes poderão figurar como contribuintes deste tributo e, por igual razão, a base de cálculo deve se ater ao "quantum da valorização recebida pelo proprietário, no momento da consecução da obra".

Nada obstante, o CTN/66, prevê dois limites a serem observados no exercício da competência tributária, individual e total. O limite individual significa que a base de cálculo do contribuinte não poderá ser superior ao montante da valorização do seu imóvel causada por obra pública. O limite total, de seu turno, considera que a competência para instituir tributo, além de ser um poder limitado, deve ser exercida com moderação e, não, com exagerado ímpeto arrecadatório. Por esse prisma, a base de cálculo da contribuição de melhoria deverá observar, como limite total, o respectivo custo da obra realizada com o dinheiro público, em geral, proveniente dos impostos, os quais, vale lembrar, são arrecadados para satisfazer as despesas gerais do Estado.

Sem maiores torneios, dispõem o referido Código que o dinheiro decorrente da contribuição de melhoria destina-se a fazer face aos recursos públicos que foram despendidos para a realização da respectiva obra. Significa dizer que a

1. Cálculos atuariais: apuram a valorização do imóvel (Ciência das Finanças).

previsão legal do montante total a ser arrecadado a título de contribuição de melhoria não poderá superar o custo total, pago com recursos públicos, para a execução da obra. É o que se deve entender pela expressão "limite total", legalmente adotada, para referir-se à base de cálculo da espécie tributária em comento. Transcreva-se:

> **[CTN/66] Art. 81.** A contribuição de melhoria cobrada pela União, pelos Estados, pelo Distrito Federal ou pelos Municípios, no âmbito de suas respectivas atribuições, é instituída para fazer face ao custo de obras públicas de que decorra valorização imobiliária, tendo como **limite total** a despesa realizada e como **limite individual** o acréscimo de valor que da obra resultar para cada imóvel beneficiado. *[Grifamos]*

Observe-se que a hipótese de incidência constituição de melhoria é a valorização imobiliária decorrente de obra pública. A destinação que deverá ser dada ao dinheiro proveniente da sua arrecadação, conforme estipulado pelo CTN/88, é relevante para satisfazer a exigência de maior transparência na gestão das contas públicas, pois, neste caso, o contribuinte terá um especial interesse na fiscalização do custo total da obra, já que este será o limite máximo da base de cálculo da contribuição de melhoria que deverá ser respeitado pelo ente tributante.

Por fim, o Decreto-lei n. 195/67, estabelece que, para fins de Imposto sobre a Renda, devido na valorização imobiliária resultante de obra pública, poder-se-á deduzir a importância que o contribuinte houver pagado a título de Contribuição de Melhoria, (art.17).

9.7 REQUISITOS INFRACONSTITUCIONAIS

O CTN/66, também estabelece os requisitos mínimos que deverão ser observados pela lei instituidora da contribuição de melhoria.

> Art. 82. A **lei** relativa à contribuição de melhoria observará os seguintes **requisitos mínimos:**
>
> I – publicação prévia dos seguintes elementos:
>
> a) memorial descritivo do projeto;
>
> b) orçamento do custo da obra;
>
> c) determinação da parcela do custo da obra a ser financiada pela contribuição;
>
> d) delimitação da zona beneficiada;
>
> e) determinação do fator de absorção do benefício da valorização para tôda a zona ou para cada uma das áreas diferenciadas, nela contidas;

> II – fixação de prazo não inferior a 30 (trinta) dias, para impugnação pelos interessados, de qualquer dos elementos referidos no inciso anterior;
>
> III – regulamentação do processo administrativo de instrução e julgamento da impugnação a que se refere o inciso anterior, sem prejuízo da sua apreciação judicial.
>
> § 1º A contribuição relativa a cada imóvel será determinada pelo rateio da parcela do custo da obra a que se refere a alínea c, do inciso I, pelos imóveis situados na zona beneficiada em função dos respectivos fatôres individuais de valorização.
>
> § 2º Por ocasião do respectivo lançamento, cada contribuinte deverá ser notificado do montante da contribuição, da forma e dos prazos de seu pagamento e dos elementos que integraram o respectivo cálculo. *[Grifamos]*

Ressalte-se, todavia, que o subsequente Decreto-lei n. 195, de 24 de fevereiro de 1967, também dispõe, porém, de forma simplificada, a respeito das exigências que deverão ser observados pela lei instituidora da contribuição de melhoria.

A observância dessas diretrizes legais, permitirá ao virtual contribuinte verificar antes, durante e após a realização da obra, a fiel observância dos critérios legalmente estabelecidos para a escorreita apuração das melhorias e, de conseguinte, do "quantum" da eventual valorização imobiliária resultante da obra pública realizada. Noutras palavras, permitirá ao contribuinte prevenir-se e eventual cobrança ou pagamento indevidos.[2]

Doutrina

• Contribuição de Melhoria – espécie tributária distinta da taxa

Aliomar Baleeiro[3] demonstra a importância jurídica do reconhecimento da contribuição de melhoria como espécie distinta das taxas, embora ambos possam ser considerados tributos vinculados a uma atuação estatal. Transcreva-se:

> A contribuição de melhoria oferece matiz próprio e específico: ela não é a contraprestação de um serviço público incorpóreo, mas a *recuperação do enriquecimento ganho por um proprietário em virtude de obra pública concreta no local da situação do prédio.* Daí a justificação do tributo pelo princípio do enriquecimento sem causa, peculiar ao Direito Privado. Se o Poder Público, embora agindo no interesse da coletividade, emprega vultosos fundos desta em obras restritas a certo local, melhorando o tanto

2. A propósito: REsp n. 671560/RS, T!, Rel. Min. Denise Arruda, j. 15.05.2007, v.u., DJ 11.06. 2007, p. 265;; REsp n. 647134/SP, T1, Rel. Min. Luiz Fux, j. 10.10.2006, p.m., DJ 01.02.2007, p. 397; REsp n. 766107/PR, T1, Rel. Min. Denise Arruda, j. 08.04.2008, v.u., DJ 28.04.2008, p. 1.

3. Aliomar Baleeiro, *Direito tributário brasileiro*, 11ª ed., Rio de Janeiro, Forense, 2000, p. 570.

que se observa elevação do valor dos imóveis aí situados, com exclusão de outras causas decorrentes da diligência do proprietário, impõe-se que este, por elementar princípio de justiça e de moralidade, restitua parte do benefício originado do dinheiro alheio.

A taxas podem decorrer da prestação de serviço público, específico e divisível (taxa de serviço); bem como do exercício do poder de polícia (taxa de polícia), ambos referidos diretamente ao contribuinte. De seu turno, a contribuição de melhoria caracteriza-se como tributo vinculado a uma atuação estatal - obra pública, embora indiretamente referida ao contribuinte. Acerca da *distinção entre serviço público e obra pública*, esclarece Celso Antônio Bandeira de Mello,[4] *verbis*:

> (...).
>
> 9. **Obra pública** é a construção, reparação, edificação ou ampliação de um bem imóvel pertencente ou incorporado ao domínio público. Obra pública não é serviço público. De fato, serviço público e obra pública distinguem-se com grande nitidez, como se vê da seguinte comparação:
>
> a) a obra é, em si mesma, um **produto estático**; o serviço é uma atividade, algo dinâmico;
>
> b) a obra é uma **coisa**: o produto cristalizado de uma operação humana; o serviço é a própria operação ensejadora do desfrute;
>
> c) a fruição da obra, **uma vez realizada**, independe de uma prestação, **é captada diretamente**, salvo quando é apenas o suporte material para a prestação de um serviço; a fruição do serviço é a fruição da própria prestação; assim, depende sempre integralmente dela;
>
> d) a obra, para ser executada, **não presume a prévia existência de um serviço**; o serviço público, normalmente, para ser prestado, pressupõe uma obra que lhe constitui o suporte material. *[Grifamos]*

• Contribuição de Melhoria – o problema da avaliação

A avaliação da base de cálculo concreta é um problema inerente a todo e qualquer tributo – não se restringe à contribuição de melhoria –, cabendo à Administração pública desincumbir-se deste mister, quando da constituição do respectivo crédito tributário. A esse respeito, ressalta Aliomar Baleeiro,[5] *verbis*:

> Enfim, **o problema da avaliação**, increpado à contribuição de melhoria, não é peculiar ou exclusivo dela: **jaz no fundo de quase todos os demais tributos**. É o mesmo do imposto territorial, urbano ou não; do imposto

4. Celso Antônio Bandeira de Mello, *Curso de Direito Administrativo*, 25ª ed., 2ª tir., São Paulo, Malheiros Editores, 2008, pp. 670-671.

5. Aliomar Baleeiro, *Direito tributário brasileiro*, 11ª ed., Rio de Janeiro, Forense, 2000, p. 578.

> predial quanto às casas utilizadas pelo proprietário; do imposto de transmissão *inter vivos* e *causa mortis*; do imposto de renda em vários dos seus aspectos, como os da cédula G, cálculo de valorização, depreciações, fundos de amortizações de minas, área etc. **Nem por isso esses tributos foram abandonados ou reduzidos a métodos indiciários**, como nos tempos dos impostos sobre "portas e janelas". **Muito pelo contrário, cada dia se aprimora a sua técnica**, nos embates do velho e eterno jogo de astúcia e sutilezas entre o Fisco e os contribuintes. *[Grifamos]*

Jurisprudência

• Fato Gerador da Contribuição de Melhoria – nexo de causalidade

O fato gerador constitucionalmente possível da contribuição de melhoria não é a realização da obra, mas sim a valorização imobiliária decorrente da realização de obra pública. Dessa forma, a base de cálculo para cobrança da contribuição de melhoria é a diferença entre o valor venal do imóvel antes e após a conclusão da obra pública. Nesse sentido, transcreva-se:

> TRIBUTÁRIO. AÇÃO DE REPETIÇÃO DE INDÉBITO. CONTRIBUIÇÃO DE MELHORIA. **OBRA INACABADA.** HIPÓTESE DE INCIDÊNCIA E FATO GERADOR DA EXAÇÃO. OBRA PÚBLICA EFETIVADA. VALORIZAÇÃO DO IMÓVEL. **NEXO DE CAUSALIDADE. INOCORRÊNCIA. DIREITO À RESTITUIÇÃO.**
>
> 1. Controvérsia que gravita sobre se a obra pública não finalizada dá ensejo à cobrança de contribuição de melhoria.
>
> 2. Manifesta divergência acerca do atual estágio do empreendimento que deu origem à exação discutida, sendo certo é vedado à esta Corte Superior, em sede de Recurso Especial, a teor do verbete Sumular n.º 07/STJ, invadir a **seara fática-probatória**, impondo-se adotar o entendimento unânime da época em que proferido o **julgamento pelo Tribunal *a quo***, tanto pelo voto vencedor, como pelo vencido, de que quando foi instituída a contribuição de melhoria **a obra ainda não havia sido concluída** porquanto pendente a parte relativa à pavimentação das vias que circundavam o imóvel de propriedade da recorrente.
>
> A **base de cálculo** da contribuição de melhoria é a **diferença** entre o valor do imóvel **antes** da obra ser iniciada **e após** a sua conclusão (Precedentes do STJ: RESP n.º 615495/RS, Rel. Min. José Delgado, DJ de 17.05.2004; RESP 143996 / SP; Rel. Min. Francisco Peçanha Martins, DJ de 06.12.1999).
>
> Isto porque a hipótese de incidência da contribuição de melhoria **pressupõe o binômio valorização** do imóvel **e realização** da obra pública sendo

indispensável o nexo de causalidade entre os dois para sua instituição e cobrança.

5. Consectariamente, o **fato gerador** de contribuição de melhoria se perfaz **somente após a conclusão** a obra que lhe deu origem **e quando for possível aferir a valorização** do bem imóvel beneficiado pelo empreendimento estatal.

6. É cediço em doutrina que: "(...) Só depois de pronta a obra e verificada a existência da valorização imobiliária que ela provocou é que se torna admissível a tributação por via de contribuição de melhoria." (Roque Antonio Carrazza, in "Curso de Direito Constitucional Tributário", Malheiros, 2002, p. 499).

7. Revela-se, portanto, evidente o direito de a empresa que pagou indevidamente a contribuição de melhoria, uma vez que incontroversa a não efetivação da valorização do imóvel, haja vista que a obra pública que deu origem à exação não foi concluída, obter, nos termos do art. 165, do CTN, a repetição do indébito tributário, a repetição de indébito tributário.

8. Precedentes: RESP 615495/RS, Rel. Min. José Delgado, DJ de 17.05.2004; RESP 143996/SP, Rel. Min. Francisco Peçanha Martins, DJ de 06.12.1999.

9. Recurso Especial provido. *[STJ, REsp n. 647134, 1ªT., rel. min. Luiz Fux, j. 10.10.2006, p. m., DJ 1.2.2007] [Grifamos]*

• Recapeameno de via asfaltada: obra ou serviço público

A Suprema Corte já decidiu que, na hipótese de recapeamento de via pública já asfaltada, há "[...simples **serviço de manutenção e conservação** que não acarreta valorização do imóvel, não rendendo ensejo à imposição desse tributo." [RE 115863-8/SP, 2ª T., rel. min. Célio Borja, j. 29.10.91, v.u., DJ 8.5.92] *[Grifamos]*

• Contribuição de Melhoria – limite total e individual

A CF/46, e nessa esteira o CTN/66, no tocante à contribuição de melhoria, estabelecia a necessidade de observância do limite total da despesa realizada. Também prescrevia que "contribuição de melhoria, quando se verificar valorização do imóvel, em conseqüência (sic) de obras públicas;", (art. 30, I). Posteriormente, a EC n. 23/83, acrescentou na CF/67, que a "contribuição de melhoria, arrecadada dos proprietários de imóveis beneficiados por obras públicas, que terá como limite total a despesa realizada", (art. 18, II). A esse respeito, a Suprema Corte decidiu que, mesmo sob a nova redação do inciso II, do art. 18, da CF/67, pela Emenda Constitucional n. 23/83, "[...]a **valorização** imobiliária decorrente de obra pública – **requisito** ínsito à contribuição de melhoria – persiste como fato gerador dessa espécie tributária e a sua base de cálculo é a diferença entre dois momentos: o anterior e o posterior à obra pública, vale dizer, o 'quantum' da valorização imobiliária[...]", (RE 115863-8/SP, 2ª T., rel. min. Célio Borja, j. 29.10.91, v.u., DJ 8.5.92), (Grifamos). A respeito, posicionou-se o Superior Tribunal de Justiça, *verbis*:

> (...).
>
> 6. É entendimento do STJ no sentido de que o valor a ser pago a título de contribuição de melhoria deve corresponder à **valorização do imóvel**, decorrente da obra realizada, **observados os limites** estabelecidos no art. 81 do CTN. O **custo da obra** será considerado, segundo a doutrina e jurisprudência majoritárias, para **limitar o valor global** a ser pago pelos beneficiários.
>
> (...). *[STJ, n. Agravo em REsp nº 538.554/PR, 2ª T., rel. min. Humberto Martins, 16.9.2014, p. u., DJe 23.9.2014]. [Grifamos].*

O custo da obra será considerado, segundo a doutrina e jurisprudência majoritárias, para limitar o valor global a ser pago pelos beneficiários. O Limite individual, de seu turno, refere-se ao quantum da valorização de cada imóvel causa pela obra realizada com dinheiro público. Nesse sentido, transcreva-se:

> DIREITO TRIBUTÁRIO. CONTRIBUIÇÃO DE MELHORIA. BASE DE CÁLCULO. VALORIZAÇÃO IMOBILIÁRIA. Tem como **limite total** a despesa realizada e como **limite individual** o acréscimo de valor que da obra resultar para cada imóvel beneficiado. **Se não houver** aumento do valor do imóvel, **não pode** o poder público cobrar-lhe a mais valia. Recurso Provido. *[STJ, RESP 200283/SP, 1ª T., rel. Min. Garcia Vieira, j. 04.05.1999, v.u., DJU 21.06.1999, p. 89] [Grifamos]*

Em remate, o entendimento predominante é o de que a cobrança da contribuição de melhoria deve levar em consideração o acréscimo do valor do imóvel, decorrente da realização de obra pública, sendo vedado estabelecer a sua cobrança com base no custo total da obra dividido pelo número de unidades existentes na área beneficiada.

Nesses termos, cabe ao Poder Público comprovar a valorização do imóvel adjacente para que possa lançar e cobrar a contribuição de melhoria que se fizer devida. Registre-se:

> TRIBUTÁRIO – CONTRIBUIÇÃO DE MELHORIA
>
> 1. A **entidade tributante** ao exigir o pagamento de contribuição de melhoria **tem de demonstrar** o amparo das seguintes circunstâncias: a) a exigência fiscal **decorre de despesas** decorrentes de **obra pública realizada**; b) a obra pública **provocou a valorização** do imóvel; c) a base de cálculo é a **diferença entre dois momentos**: o primeiro, o valor do

> imóvel antes da obra ser iniciada; o segundo, o valor do imóvel após a conclusão da obra.
>
> 2. É da natureza da contribuição de melhoria a valorização imobiliária (Geraldo Ataliba).
>
> 3. Precedentes jurisprudenciais: a) RE 116.147-7-SP, 2ª Turma, *DJU* de 8.5.1992, rel. Min. Célio Borja; b) RE 116.148-5-SP, rel. Min. Octávio Gallotti, *DJU* de 25.5.1993; c) REsp 35.133-2-SC, rel. Min. Mílton Luiz Pereira, 1ª Turma, julgado em 20.3.1995; REsp 634-0-SP, rel. Min. Mílton Luiz Pereira, *DJU* de 18.4.1994.
>
> 4. Adoção, também, da corrente doutrinária que, no trato da contribuição da melhoria, adota o **critério de mais-valia** para definir o seu fato gerador ou hipótese de incidência (no ensinamento de Geraldo Ataliba, de saudosa memória).
>
> 5. Recurso provido. *[STJ, 1ª T., REsp 169.131-SP, rel. Min. José Delgado, j. 2.6.1998, v.u., DJU 3.8.1998, p. 143] [Grifamos]*

Ainda, para ilustrar, a "testada do imóvel" não poderá figurar como "base de cálculo" da contribuição de melhoria, mas tão-somente a valorização do imóvel em razão da obra realizada com dinheiro público. Registre-se:

> ANULATÓRIA. DÉBITO FISCAL. CONTRIBUIÇÃO DE MELHORIA. ASFALTAMENTO E COLOCAÇÃO DE GUIAS. BASE DE CÁLCULO. Para caracterização do tributo, a base de cálculo deve corresponder à **valorização do imóvel, em função da obra.** Lei municipal que estipulou a base de cálculo com base na **testada dos imóveis – Ilegalidade** – Ação procedente – Recurso provido. *[1º TACivSP, 12ª C., Ap. cível 796.837-2, de São Paulo, rel. Juiz Arthur César Beretta da Silveira, j. 29.2.2000, v.u., DJE 12.4.2000, p. 92] [Grifamos]*

• Instituição e cobrança da Contribuição de Melhoria – requisitos legais

O CTN/66, traz os requisitos que devem ser observados para a instituição da contribuição de melhoria. De igual modo, o subsequente Decreto-lei n. 195, de 24 de fevereiro de 1967, também dispôs, de forma simplificada, a respeito das exigências que deverão ser observadas pela lei instituidora da contribuição de melhoria. O Superior Tribunal de Justiça, vale gizar, tem prestigiado o disposto no CTN/66, a esse respeito. Vejamos:

> TRIBUTÁRIO. CONTRIBUIÇÃO DE MELHORIA. ARTS. 81 E 82 DO CTN. DECRETO-LEI 195/67. BASE DE CÁLCULO. VALORIZAÇÃO DO IMÓVEL. PRESUNÇÃO IURIS TANTUM. ÔNUS DA PROVA.
>
> (...).

> 2. De acordo com a jurisprudência desta Corte, **continuam em vigor** os **arts. 81 e 82 do Código Tributário Nacional**, bem como as disposições do **Decreto-Lei 195/67**, os quais regulamentam a contribuição de melhoria.
> 3. "Só depois de pronta a obra e verificada a existência da valorização imobiliária que ela provocou é que se torna admissível a tributação por via de contribuição de melhoria" (CARRAZZA, Roque Antonio. "Curso de Direito Constitucional Tributário", São Paulo: Malheiros, 2006, pág. 533).
> 4. O **lançamento** da contribuição de melhoria **deve ser precedido de processo específico**, conforme descrito no art. 82 do Código Tributário Nacional.
> 5. Cabe ao **Poder Público** apresentar os **cálculos** que irão embasar a cobrança da contribuição de melhoria, concedendo, entretanto, **prazo** para que o **contribuinte**, em caso de discordância, possa impugná-los administrativamente. Trata-se, pois, de um **valor presumido**, cujo cálculo está a cargo da própria Administração.
> 6. O procedimento administrativo **não exclui a revisão pelo Judiciário.**
> 7. Recurso especial desprovido. *[REsp n. 671560/RS, T!, Rel. Min. Denise Arruda, j. 15.05.2007, v.u., DJ 11.06. 2007, p. 265] [Grifamos]*

• Contribuição de Melhoria – Lei específica e princípio da Anterioridade Tributária

Consoante entendimento pacificado na jurisprudência do Superior Tribunal de Justiça, deve haver uma lei específica para instituir a contribuição de melhoria referente a cada obra pública a ser realizada, com a devida observância, ademais, do princípio constitucional da anterioridade tributária. Registre-se:

> PROCESSO CIVIL E TRIBUTÁRIO. EMBARGOS DE DECLARAÇÃO. RECURSO ESPECIAL. CONTRIBUIÇÃO DE MELHORIA. **LEI ESPECÍFICA PARA CADA OBRA. NECESSIDADE.**
>
> I – O aresto embargado assentou o entendimento sobre a **necessidade de lei específica para cada obra**, presente o propósito da Municipalidade em instituir Contribuição de Melhoria.
>
> II – Nesse contexto, esclareceu que a cobrança de tributo por simples ato administrativo da autoridade competente fere, ademais, o **princípio da anterioridade, ou não-surpresa para alguns,** na medida em que impõe a potestade tributária sem permitir ao contribuinte organizar devidamente seu orçamento, nos moldes preconizados pela Constituição Federal (art. 150, III, "a").
>
> III – Embargos de Declaração rejeitados. *[EDcl no REsp n. 739342/RS, T1, Rel. Min. Francisco Falcão, j. 01.06.2006, v.u., DJ 19.06.2006, p. 110] [Grifamos]*

Nesta esteira, cite-se julgado Superior Tribunal de Justiça que declarou inconstitucional a contribuição de melhoria exigida para financiar sistema de esgoto sem observância do princípio constitucional da anterioridade, *verbis*:

> (...).
> Cuidando-se de prestações de trato sucessivo, a ofensa ao direito líquido e certo do contribuinte passa a fluir da data da expedição dos carnês de pagamento do tributo, quando, em verdade, configura-se o ato autorizatório da impetração da ação mandamental. Limitando-se a fixar critérios genéricos para a incidência da contribuição de melhoria, o Código Tributário de Florianópolis não supre a exigência legal da indispensabilidade de lei individualizadora a legitimar a exigência do tributo. E **lançamentos procedidos sem a existência dessa lei específica que os autorize**, afrontam direito líquido e certo dos contribuintes, ensejando a reparação da ilegalidade pela via do mandado de segurança. Outrossim, a contribuição de melhoria tem a sua exigibilidade **subordinada à execução da obra**, embora possa tornar-se ela exigível **excepcionalmente quando já concluída ela em parte**, somente fazendo-se devida pelos proprietários dos imóveis pela mesma valorizados. A par disso, a exigibilidade da contribuição de melhoria instituída pelo Município de Florianópolis **como forma de financiamento do Sistema de esgoto insular** e com base na Lei n. 3.238/89, regulamentada pelo Decreto n. 20/92, **no mesmo exercício financeiro em que se deu a edição da norma regulamentadora** faz-se totalmente espúria, por **afronta cabal à garantia constitucional apontada no art. 150, III, "b", da Lei Fundamental**. *[TJSC, 4ª C. Cível, AMS 99.006928-1, rel. Des. Trindade dos Santos, j. 3.8.2000, v.u., DJE 30.8.2000, pp. 10-11] [Grifamos]*

Temas para Dissertação ou Pesquisa

1. "Contribuição de melhoria. Fato gerador constitucionalmente possível".
2. "Base de cálculo constitucionalmente possível da contribuição de melhoria. Sobrevalorização".

Questões

1. Que é contribuição de melhoria?
2. Qual é o princípio informador da contribuição de melhoria? Explique.
3. É possível cobrar contribuição de melhoria antes de realizada a obra pública? Justifique.
4. A contribuição de melhoria equivale à taxa de obra? Explique.
5. Qual é a base de cálculo constitucionalmente possível da contribuição de melhoria?

Consultas

1. **[XVI Exame de Ordem Unificado, 2015, n. 1]** O Município XYZ resolveu instituir, por meio de lei específica, um tributo que tem como fato gerador a valorização imobiliária decorrente de obra realizada pelo Estado Alfa em seu território, sendo o contribuinte o proprietário do imóvel valorizado e a base de cálculo, independentemente da valorização experimentada por cada imóvel, o custo da obra estatal. Sobre a hipótese descrita, responda aos itens a seguir. A) Qual seria a espécie tributária que o Município XYZ pretendeu instituir? Aponte o dispositivo constitucional aplicável. (Valor: 0,45) B) Na hipótese descrita, o Município XYZ é competente para instituir tal tributo? (Valor: 0,40) C) A base de cálculo do tributo está correta? (Valor: 0,40) Obs.: responda justificadamente, empregando os argumentos jurídicos apropriados e a fundamentação legal pertinente ao caso.
2. **[121° Exame de Ordem/SP, 2003, n. 2]** Prefeitura interiorana isenta por prazo indeterminado, o IPTU de alguns imóveis em virtude da precária condição de moradia do local. Alguns meses após a publicação da lei de isenção corre a publicação de nova lei, instituindo contribuição de melhoria em virtude de asfaltamento das ruas onde estão localizados os ditos imóveis o proprietário de imóvel beneficiado pela isenção de IPTU pede a sua opinião sobre a instituição da contribuição de melhoria. Qual a sua posição? responda e fundamente.

Testes

1. **[Advogado, SIMAE/SC, 2024, n. 43]** A contribuição de melhoria é um tributo cobrado para custear despesas decorrentes de realização de obra pública. A respeito dessa espécie tributária, analise as assertivas a seguir:

   I. É um tributo dotado de caráter sinalagmático.

   II. Seu fato gerador é a valorização imobiliária.

   III. O pagamento do tributo só pode ser exigido após a conclusão da obra.

   IV. Só é exigível com a valorização imobiliária.

   Quais estão corretas?

   a) ( ) Apenas I e II.
   b) ( ) Apenas I e III.
   c) ( ) Apenas II e IV.
   d) ( ) Apenas III e IV.
   e) ( ) Apenas I, II e IV.

1. **[36° Exame de Ordem Unificado, 2022.1, n. 24]** O Município Beta, após realizar uma grande obra pública de recuperação, ampliação e melhoramentos da praça central do bairro Gama, custeada com recursos próprios, no valor de quinhentos mil reais, e que promoveu uma valorização dos imóveis apenas nesse bairro, decidiu cobrar uma contribuição de melhoria. O referido tributo, instituído mediante lei ordinária específica, foi cobrado de todos os 5 mil proprietários de imóveis privados daquela cidade, em um valor fixo de 200 reais para cada um. José, advogado e morador do bairro Delta, bastante distante do bairro Gama, se insurge contra a referida contribuição de melhoria. Diante desse cenário, a referida contribuição de melhoria.

   a) ( ) foi corretamente instituída, pois decorre de previsão legal específica, tendo como fato gerador a obra pública realizada.

   b) ( ) foi corretamente instituída, pois respeitou o princípio da igualdade tributária ao adotar o mesmo valor para todos os contribuintes da cidade.

   c) ( ) foi incorretamente instituída, por ter atingido imóveis que não se valorizaram por decorrência da obra pública e por ter cobrado valor cujo somatório é superior ao custeio da obra.

   d) ( ) foi incorretamente instituída, pois só pode ser cobrada nos casos em que a obra pública seja exclusivamente para abertura, alargamento, pavimentação ou iluminação de vias públicas

2. **[129° Exame de Ordem, São Paulo, 2006, n. 86]** O Código Tributário Nacional – CTN prevê que

   a) ( ) a competência tributária, também chamada de capacidade tributária ativa, pode ser delegada nas hipóteses previstas em lei.

   b) ( ) imposto é o tributo cuja obrigação tem por fato gerador uma situação que depende de uma atividade estatal específica relativa ao contribuinte.

   c) ( ) as taxas têm como fato gerador o exercício regular do poder de polícia, ou a utilização, efetiva ou potencial, de serviço público específico e divisível, prestado ao contribuinte ou posto à sua disposição.

   d) ( ) a contribuição de melhoria é instituída para fazer face ao custo de obras públicas de que decorra valorização imobiliária, sendo que, nas hipóteses previstas em lei, seu limite total pode superar o montante da despesa realizada.

3. **[120° Exame de Ordem, São Paulo, 2003, n. 88]** Município instituiu contribuição de melhoria para custear obra pública de ampliação de via expressa de ligação entre bairros. A previsão do custo total da obra é de R$ 1.000.000,00 e a previsão de arrecadação da contribuição é de R$

1.500.000,00. O valor da contribuição, para cada imóvel, foi calculado com base na efetiva valorização imobiliária e em plano de rateio previamente publicado. A irregularidade no procedimento descrito consiste em não poder

a) ( ) o total de arrecadação ser superior ao custo da obra.

b) ( ) a contribuição de melhoria destinar-se ao custeio de obra viária.

c) ( ) a contribuição de cada imóvel ser calculada com base na sua valorização imobiliária.

d) ( ) o plano de rateio ser publicado previamente.

10

IMUNIDADE TRIBUTÁRIA

10.1 DIRETRIZES GERAIS

Sob o eloquente título “Das Limitações do Poder de Tributar”, a Constituição Federal de 1988, CF/88, enfatiza que a competência tributária é um poder limitado, como todo e qualquer poder infraconstitucional. De fato. Ao conceder o poder de tributar, nossa Carta Magna, delimitou rigorosamente o campo de atuação de cada ente tributante. Nesse contexto, a imunidade tributária protege valores fundamentais à dignidade humana e não é por outra razão que esta proteção ao contribuinte figura entre as mais relevantes limitações constitucionais ao exercício do poder infraconstitucional de tributar.

Vimos que competência tributária é a aptidão para criar tributos. Noutras palavras, é a faculdade, e não uma imposição, para instituir tributo. Esta faculdade pode ser exercida tanto para instituir, quanto para extinguir tributo. Também poderá ser exercida parcialmente a competência tributária, *v. g.*, para conceder isenção.

Observe-se que o exercício, pleno ou não, da competência tributária cinge-se ao campo expressamente reservado à pessoa política competente para tributar. Nesse passo, convém indagar a quem compete traçar os contornos do campo de competência tributária de cada ente tributante. No Brasil, o Poder Constituinte Originário optou por reservar esta importante tarefa para si, em perfeita sintonia com o bem maior a ser protegido. Com efeito, a CF/88, sistematicamente analisada, consagra o caráter meramente instrumental do nosso Estado de Direito ao lhe impor a missão institucional de proteger valores fundamentais à dignidade humana, em especial, liberdade e propriedade, os quais, por óbvio, são os mais atingidos pela ação estatal de tributar.

Para melhor assegurar que a tributação seja apenas o "meio", e não o próprio "fim" a ser alcançado pelo Estado, nosso Poder Constituinte Originário estabeleceu expressamente a base econômica que cada pessoa política de direito público poderá e a que, excepcionalmente, não poderá tributar. Nesses termos, pode-se dizer que, dentre os direitos e garantias constitucionais assegurados ao contribuinte, encontra-se implicitamente vedado à lei infraconstitucional incorrer em bitributação e "bis in idem".

Interessa-nos nesse passo, ressaltar que a demarcação do campo de competência tributária também se dá de forma "negativa", seja por vedação expressa ou implícita. A vedação implícita da tributação, denominada de "hipótese de não incidência tributária pura e simples", é mera decorrência da delegação expressa de competência tributária. Cite-se, como exemplo, a delegação, aos Estados e ao Distrito Federal, de competência para tributar, por meio de imposto, a "propriedade de veículo automotor" (hipótese de incidência constitucionalmente possível). Neste caso, cumpre reconhecer que os Estados e o Distrito Federal estarão implicitamente proibidos de tributar, a título de IPVA, a propriedade de "bicicleta", considerando-se que a bicicleta, embora seja "veículo", não é automotor, pois não tem propulsão própria. Noutro giro, veículo "automotor" não abrange veículo de propulsão humana ou de tração animal.

Nada obstante, o Poder Constituinte Originário também poderia ter optado por delegar ao Estados e ao Distrito Federal um campo ainda mais restrito para instituir o IPVA, ressalvando, por exemplo, a propriedade de motocicleta. Note-se que, neste caso, a vedação constitucional necessariamente teria que ser expressa, afinal, "motocicleta" é espécie de veículo a automotor. De conseguinte, na ausência de expressa vedação constitucional, a propriedade de motocicleta pertence ao campo reservado aos Estados e Distrito Federal para instituir o referido imposto. Ainda, apenas para ilustrar, se o Constituinte de 1988, optasse por vedar a tributação de embarcações e aeronaves, o proprietário de embarcação ou de aeronave teria a expressa garantia constitucional de não ser contribuinte deste imposto.

Tornando ao nosso rumo, a expressa previsão de hipótese de não incidência tributária figura entre as garantias constitucionais asseguradas ao contribuinte e, ao mesmo tempo, perfaz com precisão o campo de competência tributária reservado ao Estado. Recebe, pois, a denominação de "imunidade tributária", uma vez que não se confunde com a hipótese de não incidência pura e simples (implícita), acima referida.

Para fins didáticos, entende-se que imunidade é hipótese de não incidência "constitucionalmente" qualificada, ou seja, expressamente imposta pela Lei

Maior; a isenção, de seu turno, é hipótese de não incidência "legalmente" qualificada, pois a opção pela sua concessão ou não, assim como por sua revogação, é inerente ao exercício da competência tributária, ou seja, cabe ao ente tributante. No direito brasileiro, em face da rigidez constitucional (art. 60, "caput" e § 4º), esta distinção é relevante, de modo que a demarcação de competência tributária deve ser rigorosamente respeitada não apenas pela lei infraconstitucional, como também pelo Poder Constituinte derivado. Noutro giro, ignorar quaisquer das imunidades tributárias previstas na Carta Magna, é vulnerar cláusulas pétreas; é ferir, em sua essência, direito e garantias constitucionais do contribuinte.

10.1.1 Institutos afins

Sem maiores torneios, cumpre trazer a contexto os fenômenos de incidência e não incidência da norma jurídica tributária, bem como as tradicionais definições de imunidade e isenção, com vistas a ressaltar a relevância jurídica desta distinção.

A *incidência* da norma tributária pressupõe a ocorrência do fato gerador *in concreto*, ou seja, do fato – realizado no mundo fenomênico – que corresponda rigorosamente à sua descrição normativa, denominada "hipótese de incidência tributária", ou simplesmente, fato gerador *in abstracto*.

De conseguinte, ter-se-á hipótese de não incidência pura e simples da norma tributária quando:

- ocorrer no mundo físico um fato tributariamente irrelevante, isto é, que não se encontra descrito no antecedente da norma tributária e, portanto, sem aptidão para gerar a respectiva obrigação tributária (p.ex., se a pessoa não é proprietária de bicicleta, não é contribuinte de IPVA);
- ou, simplesmente, não ocorrer o fato gerador *in concreto*, isto é, o fato que se encontra descrito no antecedente da norma tributária, apto a dar nascimento à respectiva obrigação tributária (p.ex., se a pessoa não é proprietária de veículo automotor, não é contribuinte de IPVA).

Essas duas hipóteses não se confundem com a hipótese de imunidade nem com a de isenção, que são hipóteses normativas de expressa vedação à incidência da norma tributária. Continuemos.

Isenção é hipótese de não incidência tributária *legalmente* qualificada. Dentro do campo constitucional de competência tributária, a própria lei infraconstitucional discrimina as hipóteses de isenção. Saliente-se que o exercício da competência tributária pelo ente tributante é uma faculdade (opção política), de modo que, no exercício de sua competência tributária, poderá ser ou não concedida pelo ente tributante.

Imunidade é hipótese de não incidência *constitucionalmente* qualificada, isto é, estabelecida pela própria Carta Magna. Nesses termos, a norma de imunidade tributária não pode ser revogada ou modificada por outra de igual ou inferior hierárquica, sob o risco de ferir cláusulas pétreas.

A principal distinção entre *imunidade* e *isenção*, como se pode inferir, reside na própria distinção de sua fonte normativa, a qual, no primeiro caso, é a própria Constituição e, no segundo, a lei infraconstitucional, geralmente, ordinária.

Imunidade e isenção, por outro lado, têm em comum o fato de que seus titulares não estarão sujeitos ao pagamento dos tributos que, se não houvesse imunidade ou isenção, seriam devidos.

A propósito, a previsão de imunidade tributária independe da terminologia empregada pelo legislador constituinte. Não raras vezes o texto constitucional apenas prescreve que "não incidirá" tributo ou determinada espécie tributária em determinados casos; outras vezes emprega, sem rigor terminológico, o termo "isenção" para estabelecer hipótese de não incidência tributária. De igual modo, quando o legislador infraconstitucional estabelece como isenção, uma mesma hipótese de não incidência constitucionalmente qualificada, a rigor, tratar-se-á de imunidade. A despeito disso, o importante é considerar que, se há vedação constitucional expressa à incidência tributária, cabe ao Estado apenas respeitar e jamais ultrapassar este limite.

12.1.2 Imunidade e lei complementar

A Constituição, no Título VI, Capítulo I, Seção II, põe em destaque a necessidade de observância dos princípios da legalidade, da irretroatividade e da anterioridade, bem como das imunidades genéricas dos impostos; ou seja, sob a denominação "Das Limitações do Poder de Tributar", enfatiza os trilhos pelos quais devem se pautar os detentores da competência tributária. No que concerne ao princípio da legalidade tributária, a regra geral é a de que os tributos somente poderão ser instituídos por lei ordinária e, excepcionalmente, por lei complementar.

No entanto, ao estabelecer hipóteses de imunidade tributária, a CF/88, em alguns casos, condiciona o seu gozo à observação de determinados requisitos previstos em lei infraconstitucional. Cumpre, então, indagar: seria lei ordinária ou lei complementar? Parece-nos que a segunda opção é mais consentânea com o vigente sistema constitucional tributário, segundo o qual, cabe à lei complementar regular as limitações constitucionais ao poder de tributar (art. 146, inc. II), dentre as quais merecem especial destaque as imunidades tributárias. E mais, a pretexto de regulamentá-la, referida lei infraconstitucional não terá o condão de ampliar e muito menos de restringir o alcance da imunidade constitucional.

Diante disso, pode-se afirmar que, nas hipóteses em que a CF/88, condicionar o benefício da imunidade aos requisitos previstos em *lei*, há de ser a *lei complementar* a que se refere, genericamente, seu art. 146, II.

12.1.3 Abrangência da Imunidade Tributária e Classificações

O Poder Constituinte Originário é inaugural, ilimitado e incondicionado. Nesses termos, a Assembleia Constituinte de 1988, teve a faculdade de criar, por si só, os tributos que melhor lhe conviesse, mas optou por delegar esta faculdade a terceiros, impondo-lhes, para tanto, rigorosos limites ao seu exercício. Dentre esses limites constitucionais, encontram-se as imunidades tributárias. Saliente-se que, a imunidade tributária, por ser veiculada diretamente pelo Poder Constituinte inaugural, ilimitado e incondicionado, acima referido, pode alcançar *qualquer espécie tributária*, ou seja, não se limita apenas aos impostos, podendo referir-se, *v.g.*, a taxas e contribuições. Vejamos alguns casos, apenas para ilustrar:

- **Imunidade de taxas para o exercício da cidadania, verbis:**

> **[CF/88] Art. 5º.** (...)
>
> (...)
>
> XXXIV – são a todos assegurados, **independentemente do pagamento de taxas**:
>
> a) o **direito de petição** aos Poderes Públicos em defesa de direitos ou contra ilegalidade ou abuso de poder;
>
> b) a obtenção de **certidões em repartições públicas**, para defesa de direitos e esclarecimento de situações de interesse pessoal;
>
> (...)
>
> LXXIII – qualquer cidadão é parte legítima para propor **ação popular** que vise a anular ato lesivo ao patrimônio público ou de entidade de que o Estado participe, à moralidade administrativa, ao meio ambiente e ao patrimônio histórico e cultural, ficando o autor, salvo comprovada má-fé, **isento de custas judiciais** e do ônus da sucumbência;
>
> (...)
>
> LXXVI – são **gratuitos** para os reconhecidamente **pobres**, na forma da lei:
>
> a) o registro civil de nascimento;
>
> b) a certidão de óbito;
>
> LXXVII – são **gratuitas** as ações de **habeas corpus** e **habeas data**, e, na forma da lei, os **atos necessários ao exercício da cidadania**; (...).
>
> (...).
>
> **[CF/88] Art. 226.** (...).

§ 1º. O casamento é civil e **gratuita** a celebração.

(...). *[Grifamos]*

- **Imunidade de taxa, pelo serviço público de assistência jurídica, verbis:**

[CF/88] **Art. 5º.** (...)

LXXIV – o Estado prestará **assistência jurídica integral e gratuita** aos que comprovarem insuficiência de recursos; *[Grifamos]*

- **Imunidade de taxa, pelo serviço público de ensino fundamental, verbis:**

[CF/88] **Art. 206.** O ensino será ministrado com base nos seguintes princípios:

(...).

IV – **gratuidade** do ensino público em estabelecimentos oficiais;

(...).

Art. 208. O dever do Estado com a educação será efetivado mediante a garantia de:

I – educação básica obrigatória e **gratuita** dos 4 (quatro) aos 17 (dezessete) anos de idade, assegurada inclusive sua **oferta gratuita** para todos os que a ela não tiveram acesso na idade própria; *[Redação dada pela EC nº 59, de 2009] [Grifamos].*

- **Imunidade de taxa, pelo serviço púbico de transporte coletivo urbano prestado a idosos, verbis:**

[CF/88] **Art. 230.** A família, a sociedade e o Estado têm o **dever de amparar** as **pessoas idosas**, assegurando sua participação na comunidade, defendendo sua dignidade e bem-estar e garantindo-lhes o direito à vida.

(...).

§ 2º Aos maiores de sessenta e cinco anos é garantida a **gratuidade** dos transportes coletivos urbanos. *[Grifamos]*

- **Imunidade de contribuição social, verbis:**

[CF/88] **Art. 195.** (...)

(...).

§ 7º. São **isentas** de **contribuição** para a seguridade social as **entidades beneficentes de assistência social** que atendam às **exigências** estabelecidas em **lei**.

> (...).
>
> **[CF/88] Art. 203.** A assistência social será prestada a quem dela necessitar, **independentemente de contribuição** à seguridade social, (...). *[Grifamos].*

Apesar da impropriedade terminológica ("isenção"), cuida o dispositivo constitucional de imunidade tributária. Afinal, é a própria Constituição que está definindo o campo de incidência desse tributo. Logo, as entidades beneficentes de assistência social que atendam às exigências estabelecidas em lei estão imunes à contribuição para a seguridade social.

Essa imunidade alcança todas as pessoas que, sem fins lucrativos, secundam o Estado na realização dos objetivos expostos no art. 203 da CF/88.

O art. 14, do CTN/66, recepcionado pelo art. 146, inc. II, da CF/88, traz os requisitos necessários ao benefício da imunidade em questão.

- **Imunidade de Impostos**

A imunidade tributária pode ser classificada em duas categorias – genéricas e específicas –, conforme se refira, indistintamente, a tributo ou modalidade de tributo (imunidade genérica) ou, ao contrário, com precisão, a determinada subespécie tributária (imunidade específica), que não incidirá na situação constitucionalmente discriminada. Cite-se, como exemplo de imunidade genérica de "tributos", a vedação constitucional expressa à incidência de tributos interestaduais ou municipais sobre o tráfego de pessoas ou bens, pelas vias públicas, *verbis:*

> **[CF] Art. 150.** Sem prejuízo de outras garantias asseguradas ao contribuinte, é **vedado** à União, aos Estados, ao Distrito Federal e aos Municípios:
>
> (...).
>
> V – estabelecer limitações ao tráfego de pessoas ou bens, por meio de **tributos** interestaduais ou intermunicipais, ressalvado a cobrança de pedágio pela utilização de vias conservadas pelo Poder Público; (...). *[Grifamos]*

No tocante especificamente à regra da liberdade de tráfego ou bens pelas vias públicas, a única exceção estabelecida pela Lei Maior é a faculdade de se instituir taxa de serviço – impropriamente denominada de "pedágio", melhor seria "rodágio" –, pela "utilização" das vias conservadas pelos Poder Público, (inc. V, do art. 150, c/c inc. II, do art. 145).

Saliente-se que é possível a exigência do Imposto sobre a Propriedade de Veículos Automotores (IPVA), pois sua hipótese de incidência constitucionalmente possível é a "propriedade" de veículo automotor e não a "utilização" de vias públicas. Sob a vigência do Sistema Constitucional Tributário anterior (Emenda Constitucional de n. 18/1965, com a redação incluída pela EC n. 27/1985, os Estados e o Distrito Federal podiam instituir imposto sobre a "propriedade" de veículos automotores (IPVA), sendo expressamente vedada, todavia, a cobrança de "impostos ou taxas" incidentes sobre a "utilização" de quaisquer veículos, automotores ou não. (inc. III, do art. 23).

Vejamos, na sequência, exemplos de imunidades tributárias genéricas, frise-se, não de qualquer tributo, mas apenas de "impostos".

10.2 IMUNIDADES GENÉRICAS DOS "IMPOSTOS" (ART. 150, VI, DA CF DE 1988)

Imunidades tributárias genéricas é a expressão utilizada para designar a categoria de imunidades que alcançam, indistintamente, todo e qualquer tributo ou modalidade de tributo, portanto, sem especificar a subespécie tributária que não incidirá na situação constitucionalmente discriminada.

As imunidades genéricas de impostos – as quais, diga-se de passagem, se encontram previstas no inc. VI, do art. 150, da CF/88 –, são assim qualificadas por se referirem, indistintamente, aos "impostos", sem especificar a qual imposto se refere, mas apenas a pessoa ou situação imune a impostos, mas não à eventual incidência das demais espécies tributárias. Com efeito, sem prejuízo de outras garantias constitucionais asseguradas ao contribuinte, a Lei Maior veda expressamente às pessoas políticas de direito público instituir impostos nas situações expressamente nela discriminadas. Em sua redação original, são essas as imunidades genéricas dos impostos, *verbis*:

> **[CF/88] Art. 150.** Sem prejuízo de outras **garantias** asseguradas ao contribuinte, é **vedado** à União, aos Estados, ao Distrito Federal e aos Municípios:
>
> (...)
>
> VI – instituir **impostos** sobre: (v. EC 3/93)
>
> a) patrimônio, renda ou serviços, uns dos outros;
>
> b) templos de qualquer culto;
>
> c) patrimônio, renda ou serviços dos partidos políticos, inclusive suas fundações, das entidades sindicais dos trabalhadores, das instituições de educação e de assistência social, sem fins lucrativos, atendidos os requisitos da lei;
>
> d) livros, jornais, periódicos e o papel destinado a sua impressão. *[Grifamos].*

As imunidades genéricas de impostos podem ser classificadas em duas categorias – objetiva e subjetiva –, conforme se trate de impostos reais ou pessoais, respectivamente. As subjetivas, estão compreendidas nas alíneas "a", "b" e "c"; a objetiva, na alínea "d".

Vejamo-las, separadamente, bem como as que foram acrescidas por meio de emenda constitucional.

10.2.1 Imunidade Recíproca

Dispõe a Lei Maior que os entes tributantes não podem instituir impostos sobre "patrimônio, renda ou serviços, uns dos outros" (art. 150, VI, "a"). Vale ter em conta que o campo de incidência dos impostos será sempre um comportamento do contribuinte ou uma situação na qual ele se encontra, envolvendo interesses disponíveis e passíveis de valoração econômica. Desse modo, os impostos podem incidir nas operações que envolvam a circulação de coisas móveis e imóveis (IPI, ICMS, ITBCMD, ITBI) ou a prestação de serviços (ICMS, ISS); podem incidir na propriedade de imóveis (ITR, IPVA, IPTU) e na renda auferida (IR); em breve síntese, sobre o patrimônio, a renda ou serviços privados, levando-se em conta, nesses termos, a capacidade contributiva do contribuinte.

Doutro lado, há um campo não tributável por impostos, no qual, embora possa ocorrer a circulação de bens, a prestação de serviços e até a geração de renda, há o predomínio do interesse público sobre o particular, de modo que essas bases econômicas estão fora do comércio, assim como está ausente a capacidade contributiva de seu titular. Nesses casos, a rigor, a vedação à incidência de impostos independe de previsão expressa.

Cumpre ainda considerar que a tributação recíproca das pessoas políticas pode ensejar uma nefasta dependência econômica de uma em relação a outra. Noutras palavras, a dependência econômica de um ente da federação em relação ao outro, decorrente da exigência de impostos entre si, se possível fosse, redundaria na correlata desigualdade hierárquica e, de conseguinte, na extinção da própria federação. Sob esse aspecto, pode-se afirmar que o poder de tributar compreende o poder de destruir![1]

Convém frisar, por oportuno, que o princípio federativo figura entre as cláusulas pétreas da vigente Carta Magna (inciso I, do § 4º, do art. 60). Assim, para assegurar a ausência de hierarquia entre as pessoas políticas, todas as Constituições da República Federativa brasileira optaram por consagrar expressamente a imunidade recíproca dos entes tributantes, no que diz respeito apenas aos impostos.

Tornando ao nosso rumo, a imunidade recíproca veda a todos os entes tributantes instituir impostos que incidam nas operações que envolvam a

1. Com efeito, "um poder ilimitado de tributar implica, necessariamente, um poder de destruir" (*M'Culloch v. State*, 17 U.S. 316, 1819).

circulação de coisas móveis e imóveis (IPI, ICMS, ITBCMD, ITBI) ou a prestação de serviços (ICMS, ISS); podem incidir na propriedade de imóveis (ITR, IPVA, IPTU) e na renda auferida (IR); em breve síntese, sobre o patrimônio, a renda ou serviços privados, sempre que nesses casos preponderar o interesse público sobre o particular e, de conseguinte, estiver ausente a capacidade contributiva daquele que atua sob o regime jurídico constitucional de direito público.

Observe-se que a imunidade recíproca de impostos, por igual razão, também se estende também às autarquias e fundações públicas, porém apenas no que concerne a suas finalidades essenciais ou delas decorrentes (art. 150, § 2º, da CF/88):

> **[CF/88] Art. 150. (...).**
>
> (...).
>
> § 2º – A vedação do inciso VI, "a", **é extensiva** às **autarquias** e às **fundações instituídas e mantidas pelo Poder Público**, no que se refere ao patrimônio, à renda e aos serviços, vinculados a suas finalidades essenciais ou às delas decorrentes. (Redação original) (Grifamos).
>
> § 2º A vedação do inciso VI, "a", **é extensiva** às autarquias e às fundações instituídas e mantidas pelo poder público **e à empresa pública prestadora de serviço postal**, no que se refere ao patrimônio, à renda e aos serviços vinculados a suas finalidades essenciais ou às delas decorrentes. (Redação dada pela EC 132/2023). *[Grifamos]*

O Estado, para satisfazer as despesas necessárias à consecução das necessidades públicas, dispõe das receitas originárias e derivadas. Essas últimas são as receitas tributárias, instituídas e arrecadadas sob o regime de direito público. As primeiras, de seu turno, dizem respeito à exploração estatal direta de atividade econômica sob o regime de direito privado, na forma assegurada pelo art. 173, da Lei Maior. Noutro giro, o Estado, por meio de suas empresas públicas e sociedades de economia mista, poderá, nos casos expressamente previstos, atuar diretamente no livre mercado, sujeitando-se, nesses casos, aos impostos porventura devidos.

Por igual razão, sempre que o poder público explorar, indiretamente, atividade econômica, também não estará imune aos impostos. Noutras palavras, quando a prestação de serviços públicos puder ser explorada, por terceiros, mediante prévia autorização, concessão ou permissão, haverá a incidência de impostos sobre os fatos geradores eventualmente realizados, na economia privada.

Vejamos:

> **[CF/88] Art. 150. (...).**
>
> (...).

> § 3º – As **vedações** do inciso VI, "a", e do parágrafo anterior **não se aplicam** ao patrimônio, à renda e aos serviços, relacionados com **exploração de atividades econômicas** regidas pelas normas aplicáveis a empreendimentos privados, ou em que haja **contraprestação ou pagamento de preços ou tarifas pelo usuário**, nem exonera o promitente comprador da obrigação de pagar imposto relativamente ao bem imóvel. *[Grifamos]*

Nesses termos, ao atuar, direta ou indiretamente, sob o regime jurídico de direito privado, em concorrência com o particular, o poder público estará tão sujeito ao pagamento de impostos quanto os demais em igual situação, ou seja, não será beneficiado pela imunidade recíproca em apreço.

10.2.2 Imunidade dos Templos de Qualquer Culto

Os templos de qualquer culto também estão sob a proteção do Estado de Direito, pois são destinados à manifestação religiosa, fundada na liberdade de consciência e de crença do ser humano, sem os quais não se pode alcançar uma sociedade fraterna, pluralista e sem preconceitos, fundada na harmonia social. Consoante estabelece a CF/88, "[...]é inviolável a liberdade de consciência e de crença, sendo assegurado o livre exercício dos cultos religiosos e garantida, na forma da lei, a proteção aos locais de culto e a suas liturgias;" (inc. VI, do art. 5º).

> **[CF/88] Art. 19.** É **vedado** à União, aos Estados, ao Distrito Federal e aos Municípios:
>
> I – **estabelecer** cultos religiosos ou igrejas, **subvencioná-los, embaraçar-lhes** o funcionamento ou **manter** com eles ou seus representantes **relações de dependência ou aliança**, ressalvada, na forma da lei, a colaboração de interesse público; *[Grifamos]*

Nesta linha, a CF/88, em sua redação original, veda expressamente a instituição de quaisquer impostos sobre templos de qualquer culto (art. 150, VI, "b"), pois, como se sabe, o poder de tributar tem o condão de destruir economicamente e, por via de consequência, de eliminar a autonomia e independência asseguradas a qualquer pessoa sob o Estado de Direito. Transcreva-se:

> **[CF/88] Art. 150.** Sem prejuízo de outras **garantias** asseguradas ao contribuinte, é **vedado** à União, aos Estados, ao Distrito Federal e aos Municípios:
>
> (...)
>
> VI – instituir **impostos** sobre: (v. EC 3/93)
>
> (...).
>
> b) templos de qualquer culto; (Redação original, revogada)

> b) **entidades religiosas e** templos de qualquer culto, inclusive suas organizações assistenciais e beneficentes; (Redação dada pela EC nº 132/2023) *[Grifamos]*

No caso em tela, a imunidade genérica de impostos contribui para garantir a liberdade de consciência e de crença, assim como para a igual oportunidade no exercício dos cultos religiosos.

Saliente-se que a imunidade em apreço compreende apenas e tão-somente o patrimônio, a renda e os serviços, relacionados com as finalidades essenciais dos templos de qualquer culto (§ 4º, do inc. VI, art. 140).

Observe-se que a imunidade genérica dos impostos a que se refere o disposto no inc. VI, do art. 150, da Lei Maior não têm o condão de vulnerar princípios inerentes à exploração de atividade econômica, em especial, o da livre concorrência (inc. VI, do art. 170). Nada obstante, o patrimônio, a renda e os serviços destinados à exploração econômica, sujeitar-se-ão à incidência dos impostos que se fizerem devidos (IPTU, ISS, IR). De conseguinte, a imunidade dos templos de qualquer culto – portanto, das entidades religiosas – alcança apenas os impostos sobre o patrimônio, renda e serviços vinculados à consecução das finalidades essenciais ao culto, propriamente dito, as quais, como é cediço, não compreendem a formação de capital mercantil, industrial ou meramente especulativo.

O vetor interpretativo desta imunidade há de se pautar, segundo pensamos, pela liberdade de crença e igualdade de crença, valores estes prestigiados pela Carta Magna, razão pela qual a sua propriedade, destinada à realização do culto, está imune ao Imposto sobre a Propriedade Predial e Territorial Urbana – IPTU; a celebração do culto, os rituais e as liturgias que o caracterizam, são imunes ao Imposto sobre Serviço – ISS; e de igual modo, a renda proveniente do recebimento de dízimos são imunes ao Imposto sobre a Renda – IR.

Nada obstante, cumpre antecipar que também não incidirá IPTU "[...] sobre templos de qualquer culto, ainda que as entidades abrangidas pela imunidade de que trata a alínea 'b' do inciso VI do caput do art. 150 desta Constituição sejam apenas locatárias do bem imóvel.", conforme disposto no § 1º-A, do art. 156, incluído pela Emenda constitucional n. 116, de 2022".

No tocante às suas organizações assistenciais e beneficentes, continuam a gozar da imunidade genérica dos impostos, nos termos estabelecidos na alínea "c", do art. 150, da Carta Magna – referente às entidades de assistência social –, que será objeto do próximo item.

Por fim, dentre as imunidades genéricas de impostos, cumpre acrescentar a que se refere ao Imposto sobre Transmissão *causa mortis* e Doação (ITCMD), *verbis*:

> **[CF/88] Art. 155.** Compete aos **Estados e ao Distrito Federal** instituir **impostos** sobre:

> I – **transmissão** causa mortis e doação, de quaisquer bens ou direitos; (Redação dada pela EC nº 3, de 1993)
>
> (...).
>
> § 1º O imposto previsto no inciso I: (Redação dada pela EC 3, de 1993)
>
> (...).
>
> VII – **não incidirá** sobre as **transmissões e as doações** para as **instituições** sem fins lucrativos com **finalidade de relevância pública e social**, inclusive as organizações assistenciais e beneficentes de **entidades religiosas** e institutos científicos e tecnológicos, e por elas realizadas na consecução dos seus objetivos sociais, observadas as **condições** estabelecidas em **lei complementar**. (Incluído pela EC nº 132, de 2023) *[Grifamos]*

10.2.3 Imunidade das Entidades Filantrópicas

A Constituição Federal de 1988, (CF/88), também concede imunidade de impostos às famigeradas entidades filantrópicas. Transcreva-se:

> **CF/88] Art. 150.** Sem prejuízo de outras **garantias** asseguradas ao contribuinte, é **vedado** à União, aos Estados, ao Distrito Federal e aos Municípios:
>
> (...)
>
> VI – instituir **impostos** sobre: (v. EC nº 3, de 1993)
>
> (...).
>
> c) patrimônio, renda ou serviços dos partidos políticos, inclusive suas fundações, das entidades sindicais dos trabalhadores, das instituições de educação e de assistência social, **sem fins lucrativos, atendidos os requisitos da lei**; *[Grifamos]*

De plano, convém salientar que somente o patrimônio, a renda e os serviços relacionados com as finalidades essenciais das mencionadas entidades, sem fins lucrativos e, nos termos da lei, estão imunes apenas de impostos (alínea "c", do inc. VI, do art. 150, c/c § 4º do mesmo artigo),[2] portanto, sujeitam-se, em tese, à incidência das demais espécies tributárias.

- **Partidos políticos e suas fundações**

Partidos políticos são organizações privadas, por meio do qual seus membros podem disputar o poder político. A política, propriamente dita, tem por escopo dirimir conflitos. Diante desta finalidade pública, sem fins lucrativos,

2. Registre-se que "[...]qualquer cidadão, partido político, associação ou sindicato é parte legítima para, na forma da lei, denunciar irregularidades ou ilegalidades perante o Tribunal de Contas da União.", (§ 2º, do art. 174, da CF/88).

abordaremos a imunidade dos partidos políticos, tal como o fez o Legislador Constituinte, na mesma categoria das entidades filantrópicas.

No Estado Democrático de Direito a "vontade popular" é soberana, ainda quando exercida por meio de representantes. Consoante estabelece a CF/88, "[...] Todo o poder emana do povo, que o exerce por meio de representantes eleitos ou diretamente, nos termos desta Constituição." (parágrafo único, do art. 1º, da CF/88). Nessa esteira, consagra a Lei Maior o pluripartidarismo partidário como meio hábil para melhor expressar a vontade do povo, *verbis*: "[...] É livre a criação, fusão, incorporação e extinção de partidos políticos, resguardados a soberania nacional, o regime democrático, o pluripartidarismo, os direitos fundamentais da pessoa humana e observados os seguintes preceitos: [...]." (art. 17, da CF/88). Com igual escopo, determina a Lei Maior que somente o patrimônio, a renda e os serviços relacionados com as finalidades essenciais dos **partidos políticos e de suas fundações**, sem fins lucrativos e, nos termos da lei, estão imunes aos respectivos impostos (alínea "c", do inc. VI, do art. 150, c/c § 4º do mesmo artigo).

- **Sindicatos dos trabalhadores**

O Poder Constituinte Originário também se preocupou com a representatividade dos trabalhadores e concedeu imunidade de impostos aos respectivos sindicados, visando, deste modo, contribuir para que todas as categorias de trabalhadores tenham igual oportunidade de terem um sindicato para atuar na defesa dos direitos e interesses coletivos ou individuais da categoria, inclusive em questões judiciais ou administrativas" (inc. III, do art. 8º), enfatizando, ademais, que "[...]ninguém será obrigado a filiar-se ou a manter-se filiado a sindicato;" (inc. V, do art. 8º). Com efeito, somente o patrimônio, a renda e os serviços relacionados com as finalidades essenciais das **entidades sindicais dos trabalhadores**, sem fins lucrativos e, nos termos da lei, estão imunes aos respectivos impostos (alínea "c", do inc. VI, do art. 150, c/c § 4º do mesmo artigo).

- **Instituições Educacionais**

O "ensino fundamental" poderá ser prestado pelo Poder Público, assim como pelo particular. No primeiro caso é "gratuito", como toda prestação estatal (inc. I, do art. 206, da CF/88). Significa dizer que será custeado com dinheiro público – em regra, proveniente da arrecadação de impostos. Nestes termos, o ensino prestado pelo poder público está abrangido pela imunidade tributária genérica dos impostos (alínea "a", do inc. VI, do art. 150), e das taxas (inc. I e § 1º, do art. 208, c/c inc. II, do art. 145, *verbis*: "[...] O acesso ao ensino obrigatório e gratuito é direito público subjetivo."). Entenda-se por "ensino fundamental público" a "[...] educação básica obrigatória e gratuita dos 4 (quatro) aos 17 (dezessete) anos de idade, assegurada inclusive sua oferta gratuita para todos os que a ela não tiveram acesso na idade própria;" (inc. I, do art. 208, com a redação dada pela Emenda Constitucional n. 59/2009).

Nesta linha protetiva, estabelece a CF/88, que somente o patrimônio, a renda e os serviços relacionados com as finalidades essenciais das **instituições de educação**, sem fins lucrativos e, nos termos da lei, também estão imunes aos respectivos impostos (alínea "c", do inc. VI, do art. 150, c/c § 4º do mesmo artigo). Note-se que as "instituições de educação" a que se refere o disposto na alínea "c", do inc. VI do art. 150, em apreço, também alcança as pessoas jurídicas de direito privado que, sem fins lucrativos, e nos termos da lei, prestam serviços na área educacional. Cite-se, como exemplo, escolas, colégios, universidades. Essas pessoas jurídicas estão imunes aos "impostos" sobre seu "patrimônio, renda ou serviços", desde que estes – convém refrisar – sejam vinculados a suas finalidades essenciais ou às delas decorrentes.

- **Instituições assistenciais**

Por fim, somente o patrimônio, a renda e os serviços relacionados com as finalidades essenciais das **instituições de assistência social**, sem fins lucrativos e, nos termos da lei, também estão imunes aos respectivos impostos (alínea "c", do inc. VI, do art. 150, c/c § 4º do mesmo artigo), sob pena de vulnerar o direito à exploração de atividade econômica, fundada na livre concorrência (inc. VI, do art. 170).

Vale lembrar que "entidade beneficente de assistência social" – espécie de instituição social – ainda goza da imunidade tributária específica de contribuição social, *verbis*: "Art. 195. [...] § 7º São isentas de contribuição para a seguridade social as entidades beneficentes de assistência social que atendam às exigências estabelecidas em lei.". Noutras palavras, a despeito da impropriedade terminológica ("isenção"), a CF/88, prescreve expressamente que as entidades beneficentes de assistência social não são contribuintes da contribuição para a seguridade social, consagrando assim, verdadeira hipótese de imunidade tributária.

Restrições Constitucionais

Nesse passo, cumpre tecer alguns esclarecimentos acerca de duas restrições constitucionais – "sem fins lucrativos" e "atendidos os requisitos da lei" – que condicionam o gozo da imunidade genérica dos impostos sobre o patrimônio, renda e serviços das entidades referidas na alínea "c", do inc. IV, do art. 150, em comento.

- **Sem fins lucrativos**

A expressão "sem fins lucrativos" deve ser interpretada levando-se em conta que a imunidade genérica dos impostos somente alcança o patrimônio, a renda e os serviços "relacionados com as atividades essenciais" das respectivas entidades. Isso implica reconhecer a possibilidade de auferirem lucro, sem qualquer suspensão do gozo da imunidade em apreço, desde que esses lucros sejam destinados à consecução de suas finalidades essenciais e não à satisfação de interesses escusos. Como diretriz interpretativa, cumpre ter em conta que a exploração de atividade econômica, fundada na livre concorrência, é regida pelas normas aplicáveis a empreendimentos privados, inclusive quanto aos direitos e obrigações civis, comerciais, trabalhistas e, como não poderia deixar de ser, tributários.

- **Atendidos os requisitos da lei**

No tocante à necessidade de observância dos requisitos previstos em lei para o gozo da imunidade em apreço, cumpre relembrar que cabe à lei complementar "regular as limitações constitucionais ao poder de tributar, como é a hipótese em tela. De conseguinte, somente lei complementar pode estabelecer os requisitos exigidos pela Lei Maior para que as entidades retro mencionadas possam fazer jus à imunidade genérica dos impostos (alínea "c", do inc. VI, do art. 150 c/c o inc. II, do art. 146). Observe-se, ainda que, sendo veiculados por meio de lei infraconstitucional, esses requisitos não podem ter o efeito de ampliar ou de restringir o conteúdo, sentido e alcance da imunidade tributária expressamente assegurada pela Lei Maior, sob o risco de violar cláusulas pétreas. Apenas para registro, transcreva-se:

> [CF/88] **Art. 146.** Cabe à lei complementar:
>
> (...)
>
> II – regular as **limitações constitucionais** ao poder de tributar; (...).
>
> (...).
>
> **Art. 150.** (...).
>
> (...).
>
> § 4º. As vedações expressas no inciso VI, alíneas "b" e "c", compreendem **somente** o patrimônio, a renda e os serviços, **relacionados** com as **finalidades essenciais** das entidades nelas mencionadas. *[Grifamos]*

Sob essa diretriz, entende-se que o disposto no art. 14, do CTN/66, encontra-se recepcionado pela vigente Constituição Federal, pois elenca requisitos básicos que, sendo observados, apenas viabilizam a escorreita consecução das finalidades às quais se refere a imunidade concedida as referidas entidades, sem restringir ou ampliar seu alcance. Registre-se:

> [CTN/66] **Art. 14.** O disposto na alínea c do inciso IV do art. 9º é **subordinado** à observância dos seguintes **requisitos** pelas entidades nêle(sic) referidas:

I – **não distribuírem** qualquer parcela de seu patrimônio ou de suas rendas, a qualquer título; (Redação dada pela Lcp nº 104, de 2001)

II – **aplicarem integralmente**, no País, os seus recursos na manutenção dos seus objetivos institucionais;

III – **manterem escrituração** de suas receitas e despesas em livros revestidos de formalidades capazes de assegurar sua exatidão.

§ 1º **Na falta de cumprimento** do disposto neste artigo, ou no § 1º do art. 9º, a autoridade competente pode **suspender** a aplicação do benefício.

§ 2º Os serviços a que se refere a alínea c do inciso IV do art. 9º são **exclusivamente**, os **diretamente relacionados** com os **objetivos institucionais** das entidades de que trata este artigo, previstos nos respectivos estatutos ou atos constitutivos. *[Grifamos]*

Em breve síntese, o patrimônio e a renda das entidades beneficiadas com a imunidade de impostos na República Federativa do Brasil, sob o regime democrático de direito, devem ser destinados exclusivamente à consecução das finalidades essenciais das respectivas entidades. A comprovação da observância desta exigência constitucional pressupõe o registro atualizado de suas receitas e despesas, de acordo com as formalidades legais.

10.2.4 Imunidade dos Livros

Consoante prescreve a Lei Maior, "[...] é livre a expressão da atividade intelectual, artística, científica e de comunicação, independentemente de censura ou licença;", (inc. IX, do art. 5º). Somente na vigência do estado de sítio decretado com fundamento no art. 137, I, poderão ser tomadas contra as pessoas medidas de restrições relativas à liberdade de imprensa, (art. 139).

Com vistas a assegurar a liberdade de imprensa e a livre manifestação do pensamento – essenciais para o aprimoramento do Estado Democrático de Direito, diga-se de passagem –, a CF/88, consagra a regra imunizante para tornar mais acessível a aquisição de livros, jornais e periódicos, assim como do papel destinado à sua impressão, ou seja, estabelece a não incidência de quaisquer impostos sobre a sua circulação, como o ICMS, o IPI e o imposto de importação.

Neste contexto, considera-se livro qualquer veículo transmissor de ideias, pensamentos, informações e, não, o instrumento de transmissão, propriamente dito. Noutras palavras, não é o conjunto de folhas de papel, ou o que lhe faça as vezes, que formam um volume após encadernadas. E-books, livros áudio e livros em braile, portanto, enquadram-se nesta acepção de livro que prestigia seu conteúdo e não a forma, para que possa fazer jus à proteção estatal em comento.

10.2.5 Imunidade dos fonogramas e videogramas "brasileiros" (Incluída pela EC nº 75, de 2013)

O Poder constituinte derivado acrescentou na CF/88, uma nova regra imunizante que favorece a comercialização de fonogramas e videogramas nacionais, com vistas a promover a liberdade de expressão, fomentar e tornar acessível a cultura nacional – restrita a obras musicais ou literomusicais – e combater sua eventual contrafação. Noutro giro, não está abrangida pela imunidade em comento a comercialização de fonogramas e videogramas, com vistas a promover a liberdade de expressão, fomentar e tornar acessível a cultura musical ou literomusical e combater a contrafação, quando se tratar de produção ou interpretação artística estrangeira, sem participação de autores brasileiros. Transcreva-se:

> **[CF/88] Art. 150.** Sem prejuízo de outras **garantias** asseguradas ao contribuinte, é **vedado** à União, aos Estados, ao Distrito Federal e aos Municípios:
>
> VI – instituir **impostos** sobre: *[v. EC n. 3, de 2003]*
>
> (...)
>
> e) fonogramas e videofonogramas musicais produzidos no Brasil contendo obras musicais ou literomusicais **de autores brasileiros** e/ou obras em geral interpretadas **por artistas brasileiros** bem como os suportes materiais ou arquivos digitais que os contenham, salvo na etapa de replicação industrial de mídias ópticas de leitura a laser. *[Incluída pela EC nº 75, de 2013] [Grifamos]*

Trata-se de modalidade de imunidade genérica dos impostos objetiva, pois compreende apenas as operações que envolvam a circulação econômica da de bens decorrentes de produção artística de caráter nacional – fonogramas, videogramas, obras, suportes materiais ou arquivos digitais. Apenas para ilustrar, nas referidas operações não poderá ser exigido o ICMS, o IPI, o imposto de importação.

Está sob a apreciação da Suprema Corte a questão de saber se a referida previsão normativa consagra a possibilidade de tratamentos tributários distintos devidos a obras de artistas brasileiros de acordo com a origem dos suportes materiais que os contêm.

10.3 IMUNIDADES ESPECÍFICAS DOS "IMPOSTOS"

Referem-se a impostos, taxas e contribuições nos casos especificados pela Lei Maior. Destacam-se, pois, como imunidades específicas:

10.3.1 Imposto sobre produtos industrializados – IPI (art. 153, § 3°, III, da CF de 1988)

Dispõe a Lei Maior, *verbis*:

> **[CF/88] Art. 153.** Compete à **União** instituir **impostos** sobre:
>
> (...).
>
> IV – produtos industrializados;
>
> (...).
>
> § 3º O imposto previsto no inciso IV:
>
> III – **não incidirá** sobre produtos industrializados **destinados** ao **exterior**.
>
> (...). *[Grifamos]*

A não incidência de IPI sobre produtos industrializados destinados ao Exterior tem por objetivo assegurar preços competitivos a esses produtos no mercado internacional.

10.3.2 Imposto territorial rural – ITR (art. 153, § 4°, II, da CF de 1988)

De plano, transcreva-se o disposto na Carta Magna a esse respeito, *verbis*:

> **[CF/88] Art. 153.** Compete à **União** instituir **impostos** sobre:
>
> (...).
>
> VI – propriedade territorial rural;
>
> (...).
>
> § 4º O imposto previsto no inciso VI do caput: (Redação dada pela EC nº 42, de 19.12.2003)
>
> (...).
>
> II – **não incidirá** sobre pequenas glebas rurais, definidas em **lei**, **quando** as explore o proprietário que não possua outro imóvel; *[Incluído pela EC nº 42, de 19.12.2003] [Grifamos]*

Não incidirá o ITR sobre pequenas glebas rurais, definidas em lei, quando as explore o proprietário que não possua outro imóvel.

Por "pequenas glebas rurais" pode-se entender as que não sejam superiores a 50ha, em analogia ao disposto no art. 191, da CF/88,[3] até que advenha lei complementar disciplinando o assunto especificamente.

3. Nesse sentido: Roque Antonio Carrazza, *Curso de Direito Constitucional Tributário*, 24ª ed., São Paulo, Malheiros Editores, 2008, p. 798.

A Lei ordinária n. 9.393/1996 cuidou corretamente do tema. Porém, pode-se argumentar que é formalmente inconstitucional, diante do disposto no art. 146, II, da CF/88, que exige lei complementar para regular as limitações constitucionais ao poder de tributar.

10.3.3 Imposto sobre a Produção – vulgo "Imposto do Pecado" (art. 153, VIII, incluído pela EC n. 132, de 2023)

Dispõe a Lei Maior, *verbis*:

> **[CF/88] Art. 153.** Compete à **União** instituir **impostos** sobre:
>
> (...).
>
> VIII – produção, extração, comercialização ou importação de **bens e serviços prejudiciais** à saúde ou ao meio ambiente, nos termos de **lei complementar**. (Incluído pela EC nº 132, de 2023)
>
> (...).
>
> § 4º O imposto previsto no inciso VI do caput: (Redação dada pela EC nº 42, de 19.12.2003)
>
> (...).
>
> II – **não incidirá** sobre pequenas glebas rurais, definidas em **lei**, **quando** as explore o proprietário que não possua outro imóvel; (Incluído pela EC nº 42, de 19.12.2003) *[Grifamos]*

10.3.4 Imposto sobre Transmissão causa mortis e Doação – ITCMD (art. 155, 1º, V, incluído pela EC n. 126, de 2022)

Dispõe a Lei Maior, *verbis*:

> **[CF/88] Art. 155.** Compete aos **Estados** e ao **Distrito Federal** instituir **impostos** sobre: (Redação dada pela EC nº 3, de 1993)
>
> I – **transmissão** causa mortis e doação, de quaisquer bens ou direitos; (Redação dada pela EC nº 3, de 1993)
>
> (...).
>
> § 1º O imposto previsto no inciso I: (Redação dada pela EC nº 3, de 1993)
>
> V – **não incidirá** sobre as **doações destinadas**, no âmbito do Poder Executivo da União, **a projetos** socioambientais ou **destinados** a mitigar os efeitos das mudanças climáticas e às **instituições federais de ensino**. (Incluído pela EC nº 126, de 2022) *[Grifamos]*

10.3.5 Imposto sobre circulação de mercadorias e serviços – ICMS (art. 155, § 2º, X, "a", "b", "c" e "d", da CF de 1988)

Estabelece a Lei Maior, *verbis*:

> **[CF/88] Art. 155.** (...).
>
> (...).
>
> II – operações relativas à circulação de mercadorias e sobre prestações de serviços de transporte interestadual e intermunicipal e de comunicação, ainda que as operações e as prestações se iniciem no exterior; (Redação dada pela Emenda Constitucional nº 3, de 1993) (Vide EC nº 132, de 2023) Vigência
>
> (...).
>
> X – **não incidirá**:
>
> a) sobre operações que **destinem** ao exterior **produtos** industrializados, **excluídos** os semi-elaborados definidos em lei complementar; (Redação original)
>
> a) sobre operações que **destinem mercadorias** para o exterior, nem sobre **serviços** prestados a **destinatários no exterior**, assegurada a manutenção e o aproveitamento do montante do imposto cobrado nas operações e prestações anteriores; (Redação dada pela EC nº 42, de 19.12.2003)
>
> b) sobre operações que **destinem** a outros Estados petróleo, inclusive lubrificantes, combustíveis líquidos e gasosos dele derivados, e energia elétrica;
>
> c) sobre o **ouro**, nas hipóteses definidas no art. 153, § 5º;
>
> d) nas prestações de **serviço** de comunicação nas modalidades **de radiodifusão** sonora e de sons e imagens de **recepção livre** e **gratuita**; (Incluído pela EC nº 42, de 19.12.2003) *[Grifamos]*

(a) Não incidirá o ICMS no que concerne às *operações que destinem mercadorias para o Exterior, nem sobre serviços prestados a destinatários no Exterior*, assegurados a manutenção e o aproveitamento do montante do imposto cobrado nas operações e prestações anteriores (alínea "a" do art. 155, § 2º, X, inserida pela Emenda Constitucional n. 42/2003).

Aqui, o objetivo consiste em assegurar preços competitivos no mercado internacional aos aludidos produtos.

(b) Não incidirá o ICMS sobre *operações que destinem a outros Estados petróleo, inclusive lubrificantes, combustíveis líquidos e gasosos dele derivados, e energia elétrica.*

Infere-se desse dispositivo que a imunidade em tela tem por escopo reduzir os custos dos produtos e mercadorias derivados de petróleo e energia elétrica provenientes de outro Estado-membro.

(c) Não incidirá o ICMS sobre o *ouro*. Operações com ouro, quando utilizado como ativo financeiro ou instrumento cambial, sujeitam-se apenas ao IOF (art. 153, § 5º, da CF).

Desse modo, o ouro-mercadoria enseja tributação via ICMS; o ouro destinado ao mercado financeiro acarreta somente a incidência do imposto sobre operações de crédito, câmbio e seguro, ou relativas a títulos ou valores mobiliários – IOF.

(d) Também não incidirá ICMS nas prestações de serviços de comunicação nas modalidades de radiodifusão sonora e de sons e imagens de recepção livre e gratuita.

Cuida-se de aparente imunidade inserida pela Emenda Constitucional 42, de 19.12.2003, uma vez que, nos termos estabelecidos pelo poder constituinte originário, a prestação, na esfera privada, de serviços gratuitos sequer pertence ao campo tributável do ICMS ou de qualquer outro tributo.[4]

10.3.6 ICMS, Imposto sobre a importação e exportação (art. 155, § 3º, da CF de 1988)

Após sucessivas modificações perpetradas pelo Poder Constituinte derivado, somente o Imposto sobre bens e serviços (IBS) e os impostos sobre o comércio exterior (importação e exportação) poderão incidir sobre operações relativas à energia elétrica e serviços de telecomunicações.

De igual modo, somente o Imposto sobre bens e serviços (IBS), os impostos sobre o comércio exterior (importação e exportação) e o Imposto do Pecado (sobre a produção, extração, comercialização ou importação de bens e serviços prejudiciais à saúde ou ao meio ambiente, nos termos de lei complementar) poderão incidir sobre operações relativas a derivados de petróleo, combustíveis e minerais do País. Transcreva-se:

> **[CF/88] Art. 155.** (...).
>
> (...).
>
> XII – cabe à **lei complementar**:
>
> (...).
>
> e) **excluir** da incidência do imposto, nas exportações para o exterior, **serviços** e outros **produtos** (...).
>
> (...).

4. Nesse sentido: Roque Antonio Carrazza, *Curso de Direito Constitucional Tributário*, 24ª ed., p. 809.

> § 3º À exceção dos impostos de que tratam o inciso II do **caput** deste artigo e os arts. 153, I e II, **e 156-A**, nenhum outro imposto poderá incidir sobre operações relativas a energia elétrica e serviços de telecomunicações **e, à exceção destes e do previsto no art. 153, VIII, nenhum outro imposto poderá incidir sobre operações relativas a derivados de petróleo, combustíveis e minerais do País.** *[Redação dada pela EC n. 132, de 20.12.2023] [Grifamos]*

A imunidade em apreço alcança apenas os impostos cujas hipóteses de incidência estejam relacionadas a tais operações, ou seja, não se refere, por exemplo, ao imposto sobre a renda, imposto sobre a propriedade urbana, impostos sobre a transmissão de bens etc. O ICMS, vale lembrar, poderá ser exigido até 2033, nos termos da EC n. 132/23.

10.3.7 Imposto sobre a Propriedade de Veículo Automotor – IPVA (art. 155, § 2º, X, "a", "b", "c" e "d", incluídos pela EC n. 123, de 2023)

> **[CF/88] Art. 155.** Compete aos **Estados** e ao **Distrito Federal** instituir **impostos** sobre: (Redação dada pela EC nº 3, de 1993)
>
> (...).
>
> III – **propriedade** de veículos **automotores**. (Redação dada pela EC nº 3, de 1993)
>
> (...).
>
> § 6º O imposto previsto no inciso III: (Incluído pela EC nº 42, de 2003)
>
> (...).
>
> III – **incidirá** sobre a propriedade de veículos automotores terrestres, aquáticos e aéreos, **excetuados**: (Incluído pela EC nº 132, de 2023)
>
> a) **aeronaves** agrícolas e de operador certificado para prestar serviços aéreos a terceiros; (Incluído pela EC nº 132, de 2023)
>
> b) **embarcações** de pessoa jurídica que detenha outorga para prestar serviços de transporte aquaviário ou de pessoa física ou jurídica que pratique pesca industrial, artesanal, científica ou de subsistência; (Incluído pela EC nº 132, de 2023)
>
> c) **plataformas** suscetíveis de se locomoverem na água por meios próprios, inclusive aquelas cuja finalidade principal seja a exploração de atividades econômicas em águas territoriais e na zona econômica exclusiva e embarcações que tenham essa mesma finalidade principal; (Incluído pela EC nº 132, de 2023)
>
> d) **tratores** e máquinas agrícolas. (Incluído pela EC nº 132, de 2023) *[Grifamos]*

A Emenda constitucional n. 132/2023, nesta passagem, consagra o entendimento doutrinário segundo o qual veículos automotores compreendem veículos automotores aquáticos e aéreos.

10.3.8 Imposto sobre a Propriedade Predial e Territorial Urbana – IPTU (art. 156, § 1º-A, incluído pela EC n. 116, de 2022)

A Emenda Constitucional n. 116, de 17.2.2022, trouxe uma nova hipótese de não incidência de IPTU sobre a propriedade de imóveis locados a entidades religiosas. Registre-se:

> [CF/88] **Art. 156.** Compete aos Municípios instituir **impostos** sobre:
>
> I – **propriedade** predial e territorial urbana;
>
> (...).
>
> § 1º-A O imposto previsto no inciso I do caput deste artigo **não incide** sobre templos de qualquer culto, **ainda que** as entidades abrangidas pela imunidade de que trata a alínea "**b**" do inciso VI do caput do art. 150 desta Constituição **sejam apenas locatárias** do bem imóvel. (Incluído pela EC nº 116, de 2022) *[Grifamos]*

Vimos que o Município e do Distrito Federal podem instituir Imposto sobre a Propriedade de Prédios e Terrenos Urbanos – IPTU, e que os Templos de Qualquer Culto gozam da imunidade genérica dos impostos. A esse respeito, resta reconhecer que o Poder Constituinte Derivado reduziu a abrangência da competência tributária dos Municípios e do Distrito Federal ao estabelecer como hipótese de não incidência do referido imposto a propriedade de prédios e terrenos urbanos locados aos Templos de Qualquer Culto.

Observe-se que, a depender da premissa adotada, todavia, pode-se concluir que, por meio desta emenda, houve o alargamento da imunidade em apreço, com vistas a afastar a incidência do Imposto sobre a Propriedade Predial e Territorial Urbana – IPTU sobre a propriedade de imóveis urbanos locados às entidades religiosas e aos templos de qualquer culto. Esse entendimento pressupõe aceitar que a destinação ou finalidade a ser alcançada legitima a extensão da imunidade para além de sua hipótese de incidência, propriamente dita, cuja ampliação, no caso do IPTU, beneficiária o proprietário de imóveis locados a terceiros, mais precisamente, a Templos de Qualquer Culto, os quais, presume-se, também seriam indiretamente beneficiados.

Se, doutra parte, tomarmos como vetor interpretativo o princípio constitucional da capacidade contributiva, e, principalmente, se não incluirmos a finalidade extrafiscal no conceito constitucional de tributo, a hipótese constitucionalmente possível do IPTU cingir-se-á apenas a propriedade de predial e territorial urbana. Neste caso, a eventual locação do imóvel é irrelevante para saber se o proprietário faz jus a alguma imunidade desse imposto.

A opção perfilhada pelo Poder Constituinte derivado, assim como em várias oportunidades tem se manifestado nossa Suprema Corte, conforme temos demonstrado, tende a ser no sentido de ampliar a fonte de arrecadação tributária que fora delineada pelo Constituinte de 1988.

10.3.9 Imposto sobre Transmissão de Bens Imóveis – ITBI (art. 156, § 2º, I, da CF de 1988)

A Constituição Federal de 1988, em sua redação original, estabelece que não incidirá o imposto sobre transmissão de direitos reais de garantia de bens imóveis, isto é, decorrente de hipoteca ou anticrese. Transcreva-se:

> [CF/88] **Art. 156.** Compete aos **Municípios** instituir impostos sobre:
>
> (...).
>
> II – **transmissão "inter vivos"**, a qualquer título, **por ato oneroso**, de bens **imóveis**, por natureza ou acessão física, e de direitos reais sobre imóveis, **exceto** os de garantia, bem como cessão de direitos a sua aquisição;
>
> (...). *[Grifamos]*

Nas demais hipóteses de transmissão *inter vivos*, a qualquer título, desde que por ato oneroso, de direitos reais sobre imóveis, por natureza ou acessão física, poderá incidir o ITBI.

Todavia, não incidirá o aludido imposto sobre a transmissão de bens ou direitos incorporados ao patrimônio de pessoa jurídica em realização de capital, nem sobre a transmissão de bens ou direitos decorrentes de fusão, incorporação, cisão ou extinção de pessoa jurídica. Veja-se:

> **[CF/88] Art. 156.** (...).
>
> (...).
>
> § 2º O imposto previsto no inciso II:
>
> I – **não incide** sobre a transmissão de bens ou direitos incorporados ao patrimônio de pessoa jurídica em realização de capital, **nem sobre** a transmissão de bens ou direitos decorrente de fusão, incorporação, cisão ou extinção de pessoa jurídica, **salvo se**, nesses casos, a atividade preponderante do adquirente for a compra e venda desses bens ou direitos, locação de bens imóveis ou arrendamento mercantil; *[Grifamos]*.

A razão de ser dessa imunidade consiste em facilitar a mobilização e desmobilização dos bens de raiz, razão pela qual a respectiva transmissão não será alcançada pela imunidade quando a atividade preponderante da pessoa jurídica adquirente consistir na compra e venda desses bens ou direitos, locação de bens imóveis ou arrendamento mercantil.

O Código Tributário Nacional de 1966, CTN/66, considera atividade preponderante, para esse fim, quando mais de 50% da receita operacional da pessoa jurídica adquirente, nos dois anos anteriores e nos dois anos subseqüentes à aquisição, decorrer das transações ora mencionadas. Por oportuno, transcreva:

> [CTN/66] **Art. 37.** O disposto no artigo anterior **não se aplica** quando a pessoa jurídica adquirente tenha como atividade preponderante a venda ou locação de propriedade imobiliária ou a cessão de direitos relativos à sua aquisição.
>
> § 1º Considera-se caracterizada a **atividade preponderante** referida neste artigo quando **mais de 50%** (cinqüenta por cento) (sic) da **receita operacional** da pessoa jurídica adquirente, nos 2 (dois) anos **anteriores** e nos 2 (dois) anos **subsequentes** (sic) à aquisição, decorrer de transações mencionadas neste artigo.
>
> § 2º Se a pessoa jurídica **adquirente** iniciar suas atividades após a aquisição, ou menos de 2 (dois) anos antes dela, apurar-se-á a preponderância referida no parágrafo anterior levando em conta os **3 (três) primeiros anos** seguintes à data da aquisição.
>
> § 3º **Verificada a preponderância** referida neste artigo, tornar-se-á **devido o imposto** (sic), nos termos da **lei vigente à data da aquisição**, sobre (sic) o valor do bem ou direito nessa data. *[Grifamos]*

Trata-se de norma geral que dispõe sobre uma hipótese de imunidade tributária específica, recepcionada pela CF/88, nos termos do disposto no inc. II, do art. 146, *verbis*: "Cabe à lei complementar regular as limitações constitucionais ao poder de tributar".

10.4 IMUNIDADES DO IBS E DA CBS (ART. 154-A, §1°, III E XI, INCLUÍDOS PELA EC 132/23)

O rigor terminológico é imprescindível para a boa compreensão dos textos de lei, razão pela qual cumpre reavivar que, em tese, as hipóteses de não-incidência tributária previstas tão-somente em lei infraconstitucional são meras hipóteses de isenção, passíveis de serem revogadas por lei de igual hierarquia, a critério do respectivo ente tributante. Imunidades tributárias, por outro lado, delimitam o próprio poder de tributar e, nesse sentido, suas hipóteses hão estar expressamente previstas na Carta Magna, dentre os direitos e garantias constitucionais dos contribuintes. Com essa observação, vejamos agora as hipóteses de não-incidência do Imposto sobre Bens e Serviços – IBS e da Contribuição Social sobre Bens e Serviços - CBS, determinadas pela novel legislação.

No tocante às imunidades do IBS e da CBS, assim dispõe a Lei Maior, *verbis*:

> **[CF/88] Art. 149-B.** Os tributos previstos nos arts. 156-A e 195, V, **observarão** as mesmas regras em relação a: (Incluído pela EC nº 132, de 2023)
>
> I - fatos geradores, bases de cálculo, **hipóteses de não incidência** e sujeitos passivos; (Incluído pela EC nº 132, de 2023)
>
> II - **imunidades**; (Incluído pela EC nº 132, de 2023)
>
> III - regimes específicos, diferenciados ou favorecidos de tributação; (Incluído pela EC nº 132, de 2023)
>
> IV - regras de não cumulatividade e de creditamento. (Incluído pela EC nº 132, de 2023)
>
> Parágrafo único. Os tributos de que trata o *caput* **observarão as imunidades previstas no art. 150, VI, não se aplicando a ambos os tributos o disposto no art. 195, § 7º.** *[Grifamos]*

Depreende-se do exposto que, por determinação do Poder Constituinte Derivado – Emenda Constitucional n. 132, de 20 de dezembro de 2023 – EC 132/23 –, as imunidades genéricas dos impostos previstas no inc. VI, do art. 150 da Lei Maior também deverão ser aplicadas ao IBS e à CBS (parágrafo único do art. 149-B da CF/88, incluído pela EC 132/23). De seu turno, a Lei Complementar n. 214, de 16 de janeiro de 2025 - LC 214/25, atendendo à referida determinação constitucional, veda expressamente a incidência do IBS e da CBS em hipóteses semelhantes às das imunidades genéricas dos impostos que estão previstas no art. 150, VI, da Lei Maior (art. 9º, da LC 214/25). Vejamo-las.

a) Em consonância com a imunidade recíproca dos impostos (Art. 150, VI, "a"), são imunes do IBS e da CBS os fornecimentos realizados pela União, pelos Estados, pelo Distrito Federal e pelos Municípios, por suas autarquias, por fundações instituídas e mantidas pelo poder público, bem como por empresa pública prestadora de serviço postal, (art. 9º, inc. I), exceptuadas as suas aquisições de bens materiais e imateriais, inclusive direitos, e serviços, (art. 9º, §4º). Essas hipóteses de não incidência, no entanto, compreendem somente as operações relacionadas com as suas finalidades essenciais ou as delas decorrentes; não se aplicam às operações relacionadas com exploração de atividades econômicas regidas pelas normas aplicáveis a empreendimentos privados ou em que haja contraprestação ou pagamento de preços ou tarifas pelo usuário; e não exoneram o promitente comprador da obrigação de pagar tributo relativamente a bem imóvel, (art. 9º, §1º). Saliente-se ainda que esta imunidade não exime, todavia, a empresa pública prestadora de serviço postal da responsabilidade solidária (i) em relação a bem transportado desacobertado de documento fiscal idôneo, assim como nos casos em que o transportador (i) efetuar a entrega de bem em local distinto daquele indicado no documento fiscal, (art. 24, §1º).

b) Na esteira da imunidade genérica dos impostos relativa aos Templos de Qualquer Culto (Art. 150, VI, "b"), são imunes do IBS e da CBS os fornecimentos realizados por entidades religiosas e templos de qualquer culto, inclusive suas organizações assistenciais e beneficentes, (art. 9º, inc. II). Para esse fim, considera-se entidade religiosa e templo de qualquer culto a pessoa jurídica de direito privado sem fins lucrativos que tem como objetivos professar a fé religiosa e praticar a religião, (art. 9º, §2º, inc. II); e organização assistencial e beneficente a pessoa jurídica de direito privado sem fins lucrativos vinculada e mantida por entidade religiosa e templo de qualquer culto, que fornece bens e serviços na área de assistência social, sem discriminação ou exigência de qualquer natureza aos assistidos, (art. 9º, §2º, inc. II).

c) Nos lindes da imunidade genérica dos impostos relativa aos partidos políticos (Art. 150, VI, "c"), não incidirá IBS nem CBS sobre fornecimentos realizados por partidos políticos, inclusive seus institutos e fundações, entidades sindicais dos trabalhadores e instituições de educação e de assistência social, sem fins lucrativos, (art. 9º, inc. III), exceptuadas as suas aquisições de bens materiais e imateriais, inclusive direitos, e serviços, (art. 9º, §4º). Além disso, referida imunidade aplica-se, exclusivamente, às pessoas jurídicas sem fins lucrativos que cumpram, de forma cumulativa, os requisitos previstos no art. 14, do CTN/66, (art. 9º, §3º).

d) Em conformidade com a imunidade genérica dos impostos relativas aos livros (Art. 150, VI, "d"), não incidirá IBS nem CBS sobre fornecimentos de livros, jornais, periódicos e do papel destinado à sua impressão, (art. 9º, inc. IV).

e) Em atenção à imunidade genérica dos impostos relativas aos fonogramas e videogramas brasileiros (Art. 150, VI, "e", incluída pela EC 75/2013), são imunes do IBS e da CBS os fornecimentos de fonogramas e videofonogramas musicais produzidos no Brasil contendo obras musicais ou literomusicais de autores brasileiros e/ou obras em geral interpretadas por artistas brasileiros, bem como os suportes materiais ou arquivos digitais que os contenham, salvo na etapa de replicação industrial de mídias ópticas de leitura a laser, (art. 9º, inc. V).

Demais disso, e tendo em conta que, por força da EC 214/25, o IBS e a CBS deverão observar as mesmas regras em relação a hipóteses de não incidência e imunidades (art. 149-B, I e II), impende ainda destacar as hipóteses de não-incidência do IBS e da CBS que, sob a denominação de imunidades, encontram-se previstas na Lei Complementar n. 214, de 16 de janeiro de 2025 (LC 214/25).

Não incidirá IBS nem CBS sobre as exportações de bens e serviços (art. 8º). Lembre-se, por oportuno, que a União dispõe de competência tributária para instituir impostos sobre exportação, para o exterior, de produtos nacionais ou nacionalizados (art. 153, II, CF/88), com exceção do imposto sobre produtos industrializados (art. 153, §3º, III). Também prevê hipótese de imunidade específica do ICMS, ao vedar expressamente sua incidência sobre "operações que destinem mercadorias para o exterior, nem sobre serviços prestados a destinatários no exterior, assegurada a manutenção e o aproveitamento do montante do imposto cobrado nas operações e prestações anteriores;" (Redação dada pela EC n. 42, de 19.12.2003).

Acerca das imunidades específicas do IBS, transcreva-se o disposto na vigente Constituição Federal de 1988 – CF/88, *verbis*:

> **[CF/88] Art. 156-A.** A Lei complementar instituirá imposto sobre bens e serviços de **competência compartilhada** entre Estados, Distrito Federal e Municípios. (Incluído pela EC nº 132, de 2023)
>
> § 1º O imposto previsto no **caput** será informado pelo princípio da neutralidade e atenderá ao seguinte: (Incluído pela EC nº 132, de 2023) (...).
>
> III – **não incidirá** sobre as exportações, assegurados ao exportador a manutenção e o aproveitamento dos créditos relativos às operações nas quais seja adquirente de bem material ou imaterial, inclusive direitos, ou serviço, observado o disposto no § 5º, III; (Incluído pela EC nº 132, de 2023) (...).
>
> XI – **não incidirá** nas prestações de serviço de comunicação nas modalidades de **radiodifusão** sonora e de sons e imagens de **recepção livre e gratuita**; (Incluído pela EC nº 132, de 2023) (Grifamos).

Vale lembrar, por oportuno, que a própria Lei Maior (art. 155, §2º, X, "d", incluído pela EC n. 42, de 19.12.2003) veda expressamente a incidência do ICMS nas prestações de serviço de comunicação nas modalidades de radiodifusão sonora e de sons e imagens de recepção livre e gratuita;", a despeito de se tratar de hipótese de não incidência pura e simples do referido imposto. Considerando-se, todavia, que o IBS e a CBS, em tese, podem incidir sobre operações não onerosas com bens e serviços (art. 4º, § 1º, da LC 214/25), referida Lei Complementar veda sua incidência sobre fornecimentos de serviço de comunicação nas modalidades de radiodifusão sonora e de sons e imagens de recepção livre e gratuita (art. 9º, inc. VI), na esteira da imunidade específica do ICMS retro mencionada.

Por fim, em atenção à imunidade específica do Impostos sobre Operações financeiras relativa ao ouro definido em lei como ativo financeiro ou instrumento cambial (art. 153, §5º, da CF/88), também não incidirá IBS nem CBS na referida hipótese (art. 9º, inc. VII, da LC 214/25).

Doutrina

- **Princípios Jurídicos e Imunidade Tributária**

Sacha Calmon Navarro Coêlho[5] traça a *distinção entre princípios e imunidades*:

> Princípios e imunidades são **institutos jurídicos diversos**, embora certos princípios façam brotar ou rebrotar imunidades (implícitas). (...). **O que, precisamente os distingue?**
>
> Os **princípios constitucionais** dizem como devem ser feitas as leis tributárias, condicionando o legislador sob o guante dos juízes, zeladores que são do texto dirigente da Constituição.
>
> As **imunidades** expressas *dizem* o que não pode ser tributado, *proibindo ao legislador o exercício da sua competência tributária* sobre certos fatos, pessoas ou situações, por expressa determinação da Constituição (não-incidência constitucionalmente qualificada). Sobre as imunidades exerce o Judiciário, igualmente, a sua zeladoria.
>
> De notar, pois, que **a expressão *limitações ao poder de tributar* alberga princípios e imunidades.** *[Negritamos]*

De seu turno, leciona Misabel Derzi, *verbis*:[6]

> Entretanto, convém observar que há **certas imunidades** que, por serem **logicamente dedutíveis de princípios fundamentais irreversíveis** como a forma federal de Estado e a igualdade/capacidade contributiva, **independem de consagração expressa na Constituição**. É o caso das **imunidades recíprocas** das pessoas estatais e das **instituições de educação e assistência social** sem finalidades lucrativa, por exemplo. Por essa mesma razão é que as imunidades, como regra geral, contemplam impostos. Eventualmente, **por razões de política econômica**, a Constituição consagra imunidade mais ampla, abrangendo **qualquer espécie**

5. Sacha Calmon Navarro Coêlho, *Curso de Direito Tributário*, 3ª ed., Rio de Janeiro, Forense, 1999, p. 157.
6. Mizabel Derzi, "Notas de Atualização" à obra de Aliomar Baleeiro, *Direito Tributário Brasileiro*, 11ª ed., p. 115.

> **tributária** (art. 155, § 3º), ou, por **imperativo de justiça**, a Constituição consagra a imunidade daqueles reconhecidamente **pobres**, em relação a **certas taxas e emolumentos** (art. 5º, LXXIV e LXXVI). Mas as hipóteses são excepcionais. *[Grifamos]*

• Imunidades e Isenção tributária – relevância jurídica da distinção

Aliomar Baleeiro[7] considera imunidade e isenção hipóteses de não incidência; a primeira, imposta expressamente pela Lei Maior, enquanto a isenção, fica a critério do ente tributante. Ressalta, todavia, que a Suprema Corte não considera isenção como hipótese de não incidência tributária, mas mera dispensa legal do pagamento devido. Vejamos:

> O art. 19, III, da CF estabelece imunidades, isto é, vedações absolutas ao poder de tributar certas pessoas (subjetivas) ou certos bens (objetivas) e, às vezes, uns e outras. **Imunidades tornam inconstitucionais as leis ordinárias que as desafiam.** Não se confundem com **isenções**, derivadas da lei ordinária ou da complementar (CF, art. 19, § 2º), que, decretando o tributo, exclui expressamente certos casos, pessoas ou bens, por motivos de política fiscal. **A violação do dispositivo onde se contém a isenção importa em ilegalidade e não em inconstitucionalidade** (CTN, arts. 175 a 179).
>
> Se o legislador ordinário competente, podendo decretar o imposto, abstém-se de fazê-lo, há **caso de não-incidência**. Já se discutiu no **STF**, que **decidiu pela negativa**, se equivale à isenção a cláusula "livre de direitos" da tarifa aduaneira. **Acreditamos, entretanto, que sim** (RE 66.567, *RTJ* 52/120; 73.986, *RTJ* 62/809, que cita outros; *RTJ* 63/468; etc.). *[Grifamos]*

Nessa linha, Paulo de Barros Carvalho,[8] assim conceitua imunidade tributária, *verbis*:

> (...) classe finita e imediatamente determinável de normas jurídicas, contidas no texto da Constituição Federal, e que estabelecem, de modo expresso, a **incompetência** das pessoas políticas de direito constitucional interno para expedir regras instituidoras de tributos que alcancem situações específicas e suficientemente caracterizadas. *[Grifamos]*

7. Aliomar Baleeiro, *Direito Tributário Brasileiro*, 11ª ed., Rio de Janeiro, Forense, 2000, pp. 113-114.
8. Paulo de Barros Carvalho, *Curso de Direito Tributário*, 18ª ed., p. 195.

- **Questão terminológica e relevância jurídica da distinção**

Cumpre não confundir a linguagem do direito positivo com a realidade social que ele normatiza. A esse respeito, leciona Paulo de Barros Carvalho,[9] *verbis*:

> (...) as **normas de isenção** pertencem à classe das regras de estrutura, que intrometem modificações no âmbito da regra-matriz de incidência tributária, esta, sim, **norma de conduta**. (...). O que o preceito de isenção faz é subtrair parcela do campo de abrangência do critério do antecedente ou do consequente (sic). (...). Consoante o entendimento que adotamos, a regra de isenção **pode inibir a funcionalidade da regra-matriz tributária**, comprometendo-a para certos casos, de **oito maneiras distintas**: quatro pela hipótese e quatro pelo consequente (sic): I – *pela hipótese*: (a) atingindo-lhe o critério material, pela desqualificação do verbo; (b) atingindo-lhe o critério material, pela subtração do complemento; (c) atingindo-lhe o critério espacial; (d) atingindo-lhe o critério temporal; II – *pelo consequente (sic)*: (e) atingindo-lhe o critério pessoal, pelo sujeito ativo; (f) atingindo-lhe o critério pessoal, pelo sujeito passivo; (g) atingindo-lhe o critério quantitativo, pela base de cálculo; (h) atingindo-lhe o critério quantitativo, pela alíquota. *[Grifos do autor]*

Ainda, quanto à terminologia empregada pelo legislador, adverte Hugo de Brito Machado, *verbis*:[10]

> **Distingue-se** a *isenção* da *não-incidência*. **Isenção** é a exclusão, por lei, de parcela da hipótese de incidência, ou suporte fático da norma de tributação, sendo objeto da isenção a parcela que a lei retira dos fatos que realizam a hipótese de incidência da regra de tributação. A ***não-incidência***, diversamente, configura-se em face da própria norma de tributação, sendo objeto da não-incidência todos os fatos que não estão abrangidos pela própria definição legal da *hipótese de incidência*.
>
> (...).
>
> Ainda que na **Constituição** esteja escrito que determinada situação é de *isenção*, na verdade de isenção não se cuida, mas de ***imunidade***. E se a **lei** porventura referir-se a hipótese de *imunidade*, sem estar apenas reproduzindo, inutilmente, norma da Constituição, a hipótese não será de imunidade, mas de ***isenção***. *[Grifamos]*
>
> (...).
>
> A **revogação** de uma lei que concede isenção **equivale à criação** de tributo. Por isto deve ser observado o **princípio da anterioridade** da lei,

9. Paulo de Barros Carvalho, *Curso de Direito Tributário*, 18ª ed., pp. 503, 534 e 506.
10. Hugo de Brito Machado, *Curso de Direito Tributário*, 29ª ed., São Paulo, Malheiros Editores, 2008, pp. 228, e 229-230 e 232.

> assegurado pelo art. 150, inciso III, letra "b", da CF, e já por nós estudado. O **STF**, todavia, tem entendido de modo diverso, decidindo que a revogação da isenção tem **eficácia imediata**, vale dizer, ocorrendo a revogação da isenção, o tributo pode ser cobrado no curso do mesmo exercício, sem ofensa ao referido princípio constitucional *[RE n. 99.908-RS, rel. Min. Rafael Mayer, publicado na RTJ 107/430-432] [Negritamos]*

Retornaremos ao tema da isenção, propriamente dita, no capítulo sobre Legislação Tributária.

No tocante à imunidade recíproca de impostos, vimos que se estende às autarquias e fundações públicas, em face de suas finalidades essenciais ou delas decorrentes (art. 150, § 2º, da CF/88). A esse respeito, Maria Sylvia Zanella Di Pietro[11] conceitua autarquia como "a pessoa jurídica de direito público, criada por lei, com capacidade de auto-administração (sic), para o desempenho de serviço público descentralizado, mediante controle administrativo exercido nos limites da lei". Ressalta, ademais, a classificação das autarquias conforme o tipo de atividade: "(1) econômicas, destinadas ao controle e incentivo à produção, circulação e consumo de certas mercadorias, como o Instituto do Açúcar e do Álcool; (2) de crédito, como as Caixas Econômicas (hoje transformadas em empresa; (3) industriais, como a Imprensa Oficial do Estado (hoje também transformada em empresa); (4) de previdência e assistência, como o INSS e o IDESP; (5) profissionais ou corporativas, que fiscalizam o exercício das profissões, como a OAB; as culturais ou de ensino, em que se incluem as universidades.

Jurisprudência

• Imunidades tributária e Cláusulas Pétreas

O Supremo Tribunal Federal, no julgamento em que se discutiu a constitucionalidade da *emenda constitucional* instituidora do Imposto Provisório sobre Movimentação Financeira – IPMF, reconheceu o caráter imutável das imunidades genéricas a que se refere o art. 150, VI, "a", "b", "c" e "d", da Constituição Federal de 1988, em sua redação original, *verbis*:

> Direito constitucional e tributário – Ação direta de inconstitucionalidade de emenda constitucional e de lei complementar – Imposto Provisório sobre a Movimentação ou Transmissão de Valores e de Créditos e Direitos de Natureza Financeira/IPMF – **Arts. 5º, § 2º, 60, § 4º, I e IV, 150, III, "b", e VI, "a", "b", "c" e "d", da CF.** 1. Uma **emenda constitucional, emanada, portanto, de Constituinte derivada, incidindo em violação à Constituição originária, pode ser declarada inconstitucional pelo STF, cuja função precípua é de guarda da Constituição (art. 102, I,**

11. Maria Sylvia Zanella Di Pietro, *Direito Administrativo*, 19ª ed., São Paulo, Atlas, 2006, p. 423-5.

> **"a", da CF).** 2. A EC n. 3, de 17.3.1993, que, no art. 2º, autorizou a União a instituir o IPMF, incidiu em vício de inconstitucionalidade ao dispor, no § 2º desse dispositivo, que quanto a tal tributo não se aplica "o art. 150, III, 'b', e VI', da Constituição", porque, desse modo, **violou os seguintes princípios e normas imutáveis (somente eles, não outros)**: (1) o princípio da anterioridade, que é garantia individual do contribuinte (art. 5º, § 2º, art. 60, § 4º, IV, e art. 150, III, "b" **da Constituição); (2) o princípio** da imunidade tributária recíproca (que veda à União, aos Estados, ao Distrito Federal e aos Municípios a instituição de impostos sobre o patrimônio, rendas ou serviços uns dos outros) e **que é garantia da Federação** (art. 60, § 4º, I, e art. 150, VI, "a", da CF); (3) a norma que, estabelecendo outras imunidades, impede a criação de impostos (art. 150, III) sobre: "b) templos de qualquer culto"; "c) patrimônio, renda ou serviços dos partidos políticos, inclusive suas fundações, das entidades sindicais dos trabalhadores, das instituições de educação e de assistência social, sem fins lucrativos, atendidos os requisitos da lei"; e "d) – livros, jornais, periódicos e o papel destinado à sua impressão. 3. Em consequência (sic), é inconstitucional, também, a Lei Complementar n. 77, de 13.7.1993, sem redução de textos, nos pontos em que determinou a incidência do tributo no mesmo ano (art. 28) e **deixou de reconhecer as imunidades previstas no art. 150, VI, "a", "b", "c" e "d"** da CF (arts. 3º, 4º e 8º do mesmo diploma, Lei Complementar n. 77/1993). 4. Ação direta de inconstitucionalidade julgada procedente, em parte, para tais fins, **por maioria**, nos termos do voto do Relator, mantida, com relação a todos os contribuintes, em caráter definitivo, a medida cautelar, que suspendera a cobrança do tributo no ano de 1993. *[STF, Tribunal Pleno, ADI n. 939-DF, rel. Min. Sydney Sanches, j. 15.12.1993, m.v., DJU 18.3.1994] [Grifamos]*

Em desprestígio da supremacia da vigente Carta Magna, a Lei ordinária federal 9.532, de 1997, previa a incidência de imposto de renda sobre rendimentos auferidos por qualquer beneficiário, *inclusive pessoa imune*, nas aplicações em fundos de investimentos.[12] Em 2004, nossa Suprema Corte reconheceu esta inconstitucionalidade, *verbis*:

> Constitucional – Tributário – Imposto de renda – Imunidade tributária – CF, art. 150, VI, "a", "b", "c" e "d" – Lei N. 9.532/1997, art. 28. I – **Inconstitucionalidade da expressão "inclusive pessoa jurídica imune"**, inscrita no art. 28 da Lei N. 9.532/1997 – CF, art. 150, VI, "a", "b", "c" e "d". II – Ação direta de inconstitucionalidade julgada procedente. *[STF, Tribunal Pleno, ADI 1.758-DF, rel. Min. Carlos Velloso, j. 10.11.2004, v.u., DJU 11.3.2005, p. 6] [Grifamos]*

12. A propósito, a Lei Complementar 116/2003 atribui à pessoa jurídica tomadora ou intermediária de serviços, ainda que imune ou isenta, a condição de responsável tributária pelo ISS, multa e acréscimos legais (art. 6º, § 2º, II).

- **Imunidade Recíproca – "impostos" (art. 150, VI, "a", da CF de 1988)**

Em 2003, o Supre Tribunal Federal decidiu que, por força da imunidade recíproca, não incide IPTU nos imóveis federais de uso especial da Cia. Docas do Estado de São Paulo – CODESP, na qualidade de delegatária do serviço de exploração do Porto de Santos. Transcreva-se:

> Recurso extraordinário – Tributário – IPTU – Imóveis do acervo patrimonial do Porto de Santos – Imunidade recíproca – Taxas. 1. **Imóveis** situados no porto, área de domínio público da União, e que se encontram **sob custódia da companhia em razão de delegação** prevista na Lei de Concessões Portuárias – **Não-incidência do IPTU**, por tratar-se de bem e serviço de competência atribuída ao Poder Público (arts. 21, XII, "f", e 150, VI, da CF). 2. **Taxas** – Imunidade – Inexistência, uma vez que o preceito constitucional **só faz alusão expressa a imposto**, não comportando a vedação à cobrança de taxas – Recurso extraordinário parcialmente provido. *[STF, 2ª Turma, RE 265.749-SP, rel. Min. Maurício Corrêa, j. 27.5.2003, v.u., DJU 12.9.2003, p. 49] [Grifamos]*

Posteriormente, adotou-se posicionamento diverso a esse respeito. Vejamos. A Sociedade de economia mista ocupante de bem público não faz jus imunidade tributária recíproca, de modo que incide IPTU sobre imóvel público destinado à exploração econômica, por meio da Administração Pública indireta, conforme decidiu a Suprema Corte, em 2017, ao apreciar o Tema 385 e fixar, por maioria, a seguinte tese, *verbis*:

> A imunidade recíproca, prevista no art. 150, VI, a, da Constituição não se estende a **empresa privada arrendatária de imóvel público**, quando seja ela **exploradora de atividade econômica** com fins lucrativos. Nessa hipótese **é constitucional a cobrança do IPTU pelo Município**. *[STF, RE n. 594.015, Pleno, rel. min. Marco Aurélio, j. 6.4.2017, p. m., DJ 25.8.2017] [Grifamos]*

Nesta linha, Pessoa Jurídica de Direito Privado ocupante de bem público não faz jus imunidade tributária recíproca, sendo cabível, portanto, a incidência de IPTU. Com efeito, assim decidiu, em 2017, a Suprema Corte ao apreciar o Tema 437 e fixar, por maioria, a seguinte tese, *verbis*:

> **Incide o IPTU**, considerado **imóvel** de pessoa jurídica de direito público **cedido** a pessoa jurídica de direito **privado**, devedora do tributo. *[STF, RE n. 601.720, Pleno, rel. p/ acórdão, min. Marco Aurélio, j. 19.4.2017, p. m., DJe 5.9.2017] [Grifamos]*

Observe-se que a imunidade recíproca se estende às autarquias, desde que se refira a suas finalidades públicas essenciais ou às delas decorrentes. Nesse sentido, transcreva-se julgado do Supremo Tribunal Federal, *verbis*:

> Constitucional – Tributário – Imunidade tributária recíproca – **Autarquia estadual** – IPTU – CF, art. 150, VI, "a", e § 2º. I – A imunidade tributária recíproca dos entes políticos (art. 150, VI, "a") é extensiva às autarquias no que se refere ao patrimônio, à renda e aos serviços vinculados a suas finalidades essenciais ou às delas decorrentes – CF, art. 150, § 2º. II – No caso, o imposto (IPTU) incide sobre **prédio ocupado pela autarquia**. Está, pois, **coberto pela imunidade tributária**. III – Recurso extraordinário não conhecido. *[STF, 2ª Turma, RE n. 203.839-3, rel. Min. Carlos Velloso, j. 17.12.1996, v.u., DJU 2.5.1997, p. 16.574] [Grifamos]*

Por oportuno, cumpre acrescentar que, sempre que o poder público explorar, indiretamente, atividade econômica, não estará imune aos impostos. A Sociedade de economia mista ocupante de bem público, cuja participação acionária é negociada em bolsa de valores, não faz jus imunidade tributária recíproca, conforme decidiu a Suprema Corte ao apreciar o Tema 508 e fixar, por unanimidade, a seguinte tese, *verbis*:

> Sociedade de economia mista, cuja **participação acionária é negociada em Bolsas de Valores**, e que, inequivocamente, está voltada à remuneração do capital de seus controladores ou acionistas, **não está abrangida pela regra de imunidade tributária** prevista no art. 150, VI, 'a', da Constituição, unicamente em razão das atividades desempenhadas. *[STF, 2ª Turma, RE 600.867, rel. p/ acórdão, Min. Luiz Fux, j. 29.6.2020, p. u., DJU 30.9.2020] [Grifamos]*

Saliente-se, por oportuno, a questão de saber se, a despeito da imunidade recíproca, incide IPVA privados, também destinados à execução de, ao menos, dois serviços públicos federais, quais sejam: os serviços postais e o de Correio Aéreo Nacional, nos termos do art. 21, X, da CF de 1988.

Na hipótese, trata-se da Empresa Brasileira de Corretos e Telégrafos – ECT, *empresa pública federal, que também explora atividade econômica sob regime de direito privado*, que, além dos serviços acima mencionados, executa outros serviços que não são públicos nem têm caráter de serviços postais. Em quaisquer desses casos, a Suprema Corte afastou, em juízo cautelar, a incidência do IPVA, *verbis*:

> Processual civil – Ação cível originária – Decisão monocrática que indefere antecipação de tutela – Agravo regimental – Constitucional – Tributário – Imposto sobre a propriedade de veículos automotores (IPVA) – Imunidade recíproca – Empresa Brasileira de Correios e Telégrafos (ECT) – Exame

> da índole dos serviços prestados – **Diferenciação entre serviços** públicos de prestação obrigatória e serviços de índole econômica – Art. 150, VI, "a", e § 3º, da Constituição. Em **juízo cautelar** reputa-se **plausível a alegada extensão da imunidade recíproca** à propriedade de veículos automotores destinados à prestação de serviços postais – Precedentes da 2ª Turma do STF – Agravo regimental conhecido e provido. *[STF, Tribunal Pleno, ACO/AgR 765-RJ, rel. Min. Marco Aurélio, relator para acórdão Min. Joaquim Barbosa, j. 5.10.2006, m.v., DJU 15.12.2006, p. 81] [Grifamos]*

Por igual razão, a Empresa Brasileira de Correios e Telégrafos – ECT faz jus imunidade tributária recíproca, afastando-se, assim, a incidência de IPTU, quando não for possível a distinção entre imóveis afetados ao serviço postal e aqueles afetados à atividade econômica, "sob pena de se frustrar a integração nacional". Nesse sentido, decidiu a Suprema Corte ao apreciar o Tema 644 e fixar, por maioria, a seguinte tese, *verbis*:

> A imunidade tributária recíproca **reconhecida** à Empresa Brasileira de Correios e Telégrafos — ECT alcança o IPTU incidente sobre **imóveis de sua propriedade e por ela utilizados**, não se podendo estabelecer, a priori, **nenhuma distinção** entre os **imóveis** afetados ao serviço postal e aqueles afetados à atividade econômica. Obs: Redação da tese aprovada nos termos do item 2 da Ata da 12ª Sessão Administrativa do STF, realizada em 09/12/2015. *[STF, RE n. 773.992, Pleno, rel. min. Días Toffoli, j. 15.10.14, p. m., DJ 19.2.2015] [Grifamos]*

Nessa esteira, a EC n. 132, de 20.12.23, estende à empresa "pública" – que, apesar do nome, sujeita-se ao regime de direito privado – o benefício da imunidade tributária recíproca, quando prestadora de serviço postal (§ 2º, do art. 150, da CF788).

• Imunidade dos Templos de Qualquer Culto – Laicidade sob a vigência da Carta Magna (art. 150, VI, "b", da CF de 1988)

A Constituição Federal de 1988, CF/88, estabelece a separação entre Estado e os Templos de Qualquer Culto. A esse respeito, a Suprema Corte manifestou-se pela inconstitucionalidade da lei estadual que tornou obrigatória a manutenção de exemplares da Bíblia Sagrada nas unidades escolares da rede de ensino e nos acervos das bibliotecas públicas da respectiva unidade da federação. Em breve síntese, prevaleceram os seguintes fundamentos:

> (...).
>
> 1. Nos termos da jurisprudência consolidada desta Suprema Corte, existindo **correlação lógico-jurídica** entre o **fator de discrímen** e os **interesses constitucionais** perseguidos, não há falar em violação do princípio

da isonomia. Precedentes. 2. A **laicidade** estatal, longe de impedir a relação do Estado com as religiões, impõe a observância, pelo Estado, do postulado da **imparcialidade** (ou neutralidade) frente à **pluralidade de crenças** e orientações religiosas e não religiosas da população brasileira. 3. **Viola os princípios** da isonomia, da liberdade religiosa e da laicidade estatal **dispositivos legais que tornam obrigatória a manutenção de exemplares da Bíblia Sagrada nas unidades escolares** da rede estadual de ensino e nos acervos das bibliotecas públicas, **às custas dos cofres públicos**. Precedente: ADI 5.258/AM, Rel. Min. Cármen Lúcia, Tribunal Pleno, Sessão Virtual de 02.4.2021 a 12.4.2021, DJe 27.4.2021, por unanimidade. 4. Ação direta de inconstitucionalidade conhecida. Pedido julgado procedente. *[STF, ADI n. 5.256, Pleno, rel. min. Rosa Weber, j. 25.10.21, p. u., DJ 5.11.21] [Grifamos]*

- **Imunidade dos Impostos – Templos de Qualquer Culto e "Maçonaria"**

O Supremo Tribunal Federal limita o alcance desta imunidade apenas aos cultos "religiosos". Em suas palavras, a '[...]maçonaria não é religião, mas uma confraria que professa certa filosofia de vida, e não tem a natureza de entidade assistencial[...], razão pela qual, "[...]estaria fora da teleologia da norma constitucional, circunscrita à proteção dos "cultos religiosos". Em sentido oposto – prestigiando a interpretação ampla de imunidade –, merecem registro as palavras do min. Marco Aurélio, *verbis*: "[...] diversamente das isenções tributárias, que configuram favores fiscais do Estado, as imunidades decorrem diretamente das liberdades, razão pela qual merecem interpretação no mínimo estrita." De conseguinte, salienta o ex-ministro, "[...]há inequívocos elementos de religiosidade na prática maçônica. No mais, atentem para a norma constitucional: ela protege o culto. E este consiste em rituais de elevação espiritual, propósitos intrincados nas práticas maçônicas, que, se não podem ser classificadas como genuína religião, segundo a perspectiva das religiões tradicionais – e o tema é controverso –, estão dentro do escopo protetivo da Constituição de 1988.".[13]

- **Imunidade dos Impostos – Templos de Qualquer Culto e "Cemitério"**

O Supremo Tribunal Federal já se manifestou no sentido de que a imunidade concedida aos Templos de Qualquer Culto também alcance os cemitérios. Veja-se:

(...).

13. STF, RE n. 562.351, Primeira Turma, rel. min. Ricardo Lewandowski, j. 4.9.2012, p. m., DJ 14.12.2012.

> IMUNIDADE TRIBUTÁRIA. IPTU. ARTIGO 150, VI, "B", CB/88. CEMITÉRIO. EXTENSÃO DE ENTIDADE DE CUNHO RELIGIOSO. 1. Os cemitérios que **consubstanciam extensões de entidades de cunho religioso** estão abrangidos pela garantia contemplada no artigo 150 da Constituição do Brasil. Impossibilidade da incidência de IPTU em relação a eles. 2. A imunidade aos tributos de que gozam os templos de qualquer culto é projetada a partir da interpretação da totalidade que o texto da Constituição é, sobretudo do disposto nos artigos 5º, VI, 19, I e 150, VI, "b". 3. As áreas da incidência e da imunidade tributária são antípodas. Recurso extraordinário provido. *[STF, RE n. 578.562/BA, Pleno, rel. min. Eros Grau, j. 21.5.2008, DJe 12.9.2008] [Grifamos]*

- **Imunidade dos Impostos – Extensão dos Templos de Qualquer Culto**

Anexos do templo são os imóveis pertencentes ao templo, que se relacionam com suas finalidades essenciais, ou seja, referentes a realização do culto. Sob esse manto protetor, tem-se considerado anexos do templo os imóveis destinados à casa paroquial, ao seminário, ao convento, ao centro de formação de rabinos, a casa do pastor e assim por diante.[14]

o **Imóveis de Entidades Assistenciais e de Templos de Qualquer Culto locados a terceiros**

Consoante entendimento pacificado no Supremo Tribunal Federal, não incide IPTU sobre a propriedade de imóveis urbanos – pertencentes a Entidades Assistenciais e a Templos de Qualquer Culto – quando locados a terceiros., sob a presunção de que a renda decorrente dos aluguéis será destinada a seus fins institucionais. Noutra palavras, desde que o patrimônio, a renda e os serviços sejam relacionados com as finalidades institucionais (art. 150, § 4º, CF/88), o alcance desta imunidade não se limitará aos prédios destinados ao culto (Súmula 724).[15]

o **Entidades religiosas que prestam assistência social**

A entidade religiosa, ao exercer atividades fundadas em preceitos religiosos, estará imune à incidência de impostos diretos e indiretos. Se prestar assistência social, também poderá se beneficiar da imunidade reservada às entidades de assistências social, conforme decidiu a Suprema Corte ao apreciar o Tema 336. Transcreva-se:

---

14. STF, RE n. 325822 SP, Pleno, min. rel. Ilmar Galvão, rel. p/ acórdão, min. Gilmar Mendes, j. 18.12.2002, p. m., DJe 14.5.2004.
15. STF, RE 325.822, Pleno, rel. p/ acórdão, min. Gilmar Mendes, j. 18.12.2002, p. m., DJe 14.5.2004.

Direito tributário. Recurso extraordinário com repercussão geral. Impostos sobre a importação. Imunidade tributária. **Entidades religiosas que prestam assistência social**. 1. Recurso extraordinário com **repercussão geral reconhecida** a fim de definir (i) **se a filantropia** exercida à luz de preceitos religiosos **desnatura** a natureza assistencial da entidade, para fins de fruição da imunidade prevista no art. 150, VI, c, da Constituição; e (ii) se a imunidade abrange o **II** e o **IPI** incidentes sobre as **importações** de bens **destinados** às finalidades essenciais das entidades de assistência social. 2. A assistência social na Constituição de 1988. O art. 203 estabelece que a assistência social será prestada "a quem dela necessitar". Trata-se, portanto, de atividade estatal de cunho universal. Nesse âmbito, entidades privadas se aliam ao Poder Público para atingir a maior quantidade possível de beneficiários. Porém, a universalidade esperada das **instituições privadas de assistência social** não é a mesma que se exige do Estado. Basta que dirijam as suas ações indistintamente à coletividade por elas alcançada, em especial às pessoas em situação de vulnerabilidade ou risco social, sem viés discriminatório. 3. **Entidades religiosas e assistência social**. Diversas organizações religiosas oferecem assistência a um público verdadeiramente carente, que, muitas vezes, instala-se em localidades remotas, esquecidas pelo Poder Público e não alcançadas por outras entidades privadas. Assim sendo, **desde que não haja discriminação** entre os assistidos **ou coação** para que passem a aderir aos preceitos religiosos em troca de terem suas necessidades atendidas, essas instituições **se enquadram no art. 203** da Constituição. 4. O **alcance** da imunidade das entidades assistenciais sem fins lucrativos. A imunidade das entidades listadas no art. 150, VI, c, da CF/1988, **abrange** não só os **impostos** diretamente incidentes sobre patrimônio, renda e serviços, mas **também** aqueles incidentes sobre a **importação** de bens a serem utilizados para a consecução dos seus objetivos estatutários. Além disso, protege a renda e o patrimônio não necessariamente afetos às ações assistenciais, desde que os valores oriundos da sua exploração **sejam revertidos** para as suas atividades essenciais. Precedentes desta Corte. 5. Recurso extraordinário conhecido e provido, a fim de reformar o acórdão recorrido e reconhecer a imunidade tributária da recorrente quanto ao II e ao IPI sobre as operações de importação tratadas nos presentes autos. 6. Proponho a fixação da seguinte tese de repercussão geral: "**As entidades religiosas podem se caracterizar como instituições de assistência social a fim de se beneficiarem da imunidade tributária prevista no art. 150, VI, c, da Constituição, que abrangerá não só os impostos sobre o seu patrimônio, renda e serviços, mas também os impostos sobre a importação de bens a serem utilizados na consecução de seus objetivos estatutários.**". *[STF, RE, n. 630.790, Pleno, rel. min. Roberto Barroso, j. 21.3.22, p. u., DJ 29.3.22] [Grifamos]*

Para não pairar dúvida acerca desse entendimento jurisprudencial, o Poder Constituinte derivado acrescentou, em 2023, a expressão "Entidades religiosas" e "inclusive suas organizações assistenciais e beneficente" ao lado de "Templo de Qualquer Culto" (art. 150, VI, "b", da CF de 1988)

o Imóveis locados a Templos de Qualquer Culto e a Entidades Assistenciais

Não incide IPTU sobre a propriedade de imóveis particulares locados a entidades religiosas. Nesses termos, o Poder Constituinte derivado reduziu a abrangência da competência tributária dos Municípios e do Distrito Federal ao conceder imunidade de IPTU a proprietários de imóveis urbanos locados aos templos de qualquer culto, em consonância com o entendimento que já estava pacificado no Supremo Tribunal Federal, segundo o qual "[...]a presunção de que o imóvel ou as rendas da entidade estão afetados às suas finalidades institucionais milita em favor da entidade. Cabe ao Fisco o ônus de elidir a presunção, mediante a constituição de prova em contrário.[...]", tarefa árdua, quiçá impossível.[16] Diante disso, não incidirá IPTU "[....] sobre templos de qualquer culto, ainda que as entidades abrangidas pela imunidade de que trata a alínea "b" do inciso VI do caput do art. 150 desta Constituição sejam apenas locatárias do bem imóvel.", conforme disposto no § 1º-A, do art. 156, incluído pela Emenda constitucional n. 116, de 2022.

o Imunidade dos Templos de Qualquer Culto – Destinação e Ônus da Prova

Vimos que, segundo entendimento da Suprema Corte, a entidade religiosa, ao exercer atividades fundadas em preceitos religiosos, estará imune à incidência de impostos diretos e indiretos, assim como, se prestar assistência social, poderá se beneficiar da imunidade reservada às entidades de assistências social. Em tais hipóteses, à entidade religiosa não terá o ônus de demonstrar que utiliza o bem de acordo com suas finalidades institucionais; ao contrário, caberá ao credor fiscal o ônus de desconstituir a presunção de que a destinação do patrimônio, da renda e dos serviços destinam-se à consecução das suas finalidades essenciais.[17]

De igual modo, cuidando-se de imóvel vago, caberá ao credor fiscal demonstrar eventual tredestinação do bem gravado, cuja finalidade institucional, para fins de imunidade, se presume. Consoante entendimento consolidade do Supremo Tribunal Federal, referida imunidade alcança tanto os imóveis alugados, quanto os imóveis vagos, pertencentes às entidades religiosas e de assistência social.[18]

---

16. STF, ARE 987.801, rel. min. Dias Toffoli, dec. monocrática, j. 25.8.2016, DJe 194, de 12.9.2016.
17. STF, ARE n. 900676, Primeira Turma, rel. min. Luiz Fux, j. 23.9.2016, p. m., DJ 26.10.2016.
18. STF, ARE n. 888.395 – AgR, Primeira Turma, rel. min. Roberto Barroso, j. 28.10.2014, p. m., DJ 14.11.2014.

Em remate, a extensão do templo depende de avaliação criteriosa, sob pena de desvirtuamento da finalidade da norma constitucional. Nada obstante, o ônus da prova de eventuais irregularidades cabe ao interessado no recebimento do respectivo crédito tributário.

- **Imunidade dos Impostos – Entidades Filantrópicas (art. 150, VI, "c", da CF de 1988)**

Como já restou mencionado, partidos políticos e suas fundações, sindicatos dos trabalhadores, instituições assistenciais e educacionais estarão imunes aos impostos sobre seu patrimônio, renda ou serviços somente se vinculados às suas finalidades essenciais. Nesse sentido, registre-se o enunciado sumular aprovado pelo Supremo Tribunal Federal, *verbis*:

> **[STF] Súmula 724.** Ainda quando **alugado a terceiros, permanece imune ao IPTU** o imóvel pertencente a qualquer das **entidades referidas pelo art. 150, VI, "c"**, da Constituição, desde que o valor dos aluguéis seja aplicado nas atividades essenciais de tais entidades. *[Grifamos]*

Com ajustes em sua redação, da conversão da Súmula n. 724, acima transcrita, resultou a Súmula Vinculante, aprovada, em 18.6.2015, que ora se reproduz, *verbis*:

> **[STF] Súmula Vinculante n. 52.** Ainda quando **alugado a terceiros**, permanece **imune ao IPTU** o imóvel pertencente a qualquer das entidades referidas pelo **art. 150, VI, "c"**, da Constituição Federal, **desde que** o valor dos aluguéis seja aplicado nas atividades para as quais tais entidades foram constituídas. *[Grifamos]*

Outrossim, registre-se o entendimento do Supremo Tribunal Federal que afasta a incidência do IPTU em imóveis pertencentes a instituições de assistência social, **no caso sociedade religiosa**, ainda que se encontrem alugados para terceiros, pois, consoante ensinamento de Luciano Amaro, citado no voto do Min. Sepúlveda Pertence, se "rendas relacionadas com as finalidades essenciais" fossem apenas as rendas produzidas pelo objeto social da entidade – que, via de regra, enseja despesas, e não recursos –, seria praticamente inócuo o dispositivo que assegura a imunidade em tela. Transcreva-se:

> Imunidade tributária do patrimônio das instituições de assistência social (**CF, art. 150, VI, "c"**): sua **aplicabilidade** de modo a preexcluir a incidência do IPTU sobre imóvel de propriedade da entidade imune, **ainda quando alugado a terceiro**, sempre que a renda dos aluguéis seja aplicada em suas **finalidades institucionais**. *[STF, Tribunal Pleno, RE 237.718-SP, rel. Min. Sepúlveda Pertence, j. 29.3.2001, m.v., DJU 6.9.2001, p. 21] [Grifamos]*

Ao apreciar o Tema n. 693 (Incidência do IPTU sobre lotes vagos de propriedade de instituições de educação e de assistência social sem fins lucrativos), a Suprema Corte fixou, por maioria, a seguinte tese, *verbis*:

> A imunidade tributária prevista no art. 150, VI, c, da CF/88 aplica-se aos bens imóveis, **temporariamente ociosos**, de propriedade das instituições de educação e de assistência social sem fins lucrativos que atendam os requisitos legais. Obs: Redação da tese aprovada nos termos do item 2 da Ata da 12ª Sessão Administrativa do STF, realizada em 09/12/2015. *[STF, RE 767332 RG/MG, Pleno, rel. min. Gilmar Mendes, j. 31.10.2013, p. m., DJ 21.11.2013] [Grifamos]*

Consoante o teor da Súmula 730, do Supremo Tribunal Federal, somente se não houver contribuição de seus beneficiários as entidades fechadas de previdência social farão jus ao benefício da imunidade. Registre-se:

> **[STF] Súmula 730.** A imunidade tributária conferida a instituições de assistência social sem fins lucrativos pelo art. 150, VI, "c", da Constituição somente **alcança as entidades fechadas de previdência social privada** se **não** houver contribuição dos beneficiários. *[Grifamos]*

Considerando-se que toda a renda do SESC é aproveitada em suas finalidades assistenciais à categoria dos comerciários e à comunidade, bem como o fato de que as rendas oriundas da prestação de serviço figuram entre as que constituem os recursos que constam em seu regulamento, decidiu a Suprema Corte pelo cabimento da imunidade no caso em apreço, *verbis*:

> ISS – SESC – Cinema – Imunidade tributária (art. 19, III, "c", DA EC n. 1/1969) – Código Tributário Nacional (art. 14). Sendo o SESC instituição de assistência social, que atende aos **requisitos do art. 14 do CTN** – o que não se pôs em dúvida nos autos –, **goza da imunidade** tributária prevista no art. 19, III, "c", da EC n. 1/1969, **mesmo** na operação de prestação de serviços de diversão pública (cinema), mediante **cobrança de ingressos** aos comerciários (seus filiados) e ao público em geral. *[STF, 1ª Turma, RE 166.188-SP, rel. Min. Octávio Gallotti, j. 20.2.1990, m.v., DJU 16.3.1990, p. 1.869] [Grifamos]*

- **ICMS – produtos e serviços adquiridos por entidades filantrópicas**

No tocante à incidência de ICMS sobre produtos e serviços adquiridos por entidade filantrópica, a Suprema Corte fixou a seguinte tese, *verbis*:

> A **imunidade tributária subjetiva** aplica-se a seus beneficiários na posição de **contribuinte de direito**, mas **não** na de simples contribuinte **de fato**, sendo **irrelevante** para a verificação da existência do beneplácito

> constitucional a repercussão econômica do tributo envolvido. *[STF, RE 608.872, Pleno, rel. min. Dias Toffoli, j. 23.2.2017, v. u., DJe 27.9.2017, Tema 342] [Grifamos]*

A esse respeito, também editou aprovou a Súmula n. 591, *verbis*: "A **imunidade ou a isenção** tributária do comprador **não se estende** ao produtor, contribuinte do imposto sobre produtos industrializados.".

- **Imunidade dos Livros – "impostos" (art. 150, VI, "d", da CF de 1988)**

De plano, cumpre acrescentar que a imunidade dos impostos, ora em comento, é objetiva,[19] razão pela qual não se estende à renda, patrimônio nem aos serviços, por exemplo, da editora[20] ou do autor da obra literária. Alcança tão-somente as operações que envolvam a circulação econômica dos livros, jornais e periódicos, assim como do papel destinado à sua impressão, com o escopo de favorecer o acesso e a difusão do seu conteúdo.

No tocante aos insumos que se fizerem necessários para a publicação de jornais e periódicos, convém destacar o enunciado sumular do Supremo Tribunal Federal, aprovado em 24.9.2003, *verbis*:

> [STF] **Súmula 657.** A imunidade prevista no art. 150, VI, "d", da CF abrange os **filmes e papéis fotográficos** necessários à publicação de jornais e periódicos. *[Grifamos]*

As imunidades genéricas referentes aos livros, jornais e periódicos não abrangem a tinta, pois, em consonância com o entendimento da Suprema Corte, tinta não pode ser considerada insumo relacionado ao papel, *verbis*:

> Imposto de importação – **Tinta especial para jornal** – Não-ocorrência de imunidade tributária. Esta Corte já firmou o entendimento (a título de exemplo, nos RE ns. 190.761, 174.476, 203.859, 204.234 e 178.863) de que **apenas os materiais relacionados com o papel** – assim, papel fotográfico, inclusive para fotocomposição por *laser*, filmes fotográficos, sensibilizados, não-impressionados, para imagens monocromáticas e papel para telefoto – **estão abrangidos pela imunidade tributária** prevista no art. 150, VI, "d", da Constituição. No caso, trata-se de **tinta para jornal,**

19. Para ilustrar, a imunidade em apreço não compreende o Finsocial, contribuição que incide no faturamento, devido ao seu caráter pessoal. Registre-se: "A contribuição para o Finsocial, incidente sobre o faturamento das empresas, não está abrangida pela imunidade objetiva prevista no art. 150, VI, d, da Constituição Federal de 1988, anterior art. 19, III, d, da Carta de 1967/1969." Tese aprovada em 09/12/2015, no RE 628122, TP, rel. min Gilmar Mendes, j. 19.6.2013, DJ 30.9.2013.
20. Nesse sentido, Ag.Reg. no RE n. 434.826-MG, 2ªT. rel. p/ acórdão min. Celso de Mello, j. 19.11.2013, p. m., DJe 12.12.2013, no qual prevaleceu o entendimento de que a imunidade tributária em questão não se estende a serviços de composição gráfica de jornais, por encomenda de terceiros.

> razão por que o acórdão recorrido, por ter esse insumo como abrangido pela referida imunidade, e, portanto, imune ao imposto de importação, divergiu da jurisprudência desta Corte – Recurso extraordinário conhecido e provido. *[STF, 1ª Turma, RE 284.430-6-RJ, rel. Min. Moreira Alves, j. 28.11.2000, v.u., DJU-E-1 9.2.2001, p. 40] [Grifamos]*

Frise-se. Apenas os insumos relacionados ao papel estão abrangidos pela imunidade dos livros, consoante entendimento da Suprema Corte, *verbis*:

> Constitucional – Tributário – Imunidade tributária – **Papel**: filmes destinados à produção de capas de livros – CF, art. 150, VI, "d". I – **Material assimilável a papel**, utilizado no processo de impressão de livros e que se integra no produto final – **capas de livros sem capa-dura** –, está abrangido pela imunidade do art. 150, VI, "d" – Interpretação dos precedentes do STF, pelo seu Plenário, nos RE ns. 174.476-SP, 190.761-SP, Min. Francisco Rezek, e 203.859-SP e 204.234-RS, Min. Maurício Corrêa. II – Recurso extraordinário conhecido e improvido. *[STF, 2ª Turma, RE 392.221, rel. Min. Carlos Velloso, j. 18.5.2004, v.u., DJU 11.6.2004, p. 16] [Grifamos]*

Álbum de figurinhas está imune aos impostos, uma vez que o STF reconheceu que sua finalidade consiste em estimular o público infantil a se familiarizar com os meios de comunicação impressos e, desse modo, cumpre a finalidade de facilitar o acesso à cultura, à informação e à educação. O TJSP havia entendido que, pelo fato de terem o mesmo tema de programa televisivo, os álbuns de figurinhas apenas serviriam de veículo de propaganda do programa. A Suprema Corte, todavia, decidiu que atribuir à publicação caráter puramente comercial seria imiscuir-se em seara subjetiva não amparada pela Lei Maior. Cite-se:

> Constitucional – Tributário – Imunidade – Art. 150, VI, "d", da CF/1988 – **"Álbum de figurinhas"** – Admissibilidade. 1. A imunidade tributária sobre livros, jornais, periódicos e o papel destinado à sua impressão tem por escopo evitar embaraços ao exercício da liberdade de expressão intelectual, artística, científica e de comunicação, bem como facilitar o acesso da população à cultura, à informação e à educação. 2. O constituinte, ao instituir esta benesse, não fez ressalvas quanto ao valor artístico ou didático, à relevância das informações divulgadas ou à qualidade cultural de uma publicação. 3. **Não cabe ao aplicador da norma constitucional** em tela **afastar este benefício fiscal** instituído para proteger direito tão importante ao exercício da democracia **por força de um juízo subjetivo** acerca da qualidade cultural ou do valor pedagógico de uma publicação destinada ao público infanto-juvenil. 4. Recurso extraordinário conhecido e provido. *[STF, 2ª Turma, RE 221.239-SP, rela. Min. Ellen Grace, j. 25.5.2004, v.u., DJU 6.8.2004, p. 61] [Grifamos]*

o Imunidade dos livros (impostos) – Livro eletrônico

No tocante ao alcance da imunidade dos livros, registre-se o entendimento consolidado da Suprema Corte,[21] em 20.4.2020, a esse respeito, *verbis*:

> [STF] **Súmula Vinculante 57.** A imunidade tributária constante do art. **150, VI, d, da CF/88** aplica-se à importação e comercialização, no mercado interno, do **livro eletrônico** (e-book) e dos **suportes** exclusivamente utilizados para fixá-los, como leitores de livros eletrônicos (e-readers), **ainda que** possuam funcionalidades acessórias. *[Grifamos]*

o Imunidade dos livros – Democracia e Liberdade de expressão

A proteção à livre manifestação do pensamento e à liberdade de imprensa rechaça, ademais, qualquer espécie de censura.[22] Significa dizer que todo e qualquer veículo transmissor de pensamento, ideias, informações está abrangido pela imunidade dos impostos, sem qualquer ressalva quanto à qualidade do seu conteúdo. A esse respeito, merecem destaque o entendimento da Suprema Corte quanto à garantia constitucional de liberdade de expressão, de informação, artística e cultural, independente de censura ou autorização prévia (incs. IV, IX, XIV do art. 5º e §§ 1º e 2º, do art. 220) e de inviolabilidade da intimidade, vida privada, honra e imagem das pessoas (inc. X, do art. 5º), *verbis*:

> (...). **A Constituição do Brasil proíbe qualquer censura.** O exercício do direito à liberdade de expressão não pode ser cerceada pelo Estado ou por particular.
>
> 4. O **direito de informação**, constitucionalmente garantido, contém a liberdade de informar, de se informar e de ser informado. O primeiro refere-se à formação da opinião pública, considerado cada qual dos cidadãos que pode receber livremente dados sobre assuntos de interesse da coletividade e sobre as pessoas cujas ações, público-estatais ou público-sociais, interferem em sua esfera do acervo do direito de saber, de aprender sobre temas relacionados a suas legítimas cogitações.
>
> 5. **Biografia é história.** A vida não se desenvolve apenas a partir da soleira da porta de casa.

21. A Suprema Corte reconhece abrangência sobre variados bens culturais, como apostilas (RE n. 183.403, rel. min. Marco Aurélio, DJ de 04.05.2001) e álbuns de figurinhas (STF, RE n. 221.239, rel. min. Ellen Grace, DJ de 06.08.2004). No RE n. 101.441/RS, Relator o Ministro Sydney Sanches (DJ 19.8.1988), o Tribunal Pleno reconheceu que a lista telefônica, como periódico, estava abrangida pela imunidade, devido à sua utilidade social e ao seu caráter informativo.

22. No sentido da inexistência de ressalva quanto à qualidade cultura ou valor pedagógico, a Suprema Corte decidiu que "Manuais técnicos" também gozam da imunidade tributária dos impostos, pois o conceito de livro, para o efeito da benesse fiscal é amplo, não podendo ser restringido a partir do seu conteúdo, [RE n. 935.897-PR, j. 23.2.2016, rel. min. Luiz Fux, DJ 26.2.2016].

> 6. **Autorização prévia** para biografia **constitui censura prévia** particular. O recolhimento de obras é censura judicial, a substituir a administrativa. O risco é próprio do viver. Erros corrigem-se segundo o direito, não se coartando liberdades conquistadas. A reparação de danos e o direito de resposta devem ser exercidos nos termos da lei.
>
> 7. **A liberdade é constitucionalmente garantida**, não se podendo anular por outra norma constitucional (inc. IV do art. 60), menos ainda por norma de hierarquia inferior (lei civil), ainda que sob o argumento de se estar a resguardar e proteger outro direito constitucionalmente assegurado, qual seja, o da inviolabilidade do direito à intimidade, à privacidade, à honra e à imagem.[...]"; *[ADI n. 4815, Pleno, rel. min. Carmen Lúcia, j. 10.6.2015, v. u., DJ 1.2.2016]*[23]*[Grifamos]*

Ainda, por oportuno, cite-se excerto do voto do min. Alexandre de Moraes, proferido na Ação Direta de Inconstitucionalidade nº 4451 (STF, Pleno, DJe 6.3.2019), tendo por objeto o conteúdo e alcance das expressões "liberdade de expressão" e "pluralismo de ideias", *verbis*:

> A **Constituição** protege a **liberdade de expressão** no seu **duplo aspecto**: o **positivo**, que é exatamente "o cidadão pode se manifestar como bem entender", e o **negativo**, que proíbe a ilegítima intervenção do Estado, por meio de censura prévia. A liberdade de expressão, em seu aspecto positivo, permite posterior **responsabilidade cível e criminal** pelo conteúdo difundido, além da previsão do direito de resposta. No entanto, **não há permissivo constitucional para restringir a liberdade de expressão no seu sentido negativo**, ou seja, para limitar preventivamente o conteúdo do debate público em razão de uma conjectura sobre o efeito que certos conteúdos possam vir a ter junto ao público.
>
> (...).
>
> A **Democracia** não existirá e a livre participação política não florescerá onde a **liberdade de expressão** for ceifada, pois esta constitui condição essencial ao pluralismo de ideias, que por sua vez é um valor estruturante para o salutar funcionamento do sistema democrático. *[Grifamos]*

• Imunidade dos Fonogramas e videogramas "brasileiros" (Incluída pela EC nº 75, de 2013)

A propósito, ao apreciar o Tema n. 1083 (Alcance da imunidade tributária prevista no artigo 150, inciso VI, alínea *e*, da Constituição Federal, em relação a suportes

23. V. tb., sobre "Conflito de princípios – Tutela do sentimento religioso *versus* liberdade de expressão artística – vedação de censura prévia", RE n. 790.813/SP, rel. min. Marco Aurélio, rel. p/ acórdão min. Dias Toffoli, j. 11.4.2014, p. u.,

materiais importados e produzidos fora do Brasil que contenham obras musicais de artistas brasileiros), a Suprema Corte fixou, por maioria, a seguinte tese, *verbis*:

> A imunidade tributária prevista no **art. 150, inciso VI, alínea e**, da Constituição Federal **não se aplica** às importações de suportes materiais **produzidos fora do Brasil**, ainda que contenham obra musical de artista brasileiro. *[STF, ARE n. 1.244.302-RG/SP, Pleno, rel. min. Gilmar Mendes, j. 9.9.2024, v.u., DJ, 16.9.2024]. [Grifamos]*

Saliente-se, ademais, que o dispositivo constitucional, ao delinear expressamente determinado campo de não incidência tributária, consagra norma de imunidade tributária, ainda que, por atecnia, utilize o termo "isenção".[24]

Temas para Dissertação ou Pesquisa Acadêmica

1. "Imunidade e Isenção. Conceito. Distinções. Imunidades Genéricas e Específicas. Exemplos".
2. "Imunidade e isonomia tributária sob o Estado Democrático de Direito".
3. "Imunidade tributária e Cláusula Pétrea".

Questões

1. Imunidades tributárias são cláusulas pétreas?

2. Quais as semelhanças e dessemelhanças entre "imunidade" e "isenção"?

3. Quais são as imunidades genéricas? Explique-as.

4. Cite três exemplos de imunidade específica. Justifique.

5. A imunidade concedida aos impostos conflita com o princípio da capacidade contributiva?

Consultas

1. [41º Exame de Ordem Unificado, 2024, n. 1] Teobaldo, funcionário da sociedade empresária CBA Ltda., no período em que todos os funcionários trabalhavam em regime de home office, foi demitido durante uma reunião por videoconferência, diante de sua própria equipe. Na rescisão do contrato de trabalho, a sociedade empresária reconheceu como vexatória a forma de demissão e firmou um acordo extrajudicial indenizando Teobaldo em danos morais no valor de R$ 50.000,00. Recebeu também, além de outros

24. Nesse sentido, reconhece a Suprema Corte, *verbis*: "[...]A expressão 'isenção' utilizada no art. 195, § 7º, CF/88, tem o conteúdo de verdadeira imunidade.[...]", RE n. 636.941/RS. Pleno, p. m., rel. min. Luiz Fux, j. 13.2.14,

valores devidos, o pagamento das férias vencidas e não gozadas, bem como das férias proporcionais, convertidas em pecúnia, inclusive os respectivos acréscimos de 1/3. Ao verificar o demonstrativo do pagamento das verbas decorrentes da rescisão do contrato de trabalho emitido pela sociedade empresária, percebeu que estava sendo descontado a título de Imposto sobre a Renda da Pessoa Física retido na fonte (IRRF), calculado sobre todo o valor recebido. Diante desse cenário, responda aos itens a seguir. A) É correta a retenção de Imposto sobre a Renda da Pessoa Física na fonte sobre férias vencidas e não gozadas, férias proporcionais e respectivos acréscimos de 1/3? Justifique. (Valor: 0,65) B) Sobre os valores do acordo extrajudicial feito entre Teobaldo e a sociedade empresária para pagamento dos danos morais, incide Imposto sobre a Renda da Pessoa Física? Justifique. (Valor: 0,60) Obs.: o(a) examinando(a) deve fundamentar suas respostas. A mera citação do dispositivo legal não confere pontuação.

2. **[40º Exame de Ordem Unificado, 2024, n. 3]** José, funcionário da organização religiosa Alfa, dirigia o automóvel de propriedade dessa instituição religiosa para entrega em domicílio de livros periódicos de oração adquiridos pelos seguidores daquela religião, quando foi parado por uma blitz. O policial, ao verificar os registros do Departamento de Trânsito, identificou que o automóvel estava sem o pagamento do Imposto sobre a Propriedade de Veículos Automotores (IPVA) e da Taxa de Vistoria e Licenciamento Anual desde a sua aquisição três anos atrás. O policial informou a José que tais tributos já deveriam ter sido pagos. Inconformada com a exigência dos respectivos tributos, a organização religiosa procurou você, como advogado(a), desejando saber se tais exações eram devidas. Sobre a hipótese apresentada, responda aos itens a seguir. A) É correta a exigência do IPVA do automóvel que estava sendo utilizado pelo funcionário da organização religiosa Alfa? Justifique. (Valor: 0,60) B) É correta a exigência da Taxa de Vistoria e Licenciamento Anual do automóvel que estava sendo utilizado pelo funcionário da organização religiosa Alfa? Justifique. (Valor: 0,65) Obs.: O(A) examinando(a) deve fundamentar suas respostas. A mera citação do dispositivo legal não confere pontuação.

3. **[36º Exame de Ordem Unificado, 2022, n. 1]** Joana é proprietária de um único imóvel, a saber, pequena gleba rural situada no Município X, onde tem seu domicílio e que explora sozinha em atividade rural de plantio de hortaliças orgânicas. Em 2021, Joana foi surpreendida com notificação do Fisco municipal, autuando-a por não recolhimento do valor de Imposto da União sobre a Propriedade Territorial Rural (ITR) referente aos últimos cinco anos, pois, apesar de ser proprietária de tal imóvel rural há duas décadas, nunca recolhera qualquer valor a título de ITR. Diante desse cenário, responda aos itens a seguir. A) Poderia o Fisco municipal exercer a função de fiscalização de ITR? Justifique. (Valor: 0,60) B) É devido o ITR referente aos últimos cinco anos por parte de Joana? Justifique. (Valor: 0,65) Obs.:

o(a) examinando(a) deve fundamentar suas respostas. A mera citação do dispositivo legal não confere pontuação.

4. **[XXVI Exame de Ordem Unificado, 2018, n. 1]** João, dirigente do Sindicato dos Metalúrgicos do Município X, informa que o Fisco Municipal cobrou Imposto sobre a Propriedade Predial e Territorial Urbana (IPTU) de um imóvel que o sindicato aluga a terceiros e cujo valor é integralmente utilizado para a defesa dos interesses dos trabalhadores sindicalizados. João o consulta, sobre a viabilidade da exigência fiscal. Na oportunidade, um dirigente do Sindicato das Indústrias Metalúrgicas do Município "X" (sindicato patronal) indaga se o IPTU deveria incidir sobre imóvel de propriedade deste Sindicato, nas mesmas condições. Sobre a hipótese apresentada, responda aos itens a seguir. A) O município está correto em cobrar o IPTU sobre o imóvel de propriedade do sindicato dos trabalhadores? Justifique. (Valor 0,70) B) Haveria incidência do IPTU sobre o imóvel de propriedade do sindicato patronal? Justifique. (Valor 0,55) Obs.: o(a) examinando(a) deve fundamentar as respostas. A mera citação do dispositivo legal não confere pontuação.

Testes

1. **[40º Exame de Ordem Unificado, 2024, n. 25]** A sociedade empresária Books & Books Ltda., verificando a queda na receita de venda de livros impressos e o fechamento de inúmeras outras livrarias locais, decide alterar seu negócio para importação e comercialização no mercado interno de livros eletrônicos acompanhados dos respectivos aparelhos exclusivamente leitores. Diante desse cenário, assinale a afirmativa correta.

   a) ( ) A importação de tais livros eletrônicos e seus respectivos aparelhos leitores por Books & Books Ltda. fica imune da incidência do Imposto de Importação.

   b) ( ) A comercialização no mercado interno de tais livros eletrônicos por Books & Books Ltda. é imune da incidência de Imposto sobre Circulação de Mercadorias, mas não é imune da incidência deste tributo estadual na comercialização de seus respectivos aparelhos leitores.

   c) ( ) Embora tais livros eletrônicos e seus respectivos aparelhos leitores importados e comercializados no mercado interno por Books & Books Ltda. sejam equiparados a livros, o Imposto de Importação e o Imposto sobre Circulação de Mercadorias, por serem tributos indiretos, não podem ser alcançados por essa imunidade.

   d) ( ) Os livros eletrônicos e seus respectivos aparelhos leitores importados e comercializados por Books & Books Ltda. não podem ser equiparados a livros, razão pela qual não incide qualquer imunidade sobre a importação ou a comercialização deles no mercado interno.

2. **[40º Exame de Ordem Unificado, 2024, n. 27]** João e José decidem constituir uma sociedade empresária, denominada Informática ABC Ltda., especializada na prestação de serviços na área de informática. João integralizou 50% do capital social da sociedade com dinheiro, e José integralizou os seus 50% com um imóvel de sua propriedade localizado no Município Alfa, a ser utilizado como sede da empresa. Dois anos depois do início das atividades da sociedade empresária, José recebe uma notificação da Secretaria de Fazenda do Município Alfa, por falta de pagamento do Imposto sobre a Transmissão de Bens Imóveis (ITBI), devido no ato da integralização do capital social da empresa, por ser ele, segundo a legislação local, o contribuinte deste imposto. Diante desse cenário, assinale a afirmativa correta.
   a. ( ) José é responsável solidário pelo recolhimento do ITBI incidente sobre essa transmissão.
   b. ( ) As empresas do setor de informática, por expressa disposição de lei complementar nacional, estão isentas do pagamento de ITBI.
   c. ( ) É devida a cobrança do ITBI, uma vez que houve a transmissão da propriedade do imóvel de José para a empresa Informática ABC Ltda. no ato da integralização do capital social.
   d. ( ) O ITBI não incide sobre a transmissão de bens incorporados ao patrimônio de Informática ABC Ltda., em realização de capital.

3. **[Advogado, SIMAE/SC, 2024, n. 42]** A limitação ao poder de tributar prevista na imunidade recíproca entre os entes federados preserva o pacto federativo e contém uma possível escalada das despesas públicas, uma vez que não permite a cobrança de impostos entre as pessoas jurídicas de direito público. Sobre a imunidade tributária recíproca, é correto afirmar que:
   a) ( ) A empresa pública não faz jus à imunidade.
   b) ( ) Os bens que compõem o patrimônio dos entes da federação, quando utilizados por empresa privada, concessionária de serviços públicos, não são beneficiados pela imunidade.
   c) ( ) A sociedade de economia mista que explora atividade econômica e desempenha serviços públicos obrigatórios e em caráter exclusivo do Estado não goza do benefício.
   d) ( ) As empresas concessionárias de serviço público gozam de imunidade tributária recíproca, considerando que são delegatárias de serviço essencial, ainda que desempenhem atividades que visam ao lucro.
   e) ( ) Abrange exclusivamente os serviços prestados pelo poder público.

4. [39º Exame de Ordem Unificado, 2023, n. 27] Um grupo de empresários da área têxtil decidiu criar um sindicato dos empregadores daquele setor, para fins de representação e defesa dos interesses da categoria econômica. Na assembleia geral ordinária constitutiva da instituição e para elaboração do estatuto social, surgiu a dúvida a respeito da possibilidade de obtenção da imunidade tributária sobre o patrimônio, renda ou serviços das entidades sindicais. Presente uma equipe de advogados, estes são incitados a se manifestarem a respeito. Diante desse cenário, assinale a afirmativa correta.

a) ( ) Não há previsão constitucional para imunidade tributária de impostos de sindicato de empregadores.

b) ( ) O setor têxtil se trata de categoria econômica que não permite o enquadramento na imunidade tributária de impostos dos sindicatos.

c) ( ) Tal sindicato faz jus à imunidade tributária de impostos, desde que exerça suas atividades sem finalidade lucrativa e atenda ao requisito de não distribuição de qualquer parcela do seu patrimônio ou renda.

d) ( ) Desde que os recursos provenientes das contribuições associativas sejam aplicados exclusivamente na sua área de atuação e vinculados a suas finalidades essenciais, tal sindicato poderá gozar da imunidade tributária de impostos.

5. [36º Exame de Ordem Unificado, 2022.1, n. 25] A Secretaria da Receita Federal do Brasil lavrou, em 2022, auto de infração de um milhão de reais em face da sociedade empresária Maçã Ltda. por não ter recolhido o Imposto de Importação (II) e a Contribuição Social Sobre Lucro Líquido (CSLL) referentes ao ano de 2021, incidentes sobre a comercialização de livros eletrônicos (ebooks) por ela importados e comercializados no país. O departamento jurídico da sociedade autuada contrata você, como advogado(a), para emitir parecer para fundamentar sua defesa. Diante desse cenário, assinale a afirmativa correta.

a) ( ) O II e a CSLL são indevidos, pois os livros eletrônicos (e-books) se enquadram na imunidade tributária dos livros.

b) ( ) Apenas o II é indevido, pois os livros eletrônicos (e-books) se enquadram na imunidade tributária dos livros.

c) ( ) Apenas a CSLL é indevida, pois os livros eletrônicos (e-books) se enquadram na imunidade tributária dos livros.

d) ( ) O II e a CSLL são devidos, pois os livros eletrônicos (e-books) não se enquadram na imunidade tributária dos livros.

11

RESPONSABILIDADE TRIBUTÁRIA

11.1 NOÇÕES PREAMBULARES

Neste capítulo, abordaremos o tema da sujeição passiva tributária, em especial, as normas gerais constantes no Código Tributário Nacional de 1966, (CTN/66), que disciplinam esta matéria. Num primeiro momento, ressaltaremos a definição legal do sujeito passivo da obrigação tributária e na sequência, as diversas formas de responsabilidade tributária.

De plano, convém reavivar as críticas anteriormente feitas à classificação legal da obrigação tributária, no Capítulo 2. Em breve síntese, naquela ocasião foi dito que, embora tributo não seja sanção de ato ilícito (art. 3º, do CTN/66), a obrigação tributária principal poderá ter por objeto não apenas o pagamento do tributo, como também o pagamento de eventuais penalidades (art. 113, 1º, do CTN/66). De fato, ao distinguir a obrigação tributária em principal e acessória, referida lei nacional elege, como critério classificatório, o objeto da prestação obrigacional, que, tanto no tributo, como na multa fiscal, é a entrega de dinheiro, propriamente dito.

Com esteio no referido critério classificatório, exsurge a definição legal de obrigação tributária principal num sentido amplo, a qual, convém enfatizar, compreende apenas as obrigações "ex lege", cujo objeto seja prestação pecuniária, independentemente de decorrerem de um fato lícito (tributo) ou ilícito (multas fiscais). De seu turno, a obrigação tributária acessória é a que tem por objeto uma prestação de fazer ou de não fazer, porém, sem cunho patrimonial – ainda que seu cumprimento seja oneroso para o sujeito passivo –, destinada a auxiliar o Fisco em seu mister de fiscalizar e arrecadar tributos.

Feitas essas breves observações, vejamos agora a respectiva definição do sujeito passivo das obrigações tributárias principal e acessória, *verbis*:

> **[CTN/66] Art. 121.** Sujeito passivo da obrigação **principal** é a pessoa obrigada ao pagamento de **tributo** ou **penalidade** pecuniária.
>
> (...).
>
> **Art. 122.** Sujeito passivo da obrigação **acessória** é a pessoa obrigada às **prestações** que constituam o **seu objeto**. *[Grifamos]*

Retomando nosso caminho, impende agora apresentar duas modalidades de sujeição passiva tributária, de modo que, além do contribuinte, propriamente dito, terceira pessoa também poderá responder pelo cumprimento da prestação obrigacional, em quaisquer dos casos, sempre mediante expressa disposição de lei nesse sentido. Deveras, conforme disposto no CTN/66, contribuinte e responsável tributário são considerados sujeitos passivos da relação jurídica obrigacional tributária, *verbis*:

> **[CTN/66] Art. 121.** (...).
>
> Parágrafo único. O **sujeito passivo** da obrigação diz-se:
>
> I – **contribuinte**, quando tenha relação pessoal e direta com a situação que constitua o respectivo fato gerador;
>
> II – **responsável**, quando, sem revestir a condição de contribuinte, sua obrigação decorra de disposição expressa de lei. *[Grifamos]*

Assim temos:

Sujeito passivo da obrigação tributária é o devedor, ou seja, é a pessoa que tem o dever legal de cumprir a pretensão consistente em dar dinheiro ao Estado, de modo que pode ser tanto o contribuinte, propriamente dito, como o responsável tributário.

A *responsabilidade tributária* supõe, portanto, um dever a ser cumprido ou, ainda, a sujeição de alguém às consequências do descumprimento de um dever, como, por exemplo, o não pagamento do tributo dentro do prazo legal.

Nada obstante, embora ambos sejam legalmente responsáveis pelo cumprimento do crédito tributário na condição de sujeito passivo da obrigação tributária, são figuras distintas. Vejamos:

Contribuinte é a pessoa descrita em lei apta a realizar, no mundo fenomênico, o fato descrito em lei como gerador da respectiva obrigação tributária.

Responsável (tributário) é uma terceira pessoa que, embora não seja a pessoa descrita em lei apta a realizar, no mundo fenomênico, o fato gerador do tributo, deverá, nos termos da lei, realizar o efetivo recolhimento do tributo.

Em quaisquer desses casos, caberá apenas à lei expressamente determinar quem será o sujeito passivo da relação jurídica obrigacional decorrente da hipótese de incidência tributária (no caso do tributo) ou do descumprimento do dever de pagar o tributo (no caso de responsabilidade tributária), a despeito do caráter sancionatório desta segunda hipótese.

Vale lembrar, por oportuno, que acordo (convenção particular) entre o contribuinte e terceiros não tem o condão de modificar o polo passivo da obrigação tributária, de modo que não poderá ser oposto ao Fisco para o fim de liberar o sujeito passivo previsto em lei de sua responsabilidade pelo crédito tributário. Transcreva-se:

> **[CTN/66] Art. 123.** Salvo disposições de lei em contrário, as **convenções particulares**, relativas à responsabilidade pelo pagamento de tributos, **não podem** ser opostas à Fazenda Pública, para **modificar a definição legal** do sujeito passivo das obrigações tributárias correspondentes. *[Grifamos]*

Vimos, no Capítulo , que não é necessário que as pessoas naturais tenham capacidade civil para que possam figurar no polo passivo da obrigação tributária e, por igual razão, a constituição regular da pessoa jurídica não é essencial para aferir que se possa aferir sua capacidade tributária passiva (art. 126, do CTN/66), afinal, a obrigação tributária é "ex lege", ou seja, irrompe tão-somente com a ocorrência do seu fato gerador no mundo fenomênico e, não, como no caso das obrigações privadas, da livre manifestação de vontade das partes que figuram nos polos ativo e passivo da respectiva relação jurídica obrigacional.

11.1.1 Solidariedade Tributária

A capacidade tributária passiva, nos termos da lei, poderá ser atribuída a todas as pessoas que, diante do fato gerador da obrigação tributária, se possa aferir o interesse comum que as vincula. Cite-se, como exemplo de obrigação solidária, a situação em que duas ou mais pessoas sejam proprietárias de um mesmo imóvel urbano e, de conseguinte, contribuintes do respectivo Imposto sobre a Propriedade Predial e Territorial Urbana – IPTU. Neste cenário hipotético, o referido imposto poderá ser exigido, na integra, de quaisquer desses proprietários, desde que haja autorização expressa nesse sentido. Registre-se:

> **[CTN/66] Art. 124.** São **solidàriamente**(sic)obrigadas:
>
> I – as pessoas que tenham **interêsse**(sic) **comum** na situação que constitua o fato gerador da obrigação principal;
>
> II – as pessoas **expressamente** designadas por lei.
>
> Parágrafo único. A solidariedade referida neste artigo **não** comporta **benefício de ordem**. *[Grifamos]*

No mais, merece menção que a Lei Complementar n. 214, de 16 de janeiro de 2025 (LC 214/25) estabelece a responsabilidade solidária pelo pagamento do IBS e da CBS, além das hipóteses previstas no CTN/66, e na legislação civil, que alcançará não apenas a obrigação de pagar esses tributos, mas também o acréscimo de correção e atualização monetária, multa de mora, multas punitivas e demais encargos, (art. 25). Saliente-se que essas novas hipóteses de reponsabilidade, em sua maioria, se referem ao descumprimento do dever legalmente atribuído ao contribuinte ou terceiros de colaborar com o fisco, nos termos do art. 113, do CTN66. Vejamo-las.

Responderá solidariamente pelo pagamento do IBS e da CBS a "(...)pessoa ou entidade sem personalidade jurídica que, a qualquer título, adquire, importa, recebe, dá entrada ou saída ou mantém em depósito bem, ou toma serviço, não acobertado por documento fiscal idôneo" (art. 24, I).

Responderá solidariamente pelo pagamento do IBS e da CBS o transportador, inclusive empresa de serviço postal ou entrega expressa (a) em relação a bem transportado desacobertado de documento fiscal idôneo, limitada esta responsabilidade ao valor ocultado da operação, (art. 24, §2º); assim como nos casos em que (b) efetuar a entrega de bem em local distinto daquele indicado no documento fiscal, (art. 24, II).

Registre-se, ademais, que as hipóteses de não incidência do IBS e da CBS sobre fornecimentos realizados por empresa pública prestadora de serviço postal (art. 9º, inc. I e §1º) **não a exime** a da responsabilidade solidária (i) em relação a bem transportado desacobertado de documento fiscal idôneo, assim como nos casos em que o transportador (i) efetuar a entrega de bem em local distinto daquele indicado no documento fiscal, (art. 24, §1º).

O leiloeiro responderá solidariamente pelo IBS e pela CBS devidos na operação realizada em leilão, (art. 24, III).

Responderão solidariamente pelo pagamento do IBS e da CBS os "(...) desenvolvedores ou fornecedores de programas ou aplicativos utilizados para registro de operações com bens ou com serviços que contenham funções ou comandos inseridos com a finalidade de descumprir a legislação tributária" (art. 24, IV).

Responderá solidariamente pelo pagamento do IBS e da CBS "(...) qualquer pessoa física, pessoa jurídica ou entidade sem personalidade jurídica que concorra por seus atos e omissões para o descumprimento de obrigações tributárias, por meio de: (a) ocultação da ocorrência ou do valor da operação; ou (b) abuso da personalidade jurídica, caracterizado pelo desvio de finalidade ou pela confusão patrimonial" (art. 24, V). Saliente-se que a mera existência de grupo econômico, quando inexistente qualquer ação ou omissão, não ensejará responsabilidade solidária em apreço, (art. 24, §3º).

Responderão solidariamente pelo pagamento do IBS e da CBS o "(...) entreposto aduaneiro, o recinto alfandegado ou estabelecimento a ele equiparado, o depositário ou o despachante, em relação ao bem (a) destinado para o exterior sem documentação fiscal correspondente; (b) recebido para exportação e não exportado; (c) destinado a pessoa ou entidade sem personalidade jurídica diversa daquela que o tiver importado ou arrematado; ou (d) importado e entregue sem a devida autorização das administrações tributárias competentes" (art. 24, VI).

Por fim, também serão responsáveis solidários os "(...)rerrefinadores ou coletores autorizados pela Agência Nacional do Petróleo, Gás Natural e Biocombustíveis (ANP) são solidariamente responsáveis pelo pagamento do IBS e da CBS incidentes na aquisição de óleo lubrificante usado ou contaminado de contribuinte sujeito ao regime regular" (art. 24, §4º). Neste caso, a "(...) emissão do documento fiscal eletrônico relativo à operação será efetuada pelos rerrefinadores ou coletores, na forma estabelecida em regulamento, que poderá prever, inclusive, que a emissão ocorra de forma periódica, englobando as operações realizadas no período" (art. 24, §4º).

Tornando ao nosso rumo, a responsabilidade tributária poderá ser atribuída ao próprio contribuinte (sujeito passivo direto), assim como a terceira pessoa (sujeito passivo indireto), devendo a lei, nesta segunda hipótese, assegurar-lhe condições de pronto ressarcimento da dívida quitada, cuja obrigação não dera causa. Para ilustrar, a lei poderá atribuir ao empregador (responsável tributário) o dever de recolher, no momento da elaboração da folha de pagamento, o imposto que, em tese, incidirá na renda a ser auferida pelo empregado (contribuinte). Note-se que, em tal hipótese, o empregador não terá o ônus de se ressarcir junto ao empregado, mediante eventual ação de regresso, pois se limitou a fazer o repasse do imposto para os cofres públicos, a partir do salário que, na ausência desta determinação legal, deveria ser destinado, na íntegra, ao empregado. Nesse sentido, pode-se dizer que o responsável tributário é *terceira pessoa vinculada ao fato gerador*. Registre-se:

> **[CTN/66] Art. 128.** Sem prejuízo do disposto neste Capítulo, a **lei** pode atribuir **de modo expresso** a **responsabilidade** pelo crédito tributário a **terceira pessoa**, vinculada ao fato gerador da respectiva obrigação, **excluindo** a responsabilidade do contribuinte **ou** atribuindo-a a este em **caráter supletivo** do cumprimento total ou parcial da referida obrigação. *[Grifamos]*

Importante frisar que, em atenção ao Princípio Constitucional da Estrita Legalidade Tributária, o sujeito passivo – tanto o contribuinte como o responsável – há de estar expressamente previsto na lei específica do ente competente para instituir o tributo. E mais. Caberá à referida lei descrever o interesse comum, do qual decorrerá a responsabilidade solidária entre os contribuintes.

De igual modo, somente a lei poderá prescrever que (i) a responsabilidade tributária será exclusiva do contribuinte, ou (ii) apenas de terceiro; ou ainda que (iii) o tributo deverá ser exigido do devedor principal (contribuinte), admitindo-se o redirecionamento da cobrança para o responsável tributário, se anterior resultar infrutífera, consagrando-se, nesta terceira hipótese, a regra do benefício de ordem.

11.1.2 Sujeito passivo por presunção legal

O (Sobre)Princípio da Segurança Jurídica consubstancia verdadeiro alicerce do Estado Democrático de Direito. Como corolário da certeza do direito e da proibição do arbítrio, o direito à liberdade se perfaz mediante a garantia de que ninguém poderá ser obrigado a fazer ou deixar de fazer algo, senão em virtude de lei. Com esteio nessas premissas, pode-se sustentar que ninguém poderá ser compelido a cumprir uma prestação pecuniária referente a uma obrigação que existe por mera presunção legal.

Nada obstante, entendimento contrário consolidou-se ao longo do tempo com amparo no que hoje se denomina Princípio da Praticidade, cuja observância favorece a fiscalização e arrecadação de tributos de forma célere e eficaz, mormente por implicar a inversão do ônus da prova, até então atribuída ao aplicador da lei (credor), no tocante aos fatos constitutivos do pretenso crédito tributário.

Nessa esteira, inspirou-se mais uma vez nosso Poder Constituinte derivado no afã de conferir foros de legitimidade à exigência de determinados tributos com base em presunção legal. Assim, com fulcro no § 7º do art. 150 da CF, introduzido pela Emenda Constitucional n. 3, de 1993, a lei poderá prescrever o dever de recolher o tributo antes da ocorrência do fato gerador em concreto, ou seja, antes nascimento da obrigação tributária relativa ao tributo, propriamente dito. Noutras palavras, a condição de responsável tributário pelo pagamento de imposto ou contribuição poderá decorrer da mera presunção legal de que, num futuro próximo, realizar-se-á o respectivo fato gerador no mundo fenomênico. Transcreva-se:

> **[CF/88]** Art. 150. (...).
>
> (...).
>
> § 7º. A **lei** poderá atribuir a **sujeito passivo** de obrigação tributária a condição de **responsável** pelo pagamento de **imposto ou contribuição, cujo fato gerador deva ocorrer posteriormente,** assegurada a imediata e preferencial **restituição** da quantia paga, caso **não se realize** o fato gerador presumido. (Incluído pela EC n. 3, de 17.3.1993) (Grifamos).

Note-se que, consoante o disposto no referido dispositivo, o responsável tributário terá direito à restituição preferencial e imediata da quantia paga, antecipadamente, por força de lei, caso não se concretize o fato gerador "presumido". Nada prescreve, porém, a respeito do direito de obter a restituição de quantia que fora paga a maior, quando posteriormente se puder aferir a real base de cálculo do tributo.

A propósito, cumpre ressaltar a distinção entre substituição tributária para frente e para trás. No primeiro caso, a lei atribui a pessoa diversa do contribuinte a condição de responsável tributário, mais precisamente, de substituto tributário, para que efetue o pagamento antecipado do crédito tributário relativo a obrigação decorrente de fato gerador presumido. Note-se que o montante será calculado a partir de uma estimativa de lucro a ser aferida de acordo com critérios preestabelecidos pela legislação tributária. Na substituição para trás, também denominada "diferimento", o substituto tributário arcará com o recolhimento do imposto ou contribuição, de forma integral, referente a todas as operações anteriormente realizadas.

11.2 CLASSIFICAÇÕES DA REPONSABILIDADE TRIBUTÁRIA

11.2.1 Classificação tradicional: por transferência e por substituição

A sujeição passiva *direta* refere-se ao contribuinte; será indireta, quando se referir a uma pessoa diversa do contribuinte, como responsável pelo pagamento do tributo.

A sujeição passiva *indireta* refere-se à responsabilidade tributária de pessoa diversa do contribuinte; pode dar-se por transferência e por substituição.

- **Por transferência**

Com a ocorrência do fato gerador, nasce a obrigação tributária, a partir da qual poderá ser formalizado o respectivo crédito tributário. Todavia, em decorrência de um fato novo previsto em lei, esse dever será atribuído (transfere-se) à outra pessoa, denominada responsável tributário.

Há três modalidade de sujeição passiva indireta por transferência. Vejamo-las.

- *Responsável por solidariedade* – duas ou mais pessoas são obrigadas pela lei a responder pelo mesmo débito tributário. Exemplo: no condomínio *pro indiviso* cada um dos condôminos é detentor de uma quota-parte ideal do imóvel, sendo facultado ao Fisco cobrar todo o IPTU de quaisquer dos condôminos.

Observação: Não há benefício de ordem na solidariedade tributária (art. 124, parágrafo único, do CTN/66).

- o *Responsável por sucessão* – ocorre quando o primitivo devedor tributário desaparece, deixando quem lhe faça juridicamente as vezes. Noutro giro, o sucessor tornar-se-á responsável pelos débitos tributários do sucedido. Exemplos: (a) o herdeiro responderá pelas dívidas tributárias do "de cujus", tendo como limite, o montante da herança recebida; (b) a empresa adquirente, de igual modo, responderá pelas dívidas tributárias da empresa adquirida.
- o *Responsável legal* – configura-se nos casos de inadimplência do tributo, cuja causa, omissão ou mero descuido, seja atribuída à pessoa legalmente incumbida de zelar pelo seu recolhimento regular. Deste modo, pessoa diversa do contribuinte responderá perante o Fisco pelo débito tributário, nos termos da lei. Exemplo: o tabelião que lavrar escritura de compra e venda sem exigir comprovação de inexistência de débitos tornar-se-á legalmente responsável pelo respectivo imposto, na hipótese de não tenha sido recolhido pelo contribuinte.

- **Por substituição**

Neste caso, o dever de pagar o tributo nasce, desde a ocorrência do fato gerador *in concreto*, na pessoa do responsável. É dizer, exige-se o pagamento do tributo diretamente do responsável, assegurando-lhe condições de pronto ressarcimento. Cite-se, como exemplo, o imposto de renda retido na fonte pela empresa empregadora. Neste caso, o empregado recebe seu salário e, em tese, poderá se tornar contribuinte do imposto sobre a renda, ao término do exercício financeiro; a lei, todavia, atribui ao empregador, a quem compete elaborar a folha de pagamento, a responsabilidade pelo recolhimento antecipado deste imposto, mediante o respectivo desconto do salário do empregado e imediato repasse às Burras Estatais.

Para fins didáticos, é deveras útil a tradicional classificação da responsabilidade tributária em duas distintas categorias, por transferência e por substituição. No primeiro caso, o tributo nasce quando o contribuinte realiza o fato gerador e, em razão de um fato novo – p. ex., sua morte antes de ter efetuado o pagamento do tributo –, o dever de pagar se transfere para terceira pessoa, denominada responsável tributário. No segundo caso, o dever de pagar o tributo é atribuído diretamente a pessoa diversa do contribuinte, o "substituto legal", de modo que o "substituído" sequer figurará na lei como sujeito passivo da respectiva obrigação tributária. Por tal razão, nas Ciências das Finanças o substituto e o substituído recebem a denominação de "contribuinte de direito" e "contribuinte de fato", respectivamente.

11.2.2 Norma principal e Norma secundária

A Constituição Federal de 1988, (CF/88), consagra a regra matriz constitucionalmente possível de cada espécie tributária, ou seja, um modelo a ser observado no exercício da competência tributária pelos respectivos entes tributantes, bem como pelo intérprete e aplicador das leis instituidoras de tributo. Caberá ao intérprete encontrar a hipótese de incidência, o contribuinte e a base de cálculo constitucionalmente possíveis de cada tributo.

Tendo esta norma como parâmetro de referência, poderá ser aferida a constitucionalidade da norma instituidora do tributo, propriamente dito, qual seja a denominada "regra-matriz de incidência tributária", decorrente do exercício da competência tributária. Nada obstante, convencionou-se distinguir outra regra-matriz de incidência tributária, também conhecida como norma secundária, em cotejo com aquela que passou a ser considerada principal. Note-se que são normas distintas, pois cada qual possui hipótese de incidência e relação jurídica obrigacional própria.

O sujeito passivo da norma principal será o contribuinte, ou seja, a mesma pessoa que poderá realizar o fato gerador do tributo, propriamente dito. No polo passivo da norma secundária, por outro lado, ter-se-á pessoa diversa do contribuinte da obrigação principal, porém, com capacidade tributária passiva para responder pelo respectivo crédito tributário – exclusivamente ou subsidiariamente com o contribuinte, conforme dispuser a lei.

Para ilustrar, cite-se, como norma principal, a que institui o Imposto sobre a Renda (IR), cuja hipótese de incidência constitucionalmente possível reporta-se ao acréscimo patrimonial que poderá ser obtido pelo contribuinte num período legalmente determinado. De seu turno, a norma respectiva complementar trará a figura do responsável tributário, ou seja, a pessoa que deverá recolher o referido imposto, diante da ocorrência do fato nela descrito, que não se confunde, vale gizar, com a hipótese de incidência descrita na norma principal.

Note-se que a norma complementar deverá conter a descrição do fato lícito gerador da responsabilidade de terceiro. Considerando-se o exemplo supra, o fato gerador da responsabilidade de terceiro poderá ser a conduta de "realizar pagamentos ao contribuinte", e o responsável tributário será a fonte pagadora. É dizer, caberá à fonte pagadora efetuar a retenção do imposto, em nome do contribuinte, por força de lei.

11.3 CLASSIFICAÇÃO LEGAL DOS TRIBUTOS (CTN/66)

O Código Tributário Nacional de 1988, CTN/66, classifica a responsabilidade tributária em três modalidades, quais sejam: responsabilidade (i) por sucessão; (ii) de terceiros e (iii) por infrações. Vejamo-las.

11.3.1 Responsabilidade tributária por sucessão

As normas dispostas no CTN/66, a respeito da responsabilidade por sucessão (Seção II), aplicam-se aos créditos tributários regularmente constituídos ou cuja formalização possa ser concluída – levando-se em conta a data dos atos de transmissão nela referidos – dentro do prazo legalmente previsto. Veja-se:

> [CTN/66] **Art. 129.** O disposto **nesta Seção** aplica-se por igual aos **créditos tributários** definitivamente **constituídos ou em curso de constituição à** data dos atos **nela referidos**, e aos constituídos posteriormente aos mesmos atos, desde que relativos a obrigações tributárias surgidas **até a referida data.** (Grifamos).

Na sequência, o CTN/66, traz normas gerais a respeito da responsabilidade tributária decorrente da transmissão de bens e direitos:

- **Responsabilidade tributária na transmissão imobiliária**

Cuidando-se de aquisição de imóveis, os tributos relativos aos imóveis adquirido, que não foram pagos pelo anterior proprietário até a data da respectiva aquisição, poderão ser exigidos do adquirente, frise-se, sempre que também figurar no polo passivo da obrigação tributária, legalmente prevista. Registre-se:

> [CTN/66] **Art. 130.** Os **créditos tributários** relativos a **impostos** cujo fato gerador seja a **propriedade**, o **domínio útil** ou a **posse** de bens **imóveis**, e bem assim os relativos a **taxas** pela prestação de **serviços** referentes a **tais bens**, ou a **contribuições de melhoria**, sub-rogam-se na pessoa dos respectivos **adquirentes**, salvo quando conste do **título a prova de sua quitação.**
>
> Parágrafo único. No caso de **arrematação** em **hasta pública**, a sub-rogação ocorre sôbre(sic) o respectivo preço. *[Grifamos]*

Cumpre salientar que a prova de quitação de tributos desonera o adquirente de qualquer responsabilidade tributária, inclusive quanto aos créditos, referentes a tributos nascidos antes da data da transmissão, que tenham sido posteriormente apurados.

Observe-se desde já que na sucessão imobiliária *inter vivos* o adquirente responderá pelos créditos relativos às obrigações tributárias do alienante, salvo se deles houver prova de quitação. Cuidando-se, todavia, de sucessão *causa mortis*, o adquirente não responderá por eventuais multas fiscais, já que, neste caso, sequer seria possível lhe atribuir o dever legal de se antecipar ao óbito do *de cujus*, para pleitear referida prova de quitação, com vistas a se resguardar de eventual responsabilidade tributária.

Na hipótese de arrematação de bens imóveis em hasta pública, os créditos tributários em atraso deverão integrar o preço da arrematação, ou seja, a dívida tributária será quitada com o próprio dinheiro do lanço ofertado, de modo que o adquirente não será responsável por nenhum crédito tributário relativo ao imóvel arrematado.

- **Responsabilidade na transmissão de bens, "inter vivos" ou "causa mortis"**

A responsabilidade tributária por sucessão, a propósito, poderá ser pessoal, integral ou, conforme o caso, subsidiária. Vejamos o que dispõe o CTN/66, a esse respeito, *verbis*:

> **[CTN/66] Art. 131.** São **pessoalmente** responsáveis:
>
> I – o **adquirente** ou **remitente** pelos **tributos** relativos aos **bens** adquiridos ou remidos;
>
> II – o **sucessor** a qualquer título e o **cônjuge meeiro**, pelos **tributos** devidos pelo *de cujus* **até** a data da partilha ou adjudicação, **limitada** esta responsabilidade ao montante do quinhão, do legado ou da meação;
>
> III – o **espólio**, pelos **tributos** devidos pelo *de cujus* **até** a data da abertura da sucessão. *[Grifamos]*

O inciso I, acima transcrito, é deveras abrangente, pois refere-se à responsabilidade do adquirente e do remitente, por débitos relativos a bens móveis ou imóveis.

Os incisos seguintes, de seu turno, cuidam especificamente dos tributos devidos e não pagos pelo de cujos até a abertura da sucessão. Num primeiro momento (inc. I), a responsabilidade será do espólio – conjunto de bens e direitos do *de cujus* – incluindo-se a responsabilidade pelas obrigações tributárias nascidas antes da partilha. Num segundo momento (inc. II), ou seja, após a partilha, cada sucessor responderá limitada e proporcionalmente à parte que na herança ou legado lhe coube.

Note-se que, conforme o caso, o cônjuge ou companheiro, também poderá figurar como herdeiro ou legatário e, nesses termos, responderá, de igual modo, pelos tributos devidos e inadimplidos pelo *de cujus*. Cumpre ainda ressaltar que a meação é a metade ideal que não se transmite, pois pertence, por direito próprio, a cada cônjuge; logo, pelos tributos incidentes na sua respectiva meação, o cônjuge responderá na condição de contribuinte e não, como responsável tributário.

- **Responsabilidade tributária por sucessão empresarial**

Denomina-se reponsabilidade tributária por sucessão empresarial a que se refere especificamente à transmissão de bens entre pessoas jurídicas. Neste caso, o adquirente, ou melhor, a pessoa jurídica que resultar de fusão, transformação ou incorporação será responsável pelo pagamento dos créditos tributários devidos até a data da sucessão pelas pessoas fusionadas, transformadas ou incorporadas. A esse respeito, dispõe o CTN/66, *verbis*:

> **[CTN/66] Art. 132.** A pessoa jurídica de direito privado **que resultar** de fusão, transformação ou incorporação de outra ou em outra **é responsável** pelos **tributos** devidos **até a data do ato** pelas pessoas jurídicas de direito privado fusionadas, transformadas ou incorporadas. *[Grifamos]*

Tratando-se de aquisição de estabelecimento comercial, ou de fundo de comércio, o adquirente será responsável pelos créditos relativos a obrigações tributárias do alienante somente se der continuidade à exploração econômica. Neste caso, o adquirente responderá integral ou subsidiariamente, conforme o alienante cesse a exploração ou prossiga na exploração dentro de 6 (seis) meses, contados da data da alienação. Transcreva-se:

> **[CTN/66] Art. 133.** A pessoa natural ou jurídica de direito privado **que adquirir** de outra, por qualquer título, fundo de comércio ou estabelecimento comercial, industrial ou profissional, **e continuar** a respectiva exploração, sob a mesma ou outra razão social ou sob firma ou nome individual, **responde** pelos **tributos**, relativos ao fundo ou estabelecimento adquirido, devidos **até a data do ato**:
>
> I – **integralmente**, se o alienante cessar a exploração do comércio, indústria ou atividade;
>
> II – **subsidiariamente** com o alienante, se este prosseguir na exploração ou iniciar dentro de 6 (seis) meses, a contar da data da alienação, nova atividade no mesmo ou em outro ramo do comércio, indústria ou profissão. *[Grifamos]*

Cumpre saber, nesse passo, se a responsabilidade integral a que se refere o inciso I, é exclusiva do adquirente ou solidária com a do alienante. Tendo em conta que atribuição da capacidade tributária passiva somente pode ser veiculada por meio de lei editada pelo respectivo ente tributante, impende reconhecer que, no caso em apreço, a responsabilidade do alienante – como contribuinte ou responsável tributário – pelos créditos relativos ao estabelecimento comercial alienado, dependerá, de igual modo, da respectiva previsão legal.

Nesses termos, pode-se concluir que, desde que o alienante também figure na lei como responsável pelos débitos da pessoa jurídica alienada (contribuinte), sua responsabilidade, na hipótese referida no inciso I, acima transcrito, será solidária com a do alienante e, subsidiária, apenas se ocorrer a hipótese do inciso II. Dito de outro modo, se o alienante não figurar na lei como responsável pelos débitos da pessoa jurídica alienada (contribuinte), apenas o adquirente responderá integralmente pelos créditos relativos ao estabelecimento comercial alienado, até a data da sua aquisição, salvo, vale lembrar, se o alienante, dentro de 6 (seis) meses continuar a respectiva exploração, quando então, a responsabilidade do adquirente será apenas subsidiária.

A Lei Complementar 118, de 9.2.2005, traz exceções à responsabilidade tributária prevista nos incisos I e II, do artigo 133, em comento.

Sendo adquirido estabelecimento comercial, ou fundo de comércio, em processo de falência ou, por igual razão, adquirido de filiar ou unidade produtiva isolada, em processo de recuperação judicial, o adquirente não será responsável pelos débitos tributários da pessoa jurídica alienada (contribuinte). Cite-se:

> **[CTN/66] Art. 133.** (...).
>
> (...).
>
> § 1º O disposto no **caput** deste artigo **não se aplica** na hipótese de alienação judicial: *[Incluído pela Lcp nº 118, de 2005]*
>
> I – em processo de **falência**; (*Incluído pela Lcp nº 118, de 2005*)
>
> II – de filial ou unidade produtiva isolada, em processo de **recuperação judicial**. *[Incluído pela Lcp nº 118, de 2005] [Grifamos]*

Por outro lado, será cabível a responsabilidade tributária prevista nos incisos I e II, do artigo 133, do CTN/66 – inclusive na hipótese de aquisição de estabelecimento comercial, ou fundo de comércio, em processo de falência ou em processo de recuperação judicial –, se houver vínculo societário entre o adquirente e os sócios do estabelecimento adquirido; grau de parentesco entre o adquirente e os referidos sócios; ou se restar comprovado algum intuito fraudatório nesta sucessão tributária. Registre-se:

> **[CTN/66] Art. 133.** (...).
>
> (...).
>
> § 2º **Não se aplica** o disposto no **§ 1º** deste artigo quando o adquirente for: (*Incluído pela Lcp nº 118, de 2005*)
>
> I – **sócio** da sociedade falida ou em recuperação judicial, ou sociedade controlada pelo devedor falido ou em recuperação judicial;(*Incluído pela Lcp nº 118, de 2005*)
>
> II – **parente**, em linha reta ou colateral até o 4º (quarto) grau, consangüíneo(sic) ou afim, do devedor falido ou em recuperação judicial ou de qualquer de seus sócios; ou (*Incluído pela Lcp nº 118, de 2005*)
>
> III – identificado como **agente do falido ou do devedor** em recuperação judicial com o **objetivo de fraudar** a sucessão tributária. *[Incluído pela Lcp nº 118, de 2005] [Grifamos]*

No mais, impende destacar que a reponsabilidade tributária por sucessão empresarial em apreço, compreende não apenas os tributos devidos pela sucedida, como também as multas moratórias ou punitivas, frise-se, desde que referentes aos fatos geradores ocorridos até a data da sucessão.

11.3.2 Responsabilidade tributária de terceiros

De plano, convém notar que toda reponsabilidade por créditos do contribuinte é, por óbvio, atribuída a terceiros, nos casos legalmente previstos. A denominação "reponsabilidade tributária de terceiros", assim designada pelo CTN/66, não é suficiente, por si só, para distingui-la das demais modalidades de responsabilidade tributária.

Outra característica da responsabilidade de terceiros, ora em apreço, que também não a distingue de outras, é o seu caráter punitivo. Conforme disposto no CTN/66, a responsabilidade de terceiros é aplicável a todos aqueles que falharam no cumprimento do dever legal que lhes fora atribuído para assegurar o regular cumprimento da obrigação tributária principal pelo contribuinte.

Abaixo, tem-se o rol de pessoas que poderão responder "solidariamente" com o contribuinte nos atos em que intervierem ou pelas omissões de que forem responsáveis, frise-se, somente na hipótese de impossibilidade de se exigir, do próprio contribuinte, o cumprimento de suas obrigações tributárias. Transcreva-se:

> **[CTN/66] Art. 134.** Nos **casos de impossibilidade** de exigência do cumprimento da **obrigação principal** pelo contribuinte, **respondem solidariamente** com este nos **atos em que intervierem** ou pelas **omissões** de que forem responsáveis:
>
> I – os pais, pelos tributos devidos por seus filhos menores;
>
> II – os tutores e curadores, pelos tributos devidos por seus tutelados ou curatelados;
>
> III – os administradores de bens de terceiros, pelos tributos devidos por estes;
>
> IV – o inventariante, pelos tributos devidos pelo espólio;
>
> V – o síndico e o comissário, pelos tributos devidos pela massa falida ou pelo concordatário;
>
> VI – os tabeliães, escrivães e demais serventuários de ofício, pelos tributos devidos sobre os atos praticados por eles, ou perante eles, em razão de seu ofício;
>
> VII – os sócios, no caso de liquidação de sociedade de pessoas.
>
> Parágrafo único. O disposto neste artigo **só se aplica**, em matéria de **penalidades**, às de caráter **moratório**. *[Grifamos]*

Em face da condição referida neste artigo – ter-se-á a esta responsabilidade "Nos casos de impossibilidade de exigência do cumprimento da obrigação principal pelo contribuinte –, resta reconhecer que, a rigor, não haverá solidariedade entre o contribuinte e o terceiro responsável.

Cumpre ainda ressaltar que, conforme disposto no artigo, acima transcrito, a reponsabilidade tributária de terceiros refere-se apenas à obrigação principal – tributo e penalidades – e, quanto a estas, apenas as de caráter moratório.

Tornando ao nosso rumo, também figura como responsabilidade de terceiros, a responsabilidade pelos débitos tributários da pessoa jurídica, somente nos casos em que a causa da inadimplência sejam atos praticados, com excesso de poderes ou infração, pelas próprias pessoas incumbidas de zelar pelo seu cumprimento regular. Transcreva-se:

> [CTN/66] Art. 135. São **pessoalmente** responsáveis pelos **créditos** correspondentes a obrigações tributárias **resultantes** de atos praticados com excesso de podêres ou infração de lei, contrato social ou estatutos:
>
> I – as pessoas referidas no artigo anterior;
>
> II – os mandatários, prepostos e empregados;
>
> III – os diretores, gerentes ou representantes de pessoas jurídicas de direito privado. *[Grifamos]*

Note-se que, na hipótese versada no dispositivo acima transcrito, o contribuinte é a pessoa jurídica, cujo patrimônio arcará com os débitos tributários decorrentes dos fatos geradores por ela realizados, assim como, em caso de inadimplência, com os devidos acréscimos legais.

Somente haverá responsabilidade de terceiros, neste caso, se restar devidamente comprovado – mediante devido processo legal administrativo fiscal, no qual seja assegurado o contraditório e a ampla defesa – que os tributos devidos pela pessoa jurídica não foram pagos pelos acusados, como consequência de sua atuação com excesso de poderes ou infração de lei, contrato social ou estatutos.

11.3.3 Responsabilidade tributária por infrações

A terceira modalidade de responsabilidade tributária, segundo o CTN/66, é a responsabilidade por infrações, portanto, de inegável cunho punitivo. Com efeito, o responsável tributário, neste caso, é a pessoa que, independentemente de sua intenção ou culpa, infringiu a legislação tributária, sendo irrelevantes, neste caso, a natureza e extensão dos efeitos da infração. É o que se depreende do dispositivo legal abaixo transcrito, *verbis*:

> [CTN/66] Art. 136. Salvo disposição de lei em contrário, a **responsabilidade por infrações** da legislação tributária **independe** da **intenção**

> do agente ou do responsável e da efetividade, **natureza** e **extensão** dos **efeitos** do ato. *[Grifamos]*

Acrescente-se, ainda, que a responsabilidade por infrações, em apreço, é pessoal do agente, seja quanto aos crimes e contravenções, seja quanto à infrações em que o dolo é elementar ou dele decorrentes, *verbis*:

> [CTN/66] **Art. 137.** A responsabilidade é **pessoal** ao agente:
>
> I – quanto às infrações conceituadas por lei como **crimes** ou **contravenções**, **salvo** quando praticadas no exercício **regular** de administração, mandato, função, cargo ou emprego, ou no **cumprimento** de ordem expressa emitida por quem de direito;
>
> II – quanto às infrações em cuja definição o **dolo específico** do agente seja elementar;
>
> III – quanto às infrações que decorram direta ou exclusivamente de **dolo específico**:
>
> a) das pessoas referidas no **art. 134**, contra aquelas por quem respondem;
>
> b) dos mandatários, prepostos ou empregados, **contra** seus mandantes, preponentes ou empregadores;
>
> c) dos diretores, gerentes ou representantes de pessoas jurídicas de direito privado, **contra** estas.

Note-se que o disposto no art. 137, ora em comento, refere-se apenas aos crimes e contravenções sujeitos à observância do regime jurídico penal tributário, diverso, portanto, do regime jurídico administrativo fiscal aplicável ao art. 136, anteriormente mencionado.

Doutrina

• Responsabilidade tributária: norma primária e secundária

Para melhor compreensão da responsabilidade tributária, convencionou-se identificar duas regras matrizes de incidência distintas, a do tributo, propriamente dito, e a que se refere à reponsabilidade de terceiros, pressupondo a existência daquela. Ambas apresentam uma estrutura hipotético condicional; a hipótese de incidência da primeira é necessariamente a descrição de um fato lícito; ambas prescrevem um vínculo obrigacional. Nesse sentido, exemplifica Leandro Paulsen,[1] *verbis*:

---

1. *Direito Tributário* – Constituição e Código Tributário à luz da doutrina e da jurisprudência. 13ª ed., Porto Alegre: Livraria do Advogado, 2011, p. 966.

> [...] embora a **obrigação do responsável pressuponha a existência da dívida do contribuinte inadimplida**, encontra-se no bojo de uma outra relação, que não é uma relação contributiva e sim uma relação típica de responsabilidade tributária. A lei atribui a determinado pressuposto de fato específico – normalmente o descumprimento de determinados **deveres de colaboração para com o Fisco** (*e. g.*, o dever do tabelião de exigir a comprovação do pagamentos de tributos relativos às operações que formaliza; o dever do sócio gerente de gerir a sociedade zelando pelo adequado pagamento dos tributos sem incorrer em violações à lei) – a consequência de responder pelo pagamento do tributo **cujo inadimplemento tenha relação com o descumprimento daquele dever**. *[Grifamos]*

A propósito, denomina-se norma jurídica secundária a norma que estabelece a responsabilidade pelo pagamento dos créditos tributários decorrentes da norma jurídica primária, que é, portanto, pressuposta.

• Responsabilidade pelas multas fiscais

Ao analisar o disposto no *art. 130, "caput" e parágrafo único, do CTN/66*, Luiz Alberto Gurgel de Faria[2] manifestou-se no sentido de que os adquirentes de imóveis por sucessão *causam mortis* não serão responsáveis pelos créditos tributários preexistentes à sucessão, decorrentes do descumprimento de obrigações tributárias. São suas palavras:

> Quanto às penalidades, não devem elas ser estendidas aos adquirentes nos casos de sucessão imobiliária *mortis causa*, pois iria se onerar o herdeiro, o espólio ou o cônjuge meeiro que **não tiveram qualquer participação na infração nem tampouco teriam mecanismo para se resguardar da penalidade**, pois não seria possível solicitar, por motivos óbvios, antes da aquisição, a prova de quitação dos tributos.
>
> Diferente é a situação quando a sucessão ocorre *inter vivos*, pois o adquirente pode e deve exigir a certidão de quitação. Assim não laborando, deve responder pela sua omissão, ficando solidário com o pagamento não só dos tributos como também das penalidades. (Grifamos)

• Fato gerador "presumido" e Segurança Jurídica

A respeito do *§ 7º do art. 150 da CF de 1988*, acrescentado pela Emenda Constitucional 3/1993, Roque Antonio Carrazza[3] demonstra a violação de

---

2. Alberto Gurgel de Faria, *in* Vladimir Passos de Freitas (coord.), *Código Tributário Nacional Comentado*, São Paulo, Ed. RT, 1999, p. 523.
3. Roque Carrazza, *Curso de Direito Constitucional Tributário*, 24ª ed., São Paulo, Malheiros Editores, 2008, pp. 455-456 e 457-458.

cláusulas pétreas pelo Poder Constituinte derivado, ao autorizar a exigência de impostos e contribuições antes da ocorrência do respectivo fato gerador em concreto. Transcreva-se:

> Aparentemente, agora é possível a tributação antecipada, desde que se garanta ao contribuinte a devolução preferencial do indébito tributário na hipótese de, a final, inocorrer o *fato imponível*.
>
> Temos para nós, entretanto, como já adiantamos, que o referido § 7º é inconstitucional, porque atropela o princípio da segurança jurídica, que, aplicado ao direito tributário, exige, dentre outras coisas, que o tributo só nasça após a ocorrência real (efetiva) do *fato imponível*.
>
> É sempre bom reafirmarmos que o princípio da segurança jurídica diz de perto com os direitos individuais e suas garantias. É, assim, "cláusula pétrea", e, nessa medida, não poderia ter sido amesquinhado por emenda constitucional (cf. art. 60, § 4º, da CF).
>
> (...).
>
> *Estamos, sim, em face de emenda constitucional inconstitucional, por discrepar de cláusulas pétreas.*
>
> (...).
>
> O Congresso Nacional, enquanto elabora emendas constitucionais, encontra limites na própria Carta Magna. Vai daí que seu poder constituinte é subordinado à Constituição (por isso mesmo, *poder constituinte derivado*).
>
> Há limitações, formais e materiais, expressas e implícitas, à competência que o Congresso Nacional possui para emendar a Constituição. Tais limitações são, entre nós, conhecidas como *cláusulas pétreas*.
>
> Dentre estas *cláusulas pétreas* figuram, sem dúvida, as que garantem aos contribuintes o direito de só serem tributados após a ocorrência dos *fatos imponíveis tributários*.
>
> O Congresso Nacional absolutamente não possuía poderes para, por meio de emenda constitucional, criar a tributação por *fato imponível presumido*, derrubando, em conseqüência(sic), importantes alicerces de nosso *edifício jurídico*.
>
> Ignorar tamanhos desconchavos equivale a destruir o "estatuto do contribuinte" plasmado pela Constituição, porque o Estado não teria mais nenhuma barreira, que não a própria voracidade, para tributar. O legislador presumiria *futuros fatos imponíveis* e, com base neles, tributária antecipadamente, inclusive sem levar em conta a *capacidade contributiva* dos contribuintes (que, aliás, ainda nem existiriam). Tornar-se-iam, assim, inúteis as "limitações constitucionais ao poder de tributar".

- **Responsabilidade de Terceiros (arts. 134 e 135, do CTN/66)**

Tendo em conta que a obrigação tributária (tributo) não tem cunho sancionatório (punitivo) –, pode-se dizer que o responsável tributário é a pessoa que – sem revestir a condição de contribuinte (já que apenas este está diretamente vinculado ao fato gerador) –, deve cumprir a prestação pecuniária, de modo que a lei deve assegurar àquele, o responsável tributário, condições de pronto ressarcimento, isto é, sem necessidade de recorrer às vias judiciais na tentativa de obter do contribuinte o montante pago na condição de responsável tributário.

Nesses termos, cabe à lei específica do ente tributante indicar expressamente quem figurará no polo passivo da obrigação jurídica tributária, para que, se e quando ocorrer, no mundo fenomênico, o respectivo fato gerador, a lei possa ser aplicada, com vista a identificar o responsável pelo tributo devido, no caso concreto.

Jurisprudência

- **STJ – Responsabilidade Tributária dos Sucessores – IPVA e multas (art. 131, I, CTN/66)**

Transcreva-se, por oportuno, *verbis*:

> **[STJ, Súmula 585]**. DIREITO TRIBUTÁRIO – IPVA A responsabilidade solidária do ex-proprietário, prevista no art. 134 do Código de Trânsito Brasileiro – CTB, não abrange o IPVA incidente sobre o veículo automotor, no que se refere ao período posterior à sua alienação. [1ª Seção, j. 14.12.2016, DJe 01.02.2017]

A esse respeito, cumpre considerar que o fato gerador do IPVA é a propriedade de veículo automotor numa determinada data do exercício financeiro. Em caso de alienação do veículo, somente haverá responsabilidade solidária do alienante relativa ao pagamento do imposto em atraso, se houver previsão expressa na respectiva lei estadual/distrital. Com efeito, a responsabilidade pelos créditos tributários, devido ao seu caráter oneroso, não pode ser interpretada de forma extensiva, conforme se infere do Princípio Constitucional da estrita Legalidade Tributária e do disposto no art. 124, II, do CTN/66.

De igual modo, o proprietário do veículo (contribuinte) que, sem prova de pagamento ou do reconhecimento de isenção ou imunidade do IPVA, aliená-lo e não comunicar a ocorrência ao órgão público encarregado do registro e licenciamento, inscrição ou matrícula de veículo, somente responderá por penalidades fiscais se houver expressa previsão em lei local específica, isto é, do respectivo ente tributante.

Por outro lado, a ausência de comunicação da venda do veículo ao órgão de trânsito competente, por si só, ensejará a responsabilização do ex-proprietário, solidariamente com o adquirente, apenas quanto às penalidades administrativas associadas ao veículo até a data da comunicação da venda, conforme prescrito no Código Nacional de Trânsito – CNT, em seu art. 134. A propósito, assim decidiu o STJ (Tema 1118), *verbis*;

> (...).
>
> II – O art. 134 do **Código de Trânsito Brasileiro** – CTB **não permite** aos Estados e ao Distrito Federal imputarem **sujeição passiva tributária** ao vendedor do veículo automotor, pelo pagamento do IPVA devido após a alienação do bem, quando não comunicada, no prazo legal, a transação ao órgão de trânsito.
>
> III – O art. 124, II do CTN, aliado a entendimento vinculante do Supremo Tribunal Federal, autoriza os **Estados e o Distrito Federal** a editarem **lei específica** para disciplinar, no âmbito de suas competências, a sujeição passiva do IPVA, podendo, por meio de legislação local, cominar à terceira pessoa a **solidariedade** pelo pagamento do **imposto**.
>
> IV – Tal interpretação é reverente ao **princípio federativo**, que, em sua formulação fiscal, revela-se autêntico sobreprincípio regulador da repartição de competências tributárias e, por isso mesmo, elemento informador primário na solução de conflitos nas relações entre a União e os demais entes federados.
>
> V – Acórdão submetido ao rito do art. 1.036 e seguintes do CPC/2015, fixando-se, nos termos no art. 256-Q, do RISTJ, a seguinte **tese repetitiva**: Somente mediante lei estadual/distrital específica poderá ser atribuída ao alienante responsabilidade solidária pelo pagamento do Imposto sobre a Propriedade de Veículos Automotores – IPVA do veículo alienado, na hipótese de ausência de comunicação da venda do bem ao órgão de trânsito competente.
>
> VI – Recurso especial do particular parcialmente provido. *[REsp 1881788 / SP, 1ª Seção, rel. min. Regina Helena Costa, j. 31.11.2022, v.u., DJe 1º.12.2022] [Grifamos]*

- **STJ – Responsabilidade Tributária dos Sucessores – Espólio, no arrolamento sumário (art. 131, III, CTN/66)**

A 1ª Seção do Superior Tribunal de Justiça, por unanimidade, fixar a tese repetitiva, segundo a qual "No arrolamento sumário, a homologação da partilha ou da adjudicação, bem como a expedição do formal de partilha e da carta de adjudicação, não se condicionam ao prévio recolhimento do imposto de transmissão causa mortis, devendo ser comprovado, todavia, o pagamento dos tributos relativos aos bens do espólio e às suas rendas, a teor dos arts. 659, § 2º, do CPC/2015 e 192 do CTN.", (Tema 1074). Transcreva-se excertos do respectivo acórdão, *verbis*:

(...).

II – O CPC/2015, ao disciplinar o **arrolamento sumário**, transferiu para a **esfera administrativa** as questões atinentes ao **imposto de transmissão causa mortis**, evidenciando que a opção legislativa atual **prioriza a agilidade** da partilha amigável, ao focar, teleologicamente, na **simplificação** e na **flexibilização** dos procedimentos envolvendo o tributo, alinhada com a **celeridade** e a **efetividade**, e em harmonia com o **princípio constitucional** da razoável duração do processo.

III – O art. 659, § 2º, do CPC/2015, com o escopo de resgatar a essência simplificada do arrolamento sumário, remeteu para **fora da partilha amigável** as questões relativas ao ITCMD, cometendo à esfera administrativa fiscal o **lançamento** e a **cobrança do tributo**.

IV – Tal proceder nada diz com a incidência do imposto, porquanto **não se trata de isenção**, mas apenas de **postergar** a apuração e o seu lançamento para depois do encerramento do processo judicial, **acautelando-se**, todavia, os **interesses fazendários** – e, por conseguinte, do crédito tributário –, considerando que o Fisco deverá ser devidamente **intimado** pelo juízo para tais providências, além de lhe assistir o **direito de discordar** dos valores atribuídos aos bens do espólio pelos herdeiros.

V – **Permanece válida**, contudo, a obrigatoriedade de se **comprovar** o pagamento dos tributos que recaem especificamente sobre os bens e rendas do espólio como **condição** para **homologar** a partilha ou a adjudicação, conforme determina o art. 192 do CTN.

(...). *[STJ, 1ª Seção, rel. min. Regina Helena Costa, j. 26.10.2022, p. u., DJe 22.10.2022]. [Grifamos]*

- **STJ – Responsabilidade Tributária dos Sucessores – Sucessão empresarial (art. 121 c/c art. 132, CTN/66)**

Convém ressaltar que, em conformidade com a orientação jurisprudencial, tratando-se de falecimento de pessoa física, não cabe o redirecionamento de execução fiscal em desfavor dos sucessores, para a cobrança de crédito lançado em nome de pessoa já falecida.

No caso de pessoa jurídica, todavia, admite-se o referido redirecionamento, pois os efeitos da extinção por incorporação dependem da vontade de seus sucessores, razão pela qual somente vinculam o fisco após a respectiva intimação pessoal da operação, conforme se depreende do disposto no art. 123, do CTN/66.

Nesses termos, a 1ª Seção do Superior Tribunal de Justiça, por maioria, fixar a tese repetitiva (Tema 1049), segundo a qual "A execução fiscal pode ser redirecionada em desfavor da empresa sucessora para cobrança de crédito tributário relativo a **fato gerador ocorrido posteriormente à incorporação empresarial e ainda lançado em nome da sucedida**, sem a necessidade de modificação da Certidão de Dívida Ativa, quando verificado que esse negócio jurídico não foi informado oportunamente ao fisco.", (Grifamos).

Transcreva-se excertos do respectivo acórdão, *verbis*:

> (...)
>
> A interpretação conjunta dos arts. 1.118 do Código Civil e **123 do CTN** revela que o negócio jurídico que culmina na extinção na pessoa jurídica por incorporação empresarial somente surte seus efeitos na esfera tributária depois de essa operação ser **pessoalmente comunicada ao fisco**, pois somente a partir de então é que Administração Tributária saberá da **modificação do sujeito passivo** e poderá realizar os novos lançamentos em nome da empresa incorporadora (**art. 121 do CTN**) e cobrar dela, na condição de sucessora, os créditos já constituídos (**art. 132 do CTN**).
>
> 2. **Se a incorporação não foi oportunamente informada**, é de se considerar **válido o lançamento realizado em face da contribuinte original** que veio a ser incorporada, não havendo a necessidade de modificação desse ato administrativo para fazer constar o nome da empresa incorporadora, sob pena de permitir que esta última se beneficie de sua própria omissão.
>
> 3. Por outro lado, **se ocorrer a comunicação da sucessão empresarial ao fisco antes do surgimento do fato gerador**, é de se reconhecer a **nulidade do lançamento** equivocadamente realizado em nome da empresa extinta (incorporada) e, por conseguinte, a impossibilidade de modificação do sujeito passivo diretamente no âmbito da execução fiscal, sendo **vedada a substituição da CDA** para esse propósito, consoante posição já sedimentada na **Súmula 392 do STJ**.
>
> 4. Na incorporação empresarial, **a sucessora assume todo o passivo tributário** da empresa sucedida, respondendo em nome próprio pela quitação dos créditos validamente constituídos contra a então contribuinte (arts. 1.116 do Código Civil e **132 do CTN**).
>
> 5. Cuidando de imposição legal de **automática** responsabilidade, que não está **relacionada** com o surgimento da obrigação, mas com o seu **inadimplemento**, a empresa sucessora poderá ser acionada independentemente de qualquer outra diligência por parte da Fazenda credora, não havendo necessidade de substituição ou emenda da CDA para que ocorra o imediato redirecionamento da execução fiscal. Precedentes.
>
> *(...). [STJ, REsp n. 184.8993, rel. min. Gurgel de Faria, j. 26.8.2020, v. u., DJe 9.9.2020]. [Grifamos]*

Considerou-se, na hipótese, que a (i) comunicação é de exclusivo interesse da sucessora; que o (ii) registro na Junta Comercial, por si só, não alcança a finalidade de publicidade do negócio jurídico em relação à administração tributária; que (iii) não há previsão legal expressa de que esta seja pessoalmente cientificada desses assentamentos; que (iv) não é razoável exigir dos fiscos – federal, estadual, distrital e municipal – a prévia consulta do registro dos atos constitutivos das empresas contribuintes sempre que realizarem um lançamento;

que a (v) a comunicação da incorporação empresarial não representa apenas mero cumprimento de obrigação acessória, mas também pressuposto específico para que a extinção da pessoa jurídica passe a ter eficácia perante o fisco.

- **STJ – Responsabilidade Tributária dos Sucessores – Sucessão empresarial, juros de mora (art. 121 c/c art. 132, CTN/66)**

No tocante à reponsabilidade pelos juros de mora na sucessão empresarial, em 2015, assim sumulou o superior Tribunal de Justiça, *verbis:*

> **[STJ] Súmula n. 554.** Na hipótese de **sucessão empresarial**, a **responsabilidade da sucessora** abrange não apenas os **tributos** devidos pela sucedida, mas também as **multas moratórias ou punitivas** referentes a fatos geradores ocorridos **até a data da sucessão**. *[Grifamos]*

- **STJ – Responsabilidade Tributária de Terceiros – Exclusão do Crédito Tributário (art. 134, c/c art. 135, CTN/66)**

Em 2001, a 1ª Seção do Superior Tribunal de Justiça consolidou entendimento segundo o qual, nos casos de dissolução irregular da sociedade empresária, o redirecionamento da Execução Fiscal para o sócio-gerente não constitui causa de exclusão da responsabilidade tributária da pessoa jurídica, pois responderá solidária e ilimitadamente pelo excesso de mandato ou infração de lei, contrato social ou estatutos, do qual resultou a inadimplência dos tributos devidos pela sociedade empresária, (STJ, EREsp n. 174.532-PR).

Em 2010, restou sumulado o seguinte entendimento do Superior Tribunal de Justiça, *verbis:*

> **[STJ] Súmula n. 430** – O inadimplemento da obrigação tributária pela sociedade não gera, por si só, a responsabilidade solidária do sócio-gerente.

E mais. Decidiu, em 2014, que a prática de ato ilícito imputável a terceiro, posterior à ocorrência do fato gerador (como na hipótese de dissolução irregular), não tem o condão de afastar a inadimplência da pessoa jurídica, assim como não anula nem invalida o surgimento da obrigação tributária e a constituição do respectivo crédito, (REsp 1.455.490-PR). Por oportuno, transcreva-se:

> **[STJ] Súmula n. 435.** Presume-se dissolvida irregularmente a empresa que deixar de funcionar no seu domicílio fiscal, sem comunicação aos órgãos competentes, legitimando o redirecionamento da execução fiscal para o sócio-gerente. *[Primeira Seção, em 14.4.2010, DJe 13.5.2010]*

Noutro giro, presume-se a prática de infração ensejadora da responsabilidade tributária em comento, sempre que não houver a comunicação da dissolução da empresa aos órgãos competentes.

- **STJ – Responsabilidade por Infrações – Objetiva (art. 136, CTN/66)**

O Superior Tribunal de Justiça entende ser indevida a imposição de multa ao contribuinte quando não há, por parte dele, intenção deliberada de omitir os valores devidos a título de imposto de renda, a despeito da responsabilidade objetiva prevista no art. 136, do CTN/66. Transcreva-se:

> (...).
>
> 1. O Superior Tribunal de Justiça vem entendendo que cabe à fonte pagadora o recolhimento do tributo devido. Porém, a omissão da fonte pagadora não exclui a responsabilidade do contribuinte pelo pagamento do imposto, o qual fica obrigado a declarar o valor recebido em sua declaração de ajuste anual. (...).
>
> (...).
>
> 3. **É indevida a imposição de multa ao contribuinte quando, induzido a erro pela fonte pagadora, inclui em sua declaração de ajuste os rendimentos como isentos e não tributáveis.** Situação em que a responsabilidade pelo recolhimento da penalidade (multa) e juros de mora deve ser atribuída à fonte pagadora, (...). *[STJ, REsp n. 1.218.222-RS, 2ªT, rel. min. Mauro Campbell Marques, j. 4.9.2014, p. m., DJ 10.9.2014] [Grifamos]*

- **STJ – Responsabilidade por fato gerador presumido – impostos indiretos**

Em 2024, ao apreciar o Tema Repetitivo n. 1.191 – "Necessidade de observância, ou não, do que dispõe o artigo 166 do CTN nas situações em que se pleiteia a restituição/compensação de valores pagos a maior a título de ICMS no regime de substituição tributária para frente quando a base de cálculo efetiva da operação for inferior à presumida" –, o Superior Tribunal de Justiça fixou a seguinte tese, *verbis*:

> Na sistemática da substituição tributária para frente, em que o contribuinte substituído **revende** a mercadoria por preço **menor** do que a base de cálculo **presumida** para o recolhimento do tributo, é **inaplicável** a condição prevista no **art. 166** do CTN. *[STJ, REsp n. 2.034.975, 1ª S., rel. min. Maria Thereza de Assis Moura, j. 14.8.2024, v. u., DJ 23.8.2024] [Grifamos]*

Temas para Dissertação ou Pesquisa

1. "Responsabilidade tributária. Conceito. Classificações. Exemplos."
2. "Responsabilidade tributária. Críticas ao Código Tributário Nacional de 1966."
3. "Tributo. Responsabilidade Tributária e sanção de ato ilícito."

Questões

1. Quem pode figurar no polo passivo da obrigação tributária?
2. Quais são as formas de responsabilidade tributária, segundo a doutrina? Explique cada uma delas.
3. Quais são as formas de responsabilidade tributária, segundo o Código Tributário Nacional? Comente cada uma delas.
4. A solidariedade tributária admite o benefício de ordem? Explique.
5. É constitucionalmente possível a tributação antecipada, isto é, previamente à ocorrência do fato imponível?

Consultas

1. **[XXVI Exame de Ordem Unificado, 2018, n. 2]** A sociedade empresária ABC Ltda., devedora de tributos não pagos no prazo devido e de multas tributárias punitivas não pagas, foi incorporada pela sociedade XYZ Ltda. A sociedade XYZ resolveu pagar os tributos atrasados da sociedade incorporada, mas foi informada pela Administração Tributária que também era responsável pelas multas tributárias moratórias e punitivas devidas pela sociedade ABC Ltda., ainda que referentes a fatos anteriores à incorporação. Diante desse quadro, responda aos itens a seguir. A) A Administração Tributária está correta em exigir da sociedade empresária XYZ Ltda. as multas tributárias moratórias e punitivas a que não deu causa, por serem anteriores à incorporação? (Valor: 0,70) B) Os sócios-administradores da sociedade incorporadora podem ser pessoalmente responsabilizados pelo pagamento das multas tributárias punitivas da sociedade incorporada antes da incorporação? (Valor: 0,55) Obs.: o(a) examinando(a) deve fundamentar as respostas. A mera citação do dispositivo legal não confere pontuação.

Testes

1. **[Assessoramento Legislativo, Senado Federal, 2022, n. 75]** Sobre o fato gerador da obrigação tributária, analise as afirmativas a seguir e assinale (V) para a verdadeira e (F) para a falsa.

   ( ) Na substituição tributária para frente, a lei atribui a sujeito passivo da obrigação tributária a condição de responsável pelo pagamento de imposto, contribuição ou taxa, cujo fato gerador ainda não ocorreu.

   ( ) A autoridade administrativa não pode desconsiderar negócios jurídicos praticados com a finalidade de dissimular a ocorrência do fato gerador do tributo, visto que tal desconsideração é de competência exclusiva de um magistrado, em razão do princípio da reserva de jurisdição.

( ) O fato gerador da obrigação tributária principal deve estar previsto em lei, não sendo necessário ato administrativo para o surgimento da obrigação. As afirmativas são, segundo a ordem apresentada, respectivamente,

a) ( ) V, F e V.

b) ( ) F, F e V.

c) ( ) V, V e F.

d) ( ) F, V e V.

e) ( ) F, F e F.

2. **[Assessoramento Legislativo, Senado Federal, 2022, n. 79]** Em relação à exclusão da responsabilidade por infrações tributárias, assinale V para a afirmativa verdadeira e F para a afirmativa falsa.

( ) A denúncia espontânea não afasta o pagamento da multa de mora.

( ) Não é considerada espontânea a denúncia apresentada pelo contribuinte após a autuação fiscal.

( ) Na denúncia espontânea, não é necessário o pagamento do tributo no vencimento, bastando, se for o caso, a apresentação da declaração de débitos à Fazenda Pública. As afirmativas são, segundo a ordem apresentada, respectivamente,

a) ( ) F, V e F.

b) ( ) V, V e F.

c) ( ) F, V e V.

d) ( ) V, F e F.

e) ( ) F, F e V

3. **[Assessoramento Legislativo, Senado Federal, 2022, n. 79]** Em relação à exclusão da responsabilidade por infrações tributárias, assinale V para a afirmativa verdadeira e F para a afirmativa falsa.

( ) A denúncia espontânea não afasta o pagamento da multa de mora.

( ) Não é considerada espontânea a denúncia apresentada pelo contribuinte após a autuação fiscal.

( ) Na denúncia espontânea, não é necessário o pagamento do tributo no vencimento, bastando, se for o caso, a apresentação da declaração de débitos à Fazenda Pública. As afirmativas são, segundo a ordem apresentada, respectivamente,

a) ( ) F, V e F.

b) ( ) V, V e F.

c) ( ) F, V e V.

d) ( ) V, F e F.

e) ( ) F, F e V

4. [Assessoramento Legislativo, Senado Federal, 2022, n. 82] O Estado Z tem créditos tributários e estes são preferenciais em relação

a) ( ) aos créditos com garantia real, no limite do valor do bem gravado, na falência.

b) ( ) aos créditos com privilégio geral.

c) ( ) aos créditos extraconcursais na falência.

d) ( ) aos da legislação do acidente de trabalho.

e) ( ) aos da legislação do trabalho.

5. [XXIV Exame de Ordem Unificado, 2018.1, n. 22] João e Maria celebraram entre si contrato de locação, sendo João o locador e proprietário do imóvel. No contrato, eles estipularam que a responsabilidade pelo pagamento do Imposto sobre a Propriedade Predial e Territorial Urbana (IPTU) do imóvel será de Maria, locatária. Com base nessas informações, assinale a afirmativa correta.

a) ( ) O contrato será ineficaz entre as partes, pois transferiu a obrigação de pagar o imposto para pessoa não prevista em lei.

b) ( ) O contrato firmado entre particulares não poderá se opor ao fisco municipal, no que tange à alteração do sujeito passivo do tributo.

c) ( ) O contrato é válido e eficaz, e, por consequência dele, a responsabilidade pelo pagamento do tributo se tornará solidária, podendo o fisco municipal cobrá-lo de João e/ou de Maria.

d) ( ) No caso de o fisco municipal cobrar o tributo de João,

6. [134° Exame de Ordem/SP, 2008, n. 84] De acordo com o que dispõe o Código Tributário Nacional, a responsabilidade dos sucessores deve ser:

a) ( ) Excluída na alienação de ativos, na recuperação judicial e na falência.

b) ( ) Aplicada somente na recuperação judicial.

c) ( ) Aplicada na recuperação judicial e na falência.

d) ( ) Excluída, na alienação de ativos, somente no que se refere à recuperação judicial.

12

CONSTITUIÇÃO DO CRÉDITO TRIBUTÁRIO E PRAZOS PRESCRICIONAL E DECADENCIAL

12.1 ACEPÇÕES DA EXPRESSÃO "CRÉDITO TRIBUTÁRIO"

A obrigação Tributária, como toda e qualquer relação jurídica obrigacional, apresenta, além dos sujeitos ativo e passivo, um objeto que, a depender do ângulo, pode ser denominado de crédito ou débito. O crédito refere-se ao direito de exigir o objeto da prestação; o débito, de sua vez, refere-se ao dever de entregá-lo.

Levando-se em conta a prestação, propriamente dita, pode-se definir como crédito o direito subjetivo do sujeito ativo da obrigação tributária de exigir do sujeito passivo o pagamento do tributo. Se a ênfase recair no objeto da prestação obrigacional, ter-se-á como sinônimo de crédito tributário a própria quantia devida, isto é, o montante em dinheiro, lembrando-se que tributo é uma prestação pecuniária (art. 3º, do CTN/66).

Nesses termos, a expressão "crédito tributário" pode ser empregada para se referir ao direito do credor de receber o objeto da prestação; como também à respectiva quantia que se supõe devida. De igual modo, "débito tributária", terá duas acepções: a primeira, para designar o dever do sujeito passivo de cumprir a prestação pecuniária; e a outra, que se refere ao montante, propriamente dito, objeto da prestação.

Normas gerais relativas ao crédito tributário estão dispostas no Código Tributário Nacional, de 1966 (CTN/66), as quais serão objeto deste e dos próximos capítulos.

12.2 LANÇAMENTO TRIBUTÁRIO

O lançamento é ato administrativo que, nos termos da lei instituidora do tributo, declara a ocorrência do fato gerador no mundo fenomênico, identifica os sujeitos da relação jurídica tributária, explicita quando, como e onde deve ser efetuado o pagamento do tributo. Em poucas palavras, o lançamento constitui o crédito tributário, tornando-o líquido e certo, restando apenas proceder à regular notificação do sujeito passivo para que possa ser extinto pelo pagamento tempestivo ou, sendo o caso, questionado administrativa ou judicialmente.

O lançamento tributário, em suma, é o ato administrativo que tanto viabiliza ao contribuinte recolher o tributo, como também à Administração efetuar a respectiva cobrança, em caso de inadimplência.

Saliente-se que o CTN/66, ao traçar os contornos do "lançamento", define-o como procedimento administrativo, bem como reporta-se ao crédito tributário num sentido amplo, de modo a compreender não apenas o que se refere ao tributo, mas também à eventual penalidade fiscal. Vejamos:

> **[CTN/66] Art. 142.** Compete privativamente à autoridade administrativa **constituir o crédito tributário pelo lançamento**, assim entendido o **procedimento administrativo** tendente a verificar a ocorrência do fato gerador da obrigação correspondente, determinar a matéria tributável, calcular o montante do **tributo** devido, identificar o sujeito passivo e, sendo caso, propor a aplicação da **penalidade** cabível.
>
> Parágrafo único. A atividade administrativa de lançamento é **vinculada** e **obrigatória**, sob pena de responsabilidade funcional. *[Grifamos]*

No mais, convém salientar que o lançamento é o ato administrativo por meio do qual se aplica a lei instituidora do tributo ao caso concreto, com vistas a identificar, diante do fato gerador ocorrido no mundo real, o sujeito passivo e o montante devido, bem como, em conformidade a respectiva legislação, indicar o prazo e forma de pagamento.

12.2.1 Efeito "ex tunc" do lançamento

A obrigação tributária consiste numa relação jurídica entre o titular da capacidade tributária ativa e o sujeito passivo – contribuinte ou responsável. O credor, neste caso, dispõe do crédito (direito de receber), e o sujeito passivo, do débito (dever de pagar). O objeto desta relação obrigacional cinge-se a uma prestação pecuniária. A obrigação tributária, vale lembrar, nasce abstratamente com o exercício da competência tributária e, concretamente, com a ocorrência, no mundo real, do fato gerador.

Consequentemente, o crédito tributário surge também nesse mesmo instante, considerando-se que não existe obrigação sem os referidos elementos: sujeitos ativo e passivo, crédito-débito e objeto. No entanto, nem sempre o crédito tributário nasce líquido e certo, de modo que não pode ser voluntariamente pago pelo contribuinte, nem exigível de plano pelo sujeito ativo (credor). Em tais casos, torna-se necessária a realização do lançamento tributário para este fim.

Tendo em conta que a realização do lançamento, a rigor, pressupõe a existência de uma obrigação tributária decorrente do fato gerador realizado no mundo fenomênico, cabe ao lançamento a tarefa de formalizar a respectiva relação jurídica obrigacional, reportando-se, para tanto, ao passado, com vistas à aplicação da lei aplicável ao caso concreto. Note-se que a lei tributária a ser aplicada é a que estava vigente à época da ocorrência do fato gerador – sem a qual o fato realizado não teria, neste caso, relevância jurídica –, ainda que, a esse respeito, outra esteja vigendo no momento da realização do lançamento.

Diante disso, atribui-se ao lançamento efeitos *ex tunc*, ou seja, efeitos que retroagem à data da realização do fato gerador em concreto. Nesse sentido, dispõe o CTN/66:

> **[CTN/66] Art. 144.** O lançamento **reporta-se à data** da ocorrência do **fato gerador** da obrigação e rege-se pela **lei então vigente**, ainda que posteriormente modificada ou revogada. *[Grifamos].*

Observe-se que a lei em comento é a que se refere ao nascimento da obrigação tributária pura e simples. No que diz respeito à disciplina das garantias e privilégios do crédito tributário que permeiam o procedimento administrativo fiscal, deverá ser aplicada legislação tributária vigente à época da constituição do crédito tributário pelo lançamento.

De conseguinte, será aplicável a legislação nova que disponha sobre critérios de apuração ou processos de fiscalização, ainda que amplie os poderes de investigação das autoridades administrativas, ou que veicule mais garantias ou privilégios fiscais, ressalvada apenas a possibilidade de aplicação da norma instituidora do referido tributo, caso tenha sido modificada após a ocorrência do respectivo fato gerador. Veja-se:

> **[CTN/66] Art. 144.** (...).
>
> § 1º. **Aplica-se ao lançamento** a **legislação** que, posteriormente à ocorrência do fato gerador da obrigação, tenha instituído **novos critérios** de apuração ou processos de fiscalização, **ampliando** os poderes de

> investigação das autoridades administrativas, ou **outorgado** ao crédito **maiores** garantias ou privilégios, **exceto**, neste último caso, **para o efeito de atribuir responsabilidade tributária a terceiros.**
>
> § 2º. O disposto neste artigo **não se aplica** aos impostos lançados por períodos certos de tempo, **desde que** a respectiva lei fixe **expressamente** a data em que o fato gerador se considera ocorrido. *[Grifamos]*

Saliente-se, ainda, outra exceção, prevista no referido § 2º, segundo a qual deverá ser aplicada a legislação instrumental vigente à época da ocorrência do fato gerador, quando se referir a impostos, cujos fatos geradores ocorreram dentro de um período previamente determinado por lei. Por legislação instrumental, nesta passagem, entenda-se a que, de igual modo, estabeleça os critérios procedimentais de apuração e fiscalização do crédito tributário, explicitados no § 1º, do artigo em comento.

12.2.2 Presunção de veracidade e legitimidade do lançamento

De plano, convém salientar que a constituição do crédito tributário é atividade privativa da autoridade administrativa. De conseguinte, ao fisco compete demonstrar a ocorrência do fato que constitui seu direito, qual seja o fato gerador da obrigação tributária.

Por outro lado, como todo ato administrativo, goza o lançamento das presunções *iuris tantum* de veracidade e legitimidade. De conseguinte, o suposto devedor, ao receber a notificação do lançamento tributário, terá o ônus de demonstrar a eventual existência de fato impeditivo, modificativo ou extintivo do direito do fisco. Dito de outro modo, no âmbito processual, o sujeito passivo apresentará as razões pelas quais, no seu entender, dispõe do direito subjetivo de pleitear a anulação ou a declaração de nulidade crédito exigido pelo fisco, ou por quem lhe faça as vezes.

Deveras, uma vez realizado e notificado ao sujeito passivo, o lançamento tributário presume-se válido e exigível. Nada obstante, quando padecer de vício formal, poderá ser anulado de ofício pelo Fisco, ou mediante provocação do interessado, tanto na esfera administrativa quanto na esfera judicial.

A propósito, a Administração poderá "revogar", por razões de conveniência ou oportunidade ato administrativo discricionário, ou "anular", por vícios aferidos de ofício, ato administrativo vinculado. O Poder Judiciário, por outro lado, somente poderá reconhecer a existência de vícios formais ou materiais, com vistas a anulação ou declaração de nulidade, respectivamente; não dispõe, frise-se, do poder discricionário para, desse modo, revogar ato administrativo.

O CTN/66, por oportuno, prescreve que, sob pena de responsabilidade funcional, a atividade administrativa de constituir o crédito tributário é vinculada e obrigatória. Como corolário, o lançamento poderá ser anulado, de ofício ou mediante provocação do sujeito passivo, pela própria Administração Tributária; e poderá ser anulado pelo Poder Judiciário, mediante provocação do titular do direito subjetivo violado ou ameaçado de lesão.

12.2.3 Espécies de lançamento e prazos decadencial e prescricional

O próprio Código Tributário Nacional viabiliza a classificação do lançamento, tendo como critério o grau de participação do contribuinte e do Fisco na sua realização. Nesses termos, há três modalidades de lançamento: (i) de ofício, (ii) por declaração e (iii) por homologação. Ressalte-se, todavia, que caberá à lei específica do ente tributante definir a espécie de lançamento a que o tributo estará sujeito, além do respectivo prazo e o procedimento que eventualmente se fizer necessário para sua elaboração.

Nesse passo, cumpre esclarecer que, por razões de segurança jurídica, há um prazo maior, definido em lei de âmbito nacional, a ser observado para a constituição do crédito tributário. É o chamado *prazo decadencial*, cujo termo inicial de contagem dependerá da modalidade de lançamento a que a apuração do tributo esteja legalmente submetida. *Grosso modo*, fala-se em cinco anos para lançar, isto é, para constituir o crédito e dele dar conhecimento ao sujeito passivo, mediante regular notificação. Se esta não se realizar dentro do referido prazo decadencial, considerar-se-á extinto o respectivo crédito tributário.

Cumpre ainda considerar a possibilidade de ocorrer "pagamento indevido", a título de tributo, como também, por lado, o "descumprimento" da prestação obrigacional tributária. Em ambos os casos, será possível pleitear a tutela jurisdicional, observando-se, para tanto, um novo prazo, agora "prescricional", para a cobrança judicial do tributo, como também para se pleitear judicialmente a devolução da quantia paga indevidamente a título de tributo.

Note-se que o CTN/66, recepcionado como lei de cunho nacional, dispõe a respeito dos prazos decadencial e prescricional, ora em comento. Vejamos, por ora, as modalidades de lançamento acima referidas, bem como os respectivos prazos decadenciais.

- **Lançamento direto, de ofício ou unilateral**

Vimos acima que o CTN/66, ao dispor sobre o lançamento tributário, refere-se a um procedimento que compete privativamente à autoridade administrativa realizar. Desse modo, ter-se-á o lançamento de ofício, quando a Administração

Tributária, ante à ocorrência do fato gerador, constituir o crédito tributário, aplicando a lei, de ofício, ao caso concreto.

Vale lembrar, nesse passo, que a atividade administrativa de constituir o crédito tributário é vinculada e obrigatória. Nesses termos, cabe à autoridade administrativa, por determinação legal, realizar o lançamento tributária. Quando o fizer, todavia, sem qualquer auxílio de terceiro, ter-se-á o lançamento direto, de ofício ou unilateral (parágrafo único, do art. 142 e inc. I, do art.149, do CTN/66). Cite-se, como exemplo de tributo sujeito a lançamento de ofício, o Imposto sobre a Propriedade Territorial Urbana (IPTU).

Tornar exigível o crédito tributário não é tarefa fácil, razão pela qual se tornou corriqueiro atribuir ao particular o dever de cumprir prestações positivas e negativas no interesse da arrecadação e fiscalização de tributos (art. 113, § 2º, CTN/66). Significa dizer que o fisco poderá contar com o auxílio de terceiros para a arrecadação e fiscalização de tributos, em especial, para obter informações sobre matéria de fato. Cite-se, como exemplo de matéria de fato, a reforma de imóvel urbano que, por força de obrigação tributária acessória, deverá ser reportada ao fisco pelo proprietário do referido imóvel, para que seja considerada na realização do lançamento do respectivo imposto, vulgo "carnê" do IPTU.

Note-se que, quando a constituição do crédito tributário depender de informações sobre matéria de fato, caberá ao sujeito passivo ou terceiro, na forma da legislação tributária, prestá-las à autoridade administrativa. Nesses casos, configurar-se-á o denominado lançamento misto, ou por declaração (art. 147, CTN/66).

Nem sempre, todavia, a declaração é prestada, por quem de direito, no prazo e na forma da legislação tributária (art.149, II, CTN/66). Doutras vezes, mesmo tendo sido regularmente prestadas as informações, poderá a autoridade administrativa solicitar novos esclarecimentos que julgar necessários para a consecução lançamento. Nesta segunda hipótese, de igual modo, nem sempre esses esclarecimentos são prestados – e outras vezes são insuficientemente prestados –, por quem de direito, no prazo e na forma da legislação tributária (art.149, III). Em quaisquer dessas hipóteses, caberá à autoridade administrativa realizar, de ofício, o lançamento, com vistas à constituição do crédito tributário, observando-se o respectivo prazo decadencial. Vejamos.

Nos casos em que a efetivação do lançamento depender da prestação de informações sobre matéria de fato e, todavia, no tocante a elemento definido na legislação tributária como sendo de declaração obrigatória, restar comprovado falsidade, erro ou omissão (art.149, IV), a constituição do crédito tributário deverá ser realizada, de ofício, pelo fisco, a quem compete comprovar, vale lembrar, a existência dos fatos que se fizerem necessários para esse fim.

Doutras vezes, a legislação atribui ao sujeito passivo da obrigação tributária o dever de antecipar o pagamento do tributo sem que o crédito tributário tenha sido previamente constituído, de ofício, pela autoridade administrativa (art. 150, CTN). Em tal hipótese, ao revisar, de ofício, revisar e, sendo o caso, comprovar omissão ou ineptidão nas declarações prestadas pela pessoa legalmente obrigada a realizar o referido pagamento antecipado (art.149, V). Neste caso, o pagamento antecipado não será homologado, restando ao fisco constituir, de ofício, o respectivo crédito tributário. Na hipótese de terem sido prestadas as declarações desacompanhadas do pagamento antecipado do tributo, de igual modo, deverá ser realizado, de ofício, o respectivo lançamento.

Note-se que, quando restar comprovado ação ou omissão do sujeito passivo, ou de terceiro legalmente obrigado, passível de aplicação de penalidade pecuniária (art. 149, VI), ou quando restar comprovado que o sujeito passivo, ou terceiro em benefício daquele, agiu com dolo, fraude ou simulação (art. 149, VII), o lançamento do respectivo crédito tributário deverá ser realizado de ofício pela autoridade administrativa.

Ainda, como regra geral, sempre que se constatar a ocorrência de um fato que não fora apreciado ou não provado por ocasião da realização do lançamento tributário, (art. 149, VIII), o lançamento deverá ser revisto e, sendo o caso, efetuado de ofício pela autoridade administrativa.

Por derradeiro, caberá novo lançamento de ofício, quando restar comprovado que, no lançamento anterior, houve fraude ou falta funcional da autoridade que o efetuou, ou omissão, pela mesma autoridade, de ato ou formalidade especial (art. 149, IX).

Essas são, em breve síntese, as hipóteses previstas no CTN/66, que autorizam a autoridade administrativa a realizar ou revisar de ofício o lançamento tributário, observando-se, valer frisar, o respectivo prazo decadência. Transcreva-se:

> **[CTN/66] Art. 149.** O lançamento é **efetuado** e **revisto** de **ofício** pela autoridade administrativa **nos seguintes casos**: I – quando a lei assim o determine; II – quando a declaração não seja prestada, por quem de direito, no prazo e na forma da legislação tributária; III – quando a pessoa legalmente obrigada, embora tenha prestado declaração nos termos do inciso anterior, deixe de atender, no prazo e na forma da legislação tributária, a pedido de esclarecimento formulado pela autoridade administrativa, recuse-se a prestá-lo ou não o preste satisfatoriamente, a juízo daquela autoridade; IV – quando se comprove falsidade, erro ou omissão quanto a qualquer elemento definido na legislação tributária como sendo de declaração obrigatória; V – quando se comprove omissão ou inexatidão, por parte da pessoa legalmente obrigada, no exercício da atividade a que se refere o artigo seguinte; VI – quando se comprove ação ou omissão do sujeito passivo, ou de terceiro legalmente obrigado, que dê lugar à

> aplicação de penalidade pecuniária; VII – quando se comprove que o sujeito passivo, ou terceiro em benefício daquele, agiu com dolo, fraude ou simulação; VIII – quando deva ser apreciado fato não conhecido ou não provado por ocasião do lançamento anterior; IX – quando se comprove que, no lançamento anterior, ocorreu fraude ou falta funcional da autoridade que o efetuou, ou omissão, pela mesma autoridade, de ato ou formalidade especial.
>
> Parágrafo único. A revisão do lançamento só pode ser iniciada enquanto não extinto o direito da Fazenda Pública. *[Grifamos]*

Frise-se que, nas hipóteses elencadas no dispositivo acima transcrito, autoriza-se a iniciativa de ofício da autoridade administrativa para alterar o lançamento que tenha sido regularmente notificado ao sujeito passivo (art. 145, III, CTN/66).

Tornando ao nosso rumo, a realização do lançamento, assim como sua eventual alteração, deve ocorrer dentro do prazo decadencial de cinco anos. Transcorrido esse prazo sem que tenha sido constituído o crédito tributário, não mais poderá ser exigido seu pagamento pelo sujeito passivo da respectiva obrigação tributária. Entende-se, assim, que o crédito tributário está extinto pela decadência.

Inicia-se a contagem do prazo decadencial de cinco anos para a constituição do crédito tributário, de ofício, pela autoridade administrativa, (a) a partir do primeiro dia do exercício financeiro seguinte àquele em que deveria ter sido realizado; se, todavia, por alguma razão, a constituição do crédito tributário pelo fisco depender de informações sobre matéria de fato que, em tese, o contribuinte possa prestá-las, o termo inicial será a (b) data da notificação ao contribuinte de qualquer medida preparatória indispensável ao lançamento. Transcreva-se:

> **[CTN/66] Art. 173.** O direito de a **Fazenda Pública** constituir o crédito tributário extingue-se após **5 (cinco) anos**, contados: I – do **primeiro dia** do exercício seguinte àquele em que o lançamento poderia ter sido efetuado;
>
> (...)
>
> Parágrafo único. O direito a que se refere este artigo extingue-se definitivamente com o decurso do prazo nele previsto, contado da data em que tenha sido iniciada a constituição do crédito tributário pela **notificação**, ao sujeito passivo, de qualquer **medida preparatória** indispensável ao lançamento. *[Grifamos]*

Saliente-se, por oportuno, que a lei tributária prescreve uma hipótese de causa interruptiva do prazo decadencial para a realização do lançamento de ofício, qual seja a eventual anulação, por vício formal, do lançamento realizado.

Neste caso, a partir da data em que se tornar definitiva estão decisão anulatória, será reiniciada a contagem de cinco anos para a nova constituição, de ofício, do respectivo crédito tributário. Registre-se:

> [CTN/66] **Art. 173.** O direito de a **Fazenda Pública** constituir o crédito tributário extingue-se após **5 (cinco) anos**, contados:
>
> (...)
>
> II – da data em que se tornar definitiva a decisão que houver anulado, por vício formal, o lançamento anteriormente efetuado.
>
> (...).*[Grifamos]*

Com esteio no (sobre)princípio constitucional da segurança jurídica, pode-se asseverar que não tem amparo eventual interpretação literal do enunciado do inciso II, ora em comento, segundo a qual haveria a possibilidade de sucessivas causas interruptivas do prazo decadencial, para cada nova hipótese de anulação, por vício formal, do lançamento que suceder aquele que, por igual razão, fora refeito.

- **Lançamento misto ou por declaração**

Conforme já restou mencionado, compete privativamente à autoridade administrativa constituir o crédito tributário, bem como o ônus da prova de demonstrar a ocorrência do fato gerador da respectiva obrigação, com vistas à aplicação a lei ao aso concreto. Tornar exigível o crédito tributário não é tarefa fácil, razão pela qual se tornou corriqueiro atribuir ao particular o dever de cumprir prestações positivas e negativas no interesse da arrecadação e fiscalização de tributos (art. 113, § 2º, CTN/66).

Para a constituição de determinados créditos tributários, *v.g.*, o sujeito passivo ou terceiro deverá prestar, na forma da legislação tributária, informações sobre matéria de fato, com base nas quais o lançamento poderá ser efetuado pela autoridade administrativa. Tem-se, em tal hipótese, o denominado lançamento misto ou por declaração, tendo em conta o dever imposto ao particular de colaborar para a sua realização, mediante a entrega das declarações solicitadas pelo fisco. Transcreva-se:

> **[CTN/66] Art. 147.** O lançamento é efetuado com base na **declaração** do sujeito passivo ou de terceiro, quando um ou outro, na forma da legislação tributária, presta à autoridade administrativa informações sobre **matéria de fato**, indispensáveis à sua efetivação. *[Grifamos]*

Note-se que o lançamento em apreço, denominado misto ou por declaração, é realizado indiretamente pela autoridade administrativa, uma vez que a legislação tributária, nesses casos, atribui a terceiros o dever de prestar informações sobre matéria de fato, consideradas indispensáveis para a autoridade administrativa exercer o seu mister de constituir seu próprio crédito tributário.

Vale ter em conta que, na hipótese em que se fizerem necessárias as declarações sobre matéria de fato, acima referidas, iniciar-se-á o prazo decadencial de cinco anos para a Administração efetuar o referido lançamento de ofício a partir da data da notificação ao contribuinte de qualquer medida preparatória indispensável ao lançamento. Transcreva-se:

> **[CTN/66] Art. 173.** O direito de a **Fazenda Pública** constituir o crédito tributário extingue-se após **5 (cinco) anos**, contados:
>
> (...).
>
> Parágrafo único. O direito a que se refere este artigo **extingue-se** definitivamente com o decurso do prazo nele previsto, **contado** da data em que tenha sido iniciada a constituição do crédito tributário pela **notificação**, ao sujeito passivo, de qualquer medida preparatória indispensável ao lançamento. *[Grifamos]*

Neste contexto, também há de ser observado o mencionado termo inicial, quando, a critério da autoridade administrativa, se fizer necessário instaurar processo regular para apurar eventual falsidade, erro ou omissão quanto a qualquer elemento definido na legislação tributária como sendo de declaração obrigatória.

- **Lançamento por homologação ou autolançamento**

Denomina-se, a nosso sentir, equivocadamente, autolançamento, ou lançamento por homologação, sempre que a lei atribuir ao sujeito passivo o dever de prestar as declarações sobre matéria de fato, consideradas indispensáveis à constituição do crédito tributário e, com base nelas, apurar e efetuar o pagamento do respectivo crédito tributário, frise-se, sem qualquer prévio exame da autoridade administrativa (art. 150 do CTN). Geralmente, esse dever é atribuído ao sujeito passivo de impostos indiretos e de contribuições especiais.

Ainda, a propósito, uma vez realizado esse pagamento antecipado pelo sujeito passivo, restará à autoridade administrativa verificar sua conformidade com a respectiva legislação e, em caso positivo, homologá-lo, mediante ato administrativo próprio. Observe-se que o ato administrativo de homologação, neste caso, apenas declara a extinção do crédito tributário, em razão do regular cumprimento da obrigação tributária, nos termos da lei, pelo sujeito passivo.

Assim, apesar de não se tratar de um ato administrativo constitutivo do crédito tributário, mas tão-somente de homologação de pagamento efetuado sem prévio exame do fisco, recebe a denominação de "autolançamento" ou "lançamento por homologação".

E mais, referida homologação poderá ser expressa ou implícita. No primeiro caso, quando o sujeito passivo receber a notificação do ato administrativo de homologação; será implícita, quando, dentro do prazo decadencial de cinco anos, não ocorrer expressa homologação nem a instauração de processo regular para a constituição, de ofício, do crédito tributário que se fizer devido.

Ainda, por oportuno, cumpre esclarecer que o termo inicial da contagem do prazo decadencial será a data da ocorrência do fato gerador, seja para a homologação expressa ou tácita, seja para a constituição do crédito tributário, mediante a instauração de processo regular para apurar eventual dolo, fraude ou simulação e consequente falsidade ou omissão quanto a qualquer elemento definido na legislação tributária como sendo de declaração obrigatória. Transcreva-se:

> **[CTN/66] Art. 150.** O lançamento por **homologação**, que ocorre quanto aos tributos cuja legislação atribua ao sujeito passivo o dever de **antecipar** o pagamento **sem prévio exame** da autoridade administrativa, opera-se pelo ato em que a referida autoridade, tomando conhecimento da atividade assim exercida pelo obrigado, expressamente a homologa.
>
> § 1º. O **pagamento** antecipado pelo obrigado nos termos deste artigo extingue o crédito, sob **condição resolutória** da ulterior homologação ao lançamento.
>
> § 2º. Não influem sobre a obrigação tributária quaisquer **atos anteriores** à homologação, praticados pelo sujeito passivo ou por terceiro, visando à extinção total ou parcial do crédito.
>
> § 3º. Os **atos** a que se refere o parágrafo anterior **serão**, porém, considerados na apuração do **saldo** porventura devido e, sendo o caso, na imposição de penalidade, ou sua graduação.
>
> § 4º. Se a lei não fixar prazo à homologação, será ele de **5 (cinco) anos**, a contar da ocorrência **do fato gerador**; expirado esse prazo sem que a Fazenda Pública se tenha pronunciado, considera-se homologado o lançamento e definitivamente **extinto** o crédito, **salvo** se comprovada a ocorrência de dolo, fraude ou simulação. *[Grifamos]*

Nesses termos, o pagamento antecipado do tributo pelo sujeito passivo extingue, sob condição resolutória, o respectivo crédito tributário e, definitivamente, quando se efetivar, expressa ou implicitamente, sua homologação.

12.3 ALTERABILIDADE DO LANÇAMENTO

O crédito tributário, constituído pelo fisco, e regularmente notificado ao sujeito passivo, poderá ser alterado, enquanto não extinto pela decadência.

Não tendo sido pago nem extinto pela decadência, poderá ser alterado em caso de impugnação levada a cabo pelo próprio sujeito passivo, assim como na hipótese de eventual recurso de ofício, cabível, vale lembrar, por força de lei, mesmo quando o fisco abstém se de recorrer de decisão favorável ao contribuinte.

Também poderá ser alterado por iniciativa, de ofício, da própria autoridade administrativa, nos casos previstos em lei, mediante processo regular para apurar, *v.g.*, eventual falsidade, erro ou omissão quanto a qualquer elemento definido na legislação tributária como sendo de declaração obrigatória. Registre-se:

> [CTN/66] Art. 145. O lançamento **regularmente notificado** ao sujeito passivo **só pode ser alterado** em virtude de: I – impugnação do sujeito passivo; II – recurso de ofício; III – iniciativa de ofício da autoridade administrativa, nos casos previstos no art. 149. *[Grifamos]*

Nesse ponto, cumpre trazer a contexto a distinção entre erro de fato e erro de direito, Arbitramento da base de cálculo, antecipando que, somente no primeiro caso será possível a retificação do lançamento.

- **Erro de Fato e Erro de direito**

Após o sujeito passivo ter sido regularmente do lançamento tributária, eventual retificação do respectivo crédito somente poderá decorrer da constatação do denominado "erro de fato", haja vista que os elementos fáticos são essenciais para a atestar o nascimento da respectiva obrigação tributária no mundo fenomênico. Veda-se, por outro lado, qualquer retificação decorrente de nova interpretação do texto de lei – vigente à época do fato gerador –, distinta da interpretação que fora anteriormente aplicada por ocasião da constituição do respectivo crédito tributário. Nesses termos, é vedada a retificação do lançamento regularmente notificado ao contribuinte, quando fundada em "erro de direito". Registre-se:

> [CTN/66] Art. 146. A **modificação** introduzida, de ofício ou em conseqüência(sic) de decisão administrativa ou judicial, nos **critérios jurídicos** adotados pela autoridade administrativa no exercício do lançamento somente pode ser efetivada, em relação a um mesmo sujeito passivo, quanto a **fato gerador** ocorrido **posteriormente** à sua introdução. *[Grifamos]*

Saliente-se que a vedação em apreço, refere-se apenas à retroatividade da nova interpretação para modificar créditos tributários constituídos com base em interpretação jurídica diversa. Por óbvio que, tratando-se de fatos geradores, cuja constituição dos respectivos créditos sequer teve início – portanto, ainda não passiveis de alteração – admite-se a aplicação do novo posicionamento jurídico.

- **Alterabilidade do lançamento por declaração**

No tocante ao lançamento por declaração – assim denominado porque as consideradas indispensáveis à constituição do crédito tributário deverão ser prestadas a autoridade administrativa, pelo sujeito passivo ou por terceiros, nos termos da legislação tributária – será possível a retificação das referidas declarações pelo próprio declarante, desde que observadas duas condições: que o crédito ainda não tenha sido formalizado pelo fisco; e que desta retificação não resulte diminuição ou exclusão do crédito inicialmente declarado. Registre-se:

> **[CTN/66] Art. 147.** O lançamento é efetuado com base na **declaração** do sujeito passivo ou de terceiro, quando um ou outro, na forma da legislação tributária, presta à autoridade administrativa informações sobre **matéria de fato**, indispensáveis à sua efetivação.
>
> § 1º. A **retificação da declaração** por iniciativa do próprio declarante, quando vise a reduzir ou a excluir tributo, só é admissível mediante comprovação do erro em que se funde, e **antes de notificado** o lançamento.
>
> § 2º. Os erros contidos na declaração e apuráveis pelo seu exame serão **retificados de ofício** pela autoridade administrativa a que competir a revisão daquela. *[Grifamos]*

No mais, consoante se depreende d refiro dispositivo, cabe à própria autoridade administrativa, a quem competir a revisão, identificar e retificar, de ofício, eventuais erros contidos na declaração, ainda que implique aumento ou extinção do crédito inicialmente declarado.

• Arbitramento da base de cálculo

A propósito, tem-se o arbitramento pelo próprio Fisco do valor ou preço referentes à base de cálculo do tributo sempre que as declarações ou esclarecimentos prestados pelo sujeito passivo não mereçam fé ou, simplesmente, sejam omissos. Registre-se:

> **[CTN/66] Art. 148.** Quando o cálculo do tributo tenha por base, ou tome em consideração, o valor ou o preço de bens, direitos, serviços ou atos jurídicos, a **autoridade lançadora**, mediante **processo** regular, **arbitrará** aquele **valor ou preço**, sempre que sejam omissos ou não mereçam fé as declarações ou os esclarecimentos prestados, ou os documentos expedidos pelo sujeito passivo ou pelo terceiro legalmente obrigado, **ressalvada**, em caso de contestação, avaliação contraditória, administrativa ou judicial. *[Grifamos]*

Observe-se que as declarações, os esclarecimentos e os documentos apresentados ao fisco, até prova em contrário, presumem-se válidos tanto quanto a boa-fé de quem os entregou por força de lei. Diante disso, o desfazimento desta presunção, e o eventual arbitramento da base de cálculo pelo fisco, há de ser feito mediante processo regular, no qual se assegure, em caso de contestação, o exercício do direito ao contraditório e à ampla defesa.

12.4 AUTO DE INFRAÇÃO

Denomina-se "Auto de infração" o ato administrativo de aplicação de penalidades. A multa fiscal, por exemplo, é formalizada pela própria autoridade administrativa, mediante a aplicação da lei ao caso concreto. Note-se que os créditos referentes ao tributo e à multa são constituídos por atos administrativos distintos, denominados, respectivamente, de lançamento tributário e auto de infração.

Nada obstante, a expressão "Auto de Infração e Imposição e Multa – AIIM" também é empregada para se referir ao documento utilizado para notificar o sujeito passivo acerca da constituição dos créditos tributários referentes a tributos e multas fiscais. Noutras palavras, o AIIM contém vários atos administrativos, tais como o lançamento, o ato de aplicação de penalidades, o ato de notificação do lançamento e o ato de notificação do auto de infração, dentre outros.

12.5 DECADÊNCIA E PRESCRIÇÃO EM MATÉRIA TRIBUTÁRIA

No Direito, a decadência corresponde à perda do direito, enquanto a prescrição se refere à perda do direito de promover a ação judicial para a cobrança do respectivo crédito ou para pleitear a restituição de quantia paga indevidamente. Note-se que, no primeiro caso, inexiste o direito não fora formalizado e, no segundo, embora formalizado, não há o direito de ação. Como corolário dessa distinção, pode-se sustentar que, no caso de débito prescrito pago, não cabe repetição; e, no caso de dívida caduca paga, é cabível a restituição.

No Direito Tributário, a decadência corresponde à perda do direito de lançar, isto é, de constituir o crédito tributário; a prescrição, de seu turno, refere-se à perda do direito de promover tanto a ação judicial para a cobrança do crédito tributário, vencido e não pago; ou para propor ação judicial, visando a restituição de crédito tributário pago indevidamente.

Cumpre considerar, todavia, que, nos termos do art. 146, III, "b", da Constituição de 1988, cabe à lei complementar estabelecer normas gerais em matéria de legislação tributária, especialmente sobre prescrição e decadência. O CTN/66, a esse respeito, arrola a prescrição e decadência entre as causas de extinção do crédito tributário.

Em face da extinção do crédito tributário pela ocorrência de decadência ou prescrição, pode-se sustentar, com respaldo no CTN/66, que é cabível a restituição de crédito tributário pago após o transcurso do prazo decadencial ou prescricional, assim, como, por igual razão, ter-se-á o direito à obtenção de Certidão Negativa de Débito (CND).

- **Prazo para o ajuizamento da Ação de Repetição de Indébito**

Em caso de pagamento indevido de crédito tributário, poderá ser pleiteada a sua restituição na esfera judicial, dentro do prazo prescricional de cinco anos, contados da data que o pagamento fora realizado, nos termos da legislação tributária. Transcreva-se:

> **[CTN/66] Art. 165.** Art. 165. O sujeito passivo tem direito, independentemente de prévio protesto, à restituição total ou parcial do tributo, seja qual for a modalidade do seu pagamento, ressalvado o disposto no § 4º do artigo 162, nos seguintes casos:
>
> I – **cobrança ou pagamento espontâneo de tributo indevido ou maior** que o devido em face da legislação tributária aplicável, ou da natureza ou circunstâncias materiais do fato gerador efetivamente ocorrido;
>
> II – **erro** na edificação[sic] do sujeito passivo, na determinação da alíquota aplicável, no cálculo do montante do débito ou na elaboração ou conferência de qualquer documento relativo ao pagamento;
>
> (...)
>
> Art. 168. O direito de pleitear a **restituição** extingue-se com o decurso do prazo de **5 (cinco) anos**, contados: I – nas hipótese dos incisos I e II do artigo 165, da data da extinção do crédito tributário; *[Vide art. 3º, da LCp nº 118, de 2005] [Grifamos]*

Observe-se que o direito de pleitear a restituição do indébito tributário no âmbito administrativo, independe da modalidade de lançamento a que o tributo estava legalmente sujeito.

- **Prazo para o ajuizamento da Ação Anulatória de decisão administrativa que denegar a repetição de indébito**

Em caso de pagamento indevido de crédito tributário, poderá ser pleiteada a sua restituição na esfera administrativa, dentro do prazo de decadencial de cinco anos, contados da data que o pagamento fora realizado, nos termos da legislação tributária.

Caso o pagamento do crédito tenha sido em decorrência de decisão judicial, posteriormente reformada, anulada, revogada ou rescindida, haverá, de igual modo, o direito de pleitear sua restituição. Neste caso, o pedido também deverá ser formulado dentro do prazo decadencial de cinco anos, contados da data em que transitar em julgado a decisão judicial que tenha reformado, anulado, revogado ou rescindido a referida decisão condenatória, (art. 168, II, CTN/66). Transcreva-se:

> **[CTN/66] Art. 168.** O direito de pleitear a **restituição** extingue-se com o decurso do prazo de **5 (cinco) anos**, contados: (...) II – na hipótese do

> inciso III do art. 165, da data em que se tornar definitiva a decisão administrativa ou passar em julgado a decisão judicial que tenha reformado, anulado, revogado ou rescindido a decisão condenatória. *[Grifamos]*

Na hipótese de se indeferido o pedido de restituição, iniciar-se-á o prazo prescricional de dois anos para propor Ação Anulatória, contados da data em que se tornar definitiva, isto é, não mais sujeita a recursos, a decisão de cuja anulação se pleiteia. Demais disso, com a propositura da ação judicial, esse lapso temporal ainda será interrompido, reiniciando-se agora, por metade, após a intimação válida do representante da Fazenda Pública. Veja-se:

> **[CTN/66] Art. 169.** Prescreve em **2 (dois) anos** a **ação anulatória** da decisão administrativa que denegar a restituição.
>
> Parágrafo único. O prazo de prescrição é **interrompido** pelo início da ação judicial, recomeçando o seu curso, por metade, a partir da data da intimação validamente feita ao representante judicial da Fazenda Pública interessada. *[Grifamos]*

- **Prazo para o ajuizamento da Execução Fiscal**

O prazo prescricional para o ajuizamento da execução fiscal é de cinco anos, contados da data da constituição definitiva do crédito tributário.

> **[CTN/66] Art. 174. A ação para a cobrança** do crédito tributário **prescreve** em 5 (cinco) anos, contados da data da sua constituição definitiva.
>
> Parágrafo único. **A prescrição se interrompe**: I – pelo despacho do juiz que ordenar a citação em execução fiscal; *[redação dada pela Lei Complementar 118/2005]* II – pelo protesto judicial **ou extrajudicial**; *[redação dada pela Lei Complementar 208/2024]* III – por qualquer ato judicial que constitua em mora o devedor; IV – por qualquer ato inequívoco ainda que extrajudicial, que importe em reconhecimento do débito pelo devedor. *[Grifamos]*

A execução judicial para cobrança da Dívida Ativa da União, dos Estados, do Distrito Federal, dos Municípios e respectivas autarquias é regida pela Lei ordinária federal n. 6.830, de 1980 – LEF, e, subsidiariamente, pelo Código de Processo Civil.

Doutrina

Acerca do *caráter declaratório do lançamento*, discorre Aliomar Baleeiro,[1] *verbis*:

1. Aliomar Baleeiro, *Direito Tributário Brasileiro*, 11ª ed., Rio de Janeiro, Forense, 2000, pp. 503-504.

> O Código Tributário Nacional pode induzir em equívoco quem lê na testa do Capítulo II do Título III a rubrica "Constituição do Crédito Tributário" e, no art. 142: "Compete privativamente à autoridade administrativa *constituir* o crédito tributário (...)".
>
> Constituir o crédito tributário, e não a obrigação tributária principal.
>
> Daí não decorre que o legislador brasileiro haja reconhecido caráter *constitutivo*, e não *declaratório*, ao lançamento. O disposto nos arts. 143 e 144 do CTN evidencia que ele próprio atribui ao lançamento efeitos de ato declaratório. E os trabalhos da Comissão do Projeto Aranha/R. G. de Sousa são claros a esse respeito, não obstante as perplexidades atribuídas por Falcão a seu ilustre autor.
>
> A noção de ato *constitutivo* se avizinha do conceito do art. 81 do CC; é todo ato lícito que tem por fim imediato adquirir, modificar ou extinguir direito. Realizados esses fins, os de criar, alterar ou abolir uma situação jurídica, constituindo-a, ele se projeta de sua data em diante para o futuro (*ex nunc*).
>
> Já o ato *declaratório* não cria, não extingue, nem altera um direito. Ele apenas determina, faz certo, apura, ou reconhece um direito preexistente, espancando dúvidas e incertezas.
>
> Seus efeitos recuam até a data do ato ou fato por ele declarado ou reconhecido (*ex tunc*). Pode comparar-se com o processo de liquidação e execução depois da fase cognoscitiva.
>
> Daí a importância prática de estabelecer-se a natureza jurídica do *lançamento*, porque seus efeitos seriam diversos se fosse constitutivo e não declaratório.
>
> Houve de início controvérsia sobre esse assunto relevante, mas hoje pode considerar-se pacificado, tanto na doutrina brasileira quanto na maior parte da estrangeira.
>
> (...).
>
> No Direito Brasileiro os pronunciamentos conhecidos se manifestam pelo caráter declaratório do lançamento. *[Grifos do autor]*

Paulo de Barros Carvalho[2] considera lançamento o ato jurídico administrativo que veicula norma individual e concreta constitutiva de direitos e deveres subjetivos. Registre-se:

> **Lançamento é ato jurídico administrativo**, da categoria dos simples, constitutivos e vinculados, mediante o qual se **insere** na ordem jurídica brasileira u'a **norma individual e concreta**, que tem como antecedente o fato jurídico tributário e como conseqüente(sic) a formalização do

2. Paulo de Barros Carvalho, *Curso de Direito Tributário*, 13ª ed., São Paulo, Saraiva, 2000, p. 383.

vínculo obrigacional, pela individualização dos sujeitos ativo e passivo, a determinação do objeto da prestação, formado pela base de cálculo e correspondente alíquota, bem como pelo estabelecimento dos termos espaço-temporais em que o crédito há de ser exigido. *[Grifamos]*

Hugo de Brito Machado,[3] outrossim, observa que o Código Tributário Nacional adota a posição dualista da obrigação tributária, *verbis*:

> A natureza jurídica do lançamento tributário já foi objeto de grandes divergências doutrinárias. Hoje, porém, é praticamente **pacífico** o entendimento segundo o qual o lançamento **não cria direito**. Seu efeito é simplesmente declaratório. Entretanto, no **Código Tributário Nacional** o crédito tributário é algo **diverso** da obrigação tributária. Ainda que, em essência, crédito e obrigação sejam a mesma relação jurídica, o crédito é um momento distinto. É um terceiro estágio na dinâmica da relação obrigacional tributária. E o lançamento é precisamente o **procedimento administrativo** de determinação do crédito tributário. **Antes** do lançamento existe a obrigação. **A partir** do lançamento surge o crédito. *[Grifamos]*

Acerca da possibilidade de revisão do lançamento, salienta Luciano Amaro,[4] *verbis*:[4]

> Em resumo, o art. 146 provavelmente visou a expressar a impossibilidade de revisão de lançamento por erro de direito. Talvez tenha falado em modificação de critério jurídico para abranger também a hipótese de migração de um critério legalmente válido para outro também legítimo. Foi além, e decretou a **vinculação do Fisco** ao critério utilizado (mesmo em relação a outros fatos geradores, ainda não objeto de lançamento), até que seja "introduzido" (não se diz como) o novo critério. Talvez tenha querido também expressar a **proteção do indivíduo** que obteve do Fisco uma resposta favorável num processo de consulta. Porém, a **redação precária** (e o entrechoque com o art. 100, parágrafo único) deixou pelo caminho um rosário de dúvidas.
>
> Como contraponto, é preciso registrar que a legislação tem caminhado para a **generalização do recolhimento** de tributos **sem prévio lançamento** pela autoridade (que, **na prática**, só se manifesta se estiver em desacordo com o montante pago). Nessas situações, falar em vinculação do Fisco aos critérios por ele empregados no exercício da atividade de lançamento tem um sabor um tanto anacrônico. *[Grifamos]*

3. Hugo de Brito Machado, *Curso de Direito Tributário*, 29ª ed., São Paulo, Malheiros Editores, 2008, p. 174.
4. Luciano Amaro, *Direito Tributário Brasileiro*, 14ª ed., São Paulo, Saraiva, 2008, pp. 355-356.

Doutra parte, Agnelo Amorim Filho[5] apresenta três regras para identificar as ações sujeitas a prescrição ou a decadência, *verbis*:

> 1ª. Estão sujeitas a prescrição: todas as ações condenatórias, e somente elas (arts. 177 e 178 do CC).
>
> 2ª. Estão sujeitas a decadência (indiretamente, isto é, em virtude da decadência do direito a que correspondem): as ações constitutivas que têm prazo especial de exercício fixado em lei.
>
> 3ª. São perpétuas (imprescritíveis): (a) as ações constitutivas que não têm prazo especial de exercício fixado em lei; e (b) todas as ações declaratórias.
>
> Várias inferências imediatas podem ser extraídas daquelas três proposições. Assim: (a) não há ações condenatórias perpétuas (imprescritíveis), nem sujeitas a decadência; (b) não há ações constitutivas sujeitas a prescrição; e (c) não há ações declaratórias sujeitas a prescrição ou a decadência.

Consoante Tavares Paes,[6] o *prazo para pleitear a restituição do indébito tributário* é prescricional, *verbis*:

> Trata-se de prescrição. Não é o direito que se extingue, e sim o direito de pleitear a restituição. O direito de pleitear é o exercício da pretensão que tanto pode ser de pleitear administrativamente ou de forma judicial. A redação do art. 168 é semelhante à do art. 134 do Projeto do CTN. **Não temos dúvida hoje de que se trata de prescrição.** Revimos nosso ponto de vista anterior. Mas estávamos em muito boa companhia. O direito de pleitear é direito de ação. Em ambos os casos do art. 168, o direito de requerer a restituição aparece automaticamente por ocasião do pagamento, ou quando se tenha tornado definitiva a defesa do contribuinte contra a exigência do Fisco. E o crédito contra o Fisco é *ex lege*, sendo dispensável o exercício de qualquer direito potestativo por parte do credor para pedir a restituição. São prazos prescricionais. *[Grifamos]*

Jurisprudência

• Lançamento tributário – efeitos ex tunc (CTN/66)

O lançamento tributário aplica a lei vigente à época do fato gerador para formalizar o crédito tributário, ainda que esteja vigendo nova lei sobre respectivo tributo. Para a fiscalização e aplicação de medidas de garantia, todavia, serão aplicadas as normas tributárias procedimentais vigentes à época da realização

5. Agnelo Amorim Filho, "Critério científico para distinguir a prescrição da decadência e para identificar as ações imprescritíveis", RT 300/37, São Paulo, RT. Sobre o tema, v. também Eurico Marcos Diniz de Santi, *Decadência e Prescrição no Direito Tributário*, 2º ed., São Paulo, Max Limonad, 2001.
6. P.R. Tavares Paes, *Comentários ao Código Tributário Nacional*, 6ª ed., São Paulo, *Lejus*, 1998, pp. 383-384.

do lançamento tributário, sem qualquer ofensa ao princípio constitucional da irretroatividade das leis. Nesse sentido, transcreva-se o seguinte julgado:

> Tributário – Normas de caráter procedimental – Aplicação intertemporal – Utilização de informações obtidas a partir da arrecadação da CPMF para a constituição de crédito referente a outros tributos – Retroatividade permitida pelo art. 144, § 1º, do CTN. 1. **O art. 144, § 1º, do CTN prevê que as normas tributárias procedimentais ou formais têm aplicação imediata, ao contrário daquelas de natureza material, que somente alcançariam fatos geradores ocorridos durante a sua vigência.** 2. Não existe direito adquirido de impedir a fiscalização de negócios que ensejam fatos geradores de tributos, máxime porque enquanto não existe o crédito tributário a autoridade fiscal tem o dever vinculativo do lançamento em correspondência ao direito de tributar da entidade estatal – Agravo regimental improvido. *[STJ, 2ª Turma, REsp/AgR 1.011.596-SP, rel. Min. Humberto Martins, j. 17.4.2008, v.u., DJU 5.5.2008, p. 1] [Grifamos]*

Deveras, o art. 144, do CTN/66, explicita os efeitos *ex tunc* do lançamento. Salienta, ademais, que não viola o princípio constitucional da irretroatividade a aplicação da legislação que veicule novos critérios de apuração ou processos de fiscalização. Nesse sentido, dispõe o item "b", do Tema 225, da sistemática de repercussão geral, cuja tese, em 2016, restou assim firmada, *verbis*:

> O art. 6º da Lei Complementar 105/01 **não ofende o direito ao sigilo bancário**, pois realiza a igualdade em relação aos cidadãos, por meio do princípio da capacidade contributiva, bem como **estabelece requisitos objetivos e o translado** do dever de sigilo da esfera bancária para a fiscal; II – A Lei 10.174/01 **não atrai** a aplicação do princípio da **irretroatividade** das leis tributárias, tendo em vista o **caráter instrumental da norma**, nos termos do artigo 144, § 1º, do CTN. *[Grifamos]*

• Lançamento tributário – revisão pelo fisco (CTN/66)

Admite-se a *retificação* do lançamento apenas quando se tratar de erro de fato, nos termos do art. 146 do CTN e da Súmula 227 do extinto TFR ("A mudança de critério jurídico adotado pelo Fisco não autoriza a revisão de lançamento"). Registre-se:

> **[CTN/66] Art. 146.** A **modificação** introduzida, de ofício ou em conseqüência(sic) de decisão administrativa ou judicial, nos **critérios jurídicos** adotados pela autoridade administrativa no exercício do lançamento somente pode ser efetivada, em relação a um mesmo sujeito passivo, quanto a **fato gerador** ocorrido **posteriormente** à sua introdução. *[Grifamos]*

Tratando-se, todavia, de ato vinculado, o lançamento somente poderá ser anulado, jamais revogado. Nesse sentido, a Suprema Corte assim pacificou a questão, *verbis*:

> **[STF] Súmula 473.** A **Administração** pode **anular** seus próprios atos, quando eivados de vícios que os tornam ilegais, porque deles não se originam direitos, ou **revogá-los**, por motivo de conveniência ou oportunidade, respeitados os direitos adquiridos, e ressalvada, em todos os casos, a apreciação judicial. *[Grifamos]*

Cuidando-se de tributo sujeito a lançamento por homologação, mesmo que o sujeito passivo tenha optado por realizar a compensação com outro crédito indevidamente recolhido, será passível de revisão pelo Fisco. Nesse sentido:

> Tributário – Compensação – **Autolançamento** – Possibilidade – **Revisão do lançamento pelo Fisco.** No âmbito do lançamento por homologação, é lícito ao contribuinte efetuar **compensação** entre crédito oriundo de tributo recolhido indevidamente e débito tributário. Ressalva-se ao Fisco o direito de rever o autolançamento. *[STJ, 1ª Turma, REsp 125.806-GO (reg. 97.0022205-5), rel. Min. Humberto Gomes de Barros, j. 18.12.1997, v.u., DJU 6.5.1998, p. 27] [Grifamos]*

• Prescrição e decadência em matéria de legislação tributária (CF/88)

Em conformidade com o atual entendimento da Suprema Corte, à lei complementar cabe veicular normas gerais em matéria tributária. Logo, normas gerais sobre prescrição e decadência não poderão ser objeto de leis ordinárias. Transcreva-se:

> CONSTITUCIONAL. **TRIBUTÁRIO**. PRESCRIÇÃO E DECADÊNCIA. **RESERVA DE LEI COMPLEMENTAR**. LEI ORDINÁRIA QUE DISPÕE DE FORMA CONTRÁRIA ÀQUELA NORMATIZADA EM LEI COMPLEMENTAR DE **NORMAS GERAIS. ART. 146, III, B, DA CF/1988.** ART. 46 DA LEI 8.212/1991. PROCESSO CIVIL. AGRAVO REGIMENTAL. Viola a reserva de lei complementar para dispor sobre normas gerais em matéria tributária (art. 146, III, b, da CF/1988) lei ordinária da União que disponha sobre **prescrição e decadência**. Precedentes. "São **inconstitucionais** o parágrafo único do art. 5º do DL 1.569/1977 e os arts. 45 e 46 da Lei 8.212/1991, que tratam de prescrição e decadência de crédito tributário" (**Súmula Vinculante 8**). *[STF, RE 502.648 AgR, rel. min. Joaquim Barbosa, 2ª T, j. 19.8.2008, p. m., DJE 227 de 28.11.2008.] [Grifamos]*

Antes do referido posicionamento, o Superior Tribunal de Justiça considerava que a prescrição, no direito tributário, tema de direito material (art. 156, V, do CTN), não estava sujeita à disciplina de lei complementar, *verbis*:

> Processual – Tributário – Prescrição da cobrança de tributos fiscais (Lei n. 6.830/1980) – **Possibilidade de ser tratada em lei ordinária.** Os dispositivos que tratam da prescrição da ação de cobrança de **tributos não constituem "normas gerais de direito tributário"**. Podem, assim, ser tratados em lei federal ordinária. *[STJ, 1ª Turma, REsp 43.845/94-RS, rel. Min. Humberto Gomes de Barros, j. 11.4.1994, v.u., DJU 16.5.1994, p. 11.723] [Grifamos]*

o Lançamento tributário – Termo inicial do prazo decadencial (CTN/66)

O termo inicial do prazo decadencial para a constituição do crédito relativo a tributo sujeito a lançamento por homologação conta-se da data da ocorrência do fato gerador. A homologação, e o respectivo prazo decadencial, neste caso, pressupõe o pagamento antecipado do crédito tributário. A propósito, registre-se:

> Tributário – Decadência – Tributos sujeitos ao regime do lançamento por homologação. Nos tributos sujeitos ao regime do lançamento por homologação a decadência do direito de constituir o crédito tributário se rege pelo **art. 150, § 4º, do CTN**, isto é, o prazo para esse efeito será de **cinco anos a contar da ocorrência do fato gerador**; a incidência da regra supõe, evidentemente, hipótese típica de **lançamento por homologação**, aquela em que ocorre o **pagamento antecipado** do tributo. *[STJ, 1ª Seção, EREsp 101.407-SP, rel. Min. Ari Pargendler, j. 7.4.2000, v.u., DJU 8.5.2000] [Grifamos]*

Quanto ao termo inicial de contagem do prazo decadencial, na hipótese de tributo sujeito a lançamento por homologação, cujo crédito não tenha sido declarado nem pago pelo sujeito passivo, aplica-se o seguinte entendimento jurisprudencial, *verbis*:

> [STJ] Súmula 555. Quando não houver declaração do débito, o prazo decadencial quinquenal para o Fisco constituir o crédito tributário conta-se exclusivamente na forma do **Art. 173, inciso I, do CTN**, nos casos em que a legislação atribui ao sujeito passivo o dever de antecipar o pagamento sem prévio exame da autoridade administrativa" *[Grifamos]*

Cuidando-se de tributo sujeito a lançamento por homologado, cujo crédito tenha sido declarado e pago antecipadamente pelo sujeito passivo, porém, a menor, neste caso, caberá à Fazenda Pública proceder à realização do lançamento de ofício, nos termos do art. 173, I, do CTN/66, para que o crédito remanescente não seja extinto pela decadência. Por oportuno, transcreva-se:

> Recurso especial – **Tributo sujeito a lançamento por homologação** – Verificação pela Fazenda credora da existência de diferença a maior em

seu favor – Necessidade de efetivação do lançamento e notificação do devedor – Recurso não provido 1. **Se a Fazenda Nacional**, ao examinar créditos declarados pela contribuinte, **verificar a existência de diferença a maior em seu favor**, deverá efetivar o **lançamento** com a **notificação** do devedor. 2. *In casu*, os valores inscritos na dívida ativa não são os declarados pela empresa, não se aplicando o disposto no art. 5º, §§ 1º e 2º, do Decreto-lei n. 2.124/1984. 3. Recurso especial não provido. *[STJ, 1ª Turma, REsp 745.717-SC, rela. Min. Denise Arruda, j. 18.3.2008, m.v., DJU 30.4.2008, p. 1] [Grifamos]*

o Execução Fiscal – Termo inicial do prazo prescricional (CTN/66)

É pacífico o entendimento do Superior Tribunal de Justiça acerca do termo inicial da contagem do prazo quinquenal para a propositura de eventual cobrança judicial. Registre-se:

> **[STJ] Súmula n. 622.** A **notificação** do auto de infração **faz cessar** a contagem da **decadência** para a constituição do crédito tributário; exaurida a instância administrativa com o decurso do prazo para a impugnação ou com a notificação de seu julgamento definitivo e esgotado o prazo concedido pela Administração para o pagamento voluntário, **inicia-se o prazo prescricional** para a cobrança judicial. *[Grifamos]*

A esse respeito, cite-se o entendimento sumulado, em 2009, pelo Superior Tribunal de Justiça. Registre-se:

> **[STJ] Súmula n. 397.** O contribuinte do IPTU é **notificado do lançamento** pelo **envio do carnê** ao seu endereço. *[Grifamos]*

Cuidando-se, todavia, de tributo sujeito a lançamento por homologação, considera-se regularmente constituído o crédito tributário com o cumprimento, pelo sujeito passivo, de sua obrigação tributária, qual seja a entrega tempestiva das informações que lhe são exigidas, na forma da legislação tributária do respectivo ente tributante. Desse teor é o entendimento sumulado, em 2010, pelo Superior Tribunal de Justiça. Registre-se:

> **[STJ] Súmula n. 436.** A **entrega de declaração pelo contribuinte** reconhecendo débito fiscal **constitui o crédito tributário**, dispensada qualquer outra providência por parte do fisco. *[Grifamos]*

o Prazos decadencial e prescricional – suspensão e interrupção (CTN/66)

A suspensão e a interrupção da fluência do prazo prescricional são fenômenos distintos, mormente quanto aos seus efeitos. Vejamos. Finda a causa suspensiva, computar-se-á o prazo transcorrido antes do advento da causa suspensiva; a mera ocorrência da causa interruptiva, por outro lado, faz reiniciar a contagem do prazo quinquenal na íntegra, é dizer, desde o início. O parcelamento é exemplo de causa suspensiva da exigibilidade do crédito tributário. No entanto, se descumprido, terá o condão de interromper a fluência do prazo prescricional. Nesse sentido, assim se manifestou o Superior Tribunal de Justiça, *verbis*:

> Tributário – Processo judicial tributário (exacional) – Execução fiscal – Prescrição do direito de cobrança judicial pelo Fisco – Prazo qüinqüenal – **Termo inicial** – ICMS – **Tributo declarado, mas não pago** – **Pedido de parcelamento** – **Causa interruptiva** do prazo prescricional (art. 174, parágrafo único) – Extinção do crédito tributário (art. 156, V, do CTN).
>
> (...).
>
> 5. Assim, conta-se **da data da entrega do documento** de formalização do crédito tributário **pelo próprio contribuinte** (DCTF, GIA etc.) o prazo qüinqüenal(sic) para o Fisco acioná-lo judicialmente, nos casos de **tributos sujeitos a lançamento por homologação**, em que **não houve o pagamento antecipado** (inexistindo **valor a ser homologado, portanto),** **nem** quaisquer das causas suspensivas da exigibilidade do crédito **ou interruptivas** do prazo prescricional (...).
>
> (...).
>
> 6. Por outro turno, nos casos em que **o Fisco constitui o crédito tributário**, mediante lançamento, inexistindo quaisquer causas de suspensão da exigibilidade ou de interrupção da prescrição, o prazo prescricional **conta-se da data em que o contribuinte for regularmente notificado do lançamento** tributário (arts. 145 e 174, ambos do CTN).
>
> 7. Entrementes, **sobrevindo causa de suspensão** de exigibilidade **antes do vencimento do prazo para pagamento** do crédito tributário, formalizado pelo contribuinte (em se tratando de tributos sujeitos a lançamento por homologação) ou lançado pelo Fisco, **não tendo sido reiniciado o prazo *ex vi* do parágrafo único do art. 174 do CTN**, o *dies a quo* da regra da prescrição desloca-se para a **data do desaparecimento jurídico do obstáculo à exigibilidade.** (...).
>
> (...).
>
> 10. A regra prescricional aplicável ao caso concreto é a que alude ao reinício da contagem do prazo, ante a ocorrência de **causa interruptiva** prevista no parágrafo único do art. 174 do *digesto* tributário – *in casu*, o **pedido de parcelamento** formulado em 30.5.1990, que pressupõe a **confissão da dívida**, ato inequívoco que importa em reconhecimento do débito pelo devedor. Contudo, o prazo da prescrição interrompido pela confissão e pedido de parcelamento **recomeça a fluir no dia que o devedor deixa de cumprir o acordo celebrado** (Súmula n. 248/TFR), momento em que se configura a lesão ao direito subjetivo do Fisco, dando

> azo à propositura do executivo fiscal. 11. Desta sorte, dado que o **reinício do prazo prescricional se deu em 30.10.1990 e a execução fiscal restou intentada em 10.7.1997**, dessume-se a **extinção do crédito** tributário em tela, ante o decurso *in albis* do prazo prescricional qüinqüenal(sic) para cobrança judicial pelo Fisco. 12. Recurso especial a que se nega provimento. *[STJ, 1ª Turma, REsp 802.063-SP, rel. Min. Luiz Fux, j. 21.8.2007, v.u., DJU 27.9.2007, p. 227] [Grifamos]*

Saliente-se que a discussão judicial do crédito tributário, por si só, não suspende a exigibilidade do crédito tributário. Na hipótese de deferimento de pedido de liminar, todavia, a Fazenda Pública não poderá o adotar qualquer medida para a satisfação do crédito, pois a exigibilidade do crédito estará suspensa (art. 151, IV, do CTN/66). Registre-se:

> (...).
>
> 2. Nos termos do art. 174, "caput", do Código Tributário Nacional, a **constituição definitiva do crédito tributário** inaugura o prazo prescricional de 5 (cinco) anos para a Fazenda Pública cobrar judicialmente o aludido crédito. O **termo final do prazo prescricional para a cobrança** do débito fiscal diz com a dala do ajuizamento da execução fiscal, observado o disposto no **art. 174, I**, do CTN, quanto à **interrupção da prescrição**, bem assim a incidência ou não da alteração procedida pela Lei Complementar nº 118/2005, vigente a partir de 09.06.2005, a qual tem aplicação imediata aos processos em curso, dada sua natureza processual.
>
> (...).
>
> 11. A Primeira Seção do STJ possui orientação de que, **impugnado judicialmente** o crédito tributário, mas **sem realização de depósito** em dinheiro do seu montante integral, o **prazo prescricional** para a Fazenda Pública cobrar o crédito impugnado **conta-se da publicação do acórdão** do Tribunal **que revogar a medida liminar** ou a antecipação dos efeitos da tutela, **salvo se** for atribuído efeito suspensivo aos Recursos Especial ou Extraordinário interpostos contra esse acórdão, sendo desnecessário, assim, aguardar o trânsito em julgado, quando não concorrer outra causa de suspensão, prevista no art. 151 do CTN. Nesse sentido: AgInt no REsp 1.468.493/RS, Rel. Min. Assusete Magalhães, Segunda Turma, DJe 19/12/2019 e EREsp 449.679/RS, Rel. Min. Hamilton Carvalhido, Primeira Seção, DJe de 01/02/2011.
>
> (...).
>
> *[STJ, REsp 1821248 / SP, 2ª T., rel. min. Herman Benjamin, j. 6.8.2024, v.u., DJ 26.8.2024] [Grifamos]*

Nesses termos, se concedida a medida liminar, suspender-se-á a exigibilidade do crédito tributário e o curso do lapso prescricional. No entanto, se cassada a liminar ou denegada a ordem, o crédito tributário será exigível, retomando-se o curso da prescrição.

A propósito, as causas interruptivas do prazo prescricional dispostas no artigo 174, do CTN/66, não se referem ao prazo para propor ação de repetição de indébito tributário, mas sim ao prazo para a propositura da Execução Fiscal pela Fazenda Pública, visando à cobrança do crédito tributário. Nesse sentido:

> Processual civil e tributário – Alínea "c" – Acórdão recorrido em consonância com a jurisprudência desta Corte – Súmula n. 83/STJ – Alínea "a" – Tributo sujeito a lançamento por homologação – Prescrição e decadência – **Interrupção do prazo na repetição de indébito em razão da Instrução Normativa n. 165/1998 da SRF – Impossibilidade** – Precedentes. 1. "Não se conhece do recurso especial pela divergência quando a orientação do tribunal se firmou no mesmo sentido da decisão recorrida" (Súmula n. 83/STJ). 2. **Nas ações de repetição de indébito tributário o prazo prescricional e decadencial é contado nos termos dos arts. 150, §§ 1º e 4º, 156, VII, 165, I, e 168, I, do CTN**. 3. "A Instrução Normativa n. 165 e o **art. 174 do CTN** em nada interferem na interpretação dos preceitos legais que regulam a contagem do prazo prescricional para a propositura de ação de repetição de indébito" (REsp n. 729.235-SC, rel. Min. João Otávio de Noronha, 2ª Turma, j. 7.6.2005, *DJU* 1.8.2005). 4. Recurso especial parcialmente conhecido e, nessa extensão, desprovido. *[STJ, 2ª Turma, REsp 781.744-SC, rel. Min. Carlos Fernando Mathias, j. 17.4.2008, v.u., DJU 12.5.2008, p. 1] [Grifamos]*

o Execução Fiscal – prescrição intercorrente (CTN/66)

Antes do advento da Lei 11.051/2004, predominava o seguinte entendimento jurisprudencial acerca da prescrição intercorrente:

> Execução fiscal – Prescrição – Ocorrência – CTN, art. 174; CPC, arts. 219, 231 e 232; Lei n. 6.830/1980, art. 40 – Precedentes. 1. Transcorridos mais de cinco anos após o **prazo de suspensão** estabelecido no art. 40 da Lei n. 6.830/1980 sem qualquer iniciativa do exeqüente(sic) para interromper a prescrição, há de se considerar **prescrita a execução fiscal**. 2. Interpretação sistemática dos dispositivos legais acima nomeados. 3. Recurso especial conhecido e improvido. *[STJ, REsp 43.354-PR, rel. Min. Peçanha Martins, DJU-1 24.6.1996, p. 22.746] [Grifamos]*

No sentido de que não cabe prescrição intercorrente no processo administrativo tributário, assim decidiu o Superior Tribunal de Justiça:

(...).

> 4. O Código Tributário Nacional estabelece **três fases acerca da fruição dos prazos prescricional e decadencial** referentes aos créditos tributários. A primeira fase estende-se **até a notificação** do auto de infração ou do lançamento ao sujeito passivo – período em que há o decurso do prazo decadencial (art. 173 do CTN); a segunda fase flui **dessa notificação até a decisão final** no processo administrativo – em tal período encontra-se **suspensa** a exigibilidade do crédito tributário (art. 151, III, do CTN) e, por conseguinte, **não há o transcurso do prazo decadencial, nem do prescricional**; por fim, na terceira fase, com a decisão final do processo administrativo, constitui-se definitivamente o crédito tributário, dando-se **início** ao prazo prescricional de cinco anos para que a Fazenda Pública proceda à devida cobrança, segundo o que dispõe o art. 174 do CTN, a saber: "A ação para a cobrança do crédito tributário prescreve em 5 (cinco) anos, contados da data da sua constituição definitiva" – Precedentes. 5. Enquanto há pendência de recurso administrativo não correm os prazos prescricional e decadencial. Somente a partir da data em que o contribuinte é notificado do resultado do recurso é que tem início a contagem do prazo de prescrição previsto no art. 174 do CTN. Destarte, **não há falar em prescrição intercorrente em sede de processo administrativo fiscal**. 6. Recurso especial parcialmente conhecido e, nessa parte, desprovido. *[STJ, 1ª Turma, REsp 718.139-SP, rela. Min. Denise Arruda, j. 18.3.2008, v.u., DJU 23.4.2008, p. 1] [Grifamos]*

o Ação de Repetição de Indébito – prazo prescricional (CTN/66)

Quanto ao prazo para a repetição de indébito tributário, o Superior Tribunal de Justiça já decidiu acerca das hipóteses referidas no inc. II, do art. 168, do CTN/66, no sentido de que (i) se o contribuinte pleitear judicialmente a repetição de indébito, o prazo decadencial iniciar-se-á a partir do trânsito em judicial da decisão em seu favor; (ii) se, todavia, a restituição fora pleiteada na esfera administrativa, o prazo decadencial iniciar-se-á no momento em que seu pedido foi respondido, de modo que, sem decisão, não se opera a decadência. Registre-se:

> Tributário – **Repetição de indébito** – **Decadência** – Pendência de processo administrativo. I – A decadência do direito à repetição do indébito tributário **inicia-se** após cinco anos, **contados a partir** de quando se tornou **definitiva a decisão administrativa** que apreciou o pedido do contribuinte (CTN, art. 168, II). II – À falta de decisão, não se opera decadência. *[STJ, 1ª Turma, REsp 151.520 (reg. 97/0073139-1), rel. Min. Humberto Gomes de Barros, j. 15.12.1997, v.u., DJU 20.4.1998, p. 37] [Grifamos]*

A Lei Complementar 118/2005, a pretexto de interpretar, na verdade, alterou, com efeitos retroativos, o Código Tributário Nacional de 1966. O prazo que era de 10 anos para se pleitear a restituição de indébito tributário, com o advento da referida lei, foi reduzido para 5 anos. De conseguinte, impõe-se a observância do princípio da irretroatividade das leis. Transcreva-se:

> Constitucional – Tributário – Lei interpretativa – Prazo de **prescrição** para a repetição de indébito nos tributos sujeitos a lançamento por homologação – **Lei Complementar n. 118/2005**: natureza modificativa (e não simplesmente interpretativa) do seu art. 3º – Inconstitucionalidade do seu art. 4º, na parte que determina a aplicação retroativa. 1. Sobre o tema relacionado com a **prescrição** da **ação de repetição de indébito** tributário, a jurisprudência do STJ (1ª Seção) é no sentido de que, em se tratando de **tributo sujeito a lançamento por homologação**, o prazo de cinco anos, previsto no art. 168 do CTN, tem início não na data do recolhimento do tributo indevido, e sim na data da homologação – expressa ou tácita – do lançamento. Segundo entende o Tribunal, para que o crédito se considere extinto não basta o pagamento: **é indispensável a homologação do lançamento**, hipótese de extinção albergada pelo art. 156, VII, do CTN. Assim, **somente a partir dessa homologação é que teria início o prazo previsto no art. 168, I**. E, **não havendo homologação expressa**, o prazo para a repetição do indébito acaba sendo, na verdade, de **10 anos a contar do fato gerador**. 2. Esse entendimento, **embora não tenha a adesão uniforme da doutrina e nem de todos os juízes**, é o que legitimamente define o conteúdo e o sentido das normas que disciplinam a matéria, já que se trata do entendimento emanado do órgão do **Poder Judiciário** que tem a atribuição constitucional de interpretá-las. 3. O **art. 3º** da Lei Complementar n. 118/2005, a pretexto de interpretar esses mesmos enunciados, conferiu-lhes, na verdade, um **sentido e um alcance diferentes daqueles dados pelo Judiciário**. Ainda que defensável a "interpretação" dada, não há como negar que **a lei inovou no plano normativo**, pois retirou das disposições interpretadas um dos seus sentidos possíveis, justamente aquele tido como correto pelo STJ, intérprete e guardião da legislação federal. 4. Assim, tratando-se de preceito normativo modificativo, e não simplesmente interpretativo, o art. 3º da Lei Complementar n. 118/2005 **só pode ter eficácia prospectiva, incidindo apenas sobre situações que venham a ocorrer a partir da sua vigência**. 5. O art. 4º, segunda parte, da Lei Complementar n. 118/2005, que determina a aplicação retroativa do seu art. 3º, para alcançar inclusive fatos passados, ofende o **princípio constitucional da autonomia e independência dos Poderes** (CF, art. 2º) e o da **garantia do direito adquirido**, do **ato jurídico perfeito** e da **coisa julgada** (CF, art. 5º, XXXVI). 6. Argüição(sic) de inconstitucionalidade acolhida. *[STJ, EREsp/AI 644.736-PE, rel. Min. Teori Albino Zavascki, j. 6.6.2007, v.u., DJU 27.8.2007, p. 170] [Grifamos]*

Em 2012, firmou-se a seguinte tese, *verbis*: "Para as ações ajuizadas a partir de 9.6.2005, aplica-se o art. 3º, da Lei Complementar n. 118/2005, contando-se o prazo prescricional dos tributos sujeitos a lançamento por homologação em **cinco anos a partir do pagamento antecipado** de que trata o art. 150, § 1º, do CTN", (STJ, REsp 1269570/MG), (Grifamos).

Temas para Dissertação ou Pesquisa

1. "Lançamento Tributário. Definição. Espécies. Efeitos Jurídicos.".
2. "Lançamento Tributário e Auto de Infração. Distinção."
3. "Decadência. Conceito. Termo Inicial. Efeitos."
4. "Prescrição. Conceito. Termo Inicial. Causas interruptivas. Efeitos."

Questões

1. Que é "crédito tributário"?
2. Que é "lançamento"?
3. Quais são as espécies de lançamento segundo o Código Tributário Nacional?
4. É possível a retificação do lançamento após a notificação do contribuinte?
5. Que é "auto de infração"?
6. Compare os temas de prescrição e decadência no direito civil e no direito tributário.
7. Qual é o termo inicial do lapso decadencial nos tributos sujeitos a lançamento direto, por declaração e por homologação?
8. Qual é o termo inicial do lapso prescricional para a propositura da ação de cobrança? E da ação repetitória?
9. Quais são as causas suspensivas do prazo prescricional? E interruptivas?
10. Qual é a relevância da distinção entre prescrição e decadência?

Consultas

1. **[XXXIV Exame de Ordem Unificado, 2022, n. 2]** O Fisco Municipal realizou o lançamento de ofício do Imposto sobre a Propriedade Predial e Territorial Urbana (IPTU), referente a imóvel de propriedade de José. Contudo, fazendo uso de ferramenta de Internet que gera fotos por satélites, bem como de drones equipados com câmeras, o Fisco constatou que o cadastro municipal sobre o imóvel estava desatualizado, pois, embora a metragem do terreno não houvesse sido alterada, foi edificada uma casa no terreno. Todavia, José deixou de notificar o Município sobre a construção, conforme era exigido em

lei municipal tributária. Diante desse cenário, responda aos itens a seguir. A) Ainda que o terreno não tenha sofrido alteração de metragem, é possível majorar o IPTU cobrado de José com base na construção da casa? (Valor: 0,60) B) Já tendo efetuado o primeiro lançamento, poderá o Fisco realizar um segundo lançamento de IPTU referente ao mesmo ano? (Valor: 0,65) Obs.: o(a) examinando(a) deve fundamentar suas respostas. A mera citação do dispositivo legal não confere pontuação.

2. **[XXXIV Exame de Ordem Unificado, 2022, n. 4]** Considere que a União instituiu, por meio da Lei Ordinária nº 123, de 15 de janeiro de 2022, contribuição de intervenção no domínio econômico (CIDE) incidente sobre receitas decorrentes de exportação de petróleo e determinou que a ação para a cobrança do crédito tributário dessa CIDE prescreverá em dez anos, contados da data da sua constituição definitiva. Diante de tal quadro, responda aos itens a seguir. A) O fato gerador dessa CIDE está em conformidade com a CRFB/88? (Valor: 0,65) B) O novo prazo prescricional, estabelecido da lei ordinária nº 123/2022, é válido? (Valor: 0,60) Obs.: o(a) examinando(a) deve fundamentar suas respostas. A mera citação do dispositivo legal não confere pontuação.

3. **[XXXI Exame de Ordem Unificado, 2020, n. 2]** A) A sociedade empresária ABC Ltda. realizou, em 10.1.2014, fato gerador de um tributo sujeito a lançamento por homologação. O prazo final para entrega da declaração e pagamento era 10.2.2014, mas a empresa nem entregou a declaração, nem pagou o tributo devido. Em razão disso, o Fisco, em 05.2.2019, realizou lançamento de ofício do tributo devido, notificando a contribuinte, em 15.2.2019, para impugnar ou pagar o débito em 30 dias. A sociedade empresária, no entanto, nem pagou, nem impugnou administrativamente tal lançamento. O débito é inscrito em dívida ativa e, em 10.06.2019, é ajuizada ação de execução fiscal contra ela, com despacho do juiz ordenando a citação, em 30.06.2019. A sociedade empresária, ao fazer sua defesa em embargos à execução fiscal, alega que o direito de lançar aquele crédito tributário já havia sido alcançado pela decadência, pois, nos termos do Art. 150, § 4º, do CTN, aplicável aos tributos sujeitos a lançamento por homologação, já havia transcorrido mais de cinco anos entre a data do fato gerador e o lançamento efetuado pelo Fisco. Diante desse cenário, responda aos itens a seguir. A) Tem razão a sociedade empresária em sua alegação? (Valor: 0,55) B) Caso a sociedade empresária houvesse declarado corretamente o tributo devido em 10.2.2014, mas não tivesse efetuado o seu recolhimento, seria possível ajuizar a execução fiscal em 10.06.2019? (Valor: 0,70) Obs.: o(a) examinando(a) deve fundamentar suas respostas. A mera citação do dispositivo legal não confere pontuação.

4. **[XXIX Exame de Ordem Unificado, 2019, n. 3]** João dos Santos, em abril de 2016, declarou, à Receita Federal do Brasil, os rendimentos que auferiu no exercício financeiro anterior, reconhecendo o débito tributário do Imposto

sobre a Renda (IR). Apesar de a declaração ter sido regular, o contribuinte não pagou o Imposto sobre a Renda devido. No mês seguinte ao vencimento do tributo, antes do início de qualquer procedimento administrativo ou medida de fiscalização, João emite a respectiva guia e faz o recolhimento do tributo ao Fisco. Diante de tal quadro, responda aos itens a seguir. A) Em que momento o crédito tributário foi constituído definitivamente? (Valor: 0,60) B) O Fisco poderá cobrar multa de João pelo pagamento feito após o vencimento, mesmo à luz do Art. 138 do CTN, que prevê o benefício da denúncia espontânea? (Valor: 0,65) Obs.: o(a) examinando(a) deve fundamentar as respostas. A mera citação do dispositivo legal não confere pontuação.

Testes

1. **[41º Exame de Ordem Unificado, 2024, n. 28]** O Estado Alfa acabou de implantar um novo sistema on-line para o lançamento do Imposto sobre a Transmissão Causa Mortis e Doação – ITCMD, veiculando também em lei estadual o modo como o preenchimento da declaração deve ser feito e entregue pelo sujeito passivo tributário por meio da Internet. Segundo essa lei, caberia ao sujeito passivo preencher a declaração, indicando os fatos geradores, as bases de cálculo e as alíquotas aplicáveis, resultando, ao final, no valor a ser pago, devendo também o sujeito passivo gerar a guia de pagamento pela internet e pagá-la. O Fisco estadual teria prazo decadencial para analisar a declaração entregue e o respectivo pagamento por parte do sujeito passivo. Assinale a opção que indica, corretamente, a modalidade de lançamento do ITCMD nesse Estado.

   a) ( ) Lançamento por declaração.
   b) ( ) Lançamento por arbitramento.
   c) ( ) Lançamento por homologação.
   d) ( ) Lançamento de ofício.

2. **[Advogado, Pref. Sete Barras/SP, 2024, n. 25]** Dispõe o Código Tributário Nacional que a ação para cobrança do crédito tributário prescreve em cinco anos, contados da data da sua constituição definitiva. A prescrição se interrompe pelo que se afirma em: "I – pelo despacho do juiz que ordenar a citação em execução fiscal". "II – pelo protesto judicial". "III – por qualquer ato judicial que intime o devedor". "IV – por qualquer ato inequívoco ainda que extrajudicial, que importe em reconhecimento do débito pelo devedor".

   a) ( ) I, II e IV, apenas.
   b) ( ) I e III, apenas.
   c) ( ) II e III, apenas.

d) ( ) I, apenas.

e) ( ) I, II, III e IV.

3. [Advogado, Pref. Balneário Camboriú/SC, 2024, n. 28] É correto afirmar de acordo com o Código Tributário Nacional.

a) ( ) A modificação legislativa posterior à conclusão do lançamento acarretará a necessidade da sua adequação aos termos da nova legislação.

b) ( ) Ainda que posteriormente modificada ou revogada, o lançamento reporta-se à data da ocorrência do fato gerador da obrigação e rege-se pela lei então vigente.

c) ( ) O crédito tributário estará constituído após o regular processo fiscal de lançamento, assim como procedimento contraditório no qual a autoridade tributária investiga e colhe elementos para formalizar o crédito tributário.

d) ( ) A única possibilidade de alteração de um lançamento tributário, após a regular intimação do contribuinte, é por meio de impugnação interposta pelo sujeito passivo.

e) ( ) Após a regular notificação do sujeito passivo, o lançamento tributário não poderá mais ser objeto de modificação pela autoridade tributante.

4. [Advogado, Pref. Coqueira/MG, 2024, n. 36] A respeito do lançamento tributário e sua regulamentação pelo Código Tributário Nacional, assinale a alternativa INCORRETA.

a) ( ) A modificação introduzida, de ofício ou em consequência de decisão administrativa ou judicial, nos critérios jurídicos adotados pela autoridade administrativa no exercício do lançamento somente pode ser efetivada, em relação a um mesmo sujeito passivo, quanto a fato gerador ocorrido posteriormente à sua introdução.

b) ( ) A retificação da declaração por iniciativa do próprio declarante, quando vise a reduzir ou a excluir tributo, só é admissível mediante comprovação do erro em que se funde, e antes de notificado o lançamento.

c) ( ) O lançamento por homologação, que ocorre quanto aos tributos cuja legislação atribua ao sujeito passivo o dever de antecipar o pagamento sem prévio exame da autoridade administrativa, opera-se pelo ato em que a referida autoridade, tomando conhecimento da atividade assim exercida pelo obrigado, expressamente a homologa.

d) ( ) O lançamento reporta-se à data da ocorrência do fato gerador da obrigação e rege-se pela lei então vigente, exceto quando posteriormente modificada ou revogada.

e) ( ) Os erros contidos na declaração e apuráveis pelo seu exame serão retificados de ofício pela autoridade administrativa a que competir a revisão daquela.

5. [Advogado-Câmara de Fortaleza/CE, 2024, n. 65] Sobre o crédito tributário, analise as seguintes afirmativas:

I. O Imposto de Transmissão Causa Mortis e Doação – ITCDM, referente a doação não oportunamente declarada pelo contribuinte ao fisco estadual, a contagem do prazo decadencial tem início no primeiro dia do exercício seguinte àquele em que o lançamento poderia ter sido efetuado.

II. O termo inicial do prazo prescricional da cobrança judicial do Imposto Predial e Territorial Urbano – IPTU inicia-se no dia seguinte à data estipulada para o vencimento da exação.

III. Uma vez extinto o direito pela decadência, o crédito tributário não pode ser reavivado por qualquer sistemática de lançamento ou auto-lançamento(sic), seja ela via documento de confissão de dívida, declaração de débitos, parcelamento ou de outra espécie qualquer. Está correto o que se afirma em

a) ( ) I e III, apenas.

b) ( ) I, II e III.

c) ( ) II e III, apenas.

d) ( ) I e II, apenas.

e) ( ) I, apenas.

13

SUSPENSÃO DA EXIGIBILIDADE DO CRÉDITO TRIBUTÁRIO

13.1 INTRODUÇÃO

O crédito tributário é um dos elementos estruturantes da obrigação tributária, cujo nascimento pressupõe a ocorrência, no mundo fenomênico, de um fato lícito, legalmente previsto, conhecido como "hipótese de incidência tributária", ou simplesmente "fato gerador abstrato". Uma vez realizado, passa a ser denominado de "fato gerador concreto". Nesse momento, os elementos identificadores da obrigação tributária – sujeitos ativo e passivo, crédito, débito e objeto –, poderão ser, na forma da legislação tributária, devidamente formalizados. Neste contexto, a constituição do crédito tributário decorrerá da aplicação da norma de incidência tributária ao respectivo fato gerador da obrigação tributária.

"Lançamento tributário" é o ato administrativo por meio do qual se formaliza o nascimento do referido liame obrigacional. Significa dizer que o lançamento, ao declarar o nascimento da obrigação tributária, determina quem são seus sujeitos ativo e passivo, bem como o montante da prestação pecuniária que será o objeto desta relação obrigacional, além de indicar quando, como e onde deverá ser regularmente cumprida.

Saliente-se que somente após a regular notificação do lançamento ao sujeito passivo, considerar-se-á constituído o crédito tributário e, nesses termos, exigível pelo credor. Não sendo integralmente pago nem impugnado pelo sujeito passivo, serão acrescidos juros de mora, eventuais créditos relativos às penalidades cabíveis e, sendo o caso, serão aplicadas medidas de garantia, desde que legalmente previstas. Com os acréscimos e atualizações de praxe, o sujeito passivo será novamente notificado, desta feita, do ora denominado Auto de Infração e Imposição de Multa - AIIMP, para que possa quitar sua dívida, na íntegra, ou defender-se, na forma da legislação tributária.

Após a constituição do crédito tributário, poderá ocorrer, todavia, algum ato ou fato a que a lei atribui o efeito de suspender a exigibilidade do crédito tributário, de modo que o credor não poderá inscrever o crédito em dívida ativa nem ajuizar a respetiva ação de cobrança. De igual modo, haverá a suspenção do dever legal do sujeito passivo de cumprir tempestivamente a prestação obrigacional.

No entanto, convém ressaltar, a presença de causa suspensiva não tem o condão de impedir a constituição do crédito tributário e o respectivo lançamento, para fins de observância do respectivo prazo decadencial. Afinal, a suspensão refere-se à exigibilidade do crédito tributário e esta, por sua vez, pressupõe que o sujeito passivo seja regularmente notificado da constituição do crédito tributário.

Saliente-se, ainda em caráter preambular, que cabe à lei complementar veicular normas gerais em matéria de legislação tributária, especialmente sobre crédito e obrigação tributária. Diante disso, presume-se recepcionado pela vigente Carta Magna, o disposto no Código Tributário Nacional, CTN/66, acerca das causas suspensivas da exigibilidade do crédito tributário, ora em apreço. Vejamo-las:

> **[CTN/66] Art. 151**. Suspendem a exigibilidade do crédito tributário:
>
> I - **moratória**;
>
> II - o depósito do seu montante **integral**;
>
> III - as **reclamações** e os **recursos**, nos termos das leis reguladoras do processo tributário **administrativo**;
>
> IV - a **concessão** de medida liminar em mandado de segurança.
>
> V - a **concessão** de medida liminar ou de tutela antecipada, em outras espécies de ação judicial; *[Incluído pela Lcp n. 104, de 2001]*
>
> VI - o **parcelamento**. *[Incluído pela Lcp n. 104, de 2001]*
>
> Parágrafo único. O disposto neste artigo **não dispensa o cumprimento das obrigações assessórias** dependentes da obrigação principal cujo crédito seja suspenso, ou dela conseqüentes(sic). *[Grifamos]*

Sem maiores torneios, denomina-se *Causas Suspensivas da Exigibilidade do Crédito Tributário* qualquer ato ou fato a que a lei atribua o efeito de suspender a exigibilidade do crédito alusivo à obrigação tributária principal. Note-se, portanto, que essa suspensão não alcança as obrigações tributárias acessórias, cujo cumprimento será devido pelo sujeito passivo ou terceiro, na forma da legislação tributária, sob pena de incorrer nas respectivas sanções.

13.2 MORATÓRIA E PARCELAMENTO

Moratória é a dilação legal do prazo para o pagamento do tributo. Neste caso, o pagamento realizado tempestivamente, não compreenderá o acréscimo de juros e multas.

Saliente-se que, na forma da legislação tributária, o pagamento poderá ser realizado a vista ou a prazo. Em quaisquer dessas hipóteses, é cabível a moratória.

A propósito, as causas suspensivas discriminadas no citado art. 151, revelam natureza processual, com exceção da moratória e do parcelamento, ambas as quais, quiçá por essa razão, receberam disciplina normativa à parte, conforme veremos a seguir.

- **Moratória geral e individual**

A moratória poderá ser concedida em caráter geral ou individual; nesta segunda modalidade, mediante requerimento, observando-se o princípio constitucional da legalidade-isonômica. Transcreva-se:

> **[CTN/66] Art. 152.** A moratória **somente** pode ser concedida:
>
> I – em caráter **geral**:
>
> a) pela pessoa jurídica de direito público **competente** para instituir o tributo a que se refira;
>
> b) pela **União**, quanto a tributos de competência dos Estados, do Distrito Federal ou dos Municípios, **quando** simultaneamente concedida quanto aos tributos de competência federal e às obrigações de direito privado;
>
> II – em caráter **individual**, por despacho da autoridade administrativa, desde que autorizada por **lei** nas condições do inciso anterior.
>
> Parágrafo único. A **lei** concessiva de moratória pode circunscrever **expressamente** a sua aplicabilidade à determinada **região** do território da pessoa jurídica de direito público que a expedir, ou a determinada **classe ou categoria** de sujeitos passivos. *[Grifamos]*

Insista-se. Em atenção ao princípio constitucional da legalidade-isonômica, a moratória somente poderá ser concedida diante de circunstâncias que legitimem tratamento desigual entre contribuintes. É dizer, a concessão de moratória não poderá ensejar tratamento desigual a contribuintes que se encontrem em situação equivalente.

Nessa esteira, somente por meio de lei será possível prorrogar o prazo previsto na legislação tributária para o regular cumprimento da obrigação tributária principal.

E mais. A lei concessiva de moratória há de ser emanada da entidade competente para a criação do respectivo tributo, sob pena desrespeitar os princípios federativo e da autonomia política dos Municípios, os quais, vale lembrar, são cláusulas pétreas asseguradas pela nossa Constituição Federal de 1988, CF/88.

Na contramão dessa linha interpretativa, a referida lei infraconstitucional (art. 152, I, "b"), dispõe que a União tem competência tributária para conceder moratória a tributos competência dos Estados, do Distrito Federal ou dos Municípios, quando simultaneamente concedida aos tributos de competência federal e às obrigações de direito privado. A nosso sentir, esse dispositivo legal não se encontra recepcionado pela vigente Constituição Federal, pois, como já restou mencionado, sua eventual aplicação implicará violação à rígida repartição constitucional de competência tributária, no qual encontra amparo o federalismo fiscal brasileiro.

- **Direito adquirido**

A moratória tributária poderá ser concedida, em caráter geral ou individual, aos contribuintes de determinada região ou a determinada classe ou categoria de contribuintes. A moratória individual, todavia, não gera direito adquirido, uma vez que sua concessão dar-se-á apenas mediante a apresentação de requerimento do sujeito passivo que preencha os requisitos legais e, enquanto preenchidos, será mantida. Transcreva-se:

> [CTN/66] **Art. 153.** A lei que conceda moratória em caráter **geral** ou autorize sua concessão em caráter **individual** especificará, sem prejuízo de outros **requisitos**:
>
> I – o **prazo** de duração do favor;
>
> II – as **condições** da concessão do favor em caráter **individual**;
>
> III – **sendo caso**:
>
> a) os **tributos** a que se aplica;
>
> b) o **número** de prestações e seus vencimentos, dentro do prazo a que se refere o inciso I, podendo atribuir a fixação de uns e de outros à autoridade administrativa, para cada caso de concessão em caráter individual;
>
> c) as **garantias** que devem ser fornecidas pelo beneficiado no caso de concessão em caráter individual. *[Grifamos]*

Frise-se, a moratória individual será concedida pelo fisco em face de requerimento formulado pelo contribuinte, por meio do qual se possa comprovar o preenchimento de todos os requisitos legais. Como corolário, o ato administrativo que a conceder poderá ser anulado a qualquer momento, sempre que se constatar a ausência de quaisquer desses requisitos.

Com efeito, o ato administrativo que concede a moratória individual é vinculado à lei, ou seja, não há campo de discricionariedade para que a autoridade administrativa, respaldando-se em critérios de conveniência e oportunidade, possa concedê-la ou negá-la ao requerente. Como corolário, uma vez concedida, a moratória individual não será passível de revogação, devendo, porém, ser *anulada* de ofício, "[...]sempre que se apure que o beneficiado não satisfazia ou deixou de satisfazer as condições ou não cumprira ou deixou de cumprir os requisitos para a concessão do favor" (art. 155, do CTN/66).

Nos termos do disposto na alínea "b", do inciso III, do artigo 153, em comento, o pagamento do tributo poderá ser efetuado – dentro do prazo concedido pela lei concessiva de moratória –, à vista ou a prazo. Nesta segunda hipótese, referida lei especificará o número de prestações e seus vencimentos, dentro do prazo de moratória concedido, podendo atribuir a fixação de uns e de outros à autoridade administrativa, para cada caso de concessão em caráter individual.

• Alcance da moratória

Vejamos agora o alcance da moratória, levando-se em conta a eventual existência de créditos tributários não vencidos constituídos ou em vias de constituição.

A suspensão da exigibilidade do crédito tributário só será possível após sua constituição definitiva ou seu início. É dizer, exige-se que, no momento da concessão da moratória, o contribuinte já tenha sido notificado do respectivo lançamento tributário.

Os créditos cujo lançamento já tenha sido iniciado, à data da lei ou do despacho que a conceder, por ato regularmente notificado ao sujeito passivo, em tese, também poderão ter sua exigibilidade suspensa, após sua regular constituição. Transcreva-se:

> **[CTN/66] Art. 154.** Salvo disposição de lei em contrário, a moratória somente abrange os **créditos definitivamente constituídos** à data da lei ou do despacho que a conceder, **ou** cujo lançamento **já tenha sido iniciado** àquela data por ato regularmente **notificado** ao sujeito passivo.
>
> Parágrafo único. A moratória **não aproveita** aos casos de **dolo**, **fraude** ou **simulação** do sujeito passivo ou do terceiro em benefício daquele. *[Grifamos]*

Com efeito, nos termos do disposto no *caput* do referido artigo, a moratória poderá alcançar tributos sujeitos a (i) lançamento de ofício, cujos créditos se encontrem regularmente constituídos à data da lei ou do despacho que a conceder, assim como os sujeitos a (ii) lançamento por declaração, que já tenha sido iniciado por ato regularmente notificado ao sujeito passivo da obrigação tributária, até a data da lei que a conceder. Em ambos os casos, a exigibilidade dos créditos ficará suspensa na pendência do prazo de moratória.

- **Prazo prescricional e Penalidades**

O prazo prescricional para a cobrança judicial do crédito tributário, vencido e não pago, será de cinco anos, contados da data da constituição definitiva do crédito tributário. Deste modo, a "revogação" (leia-se "anulação") do ato concessivo de moratória só poderá ocorrer enquanto não extinto o crédito pela prescrição. Nas hipóteses de comprado emprego de dolo ou simulação, o tempo decorrido entre a data da concessão da moratória e a data da sua "revogação" não será considerado para a contagem do prazo prescricional. Nesses casos, os créditos não prescritos serão cobrados com o acréscimo de juros de mora e das penalidades cabíveis.

Nos demais casos, o período entre a data da sua concessão e a data do ato "revogatório" será computado para a aferição do prazo prescricional, sem qualquer prejuízo para o contribuinte. Os créditos tributários não prescritos serão cobrados sem a imposição de penalidade, apenas acrescidos de juros de mora. Vejamos:

> **[CTN/66] Art. 155.** A concessão da moratória em caráter individual **não gera direito adquirido** e será **revogado de ofício**, sempre que se apure que o beneficiado não satisfazia ou deixou de satisfazer as condições ou não cumprira ou deixou de cumprir os requisitos para a concessão do favor, cobrando-se o crédito **acrescido** de **juros de mora**:
>
> I – **com** imposição da **penalidade** cabível, nos casos de dolo ou simulação do beneficiado, ou de terceiro em benefício daquele;
>
> II – **sem** imposição de **penalidade**, nos demais casos.
>
> Parágrafo único. No caso do **inciso I** deste artigo, o **tempo** decorrido entre a concessão da moratória e sua revogação **não se computa** para efeito da prescrição do direito à **cobrança** do crédito; no caso do **inciso II** deste artigo, a revogação **só** pode ocorrer **antes** de prescrito o referido direito. *[Grifamos]*

Registre-se, de passagem, que, restando configurada a prescrição, não há que se aplicar a lei de moratória, pois, neste caso, o crédito tributário já estará extinto.

Parcelamento

No tocante ao *parcelamento*, cumpre salientar seu ingresso no rol das causas suspensivas do crédito tributário a que se refere o disposto no art. 151, do CTN/66, em decorrência da edição da Lei Complementar n. 104, de 10, de janeiro de 2001. Até então, debatia-se, em torno de sua natureza jurídica: (i) espécie de moratória, e, portanto, causa suspensiva da exigibilidade do crédito tributário; ou (ii) espécie de novação, e, portanto, causa extintiva da exigibilidade do crédito tributário. Veja-se a disciplina geral para sua aplicação, *verbis*:

> **[CTN/66] Art. 155-A.** O parcelamento será concedido na **forma** e **condição** estabelecidas em **lei específica**. *[Incluído pela Lcp nº 104, de 2001]*
>
> § 1º Salvo disposição de lei em contrário, o parcelamento do crédito tributário **não** exclui a incidência de **juros** e **multas**. *[Incluído pela Lcp nº 104, de 2001]*
>
> § 2º Aplicam-se, **subsidiariamente**, ao parcelamento as disposições desta Lei, relativas à moratória. *[Incluído pela Lcp nº 104, de 2001]*
>
> § 3º **Lei específica** disporá sobre as **condições** de parcelamento dos créditos tributários do devedor em **recuperação judicial**. *[Incluído pela Lcp nº 104, de 2001]*
>
> § 4º A **inexistência** da lei específica a que se refere o § 3o deste artigo importa na aplicação das **leis gerais** de parcelamento do **ente da Federação** ao devedor em **recuperação judicial**, não podendo, neste caso, ser o **prazo** de parcelamento inferior ao concedido pela **lei federal específica**. *[Incluído pela Lcp nº 118, de 2005] [Grifamos]*

Consoante se depreende do referido dispositivo, o parcelamento submete-se às diretrizes gerais constantes do CTN/66, aplicáveis a moratória. Vejamo-las.

Cabe ao próprio ente tributante, por meio de lei específica para esse fim, estabelecer a forma e as condições para o parcelamento de seus créditos tributários. De igual modo, a exclusão de juros e multas dependerá de previsão legal expressa.

Exige-se, ademais, lei específica do próprio ente tributante para disciplinar as condições de parcelamento dos créditos tributários do devedor em recuperação judicial. Na ausência desta lei, aplicar-se-á aos créditos de devedor em recuperação judicial o disposto nas leis gerais de parcelamento do ente da respectiva federação. Ainda, nesta hipótese, o prazo de parcelamento não poderá ser inferior ao previsto em lei federal específica sobre as condições parcelamento de créditos tributários de devedor em recuperação judicial.

Acrescente-se, por fim, que o crédito tributário objeto de parcelamento, como regra geral, compreende o do tributo e da multa, bem como os respectivos juros. Como corolário, não se estenderá o benefício da denúncia espontânea – exclusão da responsabilidade pela infração (multa) – aos pedidos de parcelamento do crédito tributário.

13.3 DEPÓSITO JUDICIAL

Como regra, o depósito em conta bancária do montante do crédito tributário tem por finalidade assegurar a suspensão da sua exigibilidade.

Acerca dos depósitos realizados em processo judicial, dispõe a Lei de Execução Fiscal, *verbis*:

> Art. 32. Os **depósitos judiciais** em dinheiro serão obrigatoriamente feitos: I – na Caixa Econômica Federal, de acordo com o Decreto-lei n. 1.737, de 20 de dezembro de 1979, quando relacionados com a execução fiscal proposta pela União ou suas autarquias; II – na Caixa Econômica ou no banco oficial da unidade federativa ou, à sua falta, na Caixa Econômica Federal, quando relacionados com execução fiscal proposta pelo Estado, Distrito Federal, Municípios e suas autarquias. § 1º. Os depósitos de que trata este artigo estão sujeitos a atualização monetária, segundo os índices estabelecidos para os débitos tributários federais. § 2º. **Após o trânsito em julgado** da decisão, o depósito, monetariamente atualizado, **será devolvido** ao depositante **ou entregue à Fazenda** Pública, mediante ordem do juízo competente. *[Grifamos]*

Saliente-se que somente o depósito judicial tem por finalidade suspender a exigibilidade do crédito tributário, hipótese em que restará assegurada, ademais, sua atualização monetária.

Deveras, na hipótese de a controvérsia cingir-se à esfera administrativa, eventual depósito crédito tributário visará apenas à atualização monetária, uma vez que as reclamações e recursos administrativos, por si sós, têm o condão de suspender a exigibilidade do crédito impugnado.

Resta reconhecer, portanto, que o disposto no inciso I, do art. 151, do CTN/66, refere-se apenas ao depósito judicial, pois a impetração de mandado de segurança, propositura de qualquer outra ação judicial ou interposição de recurso na esfera judicial não figuram, em lei complementar, como causas suspensivas da exigibilidade do crédito tributário.

No mais, registre-se que a Lei n. 14.973, de 16.9.2024, traz novas regras para a atualização de depósitos administrativos ou judiciais – relativos à União, seus órgãos, fundos, autarquias, fundações ou empresas estatais federais, inclusive aqueles destinados à garantia de tributos federais – dentre as quais, a atualização de acordo com índices que reflitam a inflação, atualmente o Índice de Preços ao Consumidor Amplo (IPCA)

- **Depósito: direito do contribuinte**

Como restou mencionado, o ingresso nas vias judiciais não impedirá a Fazenda Pública de dar continuidade à cobrança do crédito tributário líquido e certo, vencido e não pago. Poderá, todavia, o contribuinte realizar o depósito judicial do crédito tributário, para suspender sua exigibilidade enquanto tramita o processo judicial em que se discute a constitucionalidade ou legalidade do referido crédito.

Observe-se que os princípios constitucionais do livre acesso à jurisdição e da legalidade-isonômica conduzem à assertiva de que a realização do depósito judicial constitui mera faculdade do contribuinte, que tem o direito e não o dever de depositar. Nesses termos, sustenta-se a inconstitucionalidade do art. 38, da Lei de Execução Fiscal (Lei 6.830, de 1980), na parte em que condiciona a propositura da ação anulatória de débito fiscal ao prévio depósito da quantia em litígio.

13.4 RECLAMAÇÃO E RECURSO ADMINISTRATIVO

O contribuinte poderá solicitar, perante a própria Administração Tributária, a simples revisão de atos cobrança fiscal, com vistas à retificação de eventual erro material. Poderá, ademais, impugnar exigências tributárias que considerar indevida, expondo as razões que embasam seu pedido de desconstituição do crédito tributário.

A esse respeito, predomina o entendimento de que, no processo administrativo contencioso, as reclamações e os recursos terão o efeito de suspensivas da exigibilidade do respectivo crédito tributário (art. 151, III, do CTN/66), desde que sejam apresentados tempestivamente.

13.5 CONCESSÃO DE LIMINAR OU DE TUTELA PROVISÓRIA

Numa acepção ampla, entenda-se por pedido de concessão de tutela provisória tanto o pedido de concessão de medida liminar em mandado de segurança como também qualquer outro pedido de tutela provisória formulado em quais outras espécies de ação, tais como o de tutela antecipada de urgência ou de evidência a que se refere o vigente Código de Processo Civil de 2015, CPC/15.

A concessão de liminar em mandado de segurança é causa suspensiva da exigibilidade do crédito tributário (art. 151, IV, do CTN/66).

A Lei Complementar 104, de 2001, de seu turno, explicitou que a concessão de medida liminar ou de tutela antecipada, em outras espécies de ação judicial, também são causas suspensivas da exigibilidade do crédito tributário (art. 151, V, do CTN/66).

Em quaisquer dessas hipóteses, vale frisar, a concessão de liminar não poderá ser condicionada ao depósito do valor controverso, sob pena de violação aos princípios constitucionais do livre acesso à jurisdição e da igualdade de todos perante a lei.

Doutrina

- **Moratória heterônoma**

Misabel Derzi[1] perfilha o entendimento doutrinário, segundo o qual o federalismo é o meio mais adequado de preservar a democracia e evitar a

1. *In*: *Direito Tributário Brasileiro*, 12ª ed., Rio de Janeiro, Forense, 2013, p. 1259.

centralização de poder. Como reflexo deste posicionamento, sustenta – com fulcro no federalismo brasileiro, e não, no princípio da tripartição de poderes –, ser vedado à União conceder moratória a tributos de outra esfera de competência, ainda que simultaneamente também a estenda aos seus tributos. Transcreva-se:

> Aqueles que tentam conciliar o federalismo brasileiro e as autonomias de Estados e Município, para consentir na competência da União em celebrar tratados e convenções internacionais em questões de ICMS ou ISS, buscam soluções compatíveis com as **novas tendências** de facilitar uma política nacional uniforme e coerente, a formação de blocos, mercados comuns ou comunidades de países distintos. Razões sem dúvida ponderáveis.
>
> Não obstante, há um **argumento incontornável**, quer para o exercício da competência da União no âmbito interno como no externo (ver comentários ao art. 98, retro). **Manter o federalismo fortalecido é preservar a democracia**. Não custa repetir com o jurista alemão Stein que, nos países de democracia intermitente como o nosso, o federalismo – como forma de dispersão espacial do poder – é uma segurança adicional da liberdade. "*A divisão dos poderes, segundo Montesquieu, quase não tem mais significado prático (...) o federalismo é uma nova forma de evasão da força*" (cf. Staatsrecht, *op.cit.*, p. 329).
>
> Portanto, parece-nos que idêntico raciocínio, fortalecido frente à **Constituição de 1988**, que reforça as bases do **federalismo brasileiro**, deve ser empregado para **negar à União competência heterônoma**, em matéria de **moratória**. As exceções devem ser as mesmas admitidas pela Constituição. Em situações de extrema gravidade, como a guerra ou sua iminência, a União detém a faculdade de instituir quaisquer impostos não compreendidos em sua competência privativa em tempos de paz. Assim, **competência extraordinária** autoriza a União a conceder moratória em relação a qualquer imposto (art. 154, II, CF). *[Negritamos]*

O federalismo fiscal e a divisão de poderes, a nosso sentir, são expressões que se referem ao mesmo fenômeno, sob perspectivas distintas, em aparente benefício do regime democrático de direito e da segurança jurídica. Vejamos. Ambas se referem à repartição de competência, e são empregadas na tentativa de evitar a centralização e, consequentemente, o abuso de poder político. O federalismo preocupa-se em descentralizar o poder estatal entre unidades político-administrativa distintas; a tripartição de poderes, de seu turno, divide a função púbica, no âmbito de cada unidade político-administrativa autônoma, em três partes distintas: legislativa, executiva e judiciária.

Ocorre que é função típica do Poder Legislativo a de inovar originariamente o ordenamento jurídico, nos estritos limites de sua competência constitucional. Logo, ao Poder Legislativo de cada ente tributante, caberá a faculdade de conceder ou não moratória, com vistas a suspender a exigibilidade de seus respetivos créditos tributários, sem prejuízo da responsabilidade e transparência fiscal que consubstancia o Estado Democrático de Direito.

- **Suspensão e Impedimento**

Cumpre considerar que, antes de sua constituição, mais precisamente, antes da notificação ao sujeito passivo da obrigação tributária, não há que se falar em constituição nem em exigibilidade do crédito tributário. Consequentemente, nesta etapa – em que ainda não há um crédito líquido, certo, vencido e não pago, nem impugnado – a Fazenda Pública encontra-se, na verdade, impedida, ou seja, impossibilitada de exigir do contribuinte o pagamento do tributo. Nesse sentido, explicita Hugo de Brito Machado,[2] *verbis*:

> (...) a **suspensão da exigibilidade do crédito tributário** pode ser:
>
> a) **prévia**, operando-se antes do surgimento da própria exigibilidade, porque no curso do próprio procedimento de constituição do crédito, caso em que mais propriamente se devia dizer impedimento, em lugar de suspensão; e
>
> b) **posterior**, operando-se depois que o crédito está constituído e por isto mesmo é exigível. (...).
>
> As **reclamações e os recursos,** evidentemente, constituem modalidade de suspensão necessariamente prévia, pois o crédito tributário definitivamente constituído não mais comporta tais medidas. A rigor, o que aqui denominamos suspensão prévia não caracteriza suspensão, mas impedimento. As reclamações e os recursos na verdade **não suspendem** a exigibilidade do crédito tributário, pois, ao serem interpostos, o crédito ainda não está definitivamente constituído, e, assim, não é exigível – e **não se pode cogitar de suspender algo que ainda não existe**. A exigibilidade nasce quando já não cabe reclamação nem recurso contra o lançamento respectivo, quer porque transcorreu o prazo legalmente estipulado para tanto, quer porque tenha sido proferida decisão de última instância administrativa.
>
> Como a interposição de reclamações ou de recursos **impede** o surgimento da exigibilidade e, até, do próprio crédito tributário, a norma que exige o **depósito** como condição para o conhecimento de reclamações ou recursos, além de ser **inconstitucional**, porque restringe indevidamente o exercício do direito de defesa, contraria o Código Tributário Nacional. *[Grifamos]*

2. Hugo de Brito Machado, *Curso de Direito Tributário*, 29ª ed., São Paulo, Malheiros Editores, 2008, pp. 182.183.

O CTN/66, todavia, não faz esta distinção, referindo-se à moratória, como causa suspensiva da exigibilidade do crédito tributário, abrangendo aqueles cujo lançamento já tenha sido iniciado à data da lei que a conceder por ato regularmente notificado ao sujeito passivo. Diante disso, a jurisprudência, conforme veremos, não acolheu o referido entendimento doutrinário.

Jurisprudência

• Concessão de Moratória – ato administrativo vinculado

A concessão da moratória individual se dá por meio de ato administrativo vinculado e, portanto, não gera direitos. Logo, referida concessão é passível de anulação e, não, de "revogação", como equivocadamente consta no enunciado do artigo 155, do CTN/66. Cite-se, por oportuno, o enunciado da Súmula n. 473, do Supremo Tribunal Federal, *verbis*:

> A administração pode **anular** seus próprios atos, quando eivados de vícios que os tornem ilegais, porque deles não se origina direitos; ou **revogá-los**, por motivo de conveniência ou oportunidade, **respeitados os direitos adquiridos**, e ressalvada, em todos os casos, a apreciação judicial. *[Grifamos]*

• Moratória heterônoma

Quando a moratória é concedida por pessoa diversa do ente tributante para instituir o tributo, denomina-se heterônoma. A Pandemia Covid-19, vale lembrar, reacendeu os debates acerca da (in)constitucionalidade da moratória heterônoma, mormente quando concedida pelo Judiciário. A esse respeito, em 2021, a 1ª Turma do Supremo Tribunal Federal, por unanimidade, manifestou-se desfavoravelmente, com fulcro no princípio da separação de Poderes. Registre-se:

> (...).
>
> 1. A **moratória** é hipótese de suspensão da exigibilidade do crédito **tributário**, e sua concessão está sujeita à discricionariedade dos Poderes Executivo ou Legislativo, poderes com representatividade popular e com legitimidade para realizar as escolhas adequadas diante da conjuntura excepcional causada pela pandemia do novo coronavírus. 2. Não obstante as dificuldades econômicas por que passam diversos segmentos empresariais, a concessão de eventual **moratória** que amplie o prazo de pagamento do tributo é uma **opção política**, a qual deve ajustar-se às balizas fixadas pelos poderes eleitos, não cabendo tal iniciativa ao órgão judicante. 3. A **intervenção do Poder Judiciário** na esfera de discricionariedade de uma escolha política deve cingir-se ao exame de legalidade e constitucionalidade, sob pena de ofensa **ao princípio da separação dos Poderes**, tendo em vista que não cabe ao juiz agir como legislador positivo. Precedente. 4. O Supremo Tribunal Federal já afastou a possibilidade de concessão

> de **moratória** pela via judicial. Precedentes. 5. Inaplicável o art. 85, § 11, do CPC/2015, uma vez que não é cabível, na hipótese, condenação em honorários advocatícios (art. 25 da Lei nº 12.016/2009 e Súmula 512/STF). 6. Agravo interno a que se nega provimento, com aplicação da multa prevista no art. 1.021, § 4º, do CPC/2015. *[STF, ARE n. 1.307.729 AgR, 1ªT., rel. min. Roberto Barroso, j. 3.5.2021, v. u., DJe 7.5.2021] [Grifamos]*

Nesta linha, o Superior Tribunal de Justiça, assim decidiu, em consonância com o posicionamento da Suprema Corte, *verbis*:

> Na **ausência de legislação estadual específica** que conceda o direito à **postergação do vencimento** ou à suspensão da exigibilidade das prestações dos parcelamentos de tributos estaduais, **não há como se estender os efeitos de normas** aplicáveis no âmbito dos tributos federais ou do Simples Nacional, ou mesmo benefícios **concedidos por outro Estado da Federação**, aos tributos devidos em razão da **pandemia** (Covid-19). *[RMS n. 67.443-ES, 2ª T., rel. min. Assusete Magalhães., j. 15.03.2022, v. u., DJe 18.03.2022] [Grifamos]*

- **Depósito – Direito do contribuinte**

Dispõe a Súmula n. 112 do Superior Tribunal de Justiça, *verbis*: "O depósito somente suspende a exigibilidade do crédito tributário se for integral e em dinheiro.".

Depositar em juízo o montante integral do crédito tributário com o escopo de suspender sua exigibilidade constitui-se em direito do contribuinte. Nesse sentido, dispõe a Súmula n. 247, do extinto Tribunal Federal de Recursos, *verbis*: "Não constitui pressuposto da ação anulatória do débito fiscal o depósito de que cuida o art. 38 da Lei n. 6.830, de 1980."

A propósito, a Suprema Corte declarou a inconstitucionalidade do disposto no art. 19, da Lei n. 8.870, de 1994, que, e modo semelhante, cerceou o alcance do princípio do livre acesso à Jurisdição. *[ADIn n. 1.074, rel. min. Eros Grau, j. 28.3.2007, DJe 25.5.2007]*

Por outro lado, o Supremo Tribunal Federal, ao apreciar o tem 573, fixou a seguinte tese: "Não viola o princípio da isonomia e o livre acesso à jurisdição a restrição de ingresso no parcelamento de dívida relativa à Contribuição para Financiamento da Seguridade Social – COFINS, instituída pela Portaria 655/1993, dos contribuintes que questionaram o tributo em juízo com depósito judicial dos débitos tributários.". *[RE n. 640.905, rel. min. Luiz Fux, j. 15.12.2016, DJe 1º.2.2018]*

Nesse diapasão, com vistas a assegurar o exercício do direito de petição (art. 5º, XXXIV, CF/88), e o direito ao contraditório e à ampla defesa (art. 5º, LV, da CF/88), cite-se a Súmula Vinculante n. 21, *verbis*: "É inconstitucional a exigência de depósito ou arrolamento prévios de dinheiro ou bens para admissibilidade de recurso administrativo.".

- **Fiança bancária**

É taxativo o rol de causas suspensivas da exigibilidade do crédito tributário, consoante entendimento jurisprudencial. Para ilustrar, ao apreciar a questão referente à possibilidade ou não de substituição do depósito integral do montante da exação por fiança bancária, em face do disposto no art. 151, do CTN/66, e da Súmula n. 112, do STJ, (Tema n. 378), o Plenário do Superior Tribunal de justiça fixou a seguinte tese, *verbis:*

> A **fiança bancária não é equiparável ao depósito** integral do débito exequendo para fins de suspensão da exigibilidade do crédito tributário, **ante a taxatividade do art. 151 do CTN** e o teor do Enunciado Sumular n. 112 desta Corte. *[REsp n. 1156668-DF, 1ª Seção, rel. min. Luiz Fux, p. m., afetação 11.3.2010, j. 20.11.2010, DJ 10.12.2010, trânsito em julgado 19.2.2018]*

- **Reclamações e recursos administrativos**

No processo administrativo contencioso, as reclamações e os recursos terão o efeito de suspensivas da exigibilidade do respectivo crédito tributário (art. 151, III, do CTN/66), bem como a fluência do prazo prescricional. Nesse sentido:

> (...).
>
> (...)a reclamação ou recurso administrativo, **mesmo intempestivo, suspende a exigibilidade** do crédito tributário e, por consequência o curso do **prazo prescricional**, enquanto perdurar o contencioso administrativo, nos termos do art. 151, III, do CTN. Precedente. Agravo regimental improvido." *(RCD no AREsp n. 623.936/RO, 2ª T., rel. ministro Humberto Martins, j. 12.2.2015, DJe 19.2.2015. [Grifamos]*

A jurisprudência, vale notar, considera que somente têm o condão de suspender a exigibilidade do crédito tributário a reclamação e recursos que, mesmo intempestivos, se insurgem contra o respectivo lançamento. Não é o caso, segundo esse entendimento, da reclamação contra ato de exclusão do parcelamento. Registre-se:

> (...).
>
> 1. A **reclamação administrativa** interposta contra ato de exclusão do contribuinte do parcelamento não é capaz de suspender a exigibilidade do crédito tributário, sendo inaplicável o disposto no art. 151, inciso III, do CTN, pois as reclamações e recursos previstos no referido artigo são aqueles que **discutem o próprio lançamento**, ou seja, a exigibilidade do crédito tributário.
>
> 2. Hipótese em que a impugnação apresentada apenas questiona a legalidade do ato de exclusão do parcelamento. Logo, não é capaz de suspender a

> exigibilidade do crédito. Ressalta-se, ainda, que tal entendimento encontra respaldo, inclusive, no art. 5º, § 3º, da Resolução CG/REFIS n. 09/2001. Recurso especial improvido.
>
> *[REsp n. 1372368/PR, 2ª T., rel. min. Humberto Martins, j. 05.05.2015, DJe 11.05.2015] [Grifamos]*

- **Parcelamento – suspensão da exigibilidade e interrupção do prazo prescricional**

O Superior Tribunal de Justiça possui jurisprudência no sentido de que a adesão do contribuinte ao parcelamento tributário poderá interromper a fluência do prazo prescricional, por constituir reconhecimento inequívoco do débito, nos termos do art. 174, IV, do CTN/66, ou, sendo o caso, suspenderá a fluência do prazo prescricional. Cite-se, por oportuno:

> (...).
>
> 1. Encontra-se consolidada a jurisprudência do STJ no sentido de que, embora o **parcelamento** seja causa de **suspensão** da exigibilidade do crédito tributário, ele é motivo de **interrupção** do prazo prescricional, por configurar ato de reconhecimento da dívida (...). *[AgRg no REsp 1.450.253/SP, 2ª T., rel. min. Herman Benjamin, j. 12.8.2014, DJe 10.10.2014] [Grifamos]*

Haverá suspensão, se o prazo de prescrição já se iniciou, voltando a correr somando-se o período anteriormente transcorrido. No caso *sub judice*, houve várias suspensões da fluência do prazo prescricional, que, ao final, não foram suficientes para afastar o reconhecimento da prescrição intercorrente a que se refere o disposto no art. 40, da Lei n. 6.830, de 1980, (REsp 1.922.063-PR, 2ª T, rel. min. Francisco Falcão, j. 18.10.2022, v.u., DJe 21.10.2022.

O prazo de prescrição que já havia se iniciado – e que não se suspende com o deferimento do pedido de parcelamento –, ao ser interrompido, recomeçará a correr por inteiro, a partir do inadimplemento da última parcela pelo contribuinte, (REsp 1.742.611/RJ, 2ª T, rel. min. Herman Benjamin, j. 12.6.2018, DJe 26.11.2018).

Saliente-se, ademais, que o parcelamento de ofício da dívida tributária não configura causa interruptiva da contagem da prescrição, salvo se houver anuência do contribuinte, (REsp 1.658.517-PA, 1ª S., rel. min. Napoleão Nunes Maia Filho, j. 14.11.2018, v. u., DJe 21.11.2018, Tema 980).

Questões

1. Que são causas suspensivas da exigibilidade do crédito tributário?
2. Que é moratória?
3. Qual a distinção entre moratória geral e individual?

4. Quais são os efeitos do depósito efetuado na esfera judicial? E na esfera administrativa?
5. Lei pode condicionar o ingresso às vias administrativas ao prévio depósito da quantia controversa?

Dissertação

1. "Crédito Tributário. Suspensão da exigibilidade. Causas suspensivas".
2. "Depósito judicial. Direito ou dever do contribuinte?"
3. "Parcelamento tributário e denúncia espontânea. Distinção."

Testes

1. [Assessoramento Legislativo, Senado Federal, 2022, n. 69] Em relação à prescrição do crédito tributário, é correto afirmar que

a) ( ) a prescrição do crédito tributário ocorrida antes do ajuizamento da execução fiscal não pode ser decretada de ofício, exigindo-se a oitiva prévia da fazenda pública.

b) ( ) no direito tributário, a prescrição é definida como a extinção do direito de constituir o crédito.

c) ( ) a prescrição é interrompida pela citação do devedor em execução fiscal.

d) ( ) a prescrição do crédito tributário e a decadência são causas de exclusão do crédito tributário.

e) ( ) a confissão de dívida para fins de parcelamento interrompe a prescrição.

2. [112º Exame de Ordem/SP] Não constitui hipótese de suspensão de exigibilidade do crédito tributário:

a) ( ) A moratória concedida por despacho da autoridade administrativa.

b) ( ) O depósito judicial da importância questionada.

c) ( ) A medida liminar concedida em sede de mandado de segurança.

d) ( ) O decurso do prazo de cinco anos sem homologação expressa do autolançamento efetuado pelo contribuinte.

14

EXTINÇÃO DO CRÉDITO TRIBUTÁRIO

14.1 FORMAS DE EXTINÇÃO DO CRÉDITO TRIBUTÁRIO

Pode-se afirmar – tendo, como pano de fundo, noções de Teoria Geral do Direito – que a existência de toda e qualquer obrigação jurídica demanda a presença simultânea dos seguintes elementos, quais sejam: vínculo jurídico entre dois polos, (i) ativo e (ii) passivo e os respectivos (iii) crédito (direito de receber) e (iv) débito (dever de pagar), em face de determinado (v) objeto (prestação de dar, fazer ou não fazer, de cunho patrimonial). O desaparecimento de quaisquer desses elementos implicará, necessariamente, a extinção da própria obrigação, como um todo considerada.

Para ilustrar, extingue-se a obrigação jurídica se ocorrer (i) *confusão*;[2] o (ii) *desaparecimento, sem sucessor, do sujeito ativo*; ou o (iii) *desaparecimento, sem sucessor, do sujeito passivo*. No âmbito da ciência jurídica, portanto, reconhece-se que o nascimento da "obrigação tributária" relativa ao tributo, propriamente dito, pressupõe a presença concomitante de seus elementos identificadores, de modo que, para a sua extinção, em tese, basta o desaparecimento de apenas um deles.

Tecidas essas breves considerações, vejamos a disciplina dada ao tema da extinção da obrigação tributária pelo Código Tributário Nacional de 1966, (CTN/66) e, na sequência, o posicionamento doutrinário e jurisprudencial a esse respeito.

14.2 CAUSAS EXTINTIVAS DO CRÉDITO TRIBUTÁRIO (ART. 156 DO CTN/66)

À lei complementar cabe dispor sobre normas gerais em matéria de legislação tributária, especialmente sobre crédito tributário, conforme o disposto na alínea "b", do inciso III, do art. 146, da Constituição Federal de 1988 (CF/88). Nesse diapasão, o CTN/66, elenca algumas causas que extinguem o crédito tributário. Em breve síntese, o crédito e a respectiva obrigação tributária serão extintos nas hipóteses de (i) *pagamento*; (ii) *compensação*; (iii) *transação*; (iv) *remissão*; (v) *decadência*; ou (vi) *prescrição*. Vejamo-las:

> [CTN/66] **Art. 156.** Extinguem o **crédito** tributário: I – o **pagamento**; II – a compensação; III – a transação; IV – a remissão; V – a prescrição e a decadência; VI – a conversão de depósito em renda; VII – o **pagamento** antecipado e a homologação do lançamento nos termos do disposto no art. 150 e seus §§ 1º e 4º; VIII – a consignação em **pagamento**, nos termos do disposto no § 2º do art. 164; IX – a decisão administrativa irreformável, assim entendida a definitiva na órbita administrativa, que não mais possa ser objeto de ação anulatória; X – a decisão judicial passada em julgado; XI – a dação em **pagamento** em bens **imóveis**, na forma e condições estabelecidas em lei. [*Inciso XI acrescentado pela Lei Complementar 104/2001*] [*Vide Lei nº 13.259, de 2016*]
>
> Parágrafo único. O disposto neste artigo **não dispensa** o cumprimento das obrigações **assessórias** dependentes da obrigação principal cujo crédito seja suspenso, ou dela conseqüentes[sic]. [*Grifamos*]

Saliente-se que nas hipóteses de ter sido efetuado o pagamento após a ocorrência de quaisquer das causas extintivas acima referidas, o sujeito passivo poderá pleitear a devida restituição. Doutro lado, sendo extinto o crédito tributário por vício meramente formal, será possível constituí-lo novamente, observando-se o respectivo prazo decadencial.

14.3 PAGAMENTO

Para fins de extinção do crédito tributário, "pagamento", como causa extintiva do crédito tributário, é o cumprimento do objeto da obrigação tributária, o qual, vale gizar, consiste numa prestação de dar dinheiro (pecúnia).

Saliente-se, desde já, que o pagamento de multa fiscal não eximirá o sujeito passivo de responder pelo pagamento integral do crédito tributário relativo ao tributo. Vale lembrar que tributo e multa não se confundem, pois, embora sejam obrigações de dar dinheiro, são decorrentes de fato lícito e ilícito, respectivamente. Nesses termos, enfatiza o CTN/66, *verbis*:

> [CTN/66] **Art. 157.** A imposição de penalidade **não** ilide o pagamento **integral** do crédito tributário. *[Grifamos]*

Ressalte-se ainda que, em atenção à forma de pagamento, sendo a prazo, o descumprimento parcial ou integral de quaisquer das parcelas devidas *não* gerará presunção de pagamento dos créditos faltantes, referentes ao mesmo ou a outros tributos. Transcreva-se:

> [CTN/66] **Art. 158.** O pagamento de um crédito **não** importa em **presunção** de pagamento:
>
> I – quando **parcial**, das prestações em que se decomponha;
>
> II – quando **total**, de outros créditos referentes ao mesmo ou a outros tributos. *[Grifamos]*

O CTN/66, de forma semelhante às classificações civilistas, classifica o pagamento crédito tributário a partir de determinados critérios, como o tempo, local, modo e ordem de preferência. Vejamos, pois, a referida classificação, para fins de extinção do crédito tributário:

- **Quanto ao lugar de pagamento**

Transcreva-se:

> [CTN/66] **Art. 159.** Quando a **legislação tributária** não dispuser a respeito, o pagamento é efetuado na **repartição** competente do **domicílio** do sujeito **passivo**. *[Grifamos]*

O lugar do pagamento do tributo deverá ser efetuado no local da repartição competente do domicílio do sujeito passivo, desde que a "legislação tributária" não disponha diversamente.

Observe-se, por oportuno, a distinção legal que há entre o local em que deve ser efetuado o pagamento do tributo e o conceito de domicílio tributário. Este, de acordo com a regra geral estabelecida pelo CTN/66, é de "livre escolha do contribuinte ou responsável". No entanto, se o sujeito passivo eventualmente eleger local de difícil acesso, isto é, que impeça ou dificulte a fiscalização e a arrecadação do tributo, a autoridade administrativa poderá recusar o domicílio eleito.

Neste caso, assim como na falta de eleição pelo contribuinte ou responsável tributário, considerar-se-á como "domicílio fiscal", a (i) residência habitual ou o centro habitual de atividade, tratando-se de *pessoa física*; o (ii) lugar de sua sede ou do estabelecimento em que ocorrer o fato gerador, se se tratar de *pessoa jurídica de direito privado*; (iii) qualquer de suas repartições no território da entidade tributante, caso o contribuinte ou responsável tributário seja *pessoa jurídica de direito público*. Note-se que, não sendo possível a aplicação de quaisquer dessas hipóteses, ter-se-á, como domicílio fiscal, o (iv) lugar da situação dos bens ou da ocorrência dos atos ou fatos que derem origem à obrigação tributária. Transcreva-se:

> **[CTN/66] Art. 127.** Na **falta de eleição**, pelo contribuinte ou responsável, de domicílio tributário, na forma da legislação aplicável, considera-se como tal: I – quanto às pessoas naturais, a sua **residência habitual**, ou, sendo esta incerta ou desconhecida, o **centro habitual** de sua **atividade**; II – quanto às pessoas jurídicas de direito privado ou às firmas individuais, o lugar da sua **sede**, ou, em relação aos atos ou fatos que derem origem à obrigação, o de **cada estabelecimento**; III – quanto às pessoas jurídicas de direito público, qualquer de suas **repartições** no território da entidade tributante.
>
> § 1º. Quando não couber a aplicação das regras fixadas em qualquer dos incisos deste artigo, considerar-se-á como domicílio tributário do contribuinte ou responsável o lugar da **situação** dos bens **ou** da **ocorrência** dos atos ou fatos que deram origem à obrigação.
>
> § 2º. A autoridade administrativa pode **recusar** o domicílio eleito, quando **impossibilite** ou **dificulte** a arrecadação ou a fiscalização do tributo, aplicando-se então a regra do parágrafo anterior. *[Grifamos]*

Cumpre reconhecer que, atualmente, o pagamento poderá ser realizado pela via eletrônica, na forma da legislação tributária. O domicílio fiscal, por outro lado, continua sendo relevante para fins de constituição e cobrança do crédito tributário.

- **Quanto ao tempo do pagamento**

Registre-se:

> **[CTN/66] Art. 160.** Art. 160. Quando a **legislação tributária** não fixar o tempo do pagamento, o **vencimento** do crédito ocorre **trinta** dias **depois** da **data** em que se considera o sujeito passivo **notificado** do lançamento.
>
> Parágrafo único. A **legislação tributária** pode conceder **desconto** pela antecipação do pagamento, nas condições que estabeleça. *[Grifamos]*

A regra, portanto, é a de que o prazo para o recolhimento do tributo há de estar previsto na legislação tributária, ou seja, primeiramente na lei do ente tributante e, de conseguinte, transcrito no ato administrativo de notificação do lançamento tributário; na ausência de previsão legal, aplicar-se-á, supletivamente, o prazo de 30 dias, contados da data da notificação do lançamento

– excluindo-se na sua contagem o dia de início e incluindo-se o de vencimento –, para o contribuinte, sem incorrer em mora, pagar ou impugnar referida cobrança. Vencido este prazo, o sujeito passivo, em tese, é considerando inadimplente.

Admite-se, vale gizar, a concessão de desconto, nos termos da legislação tributária, para incentivar, *v.g.*, pagamentos à vista. Verificando-se a tempestividade do pagamento, considera-se extinto o crédito tributário e, consequentemente, a respectiva obrigação; transcorrido o prazo legal, sem o pagamento integral do respectivo crédito, caberá ao credor providenciar sua cobrança, com todos os acréscimos legais e a aplicação das multas que se fizerem devidas. Transcreva-se:

> [CTN/66] **Art. 161.** O crédito **não integralmente pago** no vencimento é acrescido de **juros de mora**, seja qual for o motivo determinante da falta, sem prejuízo da imposição das **penalidades** cabíveis e da aplicação de quaisquer **medidas de garantia** previstas nesta Lei ou em lei tributária.
>
> § 1º Se a **lei** não dispuser de modo diverso, os juros de mora são calculados à taxa de **um por cento ao mês.**
>
> § 2º O disposto neste artigo **não se aplica** na pendência de **consulta** formulada pelo devedor **dentro** do prazo legal para pagamento do crédito. *[Grifamos]*

Saliente-se que, na hipótese de inadimplência – independentemente do motivo –, a cobrança compreenderá, além do tributo, os juros de mora e as multas aplicáveis ao caso e, sendo necessário, serão aplicadas medidas de garantia legalmente previstas. Esses acréscimos não serão devidos apenas na hipótese de consulta formulada tempestivamente, enquanto pendente de resposta. Entenda-se, por consulta, o requerimento por meio do qual se solicita à Fazenda Pública, diante de um caso concreto, maiores esclarecimentos com vistas à interpretação e aplicação da legislação tributária.

- **Quanto ao modo, registre-se:**

> [CTN/66] **Art. 162.** O pagamento é efetuado: I – em moeda corrente, cheque ou vale postal; II – nos casos previstos em lei, em estampilha, em papel selado, ou por processo mecânico.
>
> § 1º. A **legislação tributária** pode determinar as **garantias** exigidas para o pagamento por cheque ou vale postal, **desde que** não o torne impossível ou mais oneroso que o pagamento em moeda corrente.
>
> § 2º. O crédito pago por **cheque** somente se considera **extinto** com o **resgate** deste pelo sacado.
>
> § 3º. O crédito pagável em **estampilha** considera-se **extinto** com a **inutilização regular** daquela, ressalvado o disposto no art. 150.

> § 4º. A **perda** ou **destruição** da estampilha, ou o erro no pagamento por esta modalidade, **não** dão direito a restituição, **salvo** nos casos **expressamente** previstos na legislação tributária, **ou** naquelas em que o erro seja imputável à autoridade administrativa.
>
> § 5º. O pagamento em papel selado ou por processo mecânico **equipara-se** ao pagamento em estampilha. *[Grifamos]*

Vale lembrar que o pagamento do crédito tributário poderá ser efetuado em moeda corrente, cheque ou vale postal, levando-se em conta que tributo "[....]tem por objeto uma prestação pecuniária, em moeda ou cujo valor nela se possa exprimir, [...] e cobrada mediante atividade administrativa plenamente vinculada.", (art. 3º, do CTN/66). Moeda, vale gizar, é qualquer meio de troca e unidade de conta, com reserva de valor, utilizados para transferir a propriedade de um ativo, como o ouro e as cédulas monetárias providas de reserva de valor. No tocante ao modo de pagamento, considera-se "moeda corrente", quaisquer dos meios de troca e unidades de conta, sem reservas de valor, utilizados temporariamente para transferir a propriedade de um ativo. Assim, nos termos legalmente previstos, o pagamento do montante devido poderá ser efetuado por meio de cheque ou vale postal, assim como por estampilha ou equivalente.

A propósito, a mera aquisição da estampilha não equivale ao pagamento do tributo; a extinção do crédito tributário se dá, em tal hipótese, apenas com sua inutilização.

- **Quanto à ordem de preferência do pagamento**

Registre-se:

> **[CTN/66] Art. 163.** Existindo simultaneamente **dois ou mais** débitos **vencidos** do mesmo sujeito passivo para com a **mesma pessoa** jurídica de direito público, relativos ao mesmo ou a diferentes tributos ou provenientes de penalidade pecuniária ou juros de mora, a autoridade administrativa competente para receber o pagamento determinará a respectiva **imputação**, obedecidas as seguintes regras, na **ordem** em que enumeradas:
>
> I – em primeiro lugar, aos débitos por obrigação **própria**, e em segundo lugar aos decorrentes de responsabilidade tributária;
>
> II – primeiramente, às contribuições de melhoria, depois às taxas e por fim aos impostos;
>
> III – na ordem **crescente** dos prazos de prescrição;
>
> IV – na ordem **decrescente** dos montantes. *[Grifamos]*

Referido dispositivo versa sobre a hipótese de um mesmo sujeito passivo, responsável por dois ou mais débitos tributários vencidos, perante um único credor. Neste caso, caberá à autoridade administrativa imputar o cumprimento dos créditos na seguinte ordem: (i) primeiro os débitos do sujeito passivo enquanto contribuinte e, na sequência, os débitos do sujeito passivo, na condição de responsável tributário; (ii) quanto às espécies tributárias, primeiramente, as contribuições de melhoria, depois as taxas e, por último, os impostos, nessa ordem; (iii) quanto ao prazo, devem ser pagos prioritariamente os que estão prestes a prescrever, ou seja, cumpre observar a ordem crescente dos prazos de prescrição; (iv) quanto à quantia, devem ser pagos primeiramente os créditos de maior montante, o que implica observar a ordem decrescente dos montantes.

14.4 COMPENSAÇÃO

Tanto no Direito Privado, como no Direito Público, a compensação é causa extintiva do crédito e, consequentemente, da respectiva obrigação. Nesses termos, "[...]Se duas pessoas forem ao mesmo tempo credor e devedor uma da outra, as duas obrigações extinguem-se, até onde se compensarem." (art. 368, do CCivil/2002).

Nada obstante, enquanto a compensação, no Direito Privado, efetua-se entre dívidas líquidas, vencidas e de coisas fungíveis (art. 369, do CCivil/2002), no Direito Tributário, autoriza-se a compensação de créditos tributários líquidos e certos, mas não somente vencidos, como também vincendos, do sujeito passivo contra a Fazenda Pública. Sendo vincendo o crédito do sujeito passivo, caberá à lei do ente tributante determinar a apuração do seu montante, o qual não poderá sofrer uma redução maior que a correspondente ao juro de 1% ao mês pelo tempo a decorrer entre a data da compensação e a do vencimento. Transcreva-se:

> **[CTN/66] Art. 170.** A **lei** pode, nas **condições** e sob as **garantias** que **estipular**, **ou** cuja **estipulação** em cada caso **atribuir** à autoridade administrativa, **autorizar** a compensação de créditos líquidos e certos, vencidos **ou vincendos**, do sujeito passivo contra a Fazenda Pública.
>
> Parágrafo único. Sendo **vincendo** o crédito do sujeito passivo, a lei determinará, para os efeitos deste artigo, a apuração do seu montante, **não** podendo, porém, cominar redução maior que a correspondente ao juro de 1% ao mês pelo tempo a decorrer entre a data da compensação e a do vencimento. *[Grifamos]*

Assim, em breve síntese, temos:

Compensação, na esfera tributária, é o encontro de contas do Fisco e do contribuinte quando forem, ao mesmo tempo, credor e devedor um do outro, evitando-se dois pagamentos com igual finalidade, qual seja, a extinção dos créditos tributários e das respectivas obrigações, (art. 170 do CTN).

Requisitos: (a) mesmas partes; (b) créditos líquidos e certos; (c) autorização legal do ente tributante.

Dito de outro modo, a compensação é um direito subjetivo do sujeito passivo da obrigação tributária de quitar seu débito perante o Fisco, respeitando-se os requisitos legais.

Doutrinariamente, é possível sustentar que o direito à compensação, assim como à repetição de indébito, encontra fundamento no princípio constitucional da legalidade tributária. Com efeito, de um lado, cumpre considerar que tributo é uma obrigação "ex lege", de modo que a cobrança do respectivo crédito é vinculada à lei. Nesses termos, tanto a instituição quanto a cobrança do tributo, gozam da presunção de validade.

Em contrapartida, o pagamento indevido ou a maior de determinada importância, a título de tributo, configurar-se-á enriquecimento sem causa, que é terminantemente vedado pelo nosso Sistema Constitucional Tributário. Sob igual fundamento, o direito à compensação de créditos tributários vencidos ou vincendos não poderá ser cerceado por meio de exigências legais ou infralegais exorbitantes.

A propósito, o trânsito em julgado da decisão judicial favorável ao sujeito passivo, que tenha por objeto a contestação do crédito tributário, figura entre as condições legais para que possa ser realizada a compensação mediante o aproveitamento de tributo. Veja-se:

> [CTN/66] Art. 170-A. É **vedada** a compensação mediante o aproveitamento de tributo, objeto de **contestação judicial** pelo sujeito passivo, **antes** do trânsito em julgado da respectiva decisão judicial. *[incluído pela Lcp nº 104, de 2001] [Grifamos]*

Infere-se do referido dispositivo a vedação legal ao direito de compensar créditos tributários, cuja ilegalidade ou inconstitucionalidade esteja sob apreciação judicial.

14.5 TRANSAÇÃO

É lícito aos interessados prevenir ou extinguir litígios, mediante concessões mútuas, no que diz respeito a direitos patrimoniais privados. Nesse sentido, diz-se que transação é instituto jurídico próprio do Direito Privado, onde predominam o interesse dos particulares e, de conseguinte, os bens e direitos são disponíveis.

Nada obstante, o CTN/66, ao elencar a transação entre as causas de extinção do crédito tributário, traz normas gerais a respeito da possibilidade de a lei autorizar o seu emprego com o objetivo de pôr fim a litígio entre os sujeitos da obrigação tributária.

Nesses termos, "transação", na esfera tributária, é o acordo celebrado entre o Fisco e o contribuinte, *com base em lei específica*, para, mediante concessões mútuas, encerrar o litígio entre ambos, extinguindo-se, assim, a obrigação e o respectivo crédito tributário. Transcreva-se:

> [CTN/66] **Art. 171.** A **lei** pode facultar, nas **condições** que estabeleça, aos sujeitos ativo e passivo da obrigação tributária celebrar **transação** que, mediante **concessões mútuas**, importe em determinação[7] de litígio e conseqüente *[sic]* **extinção** de crédito tributário.
>
> Parágrafo único. A **lei** indicará a autoridade competente para autorizar a transação em cada caso. *[Grifamos]*

Frise-se que a transação deve pautar-se na observância do princípio constitucional da legalidade tributária, levando-se em conta, ademais, os princípios da supremacia do interesse público e o da indisponibilidade da coisa pública. Isso implica reconhecer, de um lado, que ao crédito tributário há de satisfazer a destinação pública prevista em lei, sob a mais lídima transparência, e, doutro lado, que a transação jamais poderá ocultar, sob a aparência de benesse governamental, uma nova forma de ampliar a carga tributária.

14.6 REMISSÃO

A remissão, na esfera privada, é causa extintiva de obrigação, condicionada, todavia, à aquiescência das partes interessadas. É dizer, de um lado, o credor perdoa a dívida; doutro lado, o devedor aceita o perdão, desaparecendo-se, assim, consensualmente, o respectivo crédito.

No âmbito tributário, "remissão" equivale ao perdão legal do débito tributário pelo ente tributante, a ensejar extinção do respectivo crédito e, nesses termos, a desoneração do devedor, independentemente da manifestação de vontade dos sujeitos que figuram no polo ativo e passivo do respectivo liame obrigacional.

Diga-se, de passagem, que o art. 150, § 6º, da CF/88, em consonância com o disposto no seu art. 146, exige "lei complementar" para regular a forma segundo a qual "lei específica" poderá conceder subsídio ou isenção, redução de base de cálculo, concessão de crédito presumido, anistia ou *remissão* relativos a impostos, taxas ou contribuições.

Deveras, em atenção aos princípios da legalidade e da tripartição de poderes, a outorga de remissão somente poderá ser veiculada por meio de lei específica editada pela pessoa política competente para a instituição do respectivo tributo. Esta lei, ademais, deverá se pautar em critérios hábeis a dar efetividade ao princípio constitucional da igualdade. Transcreva-se:

> [CTN/66] **Art. 172.** A **lei** pode autorizar a **autoridade administrativa** a conceder, por despacho fundamentado, remissão total ou parcial do crédito tributário, atendendo: I – à situação econômica do sujeito passivo; II – ao erro ou ignorância escusáveis do sujeito passivo, quanto a matéria de fato; III – à diminuta importância do crédito tributário; IV – a considerações de eqüidade*[sic]*, em relação com as características pessoais ou materiais do caso; V – a condições peculiares a determinada região do território da entidade tributante. *[Grifamos]*

A *remissão* tributária distingue-se da *remição*, que advém do verbo "remir" e significa "readquirir", "resgatar". Juridicamente, costuma ser empregada juridicamente para se referir ao resgate de um bem mediante o pagamento das respectivas dívidas (v., por exemplo, o disposto nos art. 826 e 876, do CPC/15).

A *remissão*, de sua vez, origina-se do verbo "remitir", que significa "perdoar". Para fins tributários, a remissão refere-se apenas ao perdão do tributo e, deste modo, não se confunde com a *anistia* (perdão da multa).

Ressalte-se ainda, a distinção entre *remissão* e *isenção*, sob perspectiva doutrinária diversa da jurisprudencial.[1] A isenção é hipótese de não incidência legalmente qualificada, ou seja, hipótese não tributável, em decorrência da redução parcial do campo de incidência do tributo. Para ilustrar, se a lei que instituir o Imposto sobre a Propriedade de Veículos Automotores (IPVA) estabelecer que o fato gerador é a propriedade de veículo automotor, excepcionando expressamente a propriedade de motocicletas, lanchas esportivas e helicóptero, significa dizer que estas três hipóteses legais estão isentas (excluídas) do campo de incidência do referido imposto. De conseguinte, o proprietário de motocicleta, lanchas esportivas e helicóptero sequer será contribuinte do IPVA, pois, tendo realizado hipótese de não incidência no mundo fenomênico, não há como irromper a obrigação tributária própria do IPVA.

A lei remissiva, por outro lado, pressupõe a ocorrência do fato gerador no mundo fenomênico e o consequente nascimento da obrigação tributária, de modo que, em tais casos, sua incidência terá o condão de impedir a constituição do respectivo crédito tributário. Ante à impossibilidade de formalização do referido liame obrigacional, entende-se que houve o perdão (extinção) legal do débito tributário.

1. Cf. Capítulo "Da Legislação Tributária".

14.7 PRESCRIÇÃO E DECADÊNCIA

Por razões de conveniência metodológica, o tema referente à decadência e à prescrição do crédito tributário foram abordados num capítulo próprio, situado logo após o estudo do lançamento tributário, de modo a propiciar uma visão conjunta de ambos.

No presente Capítulo, cumpre apenas enfatizar que tanto a prescrição quanto a decadência, conforme disposto no CTN/66, são causas extintivas do crédito tributário. Significa dizer que, transcorrido o prazo decadencial previsto para sua constituição ou o prazo prescricional previsto para sua cobrança judicial, o crédito tributário não mais poderá ser constituído nem exigido, pelas vias judiciais, respectivamente. Por outro lado, configura pagamento indevido e, consequentemente, passível de restituição, crédito tributário constituído e comprovadamente pago após o transcurso do respectivo prazo decadencial ou prescricional.

14.8 A CONVERSÃO DE DEPÓSITO EM RENDA

A instituição e cobrança de tributos gozam da presunção de validade. Cabe ao titular de direito subjetivo violado ou ameaçado de lesão pleitear a tutela jurisdicional. Enquanto tramita a ação, o depósito judicial do valor controverso tem o efeito de suspender a exigibilidade do crédito tributário, cuja legalidade se questiona.

Se, após a discussão da dívida em juízo, mediante a garantia de depósito do valor controverso, sobrevier decisão favorável ao Fisco, dar-se-á a conversão do depósito em renda para os cofres públicos e, por via de consequência, a extinção do crédito tributário.

Ressalve-se, por oportuno, a inovação trazida pela Lei n. 9.703, de 17 de novembro de 1998, que atribui à Caixa Econômica Federal o dever de repassar – após o julgamento da lide ou do processo litigioso favorável à Fazenda Pública, para a conta única do Tesouro Nacional –, em caráter definitivo, os valores referentes a tributos e contribuições federais, que foram depositados, em caráter provisório, com vistas à suspensão da exigibilidade do respectivo crédito. Transcreva-se:

> **[Lei 9.703/1998] Art. 1º.** Os **depósitos** judiciais e extrajudiciais, em dinheiro, de valores referentes a **tributos** e **contribuições federais**, inclusive seus **acessórios**, administrados pela Secretaria da Receita Federal do **Ministério da Fazenda**, serão efetuados na Caixa Econômica Federal, mediante Documento de Arrecadação de Receitas Federais – DARF, específico para essa finalidade.
>
> § 1º. O disposto neste artigo aplica-se, inclusive, aos débitos provenientes de tributos e contribuições inscritos em dívida ativa da União.

> § 2º. Os depósitos **serão repassados** pela Caixa Econômica Federal para a Conta Única do Tesouro Nacional, **independentemente** de qualquer formalidade, no mesmo **prazo** fixado para recolhimento dos tributos e das contribuições federais.
>
> § 3º. Mediante **ordem** da autoridade judicial ou, no caso de depósito extrajudicial, da autoridade administrativa competente, o valor do depósito, **após** o encerramento da lide ou do processo litigioso, **será**: I – **devolvido** ao depositante **pela Caixa** Econômica Federal, no prazo máximo de 24 (vinte e quatro) horas, quando a **sentença** lhe for **favorável** ou na proporção em que o for, acrescido de juros, na forma estabelecida pelo § 4º do art. 39 da Lei n. 9.250, de 26 de dezembro de 1995, e alterações posteriores; ou II – **transformado em pagamento definitivo**, proporcionalmente à exigência do correspondente tributo ou contribuição, inclusive seus acessórios, quando se tratar de **sentença** ou decisão **favorável à Fazenda** Nacional. *[Grifamos]*

Note-se que, após o julgamento da lide ou do processo litigioso desfavorável à Fazenda Pública, caberá à Caixa Econômica Federal devolver ao contribuinte o valor depositado, "acrescido de juros equivalentes à taxa referencial do Sistema Especial de Liquidação e de Custódia (SELIC), acumulada mensalmente, calculados a partir da data do pagamento indevido ou a maior até o mês anterior ao da compensação ou restituição e de 1% relativamente ao mês em que estiver sendo efetuada", (§ 4º, do art. 39, da Lei n. 9.250/95).

Com o advento da Lei n. 14.973, de 9 de setembro de 2024, (Lei 9.73/24), referida disciplina foi revogada e, a partir desta data, os depósitos realizados em processos administrativos ou judiciais em que figure a União, qualquer de seus órgãos, fundos, autarquias, fundações ou empresas estatais federais dependentes deverão ser realizados perante a Caixa Econômica Federal, (art. 35). Saliente-se que os depósitos judiciais e extrajudiciais, em dinheiro, de valores referentes a tributos e contribuições federais, inclusive seus acessórios, administrados pela Secretaria Especial da Receita Federal do Brasil, do Ministério da Fazenda, também deverão ser efetuados na Caixa Econômica Federal, mediante Documento de Arrecadação de Receitas Federais (Darf) específico para essa finalidade, (art. 35, § 1º).

Noutro giro, para o fim de assegurar a suspenção da exigibilidade de créditos tributários federais, os depósitos deverão ser realizados, mediante DARF, perante a Caixa Econômica Federal, cujos montantes serão repassados para a conta única do Tesouro Nacional, sob pena de incidência de juros equivalente à taxa referencial do Sistema Especial de Liquidação e de Custódia (Selic).

Do disposto no art. 37, infere-se ainda que, caso seja julgado improcedente o pedido do contribuinte, haverá a *"conclusão da conta de depósito sem a incidência de remuneração"* e os valores serão destinados à administração pública, independentemente de ter sido constituído o respectivo crédito por meio de lançamento tributário. Na hipótese de julgamento favorável ao contribuinte, será devido o levantamento dos valores por seu titular, no prazo máximo de 24 (vinte e quatro) horas de sua notificação, acrescidos de correção monetária por índice oficial que reflita a inflação, portanto, não necessariamente pela taxa Selic, como outrora lhe era assegurado, nos termos do disposto no inc. I, §3º, do art. 1º, acima transcrito.

Por fim, vale gizar que, à luz do CTN/66, a conversão do depósito em renda, portanto, é consequência legal de eventual decisão favorável à Fazenda Pública, quanto à existência de crédito tributário líquido e certo, vencido e não pago pelo sujeito passivo.

14.9 O PAGAMENTO ANTECIPADO E A HOMOLOGAÇÃO DO LANÇAMENTO, NOS TERMOS DO DISPOSTO NO ART. 150 E SEUS §§ 1º E 4º DO CTN/66

Cuidando-se de tributos sujeitos ao denominado lançamento por homologação, o sujeito passivo, num primeiro momento, declara e recolhe o montante devido para que, só então, possa o Fisco manifestar-se a respeito, seja para reconhecer sua regularidade e declarar a extinção da dívida, por meio de ato administrativo homologatório, seja para, diante de um pagamento a menor, constituir de ofício o crédito tributário que entender devido e não pago pelo sujeito passivo da respectiva obrigação tributária.

A rigor, portanto, o pagamento antecipado, por si só, não é causa extintiva do crédito tributário, haja vista que referida extinção é efeito jurídico do ato administrativo que eventualmente reconheça a regularidade do pagamento efetuado pelo sujeito passivo sem prévio conhecimento da Fazenda Pública, nos termos da lei. Por tal razão, sempre que se tratar de tributo sujeito a lançamento por homologação, será causa extintiva do crédito tributário a homologação pelo fisco do pagamento antecipado pelo sujeito passivo, consoante se depreende do disposto no CTN/66.

14.10 AÇÃO DE CONSIGNAÇÃO EM PAGAMENTO, NOS TERMOS DO DISPOSTO NO § 2º DO ART. 164

Dentre as causas extintivas do crédito tributário arroladas pelo CTN/66, encontra-se a "consignação em pagamento", efetuada judicialmente pelo sujeito passivo, pois, sendo julgada procedente, o pagamento reputa-se efetuado com sua "conversão em renda". Por outro lado, caso não seja julgada procedente a "consignação em pagamento" do crédito tributário, no todo ou em parte, será devida sua cobrança com juros de mora, sem prejuízo das penalidades cabíveis.

Noutro giro, a mera propositura de ação de consignação em pagamento, ainda que seja, nos moldes da lei processual, consignado o montante do débito em juízo, não configura, por si só, causa extintiva da respectiva obrigação. De fato, conforme já restou mencionado, somente após conversão em renda do depósito efetuado pelo sujeito passivo ter-se-á a respectiva extinção do crédito tributário consignado judicialmente para esse fim.

14.11 A DECISÃO JUDICIAL PASSADA EM JULGADO

A rigor, a extinção do crédito tributário dá-se, nos termos do CTN/66, por meio de "decisão judicial passada em julgado", isto é, de decisão que reconheça a inexistência de relação jurídica tributária entre o fisco e o contribuinte, ou a existência de vício formal na exigência do crédito tributário, a ensejar a desconstituição e, consequentemente, a extinção do indigitado crédito tributário.

Consoante já explicitado nos itens antecedentes, a propositura de ação judicial somente viabilizará a extinção da dívida se houver o respetivo trânsito em julgado de decisão favorável à Fazenda Pública, seguido da conversão em renda do depósito eventualmente efetuado ou do respectivo pagamento. Noutras palavras, cuidando-se de decisão judicial favorável ao Fisco transitada em julgada, somente o pagamento ou, sendo o caso, a conversão do depósito em renda, ensejará a extinção da obrigação tributária.

14.12 A DAÇÃO EM PAGAMENTO EM BENS IMÓVEIS, NA FORMA E CONDIÇÕES ESTABELECIDAS EM LEI

A Lei Complementar 104/2001, que inseriu o inciso XI no rol das causas extintivas constantes do art. 156 do CTN, tem *status* de lei nacional, e não de simples lei federal, pois veicula norma geral que deve ser observada pela União,[8] Estados, Distrito Federal e Municípios sempre que, por meio de suas respectivas leis ordinárias, autorizarem a extinção de seus débitos tributários por meio da dação em pagamento.

Nesses termos, admite-se a dação em pagamento em bens imóveis, na forma e condições estabelecidas em lei, que disciplinará também quanto aos efeitos da extinção total ou parcial do crédito sobre a ulterior verificação da irregularidade da sua constituição, observado o disposto nos artigos 144 e 149.

Frise-se, por oportuno, que a aquisição de bens por parte da Administração Pública está sujeita ao procedimento de licitação. Em tese, somente lei poderá excepcionar essa regra, dispondo sobre as hipóteses de dispensa ou inexigibilidade da licitação – oportunizando, deste modo, a extinção de crédito público por meio da dação em pagamento.

Em suma, cabe à lei do próprio ente tributante estabelecer a forma e as condições que deverão ser rigorosamente observadas para que possa ser extinto o débito tributário por meio da dação em pagamento.

Doutrina

Paulo de Barros Carvalho[2] explicita o fenômeno da *extinção* da obrigação tributária, a qual, em tese, não pode subsistir sem a presença concomitante de seus elementos identificadores. Vejamos:

> Decompõe-se a figura obrigacional que reproduzimos: (a) pelo desaparecimento do sujeito ativo; (b) pelo desaparecimento do sujeito passivo; (c) pelo desaparecimento do objeto; (d) pelo desaparecimento do direito subjetivo de que é titular o sujeito pretensor, que equivale à desaparição do crédito; (e) pelo desaparecimento do dever jurídico cometido ao sujeito passivo, que equivale à desaparição do débito.
>
> Qualquer hipótese extintiva da relação obrigacional que possamos aventar estará contida, inexoravelmente, num dos cinco itens que enumeramos. Carece de possibilidade lógica imaginar uma sexta solução, precisamente porque esta é a fisionomia básica de um vínculo de tal natureza.
>
> (...).
>
> Depois de tudo o que dissemos, claro está que desaparecido o crédito decompõe-se a obrigação tributária, que não pode subsistir na ausência desse nexo relacional que atrela o sujeito pretensor ao objeto e que consubstancia seu direito subjetivo de exigir a prestação. **O crédito tributário é apenas um dos aspectos da relação jurídica obrigacional, mas sem ele inexiste o vínculo. Nasce no exato instante em que irrompe a obrigação e desaparece juntamente com ela.**
>
> Lamentavelmente, **disso não se apercebeu o legislador do Código**, que resolveu sistematizar a disciplina jurídica da matéria em torno do conceito de extinção do crédito, quando **cumpriria fazê-lo levando em conta a obrigação, que é o todo**. Não importa, porém, o trajeto escolhido pela autoridade legislativa para descrever o fenômeno da extinção. Temos acesso a ele pelo recurso da reflexão, inspirada pelas categorias da **Teoria Geral do Direito**, embora isso não tenha a força de apagar os **efeitos prejudiciais** de uma elaboração normativa confusa. *[Grifamos]*

• Confusão

Nem todas as causas extintivas da obrigação tributária foram expressamente contempladas pelo CTN/66. Cite-se, como exemplos, a novação – substituição da dívida anterior por uma nova – e a confusão. Esta última verifica-se quando,

2. Paulo de Barros Carvalho, *Curso de Direito Tributário*, 13ª ed., São Paulo, Saraiva, 2000, pp. 444-445.

na mesma pessoa, "se confundam as qualidades de credor e devedor" (art. 381, do Código Civil, de 2002). A esse respeito, sintetiza Aliomar Baleeiro:[3]

> No direito privado há outras modalidades de extinção de obrigações, como a *novação* (CC, arts. 999 e 1.008) e a *confusão* (CC, arts. 1.049 a 1.052), que o Código Tributário Nacional não contemplou.
>
> A *novação*, isto é, constituição de nova dívida para substituição da anterior, ou substituição de credor por outro novo, não parece compatível com a obrigação tributária.
>
> Mas a *confusão*, isto é, extinção determinada quando, por um fato ou ato jurídico, as qualidades de credor e devedor se reúnem na mesma pessoa, pode acontecer esporadicamente no direito tributário. Se o pai credor, por exemplo, vem a ser herdeiro necessário do filho devedor, desaparece a dívida deste para com ele, porque ninguém pode ser credor de si mesmo, ainda que civilistas, inclusive Espínola, discutissem o autocontrato (*Selbscontrahiren*).
>
> Ora, uma pessoa de direito público pode ser legatária da universalidade de bens e obrigações de alguém. A União recolhe as heranças jacentes, isto é, os bens deixados pelos defuntos sem herdeiros nem legatários conhecidos. Passando a dona da *universitas rerum* do *de cujus*, opera-se aí a confusão.
>
> Outras vezes, a União incorpora, como fez durante a II Grande Guerra, bens dos inimigos, inclusive no território nacional. Ocorre também aí a *confusão*, do art. 1.049 do CC.

• Compensação

Compensação e *Transação*, por outro lado, figuram expressamente como causas extintivas do crédito tributário (art. 156, II e III). A esse respeito, discorre Marcial Ferreira Jardim:[4]

> (...) somente nas hipóteses previstas em lei é que o sujeito passivo pode promover a compensação de débitos com indébitos, a exemplo do quanto ocorre na sistemática do ICMS ou do IPI, por força da não-cumulatividade constitucional.
>
> Igual sorte opera-se com relação ao sujeito ativo, uma vez que a Fazenda Pública somente pode compensar indébitos do sujeito passivo com débitos se houver estatuição legislativa a respeito do assunto, a teor do quanto dispõe a Lei 9.430, de 27.12.1996.
>
> Note-se que, nos casos em tela, estamos a cogitar de compensação tributária a ser exercida *moto proprio*, quer pelo sujeito ativo, quer pelo sujeito passivo. No primeiro caso, em havendo previsão legal específica, sempre

3. Aliomar Baleeiro, *Direito Tributário Brasileiro*, 11ª ed., Rio de Janeiro, Forense, 2000, pp. 860-861.

4. Eduardo Marcial Ferreira Jardim, *Manual de Direito Financeiro e Tributário*, 3ª ed., São Paulo, Saraiva, 1996, pp. 259-262.

> que o sujeito passivo pedir a devolução de indébito, a Fazenda Pública pode compensá-lo com eventuais débitos do requerente. Já no segundo, o sujeito passivo pode efetuar a compensação, independentemente de qualquer pedido, desde que haja igualmente estipulação normativa sobre o assunto.
>
> Por outro lado, mesmo à míngua de qualquer disposição subconstitucional acerca da matéria, o Judiciário pode editar a competente norma individual autorizando a compensação em prol do sujeito passivo, com fulcro, é bem de ver, nos **direitos e garantias consubstanciados nos princípios da segurança jurídica, da vedação ao confisco e da igualdade entre governantes e governados, como quer a quintessência da República Democrática**. Ao demais, convém atremar que o direito à compensação **não encontra limites em relação à natureza do tributo ou de sua destinação constitucional**, mas tão-somente na existência de créditos e débitos entre os mesmos sujeitos ativo e passivo da relação constitucional.
>
> (...) a **transação** supõe um comportamento penetrado de **subjetividade**, próprio de **atos discricionários**, o que, por si só, bastaria para revelar a **incompatibilidade** entre o instituto questionado e o **princípio da vinculabilidade da tributação**. Com efeito, quando o legislador estabelece objetivamente duas possibilidades de comportamento, quer com referência à penalidade tributária, quer quanto à possibilidade de pagar um imposto com redução até uma certa data, tais hipóteses não dizem respeito a transação, mas cogitam de dois comportamentos diferençados, ambos suscetíveis de serem colhidos por **atos vinculados.**
>
> Em face desses argumentos, **temos pleno convencimento de que no universo do direito tributário não há lugar para a transação**, motivo por que seria oportuno suprimi-la do contexto do Código Tributário Nacional. *[Negritamos]*

Vale gizar, todavia, que, em razão da crescente elevação da carga tributária e correlato aumento da inadimplência, o instituto da "transação" tem sido prestigiado pela legislação infraconstitucional, revelando-se cada vez mais eficaz para prevenir ou pôr fim a questionamentos judiciais acerca da legalidade ou inconstitucionalidade da exação.

Jurisprudência

• Causas extintivas do crédito tributário (Art. 156, CTN/66)

A jurisprudência pacificou o entendimento de que cabe à lei complementar estabelecer normas gerais em matéria de legislação tributária, especialmente sobre obrigação, lançamento, crédito, prescrição e decadência tributários, conforme disposto no art. 146, III, *b*, da CF/88. De conseguinte, a extinção do crédito tributário, assim como a suspensão da sua exigibilidade, constitui matéria de norma geral de legislação tributária e, nesses termos, encontra-se sob reserva de lei complementar (art. 146, III, "b", CF/88). Noutro giro, a extinção do crédito tributário depende da previsão em lei específica do ente tributante, desde que estejam previstas em lei complementar. De igual modo, não cabe à lei ordinária impor compensação de ofício aos débitos do sujeito passivo que se encontram com exigibilidade suspensa, na forma do art. 151, do CTN/66.

Como corolário, a compensação, sendo forma de extinção do crédito tributário, sujeita-se as prescrições estabelecidas no art. 170, do CTN/66, o qual, por si só, não gera direito subjetivo a compensação. É dizer, cabe à lei ordinária disciplinar as condições e das garantias que deverão ser preenchidas para sua eventual concessão.

Como desdobramento desta premissa, tendo em conta que não há semelhantes restrições em lei complementar para a concessão de parcelamento do crédito tributário, o Supremo Tribunal Federal, ao apreciar o Tema 874 – "Constitucionalidade do parágrafo único do art. 73 da Lei 9.430/1996, com a redação dada pela Lei 12.844/2013, que prevê a possibilidade de o Fisco, aproveitando o ensejo da restituição ou do ressarcimento de tributos administrados pela Secretaria da Receita Federal do Brasil, proceder à compensação, de ofício, com débitos não parcelados **ou parcelados sem garantia**" (grifamos) –firmou a seguinte tese, *verbis*:

> É inconstitucional, por **afronta ao art. 146, III, b, da CF**, a **expressão "ou parcelados sem garantia"**, constante do parágrafo único do art. 73, da Lei nº 9.430/96, incluído pela Lei nº 12.844/13, na medida em que **retira os efeitos da suspensão** da exigibilidade do crédito tributário prevista no CTN. *[RE n. 917.285, Pleno, rel. min. Dias Toffoli, j. 18.8.2020, v. u., DJe 6.10.2020] [Grifamos]*

• Pagamento – ato normativo infralegal

A Suprema Corte já se manifestou no sentido de que ato normativo infralegal pode fixar o prazo de pagamento do tributo, sem que se configure violação ao princípio constitucional da legalidade tributária, *verbis*:

> TRIBUTÁRIO. IPI. ART. 66 DA **LEI** Nº 7.450/85, QUE **AUTORIZOU O MINISTRO** DA FAZENDA A **FIXAR PRAZO DE RECOLHIMENTO** DO IPI, E PORTARIA Nº 266/88/MF, PELA QUAL DITO PRAZO FOI FIXADO PELA MENCIONADA AUTORIDADE. ACÓRDÃO QUE TEVE OS REFERIDOS ATOS POR INCONSTITUCIONAIS. Elemento do tributo em apreço que, conquanto **não submetido pela Constituição ao princípio da reserva legal**, fora *legalizado* pela Lei nº 4.502/64 e assim permaneceu até a edição da Lei nº 7.450/85, que, no art. 66, o *deslegalizou*, permitindo que sua fixação ou alteração se processasse por meio da **legislação tributária** (CTN, art. 160), expressão que compreende não apenas as leis, mas também os decretos e as normas complementares

(CTN, art. 96). Orientação contrariada pelo acórdão recorrido. Recurso conhecido e provido. *[STF, RE n. 140.669, Pleno, rel. min. Ilmar Galvão, j. 2.12.1998, p. m., DJ 18.5.2001] [Negritamos]*

Em 1999, a propósito, a Suprema Corte editou o seguinte enunciado sumular, no que diz respeito à alteração do prazo de pagamento de tributo, *verbis*:

> **[STF, Súmula Vinculante n. 50]** – Norma legal que **altera** o **prazo** de recolhimento de obrigação tributária **não se sujeita** ao **princípio da anterioridade**. *[Grifamos]*

• Pagamento e Remissão (Art. 156, I e IV, CTN/66)

Em 2011, ao apreciar os Temas Repetitivos n. 485 a 490 – possibilidade de pagamento mediante a transformação em pagamento definitivo (conversão em renda) de depósitos judiciais vinculados a ações já transitadas em julgado, assim como a possibilidade de devolução da diferença de juros SELIC incidentes sobre o valor depositado –, o Superior Tribunal de Justiça a seguinte tese jurídica, *verbis*:

> De acordo com o **art. 156, I, do CTN**, o **pagamento** extingue o crédito tributário. Se o pagamento por parte do contribuinte ou a transformação do depósito em pagamento definitivo por ordem judicial (art. 1º, § 3º, II, da Lei n. 9.703/98) somente ocorre depois de encerrada a lide, **o crédito tributário tem vida após o trânsito em julgado que o confirma**. Se tem vida, pode ser objeto de **remissão e/ou anistia** neste ínterim (entre o trânsito em julgado e a ordem para transformação em pagamento definitivo, antiga conversão em renda) **quando a lei não exclui expressamente tal situação do seu âmbito de incidência**. A remissão/anistia das rubricas concedida (multa, juros de mora, encargo legal) somente incide se efetivamente existirem tais rubricas (saldos devedores) dentro da composição do **crédito tributário cuja exigibilidade se encontra suspensa pelo depósito**. A remissão de juros de mora insertos dentro da composição do crédito tributário **não enseja o resgate de juros remuneratórios** incidentes sobre o depósito judicial feito para suspender a exigibilidade desse mesmo crédito tributário. *[STJ, REsp n. 1.251.513/PR, 1ª S., rel. min. Campbell Marques, j. 10.8.2011, v. u., DJ 17.8.11] [Grifamos]*

• Compensação (Art. 156, II, CTN/66)

Já decidiu o Superior Tribunal de Justiça pela necessidade de lei específica para que se possa realizar a compensação de tributos, nos termos do art. 170 do CTN:

> Tributário e processual civil – Créditos fiscal e privado – Compensação – Exigência de liquidez e certeza – CC, arts. 1.010 e 1.017 – CTN, art.

> 170 – Súmulas ns. 282 e 356/STF e 211/STJ. 1. Questões de índole constitucional escapam de exame na via especial – Divergência jurisprudencial incomprovada – Conhecimento restrito aos padrões legais prequestionados. 2. A **compensação**, hipótese de extinção de crédito tributário (art. 156, II, do CTN), assentada na liquidez e certeza dos créditos, **pressupõe a existência de lei ordinária, ditando específicas condições** (art. 170 do CTN; arts. 1.010 e 1.017 do CC). 3. Negado provimento ao recurso. *[STJ, 1ª Turma, REsp 115.442-SP, rel. Min. Milton Luiz Pereira, j. 15.9.1998, v.u., DJU 3.11.1998, p. 16] [Grifamos]*

• Transação (Art. 156, III, CTN/66) – Incentivos fiscais

Anistia não se confunde com os incentivos fiscais à transação tributária. Nesse sentido, já se manifestou o Superior Tribunal de Justiça, *verbis*:

> Processual civil e tributário – Omissão, contradição ou obscuridade no acórdão recorrido – Vícios não configurados – Remissão e **anistia parciais** previstas na Lei n. 9.779/1999 – Honorários advocatícios – Condenação – Possibilidade. 1. A ofensa ao art. 535 do CPC, não se configura se o tribunal de origem julgou satisfatoriamente a lide, solucionando a questão dita controvertida tal como lhe foi apresentada. 2. "Não há de se confundir o favor fiscal instituído com transação legal, em que as partes fazem concessões mútuas. A dispensa da multa e dos juros de mora é mero incentivo à regularização da sua situação tributária, pelos contribuintes. O contribuinte que opta por essa sistemática abdica da discussão judicial, assume que o valor referente a essa contribuição é devido e o faz mediante pagamento, assim também considerada a conversão do depósito já efetuado em renda. Em suma, desiste da demanda, preferindo conformar-se em pagar o montante devido sem a multa e os juros de mora" (REsp 739.037-RS, rel. Min. Castro Meira, *DJU* 1.8.2005). 3. São devidos os honorários advocatícios nos casos de desistência de ação judicial para fruição dos benefícios instituídos pelo art. 17 da Lei n. 9.779/1999. 4. Recurso especial parcialmente provido. *[STJ, 2ª T., REsp 789.878-RJ, rel. Min. Herman Benjamin, j. 21.11.2006, v.u., DJU 14.9.2007, p. 343] [Grifamos]*

• Remissão (Art. 156, IV, CTN/66) – Necessidade de lei específica

Sobre a necessidade de lei específica para que seja concedida a remissão, cite-se a seguinte decisão do Superior Tribunal de Justiça, *verbis*:

> Tributário – **Remissão parcial**. O reconhecimento da remissão depende de **previsão legal expressa**, não podendo o crédito tributário regularmente constituído ser dispensado, sob pena de responsabilidade funcional (CTN, art. 141) – Recurso especial não conhecido. *[STJ, 2ª Turma, REsp 35.583-SP, rel. Min. Ari Pargendler, j. 3.6.1996, v.u., DJU 1.7.1996, p. 24.028] [Grifamos]*

- **Prescrição e Decadência (Art. 156, V, CTN/66)**

Ao apreciar o Tema Repetitivo n. 604 – possibilidade de documento de confissão de dívida tributária poder constituir o crédito tributário mesmo após o prazo decadencial previsto no art. 173, I, do CTN/66 –, o Superior Tribunal de Justiça fixou a seguinte tese, *verbis*:

> A **decadência**, consoante a letra do art. 156, V, do CTN, é forma de **extinção do crédito tributário**. Sendo assim, uma vez extinto o direito, **não pode ser reavivado** por qualquer sistemática de lançamento ou auto-lançamento(sic), seja ela via documento de confissão de dívida, declaração de débitos, parcelamento ou de outra espécie qualquer (DCTF, GIA, DCOMP, GFIP, etc.). *[STJ, 2ª Turma, REsp n. 1.355.947/SP, rel. min. Mauro Campbell Marques, j. 11.12.2012, v.u., DJ 21.6.2013] [Grifamos]*

Em 2018, o Superior Tribunal de Justiça editou a Súmula n. 622, a respeito da decadência e da prescrição em matéria tributária, *verbis*:

> A **notificação** do **auto de infração** faz **cessar** a contagem da **decadência** para a constituição do crédito tributário; **exaurida a instância administrativa** com o decurso do prazo para a impugnação ou com a **notificação** de seu julgamento definitivo e **esgotado o prazo** concedido pela Administração para o **pagamento voluntário, inicia-se** o **prazo prescricional** para a cobrança judicial. *[Grifamos]*

- **Decisão Transitada em Julgado**

No tocante à decisão transitada em julgado, para fins de extinção da obrigação tributária, decidiu o Superior Tribunal de Justiça, *verbis*:

> Recurso especial – **Ação rescisória** – Embargos de declaração – Omissão – Art. 156, X, do CTN – Súmula n. 456/STF – Art. 515, § 2º, do CPC – Aplicação analógica. 1. Os embargos de declaração, cujos pressupostos estão expressamente relacionados no art. 535 do CPC, são perfeitamente cabíveis quando o acórdão que provê o recurso especial deixa de se manifestar sobre questão expressamente impugnada nas contra-razões da parte *ex adversa* que, até então, não tinha interesse em recorrer – Entendimento que se mostra coerente com o disposto no art. 515, § 2º, do CPC, **aplicado** à hipótese em exame **por analogia**, e com o enunciado da Súmula n. 456/STF. 2. Para fins de extinção do crédito tributário com base na hipótese do art. 156, X, do CTN, há de se entender como decisão transitada em julgado **aquela que não comporta mais recurso** de natureza ordinária ou extraordinária. 3. Embargos de declaração acolhidos parcialmente, sem alteração do julgado. *[STJ, 2ª Turma, REsp/ED 524.335-DF, rel. Min. João Otávio de Noronha, j. 20.9.2007, v.u., DJU 6.12.2007, p. 298] [Grifamos]*

- **Dação em Pagamento de Bens Imóveis (Art. 156, XI, CTN/66)**

A Suprema Corte[5] autoriza a dação em pagamento para extinção do crédito tributário, na forma e condições estabelecidas em lei, ressalvados os casos em que se fizer necessário observar as regras de licitação para a administração pública adquirir bens. Noutras palavras, é inconstitucional lei que substitua o regular processo de licitação de aquisição de mercadorias pela dação em pagamento.

O Superior Tribunal de Justiça também reconhece a necessidade de lei específica para que se possa proceder à extinção da obrigação tributária mediante a dação em pagamento. Veja-se:

> Processual civil – Tributário – Recurso especial – Extinção do crédito tributário – Dação em pagamento de bem imóvel (CTN, art. 156, XI) – **Preceito normativo de eficácia limitada**. 1. O inciso XI do art. 156 do CTN (incluído pela Lei Complementar n. 104/2001), que prevê, como modalidade de extinção do crédito tributário, "a dação em pagamento em bens imóveis, na forma e condições estabelecidas em lei", é preceito normativo de eficácia limitada, subordinada à intermediação de norma regulamentadora. O Código Tributário Nacional, na sua condição de lei complementar destinada a "estabelecer normas gerais em matéria de legislação tributária" (CF, art. 146, III), **autorizou** aquela modalidade de extinção do crédito tributário, mas **não a impôs** obrigatoriamente, cabendo assim a cada ente federativo, no domínio de sua competência e segundo as conveniências de sua política fiscal, editar norma própria para implementar a medida. 2. Recurso especial improvido. *[STJ, 1ª Turma, REsp 884.272-RJ, rel. Min. Teori Albino Zavascki, j. 6.3.2007, v.u., DJU 29.3.2007, p. 238] [Grifamos]*

A propósito, antes do advento da Lei Complementar n. 101, de 2001, que acrescentou a dação de pagamento de bens imóveis entre as causas extintivas do crédito tributário, a Suprema Corte, se posicionara no sentido de que "Não há reserva de Lei Complementar Federal para tratar de novas hipóteses de suspensão e extinção de créditos tributários", a exceção da prescrição e decadência e, de conseguinte, na ausência da referida lei complementar, não é vedado ao "(...)Estado-membro estabelecer regras específicas de quitação de seus próprios créditos tributários.". Possibilita-se, deste modo, a previsão em lei estadual de extinção do crédito tributário por dação em pagamento de bens "moveis", (STF, ADI n. 2.405, Pleno, rel. min. Alexandre de Moraes, v. u., j. 20.9.2019, DJe 3.10.2019).

5. STF, ADI n. 1.917/DF, Pleno, rel. min. Ricardo Lewandowski, j. 26.4.2007, v. u., DJ 24.8.2007.

Temas para Dissertação ou pesquisa

1. "Causas Extintivas do Crédito Tributário".
2. "Transação. Causa Extintiva do Crédito Tributário".
3. "Dação em pagamento. Causa Extintiva do Crédito Tributário".

Questões

1. Que são e quais são as causas extintivas do crédito tributário, segundo o CTN/66?
2. Discorra sobre o tempo, o lugar e o modo de recolhimento do tributo.
3. "Remissão" e "remição" são termos equivalentes? A remissão pode ser concedida por ato normativo infralegal?
4. Quais são os requisitos para se proceder à compensação na esfera tributária?
5. Quais são as causas extintivas referidas pela doutrina? Explique.

Consultas

1. **[40° Exame de Ordem Unificado, 2024, 4]** Decreto estadual datado de 10/01/2024 e publicado no Diário Oficial do Estado Alfa em 11/01/2024 prevê que, a partir de sua publicação, o vencimento de certo tributo estadual ocorrerá 20 (vinte) dias depois da data em que se considera o sujeito passivo notificado do lançamento. A sociedade empresária ABC Ltda., notificada para pagar tal tributo em 11/03/2024, não concorda com o prazo para pagamento previsto nesse decreto e impugna administrativamente tal lançamento, sob os seguintes argumentos: i) o prazo geral previsto no Código Tributário Nacional (CTN) para pagamento de tributos é de 30 (trinta) dias, não podendo norma local contrariar o previsto em lei complementar de caráter nacional; ii) o novo prazo fixado em decreto não respeita o princípio da anterioridade tributária, uma vez que está sendo aplicado antes do exercício seguinte e antes de 90 (noventa) dias da data da publicação. Diante desse cenário, responda aos itens a seguir. A) Poderia mero decreto fixar tal prazo em 20 (vinte) dias, em face do previsto no Código Tributário Nacional (CTN)? Justifique. (Valor: 0,65) B) Tal prazo de pagamento de tributo fixado por decreto deve seguir o princípio da anterioridade tributária? Justifique. (Valor: 0,60) Obs.: O(A) examinando(a) deve fundamentar suas respostas. A mera citação do dispositivo legal não confere pontuação.
2. **[XXIV Exame de Ordem Unificado, 2018, 1]** A União publicou, no Diário Oficial de 30 de junho de 2017, decreto que majorou a alíquota do Imposto sobre Produtos Industrializados (IPI). No decreto, foi estipulado que a

alíquota majorada já seria válida para fatos geradores ocorridos a partir do mês seguinte. Tendo em vista a anterioridade nonagesimal e a anterioridade do exercício financeiro, responda aos itens a seguir. A) É válida a exigência da alíquota majorada no mês seguinte à publicação do decreto? (Valor: 0,65) B) Se, em vez de majorar a alíquota, o decreto alterasse apenas o prazo de recolhimento da obrigação tributária, seria válida a sua exigência a partir do mês seguinte ao da publicação? (Valor: 0,60) Obs.: o(a) examinando(a) deve fundamentar as respostas. A mera citação do dispositivo legal não confere pontuação.

3. **[105° Exame de Ordem/SP, 1988, n. 3]** Um comerciante de artigos de procedência estrangeira, seu cliente, assoberbado com o excesso de trabalho no mês de março, esqueceu-se de escriturar no livro próprio a entrada de mercadorias importadas, conforme determina a legislação, embora tenha pago os respectivos impostos. Ele o consulta perguntando-se, pela fala de escrituração, o Fisco poderá multá-lo.

Testes

1. **[Assessoramento Legislativo, Senado Federal, 2022, n. 84]** A empresa EFEGEAGA tem débitos tributários inscritos em dívida ativa da União e pretende vê-los extintos por dação em pagamento na forma do Artigo 156, XI do Código Tributário Nacional (dação em bens imóveis). Em relação a tal modalidade de extinção, é correto afirmar que

   a) ( ) a dação em pagamento pode ser de um percentual do crédito tributário que se pretende liquidar, desde que superior a 20% da dívida.

   b) ( ) a dação em pagamento, a critério do credor, pode envolver inclusive imóveis de difícil alienação aferida pela administração pública federal ou pelo IPHAN.

   c) ( ) não é possível a complementação em dinheiro quando houver diferença entre o valor dos imóveis e o valor da dívida.

   d) ( ) a dação em pagamento ocorre a critério do credor, em todos os imóveis da empresa, exceto os impenhoráveis por lei.

   e) ( ) a dação em pagamento somente produzirá efeitos após a desistência de ação judicial proposta pelo devedor, em que se discute o crédito tributário, e também da renúncia do direito sobre o qual se funda a ação.

2. **[Advogado-Câmara de Fortaleza/CE, 2024, n. 63]** Carlos, no ato da transferência de um imóvel, apresentou, como base de cálculo do Imposto sobre Transmissão de Bens Imóveis (ITBI), o valor condizente com o valor de mercado. No entanto, a autoridade municipal, ao examinar as informações

prestadas, realizou o arbitramento do valor da base de cálculo do ITBI, com base em tabela previamente estabelecida e divulgada pelo Município competente. Sobre o descrito acima, assinale a afirmação correta.

a) ( ) O Município pode arbitrar previamente a base de cálculo do ITBI com respaldo em valor de referência por ele estabelecido unilateralmente.

b) ( ) O ITBI está sujeito ao lançamento de ofício, por estimativa e, portanto, não cabe ao Carlos realizar o cálculo do ITBI.

c) ( ) A existência de benfeitorias, o estado de conservação e os interesses pessoais do vendedor e do comprador no ajuste do preço não podem ser utilizados como parâmetro para fins de cálculo do ITBI, sob pena de violação da segurança jurídica.

d) ( ) A base de cálculo do ITBI está vinculada à base de cálculo do IPTU, devendo esta ser utilizada como piso de tributação daquela.

e) ( ) O valor da transação declarado pelo contribuinte goza da presunção de que é condizente com o valor de mercado, que somente pode ser afastada pelo Fisco mediante a regular instauração de processo administrativo próprio.

3. [38° Exame de Ordem Unificado, 2023] A Sociedade Empresária Aguardente 100% Ltda., fabricante de bebidas destiladas, por meio de sua advogada Sophia, protocolou perante a Secretaria Especial da Receita Federal do Brasil, ainda dentro do prazo legal para pagamento, consulta referente à necessidade de recolhimento de Imposto sobre Produtos Industrializados (IPI) acerca de operação específica por ela desempenhada. Escoado o prazo original para pagamento e ainda não decidida a consulta, à luz do Código Tributário Nacional (CTN) assinale a afirmativa correta.

a. ( ) Aguardente 100% Ltda. poderá ter cobrados contra si juros de mora que correm mesmo na pendência da consulta tributária.

b. ( ) Por ocasião da decisão final da consulta, o Fisco federal poderá impor multa tributária caso a solução de consulta seja contrária aos interesses de Aguardente 100% Ltda.

c. ( ) A obrigação tributária a ser cumprida por Aguardente 100% Ltda., por ter sido objeto de consulta, não poderá ser acrescida de juros de mora e nem poderá ser imposta multa tributária à empresa.

d. ( ) Podem ser aplicadas contra Aguardente 100% Ltda. medidas de garantia previstas no CTN ou em lei tributária na pendência da consulta tributária

4. **[XXIV Exame de Ordem Unificado, 2018.1, n. 23]** Considere que Luís é um andarilho civilmente capaz que não elegeu nenhum lugar como seu domicílio tributário, não tem domicílio civil, nem residência fixa, e não desempenha habitualmente atividades em endereço certo. A partir da hipótese apresentada, de acordo com o Código Tributário Nacional e no silêncio de legislação específica, assinale a afirmativa correta.

   a) ( ) Luís nunca terá domicílio tributário.

   b) ( ) O domicílio tributário de Luís será o lugar da situação de seus bens ou da ocorrência do fato gerador.

   c) ( ) O domicílio tributário de Luís será, necessariamente, a sede da entidade tributante.

   d) ( ) O domicílio tributário de Luís será a residência de seus parentes mais próximos ou o lugar da situação dos bens de Luís.

15

EXCLUSÃO DO CRÉDITO TRIBUTÁRIO

15.1 DIRETRIZES GERAIS

O Código Tributário Nacional de 1966, CTN/66, cuida, em capítulo próprio, das denominadas Causas de Exclusão do Crédito Tributário, quais sejam isenção e anistia. Da simples leitura do dispositivo abaixo transcrito, pode-se dizer que a primeira equivale à dispensa do pagamento do tributo, propriamente dito, enquanto a anistia, à dispensa do pagamento da multa fiscal. Vejamos:

> **[CTN/66] Art. 175.** Excluem o crédito tributário:
>
> I – a **isenção**;
>
> II – a **anistia**.
>
> Parágrafo único. A **exclusão** do crédito tributário **não dispensa** o cumprimento das obrigações **acessórias** dependentes da obrigação principal cujo crédito seja excluído, ou dela conseqüente(sic). *[Grifamos]*

Observe-se que a concessão de isenção, assim como de anistia, não implicará a dispensa do cumprimento das prestações positivas ou negativas, previstas no interesse da arrecadação e fiscalização dos créditos tributários.

Ainda, por oportuno, convém frisar que a suspensão e exclusão da exigibilidade do crédito tributário não dispensam o cumprimento das obrigações assessórios dependentes da obrigação principal cujo crédito seja suspenso, excluído, ou dela conseqüentes(sic), (parágrafo único dos arts. 151 e 175, do CTN/66).

Tecidas essas breves considerações e, tendo em conta a evolução dos estudos científicos acerca da isenção, destacaremos, em linhas gerais, duas diretrizes interpretativas acerca da isenção, expondo, em breve síntese, suas premissas e correlatos regimes jurídicos. Na sequência, abordaremos a disciplina dada à anistia fiscal.

15.2 ISENÇÃO – "DISPENSA" DO PAGAMENTO DO TRIBUTO

De acordo com o disposto no CTN/66, a isenção somente poderá ser concedida por meio de lei específica (arts. 97, VI, 141 e 176). A lei concessiva de isenção, ademais, não poderá alcançar tributos que, ao tempo de sua edição, não tinham sido instituídos e, portanto, sequer existiam, (art. 177, II). Nesses termos, a isenção pressupõe (i) que a lei de isenção seja concomitante ou posterior à lei instituidora do tributo; bem como o (ii) nascimento da obrigação tributária em decorrência da realização do fato gerador no mundo fenomênico.

A isenção, como causa de exclusão da exigibilidade do crédito tributário não afeta a obrigação tributária que lhe deu origem (art. 140, do CTN/66), apenas dispensa o seu cumprimento, (parágrafo único do artigo 175), (Grifamos). Sob essa perspectiva, a isenção não tem o condão de impedir o nascimento da obrigação tributária, mas tão-somente a regular constituição do respectivo crédito pelo lançamento tributário.

- **Isenção e Remissão**

A remissão é causa extintiva (art. 156, IV, do CTN/66) e a isenção é causa de exclusão (art. 175, I, do CTN/66) do crédito tributário. De conseguinte, ambas pressupõem a ocorrência do fato gerador e o nascimento da obrigação tributária.

A extinção do crédito regularmente constituído, assim como a exclusão da sua exigibilidade, não afeta a obrigação tributária que lhe deu origem (art. 140, do CTN/66), apenas dispensa o seu cumprimento, (parágrafo único do artigo 175). Sob essa ótica, isenção e remissão equivalem ao perdão do tributo, pois ambas têm o efeito de dispensar o sujeito passivo do dever de pagá-lo.

Distinguem-se, no entanto, admitindo-se que, de um lado, a isenção, como causa de exclusão do crédito tributário, impede a sua constituição após a ocorrência do fato gerador da respectiva obrigação tributária; e, doutro lado, que a remissão, como causa de extinção do crédito tributário, pressupõe a sua constituição para que possa ser extinto.

Sob essa diretriz interpretativa, isenção é a "dispensa" do pagamento do tributo, enquanto a remissão é o "perdão" do tributo.

15.3 ISENÇÃO – HIPÓTESE DE NÃO INCIDÊNCIA LEGALMENTE QUALIFICADA

"Isenção", como hipótese de não incidência legalmente qualificada, distingue-se de outros institutos semelhantes, como o da imunidade tributária e da remissão. Vejamos.

A norma isentiva, todavia, situa-se no campo legislativo do ente competente para instituir o respectivo tributo. Nesse passo, convém ter em conta que a instituição do tributo pressupõe a descrição legal de sua hipótese de incidência tributária, bem como a prescrição da respectiva obrigação tributária, cujos elementos identificadores são (i) os sujeitos ativos (credor) e passivo (devedor), e (ii) seu objeto, qual seja prestação pecuniária – cujo montante resulta, em regra, da conjugação da alíquota à base de cálculo.

Pois bem. A instituição de tributo implica o exercício pleno (*v.g.*, sem previsão de isenção) ou parcial (*v.g.*, com previsão de isenção parcial) da competência tributária, considerando-se que a isenção plena equivale ao desaparecimento da própria norma instituidora do tributo. Nesses termos, a isenção contribui para traçar os contornos do campo de incidência normativa.

Tendo como parâmetro a norma padrão de incidência tributária constitucionalmente possível, a isenção, vale gizar, poderá referir expressamente a apenas um dos aspectos da hipótese de incidência tributária, isoladamente considerado; como também a quaisquer dos elementos identificadores da obrigação tributária, perfazendo-se, assim, a norma de incidência tributária, propriamente dita.

Note-se que o exercício da competência tributária demanda a demarcação expressa do campo de incidência normativa. Sob essa perspectiva, pode-se dizer que a isenção é hipótese de não incidência legalmente qualificada.

- **Isenção e Imunidade**

Vimos que somente a Lei das leis estabelece casos de imunidade tributária, uma vez que o poder de atribuir competência legislativa lhe é inerente. A imunidade, portanto, reflete uma garantia maior ao seu titular, haja vista que, ao contrário da isenção, não poderá ser revogada por lei infraconstitucional, a rigor, nem por emenda constitucional (art. 60, § 4º, CF/88).

Com efeito, a "norma de incidência tributária" é delineada por meio de lei específica do ente tributante competente para instituir o tributo, portanto, por lei infraconstitucional. De seu turno, a "norma padrão de incidência tributária constitucionalmente possível", ao contrário daquela, é delineada pela própria Carta Magna, com vistas a repartir entre os entes tributantes – pessoas políticas de direito público – o "poder limitado" de tributar, denominado "competência tributária".

Pois bem. A delegação de competência tributária pressupõe a delimitação da hipótese de incidência tributária, da qual também se inferirá a obrigação tributária constitucionalmente possível. Ao traçar os contornos da norma padrão de incidência tributária, a Lei Maior poderá, tal como ocorre na isenção, vedar expressamente seu alcance a um dos aspectos da referida hipótese de incidência; como também a quaisquer dos elementos identificadores da respectiva obrigação tributária, perfazendo-se, assim, a norma padrão de incidência tributária, isto é, o modelo de norma de incidência tributária que deverá ser observado pelo legislador infraconstitucional ao exercer sua competência para instituir tributo. Sob essa perspectiva, pode-se dizer que imunidade é hipótese de não incidência constitucionalmente qualificada.

Como corolário do acima exposto, o fato que se subsumir a qualquer hipótese de imunidade ou de isenção não ensejará o nascimento de obrigação tributária, isto é, do respectivo tributo.

- **Isenção e Remissão**

A remissão figura entre as Causas de Extinção do Crédito Tributário, (art. 156, IV, do CTN/66) e, nesses termos, tem o condão de impedir sua constituição após a ocorrência do fato gerador da respectiva obrigação tributária; ou, se já constituído, de afastar os efeitos de sua exigibilidade. A lei concessiva de remissão, portanto, reporta-se aos fatos geradores de tributos ocorridos antes ou durante a sua vigência, impedindo-os de produzir eficácia ou, sendo o caso, extinguindo seus efeitos.

A isenção, de seu turno, figura entre as Causas de Exclusão do Crédito Tributário, (art. 175, I, do CTN/66) e, como hipótese de não incidência tributária legalmente qualificada, inviabiliza o próprio nascimento da obrigação tributária. Frise-se, a lei concessiva de isenção, ao contrário da remissão, não tem efeitos retroativos. A exclusão do crédito, neste caso, verifica-se apenas no plano normativo, isto é, no momento da definição legal da norma de incidência tributária, cuja incidência pressupõe a observância do princípio constitucional da irretroatividade tributária.

Sob essa ótica, isenção e remissão são equivalentes ao perdão legal do tributo, pois ambas têm o efeito de dispensar o sujeito passivo de eventual dever de pagá-lo, impondo-se, ademais, a anulação de crédito tributário constituído em desrespeito à vigência de lei isentiva ou remissiva que incidira na hipótese.

Nesses termos, isenção e remissão também se referem às hipóteses em que o crédito tributário "regularmente constituído" somente se extingue, ou tem sua "exigibilidade" suspensa ou "excluída", fora das quais não podem ser dispensadas, a sua efetivação ou as respectivas garantias (art. 141).

15.4 ISENÇÃO – DISPOSIÇÕES GERAIS

Vejamos agora as normas gerais aplicáveis à isenção que constam no CTN/88, bem como o disposto na Lei Maior a esse respeito.

- **Isenção e Lei específica**

A isenção somente poderá ser condida por lei. E mais, somente por lei específica do respectivo ente competente para instituir os tributos que se pretende isentar. Entenda-se, por lei específica, a que tenha por objeto regular em caráter de exclusividade apenas determinada matéria, no caso, a relativa à isenção.

Reitere-se, por oportuno, que a lei instituidora de tributo, em regra, é ordinária e, de conseguinte, somente poderá ser revogada, total ou parcialmente, por meio de outra lei ordinária emanada do mesmo ente competente para tributar. Logo, a majoração ou redução de alíquotas, assim como a concessão ou revogação de isenção, a delimitação do prazo de duração e a especificação de eventuais condições e requisitos para sua concessão, de igual modo, deverão estar previstas na referida lei. Nesses termos, encontra-se recepcionado, pela vigente Carta Magna, o dispositivo abaixo transcrito, *verbis*:

> **[CTN/66] Art. 176.** A **isenção**, ainda quando prevista em contrato, **é sempre decorrente de lei** que especifique as **condições** e **requisitos** exigidos para a sua concessão, os tributos a que se aplica e, sendo caso, o **prazo** de sua duração.
>
> Parágrafo único. A **isenção** pode ser restrita a **determinada região** do território da entidade tributante, em função de **condições** a ela peculiares. *[Grifamos]*

Para não pairar dúvidas a esse respeito, o Poder Constituinte derivado também enfatizou, *verbis*:

> **[CF/88] Art. 151**. Sem prejuízo de outras **garantias asseguradas ao contribuinte**, é vedado à União, aos Estados, ao Distrito Federal e aos Municípios:
>
> (...).
>
> § 6º Qualquer subsídio ou **isenção**, redução de base de cálculo, **concessão de** crédito presumido, **anistia ou remissão**, relativos a impostos, taxas ou contribuições, **só** poderá ser concedido mediante **lei específica**, federal, estadual ou municipal, que regule **exclusivamente** as matérias acima enumeradas ou o correspondente tributo ou contribuição, sem prejuízo do disposto no art. 155, § 2.º, XII, g. *[Redação dada pela EC 3, de 1993]* *[Grifamos]*

Como já restou mencionado em capítulo anterior, a lei concessiva de isenção não poderá receber interpretação restritiva nem extensiva, é dizer, não poderá ter seu alcance reduzido nem ampliado. Sob essa diretriz, há de ser interpretada "literalmente" a isenção legalmente prevista (art. 111, II, do CTN/66). Por oportuno, transcreva-se:

> [CF/88] **Art. 177**. Salvo disposição de lei em contrário, a **isenção não é extensiva**:
>
> I – às taxas e às contribuições de melhoria;
>
> II – aos tributos instituídos posteriormente à sua concessão. *[Grifamos]*

Deveras, conforme já restou mencionado, à lei concessiva de isenção cabe especificar as condições e requisitos exigidos para a sua concessão, os tributos a que se aplica e, sendo caso, o prazo de sua duração (art. 176), sujeitando-se, ademais, à interpretação literal (art. 111, I e II).

- **Isenção autônoma e heterônoma**

Qualifica-se como isenção "autônoma" aquela concedida pelo próprio ente competente para criar o tributo e, "heterônima", aquela concedida por pessoa política diversa do ente competente para institui-lo.

Cite-se, como exemplos de isenção heterônoma, a atribuição dada à União para, mediante lei complementar, excluir da incidência do ICMS, exportações para o exterior de serviços e produtos (art. 155, § 2º, XII, "e", da CF/88); assim como para excluir da incidência do ISS exportações de serviços para o exterior (art. 156, § 3º, II, da CF/88).

Nada obstante, o mandamento que prestigia a Federação brasileira é o que determina a rígida observância da repartição constitucional de competência tributária. Apenas em caráter excepcional, portanto, admitir-se-á a possibilidade de isenção heterônoma. Nesse sentido, explicita a Lei Maior, *verbis*:

> [CF/88] **Art. 151**. É **vedado** à União:
>
> (...).
>
> III – instituir **isenções** de **tributos** da competência dos Estados, do Distrito Federal ou dos Municípios. *[Grifamos]*.

Quanto à possibilidade de concessão de isenções tributárias por meio de tratado internacional, recomendamos a leitura do disposto no capítulo intitulado "Legislação Tributária e Normas Complementares: conceito, vigência, aplicação, interpretação e integração".

Revogação de Isenção – Princípio da Anterioridade Tributária

Registre-se, de plano, que a isenção não implica elevação da carga tributária para a pessoa isenta, de modo que a lei que a conceder poderá incidir, em tese, após sua publicação, portanto, sem necessidade de observar os princípios constitucionais da anterioridade geral e especial, (art. 150, III, "b" e "c", da CF/88).

Por outro lado, considerando-se que a revogação de lei isentiva torna tributável a situação que, até então, não se subsumi à hipótese de incidência, cumpre reconhecer que a lei que revoga isenção equipara-se, para a pessoa isenta, à lei que institui tributo. A esse respeito, dispõe o CTN/66, *verbis*:

> **[CTN/66] Art. 178.** A **isenção**, **salvo** se concedida por prazo certo e em função de determinadas condições, **pode** ser revogada ou modificada por **lei**, a qualquer tempo, **observado** o disposto no inciso III do art. 104. *[Redação dada pela Lei Complementar 24, de 1975]. [Grifamos]*

Segundo o referido dispositivo, a lei que revoga isenção deve observar o princípio da anterioridade somente se se referir a impostos sobre o patrimônio e a renda. De fato. Consoante dispõe o CTN/66, "Entram em vigor no primeiro dia do exercício seguinte àquele em que ocorra a sua publicação os dispositivos de lei, referentes a impostos sobre o **patrimônio** ou a **renda** (...) que **extinguem ou reduzem isenções**, salvo se a lei dispuser de maneira mais favorável ao contribuinte (...)", (Art. 104, III), (Grifamos). Note-se que o dispositivo restringe o alcance do princípio constitucional da anterioridade tributária apenas impostos sobre o patrimônio ou a renda, de modo os impostos sobre serviços, assim como as demais espécies tributárias, estariam fora do alcance do referido princípio.

Nada obstante, nenhuma lei infraconstitucional tem o condão de reduzir o alcance da Lei das leis. Sob essa diretriz, toda lei que implique instituição ou aumento de tributo deve plena obediência ao princípio constitucional da anterioridade tributária, conforme disposto na vigente Constituição Federal de 1988, (art. 150, III, "b" e "d", da CF/88).

O CTN/66, por outro lado, reconhece que a revogação de isenção concedida por prazo certo e em função de determinadas condições – conhecida como isenção onerosa – não poderá ser revogada antes de findo o referido prazo, sob pena de frustrar as expectativas de quem satisfez as exigências legais para ser beneficiado com a isenção dentro do respectivo período, (art. 178, acima transcrito).

- **Isenção geral e específica**

Classifica-se a isenção em (i) geral, quando aplicável de ofício pela autoridade administrativa, e (ii) individual, hipótese em que a lei isentiva impõe determinados requisitos para sua concessão, cuja observância ensejará o deferimento do requerimento formulado pelo interessado junto à autoridade administrativa competente para aplicar referida lei ao caso concreto. Transcreva-se:

> [CTN/66] **Art. 179.** A **isenção**, quando não concedida em **caráter geral**, é efetivada, em cada caso, por **despacho** da autoridade administrativa, em **requerimento** com o qual o interessado faça prova do preenchimento das **condições** e do cumprimento dos **requisitos** previstos em lei ou contrato para sua concessão.
>
> § 1º Tratando-se de tributo lançado por **período** certo de tempo, o **despacho** referido neste artigo será **renovado** antes da expiração de cada período, **cessando** automaticamente os seus efeitos a partir do primeiro dia do período para o qual o interessado deixar de promover a continuidade do reconhecimento da isenção.
>
> § 2º O **despacho** referido neste artigo **não** gera direito adquirido, aplicando-se, quando cabível, o disposto no artigo 155. *[Grifamos]*

Ressalte-se que as isenções individuais referentes a tributos previstos para serem lançados a cada período cessarão automaticamente se o interessado se abster de solicitar a renovação da isenção ao término do respectivo período.

15.5 ANISTIA

A anistia figura, ao lado da isenção, como Causa de Exclusão do Crédito Tributário, (art. 175, II, do CTN/66). No entanto, a anistia refere-se apenas à exclusão da infração fiscal. Transcreva-se:

> [CTN/66] **Art. 180.** A **anistia** abrange **exclusivamente** as **infrações** cometidas anteriormente à **vigência** da lei que a concede, **não** se aplicando:
>
> I – aos atos qualificados em lei como **crimes** ou **contravenções** e aos que, mesmo sem essa qualificação, sejam praticados com **dolo, fraude** ou **simulação** pelo sujeito passivo ou por terceiro em benefício daquele;
>
> II – salvo disposição em contrário, às infrações resultantes de **conluio** entre duas ou mais pessoas naturais ou jurídicas. *[Grifamos]*

Noutro giro, a anistia em apreço não alcança (i) as infrações cometidas após a vigência da lei que a concede; (ii) os crimes e contravenções; nem mesmo (iii) as infrações praticadas com dolo, fraude, simulação ou resultante de conluio.

- **Anistia geral e limitada**

A anistia poderá ser concedida em caráter geral, ou seja, sem se restringir seu alcance a determinadas infrações, assim como em caráter limitado, isto é, quando a lei que a conceder limitar seu alcance, *v.g.*, a infrações relativas a determinado tributo ou penalidade, restritas a determinada região ou sob certas condições. Transcreva-se:

> [CTN/66] **Art. 181.** A **anistia** pode ser concedida:
>
> I – em caráter **geral**;
>
> II – **limitadamente**:
>
> a) às **infrações** da legislação relativa a **determinado tributo**;
>
> b) às infrações punidas com **penalidades** pecuniárias **até** determinado montante, conjugadas ou não com penalidades de outra natureza;
>
> c) a **determinada região** do território da entidade tributante, em função de condições a ela peculiares;
>
> d) **sob condição** do pagamento de tributo no prazo fixado pela lei que a conceder, ou cuja fixação seja atribuída pela mesma lei à autoridade administrativa. *[Grifamos]*

• Anistia geral e individual

Nessa esteira, distingue-se ainda a anistia concedida em caráter geral da anistia individual, isto é, daquela concedida mediante apresentação de requerimento do interessado que faça prova de preenchimento de todos os requisitos legais para sua concessão. Transcreva-se:

> [CTN/66] **Art. 182.** A **anistia**, quando não concedida em caráter geral, é efetivada, em cada caso, por despacho da autoridade administrativa, em requerimento com a qual o interessado faça prova do preenchimento das condições e do cumprimento dos requisitos previstos em lei para sua concessão.
>
> Parágrafo único. O despacho referido neste artigo **não gera direito adquirido**, aplicando-se, quando cabível, o disposto no artigo 155. *[Grifamos]*

Observe-se que a lei concessiva de anistia em caráter individual não gera direito adquirido, podendo ser cancelada a qualquer tempo, sempre que se constatar o descumprimento de quaisquer dos requisitos legais para sua concessão.

Doutrina

• Isenção e Imunidade

Paulo de Barros Carvalho,[1] por oportuno, salienta a principal distinção entre imunidade e isenção. De um lado, a imunidade é veiculada por norma

1. Paulo de Barros Carvalho, *Curso de Direito Tributário*. 23ª ed., São Paulo: Saraiva, 2011, p. 239.

constitucional apta a traçar os contornos da regra padrão de incidência de cada tributo para que, dentro desses limites, possa ser exercida, no plano infraconstitucional, a respectiva competência tributária. A isenção, por sua vez, contribui para delinear a norma de incidência tributária, propriamente dita, que, desta forma, terá sua abrangência menor que a da respectiva norma padrão de incidência tributária acima referida. Transcreva-se:

> O preceito de **imunidade** exerce a função de colaborar, de uma forma especial, no **desenho das competências impositivas**. São **normas constitucionais**. Não cuidam da problemática da incidência, atuando em instante que antecede, na lógica do sistema, ao momento da percussão tributária. Já a **isenção** se dá no **plano da legislação tributária**. Sua dinâmica **pressupõe um encontro normativo**, em que ela, regra de isenção, opera como expediente **redutor do campo de abrangência** dos critérios da hipótese ou da consequência da regra-matriz do tributo, (...).

• Isenção e Remissão

No entender de Roque Antonio Carrazza,[2] a ideia de dispensa legal do pagamento do tributo devido se aplica apenas à remissão tributária, pois, neste caso, a incidência da norma tributária impositiva que o instituíra é condição para que possa haver a dispensa do seu pagamento e consequente extinção do crédito. Vejamos:

> O conceito de isenção tributária não é estreme de dúvidas. [...]a nosso ver, **a isenção** é uma limitação legal do âmbito de validade da norma jurídica tributária, que **impede** que o tributo nasça. Ou, se preferirmos, é a nova configuração que a lei dá à norma jurídica tributária, que passa a ter seu âmbito de abrangência restringido, impedindo, assim, **que o tributo surja *in concreto*** (evidentemente, naquela hipótese descrita na lei isentiva). *[Grifamos]*

• Isenção – "dispensa do pagamento do tributo"

A despeito das teorias que procuram explicar cientificamente a acepção jurídica de isenção tributária, prevalece na jurisprudência o conceito tradicional, segundo o qual isenção é a dispensa do pagamento do tributo. É dizer, considera-se, na esteira do entendimento de Rubens Gomes de Souza e Amílcar Araújo Falcão, que a isenção pressupõe o nascimento da obrigação tributária, em decorrência da incidência da lei instituidora do tributo sobre o respectivo fato gerador em concreto, pois só assim a lei isentiva poderá incidir para tornar inexigível o crédito tributário e, nesses termos, perdoar o tributo que, se não houvesse isenção, seria devido.

---

2. Roque Carrazza, *Curso de Direito Constitucional Tributário*. 35ª ed., São Paulo: Editora *Jus Podium*/ Malheiros Editores, 2024, pp. 900 e 909.

Alfredo Augusto Becker, no entanto, desbravou novos horizontes ao trazer para o debate novas considerações. De plano, ressalta que a lógica dessa concepção tradicional tem pertinência apenas no "[...]plano pré-jurídico da Política Fiscal quando o legislador raciocina para criar a regra jurídica de isenção.", e se finda com a criação da regra de isenção no plano jurídico do Direito Tributário, "[...]quando o jurista interpreta aquela regra jurídica e examina os efeitos jurídicos resultantes de sua incidência[...].". Com igual clareza de pensar e precisão no manuseio das palavras, arremata sua linha de raciocínio:

> A **regra jurídica** que prescreve a **isenção**, em última análise, consiste na **formulação negativa da regra jurídica** que estabelece a **tributação**.
>
> A realização da **hipótese de incidência da regra jurídica de isenção**, faz com que **esta** regra jurídica **incida** justamente **para negar** a existência de **relação jurídica tributária**. Por sua vez, as hipóteses não enquadráveis dentro da hipótese de incidência da regra jurídica explicita(sic) de isenção tributária, são precisamente as hipóteses de incidência de regras jurídicas implícitas de tributação. *[Grifamos]*

- **Isenção e Anistia – Causas de Exclusão do Crédito Tributário (Art. 171, CTN/66)**

Souto Maior Borges,[3] ressalta que a anistia somente é aplicável a infrações e penalidades, uma vez que estão fora do campo do tributo, afinal, "tributo" – não a obrigação tributária – é inconfundível com a sanção de ato ilícito. Enfatiza, ademais, que ambas, isenção e anistia, a rigor, são causas de exclusão do próprio direito de crédito do sujeito ativo do tributo. Vejamos suas palavras:

> Se, **por hipótese**, o tributo *stricto sensu*, ou, mais claramente, o respectivo crédito, com abstração das infrações, **for extinto**, ter-se-á, mesmo na eventual impropriedade do *nomen juris*, do rótulo ("anistia"), uma **hipótese de remissão** do crédito tributário (arts. 156, IV e 172). Deve-se assim **distinguir** as modalidades de **exclusão** e, entre estas, a anistia, das modalidades de **extinção** do crédito tributário, particularmente a remissão.
>
> Ora, a isenção distingue-se da remissão precisamente porque, enquanto na **isenção** a obrigação tributária não surge, na **remissão** surge a obrigação, constitui-se o crédito, mas a remissão extingue o crédito tributário.
>
> No sentido do art. 175, II, a anistia exclui o crédito tributário decorrente da aplicação de penalidade pecuniária, precisamente porque referido às **infrações à legislação tributária** (art. 180).

3. Souto Maior Borges, *Teoria Geral da Isenção Tributária*. 3ª ed., São Paulo: Malheiros Editores, 2011, pp. 232-3.

> Logo, e a rigor terminológico, a **isenção** e a **anistia** não excluem apenas a exigibilidade do crédito tributário. Elas **excluem o próprio direito de crédito do fisco ao tributo**. *[Grifamos]*

Jurisprudência

- **Isenção, "Alíquota zero", "Não tributável"**

"Isenção", "alíquota zero" e "não tributável" são expressões que, no entender da Suprema Corte, têm acepções distintas e, não obstante, a mesma consequência jurídica, qual seja o não reconhecimento da existência de crédito presumido para fins de observância do princípio da não cumulatividade, considerando-se que este princípio é aplicável apenas a situações em que existe dupla ou múltipla tributação. Nesse sentido, transcreva-se:

> **[STF, Súmula Vinculante n. 58]** Inexiste direito a crédito presumido de IPI relativamente à entrada de insumos **isentos**, sujeitos à **alíquota zero** ou **não tributáveis**, o que não contraria o princípio da não cumulatividade. *[Grifamos]*

Vimos que, segundo o CTN/66, a isenção e a anistia são causas de exclusão do crédito tributário. A primeira, refere-se ao tributo; a segunda, às infrações fiscais. A remissão, de seu turno, é causa extintiva do crédito tributário num sentido amplo, ou seja, abrange tanto o tributo como a multa fiscal. Consoante entendimento da Suprema Corte, distingue-se a remissão das causas de exclusão do crédito tributário, pois, sua previsão legal é posterior à ocorrência do fato gerador da obrigação tributária, cujo crédito se visa a excluir.

Exemplifiquemos.

A CF/88, no tocante ao IPI e ao ICMS, veda expressamente a cumulatividade de seus créditos. Noutras palavras, determina-se a compensação do que for devido em cada operação com o montante cobrado nas anteriores. E mais. Salvo determinação em contrário da legislação, a isenção ou não incidência de ICMS não implicará crédito para compensação com o montante devido nas operações ou prestações seguintes e, doutro lado, acarretará a anulação do crédito relativo às operações anteriores (art. 155, § 2º).

Diante disso, a existência de causa de exclusão do crédito tributário na operação anterior, mas não na subsequente, afasta eventual possibilidade de compensação de créditos, uma vez que, em face da referida desoneração tributária, os respectivos créditos não foram, e nem poderiam ter sido constituídos. Transcreva-se:

> [...]2. A **compensação** prevista na Constituição da República, **para fins da não cumulatividade**, depende do cotejo de valores apurados entre o que foi cobrado na entrada e o que foi devido na saída: o **crédito** do adquirente se dará em função do montante cobrado do vendedor do insumo e o débito do adquirente existirá quando o produto industrializado é vendido a terceiro, dentro da cadeia produtiva.
>
> 3. Embora a **isenção** e a **alíquota zero** tenham naturezas jurídicas diferentes, a consequência é a mesma, em razão da **desoneração** do tributo.
>
> 4. O regime constitucional do Imposto sobre Produtos Industrializados determina a compensação do que for devido em cada operação com o montante cobrado nas operações anteriores, esta a substância jurídica do princípio da não cumulatividade, **não aperfeiçoada** quando não houver produto onerado na saída, pois **o ciclo não se completa**.
>
> (...). *[STF, RE n. 475.551, Pleno., rel. min. Cesar Peluso, rel. p/ acórdão, min. Carmen Lúcia, j. 6.5.2009, p.m., DJ 13.11.2009] [Grifamos]*

Ainda, para exemplificar a distinção entre causa de exclusão e de extinção do crédito tributário, note-se que, consoante entendimento jurisprudencial, o lançamento deve ser realizado em casos de isenção, para que, na hipótese de sua revogação, o tributo possa ser exigido regularmente. Registre-se: "A não incidência decorre da própria existência da obrigação tributária. A isenção tem como pressuposto a existência do tributo cuja aplicação resta suspensa. No presente caso o lançamento ocorre porque, revogado o benefício da isenção, aplica-se o imposto anteriormente criado por lei." (excerto do voto do min. Soares Muñoz, no RE 97.482, de 1982).

- **Vendas a prazo inadimplidas e vendas canceladas**

De igual modo, nas vendas a prazo, referentes a operações tributadas, o respectivo crédito tributário presume-se regularmente constituído, mesmo quando configurada a inadimplência. Porém, vendas tributadas e, na sequência, canceladas, não geram créditos para eventual compensação. Nesse sentido, as vendas a prazo, ao contrário das vendas canceladas, equiparam-se às causas de exclusão do crédito tributário, pois se inserem no campo de incidência da norma tributária. Transcreva-se:

> Agravo regimental nos embargos de declaração no recurso extraordinário. Tributário. PIS/COFINS. **Vendas a prazo inadimplidas**. Questão já decidida em sede de repercussão geral. Renda e receita ou faturamento. Bases econômicas distintas. Exclusão do crédito tributário. **Interpretação restritiva**. Analogia. Aplicação. Impossibilidade. 1. O Plenário da Corte, em sede de repercussão geral, assentou que as **vendas a prazo, mesmo quando inadimplidas, se inserem no campo da incidência tributária**.

> Não se trata, pois, de hipótese de não incidência, como, a rigor, ocorre com as **vendas canceladas**, em que o fato gerador das contribuições não chega a existir. 2. O posterior inadimplemento de venda a prazo **não constitui condição resolutiva da hipótese de incidência** da contribuição ao PIS e da COFINS. Os danos decorrentes do inadimplemento de clientes devem ser reparados lançando-se mão da via apropriada. 3. A jurisprudência da Corte **sempre rechaçou** as **tentativas de equiparação** entre os suportes normativos dos regimes da **receita** e da **renda**. Cada base econômica tem tratamento constitucional e infraconstitucional distintos, ensejando a instituição e a cobrança de tributo específico, uma vez que retratam modos ou momentos de revelação distintos. 4. **Se a lei não excluiu** as "vendas inadimplidas" da base de cálculo da contribuição ao PIS e da COFINS, **não cabe ao intérprete fazê-lo** sob alegação de isonomia, equiparando-as às **vendas canceladas**, por implicar hipótese de **exclusão** de crédito tributário, **cuja interpretação deve ser restritiva**, a teor do art. 111 do Código Tributário Nacional. 5. Descabe estender ao caso dos autos o tratamento conferido pelo art. 9º da Lei nº 9.430/1996, reproduzido no Decreto nº 3.000/1999 (RIR/1999), os quais admitem que as **perdas** no recebimento de créditos decorrentes das atividades da pessoa jurídica **sejam deduzidas** como **despesas** para fins de determinação do **lucro real** – materialidade da CSLL e do IRPJ. 6. Agravo regimental não provido, com imposição de multa de 2% do valor atualizado da causa, nos termos do art. 1.021, § 4º, do novo Código de Processo Civil. *[STF, RE n. 1.110.831 ED-AgR, 2T., rel. min. Dias Toffoli, j. 29.6.2018, v.u., DJ 24.8.2018] [Grifamos]*

Registre-se, por outro lado, que a existência de causa de exclusão do crédito tributário na operação subsequente, mas não na que lhe precede, haverá direito à compensação dos créditos reais decorrentes da referida operação tributada.

• Isenção e Remissão – vedação à renúncia de receita

Lei ordinária municipal, mediante renúncia de receita, concedeu isenção ou remissão do IPTU relativo a imóveis edificados atingidos por enchentes ou alagamentos, porém, sem estimativa de impacto orçamentário e financeiro, a que se refere o disposto no art. 133, do ADCT. Declarada inconstitucional, a Suprema Corte modulou os efeitos da decisão, para manter as isenções de IPTU do ano de 2021, e anteriores, bem como as remissões de IPTU do ano de 2020, e anteriores, conforme se verifique a ocorrência das enchentes ou alagamentos no referido período. Transcreva-se:

> Embargos de declaração em recurso extraordinário. Direito tributário. Pedido de modulação dos efeitos da declaração de **inconstitucionalidade** da Lei nº 5.989/20 do Município de Valinhos por **ofensa ao art. 113 do ADCT**. **Isenção e remissão de IPTU**. Imóveis edificados atingidos por

enchentes e alagamentos causados por chuvas. Acolhimento do pedido. 1. Na decisão embargada, foi declarada a inconstitucionalidade formal da Lei nº 5.989 do Município de Valinhos, de 18 de maio de 2020, por violação do art. 113 do ADCT. 2. A **concessão** de isenção e de remissão do IPTU por meio da lei objurgada está conectada com **relevante questão social e econômica** atinente à **amenização de prejuízos** decorrentes de **enchentes e alagamentos** causados por chuvas. Necessidade de modulação dos efeitos da decisão à luz da **segurança jurídica** e do excepcional interesse social. 3. Embargos de declaração acolhidos para se modularem os efeitos da decisão embargada, estabelecendo-se que ficam mantidas, conforme se verifique a ocorrência de enchentes ou alagamentos no tempo, as **isenções** de IPTU do ano de 2021 e anteriores, bem como as **remissões** de IPTU do ano de 2020 e anteriores. *[STF, RE n. 1.331.245 ED, Pleno, rel. min. Dias Toffoli, j. 11.4.2022, DJ 29.4.2022]*

• Isenção na ZFM – exceção à não cumulatividade de créditos fiscais

O Supremo Tribunal Federal, em face de questão constitucional reconhecida no RE n. 592.891 (Tema 322), fixou a seguinte tese de repercussão geral, *verbis*:

> Há **direito ao creditamento de IPI** na entrada de insumos, matéria-prima e material de embalagem adquiridos junto à **Zona Franca de Manaus** sob o regime da **isenção**, considerada a previsão de **incentivos regionais** constante do art. 43, § 2º, III, da Constituição Federal, combinada com o comando do art. 40 do ADCT. *[Grifamos]*

Transcreva-se, por oportuno, a ementa do respectivo julgado, *verbis*:

> IPI. DIREITO DE CRÉDITO. INSUMOS PROVENIENTES DA ZONA FRANCA DE MANAUS ADQUIRIDOS SOB O REGIME DE ISENÇÃO. PRINCÍPIO DA NÃO-CUMULATIVIDADE. CF/88, ART.43, 1º, II, E 2º, III;153, 3º, II. A partir de **hermenêutica constitucional sistemática** de múltiplos níveis normativos depreende-se que a **Zona Franca de Manaus** constitui importante região socioeconômica que, **por motivos extrafiscais**, excepciona a técnica da não-cumulatividade. É **devido** o **aproveitamento de créditos** de IPI na entrada de insumos **isentos, não tributados** ou sujeitos à **alíquota zero** provenientes da Zona Franca de Manaus, por força de **exceção** constitucionalmente justificável à técnica da **não-cumulatividade**. *[STF, RE n. 596.614, Pleno, rel. min. Marco Aurélio, j. 25.4.2019, p.m., DJ 20.9.2019] [Grifamos]*

• Isenção de ICMS – convênio e lei específica

Nos termos da Lei Maior, a concessão de isenção, de remissão, de créditos presumidos, a redução de base de cálculo, enfim, a outorga de quaisquer benefícios e incentivos fiscais somente poderá ser veiculada por lei específica do ente competente para tributar. Cuidando-se do ICMS, exige-se ainda, com vistas à preservação da harmonia do pacto federativo, prévio consenso dos entes federados para a validade desse tratamento tributário diferenciado. A propósito, assim tem manifestado a Suprema Corte, *verbis*:

> [...]A celebração dos **convenios**(sic) **interestaduais** constitui **pressuposto essencial** a valida **concessão**, pelos Estados-membros ou Distrito Federal, de **isenções, incentivos ou benefícios fiscais** em tema de **ICMS**. Esses convenios(sic) – enquanto instrumentos de exteriorização formal do previo(sic) consenso institucional entre as unidades federadas investidas de competência tributaria(sic) em matéria de ICMS – destinam-se a compor os conflitos de interesses que necessariamente resultariam, uma vez ausente essa deliberação intergovernamental, da concessão, pelos Estados-membros ou Distrito Federal, de isenções, incentivos e benefícios fiscais pertinentes ao imposto em questão. O **pacto federativo**, sustentando-se na **harmonia** que deve presidir as relações institucionais entre as comunidades politicas(sic) que compoem(sic) o Estado Federal, legitima as restrições de ordem constitucional que afetam o exercício, pelos Estados-membros e Distrito Federal, de sua competência normativa em tema de exoneração tributaria pertinente ao ICMS. MATÉRIA TRIBUTARIA E DELEGAÇÃO LEGISLATIVA: A outorga de **qualquer subsidio, isenção ou crédito presumido, a redução da base de cáalculo**(sic) e a concessão de **anistia** ou **remissão** em matéria tributaria(sic) só podem ser deferidas mediante **lei especifica**, sendo **vedado** ao Poder Legislativo **conferir** ao Chefe do Executivo a **prerrogativa** extraordinária de dispor, **normativamente**, sobre tais categorias tematicas(sic), **sob pena de ofensa** ao postulado nuclear da **separação de poderes** e de transgressão ao **princípio da reserva constitucional de competência legislativa**. Precedente: ADIn 1.296-PE, Rel. Min. CELSO DE MELLO. *[STF, ADI n. 1.247 MC, Pleno, rel. min. Celso de Mello, j. 17.8.1995, p.m., DJ 8.9.1995] [Grifamos]*

• Redução de benefícios fiscais e Princípio da Anterioridade Tributária

A redução de benefícios fiscais implica majoração indireta de tributo, a demandar a observância do princípio constitucional da anterioridade tributária. Nesse sentido, assim tem manifestado a Suprema Corte. *verbis*:

> 4. A jurisprudência do Supremo Tribunal Federal é firme no sentido de que **não apenas** a majoração direta de tributos atrai a eficácia da anterioridade nonagesimal, **mas também** a majoração indireta decorrente de revogação de benefícios fiscais. (RE 1237982 AgR, relator p/ Acórdão Alexandre de Moraes, Primeira Turma, j. 04/05/2020. 5. No caso, a

> restrição imposta pela MP 1.034/21, que resultou na exclusão imediata do benefício para veículos de valor superior a 70 mil reais, deve, ao contrário do que defende a Fazenda Nacional, observar o princípio da anterioridade nonagesimal, prevista no art. 150, III, 'c', da CF *[STF, ADI n. 1.247 MC, Pleno, rel. min. Celso de Mello, j. 17.8.1995, p.m., DJ 8.9.1995] [Grifamos]*

Noutro giro, a redução da carga tributária – sob a forma de isenção, redução de alíquota, alteração de base de cálculo, dentre outras medidas fiscais dessa natureza – concedida incondicionalmente e por prazo indeterminado, poderá ocorrer a qualquer momento, desde que seja observado o princípio constitucional da anterioridade tributária. Nesse sentido: STJ, AREsp n. 1.932.059-RS, 1ªT, rel. min. Manoel Erhardt (desembargador convocado do TRF5), j. 23.6.2022, v.u., DJe 30.6.2024).

- **Isenção heterônoma e Tratado Internacional**

O Supremo Tribunal Federal, em sumulou o seguinte entendimento acerca da concessão de isenção de tributo estado por meio de tratado internacional, *verbis*: "À mercadoria importada de país signatário do GATT, ou membro da ALALC, estende-se a isenção do imposto sobre circulação de mercadorias concedida a similar nacional.". Por oportuno, transcreva-se:

> Direito Tributário. ICMS. **Importação de bacalhau da Noruega**. País signatário do GATT. **Isenção heterônoma.** Tratado Internacional firmado pela República Federativa do Brasil. Constitucionalidade. Alcance e legitimidade de isenções à luz da legislação infraconstitucional. Similaridade entre produtos nacionais e estrangeiros. Apreciação em sede extraordinária. Impossibilidade. Súmula STF 279. A jurisprudência desta Suprema Corte assentou-se no sentido da **constitucionalidade das desonerações tributárias estabelecidas, por meio de tratado, pela República Federativa do Brasil**, máxime no que diz com a extensão, às mercadorias importadas de países signatários do GATT, das isenções de ICMS concedidas às similares nacionais (**Súmula STF 575**). Descabe analisar, em sede de recurso extraordinário, alegações pertinentes à abrangência e à legitimidade de isenções frente à legislação infraconstitucional, bem como a similaridade entre produtos nacionais e estrangeiros para efeito da outorga do tratamento isonômico exigido pelo Acordo Geral sobre Tarifas Aduaneiras e Comércio – GATT. Aplicação da Súmula STF 279. Agravo regimental conhecido e não provido. *[AI 764.951 AgR, 1ª T, rel. min. Rosa Weber, j. 26.2.2013, v.u., DJe de 12.3.2013] [Grifamos]*

Temas para Dissertação ou Pesquisa

1. "Isenção e Anistia do Crédito Tributário. Distinção."
2. "Isenção e Remissão do Crédito Tributário. Distinção."

Questões

1. Que são e quais são as causas exclusão do crédito tributário?
2. Que se entende por isenção tributária?
3. "Remissão", "anistia" e "isenção" são termos equivalentes?
4. Que se entende por isenção temporária?
5. A revogação de isenção demanda a observância do princípio constitucional da anterioridade tributária? Explique e fundamente sua resposta.

Consultas

1. **[38º Exame de Ordem Unificado, 2023, n. 4]** Lei Complementar federal de caráter nacional instituiu novo tratamento diferenciado e favorecido para as microempresas do país para todo o ano de 2022, reduzindo de 4% para 3% a alíquota mínima atualmente estabelecida para as empresas de comércio em geral que faturam até R$ 180.000,00 por ano. Também anistiou, de forma retroativa para infrações ocorridas até a data de publicação da lei, as multas aplicáveis a tais empresas, desde que quitassem suas obrigações no prazo de 30 dias e que as infrações não fossem qualificadas em lei como crimes ou contravenções e não fossem praticadas com dolo, fraude ou simulação, nem resultassem de conluio entre duas ou mais pessoas naturais ou jurídicas. Estabeleceu ainda que, quanto às empresas sediadas nos Estados Alfa, Beta e Gama, estas se enquadrarão como microempresas se tiverem receita bruta em cada ano-calendário em valor total de até R$ 120.000,00, mantendo o valor de R$ 180.000,00 para os demais Estados da federação. Diante desse cenário, responda aos itens a seguir. A) É válido o enquadramento diferenciado estabelecido para os Estados Alfa, Beta e Gama? Justifique. (Valor: 0,65) B) É possível estabelecer de forma retroativa a anistia de tais multas? Justifique. (Valor: 0,60) Obs.: o(a) examinando(a) deve fundamentar suas respostas. A mera citação do dispositivo legal não confere pontuação.
2. **[35º Exame de Ordem Unificado, 2022, n. 3]** O Estado Alfa, no ano de 2022, pretende conceder uma isenção temporária de ICMS com duração de 1 ano em favor de setor econômico, que foi fortemente afetado pelo isolamento social decorrente da pandemia da Covid19. Por isso, o Secretário de Fazenda do Estado Alfa levou a questão ao Conselho Nacional de Política Fazendária (CONFAZ), para que fosse deliberada pelos demais Estados e Distrito Federal a autorização para tal concessão de isenção. O CONFAZ, em deliberação unânime, autorizou mediante convênio tal concessão. Em razão disto, o Governador do Estado Alfa publicou Decreto concedendo tal isenção com efeitos imediatos. Diante desse cenário, responda aos itens a seguir. A) Tal concessão de uma isenção de ICMS, após autorização pelo CONFAZ, com

efeitos imediatos, viola o princípio da anterioridade tributária? (Valor: 0,60) B) Tal concessão de isenção de ICMS, após autorização pelo CONFAZ, por meio de Decreto do Governador, viola o princípio da legalidade tributária? (Valor: 0,65) Obs.: o(a) examinando(a) deve fundamentar suas respostas. A mera citação do dispositivo legal não confere pontuação.

3. **[XXXI Exame de Ordem Unificado, 2020, n. 3]** O Brasil firmou com um país escandinavo, signatário do GATT (Acordo Geral sobre Tarifas Aduaneiras e Comércio), um tratado, concedendo isenção de ICMS na importação de alguns produtos deste país estrangeiro, e garantindo reciprocidade aos similares nacionais, quando importados pelo país estrangeiro. Um Estado-membro da Federação brasileira, já tendo sido o tratado internacional internalizado, não concordou com a perda de receita que começou a sofrer como resultado de sua aplicação. Por isso, promulgou uma lei estadual revogando a isenção concedida. Diante desse cenário, responda aos itens a seguir. A) Tal isenção de ICMS pode ser concedida mediante tratado em que os Estados-membros da Federação não são parte? (Valor: 0,65) B) Sendo o ICMS um tributo de competência estadual, lei estadual superveniente pode revogar a isenção concedida por um tratado internacional? (Valor: 0,60) Obs.: o examinando deve fundamentar suas respostas. A mera citação do dispositivo legal não confere pontuação.

Testes

1. **[40º Exame de Ordem/SP, 2024.1, n. 26]** Para conter a escalada de preços dos combustíveis que vem afetando a economia nacional, a equipe econômica do governo federal estuda a possibilidade de conceder, mediante lei complementar editada exclusivamente para tal fim, uma isenção temporária de um ano sobre todos os tributos federais e estaduais incidentes sobre os combustíveis (petróleo e derivados), atendendo aos requisitos das leis orçamentárias. Diante desse cenário, assinale a afirmativa correta.

   a) ( ) A concessão de tal isenção, mediante lei complementar, de caráter nacional, exclusivamente para este fim é admitida pela Constituição Federal.

   b) ( ) Sendo tal benefício fiscal apenas temporário, pode ser excepcionalmente admitido por ter, como causa, uma situação extraordinária de interesse nacional.

   c) ( ) Tal lei afronta a Constituição Federal ao atingir tributos de competência estadual.

   d) ( ) A competência tributária é privativa da Agência Nacional de Petróleo (ANP) quanto à tributação de combustíveis, e tal lei acaba por violá-la.

2. **[Advogado, Pref. Sete Barras/SP, 2024, n. 31]** Considere as seguintes assertivas: "I – a isenção". "II – a anistia". "III – o pagamento". "IV – a conversão do depósito em renda". De acordo com o Código Tributário Nacional, excluem o crédito tributário o que se afirma em:

   a) ( ) I, II e III, apenas.

   b) ( ) I e II, apenas.

   c) ( ) II, III e IV, apenas.

   d) ( ) III e IV, apenas.

   e) ( ) I, II, III e IV.

3. **[Advogado, Pref. Espera Feliz/MG, 2024, n. 39]** A exclusão do crédito tributário refere-se às circunstâncias previstas em lei que permitem a redução ou anulação de débitos fiscais, levando à extinção, total ou parcial, da obrigação tributária. Diversas situações previstas na legislação autorizam a exclusão ou extinção do crédito tributário. Analise as afirmativas a seguir com relação à exclusão do crédito tributário.

   I. A anistia, ainda quando prevista em contrato, é sempre decorrente de lei que especifique as condições e requisitos exigidos para a sua concessão, os tributos a que se aplica e, sendo caso, o prazo de sua duração.

   II. A anistia, quando não concedida em caráter geral, é efetivada, em cada caso, por despacho da autoridade administrativa, em requerimento com a qual o interessado faça prova do preenchimento das condições e do cumprimento dos requisitos previstos em lei para sua concessão.

   III. A anistia abrange exclusivamente as infrações cometidas anteriormente à vigência da lei que a concede, não se aplicando aos atos qualificados em lei como crimes ou contravenções e aos que, mesmo sem essa qualificação, sejam praticados com dolo, fraude ou simulação pelo sujeito passivo ou por terceiro em benefício daquele.

   IV. A isenção, quando concedida em caráter geral, é efetivada, em cada caso, por despacho da autoridade administrativa, em requerimento com o qual o interessado faça prova do preenchimento das condições e do cumprimento dos requisitos previstos em lei ou contrato para sua concessão.

   Está correto o que se afirma apenas em

   a) ( ) I e II.

   b) ( ) I e III.

   c) ( ) II e III.

   d) ( ) II e IV

16

GARANTIAS E PRIVILÉGIOS DO CRÉDITO TRIBUTÁRIO

16.1 DIRETRIZES GERAIS

De plano, convém reavivar o campo de competência tributária reservado pela Carta Magna à União para veicular, mediante lei complementar, normas gerais em material de legislação tributária, especialmente sobre o crédito tributário. Nesses termos, observar-se-á a disciplina constante no Código Tributário Nacional de 1966, (CTN/66), a respeito das garantias e privilégios do crédito tributário, no que for compatível com o disposto na vigente Constituição Federal de 1988, (CF/88).

A propósito, entende-se por "garantia" o meio jurídico estabelecido para assegurar ao credor o recebimento de crédito vencido e não pago pelo devedor. Em conformidade com a previsão contratual ou legal, poder-se-á, por exemplo, vincular previamente a destinação de determinados bens ou rendas do devedor para acautelar os direitos do credor ante eventual inadimplência da obrigação.

Por outro lado, não se pode desconsiderar a hipótese de haver vários credores diante de um único devedor, cujo patrimônio não seja suficiente para arcar com todas as responsabilidades assumidas. Diante disso, estabelece-se, de acordo com critérios isonômicos, a ordem de "preferência" que deverá ser observada para o cumprimento dos respectivos créditos. Nesse sentido, pois, emprega-se o termo "privilégio" para designar a preferência de que goza determinados créditos em relação a outros.

Elegendo-se os princípios da supremacia do interesse público sobre o particular e o da indisponibilidade da coisa pública como vetores interpretativos para a elaboração e aplicação das normas jurídicas, para justificar a concessão de um tratamento diferenciado àqueles em, em tese, são iguais perante a lei.

É o caso do crédito tributário que, diante de devedor desprovido de recursos ou com recursos insuficientes para quitar todas as suas dívidas, gozará de posição preferencial em relação aos créditos de natureza privada exigíveis do mesmo devedor.

Vejamos, pois, as garantias e os privilégios do crédito tributário que, em linhas gerais, encontram-se previstos no CTN/66.

16.2 GARANTIAS DO CRÉDITO TRIBUTÁRIO

À Lei complementar cabe veicular normas gerais sobre as garantias de crédito tributário, enquanto às respectivas leis federais, estaduais, distritais e municipais incumbe traçar seus contornos, levando-se em conta a natureza ou características do respectivo tributo.

Saliente-se, por oportuno, que a garantia concedida ao crédito não altera sua natureza jurídica. Cite-se, para ilustrar, que o crédito poderá ser gravado com garantia real, tais como penhor, hipoteca ou anticrese e, desse modo, o bem dado em garantia ficará sujeito, por vínculo real, ao cumprimento da respectiva obrigação. Isso não implica reconhecer, todavia, que o crédito tornar-se-á, por essa razão, crédito de natureza real. O crédito tributário, por exemplo, não deixará de ser tributário para assumir a natureza jurídica da garantia que lhe tenha sido atribuída por lei e continuará, portanto, sujeito à observância do regime jurídico tributário, e não às regras do direito privado. O CTN/66, com essa ressalva, elenca o rol exemplificativo das garantias do crédito tributário. Transcreva-se:

> **[CTN/66] Art. 183.** A enumeração das garantias atribuídas neste Capítulo ao crédito tributário **não exclui outras** que sejam **expressamente** previstas em **lei**, em função da **natureza** ou das **características** do tributo a que se refiram.
>
> Parágrafo único. A **natureza das garantias** atribuídas ao crédito tributário **não altera** a **natureza** deste nem a da obrigação tributária a que corresponda. *[Grifamos]*

Em linhas gerais, qual é a garantia de que goza o crédito tributário? Nos termos estabelecidos pelo CTN/66, é a "totalidade" dos bens e das rendas do sujeito passivo, do espólio e da massa falida, independentemente da sua origem ou natureza. E mais, mesmo que tais bens e rendas tenham sido gravados por ônus real ou cláusula de inalienabilidade ou impenhorabilidade, responderão, de igual modo, pelo cumprimento da obrigação tributária, cujo fato gerador tenha ocorrido antes ou após a referida cláusula.

Noutras palavras, não opera efeitos contra o fisco a cláusula de inalienabilidade ou de impenhorabilidade decorrente de mero ato de vontade, ainda que preexistente à constituição do crédito tributário ou à ocorrência do fato gerador da respectiva obrigação tributária. É o que se infere do disposto no art. 184, do CTN/66, a despeito do emprego do termo "privilégios" – expressão que sugere discriminação sem causa plausível –, em vez de "garantias". Vejamos:

> **[CTN/66] Art. 184.** Sem prejuízo dos privilégios(sic) especiais sobre determinados bens, que sejam previstos em **lei**, **responde** pelo pagamento do crédito tributário a **totalidade** dos bens e das rendas, **de qualquer origem ou natureza**, do sujeito passivo, seu espólio ou sua massa falida, inclusive os **gravados** por ônus real ou cláusula de inalienabilidade ou impenhorabilidade, **seja qual for a data da constituição** do ônus ou da cláusula, **excetuados** unicamente os bens e rendas que a **lei** declare absolutamente impenhoráveis. *[Grifamos]*

Todo o patrimônio do devedor responderá pelo crédito tributário inadimplido. Esta regra é estabelecida por lei e somente à lei cabe prever eventual exceção. Frise-se, não cabe ao particular, por ato de vontade própria, restringir o alcance dessa garantia legalmente atribuída ao crédito tributário.

Nesse sentido, a Lei de Execução Fiscal prescreve que a penhora não poderá recair sobre bens declarados por lei absolutamente impenhoráveis (art. 10, da Lei n. 6.830/1980), ou seja, independentemente de qualquer manifestação de vontade em sentido contrário.

Por oportuno, vale lembrar que os incisos II a XII, do artigo 833, do Código de Processo Civil de 2015 (CPC/2015), arrolam bens e rendas impenhoráveis e que, por via de consequência, não podem figurar entre as garantias do crédito tributário, haja vista que sua impenhorabilidade decorre de expressa disposição legal, ressalvado apenas o disposto no inciso I. Vejamos:

> **[CTN/66] Art. 833.** São **impenhoráveis**:
>
> I – os bens inalienáveis e os declarados, por ato voluntário, não sujeitos à execução;
>
> II – os móveis, os pertences e as utilidades domésticas que guarnecem a residência do executado, salvo os de elevado valor ou os que ultrapassem as necessidades comuns correspondentes a um médio padrão de vida;
>
> III – os vestuários, bem como os pertences de uso pessoal do executado, salvo se de elevado valor;

> IV – os vencimentos, os subsídios, os soldos, os salários, as remunerações, os proventos de aposentadoria, as pensões, os pecúlios e os montepios, bem como as quantias recebidas por liberalidade de terceiro e destinadas ao sustento do devedor e de sua família, os ganhos de trabalhador autônomo e os honorários de profissional liberal, ressalvado o § 2º;
>
> V – os livros, as máquinas, as ferramentas, os utensílios, os instrumentos ou outros bens móveis necessários ou úteis ao exercício da profissão do executado;
>
> VI – o seguro de vida;
>
> VII – os materiais necessários para obras em andamento, salvo se essas forem penhoradas;
>
> VIII – a pequena propriedade rural, assim definida em lei, desde que trabalhada pela família;
>
> IX – os recursos públicos recebidos por instituições privadas para aplicação compulsória em educação, saúde ou assistência social;
>
> X – a quantia depositada em caderneta de poupança, até o limite de 40 (quarenta) salários-mínimos;
>
> XI – os recursos públicos do fundo partidário recebidos por partido político, nos termos da lei;
>
> XII – os créditos oriundos de alienação de unidades imobiliárias, sob regime de incorporação imobiliária, vinculados à execução da obra. *[Grifamos]*

Note-se que o inciso I, do dispositivo normativo acima transcrito, considera impenhoráveis os bens inalienáveis e os declarados, *por ato voluntário*, não sujeitos à execução. Diante desse impasse, entre o que consta no CTN/66, e o que dispõe o CPC/2015, há que se reconhecer a prevalência da norma especial em relação à norma geral, consoante o adágio "lex specialis derogat generale". Como corolário, a despeito da eventual manifestação particular em sentido contrário, todos os bens e rendas responderão pelo crédito tributário, ressalvando-se tão-somente as hipóteses legalmente previstas.

Cite-se, ainda, alguns exemplos de garantias do crédito tributário previstas em leis específicas.

16.2.1 Bem de Família

Há duas modalidades de impenhorabilidade do bem de família, denominadas legal e voluntária, conforme sua origem, respectivamente. A impenhorabilidade "voluntária" encontra-se disciplinada do Código Civil de 2002, que assim dispõe:

> **[CCivil/2002] Art. 1.711.** Podem os **cônjuges**, ou a **entidade familiar**, mediante **escritura pública ou testamento**, destinar parte de seu patrimônio para instituir **bem de família**, desde que não ultrapasse **um terço** do patrimônio líquido existente ao tempo da instituição, mantidas as regras sobre a impenhorabilidade do imóvel residencial estabelecida em lei especial.
>
> Parágrafo único. O **terceiro** poderá igualmente instituir bem de família **por testamento ou doação**, dependendo a eficácia do ato da **aceitação expressa de ambos** os cônjuges beneficiados ou da entidade familiar beneficiada. *[Grifamos]*

De seu turno, a Lei n. 8.009, de 20.3.1990, estabelece a impenhorabilidade do bem de família e as respectivas exceções. Registre-se:

> **[Lei 8.009/90] Art. 1º** O **imóvel residencial** próprio do casal, ou da entidade familiar, **é impenhorável** e não responderá por qualquer tipo de dívida civil, comercial, **fiscal**, previdenciária ou de outra natureza, contraída pelos cônjuges ou pelos pais ou filhos que sejam seus proprietários e nele residam, **salvo** nas hipóteses previstas nesta lei.
>
> Parágrafo único. A impenhorabilidade **compreende** o imóvel sobre o qual se assentam a construção, as plantações, as benfeitorias de qualquer natureza e todos os equipamentos, inclusive os de uso profissional, ou móveis que guarnecem a casa, desde que quitados.
>
> (...).
>
> Art. 3º A impenhorabilidade é **oponível** em qualquer processo de execução civil, **fiscal**, previdenciária, trabalhista ou de outra natureza, **salvo** se movido:
>
> IV – para cobrança de **impostos**, predial ou territorial, **taxas** e **contribuições** devidas em função do **imóvel** familiar; (...). *[Grifamos]*

Frise-se que somente o bem-de-família legal figura entre as garantias do crédito tributário, ressalvada a possibilidade de o bem de família legal responder pelo pagamento impostos, taxas e contribuições devidas em função do referido imóvel familiar.

Deveras, em atenção ao disposto no art. 184, do CTN/66, acima referido, apenas o "bem de família legal" inclui-se entre as garantias do crédito tributário, ressalvadas as exceções legalmente previstas.

16.2.2 FGTS

O Fundo de Garantia por Tempo de Serviço (FGTS) não figura entre as garantias do crédito tributário previstas no CTN/66. Conforme estabelece nossa

CF/88, o FGTS é um direito constitucional do trabalhador, *verbis*: "Art. 7º São direitos dos trabalhadores urbanos e rurais, além de outros que visem à melhoria de sua condição social:[...] III – fundo de garantia do tempo de serviço;".

O FGTS fora instituído pela Lei n. Lei n. 5.107, de 13 de setembro de 1966, estando agora disciplinado pela Lei n. 8.036, de 11 de maio de 1990, cujo § 1º, do seu art. 2º, prescreve que as "[...]contas vinculadas em nome dos trabalhadores são **absolutamente impenhoráveis.**", (Grifamos).

16.2.3 Presunção de Fraude

A presunção de fraude do sujeito passivo da obrigação tributária figura entre as garantias do crédito tributário previstas no CTN/66. Desse modo, para assegurar o recebimento do crédito tributário, presumir-se-á fraudulenta a alienação ou oneração de bens ou rendas do devedor, ou a simples iniciativa de fazê-lo, após a inscrição do crédito em dívida ativa. Transcreva-se:

> **[CTN/66] Art. 185.** Presume-se **fraudulenta** a **alienação ou oneração** de bens ou rendas, **ou seu começo**, por sujeito passivo em **débito** para com a Fazenda Pública, por **crédito tributário** regularmente **inscrito** como dívida ativa. *[Redação dada pela Lcp nº 118, de 2005]*
>
> Parágrafo único. O disposto neste artigo **não se aplica** na hipótese de terem sido **reservados**, pelo devedor, bens ou rendas **suficientes** ao total pagamento da dívida inscrita. *[Redação dada pela Lcp nº 118, de 2005] [Grifamos]*

Conforme o prisma, poderá configurar-se como presunção absoluta ou relativa. Será absoluta, se o devedor não reservar bens ou rendas suficientes ao pagamento da respectiva dívida. Por outro lado, configurar-se-á presunção "relativa" de fraude se o devedor reservar bens ou rendas suficientes para o pagamento de seu débito.

Note-se que, em ambos os casos, a presunção de fraude pressupõe que a alienação ou oneração de bens ou rendas, ou a mera tentativa, tenha se verificado *após* a inscrição do crédito em Dívida Ativa, melhor dizendo, após o devedor ter sido devidamente *notificado* da inscrição do respectivo crédito tributário em Dívida Ativa.

16.2.4 Indisponibilidade dos bens e rendas do devedor

A Lei Complementar n. 118, de 9.2.2005, acrescentou a "indisponibilidade dos bens e rendas do devedor" entre as garantias do crédito tributário previstas no CTN/66. Desde então, há a possibilidade de se decretar judicialmente a indisponibilidade dos bens e rendas suficientes para o pagamento do débito tributário quando o devedor, citado, não pagar nem oferecer bens à penhora, e restarem infrutíferas as tentativas de encontrar bens penhoráveis. Transcreva-se:

> **[CTN/66] Art. 185-A.** Na hipótese de o devedor tributário, devidamente citado, **não pagar nem apresentar bens à penhora** no prazo legal **e não forem encontrados bens penhoráveis**, o **juiz** determinará a **indisponibilidade** de seus bens e direitos, **comunicando** a decisão, preferencialmente por meio eletrônico, aos **órgãos** e **entidades** que promovem registros de transferência de bens, especialmente ao registro público de imóveis e às **autoridades** supervisoras do mercado bancário e do mercado de capitais, a fim de que, no âmbito de suas atribuições, façam **cumprir** a ordem judicial. *[Incluído pela Lcp nº 118, de 2005]*
>
> § 1º A indisponibilidade de que trata o caput deste artigo **limitar-se-á** ao valor total exigível, devendo o juiz determinar o **imediato** levantamento da indisponibilidade dos bens ou valores que **excederem** esse limite. *[Incluído pela Lcp nº 118, de 2005]*
>
> § 2º Os órgãos e entidades aos quais se fizer a comunicação de que trata o caput deste artigo **enviarão** imediatamente ao juízo a **relação discriminada** dos bens e direitos cuja indisponibilidade houverem promovido. *[Incluído pela Lcp nº 118, de 2005] [Grifamos]*

Ressalte-se que, conforme disposto no referido dispositivo, o devedor deverá ser citado para pagar a dívida ou oferecer garantia à Execução. Se o devedor não pagar nem garantir a Execução dentro do prazo determinado, será dada ciência à Fazenda Pública, oportunidade em que poderá indicar bens à penhora ou solicitar as diligências que entender cabíveis para esse propósito, tais como o acionamento do Bacen Jud e a expedição de ofícios aos registros públicos do domicílio do executado e ao Departamento Nacional ou Estadual de Trânsito – DENATRAN ou DETRAN.

16.3 PRIVILÉGIOS DO CRÉDITO TRIBUTÁRIO

Nesse passo, ressaltaremos os privilégios do crédito tributário previstos no CTN/66. A propósito, o emprego da expressão "privilégios", ora em comento, se refere à preferência de que o crédito tributário em relação aos demais créditos exigíveis do mesmo credor, cujo patrimônio não seja suficiente para arcar com todas as responsabilidades assumidas.

O crédito público destina-se à consecução de finalidades públicas ou de interesse público. Em razão de sua natureza pública, o crédito tributário terá preferência quando concorrer com outros de créditos de natureza predominantemente privada. A lei determina que, em razão de sua natureza alimentar e reparatória, respectivamente, deverão ser pagos prioritariamente os créditos decorrentes da legislação trabalhista ou do acidente de trabalho e, logo após, os créditos tributários. Transcreva-se:

> [CTN/66] **Art. 186.** O crédito tributário **prefere a qualquer outro**, seja qual for sua natureza ou o tempo de sua constituição, **ressalvados** os créditos decorrentes da legislação do trabalho ou do acidente de trabalho. *[Redação dada pela Lcp nº 118, de 2005] [Grifamos]*

Vale lembrar que os "créditos decorrentes da legislação do trabalho" são os devidos pelo trabalho prestado, propriamente dito. Por outro lado, em razão de acidentes verificados no exercício do trabalho, os empregados serão indenizados pelo empregador, independente de dolo ou culpa. Os "créditos decorrentes do acidente de trabalho" têm, portanto, natureza indenizatória.

16.3.1 Privilégios do Crédito Tributário na Falência e na Recuperação Judicial

Atualmente, a recuperação judicial, extrajudicial e a falência do empresário e da sociedade empresária encontram-se disciplinadas pela Lei ordinária federal n. 11.101, de 9.2.2005. Em breve síntese, referida lei prescreve que a falência será decretada quando, ao ser executado, o devedor não depositar nem nomear bens suficientes para solver tempestivamente suas obrigações (art. 92).

Observe-se que, nos termos do Decreto-lei n. 7.661, de 21.6.1945, havia a concordata, preventiva ou suspensiva, e a falência. Agora, segundo a vigente Lei de Falências, fala-se em "recuperação judicial e extrajudicial", mantendo-se a falência, porém, com algumas inovações na ordem de preferência dos créditos em concurso.

Saliente-se, ademais, que a Lei n. 11.101, de 2005, refere-se apenas à Falência ao dispor sobre classificação dos créditos e ordem de pagamento, pois quando se tratar de recuperação judicial e extrajudicial essa ordem deve ser buscada no respectivo plano de recuperação da sociedade empresária.

A recuperação judicial assim como a extrajudicial são inovações veiculadas pela vigente lei de falências com o escopo de assegurar o atendimento ao princípio da função social da empresa. Com efeito, por meio desses institutos, busca-se, concomitantemente, não apenas proteger os interesses dos credores, como também proporcionar condições para a recuperação da fonte produtora de riqueza, geradora de empregos, de circulação e bens e serviços – e, por isso mesmo, imprescindível ao desenvolvimento econômico do país.

A propósito, cumpre não olvidar que cabe à lei complementar dispor sobre normas gerais em matéria de legislação tributária, especialmente sobre o crédito tributário e, consequentemente, acerca dos privilégios do crédito tributário no processo de falência (art. 146, CF/88). Este critério, pois, deverá ser considerado para dirimir eventual incompatibilidade da vigente Lei de Falências (Lei ordinária federal n. 11.101, de 9.2.2005) com o disposto no CTN/66.

• Privilégios na falência

O Código Tributário Nacional de 1966, CTN/66, dispõe a respeito dos privilégios do crédito tributário ante à falência do devedor. Em breve síntese, determina que deverá ser observada a seguinte ordem de preferência: primeiro os (i) créditos extraconcursais; na sequência os (ii) créditos com garantia real, no limite do bem gravado; os (iii) créditos concursais tributários; os (iv) as multas, dentre estas, as fiscais; e então os (v) créditos subordinados. Transcreva-se:

> **[CTN/66] Art. 186.** (...)
>
> (...)
>
> Parágrafo único. **Na falência:** *[Incluído pela Lcp nº 118, de 2005]*
>
> I – o crédito tributário **não prefere** aos créditos extraconcursais **ou** às importâncias passíveis de restituição, nos termos da lei falimentar, **nem** aos créditos com garantia real, no limite do valor do bem gravado; *[Incluído pela Lcp nº 118, de 2005]*
>
> II – a **lei** poderá estabelecer **limites e condições** para a preferência dos créditos decorrentes da legislação do trabalho; e *[Incluído pela Lcp nº 118, de 2005]*
>
> III – a multa tributária **prefere apenas** aos créditos subordinados. *[Incluído pela Lcp nº 118, de 2005]*

Considera-se "extraconcursais" os créditos referentes a obrigações oriundas de fatos ocorridos no curso do processo de falência. Quanto aos créditos tributários extraconcursais, em especial, registe-se:

> **[CTN/66] Art. 188.** São **extraconcursais** os **créditos tributários** decorrentes de fatos geradores ocorridos no curso do processo de falência. *[Redação dada pela Lcp nº 118, de 2005] [Grifamos]*

Note-se, ademais, que a Lei Complementar 118/2005, alterou a redação do *caput*, do art. 188, para substituir a expressão "massa falida" pelo termo "extraconcursais".

• Cobrança judicial e habilitação

No mais, convém ter em conta que a discussão judicial do crédito tributário deverá ser feita em ação própria; sua cobrança, a propósito, pressupõe a observância do disposto na Lei de Execuções Fiscais. O CTN/66, nesse sentido, enfatiza que a "cobrança judicial" do crédito tributário não está sujeita a concurso de credores ou a habilitação em falência, recuperação judicial (antiga concordata), inventário ou arrolamento. Transcreva-se:

> [CTN/66] **Art. 187.** A **cobrança judicial** do crédito tributário **não é sujeita** a concurso de credores ou habilitação em falência, recuperação judicial, concordata, inventário ou arrolamento. *[Redação dada pela Lcp nº 118, de 2005] [Grifamos]*

De igual modo, dispõe a vigente Lei de Falências, *verbis*:

> **[Lei 11.101/2005] Art. 76.** O **juízo da falência** é indivisível e competente para conhecer **todas as ações** sobre bens, interesses e negócios do falido, **ressalvadas** as causas trabalhistas, **fiscais** e aquelas não reguladas nesta Lei em que o falido figurar como autor ou litisconsorte ativo.
>
> Parágrafo único. **Todas as ações**, inclusive as excetuadas no *caput* deste artigo, **terão prosseguimento com o administrador judicial**, que deverá ser **intimado** para representar a massa falida, sob pena de **nulidade** do processo. *[Grifamos]*

A habilitação do crédito tributário em concurso de credores, falência, recuperação judicial (antiga concordata), inventário ou arrolamento se faz necessária apenas para viabilizar sua satisfação em conformidade com a ordem de preferência legalmente prevista. Na hipótese de ser habilitado o crédito tributário em concurso de credores, e sendo objeto de contestação, caberá ao juiz remeter as partes ao processo competente, reservando-se, ademais, bens suficientes para a quitação do respectivo crédito tributário, com todos os seus acréscimos legais. Transcreva-se:

> [CTN/66] **Art. 189.** São pagos **preferencialmente a quaisquer créditos habilitados** em inventário ou arrolamento, ou a outros encargos do monte, os créditos tributários vencidos ou vincendos, a cargo do de cujus ou de seu espólio, **exigíveis no decurso do processo** de inventário ou arrolamento.
>
> Parágrafo único. **Contestado** o crédito tributário, proceder-se-á na forma do disposto no § 1º do artigo anterior.
>
> **Art. 190.** São pagos **preferencialmente a quaisquer outros** os créditos tributários vencidos ou vincendos, a cargo de pessoas jurídicas de direito privado em liquidação judicial ou voluntária, **exigíveis no decurso da liquidação**. *[Grifamos]*

Cite-se, por fim, que, conforme mencionado no capítulo da Responsabilidade tributária, em atenção à modificação do art. 133, do CTN/66, pela Lei

Complementar 118/2005, restou afastada a possibilidade de sucessão tributária em casos de alienação judicial de filial ou unidade produtiva isolada, em processo de recuperação judicial. Veja-se:

> **[CTN/66] Art. 188.** (...).
>
> (...).
>
> § 3º Em processo da **falência**, o **produto da alienação** judicial de empresa, filial ou unidade produtiva isolada permanecerá em **conta de depósito** à disposição do juízo de falência pelo prazo de **1 (um) ano**, contado da data de alienação, **somente** podendo ser utilizado para o **pagamento** de créditos extraconcursais ou de créditos que **preferem** ao tributário. (Incluído pela Lcp nº 118, de 2005). *[Grifamos]*

- **Prova de quitação**

Cite-se, por oportuno, que a concessão de recuperação judicial exige prova de sua regularidade fiscal, a qual poderá ser feita mediante a apresentação de certidão negativa de débitos, ou de certidão positiva com efeitos de negativa (art. 191-A, do CTN/66).

O CTN/66, ademais, condiciona à prévia apresentação de prova de quitação de todos dos respectivos tributos (i) a extinção das obrigações do falido, (art. 191); o (ii) proferimento de sentença de julgamento de partilha ou adjudicação (art. 192), assim como a (iii)celebração de contrato ou aceitação de proposta em concorrência pública (art. 193).

Doutrina

- **Presunção Legal de Fraude**

O credor do crédito tributário também é favorecido com a presunção de fraude legalmente atribuída ao sujeito passivo da obrigação tributária que, após a regular inscrição em dívida ativa dos respectivos créditos, tende a onerar ou alienar seus bens ou rendas, sem qualquer reserva para o total cumprimento de sua dívida fiscal. A esse respeito, discorre Aliomar Baleeiro,[1] *verbis*:

> O CTN, no art. 185, estabelece uma presunção geral, juris et de jure, isto é, sem possibilidade de prova em contrário, de que é fraudulenta, contra o Fisco, a alienação ou oneração de bens ou rendas(...).
>
> Mas entender-se-á que esta presunção absoluta está limitada ao aso de o sujeito passivo alienar ou onerar seus bens ou rendas em tal proporção que lhe não reste o suficiente para o total pagamento da dívida em execução fiscal.

1. Aliomar Baleeiro, *Direito Tributário Brasileiro*, 11ª ed., pp. 604-605.

> No CC, arts. 106 a 113, o credor não goza de presunção legal: deverá propor a ação anulatória, salvo no aso do art. 111. Embora o Código Tributário Nacional não o diga, aplica-se ao Fisco o art. 1.586 do CC, que prevê o caso do herdeiro renunciar à herança para prejudicar o credor. Este, nessa hipótese, autorizado pelo juiz, poderá aceitar a herança em nome do renunciante, a fim de cobrar-se, entregado o saldo aos herdeiros beneficiários da renúncia.[2]

• Penhora online

Acerca da penhora online, a que se refere o art. 185-A, inserido no CTN/66 pela Lei Complementar n. 118/2005, Eduardo Domingos Bottallo[3] posiciona-se no sentido de sua admissibilidade, desde que respeitada a ordem das diligências estabelecidas nos incisos do art. 11, da Lei de Execuções Fiscais. Eis suas considerações, *verbis*:

> Deve ser, desde logo, consignado que o preceito não diz respeito ao crédito fiscal propriamente dito, mas sim a procedimentos judiciais visando à sua cobrança. Assim, embora formalmente veiculado por lei complementar, ele não tem natureza de *norma geral em matéria de legislação tributária* na acepção do art. 146, III e alíneas, da Constituição.
>
> Daí decorre que, sob o ponto de vista material, estamos diante de norma de lei ordinária, expressando a competência da União para legislar sobre *direito processual*, nos termos do art. 22, I, da Carta.
>
> Esta consideração é importante porque se insere a *penhora on-line* no contexto das normas da Lei de Execução Fiscal e do próprio Código de Processo Civil, devendo ser destacado, no cenário traçado por estes diplomas, o importante *princípio da menor onerosidade*, segundo o qual "quando por vários meios o credor puder promover a execução, o juiz mandará que se faça pelo modo menos gravoso para o devedor".
>
> Portanto, a *penhora **on-line*** não pode, sob nenhum aspecto, ser considerada um "cheque em branco", suscetível de ser utilizado para constranger o devedor ou até mesmo impedi-lo de exercer suas atividades.

Jurisprudência

• Privilégios do crédito tributário entre os entes tributantes

O caput do art. 187– assim como o disposto no art. 29, da Lei de Execuções Fiscais (Lei n. 6.830, de 1980) –, estabelece que a cobrança do crédito tributário não se sujeita a concurso de credores, mas seu parágrafo único determina,

---

2. Referidos dispositivos (arts. 106 a 113, do Código Civil de 1916) correspondem aos arts. 158 e s., do Código de 2002, e o art. 1.586, ao atual art. 1.813.
3. Eduardo Bottallo, *Grandes Questões de Direito Tributário*, São Paulo, Dialética, 2005, pp. 85-86.

todavia, o concurso de preferência entre pessoas jurídicas de direito público, na seguinte ordem: (i) União; (ii) Estados, Distrito Federal e Territórios, conjuntamente e pró rata; (iii) Municípios, conjuntamente e pró rata. Este dispositivo fora recepcionado, nos termos da Súmula 560, do Supremo Tribunal Federal, editada com base na Emenda Constitucional n. 1/69 à Carta de 1967, *verbis*: "O concurso de preferência a que se refere o parágrafo único do art. 187 do Código Tributário Nacional é compatível com o disposto no art. 9º, inciso I, da Constituição Federal.".

O inciso III, do art. 19, da CF/88, também dispõe que "É vedado à União, aos Estados, ao Distrito Federal e aos Municípios[...]criar preferências entre si.". Esta vedação encontra amparo no dispositivo precedente (art. 18, CF/88), que assegura a autonomia de todos os entes tributantes. Veja-se: "A organização político-administrativa da República Federativa do Brasil compreende a União, os Estados, o Distrito Federal e os Municípios, todos autônomos, nos termos desta Constituição.". Como se não bastasse, nossa Lei Maior veda emenda constitucional tendente a abolir a forma federativa de Estado (inciso I, do § 4º, do art. 60). Nesses termos, pode-se sustentar que referido dispositivo não se encontra recepcionado pela CF/88.

Por oportuno, levando-se em conta a autonomia e isonomia assegurada aos entes federados, bem como o federalismo de cooperação e equilíbrio, o Supremo Tribunal Federal, em 2021, declarou, por maioria de votos, "[...]a não recepção pela Constituição da República de 1988 das normas previstas no parágrafo único do art. 187 da Lei nº 5.172/1966 (Código Tributário Nacional) e do parágrafo único do art. 29 da Lei nº 6.830/1980 (Lei de Execuções Fiscais), e cancelar a Súmula n. 563 do Supremo Tribunal Federal[...]."[4]De conseguinte, restou cancelada a Súmula n. 497, da 1ª Seção do Superior Tribunal de Justiça (DJe 13.8.2012), que assim dispunha: "Os créditos das autarquias federais preferem aos créditos da Fazenda estadual desde que coexistam penhoras sobre o mesmo bem.".

- **Privilégios do crédito tributário na Falência – prescrição intercorrente**

Com o advento da Lei n. 14.112, de 2020, cabe ao juízo da execução fiscal decidir sobre a prescrição intercorrente dos créditos tributários que se pretende habilitar perante o juízo falimentar. Antes, essa competência era atribuída ao juízo universal. A esse respeito, assim se manifestou o Superior Tribunal de Justiça, *verbis*:

4. ADPF n. 357, Pleno, rel. Min Carmen Lúcia, j. 24.6.2021, p.m., DJe 7.10.21. Vencidos o Ministro Dias Toffoli, que julgava improcedente a ação, e o Ministro Gilmar Mendes, que julgava parcialmente procedente a ação, para dar interpretação conforme a Constituição.

(...).

1. O objeto do recurso consiste em definir (i) a competência do juízo universal para decidir sobre a prescrição intercorrente dos créditos tributários que se busca habilitar perante o juízo falimentar e (ii) a ocorrência de prescrição dos créditos em si. 2. Até a edição da Lei nº 14.112/2020, **entendia-se** que, submetido o crédito público a habilitação perante o juízo falimentar, a competência do juízo universal para deliberar sobre sua exigibilidade está inaugurada. Precedentes. 3. A **Lei nº 14.112/2020**, que introduziu o art. 7º-A, § 4º, II, à Lei nº 11.105/2005, **instituiu** incidente de classificação de créditos públicos **e, expressamente, definiu** a competência do juízo da execução fiscal para decidir acerca da exigibilidade e, portanto, prescrição, dos créditos públicos. 4. A interpretação dada pela Corte Superior quanto à exceção ao **princípio de estabilização da demanda** – perpetuatio jurisdictionis – para os casos de modificação de competência absoluta limita a sua aplicação aos processos sem sentença de mérito. Precedentes. 5. Na hipótese, a sentença que reconhece a prescrição parcial dos créditos tributários que se pretende habilitar junto à falência é **anterior** à entrada em vigor da Lei nº 14.112/2020, motivo pelo qual aplicável o entendimento anterior. Competência do juízo da falência. 6. Conforme dispõe o art. 174, parágrafo único, I, do Código Tributário Nacional, a prescrição ordinária configura-se quando ausente a interrupção do prazo prescricional no período de 5 (cinco) anos decorrido entre a constituição do crédito tributário e a citação do executado ou o despacho citatório, quando posterior à LC 118/2005. 7. A **prescrição intercorrente**, prevista no art. 40 da Lei nº 6.830/1980, afigura-se posteriormente à interrupção do prazo prescricional e evidenciase(sic) após o período de suspensão e arquivamento da ação executiva. O **Superior Tribunal de Justiça**, no julgamento de recursos repetitivos, fixou os Temas 566, 567, 568, 569, 570 e 571 quanto aos parâmetros para análise da prescrição dos créditos tributários. *[STJ, REsp n. 2.041.563 – SP, 3ª T., rel. min. Ricardo Villas Bôas Cueva, j. 21.5.2024, v. u., DJe 24.5.2024] [Grifamos]*

• Indisponibilidade dos bens e rendas do devedor

Dentre as garantias do crédito tributário, merece destaque a possibilidade de se decretar judicialmente a indisponibilidade dos bens e rendas suficientes para o pagamento do débito tributário quando o devedor, citado, não pagar nem oferecer bens à penhora, e restarem infrutíferas as tentativas de encontrar bens penhoráveis. É o que se depreende do disposto no CTTN/66, *verbis*:

[CTN/66] Art. 185-A. Na hipótese de o devedor tributário, devidamente citado, **não pagar nem apresentar bens à penhora** no prazo legal **e não forem encontrados bens penhoráveis**, o **juiz** determinará a **indisponibilidade** de seus bens e direitos, **comunicando** a decisão, preferencialmente por meio eletrônico, aos **órgãos** e **entidades** que promovem registros de

> transferência de bens, especialmente ao registro público de imóveis e às **autoridades** supervisoras do mercado bancário e do mercado de capitais, a fim de que, no âmbito de suas atribuições, façam **cumprir** a ordem judicial. (Incluído pela Lcp nº 118, de 2005)
>
> § 1º A indisponibilidade de que trata o caput deste artigo **limitar-se-á** ao valor total exigível, devendo o juiz determinar o **imediato** levantamento da indisponibilidade dos bens ou valores que **excederem** esse limite. (Incluído pela Lcp nº 118, de 2005)
>
> § 2º Os órgãos e entidades aos quais se fizer a comunicação de que trata o caput deste artigo **enviarão** imediatamente ao juízo a **relação discriminada** dos bens e direitos cuja indisponibilidade houverem promovido. (Incluído pela Lcp nº 118, de 2005)

A questão submetida a julgamento no REsp n. 1.377.507/SP, cinge-se em saber se a penhora online a que se refere o disposto no art. 185-A, pressupõe o esgotamento das diligências necessárias à localização de bens penhoráveis.

A esse respeito, firmou-se no recurso repetitivo, a Tese n. 714, verbis: "A indisponibilidade de bens e direitos autorizada pelo art. 185-A do CTN depende da observância dos seguintes requisitos: (i) citação do devedor tributário; (ii) inexistência de pagamento ou apresentação de bens à penhora no prazo legal; e (iii) a não localização de bens penhoráveis após esgotamento das diligências realizadas pela Fazenda, caracterizado quando houver nos autos (a) pedido de acionamento do Bacen Jud e consequente determinação pelo magistrado e (b) a expedição de ofícios aos registros públicos do domicílio do executado e ao Departamento Nacional ou Estadual de Trânsito – DENATRAN ou DETRAN.".

Nesta esteira, adveio a Súmula n. 560, do STJ, que assim dispõe: "A decretação da indisponibilidade de bens e direitos, na forma do art. 185-A do CTN, pressupõe o exaurimento das diligências na busca por bens penhoráveis, o qual fica caracterizado quando infrutíferos o pedido de constrição sobre ativos financeiros e a expedição de ofícios aos registros públicos do domicílio do executado, ao Denatran ou Detran.", (STJ. 1ª Seção. Aprovada em 09/12/2015. DJe 15/12/2015).

Temas para Dissertação ou Pesquisa?

1. "Garantias do Crédito Tributário". Regra e exceções."
2. "Privilégios do Crédito Tributário". Fundamento jurídico."

Questões

1. Que se entende por "garantias do crédito tributário"? e "privilégios"?
2. Pode o legislador estadual ou municipal estipular privilégios para os créditos tributários, além dos previstos no Código tributário Nacional? Fundamente sua resposta.

3. Os créditos tributários gozam de privilégio total e absoluto? E os extraconcursais?
4. Quando há presunção de fraude contra o fisco? Fundamente sua resposta.
5. "bem de família" responde pelo crédito tributário? E o FGTS? Fundamente sua resposta.

Consultas

1. **[40º Exame de Ordem Unificado, 2024, n. 2]** João é cobrado por dívida de Imposto Territorial Rural (ITR) de sua propriedade em que, com as devidas autorizações legais, ele extrai pedras preciosas (mantendo inclusive parte delas em sua titularidade em cofre pessoal), em uma ação de execução fiscal movida pela Procuradoria da Fazenda Nacional (PFN), no valor de R$ 400.000,00 (quatrocentos mil reais). Para a admissão dos embargos do devedor, João indica à penhora, em garantia da execução, um imóvel rural de propriedade de seu irmão André, casado com Maria, com consentimento deles, indicação esta que não foi aceita pela Procuradoria da Fazenda Nacional, alegando violação da ordem de preferência das garantias de execução fiscal. Sobre a hipótese apresentada, à luz da Lei de Execuções Fiscais, responda aos itens a seguir. A) Seria possível a indicação à penhora do imóvel de propriedade de André em garantia de execução fiscal? Justifique. (Valor: 0,65) B) Está correta a Procuradoria da Fazenda Nacional em sua alegação de violação da ordem de preferência das garantias de execução fiscal? Justifique. (Valor: 0,60) Obs.: O(A) examinando(a) deve fundamentar suas respostas. A mera citação do dispositivo legal não confere pontuação.
2. **[XXXI Exame de Ordem Unificado, 2020, n. 1]** Marcos dos Santos, em grave dificuldade financeira, embora tenha entregado a declaração de ajuste anual do Imposto sobre a Renda de Pessoa Física (IRPF) no último dia de abril de 2018, não pagou o IR devido, cujo valor era de R$ 22.000,00. Em agosto de 2018, o débito foi devidamente inscrito em dívida ativa e, em dezembro do mesmo ano, foi proposta a execução fiscal contra ele. Marcos é proprietário apenas do imóvel em que reside, não tendo outros bens ou rendas suficientes para o total pagamento da dívida inscrita. Diante desse cenário, responda aos itens a seguir. A) O referido imóvel responde pelo pagamento desse crédito tributário? (Valor: 0,50) B) Se Marcos tivesse um imóvel e um automóvel para lazer, e efetuasse doação do automóvel antes da inscrição em dívida ativa (mas após o vencimento do tributo), poderia ser presumida fraudulenta a doação? (Valor: 0,75) Obs.: o(a) examinando(a) deve fundamentar suas respostas. A mera citação do dispositivo legal não confere pontuação.

Testes

1. **[Advogado, CRMV/ES, 2024, n. 39]** Considerando o crédito tributário e o modo como essa matéria é tratada pelo Código Tributário Nacional – CTN, analise as afirmativas abaixo e marque a alternativa correta:

   I – O crédito tributário decorre da obrigação principal, mas não tem a mesma natureza desta;

   II – As circunstâncias que modificam o crédito tributário, sua extensão ou seus efeitos, ou as garantias ou os privilégios a ele atribuídos, ou que excluem sua exigibilidade afetam a obrigação tributária que lhe deu origem.

   III – O crédito tributário regularmente constituído somente se modifica ou extingue, ou tem sua exigibilidade suspensa ou excluída, nos casos previstos no CTN, fora dos quais não podem ser dispensadas, sob pena de responsabilidade funcional na forma da lei, a sua efetivação ou as respectivas garantias.

   IV – Compete privativamente à autoridade administrativa constituir o crédito tributário pelo lançamento, assim entendido o procedimento administrativo tendente a verificar a ocorrência do fato gerador da obrigação correspondente, determinar a matéria tributável, calcular o montante do tributo devido, identificar o sujeito passivo e, sendo caso, propor a aplicação da penalidade cabível.

   a) ( ) somente a alternativa II está correta;

   b) ( ) somente as alternativas I, II e III estão corretas;

   c) ( ) somente as alternativas I e IV estão corretas;

   d) ( ) somente as alternativas III e IV estão corretas;

   e) ( ) Todas as alternativas estão corretas.

17

DA ADMINISTRAÇÃO TRIBUTÁRIA

17.1 DIRETRIZES GERAIS

O Código Tributário Nacional de 1966, CTN/66, traz normas gerais a respeito da fiscalização, arrecadação e cobrança de tributos que deverão ser observadas pela legislação tributária da União, dos Estados, do Distrito Federal e do Municípios. Neste Capítulo, ressaltaremos as normas que dispõem sobre fiscalização, Dívida Ativa e certidões de regularidade fiscal, levando-se em conta o disposto nos artigos 194 a 208, do referido Código.

17.2 FISCALIZAÇÃO

Em atenção ao princípio constitucional da legalidade, cabe ao Poder Legislativo instituir as denominadas obrigações tributárias principal e acessória a que se refere o disposto no art. 113, do CTN/66. As primeiras são obrigações pecuniárias – compreendem tanto tributos como multas fiscais –, enquanto as segundas são deveres legalmente previstos no interesse da arrecadação ou da fiscalização de tributos. Note-se que, em razão desta finalidade, o destinatário das obrigações acessórias não necessariamente se restringe ao sujeito passivo da obrigação tributária principal, é dizer, também alcança terceiras pessoas – não contribuintes, imunes ou isentas.

Por outro lado, cabe ao Poder Executivo a função de aplicar a lei ao caso concreto e, no âmbito tributário, compete-lhe assegurar a escorreita arrecadação de tributos, donde decorre também seu dever de fiscalizar o cumprimento das obrigações acessórias pelos seus respectivos destinatários. Note-se, por oportuno, que toda essa disciplina é levada a cabo pela "legislação tributária", cuja expressão, vale lembrar, compreende não apenas lei em sentido estrito, mas também decretos, que são atos normativos sem força de lei, sendo que ambos, lei e decreto, ainda serão regulamentados por meio de outros atos normativos hierarquicamente inferiores, mas hábeis a veicular as respectivas denominadas "normas complementares" (art. 96 c/c art. 100, do CTN/66).

De conseguinte, é na legislação tributária que se encontra a disciplina e, nesses termos, os limites das atribuições administrativas das autoridades que deverão fiscalizar o cumprimento das normas instituidoras de obrigações tributárias. A esse respeito, dispõe o CTN/66, *verbis*:

> **[CTN/66] Art. 194.** A **legislação tributária**, observado o disposto nesta Lei, **regulará**, em caráter geral, ou especificamente em função da natureza do tributo de que se tratar, a **competência e os poderes** das **autoridades administrativas** em matéria de **fiscalização** da sua aplicação.
>
> Parágrafo único. A legislação a que se refere êste(sic) artigo **aplica-se** às pessoas naturais ou jurídicas, **contribuintes ou não**, inclusive às que gozem de imunidade tributária ou de isenção de caráter pessoal. *[Grifamos]*

Depreende-se desse dispositivo, ademais, que o dever de fiscalizar – estabelecido em lei de abrangência nacional – não poderá ser cercado por lei específica do ente competente para tributar, menos ainda por atos normativos infralegais.

Doutra parte, referida legislação poderá impor ao sujeito passivo das obrigações tributários o dever de conservar – até que ocorra a prescrição de seus créditos tributários –, livros fiscais obrigatórios, assim como os comprovantes dos respectivos lançamentos. Registre-se:

> **[CTN/66] Art. 195.** Para os efeitos da legislação tributária, **não têm aplicação** quaisquer disposições legais **excludentes ou limitativas** do direito de examinar mercadorias, livros, arquivos, documentos, papéis e efeitos comerciais ou fiscais, dos comerciantes industriais ou produtores, ou da obrigação dêstes(sic) de exibi-los.
>
> Parágrafo único. Os **livros obrigatórios** de escrituração comercial e fiscal e os **comprovantes dos lançamentos** nêles(sic) efetuados **serão conservados** até que ocorra a **prescrição dos créditos** tributários decorrentes das operações a que se refiram. *[Grifamos]*

Em atenção aos avanços tecnológicos – e para maior efetividade do disposto na referida norma geral –, a legislação tributária deverá autorizar que referidos documentos sejam guardados em meio eletrônico, óptico ou equivalente, assegurando-se que o documento digital e sua reprodução tenham o mesmo valor probatório do documento original para fins de prova perante a autoridade administrativa em procedimentos de fiscalização. Nesses termos, os documentos originais, uma vez digitalizados, poderão ser destruídos, ressalvadas as exceções previstas na referida legislação, *v.g*, os de valor histórico.[1]

Dentre as obrigações tributárias acessórias, há aquelas cujo objeto consiste numa prestação negativa, isto é, de não fazer. Cite-se, por exemplo, o dever do respectivo sujeito passivo de não se opor à realização de diligência de fiscalização que tenham por objeto o exame de registros fiscais e contábeis, bem como a coleta de informações com vistas a aferir eventuais erros e oportunidades de regularização.

No tocante, pois, a essas obrigações, convém salientar que as diligências de fiscalização deverão ser realizadas pela autoridade administrativa, na forma da legislação aplicável sob pena de configurar ameaça a, ou violação de, direito líquido e certo daquele que se encontrar sob fiscalização ilegal ou abusiva. A propósito, enfatiza o CTN/66, que a legislação tributária deverá traçar os limites para que o procedimento de fiscalização se efetive de forma regular, por exemplo, impondo os termos inicial e final para sua consecução, assim como a entrega de cópia autenticada dos documentos lavrados à pessoa sujeita à fiscalização. Vejamos:

> **[CTN/66] Art. 196.** A **autoridade administrativa** que proceder ou presidir a quaisquer diligências de fiscalização **lavrará os têrmos**(sic) necessários para que se documente o **início** do procedimento, na forma da legislação aplicável, que fixará prazo máximo para a **conclusão** daquelas.
>
> Parágrafo único. Os têrmos(sic) a que se refere êste(sic) artigo serão lavrados, sempre que possível, em um dos **livros fiscais** exibidos; quando lavrados em separado dêles(sic) se entregará, à pessoa sujeita à fiscalização, **cópia autenticada** pela autoridade a que se refere êste(sic) artigo. *[Grifamos]*

No tocante às obrigações tributárias que tenham por objeto prestações positivas, isto é, de fazer algo no interesse da fiscalização e arrecadação de tributos, cumpre ressaltar aquelas que impõem o dever de prestar informações sobre bens, negócios ou atividades de terceiros obtidas em razão de cargo, ofício, função, ministério, atividade ou profissão, excetuadas aquelas, cuja lei impuser o dever de guardar sigilo. Transcreva-se:

> **[CTN/66] Art. 197.** Mediante **intimação escrita**, são **obrigados** a **prestar** à autoridade administrativa tôdas(sic) as **informações** de que disponham com relação aos bens, negócios ou atividades **de terceiros**:
>
> I – os tabeliães, escrivães e demais serventuários de ofício;

1. Para ilustrar, cite-se o Ato Declaratório Interpretativo da RFB n. 4, de 9.10.2019.

> II – os bancos, casas bancárias, Caixas Econômicas e demais instituições financeiras;
>
> III – as emprêsas(sic) de administração de bens;
>
> IV – os corretores, leiloeiros e despachantes oficiais;
>
> V – os inventariantes;
>
> VI – os síndicos, comissários e liquidatários;
>
> VII – **quaisquer outras entidades ou pessoas** que a **lei** designe, em razão de seu cargo, ofício, função, ministério, atividade ou profissão.
>
> Parágrafo único. A obrigação prevista neste artigo **não abrange** a prestação de informações quanto a fatos sobre os quais o informante esteja **legalmente obrigado** a observar **segredo** em razão de cargo, ofício, função, ministério, atividade ou profissão.
> *[Grifamos]*

Observe-se que o referido dispositivo legal, de um lado, enfatiza a necessidade que estabeleça os casos de sigilo profissional; doutro lado, silencia-se quanto à necessidade de que essas informações sejam prestadas mediante ordem judicial. Diante disso, a autoridade administrativa, em atenção ao seu dever de fiscalizar (art. 195, c/c § 1º, do art. 145, da CF/88), arroga-se a prerrogativa de solicitar, mediante intimação inscrita, informações sobre bens, negócios ou atividades de terceiros.

Nesse passo, cumpre ressaltar que a imposição de sigilo profissional encontra substancial amparo na Carta Magna de 1988, *verbis*,

> **[CF/88] Art. 5º** – Todos são iguais perante a lei, sem distinção de qualquer natureza, **garantindo-se** aos brasileiros e aos estrangeiros residentes no País a **inviolabilidade do direito** à vida, à liberdade, à igualdade, à segurança e à propriedade, nos termos seguintes:
>
> (...).
>
> X – são **invioláveis** a intimidade, a vida privada, a honra e a imagem das pessoas, assegurado o direito a indenização pelo dano material ou moral decorrente de sua violação;
>
> (...).
>
> XIV – é **assegurado** a todos o acesso à informação e resguardado o **sigilo da fonte**, quando necessário ao **exercício profissional**; *[Grifamos]*

Como corolário do dever de preservar o sigilo profissional, é vedado à Fazenda Pública e respectivos servidores a divulgação de informações, obtidas de ofício, privativas do sujeito passivo ou terceiros, *verbis*:

> **[CTN/66] Art. 198.** Sem prejuízo do disposto na legislação criminal, é **vedada a divulgação**, por parte da **Fazenda Pública** ou de seus **servidores**, de **informação** obtida em razão do **ofício** sobre a situação econômica ou financeira do **sujeito passivo** ou de **terceiros** e sobre a natureza e o estado de seus negócios ou atividades. *[Redação dada pela LC n. 104, de 2001] [Grifamos]*

Frise-se, o sigilo profissional figura entre os direitos e garantias fundamentais do contribuinte. No entanto, a legislação infraconstitucional traz algumas exceções a esse respeito. Vejamos as que consubstanciam o dever da Administração Tributária de compartilhar as informações obtidas do sujeito passivo de obrigações tributarias, *verbis*:

> **[CTN/66] Art. 198.** (...).
>
> (...).
>
> § 1º **Excetuam-se** do disposto neste artigo, além dos casos previstos no art. 199, os seguintes: *[Redação dada pela LC n. 104, de 2001]*
>
> I – requisição de **autoridade judiciária** no interesse da justiça; *[Incluído pela LC n. 104, de 2001]*
>
> II – solicitações de **autoridade administrativa** no interesse da Administração Pública, desde que seja **comprovada a instauração regular de processo administrativo**, no órgão ou na entidade respectiva, com o **objetivo de investigar** o sujeito passivo a que se refere a informação, por prática de **infração administrativa**. *[Incluído pela LC n. 104, de 2001] [Grifamos]*

Nesses termos, são duas as exceções ao dever de sigilo: a primeira, dar-se-á mediante (i) requisição da autoridade judiciária, frise-se, no interesse da justiça; a segunda, quando houver (ii) solicitação de autoridade administrativo no interesse da Administração pública, exigindo-se, nesta hipótese, a comprovação de houve regular instauração de processo administrativo, no âmbito da respectiva entidade, para investigar – donde a relevância da informação solicitada – eventual infração praticada pelo sujeito passivo investigado. Para assegurar a preservação do sigilo dessas informações, o intercâmbio deverá ser feito pessoalmente e formalizado com a entrega do respectivo recibo. Registre-se:

> **[CTN/66] Art. 198.** (...).
>
> (...).
>
> § 2º O **intercâmbio de informação sigilosa**, no âmbito da Administração Pública, será realizado mediante **processo regularmente instaurado**, e a entrega será feita **pessoalmente** à autoridade solicitante, mediante **recibo**, que formalize a transferência e assegure a preservação do sigilo. *[Incluído pela LC n. 104, de 2001] [Grifamos]*

Acrescente-se que há autorização expressa para a divulgação de informações relativas ao (i) representações fiscais para fins penais, ou seja, no interesse da Justiça; (ii) inscrições na Dívida Ativa da Fazenda Pública; (iii) parcelamento ou moratória; (iv) e incentivo, renúncia, benefício ou imunidade de natureza tributária, cujo beneficiário seja pessoa jurídica. Registre-se:

> **[CTN/66] Art. 198.** (...).
>
> (...).
>
> § 3º **Não é vedada** a divulgação de informações relativas a: *[Incluído pela LC n. 104, de 2001]*
>
> I – representações fiscais para fins penais; *[Incluído pela LC n. 104, de 2001]*
>
> II – inscrições na Dívida Ativa da Fazenda Pública; *[Incluído pela LC n. 104, de 2001]*
>
> III – parcelamento ou moratória; e *[Redação dada pela LC n. 187, de 2021]*
>
> IV – incentivo, renúncia, benefício ou imunidade de natureza tributária cujo beneficiário seja pessoa jurídica. *[Incluído pela LC n. 187, de 2021] [Grifamos]*

E mais. A Administração Tributária poderá requisitar – a quaisquer órgãos ou entidades da esfera pública ou privada – informações cadastrais e patrimoniais de sujeito passivo de créditos tributários. Registre-se:

> **[CTN/66] Art. 198.** (...).
>
> (...).
>
> § 4º Sem prejuízo do disposto no art. 197, a **administração tributária** poderá **requisitar informações** cadastrais e patrimoniais de sujeito passivo de crédito tributário **a órgãos ou entidades, públicos ou privados**, que, inclusive por obrigação legal, operem cadastros e registros ou controlem operações de bens e direitos. *[Incluído pela LC n. 208, de 2024] [Grifamos]*

O compartilhamento de bases de dados também será possível em face do dever de cooperação. Desse modo, a Administração Tributária terá acesso às informações constantes na base de dados das entidades da administração pública – direta ou indireta – de todas as esferas de governo. Registre-se:

> **[CTN/66] Art. 198.** (...).
>
> (...).
>
> § 5º **Independentemente da requisição** prevista no § 4º deste artigo, os órgãos e as **entidades da administração pública direta e indireta** de qualquer dos Poderes **colaborarão** com a administração tributária visando ao **compartilhamento** de bases de dados de natureza cadastral e patrimonial de seus administrados e supervisionados. *[Incluído pela LC n. 208, de 2024] [Grifamos]*

Autoriza-se, ademais, a prestação de assistência mútua e permuta de informações entre a Administração Tributária esferas – federal, estadual distrital e municipal –, assim como entre a Fazenda Pública federal e Estados estrangeiros, desde que no interesse da fiscalização e arrecadação de tributos. Registre-se:

> **[CTN/66] Art. 199.** A **Fazenda Pública** da União e as dos Estados, do Distrito Federal e dos Municípios **prestar-se-ão mutuamente assistência** para a **fiscalização** dos tributos respectivos e **permuta de informações**, na forma estabelecida, em caráter geral ou específico, por lei ou convênio.
>
> Parágrafo único. A **Fazenda Pública** da União, na forma estabelecida em tratados, acordos ou convênios, **poderá permutar informações** com **Estados estrangeiros** no interesse da arrecadação e da fiscalização de tributos. *[Incluído pela LC n. 104, de 2001] [Grifamos]*

Por igual razão, possibilita-se à autoridade administrativa requisitar o auxílio de força pública federal, estadual e municipal. Registre-se:

> **[CTN/66] Art. 200.** As autoridades administrativas federais **poderão requisitar** o auxílio da **fôrça**(sic) **pública** federal, estadual ou municipal, e recìprocamente(sic), quando **vítimas** de embaraço ou desacato no exercício de suas funções, ou quando **necessário** à efetivação de medida prevista na legislação tributária, ainda que não se configure fato definido em lei como crime ou contravenção. *[Grifamos]*

Por fim, convém salientar que o dever de cooperação, ora em apreço, passou a figurar expressamente entre os princípios que perfazem o Sistema Tributário Nacional, nos termos da Emenda Constitucional n. 132, de 2023.

• Sigilo Bancário (LC n. 105, de 2001)

Conforme restou mencionado, os bancos, casas bancárias, Caixas Econômicas e demais instituições financeiras têm o dever de prestar informações sobre bens, negócios ou atividades de terceiros obtidas em razão de sua atividade, excetuadas aquelas, cuja lei impuser o dever de guardar sigilo (art. 197, e parágrafo único, do CTN/66). Transcreva-se:

A esse respeito, a Lei Complementar n. 105, de 10.1.2001, traz normas gerais acerca do sigilo das operações de instituições financeiras. São normas de cunho procedimental, razão pela qual terão aplicação imediata, nos termos do § 1º, do art. 144, do CTN/66. A propósito, referida lei traz um rol de exceções ao dever de sigilo bancário (art. 1º, § 3º), além de autorizar a quebra do referido sigilo, quando se fizer necessário para apurar a ocorrência de ilícito – em qualquer fase do inquérito ou processo judicial –, especialmente sobre crimes contra a ordem tributária, (art. 1º, § 4º).

17.3 DÍVIDA ATIVA TRIBUTÁRIA

Denomina-se Dívida Ativa da Fazenda Pública aquela proveniente de crédito – tributário ou não –, inscrito na repartição administrativa competente depois de devidamente constituído. Nesse sentido dispõe a Lei de Execução Fiscal, *verbis*:

> **[Lei 6.830/1980] Art. 2º** – Constitui **Dívida Ativa da Fazenda Pública** aquela definida como **tributária ou não tributária** na Lei nº 4.320, de 17 de março de 1964, com as alterações posteriores, que estatui **normas gerais de direito financeiro** para elaboração e controle dos orçamentos e balanços da União, dos Estados, dos Municípios e do Distrito Federal. *[Grifamos]*

Nessa esteira, denomina-se Dívida Ativa Tributária aquela proveniente de crédito tributário – líquido, certo, vencido e não pago –, regularmente inscrito na repartição administrativa competente. Referida inscrição pressupõe, portanto, o encerramento do prazo estabelecido para o pagamento do respectivo crédito. Nesse sentido dispõe a Lei de Execução Fiscal, *verbis*:

> **[CTN/66] Art. 201.** Constitui **dívida ativa tributária** a proveniente de **crédito dessa natureza**, regularmente **inscrita** na repartição administrativa competente, **depois de** esgotado o prazo fixado, para pagamento, pela lei ou por decisão final proferida em processo regular.
>
> Parágrafo único. A fluência de juros de mora não exclui, para os efeitos deste artigo, a **liquidez** do crédito. *[Grifamos]*

A inscrição em dívida é ativa é ato de controle administrativo de legalidade, a partir do qual será possível ajuizar a respectiva ação de cobrança. O termo de inscrição deve conter informações consideradas essenciais para eventual defesa do sujeito passivo, tais como nome do devedor, quantia devida, origem do crédito, data da inscrição etc. Transcreva-se:

> **[CTN/66] Art. 202.** O **termo de inscrição** da dívida ativa, autenticado pela autoridade competente, indicará **obrigatoriamente**:
>
> I – o **nome** do devedor e, sendo caso, o dos co-responsáveis(sic), bem como, sempre que possível, o domicílio ou a residência de um e de outros;
>
> II – a **quantia** devida e a maneira de calcular os juros de mora acrescidos;
>
> III – a **origem** e natureza do crédito, mencionada especificamente a disposição da lei em que seja fundado;
>
> IV – a **data** em que foi inscrita;
>
> V – sendo caso, o número do processo administrativo de que se originar o crédito.
>
> Parágrafo único. A **certidão** conterá, além dos **requisitos** deste artigo, a indicação do livro e da folha da inscrição. *[Grifamos]*

Ressalte-se, nesse passo, a relevância da Certidão de Dívida Ativa, para fins de identificação das condições da ação de execução fiscal, quais sejam interesse processual, legitimidade das partes e a possibilidade jurídica do pedido. Compreende-se assim que as exigências do dispositivo legal acima transcrito, a rigor, são requisitos obrigatórios do Termo de Inscrição e na correlata Certidão de Dívida Ativa Tributária.

De conseguinte, considerar-se-á "nula" a inscrição e o respectivo processo caso seja constatado erro ou omissão quanto ao preenchimento desses requisitos legais. No entanto, esta "nulidade" poderá ser sanada até decisão de primeira instância, com vistas a assegurar o exercício do contraditório e a ampla defesa do sujeito passivo da execução, identificado na CDA original. Transcreva-se:

> **[CTN/66] Art. 203.** A omissão de quaisquer dos requisitos previstos no artigo anterior, ou o erro a eles relativo, são causas de **nulidade da inscrição** e do **processo de cobrança** dela decorrente, mas a nulidade poderá ser **sanada até a decisão de primeira instância**, mediante **substituição** da certidão nula, **devolvido** ao sujeito passivo, acusado ou interessado o **prazo para defesa**, que **somente** poderá versar sobre a **parte modificada**. *[Grifamos]*

A inscrição em dívida ativa, como todo ato administrativo, presume-se, pois, em plena conformidade com a lei. Noutro giro, a dívida tributária qualificada como Dívida Ativa goza da presunção relativa de certeza e liquidez, restando ao interessado o ônus da prova em sentido contrário, caso queira desfazer essa presunção legal. Cite-se:

> **[CTN/66] Art. 204.** A dívida regularmente inscrita goza da **presunção** de certeza e liquidez e tem o **efeito de prova pré-constituída**.
>
> Parágrafo único. A presunção a que se refere este artigo é relativa e pode ser **ilidida** por **prova inequívoca**, a cargo do **sujeito passivo ou** do **terceiro** a que aproveite. *[Grifamos]*

A Certidão de Dívida Ativa faz prova a favor do credor fiscal, pois atesta a existência de dívida do sujeito passivo, vencida e não paga. Vejamos agora a disciplina legal de outras certidões, por meio das quais o sujeito passivo poderá fazer prova de sua regularidade fiscal perante o fisco e terceiros interessados.

17.4 CERTIDÕES DE REGULARIDADE FISCAL

• Certidão Negativa de Débito Fiscal – CND

Qualquer pessoa poderá fazer prova de regularidade fiscal por meio de certidão pública. Se não houver nenhum crédito tributário líquido, certo, vencido e não pago, o interessado poderá pleitear perante o órgão competente, a denominada Certidão Negativa de Débito. Esta certidão equivale à prova de inexistência de créditos tributários pendentes de pagamento e poderá ser empregada para esse fim sempre que a lei exigir. Transcreva-se:

> [CTN/66] **Art. 205.** A **lei** poderá exigir que a **prova da quitação** de determinado tributo, quando exigível, seja feita por **certidão negativa**, expedida à vista de **requerimento do interessado**, que contenha todas as **informações necessárias** à identificação de sua pessoa, domicílio fiscal e ramo de negócio ou atividade e indique o período a que se refere o pedido.
>
> Parágrafo único. A **certidão negativa** será sempre expedida nos termos em que tenha sido requerida e será fornecida dentro de **10 (dez) dias** da **data** da entrada do requerimento na repartição. *[Grifamos]*

• Certidão Positiva com Efeito de Negativa (CPD-EF)

Note-se que até mesmo nos casos de existência de crédito tributário líquido e certo será possível obter certidão comprobatória de regularidade fiscal. Para tanto, é necessário que se trate de crédito (i) ainda não vencido; ou (ii) cuja exigibilidade esteja suspensa; ou que, (iii) na pendência de execução fiscal visando a sua cobrança, tenha sido efetivada a respectiva penhora. Em quaisquer dessas hipóteses, o interessado poderá fazer prova de regularidade fiscal, frise-se, por meio da Certidão Positiva de Débitos com Efeitos de Negativa (CPD-EFN). Transcreva-se:

> [CTN/66] **Art. 206.** Tem os **mesmos efeitos** previstos no artigo anterior a **certidão** de que conste a **existência** de créditos **não vencidos**, em curso de cobrança executiva em que tenha sido **efetivada a penhora**, ou cuja **exigibilidade esteja suspensa**. *[Grifamos]*

• Dispensa de Prova de Quitação de Tributos

Sempre se fizer necessário para evitar a caducidade de direito, o seu exercício não estará condicionado à prévia apresentação de prova de regularidade fiscal. Saliente-se, mesmo na ausência de expressa permissão legal, a pessoa estará dispensada de apresentar certidão de regularidade fiscal, com vistas a evitar o perecimento de seu direito pelo não exercício ato ou a atividade a que a lei condiciona a prévia apresentação de prova de quitação de tributos. Transcreva-se:

> [CTN/66] **Art. 207. Independentemente de disposição legal permissiva**, será **dispensada a prova de quitação** de tributos, ou o seu suprimento, quando se tratar de prática de **ato indispensável** para **evitar a caducidade** de direito, **respondendo**, porém, **todos** os participantes no ato pelo tributo porventura devido, juros de mora e penalidades cabíveis, exceto as relativas a infrações cuja responsabilidade seja pessoal ao infrator. *[Grifamos]*

Ressalte-se, por outro lado, que haverá responsabilidade pessoal, funcional e criminal se expedida com dolo ou fraude. Nesses casos, todos os participantes responderão pelos créditos tributários pendentes de pagamento, e cada qual pelas penalidades de caráter pessoal que houver praticado. Note-se que o funcionário que expedir a referida certidão, contendo erro contra a Fazenda Pública, além de responder pelos respectivos créditos tributários, também responderá pelas infrações de cunho criminal e funcional. Registre-se:

> [CTN/66] **Art. 208.** A certidão negativa **expedida** com **dolo ou fraude**, que contenha **erro contra a Fazenda Pública**, responsabiliza **pessoalmente** o **funcionário** que a expedir, pelo crédito tributário e juros de mora acrescidos.
>
> Parágrafo único. O disposto neste artigo **não exclui** a responsabilidade **criminal e funcional** que no caso couber. *[Grifamos]*

Em tese, o auxílio da força púbica poderá ser solicitado pela autoridade administrativa, com vistas a assegurar a fiscalização de tributos, na forma da legislação tributária, mesmo quando não sejam vítimas de crime ou contravenção, *verbis*:

> [CTN/66] **Art. 200.** As autoridades administrativas federais **poderão requisitar** o auxílio da **fôrça**(sic) **pública** federal, estadual ou municipal, e recìprocamente(sic), quando **vítimas** de embaraço ou desacato no exercício de suas funções, ou quando **necessário** à efetivação de medida prevista na legislação tributária, ainda que não se configure fato definido em lei como crime ou contravenção. *[Grifamos]*

• Necessidade de Prova de Quitação de Tributos

Vimos em Capítulo anterior, que o crédito tributário goza de garantias e privilégios (arts. 184 e s. do CTN/66). A esse respeito, cumpre salientar que a lei poderá condicionar o exercício de determinados direitos à prévia apresentação de prova de quitação de tributos. Vejamos, pois, algumas dessas hipóteses.

o Extinção das obrigações do falido

> [CTN/66] **Art. 191.** A **extinção das obrigações do falido** requer **prova de quitação** de todos os tributos. *[Redação dada pela Lcp n. 118º, de 2005] [Grifamos]*

o Concessão de Recuperação Judicial

> [CTN/66] **Art. 191-A.** A **concessão de recuperação judicial** depende da apresentação da **prova de quitação** de todos os tributos, observado o disposto nos arts. 151, 205 e 206 desta Lei. *[Incluído pela Lcp n. 118º, de 2005] [Grifamos]*

o **Sentença de partilha ou adjudicação**

> [CTN/66] **Art. 192.** Nenhuma sentença de julgamento de **partilha ou adjudicação** será proferida sem **prova da quitação** de todos os tributos relativos aos bens do espólio, ou às suas rendas. *[Grifamos]*

o **Concorrência Pública**

> [CTN/66] **Art. 193.** Salvo quando expressamente autorizado por lei, nenhum departamento da administração pública da União, dos Estados, do Distrito Federal, ou dos Municípios, ou sua autarquia, celebrará contrato ou aceitará proposta em **concorrência pública** sem que o contratante ou proponente faça **prova da quitação** de todos os tributos devidos à Fazenda Pública interessada, relativos à atividade em cujo exercício contrata ou concorre. *[Grifamos]*

Doutrina

• Fiscalização – Sigilo bancário

Pode-se dizer que, no âmbito da Ciência do direito, predomina o entendimento de que o sigilo bancário se encontra sob a proteção da Carta Magna de 1988, (art. 5º, X e XII). Quanto à possibilidade do fisco obter informações protegidas pelo sigilo bancário, expõe Paulo Ricardo de Souza Cruz,[2] *verbis*:

> (...).
>
> A **nova lei complementar** trouxe 2 artigos importantes para disciplinar o sigilo bancário perante o fisco. O **art. 6º** não trouxe novidade, pois essencialmente repetiu o art. 38 da vetusta Lei 4.595/1964, permitindo a requisição de informações bancárias quando existente procedimento fiscal instaurado. Nem mesmo o fato de a norma agora constar de lei formalmente complementar seria fato especialmente relevante, pois o entendimento é de que, à semelhança do Código Tributário Nacional, a Lei 4.595/1964 teria sido recepcionada como lei complementar.
>
> Por outro lado, o **art. 5º da LC 105/2001** trouxe importante novidade, pois **previu a informação periódica à administração tributária da União – e somente dela** – sobre as operações financeiras efetuadas pelos usuários de seus serviços, embora a restringindo a "informes relacionados com a identificação dos titulares das operações e os montantes globais mensalmente movimentados, vedada a inserção de qualquer elemento

2. Paulo Ricardo de Souza Cruz. "O sigilo bancário perante o fisco na visão do Supremo Tribunal Federal". Disponível em: https://meusitejuridico.editorajuspodivm.com.br/2020/06/09/o-sigilo-bancario-perante-o-fisco-na-visao-supremo-tribunal-federal/.

que permita identificar a sua origem ou a natureza dos gastos a partir deles efetuados" (§ 2º).

Identificados indícios de ilícitos fiscais a partir dessas informações, **autorizou-se a requisição** de informações adicionais e documentos, bem como a **realização de fiscalização** para apuração dos fatos (§ 4º).

Esse art. 5º da LC nº 105/2001, com se vê, representou **ferramenta poderosíssima colocada à disposição da Receita Federal**, pois permitiu o exame da movimentação bancária dos contribuintes não apenas de forma isolada, mas também massificada.

Como seria de se esperar, a nova lei complementar **foi fortemente atacada**, inclusive através de diversas ações diretas de inconstitucionalidade, ao argumento de que **violaria o sigilo bancário constitucionalmente protegido**.

(...). *[Grifamos]*

Jurisprudência

• Instituições financeiras – exceções ao dever de sigilo (STF)

O CTN/66, de um lado, impõe como regra o dever de informar e, doutro lado, ressalva o dever de manter sigilo profissional. De conseguinte, veda-se à Fazenda Pública e respectivos servidores a divulgação de informações, obtidas de ofício, privativas do sujeito passivo ou terceiros.

A LC n. 105/2001, (art. 6º), excepciona o dever sigilo das instituições financeiras, quando autoriza o acesso à autoridade administrativa às informações e documentos de terceiros. A esse respeito, em 2016, a Suprema Corte decidiu que o disposto no referido dispositivo legal, em atenção ao princípio da capacidade contributiva, realiza a igualdade em relação aos cidadãos. Tese firmada:

> O art. 6º da Lei Complementar 105/01 **não ofende** o direito ao **sigilo bancário**, pois realiza a igualdade em relação aos cidadãos, por meio do princípio da capacidade contributiva, bem como estabelece requisitos objetivos e o translado do dever de **sigilo** da esfera bancária para a fiscal; II – A Lei 10.174/01 não atrai a aplicação do princípio da irretroatividade das leis tributárias, tendo em vista o caráter instrumental da norma, nos termos do artigo 144, § 1º, do CTN. *[STF, Pleno, RE nº 601.314/SP-RG, rel. min. Edson Fachin, j. 24.2.2016, p. m., DJe 16.92016] [Grifamos]*

Nesta linha, julgou improcedente o pedido das ADI nºs 2.390, 2.386, 2.397 e 2.859, reconhecendo, assim, a constitucionalidade das normas (art. 1º, da LC 104/2001; e artigos 1º, § 3º e 4º, 3º, § 3º, 5º e 6º, da LC 105/2001; Decreto nº 3.724/2001; Decreto nº 4.489/2002; e Decreto nº 4.545/2002) que permite a Administração tributária utilizar dados bancários e fiscais acobertados por sigilo constitucional, sem a intermediação do Poder Judiciário. Cite-se, ainda, a tese que restou fixada, após a apreciação do Tema 990, *verbis*:

> **É constitucional** o compartilhamento dos relatórios de inteligência financeira da UIF e da íntegra do procedimento fiscalizatório da Receita Federal do Brasil, que define o lançamento do tributo, com os órgãos de persecução penal para fins criminais, sem a obrigatoriedade de prévia autorização judicial, devendo ser resguardado o **sigilo** das informações em procedimentos formalmente instaurados e sujeitos a posterior controle jurisdicional; II – O compartilhamento pela UIF e pela RFB, referente ao item anterior, deve ser feito unicamente por meio de **comunicações formais**, com garantia de **sigilo**, certificação do destinatário e estabelecimento de instrumentos efetivos de apuração e correção de eventuais desvios. *[STF, Pleno, RE nº 1.055.941/SP-RG, rel. min. Dias Toffoli, j. 12.4.2018, v. u., DJe 30.4.2018] [Grifamos]*

• Dívida Ativa Tributária: nulidades sanáveis

Vimos que a legislação tributária prevê a "nulidade" da inscrição e do respectivo processo de execução fiscal caso seja constatado erro ou omissão quanto ao preenchimento dos requisitos legais. No entanto, esta "nulidade" é sanável até decisão de primeira instância. A esse respeito, impende salientar que é pacífico o entendimento jurisprudencial no sentido de que a possibilidade de retificação da CDA não compreende a modificação do sujeito passivo da respectiva execução fiscal. Transcreva-se:

> **[STJ, Súmula n. 392]** A Fazenda Pública pode **substituir** a certidão de dívida ativa (CDA) até a prolação da sentença de embargos, quando se tratar de **correção** de erro material ou formal, **vedada** a modificação do sujeito passivo da execução. *[Primeira Seção, j. 23.9.2009, DJe 7.10.2009] [Grifamos]*

A respeito dos temas repetitivos 702 e 703, a Primeira Seção do Superior Tribunal de Justiça, por maioria, decidiu que a decretação de quebra não implica extinção da personalidade jurídica do estabelecimento comercial e, de conseguinte, poderá figurar no polo passivo da execução fiscal. Nesses termos, a CDA poderá ser retificada para na parte que fez alusão à pessoa jurídica e não à massa falida. Ao final, fixou a seguinte tese, *verbis*:

> A mera **decretação da quebra não implica extinção da personalidade jurídica** do estabelecimento empresarial. Ademais, a **massa falida** tem exclusivamente **personalidade judiciária**, **sucedendo** a empresa em todos os seus direitos e obrigações. Em consequência, o ajuizamento contra a

> pessoa jurídica, nessas condições, constitui **mera irregularidade, sanável** nos termos do art. 284 do CPC e do art. 2º, § 8º, da Lei 6.830/1980." O entendimento de que o ajuizamento contra a pessoa jurídica cuja falência foi decretada antes do ajuizamento da referida execução fiscal "constitui mera irregularidade, sanável nos termos do art. 284 do CPC e do art. 2º, § 8º, da Lei 6.830/1980 **não viola a orientação fixada pela Súmula 392 do Superior Tribunal Justiça**, mas tão somente insere o equívoco ora debatido na extensão do que se pode compreender por 'erro material ou formal', e não como "modificação do sujeito passivo da execução", expressões essas empregadas pelo referido precedente sumular." *[STJ, REsp n. 1.372.243,1ª S., rel. min. Napoleão Nunes Maia Filho, j. 11.12.2003, p. m., DJe 21.3.2014] [Grifamos]*

• Certidões de Regularidade Fiscal: recusa da expedição de CPD-EF

Configurada inadimplência total ou parcial da dívida, é legítima a recusa da entrega de certidão de regularidade fiscal. Nesse sentido, restou fixada a seguinte tese pelo Superior Tribunal de Justiça, *verbis*:

> Revela-se legítima a recusa da autoridade impetrada em expedir **certidão** negativa de débito (CND) ou de **certidão positiva** com efeitos de negativa (CPEN) quando a autoridade tributária verifica a ocorrência de **pagamento a menor**, em virtude da existência de **divergências** entre os valores **declarados** na Guia de Recolhimento do FGTS e Informações à Previdência Social (GFIP) e os valores efetivamente **recolhidos** mediante guia de pagamento (GP). *[STJ, REsp n. 1.143.094/SP. 1ªS., rel. min. Luiz Fux, j. 9.12.2009, v. u., DJ 1º.2.2010] [Grifamos]*

Em 2010, editou-se súmula de igual teor, *vebis*:

> **[STJ] Súmula n. 446. Declarado e não pago** o débito tributário pelo contribuinte, **é legítima a recusa** de expedição de certidão negativa ou positiva com efeito de negativa. *[Grifamos]*

Acrescente-se que requerimentos de revisão de lançamento não têm o condão de suspender a exigibilidade do crédito, porquanto não se confundem com as defesas administrativas à notificação de lançamento de que cuida o art. 151, III, do CTN/66. No entanto, nas hipóteses em que a própria lei acolher essa equiparação, a Fazenda Pública não poderá se recusar a fornecer CPD-EFN (v. Tema Repetitivo 384). Nesse sentido, a Primeira Seção do Superior Tribunal de Justiça fixou a seguinte tese, *verbis*:

> A **recusa**, pela Administração Fazendária Federal, do fornecimento de **Certidão Positiva** com **efeitos de Negativa** (CPD-EN), no período de

30.12.2004 a 30.12.2005, revela-se **ilegítima** na hipótese em que configurada **pendência superior a 30 (trinta) dias** do **pedido de revisão administrativa** formulado pelo contribuinte, fundado na alegação de **pagamento integral** do débito fiscal **antes** de sua **inscrição** na dívida ativa, ex vi do disposto no artigo 13, da Lei 11.051/2004. *[STJ, REsp n. 1.122.959-SP, DJe 25.8.2010] [Grifamos]*

Temas Para dissertação ou pesquisa

1. "Administração Tributária. Limites à fiscalização."
2. "Dívida Ativa. Certidões de regularidade fiscal."

Questões

1. Que significa "dívida ativa"?
2. Qual é a distinção entre "certidão negativa" e "certidão positiva com efeitos de negativa"?
3. "É sanável a nulidade decorrente de erro ou omissão de algum requisito da inscrição de dívida ativa?
4. Há alguma hipótese de dispensa de certidão de quitação de tributos?
5. Quando pode ser exigida prova de quitação de tributo, segundo o CTN/66?

Consultas

1. **[39° Exame de Ordem Unificado, 2024, n. 4]** A sociedade empresária Faz Tudo Ltda., localizada no estado Ômega, sempre cumpriu regularmente com suas obrigações tributárias. Entretanto, entre os meses de janeiro e junho de 2023, apesar de ter mensalmente encaminhado eletronicamente para a Fazenda Estadual a sua Escrituração Fiscal Digital do Imposto sobre Circulação de Mercadorias e Serviços (EDF/ICMS), tudo de acordo com o Sistema Público de Escrituração Digital – SPED, por um lapso do seu setor financeiro, as guias de recolhimento deste imposto foram emitidas e pagas com valores bastante inferiores ao efetivamente declarado. Em agosto do mesmo ano, ao requerer uma certidão fiscal, foi-lhe fornecida uma certidão positiva de débito. Seu departamento jurídico recorreu administrativamente daquele ato, sob a alegação de não ter ainda sido notificada para o pagamento da diferença do tributo recolhido a menor, e requereu que ao menos naquele momento lhe fosse fornecida uma certidão positiva com efeitos de negativa (CPEN), até que fosse quitada a dívida tributária. Diante desse cenário, responda aos itens a seguir. A) Está correto o argumento da necessidade de notificação fiscal pela administração tributária estadual

para fins de constituição do crédito tributário relativo à diferença recolhida a menor? Justifique. (Valor: 0,65) B) Nesta circunstância, tem direito a empresa a obter uma certidão positiva com efeitos de negativa, tal como requereu em seu recurso administrativo? Justifique. (Valor: 0,60) Obs.: o(a) examinando(a) deve fundamentar suas respostas. A mera citação do dispositivo legal não confere pontuação.

2. **[38° Exame de Ordem Unificado, 2023, n. 1]** Matias, proprietário de imóvel rural de grande extensão, situado no Município Alfa, recebeu em seu imóvel rural a visita de fiscais tributários do Município Alfa, devidamente identificados funcionalmente. Os fiscais informaram que desejavam marcar uma data para realizar medições e aferir o grau de produtividade do imóvel, para efeitos de cálculo de Imposto sobre a Propriedade Territorial Rural (ITR). Ciente de que o ITR é um tributo de competência federal, Matias, estranhando o fato de os fiscais serem municipais, começou a desacatar os agentes públicos, que se decidiram por convocar auxílio de força policial. Diante desse cenário, responda aos itens a seguir. A) Os fiscais tributários municipais podem realizar a fiscalização de tal tributo federal? Justifique. (Valor: 0,65) B) Os fiscais tributários poderiam solicitar o auxílio de força policial? Justifique. (Valor: 0,60) Obs.: o(a) examinando(a) deve fundamentar suas respostas. A mera citação do dispositivo legal não confere pontuação.
3. **[38° Exame de Ordem Unificado, 2023, n. 2]** A sociedade empresária ABCD Ltda., por um lapso do seu departamento financeiro, deixou de declarar e pagar certo imposto estadual devido referente ao mês de junho de 2022, cujo prazo de vencimento se daria em 31 de julho de 2022. Três meses depois do vencimento, a gerência foi alertada do atraso e determinou a imediata declaração e pagamento, pois pretendia participar de uma concorrência pública e necessitaria de uma certidão fiscal negativa. Assim, foi feita a declaração à respectiva Administração Tributária, juntamente com o pagamento integral e atualizado do valor devido, antes de qualquer procedimento administrativo ou medida de fiscalização relacionados com o débito, acrescido de juros de mora, todos previstos em lei que regulava aquele imposto. Não houve, contudo, recolhimento da multa sancionatória da infração incorrida, também prevista na lei, tudo por orientação do próprio departamento jurídico, entendendo se enquadrar na regra legal do Código Tributário Nacional referente ao pagamento espontâneo em atraso. Sobre o caso apresentado, responda aos itens a seguir. A) Houve quitação integral do montante tributário devido pela sociedade empresária? Justifique. (Valor: 0,65) B) Nestas circunstâncias, a sociedade empresária faz jus à certidão negativa que comprove a quitação do tributo? Justifique. (Valor: 0,60) Obs.: o(a) examinando(a) deve fundamentar suas respostas. A mera citação do dispositivo legal não confere pontuação.

4. **[XXXIV Exame de Ordem Unificado, 2022, n. 1]** A sociedade empresária Indústria Metalúrgica ABC Ltda. formulou consulta ao Fisco federal sobre

interpretação da legislação tributária federal, perguntando se era possível creditar-se de IPI relativamente à entrada de insumos sujeitos à alíquota zero necessários ao seu processo produtivo. Na pendência desse processo administrativo de consulta, a referida sociedade empresária continuou realizando tal creditamento. A decisão de primeira instância na consulta foi-lhe favorável, declarando que possuía, sim, o direito a tal creditamento. Diante desse cenário, responda aos itens a seguir. A) É devido o creditamento de IPI nesse caso? (Valor: 0,60) B) Caberia alguma medida dentro desse mesmo processo administrativo fiscal para que a Administração revertesse a decisão de 1ª instância favorável à consulente? (Valor: 0,65) Obs.: o(a) examinando(a) deve fundamentar suas respostas. A mera citação do dispositivo legal não confere pontuação.

Testes

1. **[Assessoramento Legislativo, Senado Federal, 2022, n. 68]** Em relação à obrigação tributária, analise as afirmativas a seguir e assinale (V) para a verdadeira e (F) para a falsa.

   ( ) A pessoa jurídica imune, por não ser contribuinte do tributo, não tem obrigação de manter documentos, livros e escrita fiscal de suas atividades.

   ( ) Não viola o princípio da legalidade tributária ato infralegal que atribui ao contribuinte deveres instrumentais com vistas a facilitar a fiscalização tributária.

   ( ) O descumprimento de uma obrigação acessória pode gerar a aplicação de uma penalidade pecuniária que se converterá em uma obrigação principal. As afirmativas são, segundo a ordem apresentada, respectivamente,

   a) ( ) V, V e V.

   b) ( ) V, F e F.

   c) ( ) F, V e F.

   d) ( ) F, V e V.

   e) ( ) F, F e F.

2. **[Assessoramento Legislativo, Senado Federal, 2022, n. 70]** Sobre as preferências e garantias do crédito tributário à luz do Código Tributário Nacional, assinale a afirmativa correta.

   a) ( ) O crédito tributário prefere aos créditos decorrentes da legislação do trabalho.

b) ( ) Responde pelo pagamento do crédito tributário a totalidade dos bens e das rendas, de qualquer origem ou natureza, do sujeito passivo, inclusive os bens absolutamente impenhoráveis por lei.

c) ( ) A presunção de fraude em relação à alienação ou oneração de bens ou rendas, por sujeito passivo em débito para com a Fazenda Pública, somente pode ocorrer quando o crédito tributário já estiver em fase de execução fiscal.

d) ( ) A cobrança judicial do crédito tributário é sujeita a concurso de credores ou habilitação em falência, recuperação judicial, concordata, inventário ou arrolamento.

e) ( ) O crédito tributário decorrente de fato gerador ocorrido no curso do processo de falência é considerado como crédito extraconcursal para fins de classificação dos créditos na falência.

3. [Assessoramento Legislativo, Senado Federal, 2022, n. 80] Sobre a administração tributária, assinale a afirmativa correta.

a) ( ) O sigilo bancário é um direito absoluto e se justifica em razão da proteção à intimidade e à vida privada, não cabendo à Fazenda Pública quebrá-lo.

b) ( ) Deve o contribuinte manter os livros obrigatórios de escrituração comercial e fiscal e os comprovantes dos lançamentos neles efetuados pelo prazo de dez anos.

c) ( ) É vedada a divulgação, pela Fazenda Pública, de informação obtida em razão do ofício sobre a situação econômica ou financeira do sujeito passivo, relativa a incentivo, renúncia, benefício de natureza tributária cujo beneficiário seja pessoa jurídica.

d) ( ) A certidão positiva de débitos com efeitos de negativa não pode ser expedida quando no processo de execução fiscal tiver sido efetivada penhora suficiente para garantir a execução, uma vez que não é hipótese de suspensão de exigibilidade do crédito.

e) ( ) A omissão de quaisquer dos requisitos obrigatórios previstos no Código Tributário Nacional para o termo de inscrição da dívida ativa é causa de nulidade da inscrição em dívida ativa.

18

PROCESSO ADMINISTRATIVO TRIBUTÁRIO

18.1 NOÇÕES PREAMBULARES

Ao ser notificado do lançamento tributário, do auto de Infração e Imposição de Multa – AIIM, da apreensão de livros e mercadorias ou de quaisquer outras medidas de garantia – e sem necessidade de constituir um advogado, embora recomendável para a defesa técnica –, o suposto devedor poderá questionar extrajudicialmente os atos e decisões administrativas que, no seu entender, consubstanciam exigências indevidas.

Noutras palavras, o titular de direito violado ou ameaçado de lesão poderá provocar a instauração do processo administrativo tributário, no qual terá a oportunidade de exercer o contraditório e ampla defesa, com vistas a expor as razões que embasam seu pedido de afastamento do ato ou decisão impugnada.

O Processo Administrativo Tributário é o instrumento por meio do qual se realiza o controle de legalidade dos atos e decisões administrativas a respeito do crédito tributário. Para a sua instauração e trâmite regular, exige-se a observância de determinados princípios jurídicos, tais como:

Princípio da legalidade – exige-se que o procedimento administrativo seja instaurado com base e para a preservação da lei; ampara o particular e permite a defesa da norma jurídica.

Princípio da oficialidade – compete ao Poder Público seu impulso até decisão final, sob pena de responsabilidade, mesmo na ausência de impugnação do sujeito passivo, ou no caso de sua intempestividade.

Princípio da verdade material – a autoridade administrativa pode conhecer de novas provas até o julgamento final (no processo judicial o juiz deve se ater às provas tempestivamente indicadas pelas partes).

Princípio da garantia de defesa ou do devido processo legal – observância do rito adequado, ciência do procedimento ao acusado, oportunidade para contestar a acusação, produção de provas, acompanhamento dos atos da instrução, oportunidade de recorrer etc.

A Lei 9.784, de 29.1.1999, traz normas gerais sobre o processo administrativo no âmbito da Administração Pública Federal. Por oportuno, transcreva-se:

> **[Lei 9.784/99] Art. 48.** A Administração tem o dever de explicitamente emitir decisão nos processos administrativos e sobre **solicitações ou reclamações**, em matéria de sua competência.
>
> **Art. 49.** Concluída a instrução de processo administrativo, a Administração tem o prazo de **até trinta dias para decidir**, salvo prorrogação por igual período expressamente motivada. *[Grifamos].*

Saliente-se que ao processo administrativo aplica-se supletiva e subsidiariamente as disposições do Código de Processo Civil de 2015, CPC/15, na ausência de normas próprias (artigos 15 e 69, do CPC/15).

Vejamos agora as principais solicitações ou reclamações formuladas perante a autoridade administrativa.

18.2 CONSULTA TRIBUTÁRIA

A Consulta, no âmbito tributário, refere-se ao procedimento pelo qual o contribuinte indaga ao Fisco sobre sua situação legal diante de determinado fato, de duvidoso entendimento (fato concreto ou mera hipótese). Uma vez formulada, veda a ação fiscal contra o consulente.

A propósito, consoante estabelece o Código Tributário Nacional de 1966, CTN/66, na pendência de consulta não se computam juros de mora nem penalidades ao crédito vencido e não pago. Transcreva-se:

> **[CTN/66] Art. 161.** O crédito **não integralmente pago** no vencimento **é acrescido** de juros de mora, **seja qual for o motivo determinante da falta**, sem prejuízo da imposição das penalidades cabíveis e da aplicação de quaisquer **medidas de garantia** previstas nesta Lei ou em lei tributária.
>
> § 1º Se a lei não dispuser de modo diverso, os **juros de mora** são calculados à taxa de um por cento ao mês.
>
> § 2º O disposto neste artigo **não se aplica na pendência de consulta** formulada pelo devedor **dentro do prazo legal** para pagamento do crédito. *[Grifamos]*

Observe-se que consulta formulada dentro do prazo para pagamento do crédito tributário, e somente nesta hipótese, terá o condão de impedir o acréscimo de juros de mora, penalidades, bem como a aplicação de medidas de garantias que seriam cabíveis, na forma da lei.

- **Na esfera federal**

Decreto 70.235/1972 e Lei 9.430/1996 – disciplinam a consulta fiscal sobre a aplicação da legislação tributária na esfera federal.

Legitimidade – contribuinte; órgãos interessados da Administração Pública; entidades representativas de categoria econômica ou profissional.

Efeitos – impede a cobrança de juros moratórios, a imposição de penalidades e a aplicação de medidas de garantia (art. 161, § 2º, do CTN/66).

Deve ser apresentada – ao órgão da Secretária da Receita Federal do Brasil (RFB) do domicílio do consulente. Veja-se:

> **[Lei 9.430/1996] Art. 48.** No âmbito da Secretaria da Receita Federal, os processos administrativos de consulta serão solucionados em **instância única.**
>
> § 1º A **competência** para solucionar a consulta ou declarar sua ineficácia, na forma disciplinada pela **Secretaria da Receita Federal do Brasil**, poderá ser atribuída: *[Redação dada pela Lei n. 12.788, de 2013]*
>
> I – a unidade **central**; ou *[Redação dada pela Lei n. 12.788, de 2013]*
>
> II – a unidade **descentralizada**. *[Redação dada pela Lei n. 12.788, de 2013] [Grifamos]*

Regra – não cabe recurso nem pedido de reconsideração da solução da consulta ou do despacho que declarar sua ineficácia (§ 3º do, art. 48, da Lei 9.430/1996).

Exceção – admite-se recurso especial, sem efeito suspensivo, para o órgão central da Secretaria da Receita Federal se houver diferença de conclusões entre soluções de consultas relativas a uma mesma matéria, fundadas em idêntica norma jurídica, dentro de 30 dias, contados da ciência da solução. Transcreva-se:

> **[Lei 9.430/1996] Art. 48.** (...).
>
> (...).
>
> § 5º Havendo **diferença de conclusões** entre soluções de consultas relativas a uma **mesma matéria**, fundada em **idêntica norma jurídica**, cabe **recurso especial**, sem efeito suspensivo, para o **órgão** de que trata o inciso **I do § 1º**.
>
> § 6º O recurso de que trata o parágrafo anterior pode ser interposto pela destinatário da solução divergente, no prazo de **trinta dias**, contados da **ciência** da solução.

§ 7º Cabe a quem interpuser o recurso **comprovar** a existência das soluções divergentes sobre idênticas situações.*[Grifamos]*

Vale gizar, ademais, que a consulta poderá ser formulada por meio eletrônico, na forma disciplinada pela Secretaria da Receita Federal do Brasil, (§ 14º do, art. 48, da Lei 9.430/1996).

- **Na esfera estadual**

O processo administrativo tributário estadual sujeita-se à observância da legislação da respectiva unidade da federação, aplicando-se supletiva e subsidiariamente as disposições do Código de Processo Civil de 2015 - CPC/15, na ausência de normas que regulem os processos administrativos, (art. 15, do CPC/15).

Em geral, a consulta deverá ser protocolada na repartição fiscal a que estiver vinculado o consulente; e nas Capitais, na Consultoria Tributária.

- **Na esfera municipal**

O procedimento de consulta observará as normas previstas na legislação local, aplicando-se supletiva e subsidiariamente as disposições do Código de Processo Civil de 2015 – CPC/15.

18.3 DENÚNCIA ESPONTÂNEA

Nos termos estabelecidos pelo Código Tributário Nacional de 1966 – CTN/66, denomina-se "denúncia espontânea" o procedimento por meio do qual se exclui a responsabilidade do sujeito passivo apenas no tocante às obrigações relacionadas ao não pagamento do tributo. Sua previsão legal tem por escopo estimular o credor inadimplente a efetuar o pagamento do tributo e dos respectivo juros de mora antes de qualquer autuação fiscal. O estímulo, neste caso, é representado pela exclusão das penalidades fiscais que seriam devidas, caso a autoridade administrativa, tomando conhecimento do atraso no pagamento do tributo, tivesse notificado o sujeito passivo de qualquer medida de fiscalização ou preparatória do respectivo auto de infração antes do oferecimento da denúncia. Transcreva-se:

> **[CTN/66] Art. 138.** A responsabilidade é **excluída** pela denúncia **espontânea** da infração, acompanhada, se for o caso, do **pagamento do tributo devido e dos juros de mora**, ou do depósito da importância arbitrada pela autoridade administrativa, quando o montante do tributo dependa de apuração.
>
> Parágrafo único. **Não se considera espontânea** a denúncia apresentada **após o início** de qualquer procedimento administrativo ou medida de fiscalização, relacionados com a infração. *[Grifamos]*

Observe-se que para fazer jus aos benefícios da denúncia espontânea, não é suficiente pagar o tributo desacompanhado dos juros de mora; ou apenas comunicar o atraso à autoridade administrativa; ou solicitar respectivo parcelamento. Frise-se, a primeira condição para que possa ser deferido é a de que o requerimento de denúncia espontânea seja concomitante ao pagamento do tributo e respectivos juros de mora.

A segunda condição, conforme já restou mencionado, é a de que o referido pagamento seja espontâneo. Na esfera federal, o inadimplente terá os mesmos benefícios da denúncia espontânea se realizar o pagamento de tributos já declarados e dos juros de mora até o 20º dia subsequente à data de recebimento de início de fiscalização. Transcreva-se:

> **[Lei 9.430/96] Art. 47.** A pessoa física ou jurídica **submetida a ação fiscal** por parte da Secretaria da Receita Federal poderá pagar, **até o vigésimo dia subseqüente**(sic) **à data de recebimento do termo de início de fiscalização**, os tributos e contribuições **já declarados**, de que for sujeito passivo como contribuinte ou responsável, **com os acréscimos legais aplicáveis nos casos de procedimento espontâneo.** *[Redação dada pela Lei nº 9.532, de 1997] [Grifamos]*

Noutro giro, considera-se espontâneo o pagamento de tributos já declarados e dos juros de mora até o 20º dia subsequente à data de recebimento de início de fiscalização, tratando-se de sujeito passivo submetido a ação fiscal por parte da Secretaria da Receita Federal do Brasil.

18.4 PAGAMENTO INDEVIDO – RESTITUIÇÃO

O sujeito passivo de obrigações tributárias poderá pleitear na esfera administrativa a restituição – na mesma proporção, dos juros moratórios e multas impostas, monetariamente corrigidos – de quantias pagas indevidamente a título de tributo ou multas fiscais, conforme se depreende dos disposto no art. 167, do CTN/66.

O pedido de restituição poderá ser formulado na própria esfera administrativa, observando-se, neste caso, o prazo decadencial de cinco anos, contados da data que o pagamento fora realizado, nos termos da legislação tributária. Transcreva-se:

> **[CTN/66] Art. 165.** O sujeito passivo tem **direito**, independentemente de prévio protesto, **à restituição total ou parcial do tributo**, seja qual for a modalidade do seu pagamento, ressalvado o disposto no § 4º do artigo 162, nos seguintes casos:

> I – **cobrança ou pagamento espontâneo de tributo indevido ou maior** que o devido em face da legislação tributária aplicável, ou da natureza ou circunstâncias materiais do fato gerador efetivamente ocorrido;
>
> II – **erro** na edificação[sic] do sujeito passivo, na determinação da alíquota aplicável, no cálculo do montante do débito ou na elaboração ou conferência de qualquer documento relativo ao pagamento;
>
> (...).
>
> **Art. 168.** O **direito** de pleitear a **restituição** extingue-se com o decurso do prazo de **5 (cinco) anos**, contados: I – nas hipótese dos incisos I e II do artigo 165, da data da extinção do crédito tributário; *[Vide art. 3º, da LCp nº 118, de 2005] [Grifamos]*

Observe-se que o direito de pleitear a restituição desses créditos no âmbito administrativo, independe da modalidade de lançamento a que o tributo estava legalmente sujeito.

Caso o pagamento do tributo tenha sido em decorrência de decisão, posteriormente reformada, anulada, revogada ou rescindida, haverá, de igual modo, o direito de pleitear sua restituição. Neste caso, o pedido também deverá ser formulado dentro do prazo decadencial de cinco anos, contados da data em que se tornar definitiva ou da data em que transitar em julgado a decisão – conforme seja, respectivamente, administrativa ou judicial – que tenha reformado, anulado, revogado ou rescindido a decisão que ensejara o pagamento indevido. Transcreva-se:

> **[CTN/66] Art. 168.** O direito de pleitear a **restituição** extingue-se com o decurso do prazo de **5 (cinco) anos**, contados:
>
> (...).
>
> II – na hipótese do inciso III do art. 165, da data em que se tornar definitiva a **decisão administrativa** ou passar em julgado a **decisão judicial** que tenha reformado, anulado, revogado ou rescindido a decisão condenatória. *[Grifamos]*

Na esfera federal, a Lei 9.430/96, o direito de pleitear a restituição de quantias indevidamente pagas a título de tributos e multas fiscais. No entanto, esta lei condiciona o deferimento do pedido de restituição à inexistência de débitos do requerente perante a Fazenda Nacional, pois, se existirem, os créditos do requerente não serão devolvidos e, sim, destinados à quitação dos créditos da Fazenda Pública. Transcreva-se:

> **[Lei 9.430/96] Art. 73.** A **restituição** e o ressarcimento de tributos administrados pela Secretaria da Receita Federal do Brasil ou a **restituição** de pagamentos efetuados mediante DARF e GPS cuja receita não seja

> administrada pela Secretaria da Receita Federal do Brasil **será efetuada depois de verificada a ausência de débitos** em nome do sujeito passivo credor perante a Fazenda Nacional. *[Redação dada pela Lei nº 12.844, de 2013]*
>
> Parágrafo único. **Existindo débitos**, não parcelados ou parcelados sem garantia, inclusive inscritos em Dívida Ativa da União, **os créditos serão utilizados para quitação desses débitos**, observado o seguinte: *[Incluído pela Lei nº 12.844, de 2013] [Vide RE 917285]*
>
> I – o valor bruto da restituição ou do ressarcimento será debitado à conta do tributo a que se referir; *[Incluído pela Lei nº 12.844, de 2013]*
>
> II – a parcela utilizada para a quitação de débitos do contribuinte ou responsável será creditada à conta do respectivo tributo. *[Incluído pela Lei nº 12.844, de 2013] [Grifamos]*

Diga-se, de passagem, que o pedido de restituição também poderá ser formulado na esfera judicial, observando-se, neste caso, o prazo prescricional de cinco anos para o ajuizamento da ação.

18.5 CRÉDITOS E DÉBITOS RECÍPROCOS – COMPENSAÇÃO

Vimos que o CTN/66, ao dispor sobre o direito do sujeito passivo de pleitear a compensação de quantias indevidamente pagas a título de tributos e multas fiscais, ressalta que caberá à lei específica sua regulamentação (art. 170).

Na esfera federal, a Lei 8.383/1991, a esse respeito, dispõe sobre a possibilidade de o sujeito passivo optar pelo pedido de restituição ou de compensar e, neste último caso, prescreve que a compensação somente pode ser verificar entre tributos da mesma espécies, *verbis*:

> **[Lei 8.383/1991] Art. 66.** Nos casos de **pagamento indevido ou a maior de tributos**, contribuições federais, inclusive previdenciárias, e receitas patrimoniais, **mesmo quando resultante de** reforma, anulação, revogação ou rescisão de decisão condenatória, o contribuinte poderá efetuar a **compensação** desse valor no recolhimento de importância correspondente a **período subseqüente**(sic). *[Redação dada pela Lei nº 9.069, de 29.6.1995] [Vide Lei nº 9.250, de 1995]*
>
> § 1º A compensação **só** poderá ser efetuada entre tributos, contribuições e receitas **da mesma espécie**. *[Redação dada pela Lei nº 9.069, de 29.6.1995]*
>
> § 2º É facultado ao contribuinte **optar** pelo pedido de **restituição**. *[Redação dada pela Lei nº 9.069, de 29.6.1995]*
>
> § 3º A compensação ou restituição será efetuada pelo valor do tributo ou contribuição ou receita **corrigido monetariamente** com base na variação da **UFIR**. *[Redação dada pela Lei nº 9.069, de 29.6.1995]*

> § 4º As Secretarias da Receita Federal e do Patrimônio da União e o Instituto Nacional do Seguro Social – INSS expedirão as **instruções** necessárias ao cumprimento do disposto neste artigo. *[Redação dada pela Lei nº 9.069, de 29.6.1995] [Grifamos]*

Nesses termos, a compensação poderá ser realizada pelo sujeito passivo, independentemente de processo administrativo tributário, com vistas à extinção do crédito tributário. Note-se que, quando realizada por conta e risco do sujeito passivo, estará sujeita ao subsequente controle por parte da Administração Tributária.

De seu turno, a Lei 9.430/96, autoriza a compensação "de ofício", nas hipóteses em que o sujeito passivo submeter à apreciação da Receita federal do Brasil a declaração com as informações relativas aos créditos utilizados e aos respectivos débitos compensados. Transcreva-se:

> **[Lei 9.430/96] Art. 74.** O **sujeito passivo** que apurar **crédito, inclusive os judiciais com trânsito em julgado**, relativo a tributo ou contribuição administrado pela Secretaria da Receita Federal, passível de restituição ou de ressarcimento, poderá utilizá-lo na **compensação de débitos próprios** relativos a quaisquer tributos e contribuições administrados por aquele Órgão. *[Redação dada pela Lei nº 10.637, de 2002] [Vide Decreto nº 7.212, de 2010] [Vide Medida Provisória nº 608, de 2013] [Vide Lei nº 12.838, de 2013] [Vide Lei nº 14.690, de 2023]*
>
> § 1º A compensação de que trata o caput será efetuada mediante a entrega, pela sujeito passivo, de **declaração** na qual constarão informações relativas aos créditos utilizados e aos respectivos débitos compensados. *[Redação dada pela Lei nº 10.637, de 2002]*
>
> § 2º A compensação declarada à Secretaria da Receita Federal **extingue** o crédito tributário, sob **condição resolutória** de sua ulterior homologação. *[Incluído pela Lei nº 10.637, de 2002] [Grifamos]*

Note-se que a compensação precedida de declaração, nos termos da Lei 9.430/96, ademais, não se restringe a créditos federais da mesma espécie e, uma vez realizada pelo sujeito passivo, extingue o crédito tributário, porém, sob condição resolutória da ulterior homologação.

A Lei nº 14.873, de 28 de maio de 2024, de seu turno, limita a compensação tributária dos créditos decorrentes de decisões judiciais transitadas em julgado.

18.6 CONTENCIOSO ADMINISTRATIVO FISCAL

A expressão contencioso administrativo fiscal designa o processo por meio do qual o particular poderá impugnar atos e decisões emanados da Administração Tributária, sem prejuízo do contraditório e da ampla defesa.

Vale lembrar, por oportuno, que as reclamações e os recursos, nos termos das leis reguladoras do processo tributário administrativo, suspendem a exigibilidade do crédito tributário, conforme disposto no artigo 151, III, do CTN/66.

18.6.1 Na esfera federal

Decreto 70.235/1972 – disciplina o processo administrativo de determinação e exigência dos créditos tributários da União.

Formaliza-se a exigência do crédito tributário com a notificação do lançamento ou do *Auto de Infração e Imposição de Multa* (AIIM).

Após a notificação do lançamento ou, sendo o caso, da intimação do auto de infração, iniciar-se-á o prazo de 30 dias para cumprir ou impugnar a exigência dos respectivos créditos tributários (artigos 10 e 11, do Decreto 70.235/1972). Com a impugnação, formalizada por escrito e instruída com os documentos em que se fundamentar, instaura-se a fase litigiosa do procedimento (artigos 14 e 15, do Decreto 70.235/1972).

Da decisão de primeira instância não cabe pedido de reconsideração; caberá recurso voluntário, total ou parcial, com efeito suspensivo, dentro dos trinta dias seguintes à ciência da decisão (artigos 33 e 36, do Decreto 70.235/1972).

Recurso à segunda instância – a competência para o julgamento dos recursos em segunda instância pertence aos Conselhos de Contribuintes do Ministério da Fazenda, em conformidade com a matéria. Transcreva-se, por oportuno, o disposto no Decreto 70.235/1972, *verbis:*

> **[Decreto 70.235/1972] Art. 25.** O **julgamento** do **processo de exigência de tributos** ou contribuições administrados pela Secretaria da Receita Federal **compete**: *[Redação dada pela Medida Provisória nº 2.158-35, de 2001] [Vide Decreto nº 2.562, de 1998]*
>
> I – em **primeira instância**, às Delegacias da Receita Federal de Julgamento, órgãos de deliberação interna e natureza colegiada da Secretaria da Receita Federal; *[Redação dada pela Medida Provisória nº 2.158-35, de 2001] [Vide Medida Provisória nº 232, de 2004] [Vide Lei nº 8.748, de 1993]*
>
> a) aos **Delegados da Receita Federal**, titulares de Delegacias especializadas nas atividades concernentes a **julgamento de processos**, quanto aos tributos e contribuições administrados pela Secretaria da Receita Federal. *[Redação dada pela Lei nº 8.748, de 1993] [Vide Medida Provisória nº 232, de 2004] [Vide Lei nº 11.119, de 2005]*
>
> b) às **autoridades** mencionadas na legislação de cada um dos demais tributos ou, na falta dessa indicação, aos **chefes** da projeção regional ou local da entidade que administra o tributo, conforme for por ela estabelecido. *[Vide Medida Provisória nº 232, de 2004]*

> II – em **segunda instância**, ao **Conselho Administrativo de Recursos Fiscais**, órgão colegiado, paritário, integrante da estrutura do Ministério da Fazenda, com atribuição de julgar **recursos de ofício e voluntários** de decisão de primeira instância, bem como recursos de natureza **especial**. *[Redação dada pela Lei nº 11.941, de 2009] [Grifamos]*

Julgamento em instância especial – compete ao Ministro da Fazenda, em instancia especial, julgar recursos de decisões dos Conselhos de Contribuintes interpostos pelos procuradores representantes da Fazenda junto aos mesmos Conselhos; bem como decidir sobre as propostas de aplicação de equidade apresentadas pelos Conselhos de Contribuintes (art. 26, do Decreto 70.235/1972).

No tocante à eficácia e execução das decisões proferidas no processo administrativo fiscal, transcreva-se:

> **[Decreto 70.235/1972] Art. 42.** São **definitivas** as decisões:
>
> I – de **primeira instância** esgotado o prazo para recurso voluntário sem que este tenha sido interposto;
>
> II – de **segunda instância** de que não caiba recurso ou, se cabível, quando decorrido o prazo sem sua interposição;
>
> III – de **instância especial**.
>
> Parágrafo único. Serão também **definitivas** as decisões de primeira instância na parte que não for objeto de recurso voluntário ou não estiver sujeita a recurso de ofício. *[Grifamos]*

Cuidando-se de decisão definitiva favorável ao sujeito passivo, caberá à autoridade preparadora exonerá-lo, de ofício, dos gravames decorrentes do litígio (art. 46 do Decreto 70.235/1972).

18.6.2 Na esfera estadual

O contencioso administrativo fiscal, no âmbito estadual, rege-se pela legislação do respectivo ente tributante. Geralmente, assemelha-se à disciplina do contencioso federal.

Inicia-se com o *auto de infração e imposição de multa* (AIIM), que deverá conter todos os elementos necessários à defesa do contribuinte.

Defesa – dentro de 30 dias, contados da notificação; decorrido o prazo, deve o Fisco manifestar-se.

Com ou sem defesa, sob pena de inscrição da dívida, deve o contribuinte recolher o tributo ou recorrer.

Conselhos Estaduais de Contribuintes (em São Paulo denomina-se TIT – Tribunal de Impostos e Taxas) – julgam o recurso ordinário.

Cabe pedido de reconsideração.

18.6.3 Na esfera municipal

O contencioso administrativo fiscal, no âmbito municipal, rege-se pela legislação do respectivo ente tributante. Geralmente, assemelha-se à disciplina do contencioso federal.

Auto de Infração e Imposição de Multas - *AIIM* -, *defesa, decisão de primeira instância.*

Recurso voluntário - se a decisão for contrária ao contribuinte e o valor originário for superior a 100 UFMs (Unidades Fiscais do Município).

Recurso de ofício - se a decisão for desfavorável à Fazenda Pública, respeitado o limite de 1000 UFMs.

Órgão julgador - Diretor do Departamento de Rendas Mobiliárias; deste julgamento caberá recurso dirigido ao Secretário das Finanças, que funciona como última instância.

Doutrina[1]

- **Denúncia Espontânea e Infrações administrativo-fiscais**

A respeito da *denúncia espontânea*, elucida Hugo de Brito Machado:[2]

> Como a lei diz que a denúncia há de ser acompanhada, *se for o caso*, do pagamento do tributo devido, resta induvidoso que a exclusão da responsabilidade **tanto** se refere a infrações das quais decorra o não-pagamento do tributo **como** a infrações meramente formais, vale dizer, infrações das quais não decorra o não-pagamento do tributo. Inadimplemento de obrigações tributárias meramente acessórias. *[Grifamos]*

- **Denúncia Espontânea e Multas fiscais**

Hugo de Brito Machado[3] também não faz distinção entre *multa de mora* e *multa punitiva*:

1. Sobre o tema, v.: Alexandre Barros Castro, *Procedimento Administrativo Tributário*, São Paulo: ed. Saraiva; Eduardo Marcial Ferreira Jardim, *Manual de Direito Financeiro e Tributário*, São Paulo, Saraiva; Eduardo Domingo Bottallo, *Curso de Processo Administrativo Tributário*, 2ª ed., São Paulo, Ed. Malheiros Editores, 2009.
2. Hugo de Brito Machado, *Curso de Direito Tributário*, 29ª ed., São Paulo, Malheiros Editores, 2008, pp. 164-165.
3. Hugo de Brito Machado, "Tributo declarado e denúncia espontânea", *IOB Jurisprudência* 16/421, São Paulo, IOB, 2000.

> Resta evidente, pois, a prevalência do entendimento segundo o qual **não se pode distinguir** multa moratória de multa punitiva, e de que, em conseqüência(sic), **não tem sentido** deixar-se de aplicar o art. 138 do CTN para a exclusão das multas moratórias.
>
> (...).
>
> Assim, dúvida não pode haver de que o contribuinte, tendo feito a apuração do valor devido e oferecido à autoridade administrativa a informação respectiva, **se não paga no prazo legal mas não sofre a cobrança correspondente**, tem **direito** de fazer a denúncia espontânea, invocando o art. 138 do CTN, e ter **excluída** a sua responsabilidade pela infração – o atraso –, livrando-se da multa moratória.
>
> (...).
>
> **Sem razão**, portanto, *data venia*, o STJ, no julgado acima referido, que parece considerar a multa de mora como se fora de natureza não-punitiva, desprezando assim a orientação jurisprudencial da Corte Maior, que tem afirmado a natureza punitiva da multa moratória. *[Grifamos]*

Jurisprudência

• Consulta Fiscal e Suspensão da exigibilidade do crédito Tributário

Embora a consulta fiscal não figure no rol do art. 151, do CTN/66, suspender-se-á a exigibilidade do crédito, conforme disposto no art. 161, § 2º, do CTN, enquanto pendente o processo de consulta e no prazo do pagamento do tributo. De conseguinte, a partir da resposta à consulta tempestivamente formulada pelo interessado, incidirá juros e multa de mora até que seja efetuado o pagamento integral do crédito tributário.

Por igual razão, na hipótese de a consulta ser indeferida de plano – ou tendo sido formulada pelo devedor após o término do prazo de pagamento – o crédito tributário será exigível com os respectivos acréscimos desde a data da sua constituição. Nesse sentido, é a jurisprudência do Superior Tribunal de Justiça. Transcreva-se:

> (...).
>
> 1. A jurisprudência do Superior Tribunal de Justiça é no sentido de que **o art. 151 do CTN prevê um rol taxativo** ao apresentar as hipóteses em que há a suspensão da exigibilidade do crédito tributário, **no qual não está incluso o procedimento de consulta fiscal.**
>
> 2. Nos termos da **orientação jurisprudencial desta Corte** Superior, há "responsabilidade do adquirente pelos consectários da mora e também pela multa tributária decorrente do inadimplemento perpetuado após a resposta à consulta formulada" (REsp n. 965.271/RJ, relatora

> Ministra Eliana Calmon, Segunda Turma, julgado em 18/08/2009, DJe de 03/09/2009).
>
> 3. Não enfrentada no julgado impugnado tese respeitante a artigo de lei federal apontado no recurso especial, há falta do prequestionamento, o que faz incidir na espécie o óbice da Súmula 282 do STF.
>
> 4. Agravo interno improvido.
>
> *[AgInt no AgInt no AREsp n. 1281008-SP, T1, rel. min. Gurgel de Faria, j. 13.3.2023, v.u., DJe 15.3.2023] [Grifamos]*

- **Denuncia Espontânea e obrigações acessórias autônomas**

De acordo com a jurisprudência do Superior Tribunal de Justiça, a denúncia espontânea não aplicável às penalidades impostas pelo descumprimento de obrigações acessórias autônomas, como, por exemplo, a multa fiscal decorrente da entrega em atraso da declaração de rendimentos (AREsp 1.418.993/RJ). Transcreva-se:

> (...).
>
> 1. Trata-se de recurso especial interposto pugnando pela desconstituição de **multa administrativa e fiscal** imposta no **processo aduaneiro**. Em suas razões a recorrente pretende a reforma do acórdão recorrido, sob o argumento de ter perpetrado a regular a denúncia espontânea. Afirma ser mero agente de cargas (marítimo), portanto, a infração não pode ser a ele imputada, postulando pelo afastamento da multa descrita no artigo 107, IV, alínea e do Decreto Lei 37/66, em razão de ocorrência da **denúncia espontânea** e aplicação **retroatividade benigna**, nos termos da disposição COSIT 2/2016 e do artigo 106, II, do CTN, reiterando todos os argumentos expendidos na inicial, (ID.108246378 – pág. 282/314).
>
> 2. O acórdão recorrido está em consonância com a jurisprudência do Superior Tribunal de Justiça de que a denúncia espontânea não tem o efeito de impedir a imposição da multa por descumprimento de **obrigações acessórias autônomas**. Nessa linha: AgInt no AREsp 1.418.993/RJ, Rel. Ministro Francisco Falcão, Segunda Turma, DJe 10/2/2020; e REsp 1.817.679/RS, Rel. Ministro Herman Benjamin, Segunda Turma, DJe 11/10/2019. *[AREsp n. 2.374.166-SP, T2, rel. min. Mauro Campbell Marques, j. 18.6.24, v.u., DJ2 24.6.2024] [Grifamos]*

A propósito, não configura denúncia espontânea a entrega extemporânea da declaração do Imposto sobre a Renda. Nesse sentido:

> Tributário – Imposto de renda – Entrega extemporânea da declaração – Caracterização – Infração formal – Não-configuração – Denúncia espontânea. I – A entrega da declaração do imposto de renda fora do

> prazo previsto na lei constitui **infração formal**, não podendo ser tida com pura infração de natureza tributária, apta a atrair o instituto da denúncia espontânea previsto no art. 138 do CTN. II – Ademais, "a par de existir expressa previsão legal para punir o contribuinte desidioso (art. 88 da Lei n. 8.981/1995), é de fácil inferência **que a Fazenda não pode ficar à disposição do contribuinte**, não fazendo sentido que a declaração possa ser entregue a qualquer tempo, segundo o arbítrio de cada um" (REsp n. 243.241-RS, rel. Min. Franciulli Netto, *DJU* 21.8.2000). III – Embargos de divergência rejeitados. *[STJ, 1ª Seção, EREsp 208.091-PR, rel. Min. Francisco Falcão, j. 29.5.2001, m.v., DJU 15.10.2001, p. 229] [Grifamos]*

• Denúncia Espontânea e Lançamento por homologação

Vejamos o entendimento do Superior Tribunal de Justiça quanto à possibilidade de se aplicar o instituto da denúncia espontânea, quando se tratar de tributo sujeito a lançamento por homologação. Transcreva-se, por oportuno, a Súmula 360, editada em 2010, *verbis*:

> **[STJ, Súmula 360]** O benefício da denúncia espontânea **não se aplica** aos tributos sujeitos a **lançamento por homologação** regularmente **declarados**, mas **pagos a destempo**. *[Grifamos]*

Vale lembrar, o benefício da denúncia espontânea está condicionado ao pagamento espontâneo do montante devido a título de tributo e juros de mora efetuado pelo próprio sujeito passivo, ou seja, sem que a autoridade administrativa tenha constituído o crédito ou tomado ciência de sua constituição pelo próprio contribuinte, na hipótese de se tratar de tributo sujeito a lançamento por homologação.

Nessa esteira, cuidando-se de tributo sujeito a lançamento por homologação, "a entrega da declaração pelo contribuinte reconhecendo débito fiscal constitui o crédito tributário, dispensada qualquer outra providência por parte do fico" (Súmula 436, do STJ). Noutro giro, sempre que o contribuinte entregar a referida declaração ao fisco, desacompanhada do respectivo pagamento, em tese, não mais poderá fazer jus aos benefícios da denúncia espontânea, mesmo que, com esse intento, efetue o pagamento do tributo em atraso, pois, com a mera entrega da declaração, presume-se regularmente constituído o crédito tributário.

No tocante ao Tema Repetitivo n. 385, o Superior Tribunal de Justiça assim se manifestou, *verbis*:

> (...).
>
> 1. A denúncia espontânea **resta configurada** na hipótese em que o contribuinte, após efetuar a **declaração parcial** do débito tributário (sujeito a **lançamento por homologação**) acompanhado do respectivo **pagamento**

integral, retifica-a (antes de qualquer procedimento da Administração Tributária), **noticiando** a existência de diferença a maior, cuja quitação se dá **concomitantemente**.

2. Deveras, a denúncia espontânea **não resta caracterizada**, com a consequente exclusão da multa moratória, nos casos de tributos sujeitos a lançamento por homologação **declarados** pelo contribuinte **e recolhidos fora do prazo** de vencimento, à vista ou parceladamente, **ainda que anteriormente a qualquer procedimento do Fisco** (Súmula 360/STJ) (Precedentes da Primeira Seção submetidos ao rito do artigo 543-C, do CPC: REsp 886.462/RS, Rel. Ministro Teori Albino Zavascki, julgado em 22.10.2008, DJe 28.10.2008; e REsp 962.379/RS, Rel. Ministro Teori Albino Zavascki, julgado em 22.10.2008, DJe 28.10.2008).

3. É que "a declaração do contribuinte elide a necessidade da constituição formal do crédito, podendo este ser imediatamente inscrito em dívida ativa, tornando-se exigível, independentemente de qualquer procedimento administrativo ou de notificação ao contribuinte" (REsp 850.423/SP, Rel. Ministro Castro Meira, Primeira Seção, julgado em 28.11.2007, DJ 07.02.2008).

4. Destarte, quando o contribuinte procede à **retificação** do valor declarado a menor (integralmente recolhido), **elide a necessidade** de o Fisco **constituir** o crédito tributário atinente à **parte não declarada** (e quitada à época da retificação), razão pela qual **aplicável** o benefício previsto no artigo 138, do CTN.

5. *In casu*, consoante consta da decisão que admitiu o recurso especial na origem (fls. 127/138): "No caso dos autos, a impetrante em 1996 apurou diferenças de recolhimento do Imposto de Renda Pessoa Jurídica e Contribuição Social sobre o Lucro, ano-base 1995 e prontamente recolheu esse montante devido, sendo que agora, pretende ver reconhecida a denúncia espontânea em razão do recolhimento do tributo em atraso, antes da ocorrência de qualquer procedimento fiscalizatório. Assim, não houve a declaração prévia e pagamento em atraso, mas uma verdadeira confissão de dívida e pagamento integral, de forma que resta configurada a denúncia espontânea, nos termos do disposto no artigo 138, do Código Tributário Nacional."

6. Consequentemente, merece reforma o acórdão regional, tendo em vista a configuração da denúncia espontânea na hipótese sub examine.

7. Outrossim, forçoso consignar que a sanção premial contida no instituto da denúncia espontânea exclui as penalidades pecuniárias, ou seja, as multas de caráter eminentemente punitivo, nas quais se incluem as multas moratórias, decorrentes da impontualidade do contribuinte.

8. Recurso especial provido. Acórdão submetido ao regime do artigo 543-C, do CPC, e da Resolução STJ 08/2008. *[REsp n.1.149.022-, S1, rel. min. Luiz Fux, j. 9.6.10, v.u., DJ 24.6.2010] [Grifamos]*

• Denuncia Espontânea, Confissão e Parcelamento Tributário

Nos idos de 1986, o extinto Tribunal Federal Regional editou a Súmula nº 208, segundo a qual "A simples confissão de dívida, acompanhada do seu pedido de parcelamento, não configura denúncia espontânea.".

Ao apreciar o Tema Repetitivo n. 101, a Primeira Seção do Superior Tribunal de Justiça proferiu, em 2009, a seguinte tese jurídica: "O instituto da denúncia espontânea (art. 138 do CTN) não se aplica nos casos de parcelamento de débito tributário", [REsp n. 1.102.577-DF, S1, rel. min. Herman Benjamin, j. 22.4.2009, v. u., DJ 18.5.2009].

A propósito, vale lembrar que, antes do advento da Lei Complementar n. 101/2001 (v. § 1º, do art. 155-A, do CTN/66), o Superior Tribunal de Justiça já havia decidido que o parcelamento equipara-se ao pagamento, para fins de denúncia espontânea. Transcreva-se:

> Tributário – Denúncia espontânea – Parcelamento – Multa indevida – Art. 138 do CTN. 1. Deferido o parcelamento, tem-se que esse **equipara-se** ao pagamento **para efeito de** denúncia espontânea. Assim, sem antecedente procedimento administrativo descabe a imposição de multa. **Exigi-la seria desconsiderar o voluntário saneamento da falta, malferindo o fim inspirador da denúncia espontânea e animando o contribuinte a permanecer na indesejada via da impontualidade, comportamento prejudicial à arrecadação da receita tributária, principal objetivo da atividade fiscal.** 2. Precedentes iterativos. 3. Recurso não provido. *[STJ, 1ª Turma, REsp 150.607-CE, rel. Min. Milton Luiz Pereira, j. 1.3.2001, v.u., DJU 5.11.2001, p. 80] [Grifamos]*

• Denúncia Espontânea e Multa fiscal

O Superior Tribunal de Justiça já decidiu que a multa moratória tem caráter punitivo, tendo por finalidade estimular o pagamento tempestivo do tributo devido. Como corolário, a multa moratória poderá ser excluída pela denúncia espontânea. Transcreva-se:

> Tributário – Multa moratória – Dispensa – CTN, art. 138 – Distinção entre multa punitiva e remuneratória – Inexistência. I – O art. 138 do CTN **não permite a distinção** entre a **multa punitiva** e **remuneratória**, até porque "não disciplina o Código Tributário Nacional as sanções fiscais de modo a estremá-las em punitivas ou moratórias, apenas exige sua legalidade" (**STF**, RE n. 79.625). II – A **multa moratória** foi concebida como forma de punir o atraso no cumprimento das obrigações fiscais, tornando-o oneroso. Seu escopo final é **intimidar** o contribuinte, prevenindo sua mora. Inegável sua **natureza punitiva.** O **ressarcimento** pelo atraso fica é por conta dos juros e eventual correção monetária. *[STJ, 1ª Turma,*

> *REsp 243.239-SC, rel. Min. Humberto Gomes de Barros, j. 24.10.2000, v.u., DJU-E-1 11.12.2000, p. 176] [Grifamos]*

Nesse sentido, também decidiu a 2ª Turma:

> Tributário – ICM – Denúncia espontânea – **Inexigibilidade da multa de mora**. O Código Tributário Nacional não distingue entre multa punitiva e multa simplesmente moratória; no respectivo sistema, a **multa moratória** constitui **penalidade resultante de infração legal**, sendo **inexigível no caso de denúncia espontânea**, por força do art. 138, **mesmo** em se tratando de imposto sujeito a lançamento por homologação – Recurso especial conhecido e provido. *[STJ, 2ª Turma, REsp 169.877 (reg. 98.23956-1), rel. Min. Ari Pargendler, j. 4.8.1998, v.u., DJU 24.8.1998, p. 64] [Grifamos]*

• Depósito prévio e Recurso administrativo

A Suprema Corte declarou a inconstitucionalidade do art. 3º da Medida Provisória 1.699-41/1998, que condicionava o seguimento do recurso voluntário ao arrolamento de bens e direitos de valor equivalente a 30% da exigência fiscal definida na decisão, *verbis*:

> A exigência de depósito ou arrolamento prévio de bens e direitos como condição de admissibilidade de recurso administrativo constitui obstáculo sério (e intransponível, para consideráveis parcelas da população) ao exercício do **direito de petição** (CF, art. 5º, XXXIV), além de caracterizar ofensa ao princípio do contraditório (CF, art. 5º, LV). A **exigência de depósito ou arrolamento prévio de bens e direitos** pode converter-se, na prática, em determinadas situações, em supressão do direito de recorrer, constituindo-se, assim, em **nítida violação ao princípio da proporcionalidade** – Ação direta julgada procedente para declarar a **inconstitucionalidade** do art. 32 da Medida Provisória n. 1.699-41 – posteriormente convertida na Lei n. 10.522/2002 –, que deu nova redação ao art. 33, § 2º, do Decreto 70.235/1972. *[STF, Tribunal Pleno, ADI n. 1.976-7, rel. Min. Joaquim Barbosa, j. 28.3.2007, v.u., DJU 18.5.2007] [Grifamos]*

Nada obstante, o Plenário do STF, ao julgar, em 12.11.1997, o RE 210.246, firmara entendimento no sentido de que a exigência do depósito prévio da multa imposta não viola o direito ao contraditório e ampla defesa, com os meios e recursos a ela inerentes, que a Lei Maior assegura aos litigantes, em processo judicial ou administrativo, e aos acusados em geral. Transcreva-se:

> Constitucional. 2. Administrativo. 3. Recurso – **Obrigatoriedade do depósito prévio da multa imposta**. 4. Recepção do art. 636, § 1º, da CLT pela Constituição – **Compatibilidade** da exigência com o art. 5º, LV, da

> CF/1988. 5. Precedente: ADI n. 1.049 (cautelar). 6. Recurso conhecido e provido. *[STF, Tribunal Pleno, RE 210.246-GO, rel. Min. Ilmar Galvão, rel. para o acórdão Min. Nelson Jobim, j. 12.11.1997, m.v., DJU 17.3.2000, p. 28] [Grifamos]*

Veja-se, ainda:

> Constitucional – **Depósito do valor de multa** – Pressuposto de admissibilidade de recurso administrativo – Lei n. 8.870/1994. I – O art. 93 da Lei n. 8.212/1991, com redação que lhe deu a Lei n. 8.870/1994, impõe a comprovação do depósito do valor da multa como pressuposto para a admissibilidade de recurso administrativo, o que **não se contrapõe ao princípio da ampla defesa** (ADI n. 1.049-DF). II – O **STF** firmou o entendimento de que **o devido processo legal não impõe direito à existência do recurso administrativo** e, por esta razão, **o condicionamento** do seu exercício ao depósito **não afeta** a garantia do *due process of law.* III – Sem honorários, por força da Súmula n. 512/STF. IV – Custas *ex lege.* V – Apelação da União provida. VI – Apelação do Ministério Público provida. VII – Remessa prejudicada. *[TRF-3ª Região, 3ª Turma, AMS 2000.01.00.079074-3-MA, rel. Juiz Cândido Ribeiro, j. 16.8.2000, v.u., DJU 4.6.2001, p. 207] [Grifamos]*

A propósito, convém destacar decisões em sentido contrário, ou seja, no sentido de que a exigência de depósito prévio da multa como condição de admissibilidade de recursos administrativos viola o direito ao contraditório e ampla defesa, com os meios e recursos a ela inerentes, que a Lei Maior assegura aos litigantes, em processo judicial ou administrativo, e aos acusados em geral. Transcreva-se:

> Administrativo – Princípio da proporcionalidade – Recurso – **Multa** – Depósito prévio. 1. Na forma do § 2º do art. 250 da Lei estadual n. 5/1975, com a redação dada pela Lei n. 3.188/1999, o depósito prévio equivalente a no **mínimo 50%**, posteriormente **reduzido para 30%**, do valor da exigência fiscal definida em primeira instância administrativa é **condição de admissibilidade dos recursos administrativos**. 2. Efetuado o lançamento e notificado o sujeito passivo, sem que se efetue o pagamento, cabe à Fazenda Pública exigir judicialmente o seu crédito, depois de inscrevê-lo na dívida ativa. 3. As obrigações tributárias não gozam de auto-executoriedade. 4. O art. 151 do CTN relaciona as hipóteses de suspensão do crédito tributário, em que, mesmo depois de efetuado o lançamento e inexistindo pagamento, a Fazenda Pública está impedida de propor a execução judicial. 5. As reclamações e os recursos, nos termos das leis reguladoras do processo tributário administrativo, previstos no inciso III do art. 151 do CTN, são uma das hipóteses de suspensão do

crédito tributário. 6. O **procedimento administrativo contencioso** é imprescindível; logo, as leis federais, estaduais e municipais não podem negar **efeito suspensivo** às impugnações e recursos administrativos. 7. É **ilegal e inconstitucional** a exigência de depósito prévio como condição específica de admissibilidade dos recursos administrativos. 8. Provimento do recurso. *[TJRJ, 8ª Câmara, AC 2000.00115109, rela. Desa. Letícia Sardas, j. 9.6.2000, m.v., DJRJ-1 28.6.2001, p. 287] [Grifamos]*

No mesmo sentido, *verbis*:

> Administrativo – Recurso – Admissibilidade mediante depósito prévio – **Exigência indevida.** O inciso LV do art. 5º da CF garante aos litigantes o direito à ampla defesa, **tanto** em processos judiciais **quanto** em **administrativos.** A exigência de depósito prévio para efeito de admissibilidade de recurso administrativo conflita com aquele dispositivo constitucional – Apelação e remessa improvidas. *[TRF-1ª Região, 4ª Turma, AMS 98.01.00.020975-9-MG, j. 23.6.1998, v.u., DJU 13.8.1998, p. 95] [Grifamos]*

• Negativa de homologação de compensação tributária

A Suprema Corte firmou a tese, segundo a qual "É inconstitucional a multa isolada prevista em lei para incidir diante da mera negativa de homologação de compensação tributária por não consistir em ato ilícito com aptidão para propiciar automática penalidade pecuniária.", (Tema 736). Transcreva-se:

> (...).
> Verifica-se **que o § 15 do artigo precitado** foi derrogado pela Lei 13.137/15; o que não impede seu conhecimento e análise em sede de Recurso Extraordinário considerando a dimensão dos interesses subjetivos discutidos em sede de controle difuso. 5. Por outro lado, o § 17 do artigo 74 da lei impugnada também sofreu alteração legislativa, desde o reconhecimento da repercussão geral da questão pelo Plenário do STF. Nada obstante, verifica-se que o **cerne da controvérsia** persiste, uma vez que somente se alterou a base sobre a qual se calcula o valor da multa isolada, isto é, do valor do crédito objeto de declaração para o montante do débito. Nesse sentido, permanece a **potencialidade de ofensa à Constituição da República** no tocante ao direito de petição e ao princípio do devido processo legal. 6. Compreende-se uma **falta de correlação entre a multa tributária e o pedido administrativo de compensação tributária**, ainda que não homologado pela Administração Tributária, uma vez que este se traduz em legítimo exercício do direito de petição do contribuinte. Precedentes e Doutrina. 7. O art. 74, § 17, da Lei 9.430/96, representa uma **ofensa** ao devido processo legal nas duas dimensões do princípio. No campo processual, não se observa

> no processo administrativo fiscal em exame uma garantia às partes em relação ao exercício de suas faculdades e poderes processuais. Na seara substancial, o dispositivo precitado não se mostra razoável na medida em que a legitimidade tributária é inobservada, visto a insatisfação simultânea do binômio eficiência e justiça fiscal por parte da estatalidade. 8. A aferição da correção material da conduta do contribuinte que busca à compensação tributária na via administrativa deve ser, necessariamente, mediada por um juízo concreto e fundamentado relativo à inobservância do princípio da boa-fé em sua dimensão objetiva. Somente a partir dessa avaliação motivada, é possível confirmar eventual abusividade no exercício do direito de petição, traduzível em ilicitude apta a gerar sanção tributária. 9. Recurso extraordinário conhecido e negado provimento na medida em que inconstitucionais, tanto o já revogado § 15, quanto o atual § 17 do art. 74 da Lei 9.430/1996, mantendo, assim, a decisão proferida pelo Tribunal a quo. *[STF, RE n. 796.939, Pleno, rel. min. Edson Fachin, j. 18.3.2023, v. u., DJ 23.5.2023] [Grifamos]*

• Pedido de Revisão e Suspensão da exigibilidade do tributo

Vimos que o pedido de revisão de lançamento tributário não figura no rol de causas suspensivas da exigibilidade do crédito tributário, constante no art. 151, CTN/66, recepcionado nos *status* de lei complementar, pela Constituição Federal de 1988, (art. 146).

A esse respeito, foi submetida à apreciação da 1ª Seção do Superior Tribunal de Justiça o Tema Repetitivo n. 384, acerca do qual se discute a "(...)legalidade ou não da recusa do fornecimento de Certidão Negativa de Débitos – CND ou Positiva com efeitos de Negativa – CPD-EN ao contribuinte que, na seara administrativa, pleiteou a revisão de lançamento, fundado na alegação de pagamento integral do débito inscrito na dívida ativa, à luz do artigo 13, da Lei 11.051/2004.". Ao final, restou firmada a seguinte tese, ***verbis***:

> A **recusa**, pela Administração Fazendária Federal, do fornecimento de Certidão Positiva com efeitos de Negativa (CPD-EN), no período de 30.12.2004 a 30.12.2005, revela-se **ilegítima** na hipótese em que configurada pendência superior a 30 (trinta) dias do pedido de revisão administrativa formulado pelo contribuinte, fundado na alegação de pagamento integral do débito fiscal antes de sua inscrição na dívida ativa, ex vi do disposto no artigo 13, da Lei 11.051/2004. *[STJ, REsp n. 1122959, S1, rel. min. Luiz Fux, j. 9.8.2010, v.u., DJe 25.8.2010] [Grifamos]*

Temas para Dissertação ou Pesquisa

1. "Processo Administrativo Tributário. Consulta".
2. "Processo Administrativo Tributário. Denúncia Espontânea".

Questões

1. Que é "processo administrativo tributário"?
2. Que é "consulta fiscal ou tributária"?
3. Que é "denúncia espontânea"?
4. Que é "multa moratória"?
5. A exigência de depósito, para efeito de recurso administrativo, viola o princípio da ampla defesa?

Consultas

1. **[XXXIV Exame de Ordem Unificado, 2022, n. 1]** A sociedade empresária Indústria Metalúrgica ABC Ltda. formulou consulta ao Fisco federal sobre interpretação da legislação tributária federal, perguntando se era possível creditar-se de IPI relativamente à entrada de insumos sujeitos à alíquota zero necessários ao seu processo produtivo. Na pendência desse processo administrativo de consulta, a referida sociedade empresária continuou realizando tal creditamento. A decisão de primeira instância na consulta foi-lhe favorável, declarando que possuía, sim, o direito a tal creditamento. Diante desse cenário, responda aos itens a seguir. A) É devido o creditamento de IPI nesse caso? (Valor: 0,60) B) Caberia alguma medida dentro desse mesmo processo administrativo fiscal para que a Administração revertesse a decisão de 1ª instância favorável à consulente? (Valor: 0,65) Obs.: o(a) examinando(a) deve fundamentar suas respostas. A mera citação do dispositivo legal não confere pontuação.

Testes

1. **[36º Exame de Ordem Unificado, 2022.1, n. 23]** Em 10 de maio de 2020, a sociedade empresária ABC Ltda. sofre fiscalização federal e, ao final, é autuada em R$ 100.000,00, além de multa e respectivos encargos, a título de Imposto sobre Produtos Industrializados (IPI) devido referente ao exercício de 2019, por omissão do envio mensal das informações fiscais em DCTF – Declaração de Débitos e Créditos Tributários Federais –, bem como por falta de pagamento daquele imposto. Em 20 de junho de 2020, a empresa recebe notificação de pagamento no prazo de 30 dias. Você, como advogado(a) da sociedade empresária, é chamado(a) para defender os interesses da empresa nesse processo no mesmo dia da notificação, pretendendo adotar providências logo no dia seguinte e refletindo sobre a possibilidade de adotar o mecanismo da denúncia espontânea prevista no Código Tributário Nacional (CTN). Diante desse cenário, assinale a afirmativa correta.

   a) ( ) Poderá ser adotado o mecanismo de denúncia espontânea, já que ainda não foi ajuizada a ação de execução fiscal.

b) ( ) Poderá ser adotado o mecanismo de denúncia espontânea, já que ainda se está dentro do prazo de pagamento.

c) ( ) Não poderá mais ser adotado o mecanismo de denúncia espontânea após o início de qualquer procedimento administrativo ou medida de fiscalização relacionados com a infração.

d) ( ) Não poderá mais ser adotado o mecanismo de denúncia espontânea, pois o limite legal para adoção deste benefício é de 40 salários mínimos.

19

PROCESSO JUDICIAL TRIBUTÁRIO

19.1 NOÇÕES PREAMBULARES

Processo judicial tributário, em linhas gerais, é um instrumento hábil a veicular normas individuais e concretas, a partir do direito tributário material.

Expliquemo-nos.

As leis que disciplinam a criação e arrecadação de tributos presumem-se válidas, assim como gozam da presunção de legitimidade e veracidade os respectivos atos infralegais, por meio dos quais se executa a sua cobrança.

Vale lembrar que a cobrança de tributos se inicia na esfera administrativa e, conforme o caso, peal via judicial. Cabe ao credor promover, na forma da legislação tributária, a cobrança de seus créditos. Para tanto, tem o ônus da prova, isto é, o dever de comprovar a existência de crédito vencido e não pago pelo suposto devedor.

A este, por outro lado, reserva-se o direito constitucional de se defender de eventual cobrança arbitrária. Poderá, por exemplo, demonstrar vícios de inconstitucionalidades nas leis com base nas quais o tributo lhe é exigido ou, ainda que essas leis tributárias estejam em plena conformidade com a Lei Maior, poderá apresentar ilegalidades cometidas pelas próprias autoridades administrativas no momento de sua aplicação da lei, isto é, da cobrança do tributo. O ônus da prova, nesses casos, lhe pertence.

Desse modo, o titular do direito subjetivo violado ou ameaçado de lesão terá legitimidade processual para provocar o exercício da função jurisdicional e, por meio da atividade processual, obter provimento judicial hábil a pacificar ou prevenir conflito.

A propósito, destacam-se no processo judicial tributário, dentre outros igualmente relevantes, os princípios da *inafastabilidade do controle judicial* ("a lei não excluirá da apreciação do Poder Judiciário lesão ou ameaça a direito" – art. 5º, XXXV, da CF), do *contraditório* e da *ampla defesa* ("aos litigantes, em processo judicial ou administrativo, e aos acusados em geral são assegurados o contraditório e ampla defesa, com os meios e recursos a ela inerentes" – art. 5º, LV, da CF).

Convém ainda salientar que, quanto ao seu objeto, o processo judicial pode ser dividido em:

Processo de conhecimento – visa a compor um litígio, dirimir controvérsia sobre o direito material.

Processo de execução – visa a efetivar o direito, tendo como *pressuposto* título executivo judicial (sentença) ou extrajudicial (documento a que a lei atribui essa qualidade – *v.g.*, certidão de inscrição da dívida ativa).

Processo cautelar – busca-se (i) a providência para a preservação de um direito que está ou será questionado, mas que dela depende; ou ii) a preservação de uma situação de fato que permita a efetivação de uma providência para fazer valer um direito. Portanto, é uma atividade que busca assegurar o êxito do processo de conhecimento ou do processo de execução.

Observe-se que, após a ocorrência do fato gerador do tributo, o contribuinte poderá se defender de eventual cobrança judicialmente ou pelas vias administrativas. Deveras, se optar pela via judicial, poderá o contribuinte fazer uso do mandado de segurança ou de quaisquer outras espécies de ações judiciais, como a Declaratória, a a Anulatória ou o Embargos à Execução Fiscal, levando em conta as peculiaridades do caso concreto. Doutro lado, caberá ao credor fiscal, ante à verificação dos fatos e na forma da legislação tributária, realizar o lançamento, o auto de infração e imposição de multa, a inscrição do crédito em dívida ativa e, na sequência, efetuar a cobrança pela via judicial, mediante a propositura da respectiva Ação de Execução Fiscal, sem prejuízo do direito ao contraditório e da ampla defesa em eventual ação proposta pelo contribuinte.

Nesse passo, cumpre acrescentar que a propositura de ação judicial pelo contribuinte, por si só, não impedirá o credor fiscal de tomar as providencias administrativas e judiciais que se fizerem necessárias para assegurar o recebimento do crédito tributário, acima referidas. Para tanto, deverá se socorrer das causas legalmente previstas para obter a suspensão da exigibilidade do crédito até que seja proferida decisão final ao término do processo judicial (art. 151, do CTN/66), bem como para que possa pleitear e obter a Certidão Positiva com Efeitos de Negativa (art. 206, do CTN/66), com vistas a comprovação de sua regularidade fiscal.

Nesse passo, merece destaque o pedido de concessão de liminar ou de tutela antecipada, a que se refere o disposto no art. 151, V, do CTN66.

19.1.1 Tutela judicial provisória: de urgência e de evidência

O pedido de concessão de liminar ou de tutela antecipada poderá ser formulado em quaisquer espécies de ação e sua eventual concessão terá o efeito de suspender a exigibilidade do crédito tributário, bem como o de assegurar a obtenção de Certidão Positiva com Efeitos de Negativa, nos termos dispostos nos artigos 151, V, e 206, do Código Tributário Nacional de 1966, CTN/66.

Saliente-se que a tutela jurisdicional poderá ser requerida em caráter provisório – desde que satisfeitas algumas exigências legais – e, uma vez concedida, terá eficácia durante todo o processo, embora passível de ser revogada ou modificada a qualquer tempo. O Código de Processo Civil de 2015, CPC/15, classifica a tutela provisória em duas modalidades, de *urgência* e de *evidência*. Vejamo-las.

- **Tutela de Urgência**

A tutela de *urgência* poderá ser concedida sempre que, diante do caso concreto, houver elementos que "evidenciem" tanto a (i) probabilidade do direito (relevante fundamento), como o (ii) perigo de dano ou o risco ao resultado útil do processo (urgência).

O Código de Processo Civil de 2015, CPC/15, classifica a tutela provisória de *urgência* em duas modalidades, quais sejam *cautelar* e *antecipada*. Vejamo-las.

A tutela de urgência *cautelar* tem por escopo prevenir dano e assegurar resultado útil ao processo subsequente, no qual se apresentará a lide propriamente dita. Por outro lado, pode-se pleitear a tutela provisória *antecipada* com vistas a antecipar os efeitos jurídicos que seriam produzidos somente ao final do processo, por ocasião do julgamento da lide, em caráter definitivo.

Ademais, a tutela provisória – cautelar ou antecipada – poderá ser concedida em caráter *antecedente* ou *incidental*. Vejamos as respectivas hipóteses.

Denominar-se-á tutela de urgência antecipada *incidental* aquela formulada – na petição inicial, concomitantemente com o pedido de sua confirmação, ao final, em definitivo; ou em qualquer outro momento do processo – perante o juízo da causa.

A tutela de urgência *antecipada*, quando requerida em caráter *antecedente* – em razão da urgência ser contemporânea à propositura da ação – a petição inicial conterá apenas (i) o requerimento da tutela *antecipada* e (ii) a indicação do pedido de tutela final, com a exposição da lide, do direito que se busca realizar e do perigo de dano ou do risco ao resultado útil do processo, (art. 303. Do CPC/15).

Na sequência, sob pena de extinção do processo sem resolução do mérito, deverá o autor, em 15 (quinze) dias ou em outro prazo maior que o juiz fixar, aditar a petição inicial – nos mesmos autos, sem incidência de novas custas processuais – com a complementação de sua argumentação, a juntada de novos documentos e a confirmação do pedido de tutela final, (art. 303, §§ 2º e 3º, do CPC/15).

Na hipótese de o órgão jurisdicional entender que não há elementos para a concessão de *tutela de urgência antecipada antecedente*, restará ao autor providenciar a emenda da petição em inicial, porém, em até 5 (cinco), sob pena de ser indeferida e de ser extinto o processo sem resolução de mérito, (art. 303, § 6º, do CPC/15).

A tutela de urgência *cautelar*, como vimos, tem por escopo prevenir dano e assegurar resultado útil ao processo. Quando pleiteada em caráter *antecedente*, restará ao autor indicar a lide e seu fundamento, a exposição sumária do direito que se objetiva assegurar e o perigo de dano ou o risco ao resultado útil do processo, (art. 305, do CPC/15). Sendo efetivada nesses termos, o autor deverá formular o pedido principal no prazo de 30 (trinta) dias, nos mesmos autos em que deduzido o referido pedido de *tutela de urgência cautelar antecedente*, sem necessidade de adiantar novas custas processuais, (art. 308, do CPC/15).

Em breve síntese, a tutela de urgência – cautelar ou antecipada – poderá ser concedida em caráter antecedente ou incidental. Diz-se *antecedente*, a tutela antecipada requerida antes do pedido principal, sob a condição de que será complementada posteriormente a petição inicial. *Incidental* é tutela formulada perante o juízo da causa, seja própria petição inicial, concomitantemente com o pedido de sua confirmação, ao final, em definitivo; seja em qualquer outra fase do mesmo processo.

- **Tutela de Evidência**

A tutela de *evidência*, de seu turno, poderá ser concedida em caráter provisório – **independentemente** da demonstração de perigo de dano ou de risco ao resultado útil do processo –, quando (i) ficar caracterizado o abuso do direito de defesa ou o manifesto propósito protelatório da parte; ou quando (ii) a petição inicial for instruída com prova documental suficiente dos fatos constitutivos do direito do autor, a que o réu não oponha prova capaz de gerar dúvida razoável, (art. 311, do CPC/15). Em quaisquer dessas duas hipóteses, sua apreciação pelo órgão judicante dar-se-á após o prévio exercício do contraditório pela parte ré.

Também será concedida tutela de *evidência*, quando (iii) as alegações de fato puderem ser **comprovadas apenas documentalmente** e houver **tese firmada** em julgamento de casos repetitivos **ou** em **súmula vinculante**; ou quando (iv) se tratar de **pedido reipersecutório** fundado em prova documental adequada do contrato de depósito, caso em que será decretada a ordem de entrega do objeto custodiado, sob cominação de multa. Nestas duas últimas hipóteses, o juiz poderá decidir liminarmente, ou seja, antes da intimação do réu para que oponha sua resposta.

19.1.2 Presunção legal de Renúncia e Desistência na esfera administrativa

A Lei n. 6.830, de 1980, conhecida como Lei de Execução Fiscal – LEF, determina que a dívida ativa da Fazenda Pública poderá ser discutida judicialmente na Ação de Execução Fiscal, por meio dos respectivos (a) Embargos à Execução Fiscal; na (b) Mandado de Segurança; na (c) Ação de Repetição de Indébito; (d) e na Ação Anulatória precedida de depósito. Saliente-se que a propositura de quaisquer dessas ações implicará, conforme o caso, renúncia ao direito de recorrer no âmbito administrativo ou desistência de recurso administrativo eventualmente interposto. Veja-se:

> **[Lei 6.830/80] Art. 38** – A **discussão judicial da Dívida Ativa** da Fazenda Pública **só** é admissível **em execução**, na forma desta Lei, **salvo** as hipóteses de **mandado de segurança**, **ação de repetição do indébito** ou **ação anulatória** do ato declarativo da dívida (...). *[Grifamos]*

Saliente-se que a propositura de quaisquer dessas ações implicará, conforme o caso, renúncia ao direito de recorrer no âmbito administrativo ou desistência de recurso eventualmente interposto. Transcreva-se:

> **[Lei 6.830/80] Art. 38** – (...).
>
> (...).
>
> Parágrafo Único – A **propositura**, pelo contribuinte, da **ação** prevista neste artigo **importa em renúncia** ao poder de recorrer na esfera administrativa **e desistência** do recurso acaso interposto. *[Grifamos]*

Dito de outro modo, não será necessário o esgotamento da via administrativa para a discussão da dívida ativa na esfera judicial.

A propósito, as reclamações e os recursos, nos termos das leis reguladoras do processo tributário administrativo têm o efeito de suspender a exigibilidade do crédito tributário, bem como o de assegurar a obtenção de Certidão Positiva com Efeitos de Negativa, em conformidade com o disposto nos artigos 151,

III, e 206, do Código Tributário Nacional de 1966, CTN/66. De conseguinte, a hipótese de renúncia ou desistência de recurso na esfera administrativa, uma vez caracterizada, implicará o desaparecimento da referida causa suspensiva da exigibilidade do crédito tributário, se outra não lhe fizer as vezes.

19.2 AÇÃO DECLARATÓRIA DE INEXISTÊNCIA DE RELAÇÃO JURÍDICA TRIBUTÁRIA

De início, cumpre salientar que o controle de constitucionalidade das leis é corolário da supremacia da Constituição Federal de 1988, CF/88. Significa dizer que, sob o ordenamento jurídico vigente, paira a presunção relativa de validade de todo e qualquer ato normativo. Noutro giro, até que se reconheça judicialmente o contrário, presume-se que cada norma está em plena consonância com aquela que lhe se encontre em posição hierarquicamente superior. Sob essa presunção, a garantia de proteção dos direitos fundamentais – em especial, dos direitos e garantias do contribuinte – efetiva-se mediante a rigorosa observância das normas que perfazem nosso vigente sistema jurídico.

Por igual razão, assegura-se o controle de constitucionalidade das leis que, no Brasil, poderá ser exercido tanto pela via difusa quanto pela via concentrada. No primeiro caso, a declaração de inconstitucionalidade limitar-se-á a dirimir a controvérsia que diga respeito apenas às partes do respectivo processo. Noutro giro, a decisão proferida em sede de controle de constitucionalidade difuso irradiará seus efeitos no caso *sub judice*, de modo que a indigitada lei continuará a ser aplicada em relação a terceiros que não provocaram a tutela jurisdicional para salvaguardar direito próprio, violado ou ameaçado de lesão.

Infere-se dessa breve síntese que a Ação Declaratória de Inexistência de Relação Jurídica Tributária, ora em apreço, não se confunde com a Ação Declaratória de (In)Constitucionalidade, prevista no art. 102, da Lei Maior, restrita a poucos legitimados ativos – controle concentrado, nos termos previstos no art. 103, da CF/88 –, cujos efeitos da decisão de mérito acaso proferida serão, vale frisar, *erga omnes*.

Deveras, cuidando-se de controle difuso, o objeto da Ação Declaratória proposta com fulcro no inciso I, do art. 19, do Código de Processo Civil de 2015, (CPC/15), cingir-se-á a afastar qualquer incerteza com relação à existência ou inexistência de determinada relação jurídica tributária, diante de determinada situação fática submetida à apreciação judicial. Nesses termos, acrescente-se, poder-se-á inferir o interesse processual e a legitimidade *ad causam* das partes, ativa e passiva, – no respectivo processo. Por oportuno, transcreva-se:

> **[CPC/15] Art. 19** – O interesse do autor pode limitar-se à declaração:

I – da **existência**, da **inexistência** ou do **modo de ser** de uma relação jurídica;

II – da autenticidade ou da falsidade de documento. *[Grifamos]*

Enfatize-se, de passagem, o não cabimento de ação declaratória para atestar exclusivamente a existência ou inexistência de simples fato, ressalva feita à declaração de falsidade de documento (art. 4º, II, do CPC). Deveras, assim como não é cabível, pelo controle difuso, ação declaratória nem mandado de segurança contra lei em tese, também não se admite ação declaratória para reconhecer a ocorrência de determinado fato sem que se questione eventual relação jurídica dele oriunda, ou seja, sem que haja a correlata norma jurídica cuja aplicação se questiona. Frise-se, o Judiciário não é órgão de livre consulta!

Tornando ao nosso rumo, convém ressaltar que a declaração incidental de inconstitucionalidade de lei fundamentar-se-á na existência de vícios quanto à forma ou conteúdo. Desse modo, no âmbito tributário, caberá ao legitimado *ad causam* demonstrar eventual desrespeito a princípios constitucionais, imunidade, isenção, decadência, dentre outras inconstitucionalidades e ilegalidades que, diante do caso concreto, consubstanciarão a causa de pedir da ação judicial em apreço (art. 330, I, do CPC/15).

Impende também ressaltar a natureza dúplice da ação declaratória, afinal, a sentença – quer julgue procedente o pleito declaratório, quer julgue improcedente, – eliminará a dúvida quanto à existência ou inexistência da questionada relação jurídica.

Com efeito, na hipótese de a decisão proferida em controle difuso reconhecer a inexistência de relação jurídica tributária, (i) o autor não mais estará obrigado ao cumprimento dos deveres inerentes à condição de sujeito passivo da correlata obrigação tributária, assim como (ii) o réu não mais poderá tomar as providências legalmente previstas para a constituição e cobrança do respectivo crédito tributário.

- **Ação Declaratória de Inexistência de Relação Jurídica Tributária com Pedido de Concessão de Tutela Provisória**

Como já restou mencionado, a propositura da ação judicial, por si só, não impedirá o Fisco de efetuar o lançamento e proceder à cobrança da referida dívida fiscal, nela também há de ser formulado o pedido de suspensão da exigibilidade do crédito tributário, mediante a comprovação da presença de uma das causas arroladas no art. 151, do CTN/66.

A esse respeito, cumpre ter em conta que, o ajuizamento da ação – tendo por objeto uma declaração e eventual condenação – por si só, não ensejará nenhum efeito de imediato para as partes. Deveras. Até o advento de eventual decisão final favorável ao autor, o cumprimento da legislação tributária em questão continuará sendo devido tanto para o fisco como para o contribuinte. Noutro giro, somente por meio da concessão de tutela provisória poderá o contribuinte abster-se de cumprir a legislação que considera inaplicável ao caso *sub judicie* e, ao mesmo tempo, acautelar-se de eventual autuação fiscal.

- **Ação Declaratória de Inexistência de Relação Jurídica Tributária c/c Ação de Repetição de Indébito**

Nem sempre, todavia, o autor limitar-se-á a pleitear apenas a declaração de inexistência de relação jurídica tributária. Considere-se, por exemplo, a possibilidade de o tributo ter sido recolhido tempestivamente pelo sujeito passivo da obrigação tributária e só então reputá-lo indevido. Em tal hipótese, além da referida declaração, poderá pleitear a condenação do réu a devolver o montante que recebera do autor como se devido fosse. Nesses termos, tem-se a denominada Ação Declaratória de Inexistência de Relação Jurídica Tributária c/c com pedido de Repetição de Indébito, cuja decisão terá inegável caráter de título executivo judicial.

- **Relações jurídicas continuadas**

Como regra, a decisão proferida em *Ação Declaratória de Inexistência de Relação Jurídica Tributária* fará coisa julgada apenas quanto aos créditos resultantes dos fatos geradores já realizados à época do pleito judicial. Nada obstante, o pedido do autor poderá abranger relações tributárias continuadas, as quais, enquanto permanecer a mesma situação fática e inalterada a previsão normativa hipotética condicional, continuarão sob o manto da tutela jurisdicional pleiteada e eventualmente concedida.

Para tanto, é imperioso que tenham sido devidamente delimitados o conteúdo e a extensão da parte dispositiva da sentença, conforme o pedido e a causa de pedir constantes na inicial.

19.3 AÇÃO ANULATÓRIA DO ATO DECLARATÓRIO DA DÍVIDA FISCAL

A desconstituição do crédito tributário poderá ser pleiteada por meio da Ação Anulatória do Ato Declaratório da Dívida Fiscal, mais conhecida como Ação Anulatória de Lançamento Tributário, Ação Anulatória de Auto de Infração e Imposição de Multa ou ainda, ou ainda Ação Anulatória de (In)débito Tributário.

Como sua denominação já está a anunciar, por meio desta ação se pleiteará, como regra, a anulação do ato ou decisão administrativa constitutiva do crédito tributário inscrito em dívida ativa. Como causa de pedir, demonstrar-se-á ilegalidades como, por exemplo, decadência, prescrição, erro na apuração da base de cálculo ou na aplicação da alíquota, assim como o desrespeito a quaisquer dos direitos e garantias constitucionais do contribuinte.

o Ação Anulatória de ato Declaratório da Dívida Fiscal c/c Pedido de Concessão de Tutela Provisória

A propósito, convém refrisar que o mero ajuizamento de ação judicial para questionar o débito tributário não impede a Fazenda Pública de ajuizar a respectiva execução fiscal para sua cobrança. Nesse sentido, explicita o Código de Processo Civil de 2015, CPC/15, *verbis*:

> **[CPC/15] Art. 783.** A execução para **cobrança de crédito** fundar-se-á sempre em título de **obrigação certa, líquida e exigível.**
>
> **Art. 784.** São títulos executivos extrajudiciais:
>
> (...).
>
> IX – a **certidão de dívida ativa da Fazenda Pública** da União, dos Estados, do Distrito Federal e dos Municípios, correspondente aos créditos inscritos na forma da lei;
>
> (...).
>
> § 1º A **propositura de qualquer ação** relativa a débito constante de título executivo **não inibe o credor** de promover-lhe a execução. *[Grifamos].*

Diante disso, deverá o autor se socorrer das causas legalmente previstas para obter a suspensão da exigibilidade do crédito até que seja proferida decisão final ao término do processo judicial (art. 151, do CTN/66), bem como para que possa pleitear e obter a Certidão Positiva com Efeitos de Negativa (art. 206, do CTN/66), com vistas a comprovação de sua regularidade fiscal.

o Conexão entre ação Anulatória e Execução Fiscal

Saliente-se que o cabimento da Ação Anulatória de Ato Declaratório de Dívida Fiscal pressupõe a notificação, ao sujeito passivo, do respectivo ato declaratório. De conseguinte, o momento para sua propositura é posterior à notificação do lançamento tributário, ou do auto de infração ou da decisão administrativa desfavorável ao contribuinte. Será cabível sua propositura mesmo nos casos em que o credor já tenha ajuizado a Ação de Execução Fiscal para a cobrança judicial do seu crédito.

Em face da discussão judicial do mesmo crédito em duas ações distintas – Anulatória e Executória – poderá o juiz, de ofício ou a requerimento das partes, reconhecer a existência de conexão entre essas ações, seja pela identidade de pedido, seja pela identidade de causa de pedir, de modo a reuni-las para julgamento conjunto, evitando-se assim decisões contraditórias. Transcreva-se:

> **[CPC/15] Art. 55.** Reputam-se **conexas** 2 (duas) ou mais ações quando lhes for comum o pedido ou a causa de pedir.
>
> § 1º Os processos de ações conexas **serão reunidos para decisão conjunta**, salvo se um deles já houver sido sentenciado.
>
> § 2º Aplica-se o disposto no *caput*:
>
> I – à **execução** de título extrajudicial e à **ação de conhecimento** relativa ao **mesmo ato jurídico**;
>
> II – às execuções fundadas no mesmo título executivo.
>
> § 3º Serão reunidos para julgamento conjunto os processos que possam gerar **risco de prolação de decisões conflitantes ou contraditórias caso decididos separadamente**, mesmo sem conexão entre eles. *[Grifamos]*

Note-se, ademais, que a reunião destas ações somente será possível se se tratar de competência relativa. Assim, conforme se depreende do disposto nos artigos. 58 e 29, do CPC/15, somente quando não implicar a alteração de competência absoluta, essas ações ser reunidas no juízo prevento, qual seja aquele em que se deu primeiramente o registro ou a distribuição da petição inicial.

o Declaratória precedida de depósito do valor do débito

Neste passo, cumpre enfatizar que o depósito judicial é apenas uma das opções legais assegurada ao contribuinte para suspender os efeitos de eventual inadimplência tributária. Nesses termos, o titular de direito lesado ou ameaçado de lesão terá a faculdade de propor ação judicial precedida de depósito do valor débito, monetariamente corrigido e acrescido dos juros e multa de mora e demais encargos.

Trata-se, pois, do exercício de um direito, haja vista que eventual exigência de depósito, por lei ou por ordem judicial, como condição para o pleito de tutela jurisdicional constituirá flagrante violação ao princípio constitucional de livre acesso à jurisdição, assim como o da legalidade-isonômica.

Feita essa observação, vejamos o disposto no art. 38 da Lei de Execução Fiscal, *verbis*:

> **[Lei 6.830/80] Art. 38** – A **discussão judicial da Dívida Ativa** da Fazenda Pública só é admissível em execução, na forma desta Lei, salvo as hipóteses de mandado de segurança, ação de repetição do indébito ou **ação anulatória** do ato declarativo da dívida, **esta precedida do depósito** preparatório do valor do débito, monetariamente corrigido e acrescido dos juros e multa de mora e demais encargos. (...). *[Grifamos]*

Pelas razões expostas, cumpre reconhecer que não fora recepcionado pela Constituição Federal de 1988, CF/88, a determinação de prévio depósito do valor do débito como condição para a propositura de ação anulatória que tenha por escopo a discussão judicial da Dívida Ativa da Fazenda Pública, a que se refere o disposto no referido 38, da LEF, acima transcrito.

19.4 MANDADO DE SEGURANÇA

O Mandado de Segurança é a via de acesso mais célere ao Judiciário para a proteção de direitos fundamentais sob ameaça de lesão, ou violados, pelo próprio Poder Público. Considerando-se que a tributação decorre do exercício de função pública, os contribuintes estão entre os que mais se socorrem desta garantia constitucional, *verbis*:

> **[CF/88] Art. 5º** – Todos são iguais **perante** a lei, **sem distinção** de qualquer natureza, **garantindo-se** aos brasileiros e aos estrangeiros residentes no País a **inviolabilidade do direito** à vida, à liberdade, à igualdade, à segurança e à propriedade, nos termos seguintes:
>
> (...). LXIX – conceder-se-á **mandado de segurança** para proteger **direito líquido e certo**, não amparado por *"habeas-corpus"* ou *"habeas-data"*, quando o **responsável** pela ilegalidade ou abuso de poder for autoridade pública ou agente de pessoa jurídica no exercício de atribuições do **Poder Público**; *[Grifamos]*

Saliente-se que a celeridade em apreço é corolário da desnecessidade de dilação probatória. Noutro giro, somente quando na petição inicial da via mandamental restar demonstrada lesão ou ameaça de lesão a direito – perpetradas pelo poder público – assegurar-se-á àquele que carrega a flâmula de pagador de impostos o imediato recebimento da tutela jurisdicional.

No âmbito infraconstitucional, a Lei ordinária federal n. 12.016, de 7 de agosto de 2009, disciplina o mandado de segurança individual e coletivo. No entanto, vejamos com mais detença as exigências constitucionais que alicerçam seu cabimento.

Nesta esteira, são requisitos para a impetração de mandado de segurança a existência de *direito líquido e certo* violado ou ameaçado de lesão por ato de autoridade. *Liquidez e certeza* referem-se ao "fato" alegado e provado mediante prova pré-constituída (fato incontroverso), do qual decorre o direito reclamado em juízo. Portanto, a controvérsia acerca da norma invocada é irrelevante para a concessão da segurança, afinal, com fulcro no princípio da segurança jurídica que se traduz na certeza do direito e na proibição do arbítrio, pode-se afirmar que o "direito" é sempre líquido e certo.

Frise-se, o mandado de segurança somente poderá versar sobre matéria eminentemente de direito; as provas que deverão ser apresentadas de plano – pois não será admissível a dilação probatória no curso do processo – cingir-se-ão sobre matéria de fato.

Autoridade coatora é a aquela a quem se imputa ilegalidade ou abusividade durante o exercício de função pública em detrimento de direitos e garantias constitucionais. A rigor, é a pessoa que determina a ação ou imissão – e não necessariamente quem apenas recebe e cumpre a ordem a ordem, ilegal ou abusiva, de ação ou omissão. Frise-se, nem sempre os termos "autoridade coatora" e "executor da ordem" serão aplicáveis à mesma pessoa.

Observe-se que não cabe mandado de segurança contra os atos de gestão comercial praticados pelos administradores de "empresas públicas", de sociedade de economia mista e de concessionárias de serviço público, (art. 23 da Lei n. 12.016, de 2009), pois, em tese, seus atos são praticados sob regime de direito privado.

Impetrado é a autoridade coatora determinante do ato ou omissão impugnados, e não a pessoa jurídica ou órgão ao qual está vinculada.

Nada obstante, a respectiva pessoa política de direito público ou Município – deverá figurar no polo passivo desta ação pois é o patrimônio público que responderá em caso de concessão da ordem mandamental. A União, os Estados, o Distrito Federal e Município serão presentados por seus procuradores; o Município, ademais, poderá integrar a lide com o ingresso do prefeito no processo.

Conforme o direito líquido e certo seja *violado* ou *ameaçado* de lesão por ato ou omissão de autoridade pública, ter-se-á respectivamente duas modalidades de mandado de segurança, (i) repressivo e (ii) preventivo.

O mandado de segurança *preventivo* será cabível ante à mera ameaça de ofensa a direito líquido e certo. Neste caso, sequer se cogitará de prazo decadencial para sua impetração. Em matéria tributária, a concessão da liminar terá o condão de suspender a exigibilidade do crédito tributário que, na forma da legislação tributária, deverá ser constituído, dentro do prazo decadencial, pela autoridade administrativa.

Diz-se, doutro lado, *repressivo* o mandado de segurança impetrado para impugnar ato de autoridade praticado com ilegalidade ou abuso de poder. A impetração, neste caso, estará sujeita à observância do prazo decadencial de 120 dias, contados da ciência, pelo interessado, do ato que se pretende impugnar, findo o qual extinguir-se-á o direito à impetração, (art. 23 da Lei n. 12.016, de 2009). Ainda para ilustrar, a concessão da liminar no mandado de segurança repressivo terá o condão de suspender a exigibilidade do crédito tributário que, em cumprimento da legislação tributária, fora constituído pela autoridade administrativa.

Cumpre esclarecer que a impetração em caráter preventivo pressupõe o *justo receio* de que a possa ocorrer a violação do direito, receio este fundado em critérios objetivos e efetivamente demonstrados. Noutras palavras, não é amparado por mando de segurança o mero receio de sofrer lesão, que se limita a um simples temor subjetivo calcado em conjecturas pessoais.

Distingue-se, pois, a impetração contra lei em tese (inadmissível no nosso direito positivo) da impetração preventiva, pois esta última supõe a ocorrência do fato cuja juridicidade se questiona. Ainda, por oportuno, há de se ter em conta que o mandado de segurança é um dos instrumentos de controle de constitucionalidade *difuso*. Contra lei em tese é cabível a ação direta de controle de constitucionalidade (controle concentrado).

Sob igual diretriz, a sentença de mérito do mandado de segurança há de se reportar ao pedido do impetrante, limitando-se a reconhecer, ou não, o preenchimento dos requisitos constitucionais para sua concessão, qual seja a existência de lesão ou ameaça de lesão a direito líquido e certo.

Haverá resolução de mérito, na hipótese de ser proferida decisão, em caráter definitivo, julgando procedente o pedido formulado na inicial. Note-se que referida decisão apenas determinará à autoridade coatora a prática ou a abstenção do ato impugnado, em conformidade com o pedido inicial.

Saliente-se o caráter mandamental da sentença concessiva do mandado de segurança. De um lado, será executada por determinação de ofício do magistrado. Seu descumprimento, por outro lado, configurará crime de desobediência (art. 330, do Código Penal).

Disso também se infere que o mandado de segurança não deverá ser empregado para fazer as vezes de ação declaratória, condenatória ou constitutiva. Em especial, no âmbito tributário, o mandado de segurança não será substituto da ação declaratória de inexistência de relação jurídica tributária, da ação anulatória de ato declaratório de dívida, muito menos da ação de repetição de indébito.

Ressalte-se, ainda, que a sentença favorável ao impetrante estará sujeita à remessa oficial (duplo grau de jurisdição).

No mais, haverá sentença terminativa, isto é, sem resolução de mérito, sempre que não restar comprovada a existência de direito líquido e certo violado ou ameaçado de lesão por ato de autoridade. Ademais, a inicial poderá ser indeferida por inépcia, ausência de pressupostos processuais, inadequação da via eleita etc.

Por fim, vale registrar que, em razão de sua especial importância para a proteção de direitos fundamentais, propugna-se pela desoneração da via mandamental de quaisquer custos inerentes aos instrumentos de acesso à tutela jurisdicional. Nada obstante, a vigente legislação veda apenas a condenação ao pagamento de honorários (art. 25, da Lei n. 12.016, de 2009).

19.4.1 Pedido de Concessão de Liminar em Mandado de Segurança

Vimos que o Mandado de Segurança tem baluarte constitucional para a célere proteção de direitos fundamentais. Nesses termos, a tutela jurisdicional poderá ser prestada liminarmente, mediante a suspensão dos efeitos do ato que deu motivo ao pedido, quando houver fundamento relevante e do ato impugnado puder resultar a ineficácia da medida, caso seja finalmente deferida, (art. 7º, III, da Lei n. 12.016, de 2009). Em suma, o pedido será liminarmente concedido quando presentes o (i) relevante fundamento e a (ii) urgência da medida.

Referida lei infraconstitucional, todavia, acrescenta um terceiro requisito que, a nosso sentir, estreita o alcance da auspicia via mandamental. Com efeito, a legislação ordinária faculta ao juiz (iii) "exigir do impetrante caução, fiança ou depósito com o objetivo de assegurar o ressarcimento a pessoa jurídica", (art. 7º, III, da Lei n. 12.016, de 2009).

No mais, em conformidade com os respectivos requisitos legais, o pleito liminar do mandado de segurança terá a feição de tutela provisória de urgência, antecipada ou cautelar; ou de tutela de evidência.

Como regra, o pedido de liminar visa à obtenção de ordem judicial que imponha à autoridade coatora a prática ou a abstenção de determinado ato que viole ou ameace direito líquido e certo do impetrante, haja vista que – convém frisar – os requisitos "constitucionais" para a impetração de mandado de segurança são direito líquido e certo *violado* ou *ameaçado* por ato de autoridade no exercício de função pública.

Apenas para ilustrar, cite-se, como relevante fundamento, a exigência de tributo indevido ou a maior pelo Fisco e, como urgência, a iminência das consequências do descumprimento, tais como acréscimo de juros de mora, correção monetária e multas exorbitantes, protesto de certidões, bloqueio de contas bancárias, restrições cadastrais, à obtenção de crédito e à participação em licitações, processos criminais etc.

Ainda para ilustrar, a tutela provisória terá (i) natureza satisfativa quando libera mercadoria na alfândega; (ii) natureza acauteladora, quando suspende a exigibilidade do crédito tributário, proporcionando a obtenção de regularidade fiscal, enquanto não apreciada, em definitivo, a validade do ato impugnado; (iii) natureza antecipatória de mérito, quando assegura o direito à compensação de créditos tributários.

Ao juiz caberá, em decisão fundamentada, deferir ou indeferir o pedido de liminar. Por se tratar de decisão interlocutória, suscetível, ademais, de causar à parte lesão grave e de difícil reparação, em tese, será cabível a interposição de agravo de instrumento, no prazo de 15 dias (art. 7º, § 1º, da Lei n. 12.016, de 2009, c/c art. 937, VIII, e art. 1.070, do CPC/15).

19.5 AÇÃO DE REPETIÇÃO DE INDÉBITO TRIBUTÁRIO

"Repetir", numa acepção comum, significa "tornar a fazer"; e o verbete "repetição", além de significar o "ato ou efeito de repetir", também é empregado, mormente na seara jurídica, como sinônimo de "devolução", "restituição". Logo, a ação de repetição de indébito visa à restituição de algo que fora pago indevidamente ou a maior, ensejando, por via de consequência, um enriquecimento sem amparo jurídico do suposto credor.

A propósito, o sujeito passivo terá direito à restituição total ou parcial do tributo, independentemente de prévio protesto, conforme previsto no art. 165, do Código Tributário Nacional de 1966, CTN/66. Saliente-se que a restituição total ou parcial do tributo compreenderá, na mesma proporção, juros de mora – além de juros não capitalizáveis (juros simples), a partir do trânsito em julgado da decisão definitiva que a determinar – e multas fiscais, salvo as penalidades referentes a infrações de caráter formal não prejudicadas pela causa da restituição, (art. 167 e parágrafo único).

Qualifica-se como "indevido" o cumprimento de prestação pecuniária sem amparo na legislação tributária ou sem a observância da natureza ou circunstâncias do fato gerador efetivamente ocorrido. Será, pois, indevido quando resultar de erro na identificação do sujeito passivo, na determinação da alíquota, no cálculo do débito, na elaboração ou conferência de qualquer documento relativo ao pagamento. Também será considerado indevido o pagamento de tributo em cumprimento de decisão condenatória que, posteriormente, tenha sido objeto de reforma, anulação, revogação ou rescisão.

A inicial dessa ação deverá estar instruída com documentação hábil para comprovar o recolhimento indevido, cuja restituição se postula. O pedido de restituição poderá ser formulado perante a própria Administração Tributária, ou judicialmente, por meio da denominada Ação de Repetição de Indébito.

o Restituição de tributos indiretos

Nesse passo, cumpre lembrar que o tributo indireto é aquele que, na forma da legislação tributária, deverá ser recolhido pelo sujeito passivo da obrigação tributária (contribuinte de direito) e repassado ao consumidor final da cadeia produtiva, qual seja o contribuinte de fato. Cite-se, como exemplo de tributo indireto, o Imposto sobre a Circulação de Mercadoria e Serviços de Transporte e de Comunicação – ICMS, assim como o Imposto sobre Produtos Industrializados – IPI.

Pois bem. A sempre que o sujeito passivo quiser pleitear a restituição de tributo antecipadamente recolhido ao fisco e que, em tese, teria sido posteriormente repassado ao consumidor final, terá que considerar a restrição imposta pelo CTN/66, *verbis*:

> **[CTN/66] Art. 166.** A restituição de tributos que comportem, por sua natureza, transferência do respectivo encargo financeiro **somente** será feita a quem **prove** haver assumido referido encargo, **ou**, no caso de tê-lo transferido a terceiro, estar por este **expressamente autorizado** a recebê-la. *[Grifamos].*

Note-se que somente o sujeito passivo previsto em lei poderá, em tese, pleitear a restituição de tributo indireto. O exercício deste direito, todavia, estará condicionado à demonstração de que não houve repasse da referida quantia para o contribuinte de fato; caso tenha repassado, o contribuinte de direito somente poderá pleitear a restituição se receber expressa autorização do contribuinte de fato.

o Prazo para pleitear a restituição de indébito

O sujeito passivo da obrigação tributária dispõe do prazo de cinco anos para o interessado postular a repetição de quantia paga indevidamente a título de tributo, contados, em regra, da data do respectivo pagamento. Apenas para ilustrar, o autor poderá sustentar erro no lançamento quanto à identificação do sujeito passivo, assim como reforma, anulação, revogação ou rescisão da decisão condenatória que ensejara o pagamento indevido.

A propósito, vale lembrar que figuram, dentre as causas extintivas, (i) a decisão administrativa irreformável, assim entendida a definitiva na órbita administrativa, que não mais possa ser objeto de ação anulatória; (ii) a decisão judicial "passada" em julgado, (art. 156, IX e X, do CTN/66).

Nesses termos, o prazo de cinco anos para pleitear a repetição de indébito serão contados, nas hipóteses de cobrança ou pagamento espontâneo, da data da extinção do crédito tributário. Cuidando-se de tributo sujeito a lançamento por homologação, a extinção do crédito dar-se-á no momento do pagamento antecipado (art. 168, I, c/c art. 150, § 1º, do CTN/66).

Vimos que também será considerado indevido o pagamento de tributo em cumprimento de decisão condenatória que, posteriormente, tenha sido objeto de reforma, anulação, revogação ou rescisão. Neste caso, os cinco anos para pleitear sua restituição serão contados da data em que se tornar definitiva a decisão administrativa ou que "passar" em julgado a decisão judicial que tenha reformado, anulado, revogado ou rescindido a decisão condenatória, (art. 168, II, do CTN/66).

Por fim, conforme já restou mencionado, o sujeito passivo poderá optar por formular o pedido de restituição perante a própria Administração Tributária. A esse respeito, vale registrar que, na hipótese de ser indeferido seu pedido de restituição, lhe restará o prazo prescricional de apenas 2 (dois) anos para ingressar com a respectiva Ação Anulatória de Ato Declaratório de Dívida Fiscal. Como se isso não bastasse, a propositura desta ação – com o escopo de anular a decisão administrativa que denegara a restituição – *interromperá* a fluência deste prazo, o qual será reiniciado, por metade, a partir da data da intimação (leia-se "citação") validamente feita ao representante judicial da Fazenda Pública interessada, (art. 169, e parágrafo único, do CTN/66).

19.6 AÇÃO DE CONSIGNAÇÃO EM PAGAMENTO

Na esfera tributária, é cabível a Ação de Consignação em Pagamento para obter a extinção do crédito tributário que o sujeito passivo da obrigação tributária reputa devido, tanto que pretende quitá-lo, tempestivamente, ainda que por meio de consignação judicial, com vistas a preservar sua regularidade fiscal.

Ora, se o sujeito passivo, ao contrário, considerar indevida determinada obrigação tributária, poderá se valer, em conformidade com o caso concreto, do mandado de segurança ou de quaisquer outras espécies de ações judiciais, em especial da Ação Declaratória de Inexistência de Relação Jurídica Tributária, da Ação Anulatória de Ato Declaratório de Dívida Fiscal ou, caso já tenha sido citado, da Ação de Embargos à Execução Fiscal.

Frise-se, a Ação de Consignação de Pagamento não é o instrumento cabível para discutir, em juízo, a legalidade ou constitucionalidade do crédito tributário.

Quais são, pois, as razões que, em tese, poderão embasar o cabimento desta ação? O Código Tributário Nacional de 1966, CTN/66, destaca várias hipóteses nas quais o sujeito passivo poderá consignar o pagamento do respectivo crédito em juízo – antes do vencimento, para evitar o acréscimo de juros e multas – e, deste modo, cumprir regularmente a respectiva obrigação tributária, (arts. 160 c/c 164, do CTN/66). Vejamo-las.

- Diante de *recusa do credor em receber* o crédito tributário;
- Quando o credor *subordinar* o recebimento crédito ao *concomitante*:
  - pagamento de outro tributo;
  - pagamento de outra penalidade;
  - cumprimento de obrigação acessória;
  - cumprimento de exigências administrativas sem fundamento legal;
- Diante de exigência, por mais de uma pessoa jurídica de direito público, de tributo idêntico sobre um mesmo fato gerador.

Essas são, pois, as hipóteses legais que autorizam a consignação do crédito tributária. Em breve síntese, infere-se do disposto nos incisos I, II e III do art.

164, do CTN/66, que: (i) o sujeito passivo deseja manter sua regularidade fiscal, mediante o cumprimento tempestivo da obrigação tributária, porém, sem se submeter a quaisquer das condições impostas pelo credor, referidas nos dois primeiros incisos do art. 164; (ii) o sujeito passivo tem interesse quitar sua dívida perante o legítimo credor, isto é, sem o risco de realizar um pagamento indevido a pessoa diversa.

Na esfera tributária, portanto, é pressuposto para o cabimento da Ação Consignatória que o autor não questione sua condição de sujeito passivo da obrigação tributária, cujo crédito se propõe a depositar em juízo. Aplicar-se, subsidiariamente, o disposto no Código de Processo Civil de 1915, CPC/15, quanto ao procedimento da Ação de Consignação em Pagamento (art. 539 e s.).

O foro competente para a propositura da Ação de Consignação em Pagamento será o do lugar do pagamento, em conformidade com a legislação tributária. A esse respeito, vale lembrar que o local do pagamento será o da repartição competente do *domicílio do contribuinte* (art. 127, do CTN/66), se pessoa física; ou de *sua sede*, se pessoa jurídica, salvo disposição legal em contrário (art. 159, do CTN/66).

Transcreva-se, por oportuno:

> **[CPC/15] Art. 539.** Nos casos previstos em lei, poderá o devedor ou terceiro requerer, com **efeito de pagamento**, a consignação da quantia ou da coisa devida.
>
> § 1º Tratando-se de obrigação em dinheiro, poderá o valor ser depositado em estabelecimento bancário, oficial onde houver, situado no lugar do pagamento, cientificando-se o credor por carta com aviso de recebimento, assinado o prazo de 10 (dez) dias para a manifestação de recusa.
>
> § 2º Decorrido o prazo do § 1º, contado do retorno do aviso de recebimento, **sem a manifestação de recusa, considerar-se-á o devedor liberado da obrigação**, ficando à disposição do credor a quantia depositada.
>
> § 3º Ocorrendo a **recusa**, manifestada por escrito ao estabelecimento bancário, poderá ser proposta, dentro de 1 (um) mês, a **ação de consignação**, instruindo-se a inicial com a **prova** do depósito e da recusa.
>
> § 4º **Não proposta** a ação no prazo do § 3º, ficará sem efeito o depósito, podendo levantá-lo o depositante. *[Grifamos].*

O pedido de depósito da quantia que o contribuinte entende devida deverá constar na inicial, para que possa ser efetuado no prazo de cinco dias, contados do deferimento.

Nesse caso, se houver dois ou mais réus, com diferentes domicílios, poderão ser demandados em quaisquer deles, à escolha do autor (art. 46, § 4º c/c art. 781,

IV, do CPC/15), desde que não seja o caso de observar normas de competência em razão da matéria (art. 62, do CPC/15).

Note-se que, se o crédito estiver sendo exigido tanto pela Fazenda Federal quanto pela Fazenda Estadual, a ação deverá ser ajuizada perante a Justiça Federal (art. 109, I, da CF/88), determinando-se a citação de ambas e continuando o processo a correr unicamente entre os credores, caso em que se observará o procedimento ordinário (art. 547, do CPC/15).

Efetuado o depósito, cessam os juros e os riscos, salvo se a ação vier a ser julgada improcedente (art. 540, do CPC/15). Na hipótese de existirem prestações periódicas, o depósito das que forem vencendo deve ser efetuado em até cinco dias, contados da data do respectivo vencimento, (art. 541, do CPC/15).

O autor também deverá requerer na inicial a citação do réu para levantar o depósito ou oferecer resposta. Sendo o caso, deverá o autor requerer o depósito, bem como a citação dos que o disputam, para provarem seu direito (art. 542, do CPC/15).

Se comparecer mais de um credor, o juiz declarará efetuado o depósito e extinta a obrigação, e o processo tramitará unicamente entre os credores (art.548, III, do CPC/15). A propósito, registe-se:

> **[CPC/15] Art. 548.** No caso do art. 547:
>
> I – **não comparecendo** pretendente algum, converter-se-á o depósito em arrecadação de coisas vagas;
>
> II – **comparecendo apenas um**, o juiz decidirá de plano;
>
> III – **comparecendo mais de um**, o juiz declarará efetuado o depósito e extinta a obrigação, continuando o processo a correr unicamente entre os presuntivos credores, observado o procedimento comum. *[Grifamos]*

Frise-se, a consignação só poderá versar sobre o crédito que o contribuinte se propõe a pagar e, na hipótese de procedência do pedido, reputar-se-á efetuado o pagamento e a importância consignada será convertida em renda. Por outro lado, se julgado improcedente, no todo ou em parte, cobrar-se-á o respectivo crédito tributário acrescido de juros de mora, sem prejuízo das penalidades cabíveis, (§§ 1º e 2º, do art. 164, do CTN/66).

No mais, impende não olvidar que a consignação em pagamento, nos termos do disposto no § 2º, do artigo 164, acima referido, também figura entre as causas extintivas do crédito tributário, (art. 156, VIII, do CTN/66).

19.7 DIVISÃO JUDICIÁRIA

A "Justiça Comum" divide-se em Justiça Federal e Estadual.

Foro designa o local onde o juiz exerce a jurisdição. Na esfera estadual, o âmbito territorial no qual os juízes exercem sua competência jurisdicional é denominado "Comarca"; no âmbito federal, esse foro corresponde à "Seção Judiciária", nas capitais, ou à "Subseção Judiciária", nos Municípios.

- **Justiça Federal**

A propósito, estabelece a Lei Maior, *verbis:*

> **[CF/88] Art. 110.** Cada Estado, bem como Distrito Federal, constituirá uma **Seção Judiciária** que terá por sede a respectiva Capital, e Varas localizadas segundo o estabelecido em lei.
>
> Parágrafo único. Nos **Territórios Federais**, a jurisdição e as atribuições cometidas aos juízes federais caberão aos juízes da Justiça local, na forma da lei.*[Grifamos]*

Seção Judiciária – na Capital do Estado.

Subseções do Interior – nos Municípios.

Admite-se ainda a divisão da competência jurisdicional por matéria. As unidades resultantes recebem a denominação de "Vara". Nesse caso, o juiz será lotado em determinada vara especializada.

Para ilustrar, cite-se a Vara Cível, Vara Criminal, Vara da Fazenda Pública, Vara das Execuções Fiscais etc..

- **Justiça Estadual**

Comarcas maiores – nessas têm-se Varas especializadas; por exemplo: Varas Cíveis, Varas Criminais, Varas da Fazenda Pública etc. Na Comarca da Capital do Estado de São Paulo, *v.g.*, há: Fórum Central (Varas Cíveis, Varas Criminais, Varas da Fazenda Pública etc.) e Fóruns Regionais (Varas Cíveis, Varas Criminais etc.).

Comarcas menores – Vara cumulativa, que, por sua vez, compreende todas as matérias, todas as pessoas, qualquer valor.

As Comarcas podem ser reunidas em Circunscrições para fins administrativos.

- **Órgãos jurisdicionais**

Em breve síntese, registre-se:

- *Supremo Tribunal Federal* (art. 102 da CF de 1988).
- *Superior Tribunal de Justiça* (art. 105 da CF de 1988).
- *Tribunais Regionais Federais.*
- *Juízes Federais.*
- *Tribunais de Justiça* (Estaduais).
- *Juízes de Direito Estaduais.*

São *órgãos da Justiça Federal* os Tribunais Regionais Federais (TRFs) e os juízes federais (art. 106, da CF/88).

A Justiça Federal subdivide-se em cinco Regiões, que compreendem as Seções Judiciárias.

Atualmente, temos seis Tribunais Regionais Federais (TRFs), cada qual é composto por juízes vitalícios, nomeados pelo Presidente da República:

1ª Região – com sede na Capital Federal e jurisdição no Distrito Federal e nos Estados do Acre, Amapá, Amazonas, Bahia, Goiás, Maranhão, Mato Grosso, Minas Gerais, Pará, Piauí, Rondônia, Roraima, Tocantins e Distrito Federal.

2ª Região – com sede na cidade do Rio de Janeiro e jurisdição no território dos Estados do Rio de Janeiro e do Espírito Santo.

3ª Região – com sede na Capital do Estado de São Paulo e jurisdição sobre as Seções Judiciárias de São Paulo e Mato Grosso do Sul.

4ª Região – com sede na cidade de Porto Alegre e jurisdição no território dos Estados do Rio Grande do Sul, Santa Catarina e Paraná.

5ª Região – com sede na cidade de Recife, Estado de Pernambuco, e jurisdição no território dos Estados do Ceará, Rio Grande do Norte, Paraíba, Pernambuco, Alagoas e Sergipe.

6ª Região – com sede na cidade de Belo Horizonte e jurisdição no território do Estado de Minas Gerais.

São *órgãos da Justiça Estadual* os Tribunais de Justiça e os juízes de direito, (art. 125, da CF/88).

19.8 COMPETÊNCIA JURISDICIONAL

A Constituição Federal de 1988, CF/88, delimita expressamente o âmbito de competência da Justiça Federal, sendo, pois, residual a competência da Justiça Estadual. Vejamos:

> **[CF/88] Art. 108.** Compete aos **Tribunais Regionais Federais**: (...) II – julgar, **em grau de recurso**, as causas decididas pelos juízes federais e pelos juízes estaduais no exercício da competência **federal** da área de sua jurisdição.
>
> **Art. 109.** Aos **juízes federais** compete processar e julgar: I – as causas em que a **União**, entidade autárquica ou empresa pública **federal** forem interessadas na condição de autoras, rés, assistentes ou oponentes, **exceto** as de falência, as de acidentes de trabalho e as sujeitas à Justiça Eleitoral e à Justiça do Trabalho; (...).
>
> (...).

> § 3º **Lei** poderá **autorizar** que as causas de competência da Justiça Federal em que forem parte **instituição de previdência social e segurado** possam ser processadas e julgadas na **justiça estadual** quando a comarca do domicílio do segurado **não for sede** de vara federal. *[Redação dada pela EC n. 103, de 2019]*
>
> § 4º Na hipótese do parágrafo anterior, o recurso cabível será sempre para o **Tribunal Regional Federal** na área de jurisdição do juiz de primeiro grau.
>
> § 5º Nas hipóteses de grave **violação de direitos humanos**, o **Procurador-Geral da República**, com a finalidade de assegurar o cumprimento de obrigações **decorrentes de tratados** internacionais de direitos humanos dos quais o **Brasil** seja parte, **poderá** suscitar, perante o **Superior Tribunal de Justiça**, em qualquer fase do inquérito ou processo, incidente de **deslocamento de competência** para a **Justiça Federal**. *[Incluído pela pela EC n. 45, de 2004]*
>
> (...).
>
> **Art. 125.** Os **Estados** organizarão sua Justiça, observados os **princípios** estabelecidos nesta Constituição.
>
> § 1º A competência dos **tribunais** será definida na Constituição do Estado, sendo a **lei** de organização judiciária de **iniciativa** do Tribunal de Justiça.
>
> § 2º Cabe aos **Estados** a instituição de representação de inconstitucionalidade de **leis ou atos** normativos **estaduais ou municipais** em face da Constituição Estadual, vedada a atribuição da legitimação para agir a um único órgão. *[Grifamos]*

Reitere-se, pois que compete à Justiça Federal a apreciação de matéria relacionada a tributos federais e, à Justiça Estadual, a apreciação de matéria relacionada a tributos estaduais e municipais.

E mais. Se na Comarca não houver Justiça Federal a competência para apreciar matéria previdenciária passa a ser da Justiça Estadual, mantendo-se, todavia, a competência recursal do Tribunal Regional Federal.

Saliente-se ainda que a competência determinada em razão da matéria, da pessoa ou da função é inderrogável por convenção das partes, conforme disposto no artigo 62, do CPC/55.

- **Competência territorial**

A propósito, é "relativa" a competência em razão do valor e do território, de modo que as partes poderão eleger foro onde será proposta ação oriunda de direitos e obrigações, (art. 63, do CPC/155). Por exemplo, quando a ação se embasar em direito pessoal ou em direito real sobre bens móveis (art. 46, do CPC/15).

No entanto, para as ações fundadas em direito real sobre imóveis, será competente o foro de situação da coisa, (art. 47, do CPC/15).

o Justiça Federal

No tocante à Justiça Federal, estabelece a Lei Maior, *verbis*:

> **[CF/88] Art. 109.** (...).
> § 1º. As causas em que a **União** for **autora** serão aforadas na Seção Judiciária **onde tiver domicílio a outra parte.**
>
> § 2º. As causas intentadas **contra a União** poderão ser aforadas na Seção Judiciária em que for **domiciliado o autor**, naquela onde houver ocorrido o **ato ou fato** que deu origem à demanda ou onde esteja **situada a coisa**, ou, ainda, no **Distrito Federal**. *[Grifamos]*

– *União-autora (art. 51, do CPC/15 c/c art. 109, § 1º)* – domicílio do réu.

– *União-ré (art. 51, parágrafo único, do CPC/15 c/c art. 109, § 2º)* – foros concorrentes: domicílio do autor; local do ato ou fato; situação da coisa; Distrito Federal.

o Justiça Estadual

Estado ou o Distrito Federal, como Autor (art. 52, do CPC/15):

Regra – domicílio do réu.

Estado ou o Distrito Federal, como Réu (art. 51, parágrafo único, do CPC/15):

Regra – domicílio do autor, no de ocorrência do ato ou fato que originou a demanda, no de situação da coisa ou na capital do respectivo ente federado.

No mais, transcreva-se:

> **[CPC/15] Art. 42.** As **causas cíveis** serão processadas e decididas pelo juiz nos limites de sua competência, **ressalvado** às partes o direito de instituir **juízo arbitral, na forma da lei**.
>
> (...).
>
> Art. 44. Obedecidos os **limites estabelecidos pela Constituição Federal**, a competência é determinada pelas normas previstas neste Código ou em legislação especial, pelas normas de organização judiciária e, ainda, no que couber, pelas constituições dos Estados. *[Grifamos]*

• Competência quanto à matéria

A *Justiça Cível* é competente para apreciar matéria tributária.

A *Justiça Criminal* é competente para apreciar crimes tributários.

A *Vara da Fazenda Pública* ou das *Execuções Fiscais*, onde houver, é competente para apreciar as execuções fiscais propostas pelo Fisco e os respectivos embargos oferecidos pelo contribuinte/devedor.

- **Competência de juízo**

É feita por distribuição.

Matéria tributária – Vara Cível; Vara da Fazenda Pública; Vara das Execuções Fiscais.

Transcreva-se:

> **[CPC/15] Art. 43.** Determina-se a competência **no momento do registro ou da distribuição da petição inicial**, sendo irrelevantes as modificações do estado de fato ou de direito ocorridas posteriormente, **salvo** quando suprimirem órgão judiciário ou alterarem a competência **absoluta.** *[Grifamos]*

- **Competência quanto ao valor da causa**

Até 60 salários-mínimos – o autor pode optar pelos Juizados Especiais da Fazenda Pública.

Até 40 salários-mínimos – o autor pode optar pelos Juizados Especiais Cíveis e Criminais.

Transcreva-se:

> **[Lei n. 9.099/1995] Art. 3º.** O **Juizado Especial Cível** tem competência para conciliação, processo e julgamento das causas cíveis de menor complexidade, assim consideradas:
>
> I – as causas cujo valor não exceda **a quarenta vezes o salário mínimo**;
>
> (...).
>
> § 2º **Ficam excluídas da competência do Juizado Especial as causas** de natureza alimentar, falimentar, **fiscal e de interesse da Fazenda Pública**, e também as relativas a acidentes de trabalho, a resíduos e ao estado e capacidade das pessoas, ainda que de cunho patrimonial. *[Grifamos]*

A Fazenda Pública não poderá optar pela via dos Juizados Especiais para a cobrança de seus tributos.

Vale lembrar, ademais, que a ação cabível para a cobrança de créditos públicos é a denominada Ação de Execução Fiscal, (art. 1º, da Lei n. 6.830, de 1980). Nesse sentido, dispões a Lei ordinária federal n. 12.153, de 2009. Transcreva-se:

> **[Lei n. 12.153/09] Art. 2º** É de competência dos **Juizados Especiais da Fazenda Pública** processar, conciliar e julgar causas cíveis de interesse

> dos Estados, do Distrito Federal, dos Territórios e dos Municípios, **até o valor de 60 (sessenta) salários mínimos**(sic).
>
> § 1º **Não se incluem** na competência do Juizado Especial da Fazenda Pública:
>
> I – as ações de **mandado de segurança**, de desapropriação, de divisão e demarcação, populares, por improbidade administrativa, **execuções fiscais** e as demandas sobre direitos ou interesses difusos e coletivos; *[Grifamos]*

- **Quanto à possibilidade de prorrogação da competência**

A competência *absoluta* (improrrogável) pode ser: (a) quanto à matéria (cível, penal, *v. g.*); (b) quanto à Justiça (Federal, Estadual); (c) quanto à hierarquia (primeira ou segunda instância).

A competência *relativa* (prorrogável) compreende a competência em função do valor da causa e a competência territorial. Arguida por exceção processual, é uma das formas de resposta do réu.

Transcreva-se:

> **[CPC/15] Art. 62.** A competência determinada em razão da matéria, da pessoa ou da função é **inderrogável** por convenção das partes.
>
> **Art. 63.** As partes **podem modificar** a competência em razão do **valor** e do **território**, elegendo foro onde será proposta ação oriunda de direitos e obrigações. *[Grifamos]*

- **Quadro sinótico de competências**

o **Competência da Justiça Federal**

TRIBUTOS FEDERAIS		
AÇÕES	**FORO**	**ENDEREÇAMENTO**
Rito Comum	Regra: Domicílio do Autor	Ao Juízo da ...Vara Federal da (Sub)Seção Judiciária de ...
Mandado de Segurança	Local do Ato ou Fato que originou a demanda (Local da sede funcional da autoridade coatora)	Ao Juízo da ...Vara Federal da (Sub)Seção Judiciária de ...

TRIBUTOS FEDERAIS		
AÇÕES	**FORO**	**ENDEREÇAMENTO**
Recurso	Tribunal a que se subordinar o Juízo *a quo*	Ao Juízo da Presidência/... Seção / ...Turma) do Egrégio Tribunal do Tribunal Regional Federal da ... Região /ou Superior Tribunal de Justiça / ou Supremo Tribunal Federal.

o Competência da Justiça Estadual

TRIBUTOS ESTADUAIS E MUNICIPAIS		
AÇÕES	**FORO**	**ENDEREÇAMENTO**
Rito Comum	Domicílio do Autor	Ao Juízo da ...Vara ... da Comarca de ...
Mandado de Segurança	Local do Ato ou Fato que originou a demanda (Local da sede funcional da autoridade coatora)	Ao Juízo da ...Vara ... da Comarca de ...
Recurso	Tribunal a que se subordinar o Juízo *a quo*	Ao Juízo da Presidência/... Seção / ...Turma) do Egrégio Tribunal do Estado de ... / ou Superior Tribunal de Justiça / ou Supremo Tribunal Federal.

o Autoridade Coatora no Mandado de Segurança

COMPETÊNCIA	AUTORIDADE COATORA
Tributos federais (*v.g.*, Imposto sobre a Renda)	Ilmo. Sr. Delegado da Receita Federal do Brasil

COMPETÊNCIA	AUTORIDADE COATORA
Tributos aduaneiros (*v.g.*, Impostos sobre a Importação e a Exportação)	Ilmo. Sr. Inspetor da Receita Federal do Brasil
Tributos estaduais (*v.g.*, ITCMD)	Ilmo. Sr. Delegado Regional Tributário
Tributos municipais (*v.g.*, ISS)	Ilmo. Sr. Diretor do Departamento de Rendas Mobiliárias
Tributos municipais (*v.g.*, IPTU, ITBI)	Ilmo. Sr. Diretor do Departamento de Rendas Imobiliárias
Certidões municipais	Ilmo. Sr. Diretor de Arrecadação e Fiscalização

Doutrina

• Tutelas Provisórias

O pedido de concessão de tutela provisória implica o diferimento, com base em critérios legais, do direito – constitucionalmente assegurado a ambas as partes da relação processual – ao contraditório e da ampla defesa. A rigor, portanto, referidos requisitos deverão ser hábeis a justificar a concessão, em caráter excepcional, do pedido de tutela provisória diante das especificidades do caso concreto. Nesse sentido, merece aplausos as considerações de Humberto Theodoro Júnior,[1] abaixo transcritas, *verbis:*

> O importante é ressaltar sempre que as tutelas de urgência – cautelares e antecipações de tutela, em liminar ou não – compreendem sempre **medidas excepcionais e não regra geral** a ser livremente aplicada segundo arbítrio da parte ou do juiz. Todas elas estão **sujeitas a pressupostos que a lei dita** como condições indispensáveis a seu manejo. Só com sua configuração é que se tolera a **quebra momentânea** do devido processo legal e da natural precedência do contraditório à solução dos conflitos em juízo. Providências da espécie tomadas **sem o respaldo** dos pressupostos legais configuram pura **arbitrariedade e verdadeiro abuso de autoridade** em intolerável infração à garantia fundamental do devido processo legal. *[Grifamos]*

1. Cf. "As liminares e a tutela de urgência". *Revista da EMERJ*, v. 5, n.17, 2002, p. 39. Disponível em: https://www.emerj.tjrj.jus.br/revistaemerj_online/edicoes/revista17/revista17_24.pdf

• **Liminar ou Depósito judicial**

Luiz Guilherme Marinoni e Sérgio Cruz Arenhart,[2] por oportuno, esclarecem que a concessão de liminar em mandado de segurança não pressupõe a realização de depósito, uma vez que cada qual, por si só, tem o condão de suspender a exigibilidade do crédito tributário, *verbis*:

> Em matéria tributária, por exemplo, é comum o magistrado exigir **caução** para deferir medida liminar que gere a **suspensão de exigibilidade** de crédito tributário. Nesse passo, porém, há **manifesto equívoco** da autoridade judiciária, já que o Código Tributário Nacional prevê, no art. 151, II, como causa de suspensão do crédito tributário, o depósito do montante integral questionado, estabelecendo, no seu inciso IV, com o mesmo efeito, a concessão de liminar em mandado de segurança. Ora, é óbvio que, **se o impetrante realiza o depósito** integral do tributo questionado, estabelecendo, **não precisa mais da liminar** para ter essa proteção. Assim, nada justifica condicionar-se a concessão de liminar ao depósito da importância devida nesse tipo de caso. *[Grifamos]*

• **Mandado de Segurança contra lei em tese**

Hugo de Brito Machado[3] traz alguns esclarecimentos acerca da *impetração preventiva* do mandado de segurança e da *impetração contra lei em tese*, *in verbis*:

> A doutrina tem afirmado que a impetração preventiva só é admissível com a prova da ameaça, e isto tem gerado equívocos na apreciação do mandado de segurança em matéria tributária. Como em grande número de impetrações preventivas o contribuinte ataca a futura exigência de tributo fundada em lei inconstitucional, tem-se dito que tais impetrações voltam-se contra a *lei em tese*.
>
> Impetração contra a lei em tese, porém, não se confunde com a impetração preventiva. Se a lei já incidiu, ou se já foram praticados atos importantes à configuração de sua hipótese de incidência, a impetração já é possível, e tem caráter preventivo, uma vez que a exigência do tributo ainda não ocorreu. Não há necessidade de comprovar a ameaça de tal exigência porque, sendo a atividade de lançamento vinculada e obrigatória, não é razoável presumir-se que a autoridade vai deixar de praticá-la. Pelo contrário, presume-se que ela vai cumprir a lei e, assim, fazer o lançamento. Daí o justo receio justificador da impetração preventiva.

2. Luiz Guilherme Marinoni e Sérgio Cruz Arenhart, *Procedimentos especiais*, v. 5, São Paulo, Revista dos Tribunais, 2009, pp. 250, nota 43.
3. Hugo de Brito Machado, *Curso de Direito Tributário*, 29ª ed., São Paulo, Malheiros Editores, 2008, pp. 472-473.

> *Impetração contra a lei em tese* é a que ataca a norma abstratamente. Norma que não incidiu. Se a norma não incidiu não se pode falar em direito subjetivo do impetrante. E neste caso é incabível não apenas o mandado de segurança, mas a propositura de qualquer ação, posto que sem a concreção do direito não pode haver atividade jurisdicional.
>
> Contra a lei em tese apenas é cabível ação direta de controle de constitucionalidade, que a rigor não tem natureza jurisdicional, mas legislativa. *[Grifos do autor]*

• Mandado de Segurança e legitimidade passiva

No que concerne à legitimação para figurar no polo passivo do mandado de segurança, sintetiza Cleide Previtalli Cais:[4]

> Celso Agrícola Barbi, acompanhando Seabra Fagundes, Castro Nunes e Themístocles Cavalcanti, sustenta que a parte passiva do mandado de segurança é a pessoa jurídica de direito público a cujos quadros pertence a autoridade apontada como coatora, ao entendimento de que o ato do funcionário é ato da entidade pública a que ela se subordina, operando-se os respectivos efeitos em relação à pessoa jurídica de direito público. Interpretando a omissão da Lei 1.533/1951 na determinação da citação da pessoa jurídica de direito público, considera que a circunstância de determinar a lei que seja feito o "pedido de informação à autoridade coatora" quer significar, apenas, mudança de técnica, em favor da brevidade do processo, já que o coator é citado em juízo como "representante" da pessoa jurídica de direito público, e não como parte. Diante desse entendimento, conclui que **a condenação nas despesas judiciais opera contra a entidade de direito público e não contra o coator**, já que vencida na causa será aquela, e não este.
>
> Muito embora a doutrina moderna seja **praticamente unânime** em afirmar que o **sujeito passivo** do mandado de segurança **é a pessoa de direito público** (ou, eventualmente, privado, nos casos do art. 5º, LXIX, da CF, quando se tratar de agende de pessoa jurídica no exercício de atribuições do Poder Público), a notificação que determina o inciso I do art. 7º da Lei 1.533/1951 ao coator prestar informações que entender necessárias configura uma fenda nos princípios de direito processual. Melhor andaria a lei se houvesse determinado a **citação** da pessoa de direito público para ocupar sua posição no processo, **além** de determinar a **intimação** do agente da pessoa jurídica para prestar as informações. *[Grifamos]*

4. Idem, pp. 314-315.

• **Ação de Consignação em Pagamento**

No entender de Cleide Previtalli Cais,[5] não cabe pedido sucessivo em Ação de Consignação em Pagamento quando o autor pretender discutir o respectivo débito. Registre-se:

> O pedido é de liberação da dívida e a discussão atinge o seu valor, admitindo sejam enfrentadas matérias de fato, de interpretação de cláusulas contratuais e de normas legais, a fim de se verificar se o depósito é integral. Conseqüentemente(sic), é **juridicamente impossível ação** de consignação em pagamento **fundada em dúvida do autor** quanto à efetiva existência do débito. Diante dessas características, **não cabe** formular **pedido sucessivo** em ação de consignação em pagamento. *[Grifamos]*

Jurisprudência

• **Defesa Judicial e Suspensão da Exigibilidade (art. 151, do CTN/66)**

O Superior Tribunal de Justiça já proferiu várias decisões no sentido de que o ajuizamento da ação declaratória de inexistência de relação jurídico tributária, por si só, não suspenderá a exigibilidade do respectivo crédito tributário. O disposto nos artigos 111 e 151, do CTN/66, também não autoriza interpretação extensiva para alcançar esse fim, mediante a concessão de medida cautelar inominada (247.894-RS).

• **Depósito (garantia de pagamento) – Art. 151, II, do CTN/66**

De plano, registre-se:

> **[STJ, Súmula 112]:** O depósito **somente** suspende a exigibilidade do crédito tributário se for **integral e em dinheiro**. *[Grifamos]*

Como corolário, o depósito mensal de valores relativos a tributo devido – feito em ação consignatória em que se pleiteia o direito ao parcelamento da dívida –, não é causa suspensiva da exigibilidade do crédito tributário. Noutro giro, o ajuizamento de Ação Anulatória ou de Ação Consignatória *desacompanhada* do *depósito* em *dinheiro* no valor *integral* da dívida não terá o condão de suspender a Execução Fiscal nem mesmo, por igual razão, autorizar a expedição de expedição de Certidão Positiva de Débito com Efeitos de Negativa (CPD-EN). Nesse sentido, já decidiu a 2ª Turma, do Superior Tribunal de Justiça (REsp 624.156-RS, 2007).

5. Cleide Previtalli Cais, *O Processo Tributário*, 4ª ed., São Paulo: Revista dos Tribunais, 2004, p. 520.

• Caução (garantia processual) – Art. 206, do CTN/66

Em 11.10.2006, ao apreciar o EREsp 815.629-RS, o Superior Tribunal de Justiça reformulou seu entendimento acerca do cabimento de caução para se obter Certidão Positiva de Débito com Efeitos de Negativa (CPD-EN). É dizer, embora a caução não seja hábil para assegurar a suspensão da exigibilidade do crédito tributário, poderá, todavia, ser efetivada por meio de medida cautelar – como espécie de antecipação de oferta de garantia –, com vistas à obtenção de CPD-EF, na pendência da propositura de Execução Fiscal. Para tanto, levou-se em consideração que o contribuinte não pode sujeitar-se às consequências de eventual demora da Fazenda Pública em promover a cobrança judicial de seus créditos tributários. Note-se que a medida cautelar de caução real prévia ao ajuizamento da execução fiscal surge com o entendimento de que à garantia prestada deve ser dado tratamento análogo à existência de penhora em execução fiscal. De conseguinte, "a penhora e a medida cautelar de caução podem ensejar a expedição da certidão positiva de débitos com efeitos de negativa (art. 206, do CTN), sem suspender a exigibilidade do crédito tributário, pois não previstas no art. 151, do CTN". Vide, ademais, o REsp 883.459-RS, de 2007, o REsp 1264581-RS, de 2012 e o REsp n. 1.737.209, de 2021).

Até então, assim se manifestava o Superior Tribunal de Justiça que "[...] Comete afronta ao art. 206 do CTN o decisório que entende ser possível, mediante o ajuizamento de ação declaratória ou ação cautelar, o oferecimento de caução com o objetivo de antecipar a eficácia da penhora em ação executiva, para fins de obtenção de certidão positiva com efeitos de negativa.[...]". Também entendia que não era suficiente para caracterizar o prequestionamento a mera alegação genérica da existência de omissões quanto às teses jurídicas suscitadas nos embargos de declaração, (REsp 843.911-PR, 2006).

• Certidão Positiva de Débito com Efeitos de Negativa (CPD-EN)

Conforme se infere do disposto no art. 151, V, do CTN/66, a **concessão** de medida liminar ou de tutela antecipada em ação judicial viabiliza ao sujeito passivo da obrigação tributária valer-se – **independentemente** do oferecimento de qualquer garantia – do Mandado de Segurança, da Ação Declaratória de Nulidade ou de Ação Desconstitutiva de Débito Fiscal para o fim de obter Certidão Positiva de Débito com Efeitos de Negativa (CPD-EN). Nesse sentido, já decidiu a 2ª Turma, do Superior Tribunal de Justiça (REsp n. AgR no Ag n. 883.084-BA, 2007).

• Liminar para Compensação de créditos tributários

A Suprema Corte declarou, por maioria, inconstitucional a proibição de concessão de liminar para compensação de créditos tributários, entrega de mercadorias e bens provenientes do exterior, reclassificação ou equiparação de servidores públicos e concessão de aumento ou extensão de vantagens ou pagamento de qualquer natureza, a que se refere o disposto no artigo 7º, parágrafo 2º, da Lei n. 12.016, de 2009. Também, por maioria, declarou inconstitucional a exigência de oitiva prévia do representante da pessoa jurídica de direito público como condição para a concessão de liminar em MS coletivo, prevista no artigo 22, parágrafo 2º, da referida lei, (ADI n. 4296, de 2021).

- **Prescrição e Decadência (Art. 156, V, CTN/66)**

Ao apreciar o Tema Repetitivo n. 229, referente ao prazo prescricional quinquenal adotado para a propositura de ação declaratória de nulidade de lançamentos tributários (art. 1º do Decreto 20.910/32), o Superior Tribunal de Justiça fixou a seguinte tese, *verbis*:

> A **ação de repetição de indébito** (...) visa à restituição de crédito tributário pago indevidamente ou a maior, por isso que o **termo *a quo*** é a **data da extinção do crédito tributário**, momento em que exsurge o direito de ação contra a Fazenda Pública, sendo certo que, por tratar-se de tributo sujeito ao **lançamento de ofício**, o prazo prescricional é quinquenal, nos termos do **art. 168, I**, do CTN. *[STJ, REsp n.,947.206, 2ª S., rel. min. Luix fux, j. 13.10.2010, v.u., DJe 26.10.2010] [Grifamos]*

Temas para Dissertação ou pesquisa

1. "Processo Judicial Tributário. Ações do Contribuinte".
2. "Processo Judicial Tributário. Suspensão da Exigibilidade do Crédito Tributário.

Questões

1. Qual é o objeto da ação de consignação em pagamento de crédito tributário?
2. Qual é o objeto da ação declaratória de inexistência de relação jurídica tributária?
3. Qual é o objeto da ação anulatória de lançamento tributário?
4. Qual é o objeto da ação de repetição de indébito?
5. Qual é o objeto do mandado segurança em matéria tributária?

Consulta

1. **[39° Exame de Ordem Unificado, 2024, n. 3]** A Administração Tributária Federal lavrou auto de infração em face da indústria Friozão Ltda., por ter recolhido o IPI a menor no ano de 2020, sob o fundamento de que a

sociedade empresária teria classificado seus produtos como "geladeiras", que possuíam alíquota de 5%, quando deveria tê-los classificado como "adegas refrigeradas de vinhos", que possuíam alíquota de 45%, embora tenham fabricação e sistema de refrigeração similares. Aplicou também uma multa qualificada de 100% por entender ter havido dolo e prestação de declaração falsa sobre o produto para reduzir o imposto. A sociedade empresária impugnou administrativamente o auto de infração, mas lhe foi exigido um depósito do montante integral cobrado para a admissão e análise da defesa. Diante disso, a sociedade empresária resolveu ajuizar uma ação anulatória para contestar tal lançamento tributário. A) É válida a exigência de depósito do montante cobrado para a apreciação da impugnação na esfera administrativa? Justifique. (Valor: 0,65) B) Com o ajuizamento da ação anulatória, quais os efeitos sobre o processo administrativo? Justifique. (Valor: 0,60) Obs.: o(a) examinando(a) deve fundamentar suas respostas. A mera citação do dispositivo legal não confere pontuação.

2. **[37° Exame de Ordem Unificado, 2023, n. 4]** José é locatário de imóvel de propriedade do Sindicato de Empregadores da Construção Civil do Município Alfa. Em seu contrato de locação, está previsto que José deverá recolher ao Município o valor do IPTU incidente sobre o imóvel. Todos os anos, José recebe o carnê de IPTU e o paga devidamente, entregando posteriormente o carnê e o comprovante de pagamento ao referido sindicato. Contudo, José, ao conversar com um advogado, passa a entender que a cobrança feita pelo Fisco Municipal era indevida, pois o proprietário do imóvel, ainda que alugado a terceiros, seria entidade imune. Diante desse cenário, responda aos itens a seguir. A) Poderia José discutir judicialmente a eventual imunidade do proprietário do imóvel, uma vez que é ele quem paga o imposto, conforme cláusula contratual expressa? Justifique. (Valor: 0,65) B) Tem razão José em entender que está presente a imunidade de IPTU no caso? Justifique. (Valor: 0,60) Obs.: o(a) examinando(a) deve fundamentar suas respostas. A mera citação do dispositivo legal não confere pontuação.

Medidas Judiciais

1. **[39° Exame de Ordem Unificado, 2024]** Pedro de Camões, residente e proprietário de imóvel no Município Alfa, comarca judicial de Vara Única, foi surpreendido ao receber, no dia 15.4.2022, em sua residência, uma notificação com guia de recolhimento de Contribuição de Melhoria lançada em seu nome como contribuinte, por ser proprietário de tal imóvel, no valor de R$ 15.000,00 (quinze mil reais), emitida pela Secretaria de Fazenda Municipal. Tal valor deveria ser pago em até três parcelas iguais, mensais, sendo que a primeira (ou cota única) venceria em 15 (quinze) dias (30.4.2022). O referido tributo foi instituído pela Lei Municipal nº 12.345/22, publicada em 10.1.2022. Ao examinar os termos da lei e do edital prévio a que se referia a Contribuição de Melhoria, Pedro verificou: 1) que o tributo havia sido instituído pouco

mais de 90 (noventa) dias antes de receber a notificação de pagamento pela guia de recolhimento, referente à obra realizada no ano anterior; 2) que o imóvel de sua propriedade se encontrava no bairro Beta, diverso e bastante distante do bairro Gama, local da realização da obra pública de iluminação, arborização e recuperação do Parque Municipal da Liberdade, objeto da exação custeada pelos cofres da municipalidade; 3) que o valor cobrado de R$ 15.000,00 (quinze mil reais) representava mais de dez vezes a valorização do seu imóvel no último ano, e que a pequena valorização de seu imóvel no ano transcorrido seria mera decorrência do mercado imobiliário naquela cidade; 4) que o somatório dos valores cobrados pelo Município dos imóveis relacionados no edital ultrapassava o valor total de custo da obra em 50%. Pedro de Camões, então, o(a) contrata como advogado(a), para defender seus interesses de não ter que pagar tal tributo, registrando que está em vias de efetivar a venda do seu imóvel, que, por isso, deverá estar com todos os documentos e certidões livres e desembaraçados e que será necessário contratar um perito imobiliário para emitir laudo pericial a fim de demonstrar que a pequena valorização do seu imóvel em nada tem a ver com a obra pública realizada. Diante dos fatos expostos, redija a medida judicial cabível para que seu cliente não tenha que pagar tal tributo, com atenção às solicitações por ele feitas quando lhe contratou. (Valor: 5,00) Obs.: a peça deve abranger todos os fundamentos de Direito que possam ser utilizados para dar respaldo à pretensão. A simples menção ou transcrição do dispositivo legal não confere pontuação.

2. **[37° Exame de Ordem Unificado, 2023]** João, residente e domiciliado no Município Alfa, interior do Estado Beta (não sendo sede de nenhuma Vara de Juizado Especial), aderiu a um Programa de Incentivo à Demissão Voluntária (PDV) da empresa em que trabalhava. No momento da rescisão contratual, além do valor que receberia pela adesão ao PDV, foi apurado que também lhe era devido o pagamento de férias proporcionais e o respectivo adicional. Ao receber os valores em 20.12.2021, João verificou que fora retido na fonte Imposto sobre a Renda de Pessoa Física (IRPF) incidente sobre todos os valores acima elencados, bem como fora aplicada nova alíquota majorada de IRPF, instituída por lei federal publicada em 10.12.2021. Passado um ano de tal retenção de IRPF, João consulta você, como advogado(a), acerca da legalidade da incidência do Imposto sobre a Renda. Sua resposta é de que houve tributação indevida no caso, de modo que João o(a) contrata como advogado(a) para tutelar seus interesses em juízo. Diante desse cenário, como advogado(a) constituído(a) por João, redija a medida judicial adequada para condenar o ente federado competente a restituir, em espécie, o tributo reputado indevido. Obs: a peça deve abranger todos os fundamentos de Direito que possam ser utilizados para dar respaldo à pretensão. A simples menção ou transcrição do dispositivo legal não confere pontuação.

3. **[XXXIV Exame de Ordem Unificado, 2022]** Diante de grave crise econômica que assolou os cofres municipais, o Prefeito do Município XYZ resolveu, em 31 de dezembro de 2021, editar o Decreto nº 1.234/21, que determinava a atualização da base de cálculo do Imposto sobre a Propriedade Territorial e Predial Urbana (IPTU) em percentual superior ao índice oficial de correção monetária e a majoração da alíquota do IPTU para todas as propriedades localizadas na zona urbana do Município XYZ. O decreto entrou em vigor no dia 1º de janeiro de 2022, e o Município XYZ imediatamente iniciou a emissão dos carnês de IPTU. João, proprietário de um imóvel localizado na área urbana do Município XYZ, recebeu o carnê de IPTU do ano de 2022 já com as alterações previstas no Decreto nº 1.234/21. Preocupado, uma vez que o imóvel está prestes a ser vendido e a existência de um débito de IPTU pode afastar compradores e impedir a concretização do negócio, e não querendo realizar o pagamento por discordar da cobrança, João procura você, como advogado(a), para apresentar medida judicial para a desconstituição do crédito tributário. Diante dos fatos acima e sabendo-se que (a) será necessária a produção de prova pericial para demonstrar que a atualização da base de cálculo foi superior ao índice oficial de correção monetária; (b) se pretende que o Município XYZ seja condenado em honorários de sucumbência; (c) não há processo judicial em trâmite a respeito desse caso; e (d) João tem urgência em vender logo seu imóvel, redija a peça processual adequada para a garantia dos direitos de João. (Valor: 5,00) Obs.: a peça deve abranger todos os fundamentos de Direito que possam ser utilizados para dar respaldo à pretensão. A simples menção ou transcrição do dispositivo legal não confere pontuação.

3. **[XXIV Exame de Ordem Unificado, 2018]** A indústria Alfa vende bebidas para o supermercado Beta, que, por sua vez, revende-as a consumidores finais, sendo certo que todas as operações ocorrem dentro dos limites do estado ABC, em cuja capital estão domiciliadas as duas sociedades empresárias. No estado ABC tem vigência a Lei Ordinária nº 123, que prevê a indústria como substituta tributária do ICMS incidente nas operações subsequentes. Em abril de 2017, o estado ABC exigiu de Alfa todo o tributo incidente sobre a cadeia produtiva descrita. Assim, Alfa pagou o ICMS incidente na operação própria (a venda que fez ao supermercado Beta) e também na operação subsequente – isto é, o ICMS que incidiria na operação entre o supermercado Beta e os consumidores finais. Dessa forma, para a verificação do valor a ser pago, o ICMS foi calculado sobre o valor presumido de venda da mercadoria ao consumidor final. Ocorre que, para surpresa da indústria Alfa, o supermercado Beta, que sempre vendeu as bebidas produzidas por Alfa pelo valor de R$ 16,00 (dezesseis reais), resolveu, diante da crise econômica, comercializar as bebidas por R$ 14,00 (catorze reais). Com isso, a indústria Alfa entendeu que a base de cálculo do imposto foi inferior àquela que havia sido presumida, razão pela qual, na prática, pagou, como contribuinte substituto, um valor de ICMS maior

do que aquele que seria realmente devido. Diante disso, e em razão de a indústria Alfa e o supermercado Beta serem clientes do mesmo escritório X, as duas sociedades empresárias lhe expuseram os fatos narrados acima. Na qualidade de advogado(a) do escritório X, redija a medida judicial adequada para condenar o Estado ABC a restituir, em espécie, o valor do tributo pago a mais. (Valor: 5,00) Obs.: a peça deve abranger todos os fundamentos de Direito que possam ser utilizados para dar respaldo à pretensão. A simples menção ou transcrição do dispositivo legal não confere pontuação.

6. **[XIX Exame de Ordem Unificado, 2016]** Zeta é uma sociedade empresária cujo objeto social é a compra, venda e montagem de peças metálicas utilizadas em estruturas de shows e demais eventos. Para o regular exercício de sua atividade, usualmente necessita transferir tais bens entre seus estabelecimentos, localizados entre diferentes municípios do Estado de São Paulo. Apesar de nessas operações não haver transferência da propriedade dos bens, mas apenas seu deslocamento físico entre diferentes filiais de Zeta, o fisco do Estado de São Paulo entende que há incidência de Imposto sobre Circulação de Mercadorias e Prestação de Serviços – ICMS nesse remanejamento. Diante da falta de recolhimento do imposto, o fisco já reteve por mais de uma vez, por seus Auditores Fiscais, algumas mercadorias que estavam sendo deslocadas entre as filiais, buscando, assim, forçar o pagamento do imposto pela sociedade empresária. Considere que, entre a primeira retenção e a sua constituição como advogado, passaram-se menos de dois meses. Considere, ainda, que todas as provas necessárias já estão disponíveis e que o efetivo pagamento do tributo, ou o depósito integral deste, obstaria a continuidade das operações da empresa que, ademais, não quer se expor ao risco de eventual condenação em honorários, no caso de insucesso na medida judicial a ser proposta. Com receio de sofrer outras cobranças do ICMS e novas retenções, e também pretendendo a rápida liberação das mercadorias já apreendidas, uma vez que elas são essenciais para a continuidade de suas atividades, a sociedade empresária Zeta o procura para, na qualidade de advogado, elaborar a petição cabível, ciente de que, entre a retenção e a constituição do advogado, há período inferior a 120 (cento e vinte) dias, e que, para a demonstração dos fatos, há a necessidade, apenas, de prova documental que lhe foi entregue. (Valor: 5,00 pontos) Obs.: o examinando deve fundamentar suas respostas. A mera citação do dispositivo legal não confere pontuação.

Testes

1. **[41º Exame de Ordem Unificado, 2024, n. 27]** Em 2022, a Organização Religiosa ABC recebeu em doação lojas que pretende alugar para destinar a renda obtida com os aluguéis ao pagamento de auxílio ministerial para a subsistência de seus ministros religiosos e suas famílias. Temendo que o Fisco municipal, já em janeiro de 2023, venha a fazer o lançamento dos

IPTUs referentes a tais lojas, a Organização Religiosa ABC procurou você, como advogado(a), nesse mesmo mês de janeiro de 2023, para que seja promovida medida judicial a fim de que o Fisco se abstenha de fazer tal lançamento, sabendo que terá de ser produzida prova nos autos – por perito contábil indicado pelo Juízo – acerca da destinação que se pretende dar a esses aluguéis. Diante desse cenário, assinale a opção que indica a ação a ser proposta.

a) ( ) Mandado de Segurança Preventivo.

b) ( ) Medida Cautelar Fiscal.

c) ( ) Ação Anulatória.

d) ( ) Ação Declaratória.

2. **[Advogado, Pref. Iguaraçu/PR, 2024, n. 29]** Segundo decisões do STJ, cabe à legislação municipal estabelecer o sujeito passivo do IPTU, quanto a incidência do IPTU, assinale a alternativa correta com base nas súmulas do Superior Tribunal de Justiça:

a) ( ) A legislação municipal não pode estabelecer sujeito passivo do IPTU.

b) ( ) A incidência de IPTU sobre imóvel situado em área considerada pela lei local como urbanizável ou de expansão urbana não está condicionada à existência dos melhoramentos elencados no art. 32, § 1° do CTN.

c) ( ) É defeso, ao município, atualizar o IPTU, mediante decreto, em percentual inferior ao índice oficial de correção monetária.

d) ( ) O locatário possui legitimidade ativa para discutir a elação jurídico-tributária de IPTU e de taxas referentes ao imóvel alugado nem para repetir indébito desses tributos.

3. **[Advogado, Pref. Espera Feliz/MG, 2024, n. 36]** A Lei n° 12.153/2009 instituiu os Juizados Especiais da Fazenda Pública no âmbito dos Estados, Distrito Federal, Territórios e Municípios, com o objetivo de proporcionar uma solução célere e simplificada para as demandas envolvendo litígios contra a Fazenda Pública. Esses juizados aplicam-se a causas de menor complexidade, especialmente aquelas relacionadas a questões fazendárias, tributárias e previdenciárias. Sobre a referida Lei, assinale a afirmativa correta.

a) ( ) É de competência dos Juizados Especiais da Fazenda Pública processar, conciliar e julgar causas cíveis de interesse dos Estados, do Distrito Federal, dos Territórios e dos Municípios, até o valor de quarenta salários mínimos.

b) ( ) Não haverá prazo diferenciado para a prática de qualquer ato processual pelas pessoas jurídicas de direito público, inclusive a interposição de recursos, devendo a citação para a audiência de conciliação ser efetuada com antecedência mínima de trinta dias.

c) ( ) As Turmas Recursais do Sistema dos Juizados Especiais são compostas por juízes em exercício no primeiro grau de jurisdição, na forma da legislação dos Estados e do Distrito Federal, com mandato de quatro anos, e integradas, preferencialmente, por juízes do Sistema dos Juizados Especiais.

d) ( ) Se o valor da execução ultrapassar o estabelecido para pagamento independentemente do precatório, o pagamento far-se-á, sempre, por meio do precatório, sendo obrigada à parte exequente a renúncia ao crédito do valor excedente, para que possa optar pelo pagamento do saldo sem o precatório.

4. [Advogado, Pref. Balneário Camboriú/SC, 2024, n. 26] Em contrato de locação de imóvel urbano, o proprietário do imóvel firmou no contrato de locação que o pagamento do imposto sobre a propriedade predial e territorial urbana seria de responsabilidade do locatário do bem. O locatário do imóvel não pagou o imposto predial e o Município ajuizou a ação judicial para a cobrança dos valores devidos.

a) ( ) Caberá unicamente ao proprietário do bem a responsabilidade pelo pagamento do imposto sobre a propriedade predial e territorial urbana.

b) ( ) O Município credor deverá indicar como réu na ação judicial de cobrança do imposto sobre a propriedade predial e territorial urbana o locatário do imóvel, que se responsabilizou pelo pagamento do tributo.

c) ( ) A responsabilidade pelo pagamento do imposto sobre a propriedade predial e territorial urbana é solidária entre o proprietário e o locatário, uma vez que a ambos exercem poderes de posse do bem.

d) ( ) A ação judicial deverá ser direcionada ao locatário do bem devedor do imposto sobre a propriedade predial e territorial urbana, que poderá cobrar o tributo do proprietário de forma regressiva.

e) ( ) Para evitar responsabilidade pelo não pagamento do imposto sobre a propriedade predial e territorial urbana, o proprietário do imóvel deverá informar o fisco municipal sobre o contrato de locação firmado sobre o bem imóvel de sua propriedade.

5. **[Advogado-Procurador-Geral, Pref. EntreIJuís/RS, 2023, n. 1]** Julgue cada afirmação abaixo como verdadeira (V) ou falsa (F) e marque a alternativa que contém a sequência correta das letras, de cima para baixo.

() A concessão de tutela antecipada suspende a exigibilidade do crédito tributário.

() A propositura da ação anulatória suspende a exigibilidade do crédito tributário.

() É constitucional a exigência de depósito prévio como requisito de admissibilidade de ação judicial na qual se pretende discutir a exigibilidade do crédito tributário.

a) ( ) V – V – V
b) ( ) V – F – F
c) ( ) F – V – F
d) ( ) F – F – F

6. **[Advogado-Procurador-Geral, Pref. EntreIJuís/RS, 2023, n. 2]** Em relação ao Mandado de Segurança estão corretas as afirmativas a seguir, exceto a da alternativa:

a) ( ) Denegado o mandado de segurança fica sem efeito a liminar concedida, retroagindo os efeitos da decisão contrária.
b) ( ) O mandado de segurança não produz efeitos patrimoniais pretéritos, os quais devem ser reclamados administrativamente ou pela via judicial própria.
c) ( ) É vedada a compensação mediante o aproveitamento de tributo, objeto de contestação judicial pelo sujeito passivo, antes do trânsito em julgado da respectiva decisão judicial.
d) ( ) O mandado de segurança não constitui ação adequada para a declaração do direito à compensação tributária.

7. **[37° Exame de Ordem Unificado, 2023, n. 26]** A instituição assistencial sem fins lucrativos Quero-Te-Bem, apesar de atender há muitos anos a todos os requisitos legais e constitucionais para ter direito ao seu enquadramento como detentora da imunidade tributária de impostos das entidades beneficentes de assistência social (Art. 150, inciso VI, alínea c, da CRFB/88), foi surpreendida, em dezembro de 2022, com uma notificação de lançamento tributário referente ao Imposto sobre a Renda de Pessoa Jurídica (IRPJ) dos anos de 2018 a 2021. Ao consultar seu advogado, este solicita todos os livros contábeis, documentos societários e demais certidões, todos desde

a sua constituição, a fim de desconstituir judicialmente a cobrança, com o auxílio de parecer de empresa de auditoria e de perito judicial a serem indicados e produzidos como meios de provas no processo. Diante desse cenário, assinale a opção que indica a medida judicial cabível.

a) ( ) Mandado de Segurança repressivo.

b) ( ) Ação Anulatória de Débito Fiscal.

c) ( ) Ação Declaratória de inexistência de relação jurídico-tributária.

d) ( ) Medida Cautelar Fiscal.

8. **[35° Exame de Ordem Unificado, 2022, n. 22]** Marcelo, servidor do Estado X, verificando sua conta bancária, percebeu que houve a retenção a maior do imposto sobre a renda (IRRF) incidente sobre sua remuneração. Objetivando receber a quantia recolhida a maior de volta, Marcelo ajuizou ação de repetição de indébito, incluindo, no polo passivo, o Estado X. Sobre a hipótese descrita, assinale a afirmativa correta.

a) ( ) O imposto sobre a renda é um tributo de competência exclusiva da União, e, portanto, o polo passivo deve ser integrado pela União.

b) ( ) Marcelo não possui legitimidade ativa para propor a ação de repetição de indébito, visto que não suportou o ônus tributário.

c) ( ) Somente o Estado X tem legitimidade para figurar no polo passivo da ação de restituição de indébito do imposto sobre a renda retido na fonte proposta por seus servidores.

d) ( ) Tanto o Estado X quanto a União deveriam figurar solidariamente no polo passivo da ação de repetição de indébito.

9. **[Assessoramento Legislativo, Senado Federal, 2022, n. 73]** Determinada pessoa jurídica requereu administrativamente a restituição de imposto sobre a renda pago a maior do último ano calendário. No entanto, foi negado, administrativamente, o direito à restituição. Em relação ao tema, o prazo de prescrição correto para ajuizamento, pela pessoa jurídica, da ação anulatória da decisão administrativa conta-se do seguinte modo:

a) ( ) 4 (quatro) anos da constituição definitiva do crédito.

b) ( ) 5 (cinco) anos do pagamento indevido.

c) ( ) 5 (cinco) anos da constituição definitiva do crédito.

d) ( ) 2 (dois) anos da decisão administrativa que denegar a restituição.

e) ( ) 5 (cinco) anos da data em que se tornou definitiva a decisão administrativa.

10. **[XXIV Exame de Ordem Unificado, 2018.1, n. 26]** A pessoa jurídica A declarou débitos de Imposto sobre a Renda (IRPJ) que, no entanto, deixaram de ser quitados. Diante do inadimplemento da contribuinte, a União promoveu o protesto da Certidão de Dívida Ativa (CDA) decorrente da regular constituição definitiva do crédito tributário inadimplido. Com base em tais informações, no que tange à possibilidade de questionamento por parte da contribuinte em relação ao protesto realizado pela União, assinale a afirmativa correta.

   a) ( ) O protesto da CDA é indevido, uma vez que o crédito tributário somente pode ser cobrado por meio da execução fiscal

   b) ( ) O protesto da CDA é regular, por se tratar de instrumento extrajudicial de cobrança com expressa previsão legal.

   c) ( ) O protesto da CDA é regular, por se tratar de instrumento judicial de cobrança com expressa previsão legal.

   d) ( ) O protesto da CDA é indevido, por se tratar de sanção política sem previsão em lei.

11. **[Exame de Ordem/BA, 2004.2, n. 86]** Contribuinte do Imposto Predial e Territorial Urbano, com débito relativo a esse imposto perante a Fazenda Municipal, vem a requerer e obter administrativamente o parcelamento da dívida. Estando cumprindo com o assumido, vem o contribuinte a ser citado em processo de execução fiscal referente à mesma dívida. Nesse caso, o contribuinte deverá argüir em sua defesa a

   a) ( ) suspensão da execução, por inépcia da inicial, em razão da causa extintiva do crédito.

   b) ( ) extinção da execução, por carência da ação, em razão da causa de suspensão do crédito.

   c) ( ) suspensão da execução, por falta de interesse de agir do fisco municipal, em razão da causa de exclusão do crédito tributário.

   d) ( ) suspensão da execução, por inepta a inicial, em razão da causa de exclusão do crédito.

12. **[Exame de Ordem/BA, 2004.2, n. 88]** Contribuinte notificado de lançamento tributário vem a impugná-lo judicialmente por meio da competente ação anulatória de lançamento tributário, sem, contudo, efetuar o depósito do montante integral. A Fazenda Pública, tendo em vista a ausência do depósito, requereu a extinção do feito, sendo que o juiz, diante do requerido, extinguiu o processo. A sentença assim proferida mostra-se

   a) ( ) correta, visto ser exigido o depósito do montante integral nesse tipo de ação.

b) ( ) incorreta, visto que o depósito em questão tem apenas o condão de suspender a exigibilidade do crédito, não constituindo óbice ao exercício da ação.

c) ( ) correta, visto que o depósito em questão, se houvesse sido feito, representaria pagamento, motivo suficiente para extinguir a ação anulatória.

d. ( ) correta, visto que, se o depósito houvesse sido feito, teria se verificado causa de exclusão do crédito tributário suficiente para pôr fim ao processo sem julgamento do mérito.

20

COBRANÇA JUDICIAL DO CRÉDITO TRIBUTÁRIO E DEFESAS CABÍVEIS

20.1 AÇÕES DO FISCO

A cobrança da dívida ativa da Fazenda Pública,[1] propriamente dita, é efetuada por meio da *Ação de Execução Fiscal*, que se encontra disciplinada pela Lei n. 6.830, de 22.9.1980, conhecida como *Lei de Execução Fiscal – LEF*.

Frise-se, para a cobrança de créditos públicos – portanto, não apenas os de natureza tributária – a Fazenda Pública dispõe da chamada *Execução Fiscal*. As normas do Código de Processo Civil de 2015 (CPC/15) poderão, todavia, ser aplicadas, subsidiariamente, ao processo de execução fiscal, (art. 1º da LEF).

Após a constituição do crédito, inclusive no curso da execução judicial da dívida ativa, poderá a Fazenda Pública fazer uso da denominada *Ação Cautelar Fiscal*, instituída pela Lei n. 8.397, de 6.1.1992, com o escopo de tornar indisponíveis os bens do devedor.

Neste capítulo, teceremos breves considerações acerca dessas duas ações, bem como a respeito dos Embargos à Execução Fiscal, da Exceção de Pré-executividade e dos Embargos de Terceiro.

20.1.1 Ação de Execução Fiscal (Lei 6.830/80)

A propositura da Execução Fiscal pressupõe a constituição do crédito tributário e a subsequente inscrição em dívida ativa, sempre que vencido, não

1. A expressão "Fazenda Pública", empregada sem qualificação, alcança todas as esferas de governo: federal, estadual, distrital e municipal (art. 209 do CTN/66).

pago nem impugnado pelo suposto devedor. Observe-se que a dívida ativa da Fazenda Pública, tributária ou não, compreende a atualização monetária, juros e multa de mora, além de outros encargos previstos em lei ou contrato (§ 2º, do art. 2º, da LEF).

Quanto ao foro para a propositura da Execução fiscal, a regra estabelecida pelo Código de Processo Civil de 1973 (CPC/73), era a do foro do domicílio do réu e, se não houvesse, no se sua residência ou no do lugar onde fosse encontrado (art. 578 c/c art. 585, V). E mais. À Fazenda Pública era facultado escolher (i) o foro de qualquer um dos devedores, quando houvesse mais de um, ou o foro de qualquer dos domicílios do réu; assim como (ii) o foro do lugar em que se praticou o ato ou ocorreu o fato que deu origem à dívida, embora nele não mais resida o réu, ou, ainda, no foro da situação dos bens, quando a dívida deles se originar, nos termos dispostos no parágrafo único, do art. 578.

Sob a vigência do CPC/15, a Ação de Execução Fiscal poderá ser ajuizada no foro do domicílio do réu, ou no de sua residência, ou no lugar onde for encontrado, perante o juízo das execuções fiscais, onde houver, (no art. art. 46 e § 5º, e art. 52, parágrafo único. Transcreva-se:

> **[CPC/15] Art. 46.** A **ação** fundada em direito pessoal ou em direito real sobre bens **móveis** será proposta, **em regra**, no foro de **domicílio do réu**.
>
> (...).
>
> § 5º A **execução fiscal** será proposta no foro de **domicílio** do réu, no de sua **residência** ou no do **lugar onde for encontrado**. *[Grifamos]*
>
> (...).
>
> **[CPC/15] Art. 52.** É competente o foro de domicílio do réu para as causas em que seja **autor Estado ou o Distrito Federal**.
>
> Parágrafo único. Se **Estado ou o Distrito Federal for o demandado**, a ação poderá ser proposta no foro de domicílio do autor, no de ocorrência do ato ou fato que originou a demanda, no de situação da coisa ou na capital do respectivo ente federado. *[Grifamos]*

Vejamos a inovação legislativa. A luz do CPC/73, facultava-se à Fazenda Pública ajuizar a Execução fiscal no (i) foro do local onde ocorreu o fato gerador da obrigação tributária, constante da Certidão de Dívida Ativa, ou (ii) no foro do domicílio do executado.

Com o advento do CPC/15, todavia, o foro para a propositura da Execução Fiscal restringe-se ao domicílio do réu, no de sua residência ou no do lugar onde for encontrado. Para as causas em que seja autor Estado ou o Distrito Federal, o foro competência será apenas o do domicílio do réu, (v. jurisprudência, ao final).

A competência para processar e julgar a execução fiscal excluirá a de qualquer outro juízo, seja de falência, de concordata, de liquidação, de insolvência ou de inventário, nos termos do art. 187, do Código Tributário Nacional (CTN/66), e dos arts. 5º e 29, da LEF.

- **Requisitos da Petição Inicial da Ação de Execução Fiscal**

A petição inicial da Execução Fiscal deverá indicar apenas o juiz a quem é dirigida, o pedido e o requerimento para a citação, uma vez que as demais informações estarão contidas na Certidão de Dívida ativa (CDA), que fará parte integrante da inicial.[2] Transcreva-se:

> **[Lei 6.830/80] Art. 6º** – A **petição inicial** indicará **apenas**:
>
> I – o **Juiz** a quem é dirigida;
>
> II – o **pedido**; e
>
> III – o requerimento para a **citação**.
>
> § 1º – A petição inicial será instruída com a **Certidão da Dívida Ativa**, que dela fará parte integrante, como se estivesse transcrita.
>
> § 2º – A petição inicial e a Certidão de Dívida Ativa poderão constituir um **único documento**, preparado inclusive por **processo eletrônico**.
>
> § 3º – A **produção de provas** pela Fazenda Pública **independe** de requerimento **na petição inicial**. *[Grifamos]*
>
> § 4º – O **valor da causa** será o da dívida constante da certidão, com os encargos legais. *[Grifamos]*

Na Ação de Execução Fiscal, frise-se, o valor da causa será o da dívida constante na CDA, acrescido dos encargos legais.

- **Legitimidade processual passiva na Execução Fiscal**

A Lei de Execução Fiscal traz o rol das pessoas que poderão figurar como sujeito passivo no processo de cobrança de créditos públicos, *verbis*:

> **[Lei 6.830/1980] Art. 4º. A execução fiscal** poderá ser promovida **contra**:
>
> I – o devedor;
>
> II – o fiador;
>
> III – o espólio;
>
> IV – a massa;
>
> V – o responsável, nos termos da lei, por dívidas, tributárias ou não, de pessoas físicas ou pessoas jurídicas de direito privado; e
>
> VI – os sucessores a qualquer título. *[Grifamos]*

2. O Decreto 3.048, de 6.5.1999, assim estabelece, *verbis*: "Art. 358. Na execução judicial da dívida ativa da União, suas autarquias e fundações públicas, será facultado ao exeqüente(sic) indicar bens à penhora, a qual será efetivada concomitantemente com a citação inicial do devedor".

Nesse passo, vale ter em conta que a cobrança judicial do crédito tributário pressupõe sua constituição, seu inadimplemento e subsequente inscrição em Dívida Ativa, sem prejuízo do contraditório e da ampla defesa.

- **Execução Fiscal – Legitimidade Processual e Capacidade Tributária**

O Código Tributário Nacional de 1966, (CTN/66), traz normas gerais a respeito da capacidade tributária para figurar nos polos ativo e passiva da relação jurídica obrigacional tributária, cujos titulares, por óbvio, terão legitimidade processual "ad causam" para discutir o respectivo crédito tributário, administrativa e judicialmente. No entanto, qualquer pessoa, titular ou não de capacidade tributária passiva – ainda que seu nome não conste como devedor no título de execução extrajudicial – terá legitimidade "ad processum" para agir em juízo, desde que tenha sido regularmente citada. Esta legitimidade, portanto, não decorre da capacidade tributária de direito material acima referida, mas da mera capacidade de praticar atos processuais, independentemente de qualquer representação.

Por oportuno, a Certidão de Dívida Ativa goza de presunção relativa de liquidez e certeza e, como corolário, todos que – e somente os que – nela constarem como devedores do crédito tributário terão, por igual presunção, legitimidade processual "ad causam". Cabe, pois, apenas aos legitimados para a causa o direito de exercer o contraditório e a ampla defesa para ilidir por prova inequívoca a presunção de liquidez e certeza da Dívida Ativa Tributária.

- **Efeitos da Citação na Ação de Execução Fiscal**

Considera-se proposta a ação judicial quando a petição inicial for protocolizada. No entanto, somente o deferimento de citação interromperá o prazo prescricional (art. 174, do CTN/66), cujos efeitos retroagirão à data da propositura da ação, (art. 312 c/c art. 240, § 1º, do CPC/15).

Ainda, a propósito, o deferimento do pedido inicial implicará: (i) ordem para citação do devedor; (ii) penhora de bens, se não for paga a dívida nem garantida a execução por meio de depósito ou fiança; (iii) arresto, quando o executado não tiver domicílio ou dele se ocultar; (iv) registro da penhora ou do arresto; e (v) avaliação dos bens penhorados ou arrestados.

Note-se que, tendo sido validamente citado, o executado terá o prazo de cinco dias para pagar a dívida ou garantir a execução, sob pena de penhora.

É dizer, o devedor poderá optar por: (i) pagar a dívida, extinguindo-se, assim, a respectiva ação judicial; (ii) pagar parte da dívida que julgar incontroversa e garantir a execução do saldo devedor; (iii) não pagar a dívida e oferecer garantia da execução, que poderá ser em dinheiro,[3] fiança bancária ou penhora de bens.

3. V. art. 32 da Lei de Execução Fiscal e o disposto na Lei n. 14.973, de 16.9.2024, acerca das novas regras para a atualização de depósitos administrativos ou judiciais.

A quitação da dívida – que levará à extinção do processo de execução – compreende o pagamento dos juros, multa de mora e encargos constantes na CDA.

- **Garantia da Execução Fiscal**

Quanto à garantia da execução, estabelece o art. 9º, da Lei de Execução Fiscal, *verbis*:

> **[Lei 6.830/1980] Art. 9º.** Em **garantia** da **execução**, pelo valor da dívida, juros e multa de mora e encargos indicados na certidão da dívida ativa, **o executado poderá**:
>
> I – efetuar depósitos em **dinheiro**, à ordem do juízo em estabelecimento oficial de crédito, que assegure atualização monetária;
>
> II – oferecer **fiança bancária** ou **seguro garantia**; *[Redação dada pela Lei n. 13.043/2014]*
>
> III – nomear **bens à penhora**, observada a ordem do art. 11; ou
>
> IV – indicar à penhora **bens** oferecidos por **terceiros** e aceitos pela Fazenda Pública. *[Grifamos]*

Não sendo paga a dívida, nem garantida a execução, quaisquer bens do executado poderão ser penhorados, exceto os que a lei declarar absolutamente impenhoráveis (art. 10, da Lei de Execução Fiscal).

Não sendo a execução embargada, a Fazenda Pública manifestar-se-á sobre a garantia, procedendo-se à avaliação dos bens penhorados e à sua alienação por meio de leilão público, sendo a arrematação feita por lance igual ou superior à importância da avaliação; quitada a dívida, devolve-se o saldo remanescente ao devedor, se houver, adjudicando-se o bem penhorado.

Observe-se que o juiz poderá deferir ao executado a substituição da penhora por depósito em dinheiro ou fiança bancária, assim como poderá deferir à Fazenda Pública a substituição de bens penhorados por outros ou o reforço da penhora insuficiente.

Somente após a garantia da execução, voluntária ou não, poderá o executado apresentar sua defesa por meio dos embargos.

A execução fiscal será extinta, sem qualquer ônus para as partes, se, antes da decisão de primeira instância, a inscrição da dívida ativa for, a qualquer título, cancelada (art. 26 da Lei de Execução Fiscal).

Das sentenças de primeira instância proferidas em Execução Fiscal caberá recurso de apelação, exceto quando proferidas em execuções de valor igual ou inferior a 50 Obrigações do Tesouro Nacional (OTNs), em que somente serão admitidos embargos infringentes e de declaração (art. 34 da Lei de Execução Fiscal).

20.1.2 Ação Cautelar Fiscal

A Cautelar Fiscal está disciplinada na Lei 8.397/1992 e na Lei 9.532/1997, art. 65. Em linhas gerais, por meio dela a Fazenda Pública poderá obter, de imediato, a indisponibilidade patrimonial dos bens do devedor, até o limite da satisfação da obrigação.

É cabível nas hipóteses legais, antes ou no curso da execução fiscal. Se for concedida em procedimento preparatório, deverá a Fazenda Pública propor a execução judicial da dívida ativa no prazo de sessenta dias, contados da data em que a exigência se tornar irrecorrível na esfera administrativa.

Sua inicial deverá indicar o juiz a quem é dirigida; a qualificação e o endereço, se conhecido, do requerido; as provas que serão produzidas; bem como o requerimento para citação.

A liminar poderá ser concedida independentemente de justificação prévia e de prestação de caução, cabendo agravo de instrumento dessa decisão.

Saliente-se, por oportuno, que, aplicando-se subsidiariamente o disposto no Código de Processo Civil de 2015, CPC/15, poderá ser requerida tutela de urgência perante o juízo competente para conhecer do pedido principal, (art. 299. Do CPC/15), a qual poderá ser efetivada mediante arresto, sequestro, arrolamento de bens, registro de protesto contra alienação de bem e qualquer outra medida idônea para asseguração do direito, em razão da sua natureza cautelar, (art. 301, do CPC/15).

Da sentença que decretar a medida cautelar fiscal caberá apelação, sem efeito suspensivo, salvo se o requerido oferecer garantia correspondente ao valor da prestação da Fazenda Pública.

20.2 DEFESAS CABÍVEIS EM FACE DA AÇÃO DE EXECUÇÃO FISCAL

20.2.1 Embargos à Execução Fiscal

No curso da Execução Fiscal o devedor poderá exercer plenamente seu direito de defesa por meio dos *Embargos à Execução Fiscal*. Nos termos do § 2º do art. 16, da Lei de Execução Fiscal (LEF), o embargante deverá aduzir toda a matéria útil à sua defesa, requerer provas, juntar documentos, apresentar rol de testemunhas etc.

Todavia, somente serão admissíveis os embargos após a garantia da execução, voluntária ou não.[4] A garantia voluntária deverá ser efetuada dentro de 5 dias, contados da citação. Garantida a execução, o devedor será intimado para embargá-la dentro do prazo de 30 dias (art. 16, da LEF). Cuida-se de ação própria

4. Sobre a penhora *on-line*, v. capítulo "Garantias e Privilégios do Crédito Tributário".

que prosseguirá no rito ordinário; exige preparo e segue em apenso à ação de execução fiscal. em tese, julgados procedentes os embargos, restará extinto o processo de execução. Vale lembrar que a sentença que julgar procedentes, no todo ou em parte, os embargos à execução fiscal estará sujeita ao duplo grau de jurisdição, de modo que só produzirá efeitos depois de confirmada pelo tribunal, (art. 496, do CPC/15).

No que concerne à ação monitória, o juiz deferirá de plano a expedição do mandado de pagamento ou de entrega da coisa no prazo de 15 dias, desde que a petição inicial esteja devidamente instruída (art. 1.102-B do CPC). Uma vez deferida, o réu poderá, dentro do referido prazo, oferecer embargos, por meio dos quais a eficácia do mandado inicial ficará suspensa. Veja-se, pois, a redação dada pela Lei 11.232/2005 ao art. 1.102-C do CPC brasileiro:

> [CPC] **Art. 1.102-C.** No prazo previsto no art. 1.102-B, poderá o réu oferecer **embargos**, que **suspenderão** a eficácia do mandado inicial. Se os embargos não forem opostos, constituir-se-á, de pleno direito, o título executivo judicial, **convertendo-se** o mandado inicial em mandado executivo e prosseguindo-se na forma do Livro I, Título VIII, Capítulo X, desta Lei. (...).
>
> § 3º. **Rejeitados** os embargos, constituir-se-á, de pleno direito, o título executivo judicial, intimando-se o devedor e prosseguindo-se na forma prevista no Livro I, Título VIII, Capítulo X, desta Lei. *[Grifamos]*

Cumpre, no entanto, ressaltar que a cobrança de dívida fiscal tem como pressuposto a existência de título executivo extrajudicial, enquanto a ação monitória deve ter como fundamento prova escrita sem eficácia de título executivo. Ademais, para a cobrança de créditos tributários – frise-se, decorrentes de obrigações "ex lege" –, a lei impõe à Fazenda Pública o dever de constituir unilateralmente o respectivo título executivo extrajudicial e de executá-lo por meio de ação judicial prevista em lei especificamente para esse fim.

20.2.2 Ação Cautelar – Caução, Suspensão da Exigibilidade e CPD-EF

O pedido de tutela cautelar poderá ser requerido em caráter antecedente, devendo constar na respectiva inicial a indicação da lide e de seu fundamento, a exposição sumária do direito que se objetiva assegurar e o perigo de dano ou o risco ao resultado útil do processo, conforme disposto no art. 305 do CPC/15. Nada obstante, desde a vigência do CPC/73, com esteio no poder geral de cautela – ante à ausência de previsão legal específica –, tornou-se muito comum a propositura de Ação Cautelar com a finalidade de assegurar a efetividade da Ação principal.

No âmbito tributário, por exemplo, o devedor poderá antecipar-se à fase de penhora (art. 8º da LEF), de conseguinte, ao próprio processo de Execução Fiscal, por meio da denominada Ação Cautelar de Caução Prévia à Execução Fiscal. Vejamos. Num primeiro momento, o devedor iniciará o contencioso administrativo fiscal e, como corolário, terá direito à suspensão da exigibilidade do crédito tributário e à expedita Certidão Positiva com Efeitos de Negativa (CPD-EN), em conformidade com o disposto no art. 151, III c/c art. 206, do CTN/66, durante o exercício contraditório e à ampla defesa até decisão final no referido processo. Na hipótese de se tornar definitiva a constituição do crédito tributário, cessar-se-ão os efeitos da suspensão da exigibilidade, iniciando-se, ademais, o prazo prescricional de cinco anos para a cobrança judicial do respectivo crédito (art. 174 do CTN/66).

Neste ínterim, para preservar sua regularidade fiscal, o devedor poderá pleitear a concessão da tutela cautelar em apreço, por meio da qual oferecerá caução, com vistas a antecipar a fase de penhora legalmente prevista para ocorrer no curso da Ação de Execução Fiscal a ser proposta pelo fisco, dentro do referido prazo prescricional. Noutro giro, por meio da Cautelar Fiscal, o devedor poderá efetivar a penhora em tempo hábil para obter a Certidão Positiva com Efeitos de Negativa (CPD-EN), nos termos do art. 206 do CTN/66.

Ante à semelhança desta Ação Cautelar, oriunda da prática forense, com a tutela provisória de urgência de caráter antecipada, antecedente ou cautelar referida nos arts. 300 a 302 do CPC/15, há expressa autorização para o juiz substituir uma por outra, sempre que presentes os requisitos para sua concessão, em conformidade com o princípio da fungibilidade consagrado pela novel legislação (parágrafo único do art. 305 do CPC/15).

20.2.3 Exceção de Pré-executividade

A Exceção de Pré-executividade é uma via judicial para a defesa do executado, que encontra amparo na doutrina e na jurisprudência, não obstante a ausência de previsão legal específica a esse respeito. Seu acolhimento pressupõe a observância de dois requisitos, quais sejam: (i) desnecessidade de dilação probatória e que tenha por objeto (ii) matéria de ordem pública, passível de ser reconhecida de ofício pelo julgador.

Em tese, é cabível em qualquer tempo e grau de jurisdição.

20.2.4 Embargos de Terceiros

No curso da Execução Fiscal, poderão ser opostos Embargos de Terceiros por quem – sendo proprietário, inclusive fiduciário, ou possuidor – sofrer turbação ou esbulho na posse de seus bens por determinação judicial, em até

5 (cinco) dias depois da adjudicação, da alienação por iniciativa particular ou da arrematação, mas sempre antes da assinatura da respectiva carta, (arts. 674 a 681, do CPC/15).

Jurisprudência

• Execução fiscal – parcelamento, causa interruptiva

O parcelamento – cujo pedido pressupõe a confissão do débito – é causa suspensiva da exigibilidade do crédito tributário (art. 151, VI, do CTN/66) e causa interruptiva do prazo prescricional para a cobrança do respectivo crédito (art. 174, IV, do CTN/66). Nesse sentido, registre-se:

> **[STJ, Súmula n. 653]** O **pedido de parcelamento** fiscal, ainda que indeferido, **interrompe** o prazo prescricional, pois caracteriza **confissão** extrajudicial do débito. [1ª Seção, j. 2.12.2021, DJe 6.12.2021*] [Grifamos]*

• Execução fiscal – prescrição intercorrente

Com a constituição do crédito tributário, inicia-se a contagem do prazo prescricional para a cobrança judicial do crédito tributário. Nesse sentido, posicionou-se o Superior Tribunal de Justiça, *verbis:*

> **[STJ, Súmula n. 622]** A **notificação** do auto de infração faz **cessar** a contagem da **decadência** para a constituição do crédito tributário; exaurida a instância administrativa com o decurso do prazo para a impugnação ou com a notificação de seu julgamento definitivo e esgotado o prazo concedido pela Administração para o pagamento voluntário, **inicia-se** o **prazo prescricional** para a cobrança judicial. *[1ª Seção, j. 12.12.2018, DJe 17.12.2018] [Grifamos]*

Ao apreciar a questão referente ao termo inicial do prazo prescricional para ajuizamento de ação de repetição de tributo instituído por norma legal declarada inconstitucional pela Suprema Corte, o Superior Tribunal de Justiça fixou a seguinte tese, *verbis.*

> O prazo de prescrição quinquenal para pleitear a repetição tributária, nos tributos sujeitos ao lançamento de ofício, é contado da data em que se considera extinto o crédito tributário, qual seja, a data do efetivo pagamento do tributo. A declaração de inconstitucionalidade da lei instituidora do tributo em controle concentrado, pelo STF, ou a Resolução do Senado (declaração de inconstitucionalidade em controle difuso) é despicienda para fins de contagem do prazo prescricional tanto em relação aos tributos sujeitos ao lançamento por homologação, quanto em relação aos tributos sujeitos ao lançamento de ofício. *[STJ, REsp n. 1110578/SP, 1ª S., rel. min. Luiz Fux, j. 12.5.2010, v.u., DJe 25.5.2010] [Grifamos]*

- **Execução fiscal – inércia da exequente**

Ao apreciar o Tema Repetitivo n. 314, o Superior Tribunal de Justiça fixou a seguinte tese:

> A **inércia da Fazenda exequente**, ante a intimação regular para promover o andamento do feito e a observância dos artigos 40 e 25 da Lei de Execução Fiscal, **implica a extinção da execução fiscal** não embargada ex officio, afastando-se o Enunciado Sumular 240 do STJ, segundo o qual "A extinção do processo, por abandono da causa pelo autor, depende de requerimento do réu". Matéria impassível de ser alegada pela exequente contumaz. [Primeira Seção, j. 12.12.2005, DJ 8.2.2006] *[Grifamos]*

- **Execução fiscal – prescrição intercorrente**

Em 2005, o Superior Tribunal de Justiça assim se manifestou acerca da prescrição intercorrente no processo de Execução Fiscal, *verbis*:

> **[STJ, Súmula n. 314]** Em execução fiscal, não localizados bens penhoráveis, **suspende-se** o processo por um ano, findo o qual se inicia o prazo da prescrição qüinqüenal(sic) intercorrente. *[Primeira Seção, j. 12.12.2005, DJ 8.2.2006] [Grifamos]*

- **Foro da Ação de Execução Fiscal**

Como já restou mencionado, o foro para a propositura da Execução Fiscal restringe-se ao domicílio do réu, no de sua residência ou no do lugar onde for encontrado. Para as causas em que seja autor Estado ou o Distrito Federal, o foro competência será apenas o do domicílio do réu, (art. 46 e § 5º, e art. 52, parágrafo único, do CPC/15).

A esse respeito, a Suprema Corte, em 2023, (ADI nº 5737 e ADI nº 5492), atribuiu interpretação conforme a Constituição para restringir a aplicação do referido dispositivo aos limites do território de cada ente subnacional ou ao local de ocorrência do fato gerador, de acordo com o voto prevalente do min. Roberto Barroso, vencido o relator, min. Dias Toffoli, para quem "(...)as regras processuais em apreço, ao permitirem que a Fazenda Pública participe de processo ajuizado fora de sua jurisdição, de um lado, não impedem que a defesa dos interesses públicos em juízo se realize, e, de outro, promovem a participação de quem, de outro modo, encontraria nas normas de processo uma barreira ao acesso à justiça.".

Cumpre ainda salientar que, em 2022, ao apreciar a possibilidade de ajuizamento de Execução Fiscal em Estado distinto do que o contribuinte seja domiciliado (Tema 1.204), o Supremo Tribunal Federal reconheceu a existência de repercussão geral da questão constitucional suscitada, (ARE nº 1.327.576-RS).

- **Redirecionamento da Execução Fiscal para sócio-gerente, (art. 134, c/c art. 135, CTN/66)**

Em 2001, a 1ª Seção do Superior Tribunal de Justiça consolidou entendimento segundo o qual, nos casos de dissolução irregular da sociedade empresária, o **redirecionamento da Execução Fiscal** para o **sócio-gerente** não exclui a responsabilidade tributária da pessoa jurídica, pois responderá com esta solidária e ilimitadamente pelo pelos créditos correspondentes a obrigações tributárias **resultantes** de excesso de mandato ou infração de lei, contrato social ou estatutos, (EREsp n. 174.532-PR).

E mais. Decidiu, em 2014, que a prática de ato ilícito imputável a terceiro, **posterior à ocorrência do fato gerador** (como na hipótese de dissolução irregular), não tem o condão de afastar a inadimplência da pessoa jurídica, assim como não anula nem invalida o surgimento da obrigação tributária e a constituição do respectivo crédito, (REsp 1.455.490-PR).

Em 2021, ao apreciar o Tema n. 962, firmou a seguinte tese: "O redirecionamento da execução fiscal, quando fundado na **dissolução irregular** da pessoa jurídica executada ou na presunção de sua ocorrência, **não pode ser autorizado contra o sócio ou o terceiro não sócio que**, embora exercesse poderes de gerência ao tempo do fato gerador, sem incorrer em prática de atos com excesso de poderes ou infração à lei, ao contrato social ou aos estatutos, dela **regularmente se retirou e não deu causa à sua posterior dissolução irregular**, conforme art. 135, III, do CTN.", (REsp 1776138-RJ), (Grifamos).

Em 2022, a 1ª Seção do Superior Tribunal de Justiça, por maioria, fixou tese repetitiva (Tema 981), segundo a qual "O **redirecionamento da execução fiscal**, quando fundado na **dissolução irregular** da pessoa jurídica executada ou na presunção de sua ocorrência, pode ser autorizado **contra o sócio ou o terceiro não sócio**, com poderes de administração na data em que **configurada ou presumida** a dissolução irregular, **ainda que não tenha exercido poderes de gerência quando ocorrido o fato gerador do tributo não adimplido**, conforme art. 135, III, do CTN.", (REsp 1643944-SP), (Grifamos).

Em remate, a "[...]própria Fazenda Nacional, embora, a princípio, defendesse a responsabilização do sócio-gerente à época do fato gerador, curvou-se à tese prevalecente no Superior Tribunal de Justiça, como se depreende da alteração da Portaria PGFN 180/2010, promovida pela Portaria PGFN 713/2011. [...]", (STJ, REsp n. 1776138, 1ª Seção, rel. min. Aussete Magalhães, 24.11.21, p. u., DJ2 1º.12.2021).

- **Redirecionamento da Ação de Execução Fiscal e Interrupção do prazo prescricional**

Não há disciplina legal específica acerca da prescrição para o caso de redirecionamento da execução fiscal. Diante disso, o enunciado do art. 40, da Lei n.

6.830/1980, em sua redação original, foi interpretado à luz do disposto no art. 174, do CTN/66, e nesses termos, a 1ª Seção do Superior Tribunal de Justiça, em 2009, decidiu que a citação da pessoa jurídica constitui marco interruptivo da prescrição, extensível aos devedores solidários (art. 125, III, do CTN/66), de modo que o redirecionamento da Execução Fiscal, com fulcro no art. 135, III, do CTN/66, deve ocorrer no prazo máximo de cinco anos, contado da citação da pessoa jurídica, (AgRg nos EREsp 761.488/SC).

No tocante ao momento do início do prazo da prescrição para redirecionar a Execução Fiscal em caso de dissolução irregular depois da citação do estabelecimento empresarial, a 1ª Seção do Superior Tribunal de Justiça, em 2019, ao julgar o REsp n. 1.201.993-SP, firmou três teses, *verbis*:

> (...).
>
> (i) o prazo de redirecionamento da Execução Fiscal, fixado em **cinco anos, contado da diligência de citação da pessoa jurídica**, é aplicável quando o referido ato ilícito, previsto no art. 135, III, do CTN, for precedente a esse ato processual;
>
> (ii) a citação positiva do sujeito passivo devedor original da obrigação tributária, **por si só, não provoca o início do prazo prescricional quando o ato de dissolução irregular for a ela subsequente**, uma vez que, em tal circunstância, inexistirá, na aludida data (da citação), pretensão contra os sócios-gerentes (conforme decidido no REsp 1.101.728/SP, no rito do art. 543-C do CPC/1973, o mero inadimplemento da exação não configura ilícito atribuível aos sujeitos de direito descritos no art. 135 do CTN). O termo inicial do prazo prescricional para a cobrança do crédito dos sócios-gerentes infratores, nesse contexto, **é a data da prática de ato inequívoco indicador do intuito de inviabilizar a satisfação do crédito tributário já em curso de cobrança executiva** promovida contra a empresa contribuinte, **a ser demonstrado pelo Fisco**, nos termos do art. 593 do CPC/1973 (art. 792 do novo CPC – fraude à execução), combinado com o art. 185 do CTN (presunção de fraude contra a Fazenda Pública); e,
>
> (iii) **em qualquer hipótese, a decretação da prescrição para o redirecionamento impõe seja demonstrada a inércia da Fazenda Pública**, no lustro que se seguiu à citação da empresa originalmente devedora (REsp 1.222.444/RS) ou ao ato inequívoco mencionado no item anterior (respectivamente, nos casos de dissolução irregular precedente ou superveniente à citação da empresa), cabendo às instâncias ordinárias o exame dos fatos e provas atinentes à demonstração da prática de atos concretos na direção da cobrança do crédito tributário no decurso do prazo prescricional". *[Grifamos]*

- **Valor da Causa na Execução Fiscal e na Exceção de Pré-executividade**

Em conformidade com o princípio jurídico, segundo o qual a lei não pode onerar aquele em cujo favor se opera, foi editada, em 1996, a seguinte sumula, *verbis*:

> **[STJ, Súmula 153]** – A **desistência** da execução fiscal, após o oferecimento dos embargos **não exime** o exequente dos encargos da sucumbência. *[Grifamos]*

Em 2010, o Superior Tribunal de Justiça manifestou-se, sob o regime de recursos repetitivos, favoravelmente à "[...]possibilidade de condenação da Fazenda Pública ao pagamento de honorários advocatícios quando acolhida a Exceção de Pré-Executividade e extinta a Execução Fiscal", (REsp n. 1.185.036-PE). Ainda, por oportuno, decidiu que o acolhimento parcial da Exceção de Pré-Executividade ensejará a redução do valor exequendo (STJ, EREsp n. 1.084.875-PR).

Em 2021, a 1ª Seção do Superior Tribunal de Justiça firmou a seguinte tese, *verbis*: "Observado o princípio da causalidade, é cabível a fixação de honorários advocatícios, em exceção de pré-executividade, quando o sócio é excluído do polo passivo da execução fiscal, que não é extinta.", (REsp 1358837-SP). Transcreva-se, por oportuno, excerto da ementa do referido acórdão, *verbis*:

> (...).
>
> IV. **Construção doutrinária e jurisprudencial**, a Exceção de Pré-Executividade consiste em meio de defesa do executado, tal qual os Embargos à Execução. **Difere** deste último, sobretudo, pelo objeto: enquanto os **Embargos** à Execução podem envolver qualquer matéria, a **Exceção** de Pré-Executividade limita-se a versar sobre questões cognoscíveis ex officio, que não demandem dilação probatória. **Ato postulatório** que é, a Exceção de Pré-Executividade **não** prescinde da representação, em Juízo, por **advogado** regularmente inscrito nos quadros da Ordem dos Advogados do Brasil. Por isso, antes mesmo da afetação do presente Recurso Especial ao rito dos repetitivos, a jurisprudência do Superior Tribunal de Justiça pacificara o entendimento sobre a matéria, no sentido de serem **devidos honorários advocatícios**, quando **acolhida** a Exceção de Pré-Executividade para excluir o excipiente, **ainda que não extinta** a Execução Fiscal, porquanto "a exceção de pré-executividade contenciosa e que enseja a **extinção** da relação processual em face de um dos sujeitos da lide, que para invocá-la empreende contratação de profissional, torna inequívoca o cabimento de verba honorária, por força da sucumbência informada pelo princípio da causalidade. (...) a imposição dos ônus processuais, no Direito Brasileiro, pauta-se pelo princípio da sucumbência,

> norteado pelo princípio da causalidade, segundo o qual aquele que deu causa à instauração do processo deve arcar com as despesas dele decorrentes». *[Grifamos]*

Ainda, consoante entendimento do Superior Tribunal de Justiça, é "(...) legítima a condenação dos honorários advocatícios nas execuções fiscais contra a massa falida", considerando-se que a "(...)restrição contida no art. 208, § 2º, do Decreto-lei n. 7.661/1945 (Lei de Falências) só é aplicável nos processos falimentares.", (Respe n. 214.483-RS).

Na hipótese de desistência da Execução Fiscal, após o oferecimento dos embargos, há vários precedentes do Superior Tribunal de Justiça no sentido de que caberá à exequente suportar o reembolso das custas e da verba honorária, a despeito do disposto no art. 26, da Lei de Execuções Fiscais, (REsp n. 88.410-SP).

Por outro lado, também já decidiu que, configurada a prescrição, a Fazenda Pública estará isenta do recolhimento das custas de execução fiscal, sendo irrelevante a esfera do Poder Judiciário na qual a demanda tramita, nos termos do disposto no art. 39, da Lei de Execução Fiscal, (REsp 1.028.173-RS). Aliás, em 2009, a 1ª Seção ressaltou que, enquanto não declarada inconstitucional a referida lei, cumpre a esta Corte velar pela sua aplicação, (REsp n. 1.028.173-RS).

- **Intimação do representante da Fazenda Pública**

Consoante já se manifestou o Superior Tribunal de Justiça, qualquer intimação do representante da Fazenda Pública, na Execução Fiscal, há de ser feita pessoalmente, conforme previsto no art. 25, e parágrafo único, da Lei de Execução Fiscal, e da Súmula n. 240, do extinto Tribunal Federal Regional, (REsp 85.061-MG).

- **Execução Fiscal e Processo de Falência**

Ao apreciar recursos especiais repetitivos (Tema 1.092), a Primeira Seção do Superior Tribunal de Justiça (STJ), em 2021, fixou a tese de que "é possível a Fazenda Pública habilitar, em processo de falência, crédito objeto de execução fiscal em curso, mesmo antes da Lei 14.112/2020, desde que não haja pedido de constrição no juízo executivo.", (REsp 1.872.759 – SP).

Anteriormente, em 1996, o Superior Tribunal de Justiça manifestou-se sobre a autonomia do processo de execução fiscal em face do processo de falência. Na ocasião, decidiu que a decretação da falência não paralisa o processo de execução fiscal, nem desconstitui a penhora. De conseguinte, a execução continuará a se desenvolver, até a alienação dos bens penhorados, e o dinheiro resultante deve ser entregue ao juízo da falência, para que se incorpore ao monte e seja distribuído, observadas as preferências e as forças da massa, (REsp n. 84.884-MS).

- **Vício no lançamento tributário e Substituição da CDA e Sucessão processual**

Cumpre, nesse passo, distinguir a possibilidade de substituição da Certidão de Dívida Ativa (CDA) e a de sucessão processual. A substituição da CDA, desde que por vício material ou formal, será possível – mas não por vício do lançamento ou da inscrição do crédito em dívida ativa –, nos termos dispostos no art. 203, do CTN/66.

A substituição da CDA por sucessão processual, todavia, somente será possível por mudança de situação jurídica. Cite-se, para ilustrar, a hipótese de morte do legitimado "ad causam", após ter sido regularmente citado para integrar a relação processual. Neste caso, o espólio ou os herdeiros, conforme o caso, poderão ser incluídos na CDA, pois terão legitimidade "ad causam" para suceder o de cujos no processo de execução fiscal que se iniciara. Noutro giro, o redirecionamento da Execução Fiscal contra o espólio ou os herdeiros poderá ocorrer quando o falecimento do contribuinte ocorrer após a constituição definitiva do crédito e da respectiva citação, nos autos da execução fiscal.

Cite-se, para ilustrar, o entendimento do Superior Tribunal de Justiça a esse respeito, *verbis*:

> Decidiu-se, com efeito, acerca da **impossibilidade de redirecionamento da execução fiscal** contra o espólio quando o falecimento do contribuinte ocorrer **antes da constituição do crédito tributário**, situação que implica substituição do pólo(sic) passivo, o que não encontra respaldo na Lei 6.830/1980. Na mesma linha desse entendimento, a **Súmula 392/STJ**: "A Fazenda Pública pode substituir a certidão de dívida ativa (CDA) até a prolação da sentença de embargos, quando se tratar de correção de erro material ou formal, vedada a modificação do sujeito passivo da execução", *[STJ, REsp n. EDcl no AgRg no AgR no REsp nº 373.438- RS] [Grifamos]*.

Outrossim:

> CDA. LANÇAMENTO. VÍCIO. SUBSTITUIÇÃO. Cinge-se a **controvérsia à possibilidade** de substituir certidão de dívida ativa (CDA), a fim **de alterar o sujeito passivo da obrigação tributária**, uma vez que houve **erro** no procedimento de lançamento. A Turma negou provimento ao recurso por entender que a **emenda ou substituição da CDA é admitida diante da existência de erro material ou formal**, não sendo possível, entretanto, quando os vícios decorrerem do próprio lançamento e/ou da inscrição. Na espécie, o devedor constante da CDA faleceu em 6/5/1999 e a **inscrição em dívida ativa ocorreu** em 28/7/2003, ou seja, **em data posterior ao falecimento do sujeito passivo**. Note-se que, embora o falecimento do contribuinte não obste ao Fisco prosseguir na execução dos seus créditos, ainda que na fase do processo administrativo para lançamento do crédito

tributário, **deverá o espólio ser o responsável pelos tributos devidos pelo** ***de cujus*** (art. 131, II e III, do CTN). Nesses casos, torna-se **indispensável a notificação do espólio** (na pessoa do seu representante legal), bem como **sua indicação diretamente como devedor no ato da inscrição da dívida ativa e na CDA que lhe corresponde**, o que não ocorreu na hipótese. Ressalte-se que, embora haja a possibilidade de substituição da CDA até a prolação da sentença de embargos, essa se limita a corrigir erro material ou formal, tornando-se **inviável a alteração do sujeito passivo da execução (Súm. n. 392-STJ), pois isso representaria a modificação do próprio lançamento**. Precedentes citados: AgRg no Ag 771.386-BA, DJ 1º/2/2007; AgRg no Ag 884.384-BA, DJ 22/10/2007, e AgRg no Ag 553.612-MG, DJ 16/8/2004. *[STJ, REsp 1.073.494-RJ, 1ª T., Rel. Min. Luiz Fux, j. 14.9.2010, v.u., DJe 29.9.2010] [Grifamos]*

Temas para Dissertação ou pesquisa

1. "Processo Judicial Tributário. Ações do Fisco".
2. "Processo Judicial Tributário. Embargos à Execução".
3. "Exceção de Pré-executividade na esfera tributária".

Questões

1. Qual é o objeto da Ação de Execução Fiscal? Qual é o termo inicial para sua propositura?
2. Qual é a consequência da ocorrência de prescrição para a propositura da Execução Fiscal? Fundamente.
3. Qual é o marco interruptivo do prazo prescricional para redirecionar a Execução Fiscal em caso de dissolução irregular depois da citação do estabelecimento empresarial, consoante entendimento do Superior Tribunal de Justiça?
4. Quais os requisitos da Exceção de Pré-executividade?
5. Qual é o objeto dos Embargos de Terceiro?

Consultas

2. **[39º Exame de Ordem Unificado, 2024, n. 1]** A sociedade empresária Metalúrgica 123 Ltda., em regular funcionamento, possuía débitos não prescritos de Imposto sobre Produtos Industrializados (IPI) para com a União, tendo a Procuradoria da Fazenda Nacional ingressado com ação de execução fiscal para cobrá-los, em abril de 2022. A sociedade empresária e seu sócio-administrador, João, foram ambos citados para pagar a dívida em cinco dias, com

juros, multa de mora e encargos indicados na Certidão de Dívida Ativa, ou garantir a execução. A sociedade empresária e João permaneceram inertes. Em razão disso, o Juiz determinou, por meio do sistema SISBAJUD, a penhora online de saldo em contas registradas em nome da sociedade empresária, bem como de saldos de contas de João, tendo obtido sucesso em penhorar valores tanto das contas da sociedade como das contas pessoais do sócio-administrador. Tanto a sociedade empresária como o sócio-administrador foram intimados da penhora no mesmo dia. João ficou indignado de ter seus bens pessoais penhorados por inadimplemento tributário, uma vez que, na condição de sócio-administrador, nunca atuara de forma irregular, nunca infringira a lei nem o contrato social da sociedade empresária. Por isso, você é procurado(a), como advogado(a), para apresentar a defesa da sociedade empresária e do sócio-administrador em embargos à execução fiscal, no prazo de 30 (trinta) dias. Diante desse cenário, responda aos itens a seguir. A) A partir de quando se deve contar, no caso concreto, o prazo para oferta dos embargos à execução fiscal? Justifique. (Valor: 0,60) B) O sócio-administrador, João, deve responder com seus bens pessoais pelo mero inadimplemento do tributo devido pela sociedade empresária? Justifique. (Valor: 0,65) Obs.: o(a) examinando(a) deve fundamentar suas respostas. A mera citação do dispositivo legal não confere pontuação.

2. **[39° Exame de Ordem Unificado, 2024, n. 2]** A sociedade empresária Tudo Verde Ltda., sediada no Município Alfa, foi contratada pela instituição financeira Money Ltda., sediada no Município Beta, para prestar serviço de jardinagem nas áreas livres de sua sede. Após emitir a fatura de cobrança no valor de R$ 50.000,00 (cinquenta mil reais) pelos serviços prestados, foi surpreendida, por parte da instituição financeira Money Ltda., com o pagamento deduzido de 5% a título de Imposto Sobre Serviços (ISS) devido ao Município Beta. Justificou a sociedade empresária Money Ltda. que, por força da Lei Ordinária n° 1.234/22 editada pelo Município Beta, o tomador do serviço deverá reter e recolher o ISS devido em determinados serviços executados em seu território, a título de responsável tributário, quando o prestador for sediado em outro município. Sobre a hipótese narrada, responda aos itens a seguir. A) A qual dos municípios o ISS de jardinagem é devido: ao Município Alfa, onde é sediada a prestadora, ou ao Município Beta, local em que foi executado o serviço? Justifique. (Valor: 0,65) B) Neste caso, poderia a referida Lei Ordinária n° 1.234/22 do Município Beta estabelecer a responsabilidade tributária do ISS, atribuindo ao tomador do serviço lá sediado a obrigação de reter e recolher o imposto devido? Justifique. (Valor: 0,60) Obs.: o(a) examinando(a) deve fundamentar suas respostas. A mera citação do dispositivo legal não confere pontuação.

3. **[38° Exame de Ordem Unificado, 2023, n. 3]** A sociedade empresária Faz-Tudo Ltda. é executada, em 2022, pelo Município Alfa, por dívida de Imposto sobre Serviços (ISS) referente ao ano de 2021. Não tendo apresentado defesa e não sendo localizados bens a serem penhorados e nem encontrados os

respectivos sóciosadministradores, a ação de execução fiscal foi redirecionada em face do único sócio-cotista minoritário, Joaquim da Silva. Três meses após a intimação da sua inclusão no polo passivo, Joaquim contrata você, como advogado(a), para defendê-lo e informa que nunca exerceu ou participou da administração da Faz-Tudo Ltda., sendo mero cotista desde a constituição da sociedade, conforme cópia do contrato social que lhe entrega, e que não dispõe de recursos financeiros para quitar a dívida e nem para garantir o juízo. Diante desse cenário, responda aos itens a seguir. A) Indique a peça processual cabível nos autos dessa ação de execução fiscal para defender os interesses do executado. Justifique. (Valor: 0,60) B) Que fundamento jurídico será possível apresentar para defender o executado? Justifique. (Valor: 0,65) Obs.: o(a) examinando(a) deve fundamentar suas respostas. A mera citação do dispositivo legal não confere pontuação.

4. **[37° Exame de Ordem Unificado, 2023, n. 2]** Tendo a Fazenda Nacional ajuizado ação de execução fiscal em face de João da Silva, servidor público federal, para a cobrança do Imposto sobre a Propriedade Territorial Rural (ITR) de seu único imóvel rural, de grande extensão, onde também reside, referente ao ano de 2020, e não localizando bens em seu nome além do próprio imóvel rural, foi deferida pelo juiz a penhora sobre a plantação de uvas que era realizada no terreno. Sobre o caso apresentado, responda aos itens a seguir. A) É válida a penhora sobre a plantação? Justifique. (Valor: 0,65) B) Poderia ter sido feita a penhora sobre o imóvel residencial de João da Silva? Justifique. (Valor: 0,60) Obs.: o(a) examinando(a) deve fundamentar suas respostas. A mera citação do dispositivo legal não confere pontuação.

5. **[XXIV Exame de Ordem Unificado, 2018, 1]** A O Estado "X" instituiu um adicional de Imposto sobre a Propriedade de Veículos Automotores (IPVA) que tem como fato gerador a propriedade de veículos em mau estado de conservação e/ou que possuam duas ou mais multas não pagas. Caio, proprietário de veículo automotor em mau estado de conservação e com cinco multas não pagas, é notificado da cobrança do adicional do tributo por meio de auto de infração. Como não apresentou defesa e não pagou o tributo, o Estado "X" ajuíza execução fiscal. Caio, no entanto, não possui meios para garantir a execução fiscal e opor embargos à execução, mas possui todos os documentos que comprovam sua defesa. Com base na hipótese formulada, responda aos itens a seguir. A) O adicional de IPVA instituído pelo Estado "X" é devido? (Valor: 0,60) B) Qual seria o meio adequado para a defesa de Caio, nos próprios autos da execução fiscal, conforme o entendimento consolidado dos Tribunais Superiores? (Valor: 0,65) Obs.: o(a) examinando(a) deve fundamentar as respostas. A mera citação do dispositivo legal não confere pontuação.

6. **[XXIV Exame de Ordem Unificado, 2018, 4]** A Pessoa Jurídica XYZ, notificada pela União para que proceda ao recolhimento de crédito fiscal, tenta colocar seus bens em nome de terceiros. Ciente do fato, a União requereu

medida cautelar fiscal. Dias depois do deferimento da referida medida, veio a ser definitivamente constituído o crédito tributário da União contra a Pessoa Jurídica XYZ, e, noventa (90) dias após a constituição definitiva do crédito, a União propôs a execução fiscal. Diante de tal quadro fático, responda aos itens a seguir. A) Foi correto o procedimento da União ao ajuizar a medida cautelar fiscal antes de definitivamente constituído o crédito tributário? (Valor: 0,60) B) Foi adequado o prazo dentro do qual a União ajuizou a execução fiscal? (Valor: 0,65) Obs.: o(a) examinando(a) deve fundamentar as respostas. A mera citação do dispositivo legal não confere pontuação.

Medidas Judiciais

1. **[36º Exame de Ordem Unificado, 2022]** O Estado Beta, em agosto de 2021, ajuizou execução fiscal contra Maria, com vistas a cobrar Imposto sobre a Propriedade de Veículo Automotor (IPVA) atrasado de veículo registrado em nome dela referente aos anos de 2015 a 2020, no valor total de R$ 15.000,00 (recordando-se que, neste Estado, o fato gerador do IPVA ocorre no dia 1º de janeiro e o vencimento em 31 de março de cada ano). A execução fiscal encontra-se em curso perante a 1ª Vara de Fazenda Pública da Comarca do Município Alfa e, em agosto de 2021, já houve o primeiro despacho de citação determinando a citação por Correios de Maria. Ocorre que Maria faleceu em junho de 2021, mas mesmo assim a execução fiscal foi contra ela proposta, constando seu nome na Certidão de Dívida Ativa (CDA). Em razão do óbito, por óbvio, Maria não pode ser encontrada, tendo sido frustradas tanto a tentativa de citação por Correios efetuada em setembro de 2021, como a tentativa de citação por oficial de justiça em outubro de 2021, mas sem que houvesse informação nos autos de que ela havia falecido. Sua citação acabou sendo realizada por edital em dezembro de 2021, sendo decretada pelo juízo a penhora do próprio automóvel, em fevereiro de 2022. José, inventariante do espólio de Maria, somente tomou ciência da existência da citação por edital e da penhora do automóvel em setembro de 2022, e procura você , como advogado(a), para fazer a defesa do espólio nos próprios autos da execução fiscal. Diante dos fatos narrados e da longa passagem do tempo desde a citação e a penhora, apresente a defesa adequada nos próprios autos da execução fiscal diretamente ao juiz de 1º grau. (Valor: 5,00) Obs.: a peça deve abranger todos os fundamentos de Direito que possam ser utilizados para dar respaldo à pretensão. A simples menção ou transcrição do dispositivo legal não confere pontuação.

2. **[XXVII Exame de Ordem Unificado, 2019]** O Estado X, por ter sofrido perdas de arrecadação com a alteração promovida pela Emenda Constitucional nº 87/2015, no Art. 155, § 2º, inciso VII, da CRFB/88, instituiu, por lei ordinária, "taxa de vendas interestaduais" com incidência sobre operações

de venda destinadas a outros Estados. A taxa tem, como base de cálculo, o preço de venda das mercadorias destinadas a outros Estados e, como contribuintes, os comerciantes que realizam essas vendas, aos quais incumbe o recolhimento do tributo no momento da saída das mercadorias de seu estabelecimento. Por reputar inconstitucional a referida taxa, a sociedade empresária XYZ deixou de efetuar seu recolhimento, vindo a sofrer autuação pelo fisco estadual. Não tendo a sociedade empresária XYZ logrado êxito no processo administrativo, o débito foi inscrito em dívida ativa e a execução fiscal foi distribuída à 4ª Vara de Fazenda Pública do Estado X. Devidamente citada e após nomeação de bens pela executada, formalizou-se a penhora em valor suficiente à garantia da execução. Após 10 dias da intimação da penhora, a sociedade empresária XYZ procura você para, na qualidade de advogado(a), promover sua defesa na referida execução fiscal e obstar a indevida excussão dos bens penhorados. Na qualidade de advogado(a) da sociedade empresária XYZ, redija a medida judicial mais adequada à necessidade da sua cliente, com o objetivo de afastar a cobrança indevida. (Valor: 5,00) Obs.: a peça deve abranger todos os fundamentos de Direito que possam ser utilizados para dar respaldo à pretensão. A simples menção ou transcrição do dispositivo legal não confere pontuação.

3. **[XXII Exame de Ordem Unificado, 2017]** Caio era empregado da pessoa jurídica X há mais de 10 anos. No entanto, seu chefe o demitiu de forma vexatória, diante de outros empregados, sem o devido pagamento das verbas trabalhistas. Inconformado, Caio ajuizou medida judicial visando à cobrança de verbas trabalhistas e, ainda, danos morais. A decisão transitada em julgado deu provimento aos pedidos de Caio, condenando a pessoa jurídica X ao pagamento de valores a título de (i) férias proporcionais não gozadas e respectivo terço constitucional e, ainda, (ii) danos morais. Os valores foram efetivamente pagos a Caio em 2015. Em junho de 2016, a Fazenda Nacional ajuizou execução fiscal visando à cobrança de Imposto sobre a Renda da Pessoa Física – IRPF incidente sobre as férias proporcionais não gozadas, o respectivo terço constitucional e os danos morais. No entanto, a Certidão de Dívida Ativa que ampara a execução fiscal deixou de indicar a quantia a ser executada. A ação executiva foi distribuída à 3ª Vara de Execuções Fiscais da Seção Judiciária de M, do Estado E. Caio foi citado na execução e há 10 (dez) dias foi intimado da penhora de seu único imóvel, local onde reside com sua família. Diante do exposto, redija, como advogado(a) de Caio, a peça prático-profissional pertinente para a defesa dos interesses de seu cliente, indicando o prazo, seus requisitos e os seus fundamentos, nos termos da legislação vigente. (Valor: 5,00) Considere que a peça processual a ser elaborada tem a garantia do juízo como requisito indispensável para sua admissibilidade. Obs.: a peça deve abranger todos os fundamentos de Direito que possam ser utilizados para dar respaldo à pretensão. A simples menção ou transcrição do dispositivo legal não confere pontuação.

Testes

1. **[36º Exame de Ordem Unificado, 2022.1, n. 22]** Uma ação de execução fiscal foi movida pela União em face de João para cobrança de crédito tributário referente ao Imposto sobre a Renda de Pessoa Física (IRPF) dos exercícios de 2019 e 2020, conforme Certidão de Dívida Ativa (CDA) regularmente juntada. Na mesma data em que recebeu a citação enviada pelo correio com aviso de recepção, o executado entrou em contato com seu advogado, constituindo-o para defender os seus interesses. Diante desse cenário, assinale a afirmativa correta.

   a) ( ) A citação é inválida, pois deveria ter sido realizada exclusivamente por oficial de justiça ou por edital.

   b) ( ) Ao ser citado, João terá 5 dias para apresentar a sua contestação.

   c) ( ) Citado, João poderá, dentro do prazo legal, pagar a dívida com os acréscimos devidos ou garantir a execução.

   d) ( ) No prazo de 30 dias contados da citação, João poderá oferecer embargos à execução.

2. **[Advogado, Senado, 2022, n. 88]** A Fazenda Nacional ajuizou execução fiscal em face da pessoa jurídica X, sujeito passivo devedor original da obrigação tributária. Posteriormente, a execução fiscal foi redirecionada para João, sócio-administrador(sic) da pessoa jurídica X, em razão da sua presumida dissolução irregular. Sobre a hipótese apresentada, assinale a afirmativa correta.

   a) ( ) A dissolução irregular pode ser presumida se a pessoa jurídica X deixou de funcionar no seu domicílio fiscal, sem comunicação aos órgãos competentes, legitimando o redirecionamento da execução fiscal para João.

   b) ( ) Não cabe o redirecionamento para João, pois o mero inadimplemento da obrigação tributária não gera responsabilidade do sócio-administrador da pessoa jurídica X.

   c) ( ) João poderá oferecer exceção de pré-executividade, ainda que necessária dilação probatória, desde que não requeira perícia.

   d) ( ) Se houver penhora de bem de João, ele terá 30 dias para opor embargos à execução, contados da juntada aos autos do mandado cumprido.

   e) ( ) Em caso de penhora de bem do casal, a cônjuge de João não poderá opor embargos de terceiros, mas será a ela assegurada a metade do preço alcançado, em caso de alienação do bem em hasta pública.

3. **[Assessoramento Legislativo, Senado Federal, 2022, n. 78]** Caso o sujeito passivo da obrigação tributária possua débitos que ultrapassem 30% do seu patrimônio conhecido, a Fazenda Pública poderá ajuizar medida cautelar fiscal

   a) ( ) somente após o ajuizamento da execução fiscal.

   b) ( ) independe da prévia constituição do crédito tributário.

   c) ( ) independente da prova documental de que os débitos ultrapassam 30% do patrimônio conhecido do contribuinte.

   d) ( ) e a decretação da medida cautelar fiscal produzirá, de imediato, a indisponibilidade dos bens do requerido, até o limite da satisfação da obrigação.

   e) ( ) e seu indeferimento obsta a que a Fazenda Pública ajuíze a execução judicial do crédito inscrito em Dívida Ativa.

4. **[Assessoramento Legislativo, Senado Federal, 2022, n. 90]** A medida cautelar fiscal não poderá ser requerida contra o sujeito passivo de crédito tributário quando o devedor

   a) ( ) possui débitos, inscritos ou não em Dívida Ativa, que somados ultrapassem vinte e cinco por cento do seu patrimônio conhecido.

   b) ( ) caindo em insolvência, tenta alienar bens.

   c) ( ) sem domicílio certo, deixa de pagar a obrigação no prazo fixado.

   d) ( ) tenta contrair dívidas que comprometam a liquidez do seu patrimônio.

   e) ( ) tem sua inscrição no cadastro de contribuintes declarada inapta, pelo órgão fazendário.

GABARITO DAS CONSULTAS

O gabarito refere-se às questões práticas que constam no final dos capítulos desta obra.

1. [41º Exame de Ordem Unificado, 2024, n. 1] A) Não. Não incide Imposto sobre a Renda da Pessoa Física em relação aos pagamentos das férias vencidas e não gozadas, bem como das férias proporcionais, convertidas em pecúnia, inclusive os respectivos acréscimos de 1/3 (um terço), dado o seu caráter indenizatório, conforme a Súmula 386 do STJ. B) Não. Não incide Imposto sobre a Renda da Pessoa Física em relação às indenizações por danos morais, dado o seu caráter indenizatório, segundo a Súmula 498 do STJ.

2. [41º Exame de Ordem Unificado, 2024, n. 2] A) Não. O princípio da anterioridade tributária tanto anual como nonagesimal também se aplica à revogação de isenção, que produz o mesmo efeito de instituição ou majoração de tributo, cf. Art. 150, inciso III, alíneas b e c, da CRFB/88. B) Não é válida, pois os combustíveis, sendo qualificados como bens essenciais, não podem ostentar alíquota de ICMS superior àquela prevista para as operações em geral tributadas com ICMS no referido Estado, conforme o Art. 18-A, parágrafo único, inciso I, do CTN e/ou o Art. 32-A, § 1º, inciso I, da LC 87/1996.

3. [41º Exame de Ordem Unificado, 2024, n. 3] A) Sim, o Município Beta poderia conceder tal redução da base de cálculo do ISS incidente sobre tais serviços, pois a redução da base de cálculo do ISS concedida não resultou em carga tributária menor que a decorrente da aplicação da alíquota mínima de 2%, segundo o Art. 8º-A, § 1º, da LC 116/2003. B) Sim, poderia a lei de redução da base de cálculo do ISS produzir seus efeitos imediatamente, uma vez que não se trata de lei tributária que institua ou majore tributos, razão pela qual não surpreende o contribuinte nem agrava sua situação, conforme o Art. 150, inciso III, alíneas b e c, da CRFB/88.

4. [41º Exame de Ordem Unificado, 2024, n. 4] A) Sim, foi válida a instituição pela União de tal nova contribuição da Seguridade Social, além das que já são previstas na Constituição Federal de 1988, já que lei complementar poderá instituir outras fontes destinadas a garantir a manutenção ou expansão da Seguridade Social, cf. o Art. 195, § 4º, c/c o Art. 154, inciso I, ambos da CRFB/88. B) Sim, poderia tal tributo novo já passar a viger e produzir efeitos na data prevista naquela lei, pois foi obedecida a anterioridade nonagesimal exigida pelo Art. 195, § 6º, da CRFB/88, *in verbis*: "As contribuições sociais de que trata este artigo só poderão ser exigidas após decorridos noventa dias da data da publicação da lei que as houver instituído ou modificado, não se lhes aplicando o disposto no Art. 150, inciso III, alínea b."

5. [40º Exame de Ordem Unificado, 2024, n. 1] A) Sim, é válida a previsão de imediata cobrança desse empréstimo compulsório, uma vez que o empréstimo compulsório para atender a despesas extraordinárias, decorrentes de calamidade pública, de guerra externa ou sua iminência não se submete ao princípio da anterioridade tributária, cf. Art. 150, § 1º, da CRFB/88, *in verbis*: "§ 1º A vedação do inciso III, alínea b, não se aplica aos tributos previstos nos Arts. 148, inciso I, 153, incisos I, II, IV e V; e 154, inciso II; e a vedação do inciso III, c, não se aplica aos tributos previstos nos Arts. 148, inciso I, 153, incisos I, II, III e V; e 154, inciso II, nem à fixação da base de cálculo dos impostos previstos nos Arts. 155, inciso III, e 156, inciso I." B) Não. É a lei que fixará obrigatoriamente o prazo do empréstimo e as condições de seu resgate, cf. Art. 15, parágrafo único, do CTN, e não um ato infralegal.

6. [40º Exame de Ordem Unificado, 2024, n. 2] A) Sim, seria possível a indicação à penhora de bem de terceiro (André) em garantia de execução fiscal, uma vez que é admitido bem imóvel de terceiro, com consentimento da esposa, tal como ocorreu no caso, cf. Art. 9º, inciso IV, c/c o § 1º, da Lei nº 6.830/1980: Art. 9º – Em garantia da execução, pelo valor da dívida, juros e multa de mora e encargos indicados na Certidão de Dívida Ativa, o executado poderá: IV – indicar à penhora bens oferecidos por terceiros e aceitos pela Fazenda Pública. Art. 9º. § 1º – O executado só poderá indicar e o terceiro oferecer bem imóvel à penhora com o consentimento expresso do respectivo cônjuge. B) Sim, está correta. Na execução, as pedras preciosas de titularidade de João têm preferência em garantia da execução sobre os imóveis, cf. Art. 11, inciso III, da Lei nº 6.830/1980: Art. 11 – A penhora ou arresto de bens obedecerá à seguinte ordem: III – pedras e metais preciosos; IV – imóveis.

7. [40º Exame de Ordem Unificado, 2024, n. 3] A) Não é correta a exigência do IPVA do automóvel que estava sendo utilizado pelo funcionário da organização religiosa Alfa, por se tratar de bem de propriedade da entidade religiosa afetado a sua finalidade essencial, fazendo jus ao gozo da imunidade tributária de impostos prevista no Art. 150, inciso VI, alínea b e § 4º, da CRFB/88. B) Sim, é correta a exigência da Taxa de Vistoria e Licenciamento Anual do automóvel que estava sendo utilizado pelo funcionário da organização religiosa Alfa, pois a espécie tributária de taxa não é abrangida pela imunidade tributária de impostos prevista no Art. 150, inciso VI, caput, da CRFB/88.

8. [40° Exame de Ordem Unificado, 2024, n. 4] A) Sim. O Art. 160, caput, do CTN, prevê que compete à legislação tributária de cada ente federado instituidor do tributo fixar o tempo de seu pagamento, ocorrendo o vencimento do crédito trinta dias depois da data em que se considera o sujeito passivo notificado do lançamento apenas quando a legislação tributária não fixar o tempo do pagamento. Apenas se a legislação do ente federado for silente é que o vencimento do crédito ocorrerá 30 (trinta) dias depois da data em que se considera o sujeito passivo notificado do lançamento. Veja-se que é a própria lei complementar nacional (CTN) a autorizar a fixação do prazo pela legislação tributária de cada ente, sendo o prazo genérico de 30 (trinta) dias previsto no CTN meramente supletivo de eventual lacuna normativa na legislação tributária de cada ente federado. Ademais, nos termos do Art. 96 do CTN, a expressão "legislação tributária" compreende não apenas leis, mas também os decretos, de modo que é possível a um mero decreto fixar o prazo de pagamento de um tributo. B) Não. O prazo de pagamento de tributo, não sendo elemento do tributo nem sendo responsável por sua instituição ou majoração, não se submete ao princípio da anterioridade tributária, cf. o Art. 150, inciso I, da CRFB/88 ou o Art. 97 do CTN ou a Súmula Vinculante n° 50: "Norma legal que altera o prazo de recolhimento de obrigação tributária não se sujeita ao princípio da anterioridade".

9. [39° Exame de Ordem Unificado, 2024, n. 1] A) O prazo para oferta dos embargos à execução fiscal, no caso concreto, será contado da intimação da penhora, conforme o Art. 16, inciso III, da Lei n° 6830/80. B) Não. O redirecionamento da execução fiscal para o patrimônio pessoal do sócio-administrador somente é permitido quando este tenha praticado atos com excesso de poderes ou infração de lei, contrato social ou estatutos, conforme o Art. 135, inciso III, do CTN. Assim, o inadimplemento da obrigação tributária pela sociedade não gera, por si só, essa responsabilidade pessoal do sócio-administrador, conforme a Súmula 430 do STJ.

10. [39° Exame de Ordem Unificado, 2024, n. 2] A) O ISS de jardinagem é devido ao Município Beta, local em que foi executado o serviço, conforme o Art. 3°, inciso VIII, da LC 116/03. B) Sim, poderia a referida Lei Ordinária n° 1.234/22 do Município Beta estabelecer a responsabilidade tributária do ISS, atribuindo ao tomador do serviço lá sediado a obrigação de reter e recolher o imposto devido. Os Municípios, mediante lei, poderão atribuir de modo expresso a responsabilidade pelo crédito tributário a terceira pessoa, vinculada ao fato gerador da respectiva obrigação, excluindo a responsabilidade do contribuinte ou atribuindo-a a este em caráter supletivo do cumprimento total ou parcial da referida obrigação, inclusive no que se refere à multa e aos acréscimos legais, conforme o Art. 6° da LC 116/03.

11. [39° Exame de Ordem Unificado, 2024, n. 3] A) Não, pois é inconstitucional a exigência de depósito prévio de dinheiro ou bens para admissibilidade de recurso administrativo ou para a apreciação da impugnação na esfera administrava, conforme entendimento consignado na Súmula Vinculante nº 21: "É inconstitucional a exigência de depósito ou arrolamento prévios de dinheiro ou bens para admissibilidade de recurso administrativo." OU Art. 5º, inciso LIV, da CFRB/88. B) A propositura pelo contribuinte da ação anulatória importa renúncia ao poder de recorrer na esfera administrativa e desistência do recurso acaso interposto, conforme Art. 38, parágrafo único, da Lei nº 6830/80.

12. [39° Exame de Ordem Unificado, 2024, n. 4] A) Não está correto, porque a entrega de declaração pelo contribuinte reconhecendo débito fiscal já constitui o crédito tributário, dispensada qualquer outra providência por parte do Fisco, segundo a Súmula 436 do STJ OU Art. 150 do CTN. B) A sociedade empresária não tem direito a obter uma certidão positiva com efeitos de negativa, pois declarado e não pago o débito tributário pelo contribuinte, é legítima a recusa de expedição de certidão negativa ou positiva com efeito de negativa, conforme a Súmula 446 do STJ OU Art. 150 OU Art. 205 OU Art. 206 todos do CTN. OU A sociedade empresária não tem direito a obter uma certidão positiva com efeitos de negativa, pois esta somente pode ser emitida em situação em que conste a existência de créditos não vencidos, em curso de cobrança executiva em que tenha sido efetivada a penhora, ou cuja exigibilidade esteja suspensa, conforme a Súmula 446 do STJ, OU Art. 150, OU Art. 205, OU Art. 206, todos do CTN. Não havendo nenhuma dessas situações, a expedição de CPEN não é devida.

13. [38° Exame de Ordem Unificado, 2023, n. 1] A) Sim. Apesar de ser tributo federal, o ITR poderá ser fiscalizado e cobrado pelos Municípios que assim optarem, na forma da lei, desde que não implique em redução do imposto ou qualquer outra forma de renúncia fiscal, segundo o Art. 153, § 4º, inciso III, da CRFB/88 ou Art. 199 do CTN ou o Art. 1º, caput, da Lei nº 11.250/05. Assim, havendo tal opção por parte do Município mediante convênio, é possível que a União delegue ao Município e a seus fiscais a atribuição de fiscalização tributária do ITR. B) Sim. As autoridades administrativas federais poderão requisitar o auxílio da força pública federal, estadual ou municipal, e, reciprocamente, quando vítimas de embaraço ou desacato no exercício de suas funções, nos termos do Art. 200 do CTN. Assim, os fiscais municipais tendo sido desacatados, quando no legítimo exercício de sua função, poderiam também convocar forças públicas de segurança.

14. [38° Exame de Ordem Unificado, 2023, n. 2] A) Sim, houve quitação integral do montante tributário devido pela empresa por meio da denúncia espontânea, por haver o pagamento do tributo devido e dos juros de mora antes de qualquer procedimento administrativo ou medida de fiscalização relacionados com a infração, cf. o Art. 138 do CTN. B) Sim, pois houve quitação integral do débito pela denúncia espontânea, fazendo jus à certidão negativa, cf. o Art. 205 do CTN.

15. [38° Exame de Ordem Unificado, 2023, n. 3] A) É cabível uma exceção de pré-executividade, uma vez que se trata de matéria comprovável documentalmente sem necessidade de dilação probatória, e mesmo após transcorrido o prazo de 30 dias para oferta dos embargos à execução, conforme o Art. 803, parágrafo único, do CPC, ou a Súmula 393 do STJ. B) O mero sócio-cotista minoritário, não sendo diretor, gerente ou representante da sociedade empresária, não tem como responder pessoalmente pelos créditos tributários, justamente por faltar-lhe esse poder de decisão ou de representação da sociedade, segundo o Art. 135, inciso III, do CTN.

16. [38° Exame de Ordem Unificado, 2023, n. 4] A) Sim, pois lei complementar federal de cáráter nacional pode definir tratamento diferenciado e favorecido para as microempresas e para as empresas de pequeno porte, inclusive podendo estabelecer condições de enquadramento diferenciadas por Estado, conforme o Art. 146, parágrafo único, inciso II, da CRFB/88. B) Sim, pois a anistia abrange justamente as infrações cometidas anteriormente à vigência da lei que a concede, sendo natural a este instituto que perdoe infrações cometidas antes da publicação da lei concessiva de anistia, segundo o Art. 180, caput, ou o Art. 106, inciso II, alínea c, ambos do CTN.

17. [37° Exame de Ordem Unificado, 2023, n. 1] A) Na doação de imóveis, o ITCMD compete ao Estado em que está situado o imóvel. Assim, quanto ao imóvel doado a Lucas, o Estado Alfa, e, quanto ao imóvel doado para Joana, o Estado Beta, cf. o Art. 155, § 1°, inciso I, da CRFB/88 ou o Art. 41 do CTN. O fato de as escrituras públicas serem lavradas em tabelionato no Estado Gama não altera a competência tributária constitucionalmente estabelecida em favor dos Estados em que situados os imóveis. B) Sim, é possível. De acordo com o Art. 42 do CTN, o contribuinte do imposto será qualquer das partes na operação tributada, como dispuser a lei. Ausente lei de caráter nacional sobre o Imposto de Transmissão Causa Mortis e Doações (ITCMD), a definição do contribuinte nas doações será feita pela lei estadual do ITCMD.

18. [37° Exame de Ordem Unificado, 2023, n. 2] A) Sim, é válida a penhora sobre a plantação em caráter excepcional, tal como ocorre na hipótese, em que nenhum outro bem foi encontrado, como expressamente previsto no Art. 11, § 1°, da Lei n° 6.830/80, *in verbis*: "§ 1° – Excepcionalmente, a penhora poderá recair sobre estabelecimento comercial, industrial ou agrícola, bem como em plantações ou edifícios em construção." B) Sim, poderia ter sido feita a penhora sobre o imóvel residencial de João da Silva, pois a impenhorabilidade do imóvel familiar não é oponível em execução fiscal para cobrança de impostos, predial ou territorial, taxas e contribuições devidas em função do imóvel familiar, tal como previsto no Art. 3°, inciso IV, da Lei n° 8.009/90.

19. [37° Exame de Ordem Unificado, 2023, n. 3] A) Sim. As alíquotas da CIDE-Combustíveis podem ser reduzidas e restabelecidas por ato do Poder Executivo, cf. Art. 177, § 4°, inciso I, alínea b, da CRFB/88. B) Sim. A redução de tal alíquota não deve obedecer a nenhuma modalidade de anterioridade tributária, pois esta aplica-se apenas quando houver instituição ou aumento de tributo, nos termos do Art. 150, inciso III, alíneas b e c, da CRFB/88. No caso do enunciado, houve diminuição da carga tributária.

20. [37° Exame de Ordem Unificado, 2023, n. 4] A) Não. O locatário, não sendo contribuinte do IPTU, não possui legitimidade ativa para discutir a relação jurídicotributária de IPTU e de taxas referentes ao imóvel alugado nem para repetir indébito desses tributos, cf. a Súmula 614 do STJ ou o Art. 123 do CTN. B) Não tem razão. O Art. 150, inciso VI, alínea c, da CRFB/88 apenas garante imunidade tributária de impostos às entidades sindicais de trabalhadores, não de empregadores, como é o caso do enunciado.

21. [36° Exame de Ordem Unificado, 2022, n. 1] A) Sim, o Fisco municipal poderia exercer a função de fiscalização da cobrança de ITR, desde que o Município X optasse por exercer tal fiscalização, na forma da lei, mediante convênio com a União, cf. Art. 153, § 4°, inciso III, da CRFB/88. B) Não é devido. O ITR não incide sobre pequenas glebas rurais quando as explore o proprietário que não possua outro imóvel, constituindo hipótese de imunidade tributária, cf. Art. 153, § 4°, inciso II, da CRFB/88.

22. [36° Exame de Ordem Unificado, 2022, n. 2] A) Sim. A taxa cobrada exclusivamente em razão dos serviços públicos de coleta domiciliar, remoção e tratamento ou destinação de lixo ou resíduos domiciliares provenientes de imóveis é específica e divisível e, portanto, está de acordo com o Art. 145, inciso II, da CRFB/88, conforme Súmula Vinculante n° 19 do STF. B) Não. Viola o princípio da isonomia instituir tratamento desigual entre contribuintes que se encontrem em situação equivalente, proibida qualquer distinção em razão de ocupação profissional ou função por eles exercida, independentemente da denominação jurídica dos rendimentos, títulos ou direitos, conforme o Art. 150, inciso II, da CRFB/88.

23. [36° Exame de Ordem Unificado, 2022, n. 3] A) O imposto incidente sobre operações de seguro é o Imposto sobre Operações de Crédito, Câmbio e Seguro, e sobre Operações Relativas a Títulos e Valores Mobiliários – IOF, de competência da União, cf. o Art. 153, inciso V, da CRFB/88 ou do Art. 63 do CTN. B) Sim, é válida tal majoração de alíquota. O IOF configura um tributo extrafiscal, razão pela qual não se lhe aplica o princípio da anterioridade tributária, seja em sua vertente de exercício financeiro seguinte, seja em sua vertente nonagesimal, cf. o Art. 150, § 1°, da CRFB/88. Assim, mesmo que a alíquota tenha sido majorada apenas dois dias antes da realização da operação de seguro, ela já poderia ser aplicada, tal como previsto na lei que a majorou.

24. [35° Exame de Ordem Unificado, 2022, n. 1] A) Sim. Sendo o preparo recursal uma espécie de custas judiciais, às quais ostentam natureza jurídica de tributo, a elevação das alíquotas de tributo deve ser veiculada por lei, e não por ato normativo infralegal, de acordo com o princípio da legalidade tributária previsto no Art. 150, inciso I, da CRFB/88 e no Art. 145, inciso II, da CRFB/88 ou no Art. 77 do CTN ou no Art. 97, inciso II, do CTN. B) Sim. A concessionária tem razão. A cobrança de custas judiciais necessita do estabelecimento, para além da alíquota máxima razoável, de um teto ou limite máximo de valor a ser recolhido, nos termos da Súmula 667 do STF: "viola a garantia constitucional de acesso à jurisdição a taxa judiciária calculada sem limite sobre o valor da causa". Ou, ainda, a ausência de um teto ou limite máximo de valor pode tornar confiscatório o tributo, conforme o Art. 150, inciso IV, da CRFB/88.

25. [35° Exame de Ordem Unificado, 2022, n. 2] A) Não. A elaboração de tal programa de computador se configura como uma prestação de serviço, não havendo qualquer dúvida de que está ausente fato gerador de ICMS, conforme previsão do Item 1.04 ou, ainda, dos itens 1.01 ou 1.02 da Lista Anexa da LC 116/03. B) Não. A competência para a instituição de imposto sobre o serviço de elaboração de programa de computador é do Município Alfa, onde está localizado o estabelecimento do prestador, na forma do art. 3°, caput, da LC 116/2003.

26. [35° Exame de Ordem Unificado, 2022, n. 3] A) Não. A concessão de isenção, como modalidade de exclusão do crédito tributário em que não há cobrança do tributo, não se submete ao princípio da anterioridade tributária, exigível apenas para quando se deseja cobrar tributos, instituindo-os ou majorando-os, conforme Art. 150, inciso III, alíneas b e c, da CRFB/88. B) Sim. Embora presente a autorização para concessão desta isenção mediante convênio do CONFAZ, as isenções somente podem ser concedidas efetivamente por meio de lei específica do ente instituidor do tributo, conforme o Art. 150, § 6°, da CRFB/88 ou Art. 176, caput, do CTN ou Art. 97, inciso VI, do CTN.

27. [35° Exame de Ordem Unificado, 2022, n. 4] A) Sim, era necessária a edição de lei complementar para a criação deste tributo, uma vez que se trata de nova contribuição social residual de seguridade social não prevista expressamente no texto da Constituição, sendo sua criação reservada à lei complementar, conforme o Art. 195, § 4°, CRFB/88 ou Art. 154, inciso I, da CRFB/88. B) Não está correto. De acordo com o Art. 195, § 6°, CRFB/18, as contribuições sociais residuais de seguridade social poderão ser exigidas após decorridos noventa dias da data da publicação da lei que as houver instituído ou modificado. Contudo, no caso concreto, os 90 dias não foram obedecidos.

28. [XXXIV Exame de Ordem Unificado, 2022, n. 1] A sociedade empresária Indústria Metalúrgica ABC Ltda. formulou consulta ao Fisco federal sobre interpretação da legislação tributária federal, perguntando se era possível creditar-se de IPI relativamente à entrada de insumos sujeitos à alíquota zero necessários ao seu processo produtivo. Na pendência desse processo administrativo de consulta, a referida sociedade empresária continuou realizando tal creditamento. A decisão de primeira instância na consulta foi-lhe favorável, declarando que possuía, sim, o direito a tal creditamento. Diante desse cenário, responda aos itens a seguir. A) É devido o creditamento de IPI nesse caso? (Valor: 0,60) B) Caberia alguma medida dentro desse mesmo processo administrativo fiscal para que a Administração revertesse a decisão de 1ª instância favorável à consulente? (Valor: 0,65) Obs.: o(a) examinando(a) deve fundamentar suas respostas. A mera citação do dispositivo legal não confere pontuação.

29. [XXXIV Exame de Ordem Unificado, 2022, n. 1] A) Não. Nos termos da Súmula Vinculante 58, inexiste direito a crédito presumido de IPI relativamente à entrada de insumos isentos, sujeitos à alíquota zero ou não tributáveis, o que não contraria o princípio da não cumulatividade. A lógica está em que, se nada foi pago, nada há para ser creditado ou compensado. B) Segundo o Art. 57 do Decreto nº 70.235/72, sempre que a decisão em primeira instância for favorável ao consulente, a autoridade de primeira instância deverá recorrer de ofício desta decisão favorável ao consulente, a fim de que a decisão seja revisada pela segunda instância, ocasião em que poderá ser revertida.

30. [XXXIV Exame de Ordem Unificado, 2022, n. 2] A) Sim. O fato gerador do IPTU, cf. o Art. 32 do CTN, é a propriedade, o domínio útil ou a posse de bem imóvel por natureza ou por acessão física. Ora, a construção de uma casa sobre o terreno constitui acessão física que valoriza o imóvel, ampliando o valor venal de sua base de cálculo, cf. o Art. 33 do CTN. B) Sim. Havia dever do contribuinte, estabelecido na legislação tributária municipal, de notificar o Município sobre a nova construção. Tendo se omitido neste dever, poderá o Fisco realizar lançamento suplementar de ofício, agora considerando a nova edificação não declarada, fato desconhecido até então do Fisco, de acordo com o Art. 149, inciso II ou IV ou VI ou VIII ou o Art. 145, inciso III, ambos do CTN.

31. [XXXIV Exame de Ordem Unificado, 2022, n. 3] A) Não é possível. Segundo o Art. 153, § 5º, da CRFB/88, o ouro, quando definido em lei como ativo financeiro ou instrumento cambial, sujeita-se exclusivamente à incidência do IOF, sendo que a alíquota mínima será de um por cento. B) Não é possível. Segundo o Art. 153, § 5º, incisos I e II, da CRFB/88, assegura-se a transferência do montante da arrecadação deste IOF-ouro nos seguintes termos: I – trinta por cento para o Estado, o Distrito Federal ou o Território, conforme a origem; II – setenta por cento para o Município de origem.

32. [XXXIV Exame de Ordem Unificado, 2022, n. 4] A) Não. É de competência exclusiva da União, conforme o Art. 149, da CRFB/88, instituir contribuições de intervenção no domínio econômico como instrumento de sua atuação nas respectivas áreas. No entanto, o Art. 149, § 2º, inciso I, da CRFB/88, restringe a competência da União para instituir a CIDE, estabelecendo imunidade das receitas decorrentes de exportação (no mesmo sentido, o Art. 3º, § 2º, da Lei nº 10.336/01: "A Cide não incidirá sobre as receitas de exportação, para o exterior, dos produtos relacionados no caput deste artigo."). Sendo assim, não é constitucional estabelecer CIDE sobre receitas decorrentes de exportação de petróleo, uma vez que tais receitas são imunes. B) Não, uma vez que cabe à lei complementar estabelecer normas gerais em matéria de legislação tributária, especialmente sobre prescrição tributária, conforme Art. 146, inciso III, alínea b, da CRFB/88.

33. [XXXI Exame de Ordem Unificado, 2020, n. 1] A) Não. Os bens absolutamente impenhoráveis, como o bem de família (único imóvel residencial do contribuinte, cf. Art. 1° ou Art. 3° da Lei n° 8.009/90), não respondem por dívidas tributárias, nos termos do Art. 184, CTN (OU do Art. 10 OU do Art. 30, ambos da Lei n° 6.830/80 – LEF), de forma a garantir ao devedor tributário o mínimo para sua subsistência. B) Não poderia ser presumida fraudulenta. Nos termos do Art. 185, caput, do CTN, somente se presume fraudulenta a alienação de bens ou rendas, ou seu começo, por sujeito passivo em débito para com a Fazenda Pública, por crédito tributário regularmente inscrito como dívida ativa. Ausente a inscrição em dívida ativa, não milita a presunção em favor da Fazenda Pública, devendo ser ela a comprovar o intuito de fraudar o pagamento do crédito tributário.

34. [XXXI Exame de Ordem Unificado, 2020, n. 2] A) A sociedade empresária não tem razão. Como não houve sequer declaração do tributo devido, o Fisco teve de efetuar um lançamento de ofício, cujo início do prazo decadencial, nos termos do Art. 173, inciso I, do CTN, não se vincula ao fato gerador, mas sim ao primeiro dia do exercício seguinte àquele em que o lançamento deveria ter sido efetuado. Portanto, não se trata de caso de aplicação do Art. 150, § 4°, do CTN, de acordo com a própria orientação da Súmula 555 do STJ: "Quando não houver declaração do débito, o prazo decadencial quinquenal para o Fisco constituir o crédito tributário conta-se exclusivamente na forma do Art. 173, inciso I, do CTN, nos casos em que a legislação atribui ao sujeito passivo o dever de antecipar o pagamento sem prévio exame da autoridade administrativa". É inequívoco que o prazo decadencial de cinco anos não se consumara em 05.2.2019, pois deve ser contado do primeiro dia do exercício seguinte, e não do fato gerador, ocorrido em 10.1.2014. B) Não seria mais possível. Caso a sociedade empresária houvesse declarado corretamente ao Fisco o valor devido em 10.2.2014, nos termos da Súmula 436 do STJ, a simples entrega da declaração correta já constitui o crédito tributário, contando-se o prazo prescricional de 5 anos para a propositura da ação de execução fiscal, a partir daí. Portanto, já teria ocorrido a prescrição quando do ajuizamento da execução fiscal.

35. [XXXI Exame de Ordem Unificado, 2020, n. 3] A) Sim, o tratado internacional pode conceder tal isenção. Na verdade, não está presente a vedação de isenção heterônoma prevista no Art. 151, inciso III, da CRFB, pois não é a União, enquanto ente federado interno, que está a conceder a isenção de tributo estadual, mas sim a República Federativa do Brasil, que está a se obrigar no plano internacional. A respeito dessa mesma situação, o STF sedimentou seu entendimento por meio da Súmula 575: à mercadoria importada de país signatário do GATT, ou membro da ALALC, estende-se a isenção do imposto sobre circulação de mercadorias concedida a similar nacional. B) A lei estadual não pode revogar tal isenção, porque o Estado-membro não pode representar a República no plano internacional, desobrigando-a de tratado por ela firmado, bem como o Art. 98 do CTN estabelece que os tratados e as convenções internacionais revogam ou modificam a legislação tributária interna, e serão observados pela que lhes sobrevenha, de modo que a lei estadual superveniente terá de observar o tratado.

36. [XXXI Exame de Ordem Unificado, 2020, n. 4] A) Sim, a autarquia municipal pode cobrar essa taxa, desde que por meio da chamada delegação de "capacidade tributária ativa", isto é, a delegação de "funções de arrecadar ou fiscalizar tributos, ou de executar leis, serviços, atos ou decisões administrativas em matéria tributária, conferida por uma pessoa jurídica de direito público a outra", conforme previsto no Art. 7°, caput, do CTN. Portanto, tendo a autarquia municipal recebido a delegação da capacidade tributária ativa do Município, poderá realizar a cobrança. B) Sim. É possível cobrar taxas pela utilização, efetiva ou potencial, de serviços públicos específicos e divisíveis, prestados ao contribuinte ou postos a sua disposição, conforme o Art. 145, inciso II, da CRFB, OU o Art. 77 do CTN. Portanto, sendo Marcos Silva o possuidor do imóvel, em vias de usucapi-lo (com animus domini), é também ele que se beneficia do serviço público específico e divisível de coleta do lixo proveniente do imóvel por ele ocupado, podendo também ser classificado como contribuinte do mesmo. De fato, as leis municipais que instituem essa taxa indicam como seus contribuintes não apenas os proprietários e titulares do domínio útil, mas também os possuidores.

37. [XXIX Exame de Ordem Unificado, 2019, n. 2] A) Não. Tendo em vista tratar-se de substituição tributária progressiva, apenas Beta, como contribuinte substituído, terá o direito à restituição do valor do imposto pago por força da substituição tributária, correspondente ao fato gerador presumido que não se realizou, conforme Art. 10, caput, da LC n° 87/96. B) Sim. Beta poderá pleitear a restituição da diferença do Imposto sobre Circulação de Mercadorias e Serviços (ICMS) pago a mais, no regime de substituição tributária progressiva (ou "para frente"), uma vez que a base de cálculo efetiva da operação foi inferior à presumida, conforme o Art. 10 da LC n° 87/96 OU a Tese 201 de Repercussão Geral, do STF.

38. [XXIX Exame de Ordem Unificado, 2019, n. 3] A) O crédito tributário foi constituído com a entrega de declaração pelo contribuinte, reconhecendo o débito fiscal, dispensada qualquer outra providência por parte do Fisco, nos termos da Súmula 436 do Superior Tribunal de Justiça. B) Sim. O benefício da denúncia espontânea (Art. 138 do CTN) não se aplica aos tributos sujeitos a lançamento por homologação, regularmente declarados, mas pagos após o vencimento, conforme Súmula 360 do Superior Tribunal de Justiça.

39. [XXIV Exame de Ordem Unificado, 2018, 1] A União publicou, no Diário Oficial de 30 de junho de 2017, decreto que majorou a alíquota do Imposto sobre Produtos Industrializados (IPI). No decreto, foi estipulado que a alíquota majorada já seria válida para fatos geradores ocorridos a partir do mês seguinte. Tendo em vista a anterioridade nonagesimal e a anterioridade do exercício financeiro, responda aos itens a seguir. A) É válida a exigência da alíquota majorada no mês seguinte à publicação do decreto? (Valor: 0,65) B) Se, em vez de majorar a alíquota, o decreto alterasse apenas o prazo de recolhimento da obrigação tributária, seria válida a sua exigência a partir do mês seguinte ao da publicação? (Valor: 0,60) Obs.: o(a) examinando(a) deve fundamentar as respostas. A mera citação do dispositivo legal não confere pontuação.

40. [XXIV Exame de Ordem Unificado, 2018, 1] A) O tributo não é devido por duas razões: primeiro porque sua previsão tem natureza sancionatória e, com isso, viola o conceito de tributo do Art. 3º do CTN ("Tributo é toda prestação pecuniária compulsória, em moeda ou cujo valor nela se possa exprimir, que não constitua sanção de ato ilícito, instituída em lei e cobrada mediante atividade administrativa plenamente vinculada"); segundo, sob a roupagem de "adicional", criou-se verdadeiro tributo novo, para o qual só a a União tem competência, e, ainda assim, com observância dos requisitos do Art. 154, inciso I, da CRFB/88. B) O Superior Tribunal de Justiça, por meio da Súmula 393, consolidou o cabimento da exceção de pré-executividade: "A exceção de pré-executividade é admissível na execução fiscal relativamente às matérias conhecíveis de ofício que não demandem dilação probatória". Na hipótese, a matéria a ser alegada por Caio em sua defesa (impossibilidade de cobrança do adicional do IPVA por se tratar de sanção por ato ilícito) é conhecível de ofício. Caio possui todos os documentos que comprovam sua defesa, o que não demandaria dilação probatória. Sendo assim, o meio de defesa possível para Caio é a Exceção de Pré-executividade.

41. [XXIV Exame de Ordem Unificado, 2018, 2] A) Não, pois embora o IPI não se submeta à anterioridade do exercício financeiro, está sujeito à anterioridade nonagesimal, na forma do disposto no Art. 150, § 1º, da CRFB/88. B) Não, pois a norma legal que altera o prazo de recolhimento de obrigação tributária não se sujeita ao princípio da anterioridade, conforme Súmula Vinculante 50 do STF.

42. [XXIV Exame de Ordem Unificado, 2018, 3] A) Sim. A incidência do IPI na importação de veículo para uso próprio, por pessoa física, é legítima, uma vez que a destinação final do bem não é relevante para a definição da incidência do tributo. Dessa forma, conforme o Art. 51, inciso I, do CTN, o importador do produto industrializado é o contribuinte do IPI na importação. Nesse sentido há precedente do STF com Repercussão Geral (RE 723.651), decidindo pela incidência do IPI na importação de produtos destinados a um consumidor final. B) Sim. Conforme o Art. 155, § 2º, inciso IX, alínea a, da CRFB/88, com redação dada pela Emenda Constitucional nº 33/2001, incide ICMS sobre a entrada de bem ou mercadoria importada do exterior por pessoa física, ainda que não seja contribuinte habitual do imposto. Nesse sentido há precedente do STF com Repercussão Geral (RE 439.796), decidindo pela incidência do ICMS inclusive sobre as operações de importação realizadas por quem não seja comerciante, tema que também é objeto da Súmula Vinculante 48.

43. [XXIV Exame de Ordem Unificado, 2018, 4] A) Sim, pois a tentativa de colocar bens em nome de terceiros é uma das hipóteses que autoriza a medida cautelar fiscal antes da constituição definitiva do crédito tributário, conforme o

Art. 1º, parágrafo único, E/OU o Art. 2º, inciso V, alínea b, ambos da Lei nº 8.397/92. B) Não, pois quando a medida cautelar fiscal for concedida em procedimento preparatório, deverá a Fazenda Pública propor a execução judicial da dívida ativa no prazo de sessenta dias, contados da data em que a exigência se tornar irrecorrível na esfera administrativa, conforme Art. 11 da Lei nº 8.397/92

44. [XXVI Exame de Ordem Unificado, 2018, n. 1] A) O município não está correto. O sindicato dos trabalhadores tem direito à imunidade tributária prevista no Art. 150, inciso VI, alínea c, da CRFB/88, inclusive com relação a imóveis alugados, se o aluguel for revertido para suas atividades fins, conforme a Súmula Vinculante nº 52. B) Sim, pois o direito à imunidade tributária é limitado aos sindicatos de trabalhadores, não constando os sindicatos patronais no rol taxativo das entidades imunes, conforme o Art. 150, inciso VI, alínea c, da CRFB/88.

45. [XXVI Exame de Ordem Unificado, 2018.1, n. 2] A) Sim. Nos termos do Art. 132 do CTN, a pessoa jurídica de direito privado que resultar de incorporação em outra é responsável pelos tributos devidos até à data do ato pelas pessoas jurídicas de direito privado incorporadas, conforme interpretado pela Súmula 554 do STJ: "Na hipótese de sucessão empresarial, a responsabilidade da sucessora abrange não apenas os tributos devidos pela sucedida, mas também as multas moratórias ou punitivas referentes a fatos geradores ocorridos até a data da sucessão". B) Não. Os sócios-administradores da sociedade incorporadora não podem ser pessoalmente responsabilizados. Para que houvesse responsabilidade pessoal, seria necessário que, à época dos fatos que ensejaram a aplicação de multa punitiva, fossem administradores da sociedade incorporada. Somente são pessoalmente responsáveis aqueles que praticarem atos "com excesso de poderes ou infração de lei, contrato social ou estatutos" (Art. 135, caput, do CTN). Ademais, o Art. 137 do CTN, que trata de responsabilidade por infrações, não cria responsabilidade pessoal do agente pelo mero fato de ser sócio-administrador de sociedade incorporadora. Portanto, apenas a sociedade incorporadora, com seu patrimônio, responde por esses débitos em razão da sucessão de empresas.

46. [XVI Exame de Ordem Unificado, 2015, n. 1] O examinando deverá elaborar apelação em face da sentença que julgou improcedente o pedido autoral de compensação dos créditos tributários. A apelação deverá ser endereçada ao Juízo da causa (4ª Vara Federal da Seção Judiciária do Estado X), com as razões recursais dirigidas ao Tribunal Regional Federal, que as apreciará. O Apelante é a pessoa jurídica A, que restou sucumbente, e a Apelada é a União. No mérito, o examinando deverá afastar o argumento utilizado pelo Juízo a quo, no sentido de que o pedido de compensação deveria ter sido inicialmente feito na via administrativa. Isso porque a Constituição não exige que o contribuinte requeira administrativamente a compensação como condição de acesso ao Poder Judiciário. Ao contrário, a Constituição consagra, no Art. 5º, XXXV, a inafastabilidade do controle jurisdicional. Ademais, o examinando deverá apontar que o Art. 166, do Código Tributário Nacional, permite a restituição de tributos indiretos quando o terceiro que suportou o encargo expressamente autorizar o contribuinte de direito a requerer a repetição, como no caso anunciado. O examinando deverá, ainda no mérito, requerer a aplicação da Súmula 461, que dispõe que "O contribuinte pode optar por receber, por meio de precatório ou por compensação, o indébito tributário certificado por sentença declaratória transitada em julgado." Sendo assim, incorreta a decisão do juiz a quo que afirmou ser incabível o pedido de compensação. Por fim, o examinando deverá formular pedido de reforma da sentença e inversão dos ônus sucumbenciais, reiterando o pedido de compensação do indébito.

47. [Advogado, Pref. Iguaraçu/PR, 2024, n. 1] A legitimidade ativa é do Rafael; Súmula 614 do STJ: "O locatário não possui legitimidade ativa para discutir a relação jurídico-tributária de IPTU e de taxas referentes ao imóvel alugado nem para repetir indébito desses tributos.".

48. [121° Exame de Ordem/SP, 2003, n. 2] – Pode haver a cobrança da contribuição de melhoria em questão, como dispõe o artigo 177 do CTN: "Salvo disposição de lei em contrário, a isenção não é extensiva: I – às taxas e às contribuições de melhoria; (....)".

GABARITO DAS MEDIDAS JUDICIAIS

1. [39° Exame de Ordem Unificado, 2024] A medida judicial cabível é a ação anulatória, dada a sua natureza desconstitutiva, tendo por objetivo desconstituir lançamento tributário que já está definitivamente constituído reputado ilegal ou irregular pelo contribuinte. Não cabe mandado de segurança, pois o enunciado deixa claro que haverá necessidade de dilação probatória no curso do processo. O objetivo da ação é desconstituir o lançamento referente à contribuição de melhoria descrita no enunciado, cf. Art. 38 da Lei n° 6.830/80.

2. [37° Exame de Ordem Unificado, 2023] A medida judicial cabível é uma ação de repetição de indébito tributário. A restituição daquilo que foi retido indevidamente é atendida pelo pedido de repetição do indébito tributário, cf. Art. 165, inciso I, do CTN. Não cabe mandado de segurança, pois não é possível pedir em mandado de segurança a condenação à repetição do indébito em espécie.

3. [36° Exame de Ordem Unificado, 2022] O(A) examinando(a) deverá elaborar a peça de exceção de pré-executividade, uma vez que, embora o juízo já esteja garantido pela penhora, trata-se de questão de ordem pública. Ademais, todos os temas a serem tratados configuram matéria cognoscível de ofício pelo magistrado, sem necessidade de dilação probatória (comprováveis de plano por prova documental, como a certidão de óbito de Maria), nos termos da Súmula n° 393 do STJ.

4. [XXIV Exame de Ordem Unificado, 2022] A medida cabível é a petição inicial de mandado de segurança coletivo preventivo, com pedido liminar. Como estamos perante direitos coletivos dos associados, é cabível a impetração do mandado de segurança coletivo, nos termos do Art. 21, parágrafo único, da

Lei nº 12.016/09, sendo certo que há prova pré-constituída, consistente na lei publicada no Diário Oficial estadual.

5. [XXVII Exame de Ordem Unificado, 2019] O examinando deverá elaborar Embargos à Execução, uma vez que se pretende a extinção dos créditos tributários perseguidos por meio da execução fiscal e ainda há prazo para os embargos (não sendo o caso, portanto, de ação anulatória, que não teria, salvo depósito integral ou tutela de urgência, o condão de suspender o curso da execução fiscal).

6. [XXIV Exame de Ordem Unificado, 2018] O examinando deverá elaborar a petição inicial de uma Repetição de Indébito, uma vez que se pretende a restituição do ICMS pago a maior. O examinando deve argumentar que a base de cálculo do ICMS é o valor estimado de comercialização da mercadoria ao consumidor final, conforme critérios definidos pelo Art. 8º da Lei Complementar nº 87/1996. Deve demonstrar conhecer o comando constitucional segundo o qual o contribuinte terá direito à restituição do valor já pago caso o fato gerador presumido não se concretize (Art. 150, § 7º, parte final, da CRFB/88). Deve, por fim, ponderar que a restituição é cabível se a base de cálculo efetiva da operação for inferior à presumida, conforme entendimento pacificado pelo STF. Por fim, deve requerer a procedência do pedido para que sejam restituídos os valores pagos a mais.

7. [XIX Exame de Ordem Unificado, 2016] O examinando deverá elaborar a petição inicial de um Mandado de Segurança, diante da existência de prova pré-constituída e ausência do decurso do prazo de 120 dias desde a primeira apreensão das mercadorias. Não seriam cabíveis ações como a declaratória ou a anulatória, diante da informação de que a pessoa jurídica não quer se expor ao risco de condenação em honorários de sucumbência. No mérito, o examinando deverá alegar que, nas transferências entre estabelecimentos do mesmo contribuinte, não incide o ICMS, conforme Súmula nº 166 do STJ. Deverá o examinando argumentar, ainda, que não é possível a apreensão de mercadorias como meio coercitivo para o pagamento de tributos, conforme Súmula nº 323 do STF. Deverá ser exposta a presença do fumus boni iuris (plausibilidade do direito alegado pela parte) e do periculum in mora (risco de demora na concessão do provimento jurisdicional pleiteado), de modo a justificar o pedido de concessão de medida liminar.

GABARITO DOS TESTES

O gabarito refere-se aos testes que constam no final dos capítulos desta obra.

Capítulo 1: 1. (**c**); 2. (**d**); 3. (**b**); 4. (**d**).

Capítulo 2: 1. (**a**); 2. (**d**); 3. (**b**); 4. (**c**); 5. (**b**); 6. (**a**); 7. (**c**); 8. (**b**); 9. (**c**).

Capítulo 3: 1. (**b**); 2. (**a**); 3. (**a**); 4. (**d**); 5. (**b**); 6. (**b**).

Capítulo 4: 1. (**c**); 2. (**d**); 3. (**e**); 4. (**a**); 5. (**e**); 6. (**a**); 7. (**d**); 8. (**a**); 9. (**b**); 10. (**c**).

Capítulo 5: 1. (**c**); 2. (**a**); 3. (**c**); 4. (**c**); 5. (**a**); 6. (**d**); 7. (**b**).

Capítulo 6: 1. (**d**); 2. (**d**); 3. (**c**); 4. (**a**); 5. (**b**); 6. (**b**).

Capítulo 7: 1. (**d**); 2. (**d**); 3. (**c**); 4. (**a**); 5. (**d**); 6. (**a**); 7. (**d**); 8. (**a**); 9. (**b**); 10. (**e**); 11. (**a**); 12. (**b**).

Capítulo 8: 1. (**d**); 2. (**d**); 3. (**b**); 4. (**e**); 5. (**d**); 6. (**b**); 7. (**c**); 8. (**a**).

Capítulo 9: 1. (**c**); 2. (**c**); 3. (**a**)

Capítulo 10: 1. (**a**); 2. (**d**); 3. (**a**); 4. (**a**); 5. (**b**).

Capítulo 11: 1. (**b**); 2. (**a**); 3. (**a**); 4. (**b**); 5. (**b**); 6. (**a**).

Capítulo 12: 1. (**c**); 2. (**a**); 3. (**b**); 4. (**d**); 5. (**b**).

Capítulo 13: 1. (**e**).

Capítulo 14: 1. (**e**); 2. (**e**); 3. (**c**); 4. (**b**).

Capítulo 15: 1. (**c**); 2. (**b**); 3. (**c**).

Capítulo 16: 1. (**d**).

Capítulo 17: 1. (**d**); 2. (**e**); 3. (**c**).

Capítulo 18: 1. (**c**).

Capítulo 19: 1. (**d**); 2. (**a**); 3. (**b**); 4. (**a**); 5. (**b**); 6. (**d**); 7. (**b**); 8. (**c**); 9. (**d**); 10. (**b**); 11. (**b**); 12. (**b**).

Capítulo 20: 1. (**c**); 2. (**a**); 3. (**d**); 4. (**a**).

BIBLIOGRAFIA

AFONSO DA SILVA, José. *Curso de Direito Constitucional Positivo*, 31ª ed., São Paulo, Malheiros Editores, 2008.

AMARO, Luciano. *Direito Tributário Brasileiro*, 14ª ed., 2008.

AMORIM FILHO, Agnelo. "Critério científico para distinguir a prescrição da decadência e para identificar as ações imprescritíveis", RT 300/37, São Paulo, RT.

ATALIBA, Geraldo. *Apontamentos de Ciência das Finanças, Direito Financeiro e Tributário*, São Paulo, ed. RT, 1969.

_____, *Hipótese de Incidência Tributária*. 6ª ed., 9ª tir., São Paulo, Malheiros Editores, 2008.

BALEEIRO, Aliomar. *Direito Tributário Brasileiro*. Atualização de Misabel Abreu Machado Derzi. 11ª ed., Rio de Janeiro, Forense, 2000.

_____. *Direito Tributário Brasileiro,* Atualização de Misabel Abreu Machado Derzi. 12ª ed., Rio de Janeiro, Forense, 2013.

BECKER, Alfredo Augusto. *Teoria Geral do Direito Tributário*, 3ª ed., São Paulo, Lejus, 1998.

BORGES, Souto Maior. *Teoria Geral da Isenção Tributária*. 3ª ed., São Paulo: Malheiros Editores, 2011.

BOTTALLO, Eduardo. *Grandes Questões de Direito Tributário*, São Paulo, Dialética, 2005.

_____. *Curso de Processo Administrativo Tributário*, 2ª ed., São Paulo, Ed. Malheiros Editores, 2009.

CARRAZZA, Roque Antonio. *Curso de Direito Constitucional Tributário*, 24ª ed., São Paulo, Malheiros Editores, 2008.

_____. *Curso de Direito Constitucional Tributário*, 35ª ed., São Paulo, *Jus Podivum*/ Malheiros, 2024.

CARVALHO, Paulo de Barros. *Curso de Direito Tributário*, 13ª ed., São Paulo, Saraiva, 2000.

____. *Curso de Direito Tributário*, 23ª ed., São Paulo: Saraiva, 2011..

CAIS, Cleide Previtalli. *O Processo Tributário*, 4ª ed., São Paulo: Revista dos Tribunais, 2004.

CASSONE, Vittorio Cassone. *Direito Tributário*, 18ª ed., São Paulo, Atlas, 2007.

CASTRO, Alexandre Barros Castro, *Procedimento Administrativo Tributário*, São Paulo: ed. Saraiva.

COELHO, Sacha Calmon Navarro. *Curso de Direito Tributário Brasileiro*, 3ª ed., Rio de Janeiro, Forense, 1999.

CRUZ, Paulo Ricardo de Souza. "O sigilo bancário perante o fisco na visão do Supremo Tribunal Federal". Disponível em: https://meusitejuridico.editorajuspodivm.com.br/2020/06/09/o-sigilo-bancario-perante-o-fisco-na-visao-supremo-tribunal-federal/.

DINIZ DE SANTI. Eurico Marcos. *Decadência e Prescrição no Direito Tributário*, 2ª ed., São Paulo, Max Limonad, 2001.

DI PIETRO, Maria Sylvia Zanella, *Direito Administrativo*, 19ª ed., São Paulo, Atlas, 2006.

FACÃO, Amílcar, *Fato Gerador da Obrigação Tributária*. 1ª ed., Rio de Janeiro, Financeiras, 1964.

FREITAS, Vladimir Passos de Freitas (coord.). *Código Tributário Nacional Comentado*, São Paulo, Ed. RT, 1999.

FURLAN, Valéria. *IPTU*, 2ª ed., São Paulo, Malheiros Editores, 2004.

JARDIM, Eduardo Marcial Ferreira. *Manual de Direito Financeiro e Tributário*, 3ª ed., São Paulo, Saraiva, 1996.

MACHADO, Hugo de Brito. *Curso de Direito Tributário*, 29ª ed., São Paulo, Malheiros Editores, 2008.

____. "Tributo declarado e denúncia espontânea", IOB Jurisprudência 16/421, São Paulo, IOB, 2000.

MARINONI, Luiz Guilherme e Sérgio Cruz Arenhart. *Procedimentos especiais*, v. 5, São Paulo, Revista dos Tribunais, 2009.

MARQUES, Márcio Severo Marques. *Classificação Constitucional dos Tributos*, São Paulo, Max Limonad, 2000.

MAXIMILIANO, Carlos. *Hermenêutica e Aplicação do Direito*, 15ª ed., Rio de Janeiro, Forense, 1995.

____. *Hermenêutica e Aplicação do Direito*, 19ª ed., Rio de Janeiro, Forense, 2001.

MEIRELLES, Hely Lopes. *Direito Administrativo Brasileiro*, 34a ed., São Paulo, Malheiros Editores, 2008.

MELLO, Celso Antônio Bandeira de. *Curso de Direito Administrativo*, 25a ed., 2a tir., São Paulo, Malheiros Editores, 2008.

MELLO, Oswaldo Aranha Bandeira de. *Princípios Gerais do Direito Administrativo*, 3ª ed., vol. I.

MICHELI, Gian Antonio Micheli. *Curso de Direito Tributário*, trad. de Marco Aurélio Greco e Pedro Luciano Marrey Jr, São Paulo, Ed. RT, 1978.

MONTEIRO NETO, Nélson. "Ato fraudulento e alcance do poder impositivo do Fisco (novo parágrafo único do art. 116 do CTN)", IOB 1/15.732, São Paulo, IOB, 1ª quinzena de março/2001.

MORAES, Bernardo Ribeiro de. *A Taxa no Sistema Tributário Brasileiro*, São Paulo, Editora Revista dos tribunais, 1968.

TAVARES PAES P.R. Tavares Paes, *Comentários ao Código Tributário Nacional*, 6ª ed., São Paulo, *Lejus*, 1998, pp. 383-384.

PAULSEN, Leandro. *Constituição e Código Tributário à luz da doutrina e da jurisprudência*. 13ª ed., Porto Alegre: Livraria do Advogado, 2011.

PEREIRA FILHO, Luiz Alberto. *As Taxas no Sistema Tributário Brasileiro*, 1ª ed., Curitiba, Juruá Editora, 2002.

TAVARES PAES, P.R.. *Comentários ao Código Tributário Nacional*, 6ª ed., São Paulo, Lejus, 1998.

THEODORO JR., Huberto. "As liminares e a tutela de urgência". Revista da EMERJ, v. 5, n.17, 2002, p. 39. Disponível em: https://www.emerj.tjrj.jus.br/revistaemerj_online/edicoes/revista17/revista17_24.pdf

TORRES, Ricardo Lobo Torres. *Normas de Interpretação e Integração do Direito Tributário*, 3ª ed., Rio de Janeiro: Renovar, 2000.

ANOTAÇÕES

ANOTAÇÕES

ANOTAÇÕES

ANOTAÇÕES

ANOTAÇÕES

ANOTAÇÕES

EDITORA JusPODIVM
www.editorajuspodivm.com.br

JUS3972